后工业社会的来临

The Coming of Post-Industrial Society
A Venture in Social Forecasting

［美］丹尼尔·贝尔 —— 著
高铦　王宏周　魏章玲 —— 译
高铦 —— 校

Daniel Bell

目 录

中文版序 ··· 1
1999年英文版序　技术轴心时代 ··· 8
1976年英文版序 ·· 67
1973年英文版序 ·· 79

导　论 ··· 1
　方法论补记　7
　后工业社会面面观　10
　后工业社会思想史　30
　本书计划　37

第一章　从工业社会到后工业社会：社会发展理论 ············· 43
　马克思的两大图式　50
　后马克思主义：西方的对话　58
　马克思主义：官僚政治的问题　74
　苏联：官僚政治和新阶级　80
　社会发展：莫斯科的看法　93
　捷克对未来的看法　99
　后工业社会：一种概念性图式　107

1

第二章　从商品到服务：不断变化的经济形态 ……………………… 115

工作部门和职业　121

后工业社会的几种劳工问题　134

　　教育与地位　134

　　黑　人　136

　　妇　女　137

　　非营利部门　138

　　"新"工人阶级　139

变革的限制　145

第三章　知识和技术诸方面：后工业社会中新的阶级结构 ……………… 157

　　变化的速度　159

　　规模的变化　162

知识诸方面　165

　　定义"知识"　165

　　知识的计量　168

　　知识的分解　177

技术进步的计量　179

　　现代化和技术发展　179

　　经济进步的计量　180

　　对技术的预测　186

知识社会的结构　202

　　知识阶级诸方面　203

　　科学精英和大众　212

　　受过高等教育者的未来形象　222

　　体制结构　232

　　资源分配　239

　　结论　251

第四章 公司的从属性：经济化模式和社会学化模式之间的紧张关系 255

新的批评 259

经济化模式 261

公司：一种新的社会发明 263

经济化模式的局限性 265

国民生产总值、私人成本和社会成本 267

社会学化模式 269

种种规划 270

作为社会学机构的公司 273

义务的平衡 274

公司的转折点 276

私有财产还是私有企业？ 279

"公司"的含义 280

从艰苦奋斗到平淡无奇 282

第五章 社会选择和社会计划：我们的概念和工具的适应性 285

社会抉择和社会价值：需要新的算法 287

群体政治和个人领导 293

数字、互动与密度 298

扩散和规模变化 302

社会单元的适当规模和范围 304

公共与私人 306

社会结算系统 308

规划工具 312

社会指标是什么？ 316

时代前景 319

第六章 "将来由谁统治？"后工业社会中的政治家和科技治国论者 ………… 321

范 式 323
时间机器 325
初现的年代 326
科技治国思想与观念 328
物支配人 331
军人支配物 334
由谁掌权？ 337
政治角逐场 342

结语 未来的议程 ………… 347

社会制度是怎样改变的？ 348
科学的未来 355
 科学的精神气质 355
 科学领域的政治 362
能者统治与平等 383
 Ⅰ
  取消学校教育 394
 Ⅱ
  重新界定平等 398
  反对能者统治的情况 401
 Ⅲ
  卢梭和人类的虚荣 407
  穆勒和代议制的逻辑 410
  罗尔斯和公正 414
  对能者统治重下定义 420
 Ⅳ
  公正的能者统治 425

匮乏的终结？　429
　　　　新的匮乏　439
　文化与意识　448
　　　　作为仲裁者的政治　453
　　　　国际背景　455
　结　论　459

出版后记 ·· 461

中文版序

丹尼尔·贝尔的《后工业社会的来临——对社会预测的一项探索》（以下简称《后工业社会的来临》）一书最新版的中译本现在出版面世，可喜可贺。

该书在30多年前的1984年由商务印书馆推出首部中译本（内部发行）。其后，台湾桂冠图书公司于1989年在台湾出了此译本的中文繁体字版。新华出版社1997年在大陆正式出版发行此书，并将其收入该社《影响世界的著名文献》。

多年来，《后工业社会的来临》一书在国内外广受瞩目，"后工业社会"一词也成为当代的流行语。贝尔所提科技发展与现代社会的特征，在当今世界的许多方面有所印证。现在，江西人民出版社与后浪出版公司郑重推出原书最新版的中译本，并收入作者的长篇新版前言，使贝尔关于后工业社会的思考与主张更完整地展示给广大读者，至为重要。

新版中文本的翻译分工如下：高铦——1999年版前言、1976年版前言、1973年初版序、第1章、结语；王宏周——导论，第2、3、5、6章；魏章玲——第4章。高铦负责全书审校及新、旧版内容核改。

历次中文版（1984、1989、1997）均附有译者序言，主要是译者联系多年研习世界经济、社会发展的体会对本书的一些思考，虽是多年前写的，但内容主旨并未过时，现综合补充如下，供读者参阅：

未来研究和社会预测是中外历史上许多学者和社会活动家所热衷的主题。第二次世界大战以后，科技革命迅猛发展，社会变迁加速，发展问题成为世界各国关注的重点，这些因素推动未来研究与发展研究日益结合。美国著名社会学家与未来学家丹尼尔·贝尔的《后工业社会的来临》一书是这方面的一部代表作。发表以来，受到国际学术界和各方瞩目。

战后以来，国际学术界对发展问题的研究，在理论探讨上日益扩大和深入，理论结构也出现相应的演进，即：由初始的**经济增长理论**演进为**经济发展理论**，再演进到**整体发展理论**。战后初期以至五六十年代的发展研究主要反映西方经济学界探索经济增长的要求。哈罗德（R.F. Harrod）和多马（E.D. Domar）的经济增长模型、拉格纳·纳克斯（Ragner Nurkse）的平衡增长理论和罗森斯坦—罗丹（Rosenstein-Rodan）的"大推动"理论以及罗斯托（W.W. Rostow）的经济成长阶段论等都反映当时以加速经济增长为主要目标，视经济增长为发展主要标志的西方传统派观点。随着形势的发展，尤其是第三世界国家的实践日益证明，以西方大国的目标和模式为中心的经济增长理论不适用于第三世界国家的现实，经济指标的增长并未带来贫困的减少和大多数人民生活状况的改善。增长不等于发展。因此，经济发展理论日益兴起，成为经济学重要的一支，是为**发展经济学**。有人提出：增长经济学主要以发达国家为对象，发展经济学则以第三世界发展中国家为对象。发展经济学家都逐渐重视增长指标以外的其他发展要素条件。例如，提出了"满足基本需要"作为经济发展的主要内容与目标。与此同时，越来越多的学者明确认识到发展不单是实现经济目标，而且应重视社会目标以及其他有关条件。经济发展理论由此逐渐演进到**整体的发展理论**，即探讨和研究包罗经济、社会、政治、历史、文化、价值观，以至生态环境、国际关系等多方面、多学科的社会整体发展。

20世纪70年代是各种发展理论比较集中提出的时期。现试把其中一部分按时间顺序列举，从中可以看出绝大多数是对世界未来发展的分析与设想，也可以反映未来研究和发展研究相结合的趋势。

1970年　W.W. 罗斯托在《政治与成长阶段》一书中提出"追求生活质量"阶段，从而完成其1960年提出的经济成长阶段理论的六阶段说。

1971 年　罗马俱乐部发表《增长的极限》。

1973 年　丹尼尔·贝尔发表《后工业社会的来临——对社会预测的一项探索》。

1974 年　伊曼纽尔·沃勒斯坦（Immanuel Wallerstein）在依附论的基础上提出"世界体系论"，其主要观点包罗在《现代世界体系》四卷本中。

1975 年　瑞典哈马舍尔德基金会（Dag Hammarskjold Foundation）发表研究报告《另一种发展》。

1976 年　阿根廷的巴里洛克基金会（Fundacion Bariloche）发表研究报告《是灾难还是新的社会》，提出了人称"巴里洛克模式"或"拉丁美洲模式"的一项未来世界发展模式的设想。

1977 年　里昂惕夫（Wassily Leontieff）等学者发表联合国的研究项目《世界经济的未来》。

1978 年　法国西蒙·诺拉（Simon Nora）和阿兰·孟克（Alan Minc）发表《社会的信息化》研究报告。

1979 年　勃兰特委员会（Brandt Commission）报告《北方和南方：争取生存的纲领》，即：第一个勃兰特委员会报告。

其中，贝尔的"后工业社会"理论和分析，由于同世界科技革命和西方社会发展的密切联系而特别引人注目。

丹尼尔·贝尔1919年出生于美国一个贫苦犹太移民家庭。1939年在哥伦比亚大学获社会学硕士，后又获博士学位，1944年起在芝加哥大学任教，1952—1969年在哥伦比亚大学任教，1992年被美国艺术与科学院授予塔尔科特·帕森斯社会科学奖，还被美国社会学会授予终身成就奖。他在芝大和哥大任教的同时，在20世纪四五十年代还从事新闻工作，曾任《新领袖》杂志主编、《幸福》杂志编委和撰稿人。这一时期他的主要著作有《美国的马克思主义社会主义史》《美国的新右翼》等。在20世纪60和70年代，他主要从事教学工作，1969年起即在哈佛大学任教，同时，还从事一些与未来研究和社会预测有关的活动：曾任《公共利益》杂志二主编之一；担任过《代达罗斯》和《美国学者》杂志编委；1964—1966年在美国总统的"技术、自动化与经济进展委员会"内供职；1966—

1968年担任美国政府"社会指标委员会"两主席之一；1966—1974年担任美国文理科学院的"2000年委员会"主席，1976—1979年任经济合作与发展组织"国际未来计划"的政府间顾问委员会美方代表，后任美国总统"80年代议程委员会"委员。在这20年中，他的主要著作有《意识形态的终结》《基本权利》《极端右翼》《普通教育之改革》《今日资本主义》《走向2000年：进展中的工作》《大学的对峙》《后工业社会的来临——对社会预测的一项探索》和《资本主义文化矛盾》等。1980年发表了《曲折的航程——社会学历程论文集1960—1980》。各方公认他最著名的三本著作为：《意识形态的终结》（中文版由张国清翻译，江苏人民出版社2001年出版）、《后工业社会的来临》，以及《资本主义的文化矛盾》（中文版由赵一凡等翻译，生活·读书·新知三联书店1989年出版）。他自称自己是"经济上的社会主义派、政治上的自由开明派和文化上的保守派"。贝尔于2011年逝世。

贝尔于20世纪50年代末首次提出"后工业社会"。1959年夏季，贝尔在奥地利的一次学术讨论会上首次使用"后工业社会"的名称，提出了他对未来西方社会的设想。其后，贝尔在1962年和1967年又写了《后工业社会：推测1985年及以后的美国》和《关于后工业社会的札记，1-2》。1973年出版的本书对"后工业社会"的思想作了全面的理论阐述和实例分析。他提出"后工业社会"的五大基本内容是：（一）在经济上，由制造业经济转向服务性经济；（二）在职业上，专业与科技人员取代企业主而居于社会的主导地位；（三）在中轴原理上，理论知识居于中心，是社会革新和制定政策的源泉；（四）在未来方向上，技术发展是有计划、有节制的，重视技术鉴定；（五）在制定决策上，依靠新的"智能技术"。1976年出版的《资本主义的文化矛盾》是本书的姊妹篇，它着重从文化角度继续探讨"后工业社会"。贝尔在该书的"前言"中对两本书的重点与配合作了说明，他说："两本书具有辩证的关系，互为补足。"《后工业社会的来临》一书"力图说明，技术（包括知识）和理论的高度集约化，正成为创造发明和制定政策的新原则，日益改造着技术—经济体制和社会的阶层体系"；《资本主义的文化矛盾》则"讨论文化的问题，尤其是关于现代主义文艺的思想，并讨论在社会价值观强调欲望不加节制的情况下如何管理复杂政治形态的难题"，"当代资本主义的种种矛盾是由于曾把文化与经济维系在一起的绳索已经解散,由于享乐主义已成为我们社会的主导价值观和影响"。

西方学术界论述未来社会的许多见解在贝尔影响下套用了"后……"的前缀,以表示一个旧时代的结束和一个新阶段、新类型社会的开始,有些描述未来社会的名称虽未使用"后……"的前缀,但也受到贝尔思想不同程度的影响。从下列的名称中可以窥见这股思潮的概貌以及贝尔的突出影响:

后工业社会——丹尼尔·贝尔

后资本主义社会——拉尔夫·达伦道夫(Ralf Dahrendorf)

后资产阶级社会——乔治·利希海姆(George Lichtheim)

后现代社会——埃米泰·埃齐奥尼(Amitai Etzioni)

后文明社会——肯尼思·博尔丁(Kenneth Boulding)

后集体主义社会——萨姆·比尔(Sam Beer)

后意识形态社会——刘易斯·福伊尔(Lewis Feuer)

后传统社会——艾森施塔特(S. N. Eisenstadt)

后市场社会——汤姆·伯恩斯(Tom Burns)

后组织社会——汤姆·伯恩斯

后经济学社会——赫尔曼·卡恩(Herman Kahn)

后大规模消费社会——赫尔曼·卡恩与安东尼·威纳(Anthony J. Wiener)

后匮乏社会——《社会政策》杂志(Social Policy)

后福利社会——吉迪恩·肖伯格(Gideon Sjoberg)

后自由派时代——杰弗里·维克斯(Geoffrey Vickers)

新工业国——约翰·肯尼思·加尔布雷斯(John Kenneth Galbraith)

技术电子社会——兹比格纽·布热津斯基(Zbigniew Brzezinski)

规划社会——阿兰·图雷纳(Alain Touraine)

多面社会——克拉克·克尔(Clark Kerr)

技术社会——雅克·埃吕尔(Jacques Ellul)

超工业社会——阿尔文·托夫勒(Alvin Toffler)

全球村——马歇尔·麦克卢汉(Marshall McLuhan)

这些未来预测的一个共同特点是都以当前突飞猛进的科技革命作为研究的出发点。贝尔对未来西方社会的探索,从技术分析联系到产业结构、社会结构、阶级结构、权力中心、管理体制等方面,无疑是具有重要意义的。现代的科学技术正在经历一场巨大的革命。面对这场重大的科技革命,我们不但要重视其经济影响,而且要重视其社会、政治和文化等影响。贝尔已看到西方社会正处在历史变革的巨大动荡之中,现有的社会关系、权力结构和文化价值都在迅速消蚀。因此,"时代终了感"是当代西方社会特有的文学形象,他预感到后工业社会会带来一整套新的匮乏和一系列新的问题。

《后工业社会的来临》出版多年之后,贝尔在1999年推出了最新版,对原书文本再次审核,并且增加了一篇8万多字的长篇"新版前言"。贝尔说:"后工业社会的名称、词语、思想和概念现已成为常见的流行语和学术词汇,虽然使用很广泛,但没有具体说明它意味着什么。"他强调:后工业社会的概念和现实是在社会经济史的框架内出现的。所谓"工业革命",是对技术与生产组织的新认识。技术不仅是以再生产方式制造物品,而是目的与手段关系的合理安排,使工作甚至生活成分合理化。人类力量的"突破"成为改变自然和改变物质世界的基础。他说,许多人在写到后工业社会时仍然把它定义为首先有关服务业,但是这种定义是不恰当的,后工业社会崭新的中心特征是对理论知识的汇编以及科学与技术的新关系。他重申:第一次技术革命的基础是用蒸汽泵和受控室作为动力并应用于机器。第二次技术革命可以确定为电力与化学两大革新。现在我们正在经历着一场第三次技术革命。四项革新是这一技术革命的基础:电子化、小型化、数字化和软件化。他说,今天我们正处在世界范围第三次技术革命的上升过程,因为已经度过发明与革新阶段,进入扩散的关键阶段。但是,他强调技术并不决定社会变革,技术只提供手段和可能。"前言"最终讨论了后工业发展的范围与程度,以及社会变革的架构。

可以看到,贝尔在1973年撰写了《后工业社会的来临》一书,系统地阐述了他对西方社会发展的途径和方式的基本分析与看法。其后,在1976年和1999年两次再版时,他都写了长篇前言,尤其是1999年最新版前言,它实际上是他对这一主题的进一步思考和补充。因此,虽名为"前言",按逻辑顺序而言,等于是全书文本之后的延续和发展,把他心目中描述的"后工业社会"面貌及影响细加刻划。

丹尼尔·贝尔这部名著定将引起读者们的巨大兴趣和深入思考。

高铦
2016—2017年补记于北京复兴路寓所

1999年英文版序 技术轴心时代

I

《后工业社会的来临》一书最初是在1973年出版的，1976年再版时加了一篇较长的序言。从此以后，"后工业社会"的名称、词语、思想和概念成为常见的流行语和学术词汇。从1997年8月6日到1998年8月8日的内克西斯数据库（Nexis）里搜索一下，可以发现众多人士的文章和讲话曾引用这个词语104次；在1996年开始的两年时间中，则有191次。

这种使用频率颇说明问题，有时使人好笑，有时令人吃惊。欧盟委员会副主席莱昂·布里坦爵士（Sir Leon Brittan）1997年9月在东京讲话时说："我们正在设法艰难地过渡到成为具有老龄人口特征的后工业社会。"哈佛大学社会学家威廉·朱利叶斯·威尔逊（William Julius Wilson）在1998年1月就内城区错位问题的根本原因撰文指出，关键在于"后工业社会"的就业岗位要求有较高的教育程度。在十几年间导致数十人伤亡的"炸弹狂人"[①]在1998年1月提出，"如果有一

[①] "炸弹狂人"（Unabomber）原名西奥多·卡钦斯基（Theodore John Kaczynski），在哈佛大学和密歇根大学学过数学和哲学，后担任加州伯克利大学助理教授。他强烈批判社会，反对工业化和现代技术，主张以自然为中心的无政府主义，从1978年至1995年期间在全国范围内以大学和民航作为对象，安置或邮寄炸弹以袭击从事现代技术的人士，造成3人死亡，23人受伤。美国联邦调查局把他的案件定名为Unabom，意为"大学（un—）与航空（a—）炸弹（bom—）"，并将其定罪终身监禁。（据

家全国性报纸发表他那份批评后工业社会（即技术社会）腐败和灭绝人性影响的35000字宣言的话"，他可以结束战争。当《纽约时报》和《华盛顿邮报》联合发表了那份宣言时，"炸弹狂人"的弟弟大卫·卡钦斯基（David Kaczynski）认出了他的文风和用字，把他的身份报告了当局。

令人关注的是，世界各国领导人使用这一词语时不仅给予它高规格，而且往往具有警示意味。在1998年4月庆祝布拉格大学650周年时，时任捷克总统的瓦克拉夫·哈维尔（Vaclav Havel）说："大学研究不能完全由市场经济的需求所驱动；后工业社会要求大学记住它们关于'通才学习'的本旨。"1998年6月，撒切尔夫人（Margaret Tharcher）谈及亚洲社会的缺点时，把问题部分地归于"未能发展先进工业社会与后工业社会需要的政治结构和技术"。

甚至美国总统也使用后工业社会的名称。在1998年6月30日上海召开的一次"塑造21世纪的中国"圆桌会议上，克林顿总统说："在经济成长方面，你们几乎超越了传统欧洲国家和美国所经历的一个世代的发展，你们必然将同时创造出一个工业社会和后工业社会。所以你们必须比我们更快地培养高水平的人才。"

当我询问撰写克林顿讲稿的国家安全委员会委员时，他们告诉我说，总统对这些问题的具体回应是即兴的。可是也很明显，克林顿总统的话来自前一时期的白宫简报，这个问题已经被多次提出过。1998年5月，新闻官迈克·麦柯利（Mike McCurry）和助理国务卿斯特罗布·塔尔博特（Strobe Talbort）在一份白宫简报中的讨论涉及"后工业社会所受到后冷战时代的实质性挑战"。克林顿总统在同英国首相托尼·布莱尔（Tony Blair）5月间在首相休养地契克斯会谈时，谈到了同样的话题。迈克尔·柯里（Michael Curry）在英国伯明翰关于两位领导人及其助手会谈的一份新闻简报中重申了这一主题。

从这一切可以看清，西方各国领导人认为西方社会是"后工业的"，而世界其他地区面对的问题是如何过渡到后工业国家。

"后工业社会"一词现在使用得很广泛，然而它意味着什么却往往没有具体说明。例如，伦敦《经济学人》（1998年8月22日）在"后工业的格拉斯哥"一

《维基百科》材料）——译注

文中写道：

> 到格拉斯哥来却没有思想准备的人们看不到被烟灰熏黑和污浊拥挤的大杂院，在熙熙攘攘的船坞上空找不到丛林般的大老吊。……那个格拉斯哥已随着一度使城市致富的大部分造船业和钢铁业一去不复返了。……现在从城市中心看，格拉斯哥就像一个集旅游、服务和商业于一体的成功的后工业中心。

这番描述意欲集中表现工业与制造业的衰落及服务业对它们的取代。但是它没有看到新兴的后工业世界中社会结构所发生的非凡变化，服务业并不完全取代农业与工业（虽然它在实质上改变了它们），而呈现了新的创新方式、新的社会组织模式和新的社会阶级。

后工业社会的概念和现实应被归入社会经济史的框架：以前工业、工业与后工业世界为前后背景。① 保罗·克鲁格曼（Paul Krugman）指出，在过去57个世纪的头55个世纪中，世界上大多数人口主要靠以采撷业为基础的经济——农耕、采矿、捕鱼、伐木——维持生存。马尔萨斯（T. R. Malthus）说得对，在那段漫长的时期里，人口增长受制于疾病、土壤衰竭和自然资源递减。移民与掠夺性战争是各民族常遇的命运。

然而，马尔萨斯是在1800年写下这些话的，从那时以来，世界已经大大改变。过去千百年来人们不知道的一种能源被发现了。石油可在封闭容器内被充分地利用。蒸汽泵把煤矿里的地下水抽走，使矿工掘进得更深，挖出更多的煤。英

---

① 当然，我并不认为这些背景"穷尽了"理解世界基本社会结构的方法。匈牙利裔的哈佛经济学家雅诺什·科尔内（Janos Kornai）指出，有两种制度主导着20世纪——以私有财产和市场为基础的资本主义制度及以国有制和官僚制度为基础的社会主义/共产主义制度。他评论称："本世纪的历史没有产生任何此类第三种制度。"

这些制度都具有工业社会的性质，尽管在资本主义和共产主义制度中，工业是以不同方式管理的。本书的主要论点之一源自马克思，认为如果我们以社会关系与技术为参照坐标来分割生产方式，我们就有四种方式来对比不同的制度。关于这一坐标的说明，请见"1976年序言"的图1。

科尔内教授是最早指出共产主义制度中固有结构性障碍的经济学家之一。他特别强调官僚制凌驾于预算约束和价格，造成长期匮乏。我引用的小册子试图解决由集体主义制度过渡到市场经济的问题。见雅诺什·科尔内《从社会主义到资本主义》（社会市场基金会，伦敦，1998年），第2页。

格兰岛屿中部的米德兰地区富含煤层，这里的人们开始在纺织业运用蒸汽动力织机。随着工业扩张，越来越多的工厂出现了。燃煤的蒸汽动力驱动火车和轮船，产生了新的运输方式。人们第一次可以在陆地上行进得比任何动物更快，在水面上比风速更快地航行。随着对卫生制度的更多了解，随着净化水和医疗进步——至少在西方世界——疾病不再造成灾难性后果。人口增加意味着新的生产要素和新的需求。随着现代化学的发展，通过聚合高分子化合物，人类首次制造出塑料等自然界没有的物质。

对经济学也出现了新的认识，劳动分工和生产率原则使人类可以以同等或较少劳动投入获取更多产出。破天荒第一次，经济盈余可以不靠剥削产生——除非劳动分工太走极端。过去，财富的获取通过战争、掠夺、奴役、税款包收等手段，是野蛮的你死我活的零和博弈。现在，有史以来第一次，在生产率增长并导致收入与财富增加的同时，经济盈余得以产生而不造成工人阶级的贫困。至少，这是经济自由主义的承诺。

如果考虑到这些成就，我们知道，所谓"工业革命"（这个名称是 100 年前的 1886 年由著名历史学家阿诺德·汤因比的叔父老阿诺德·汤因比［Arnold Toynbee Sr.］在牛津大学讲话中创造的）应被视同于对技术和生产组织的新认识。技术不再仅仅是以再生产方式制造物品，而是目的与手段的合理安排，是工作乃至生活范畴的合理化。技术在程序上是工具性的，在设计上是美学的，这是魏玛共和国著名的包豪斯设计学院①所主张的观念。这种美学观念也体现在建筑师瓦尔特·格罗皮乌斯（Walter Gropius）和埃里希·门德尔松（Erich Mendelsohn）、艺术家拉兹洛·莫霍里—纳吉（Lazlo Moholy—Nagy）、画家保罗·克利（Paul klee）和利昂奈尔·费宁格（Lyonel Feininger）的作品中。

就这个层面看，可以说过去的 200 年是技术的"轴心时代"。德国哲学家卡尔·雅斯帕斯（Karl Jaspers）用"轴心时代"一词来刻画公元前 500 年前后（或者更广泛地指公元前 6 世纪到公元前 2 世纪）宗教和神性有所突破的古希腊时

---

① 包豪斯设计学院：1919 年在魏玛共和国由瓦尔特·格罗皮乌斯所创建，以崇尚功能性与简约性著称。世界公认其为现代设计的发源地。——译注

期。那个不平凡的时代涌现出波斯的琐罗亚斯德①（Zarathushtra）、印度的释迦牟尼、中国的孔子、以色列的先知（耶利米［Jeremiah］、以赛亚［Isaiah］、以西结［Ezekiel］）、希腊爱利亚学派哲学家（泰勒斯［Thales］、阿那克西曼德［Anaximander］、毕达哥拉斯［Pythagoras］）。这批先哲的同时涌现，真是神奇莫测，种种解释此处暂不研讨。但是，有一点却是明确的，即这一时期出现了使历史就此转折的世界轴心。现在，如果我们认为：过去200年出现了又一个新的轴心时期，人类能力的"突破"成为改变自然和物质世界的基础。这种看法是否过分？②

工业社会的基石在于：控制能源（蒸汽、电力、石油与天然气）以驱动机器和涡轮；集团公司的纵向整合，如沃尔特·蒂格尔（Walter Teagle）所创办的美孚石油公司控制着从油源到炼油再到汽油销售等一切环节，以及亨利·福特所发明的汽车生产流水线。但我们又如何解释后工业社会的出现呢？澳大利亚经济学家科林·克拉克（Colin Clark）率先在他的开拓性著作《经济发展的条件》（Conditions of Economic Progress，1940）中给出了解释，将经济划分为几个部门：第一产业（采掘业）；第二产业（制造业）和第三产业（服务业）。经济发展以每个部门的生产率水平（人均产出）来衡量。

当每个部门的生产率上升时（就是说，只需较少人力来完成一定水平的产出），工人就可以从一个部门转到另一个部门。因此，经济进步可以定义为部门之间差异生产率的作用。服务业属于剩余范畴，也可以说，是一个社会现在能够提供的额外福利。许多人在谈到后工业社会时，仍然把它定义为首先有关于服务业。这种定义是不恰当的。

---

① 琐罗亚斯德：波斯雅利安人，拜火教的创始人。——译注
② 关于卡尔·雅斯帕斯就"轴心时代"的重要讨论，见《历史的起源与目标》（伦敦，劳特里奇与凯根·保罗出版社，1953年），译自德文版 Vom Ursprung und Teil der Geschichte，1949年，特别是第1节与第5节。

我在1991年11月1日西班牙《国土报》（El Pais）组织若干欧洲报纸合作进行的莱昂纳多项目中发表了论文"第二个轴心时代"。

"第二个轴心时代"的主题是我未发表的一篇论述技术的手稿的框架，内含我在美国社会学联合会全体会议（1992年8月20日）上的讲话"时空的断裂：后工业时代的技术与社会"，以及我在美国艺术与科学院接受社会科学塔尔科特·帕森斯奖（1993年2月10日）时的讲话。

克拉克狭隘地将服务业定位于"经济主义的"。这一观点源自古典主义经济学家和马克思的思想，认为服务业是"非生产性的"，只有制造业才能通过劳动产生价值。但我们很快就可以看出这种观点是错的。在当今社会，服务业主要发展"对人的服务"，特别是在医疗和教育领域。两者都是今天提高社会生产率的主要手段：教育提高人的技能，尤其是文字和运算能力；医疗保健减少疾病，使人们更加健康、适于工作。因此，我在写到服务业的时候，把这一领域进一步（在将前工业社会和工业社会分别划分为"初级"与"第二"产业之后）分为第三产业（交通运输与公共事业）、第四产业（贸易与金融）和第五产业（医疗保健与教育等）。

但是对我来说，后工业社会崭新的中心特征是对理论知识的汇编以及科学对技术的新关系。每个社会的存在都基于知识以及语言在传播知识的过程中发挥的作用。但只是在20世纪我们才看到在探索新知识时对理论知识的汇编以及自觉性研究的发展。我们在科学对技术的新关系中可以看到这种变化。几乎所有19世纪的工业——钢铁、电、电话、汽车、航空、无线电——都是天才的工匠所创造的（例如贝西默、托马斯·爱迪生、亚历山大·格雷厄姆·贝尔、赖特兄弟、马科尼，这些人或者不关心科学，或者不理会科学发展而独自钻研）。但是20世纪的重大发展——在通信、电脑、半导体和晶体管、材料科学、光学、生物技术等领域——都来自20世纪物理学和生物学的革命：从爱因斯坦关于量子理论与光学的研究（它解释了光电效应并导致激光的发展），到脱氧核糖核酸双螺旋结构的发现、解码人体细胞染色体结构的基因工程。研究与发展为发明与创新服务，它们都是整个科学发展的一部分。

当然，没有一个社会会一下子充分长成，好比智慧女神密涅瓦从朱庇特头颅里生成的神话那样，而是不同侧面在不同时期出现，社会变化往往是新旧模式相互作用的结果。所以，我想在这里指出一些过去25年间后工业社会发展的范围与程度，并以此与工业社会的特征相对照，这种比较即便只是纲要性的，也可能是有益的。①

---

① 说明这些变化的图表被放在本书第一章。在1999年版序的末尾，我结合此处讨论的对比，做了一个修订表格。

一、从制造业到服务业：今天，在1.26亿美国劳动者中，只有1880万人从事制造业工作，而25年前则是7700万名劳动者中的2020万人。因此，现在有近15%的劳动力从事制造业，而25年前是26%。我还需要指出制造业性质的变化，那就是：高污染高能耗的工业减少，经过消毒、在无菌室制造的电脑芯片和药品生产兴起。这两种模式以许多方式相互补充。福特汽车公司正在发展基于美国航空航天局喷气发动机实验室设计的芯片而设计的高级神经网络程序以监控汽车发动机的故障。

就国内生产总值而言，在7万亿美元的美国经济中，制造业大约占国民生产总值的17%，而服务业占50%。

二、职业变化：工作性质上最惊人的变化是专业性和技术性就业的极大上升，以及熟练和半熟练工人的相对下降。1996年，在1.26亿劳动力中，有3650万人是专业人员和经理；几乎一半被划为管理者；3760万人被归类为技师、销售和行政助理。这些人的总数超过7400多万，几乎占据劳动力市场的近60%。与此相对，1350万人列为熟练工人（精密生产与手艺工人），1810万人是操作工和劳工，总共为3160万，或劳动力的25%。①

三、财产与教育：在社会上取得地位与特权的传统途径是通过继承——家庭农场、家族企业或家传职业，以及较次要地通过创业或发挥企业家才干。今天，伴随着专业和技术工作的增多，以及企业家的身份同样要求有较高的教育背景，教育已经成为社会流动性的基础。1960年，只有41%的美国人读完了4年高中（黑人只有20%），而1996年，81%的美国人读完了高中（黑人为74%）。大学教育的变化更为惊人。1960年，只有7.7%的美国人读完了大学（黑人为3.1%），而1996年，几乎24%的美国人读完了大学，黑人为13.6%（见《美国统计摘要》，表243）。

四、金融资本与人力资本：突出这一变化的另一种方式是认识资本作为资源的本质。在经济理论中，直至30多年前，资本主要被理解为积聚金钱或土地的金融资本。由于芝加哥大学西奥多·舒尔茨（Theodore Schultz）和加里·贝克

---

① 这两部分的数据引自1997年《美国统计摘要》表645、649与693。

（Gary Becker）的开创性工作，人力资本现在被视为社会力量的一个基本特征，而在美国经济学家保罗·罗默（Paul Romer）最近的增长理论中，人力资本与技术都被统合为增长的内在特征。更加晚近的是，社会资本的概念被芝加哥大学已故的詹姆斯·科尔曼（James Coleman）以及哈佛大学的罗伯特·帕特南（Robert Putnam）进一步发展。一个人得到社会资本，就是取得机会和社会关系网，可以说，社会资本就是缩小人与人之间的"六度分隔"[①]。正如科尔曼和帕特南指出的，少数族群往往因缺乏社会资本而更难以得到或获悉机遇。

五、技术与智能技术：大多数人认为技术就是机器；基于工业社会的机械技术，这种理解是合理的。然而，随着电脑辅助设计在制造业的扩展以及通信系统的合并，"智能技术"（以数学和语言学为基础）走向前沿，在"高新科技"的应用中使用算法（决策规则）、程序设计（软件）以及虚拟模式。

六、基础设施：工业社会的基础设施指的是交通运输——港口、铁路、公路、卡车、机场——用来交流货物与物资。后工业社会的基础设施则是通信工具：电缆、宽带、数字电视、光纤网络、传真、电子邮件、综合服务数位网（把数据、文本、语音、音响和图像结合在单一信道内）。现在我们发明了互联网和万维网，在不到5年内，它们的增长速度是通信史上前所未有的。这些技术形成一个复杂的适应系统，构成电子化的全球经济的基础。

七、知识的价值理论：从李嘉图到马克思，工业社会以劳动价值论为基础，工业的发展依靠节约劳动的设备，以资本取代劳动。后工业社会以知识价值论为基础。知识是发明和创新的来源，产生了附加价值和规模递增收益，时常通过投资较少、产出更多的新替代品（例如在通信电缆中以光纤替代铜线）来节省资本。知识是集体产品（特别是在基础研究领域），我们可以因此提出：是否应向创造知识的科学家阶层支付"社会租金"。

那么后工业经济新在哪里呢？美国经济史学者布拉德福德·德·朗（Bradford

[①] "六度分隔理论"（six degrees of separation）是匈牙利学者弗里吉斯·卡林西（Frigyes Karinthy）在1929年提出的一项数学设想，认为世上任何人或任何事，相隔均少于6步，所以经由他人中介等方式，即可得到联系。这一理论或直接或间接地影响了关于社会网络的主张。（据《维基百科》材料——译注）

De Long）写道：

> 新的因素在于自从印刷术发明以来，信息处理和发送第一次成为主导产业之一。以前的主导产业改变了织工、纺纱工、运输工、农民、铁匠的生活状况。现在，新的主导产业正在改变那些用信息来指导企业的经理们的生活状况，同时也在改变根据信息来决定购买的消费者的生活状况。可是，最有意思的或许是，社会信息的处理和发送都离不开知识分子。所以，我们知识分子当然很激动，我们有很大很大的话语权。①

那么，问题来了。如果信息对社会经济组织的新形式具有如此的核心作用，为什么我没有把我的著作称为"**信息社会**"呢？1975 年，我写了一部长篇专著《信息社会的社会架构》（该专著的主要部分收录在由迈克尔·德图佐斯［Michael Dertouzos］和乔尔·摩西［Joel Moses］合编的《电脑时代》一书中，麻省理工学院出版社，1979 年）。书中列出信息经济的一些核心特征，并提出一些政策问题——即，集权与隐私、对教育进展的怀疑——与当下的状况仍然相关。但是，如同我在本书中提出的，我的焦点集中于技术的作用以及技术成为战略资源和社会变革杠杆的方式。我不算是技术决定论者，因为一切技术都在并非全由它左右的背景（诸如政治和文化）下运作；然而技术是变革的主要工具（而且工具是可以用得好或者用得坏的）。

我的兴趣出自两个方法论的考虑。一是把马克思与生产方式概念有关的两个维度——**社会关系**（财产与权力）和**技术**——分开观察一下，如果我们把这些因素视为独立的变量，那么历史场景将会怎样？一方面，这些变量是指奴隶制、封建主义和资本主义；另一方面，它们又对应着前工业、工业和后工业架构。②

---

① 《经济文献杂志》1998 年 3 月号。朗是加州大学伯克利分校的经济学教授，曾任财政部副助理部长。朗是在他的网站上回应了有关新经济的夸张言论，并试图提出他认为最明显的新因素。问答很有趣，可以在他的网页上看到：delong@econ.berkeley.edu。

② 马克思认为生产方式是社会的**构成要素**，是一切社会结构所固有的，就像元素周期表是化学的构成要素一样。但是马克思从资本主义汲取一个图纲，回过来以此解读全部历史，这样的解读是站不住脚的。马克思的生产方式是**概念性**图纲，不是构成性图纲，正如马克斯·韦伯（Max Weber）家长

我的第二个兴趣来自我的论点，即人们最好把社会，特别是现代社会，理解为一系列分离的领域。大多数社会理论把社会视为一个整体或由单一规则决定的结合体。马克思主义者认为社会由生产方式所组织，结合了下层结构和上层结构——经济作为基础，政治和文化作为附带现象。而涂尔干（Durkheim）和帕森斯（Parsons）认为社会是由价值体系组织的，价值体系使得派生出来的规范和行为在社会上合理合法。

相对于这些整体性理论，我认为社会共有3个领域——技术经济领域、政治领域与文化领域，每个领域都根据不同的原则组织并服从于它。这些领域在不同时代以不同方式相联系，有时变化非常激烈。

前现代时期的社会是君主统治下的等级集团社会，它是由军人集团、地主阶层、教会集团和资产阶级垂直组织起来的。在现代资本主义社会中，可以认为，资产阶级壮大起来并主宰了社会。经济学在生产和商业中成为社会的组织原则；资本家与工人的区分则成为社会的阶级分野。后工业社会的社会结构，正如我在结语第一节中探讨的，由**身份**和**工作场所**组成（身份是指职业群体——科学、技术、行政管理和文化领域的职业人士。工作场所是指职业身份所在的具体机构——公司、政府、军队、大学、研究所）。

回到我最初的"技术"话题：技术经济领域虽然不决定政治与文化方面，但是当它传播到全社会并面临工具理性的要求时，往往成为变革的引发者，将对政治秩序（时常处理由变革产生的动乱）和文化领域提出质疑。

最后，正如我在导论中写的，我不是在预测未来，而是在撰写被德国哲学家汉斯·瓦欣格（Hans Vaihinger）称之为"**如果**"（als ob）的一种虚构，一种对可能情况的逻辑构想，它可以与未来的社会现实进行比较，以便观察在实际的发展中是什么干预、改变了社会。25年后，感兴趣的读者可以判断的不是我的理论

制、世袭制和法理制的权威图纲是历史性图纲，可以被视为是对奴隶制、封建主义和资本主义的复制一样。概念性图纲不分真假，但有有用、无用之分。在许多方面，马克思的概念性图纲仍然是认识从大约1750年到1950年西方资本主义社会最为有用的，它的主要缺陷在于产业工人阶级的衰落。我在我的论文"对意识形态的误读：马克思著作中的社会决定论思想"（《伯克利社会学杂志》第35卷，1990年）中，对此问题有详尽论述。

有多么准确,因为它只是社会学家的"前景"史,不是历史学家的"回顾性"建构;读者们可以判断的是:今天的社会特征同 1/4 个世纪以前的世界的特征对比起来怎么样。

在本书出版后的 25 年间,有十几本书探讨和发展有关后工业社会的主题。①令人惊讶的是,在早些年,最先欢呼后工业社会到来的是新左翼的激进青年。发起学生争取民主社会组织(SDS——Student for Democratic Society)的《休伦港声明》以后工业社会这一社会发展新阶段的假设作为基础,将老一代的左翼分子渲染为过时的人物。汇编新左翼文献史的马西莫·特奥多里(Massimo Teodori)表示:"美国的新左翼或许是最早表达面对后工业社会问题的新力量。"SDS 领导人格雷格·卡尔弗特(Greg Calvert)和卡罗尔·奈曼(Carol Neimen)的一本关于

---

① 下列著作可能是感兴趣的读者希望参阅的:杰罗尔德·哈格(Jerold Hage)与查尔斯·鲍尔斯(Charles H.Powers),《后工业生活:21 世纪的作用与关系》(赛吉出版社,1992),是对因这些变化产生的工作、信息收集、灵活调整以及新职业等问题进行的总体调查;弗雷德·布洛克(Fred Block),《后工业的可能:经济论述的批判》(加州大学出版社,1990),雄心勃勃地力图重新定义经济体,强调质的增长,而不是国内生产总值的传统上量的增长;利·埃斯塔布克(Leigh Estabook)编,《后工业社会文库》(羚羊出版社,1977),书名有误导,因为它是关于专业组织、服务以及文库的 30 篇论文的选集;鲍里斯·弗兰克尔(Boris Frankel),《后工业社会乌托邦》(威斯康星大学出版社,1987,最初在英国出版,由政体出版社联合巴西尔·布拉克威尔出版社出版),把我的著作与绿色运动的理论家,特别是鲁道尔夫·巴(Rudolf Bahro)和安德烈·戈兹(Andre Gorz)进行对比,设想在没有匮乏的前提下一个由手艺人构成的分散小社会;威廉·斯塔尔(William J.Stull)与贾尼丝·范宁·马登(Janice Fanning Madden),《后工业的费城:大都市经济的结构变化》(宾夕法尼亚大学出版社,1990),是沃顿学院经济监控项目的一份研究,包含制造业就业下降和生产性服务业上升的图表;斯蒂芬·赫曾伯格(Stephen A. Herzenberg)、约翰·阿里克(John A.Alic)与霍华德·瓦尔(Howard Wial),《新经济的新规则:后工业美国的就业与机会》(二十世纪基金会图书,1998),指出 3/4 的美国劳动力现在受雇于服务业,主要是那些低工资和没有发展的工作,建议制定新的规章来重塑劳动市场机制;小托马斯·斯坦巴克(Thomas M. Stanback Jr.)、彼得·比尔斯(Peter J. Bearse)、蒂里·诺耶尔(Thierry J. Noyelle)与罗伯特·卡拉塞克(Robert A. Karasek),《服务业:新的经济》(哥伦比亚大学人力资源保护项目,1981),对大工业公司**内部**服务功能的开创性研究,例如研发、销售、广告、法律、游说等,以及集团生产性服务扩张的研究,例如金融、电脑等;凯瑟琳·玛丽·达德利(Kathryn Marie Dudley),《生产线的终结:消失的职业,后工业美国的新生活》(芝加哥大学出版社,1994),关于汽车业消亡以及技术变革中职业安全大问题的案例研究;特里·尼古拉斯·克拉克(Terry Nichols Clark)与迈克尔·伦佩尔(Michael Rempel),《后工业社会的公民政治:转型的利益集团》(西方视野出版社,1997),雄心勃勃地力图穿越过去的左右分野并着眼于新的单一议题的社会运动,来界定新的政治发展。作者们把 10 多项经验性结论整理成关于阶级政治衰落的正式命题;拉里·赫希霍恩(Larry Hirschhorn),《超越机械化:后工业时代的工作与技术》(麻省理工学院出版社,1984)。

新左翼的书(《中断的历史》)采用了许多后工业的语汇。而在赖特·米尔斯(C. Wright Mills)之后,学生们大搞革命,使大学成为超越工作与匮乏的"为新社会而斗争的活生生样板"。①

这里的前提是认为现在匮乏已经消失,我们会进入一个社会的"后经济"阶段。1964年的宣言"三重革命"提出了这一信念的基本原理,宣言签署者包括罗伯特·海尔布伦纳(Robert Heilbroner)、欧文·豪(Irving Howe)、冈纳·缪达尔(Gunnar Myrdal)、汤姆·海登(Tom Hayden)以及主要作者罗伯特·西奥博尔德(Robert Theobold)与唐纳德·迈克尔(Donald Michael)。他们在自动化和电子化中看到"一个生产的新时代"因生产率的提高而闪耀登场,而生产率提高得如此之大,我们唯有切断旧日匮乏工业社会所维持的就业与收入之间的联系并把用益权自由分配给广大民众,才能对付它的冲击力。但事实并非如此。因为匮乏的问题困扰着一切社会,而根除匮乏是所有改革运动中最基本的乌托邦。我将在这篇序言的结尾再来谈这个关键问题。②

在众多论述后工业发展的书籍中,我要特别指出一些著作,它们打开了新的方向,对新的课题进行严肃的探讨。第一本是西蒙·诺拉(Simon Nora)和希拉里·明克(Hilary Minc)的《社会的电脑化》,那是1978年向法国总统提交的一份有关国家如何应对电脑在社会上的作用的报告。它提出了一个模式,说明一个严肃政府该如何应对科技问题。这份报告最早提出建议,把电脑和通讯联合起来建立信息高速公路。它的成果之一就是产生了法国的终端服务国家网络方案(Minitel Program),每个电话用户得到一个电脑终端(最初只

---

① 格雷格·卡尔弗特与卡罗尔·奈曼:《中断的历史:新左翼和新资本主义》(纽约:兰登书屋,1971)58—59,22—23,64,174页。
② 在此引用的这些新左翼言论,我必须感谢霍华德·布里克(Howard Brick)。他的书《矛盾的时代》(特温出版社,1998)是一部研究20世纪60年代思想和文化的重磅著作。请阅读"后工业发展的思想"一节(55—57页)。新左翼对后工业社会的讨论是根据大卫·里斯曼(David Riesman)的论文《后工业社会的休闲与工作》(1958),载埃里克·拉腊比(Eric Larrabee)和罗尔夫·迈耶森(Rolf Meyersohn)合编的《大众休闲》(格兰科自由出版社,伊利诺斯,1958);以及根据我的一些早期著作,特别是《后工业社会》,载伊莱·金兹伯格(Eli Ginzberg)编《技术与社会变革》(哥伦比亚大学出版社,1964),和我为利昂·巴格利特爵士(Sir Leon Bagrit)《自动化时代》一书(纽约,新美利坚图书馆,1965)所写的序言。

被用作电话号码本的替代品），从中可以快捷地获得各种信息服务，诸如航空班次、电影放映时间和保健服务。①

理查德·森尼特（Richard Sennett）的《性格的腐蚀：新资本主义下工作对个人的影响》（纽约，诺顿出版社，1998）探讨集团重建、工作团队重组和持续适应对性格、人格及正直品性的影响，开创了新的领域。森尼特把我 1956 年的专著《工作与不满》中对工业工作的描述作为突出的对比。我在描述高度协同的功能理性系统时，指出了它的 3 个原则——规模逻辑、时间度量逻辑和层级逻辑。规模意味着在大工厂里集中生产以达到规模经济。层级是把脑力工作从车间提升到计划和调度部门的体系。时间度量是弗雷德里克·温斯洛·泰勒（Frederick Winslow Taylor）发明的，是根据工时计算工作和报酬多少的精细设计。② 这三个逻辑都已被抛弃或由新的组织原则所取代。它们或许带来了更强有力的经济，但正如森尼特指出的，当个人发现自己没完没了地在重构的公司里转换时，总是感到失去了依托和伦理认同。

查尔斯·萨贝尔（Charles Sabel）和迈克尔·皮奥里（Michael Piore）的作品是我们了解工业社会历史背景和旧生产体系如何崩塌的里程碑之作。在《工作与政治》一书中，萨贝尔天才地讲述了大规模生产的发展方式，称之为福特制——这个名词成为左翼批判社会的常用语——表明对标准化产品的需求以及对机器生产特定产品的投资如何打倒了品味差异和灵活的专业生产。皮奥里和萨贝尔较晚创作的、更加雄心勃勃的著作《第二次工业分工》认为我们可能正在见证"新的工业秩序：在微电子及电脑领域的发展之外，诸如意大利威尼托、德国巴登—符腾堡等地区经济的发展"作为"后工业化社会的小岛"滋生了一

---

① 西蒙·诺拉和希拉里·明克：《社会的电脑化》，由丹尼尔·贝尔撰写导论（麻省理工学院出版社，剑桥，1980）。法国的政府机构由高级文官主导，这些人均为自国家行政学院毕业的精英，其中最优秀的毕业生担任财务督察的工作。他们要行使评估公共企业以及对社会与经济问题提出新政策等责任。西蒙·诺拉数次进入法国内阁，担任过财政部总检察长，应吉斯卡尔·德斯坦总统的要求，就新的通信技术对法国的影响撰写了这篇报告。希拉里·明克当时还是较年轻的财务督察。该报告在 1978 年面世，是法国的畅销书。
② 《工作与不满》由灯塔出版社在 1956 年出版。该论文的主要章节加上我更早一篇论文的一些部分"使人们适应机器"（1947 年 1 月号《评论》）被收入《意识形态的终结》一书（自由出版社，1960；哈佛大学出版社 1988 年再版，加了一篇新的后记。）

些小型与中型企业，用适应灵活、反应迅速的生产体系营造出个性化的顾客定制产品市场。①

就职于芝加哥大学的社会地理学家萨斯基亚·萨森（Saskia Sassen）认为，生产性服务业的增长是后工业经济中全球城市的转型特征。生产性服务——商业、金融、技术及专业服务——由于贸易、金融与投资的巨大扩张和后工业就业的兴起而经历了大发展，这是电脑和通信技术发展的结果。萨森指出："新古典经济学和凯恩斯经济学长期无视产品生产和服务业生产之间的差别，遑论服务业内部的差别。"可是城市中心的重要变化——她以纽约、伦敦和东京为首要例证——都源于生产性服务业的扩张。②

曼纽尔·卡斯特尔（Manuel Castells）的三卷本《信息时代——经济、社会与文化》是重绘社会地图最有雄心的行动。③服膺于我和法国社会学家阿兰·图雷纳（Alain Touraine）的早期著作，卡斯特尔说，应在农业、工业生产与服务业生产两种形态的知识基础之间，而不是在工业经济与后工业经济之间，作出适当区分。他指出早期的后工业主义理论（这里他指的是我而不是图雷纳）基于索洛（Solow）和肯德里克（Kendrick）的生产率研究数据是取自20世纪上半叶，同时提议"将分析重点从**后工业主义**转向**信息主义**"。所谓信息主义，他是指"**信息技术、信息处理与通信传输（领域）**的当前革命"。卡斯特尔认为，信息主义不等于"知识和信息的中心地位"，而是"在革新与运用革新累积反馈的过程中将这类知识与信息应用于知识形成和信息处理／传输的装置"。④

---

① 查尔斯·萨贝尔：《工作与政治》（剑桥大学出版社，1982）；以及迈克尔·皮奥里与查尔斯·萨贝尔，《第二次工业分工》（纽约，基础书屋，1984）。
② 萨斯基亚·萨森：《全球城市：纽约、伦敦、东京》（普林斯顿大学出版社，1991）。特别参见第6章"全球城市：后工业生产场所"。
③ 约翰·劳埃德在接受英国《新政治家周刊》（1998年6月5日）访问时评价卡斯特尔说，"卡斯特尔是一位大思想家。粉丝们把他同卡尔·马克思与马克斯·韦伯相比较，因为他们在他解读当代社会基本趋向时看到了早期社会学家所特有的才能。他延续着丹尼尔·贝尔（《后工业社会的来临》和马歇尔·麦克卢汉（Marshall McLuhan）《认识传媒》的传统，为六七十年代社会组织地震般的变动打上了标记。"
④ 引文摘自卡斯特尔的《网络社会的兴起》第1卷（牛津，布拉克威尔出版社，1996），31，204页。黑体加重为原文所有。

我要说，我和卡斯特尔的分歧，在于他把知识与信息混同为一个词语或一个进程，未能分清发明、革新与扩散。我并不认为有过一场"知识革命"或"知识爆炸"。我们且不谈那些把汤姆·库恩（Tom Kuhn）作品[①]与后现代解构主义的喋喋不休混为一谈的虚妄的相对主义。我们确实必须面对范·奎因（Van Quine）和希拉里·普特南（Hilary Putnam）关于重新探讨人类知识确定性的认识论领域的严重挑战。不过，我的异议主要针对分不清知识与信息，以及所谓"知识技术"的奇怪论调，因为知识（au fond）在本质上就是一系列的判断，可以靠实验性证据以及有待判断的行动目的加以验证。这些问题我将在这篇前言以后的部分试图解释。

II

技术与经济增长

在1956年和1957年，美国经济学家罗伯特·索洛（Robert M. Solow）写了两篇将为他赢得诺贝尔奖的经典论文；文章把技术提升至经济增长理论的核心地位。[②]古典经济学一直关注在完全竞争和不完全竞争条件下的瓦尔拉斯一般均衡理论和马歇尔局部均衡理论。现代经济学，按照莱昂内尔·罗宾斯（Lionel Robbins）的系统阐述，则以竞争性需求下稀缺资源的配置为焦点。在大萧条年代应运而生的凯恩斯经济学，着重强调无力转化为投资的储蓄以及通过政府刺激来增加需求的必要，以便推动停滞的经济。到了二战以后，随着重建德国和日本的残破经济以及对后殖民地国家经济发展的重视，经济学领域才系统性地将注意力转向增长理论。

---

① 汤姆·库恩（1922—1996）：美国物理学家和科学史家。他在1962年出版的《科学革命的结构》是一部经典之作，提出了"范式改变"的概念，认为科学领域呈现出周期性"范式改变"，而不是完全以线性方式持续发展。（据《维基百科》材料）——译者注
② 罗伯特·索洛的两篇论文分别是"对经济增长理论的贡献"，载《经济学季刊》（1956年2月），65—74页；"技术变革与集聚生产函数"，载《经济与统计评论》（1957年8月），312—320页。

最初的成果被称为哈罗德—多马模型，以英国经济学家罗伊·哈罗德（Roy Harrod）和俄裔美国经济学家埃夫塞·多马（Evsey Domar）的姓氏命名。该模型强调资本—产出比，设法确定某一增长率所需要的持续投资水平。（举个简单的例子，如果资本—产出比为 2:1，那么确定增长率为 5% 的话，就要求 10% 的持续投资率。）它完全着重于资本投资。

1956 年索洛在论文中提出新的理论模型，认为就长期来看，工人人均产出水平是资本投资率、劳动力增长率（经济理论的常规构成）和技术水平的函数。它特别强调技术变革在生产函数中对资本与劳动比的改变。

在这篇理论论文中，技术被视为外源性的——是固有模式以外的一系列因素——所以它被作为剩余（即实际观察值与估计值之间的差），涵盖与资本或劳动不相关的生产率提升与经济增长。索洛的第二篇论文着重于经验性证据，设法度量技术对经济增长的贡献。剩余可能是对机器、人力资本、组织创新等的投资。但总的说来，它被简单地归类为"技术"。"索洛剩余"在不同的经济周期，大约可占到美国趋势增长的 40—60%。① 简言之，我们从直觉、记录和案例研究中知道的情况已经被公式化并结合到经济理论之中，如同其他好的理论一样，可以应用于任何背景。②

显然，要了解现代社会及其在过去 200 年中的转型，我们必须先了解技术的

---

① 爱德华·丹尼森（Edward Denison）以 1929 年至 1982 年为研究对象的晚期著作，试图找出促成这一阶段 3.1% 的经济平均增长率的特定因素。据称，经济增长的 16% 归功于工人平均教育水平的提高，11% 归功于资源配置改善，12% 归功于资本增加，而 34% 则归功于"知识增长"或狭义的技术进步。见《美国经济增长趋势，1929—1982》，布鲁金斯学会，1985 年罗伯特·索洛引用于《增长理论述评》（牛津大学出版社，1988），xxi 页。

② 在 20 世纪 80 年代，基于罗伯特·卢卡斯（Robert Lucas）和保罗·罗默（Paul Romer）的著作的"新的增长理论"问世了。索洛模型把技术视为新古典派理论的**外源因素**，而卢卡斯（在他的专著中）跟随罗默的做法，试图把技术看作**内源因素**，与市场的概念相整合，而不是把技术当作一种通常由政府推动的动力。罗默试图通过实证手段，以专利数据和教育水平来界定知识，使之成为技术的替代语。《经济前景杂志》第 8 卷第 7 期的专刊中（1994 年冬）收录了大量相关专题，尤其是罗默与索罗的贡献。

与一般均衡理论相区别的、增长理论的另外两种发展前景，可参见乔瓦尼·多西（Giovanni Dosi）、克里斯托弗·弗里曼（Christopher Freeman）、理查德·纳尔逊（Richard Nelson）、吉拉尔德·西尔伯格（Gerald Silverberg）与卢克·索特（Luc Soete）合编，《技术变革与经济理论》（品特出版社，1998），强调变革的核心地位；以及理查德·纳尔逊和西蒂尼·温特（Sidney Winter），《经济变革的进化论》（哈佛大学出版社，1982）。

转型，特别是机械化技术如何转变为后工业社会的基石——智能化技术。

我们正处在世界第三次技术革命的上升期。世界经济正在上升，是因为我们已经由发明与革新的阶段过渡到关键的扩散阶段。扩散速度取决于每个社会的经济情况和政治稳定程度。这一趋势不会逆转，它的影响甚至会比重塑西方社会的前两次技术革命更加巨大，而且伴随着工业化的扩张，还将散播到世界上的各个地区。

我在这一节里要做的是指明"第三次技术革命"的突出特征，通过对若干社会架构的描述，使我们得以看清这一技术革命如何在社会基本结构的重组中行进，并说明我们可能的选择。①

请好好注意我明确区分了技术革命和它的社会—经济影响。"工业革命"一词模糊了两种不同的事物：新的动力形式——蒸汽机的出现，以及工厂（社会组织）创造性地将这种动力应用于商品生产的机器。区分的理由是，对于新技术的应用，并不存在单一的、必然性的确定路径。新技术的组织方式形形色色，而且都是自觉做出的社会决策。不同于由少数积极分子策动的法国和俄国革命，第一次工业革命不是由人们"投票选定"的政治事件。工业革命在前进时几乎不曾遇到阻力，是因为它生成利润并以更廉价的方式供给商品。

第一次技术革命以蒸汽泵、内燃机以及机器生产为标志。在早期的工厂中，机器按直线轴线布局在一起。原因很简单，蒸汽离气源越远，热量损失越大。这一因素决定了早期工厂的布局。电力出现之后，生产机器的布局可以更加灵活，但工厂管理者已习惯了几十年来的控制模式，简单地延续了工厂的布局。铁路也是如此，在第一条轨道间距延用传统马车轮距之后，虽然人们可以轻易地扩宽轨

---

① 一个简单的方法论上的要点是：有关技术变革的大多数讨论集中在一个单一的主要项目上，随后就开始追溯其社会效应。因此我们有了所谓铁路效应、收音机效应、汽车效应、航空效应等许多研究。这种思考方式的问题在于，技术变革越来越不能被简单地理解为某个重大的革新，遑论要追溯它多个层面的效应。犁对于中世纪农业以及马镫对战争产生的影响，显然与汽车、铁路、轮船与飞机对于交通系统的交互性改变不可同日而语。基于这一点，我从社会矩阵模型着手，试图弄清它们在引进新技术之后发生了怎样的变化。我尚未发表的几篇论文（见本前言 12 页脚注 2 中的引述）对此讨论得尤为详尽。如欲对比旧的分析模式以及它们在当代应用中的风险，见小林恩·怀特（Lynn White Jr.）《中世纪技术与社会变革》（牛津，克拉伦登出版社，1962）；以及奥格本（W.F. Ogburn）《航空的社会效应》（波士顿与纽约，霍顿·米夫林出版社，1946）。

距,但这种模式还是被持续地传导到其他铁路系统。可以说,既成习惯恰如穿越原始森林的第一条车轨,将成为未来行为的矩阵模型。

大约100多年前的第二次技术革命,以电力与化学两大领域的革新为特征。电力使我们获得一种新的、适应性更强的动力,与蒸汽动力相比它可以传输到数百公里之外,通过减少能量的损失,使得工厂内部生产机器的布局进一步分散化。电力创生出新的照明方式,改变了昼夜切换的节奏。我们通过电缆传送编码信息,将人声转换为电子脉冲,从而发明出电话和收音机。化学领域的革新,使人类有史以来第一次有能力制造染料、塑料、合成纤维、乙烯等自然界没有的合成物。

现在,我们正在经历第三次技术革命。想一下眼下发生的变化,我们必定会联想到诸如电脑、电报之类的产品。但这样的思考忽略了对于理解这场革命至为关键的基本进程。只有认识这些相关进程,我们才能开始描绘社会—经济与政治领域里可能发生的大量变革。

新的技术革命以四项革新为基础,下面我将一一作简要描述。

一、一切机械系统、电力系统和电机系统都将变为电子系统。工业社会的生产机器是机械工具。电子系统正越来越多地取代机械部件。固定电话基本上是一个将信号转化为电流的机械工具(例如拨号系统);而今天,电话已经完全电子化了。印刷在过去意味着以机械方式将涂有油墨的铅字印到纸上;而今天,印刷也实现了电子化。同样,固态电路被应用于电视的生产。电子化使构件的大幅缩减成为可能,将传输速度提升至可观的程度。通过现代电脑,我们已达到纳秒速度,即十亿分之一秒或万亿分之一秒,使运算变得像"闪电一样"。

二、小型化:控制电流或电子脉冲的元件"小型化"是最显著的变革之一。人们以前采用的是电子管,老式收音机里的电子管大约高5—8厘米。晶体管的出现可与蒸汽动力的发明相提并论,代表着微电子元件制造能力的量级突破,这些元件可以像微处理器那样控制、调节、指示和记忆等近千种不同运算。一块指甲大小的芯片可以处理4000字节、32000字节、64000字节,现在人们已经开始制造百万字节的芯片。

在过去20年,我们见证了芯片组件数量的指数增长,每10年就增长100倍。

今天，一片小小的硅晶芯片里容纳了数万个晶体管，而它的成本只是几美元。芯片上的电路由印刷板制造，如果一个工人——把分散的组件焊接到印刷线板上，要花大约 10 年时间。一个芯片就是一台微型电脑，具有输入输出处理以及随机存取的能力，它的体积甚至比 1 美分硬币更小。

三、数字化：在新技术领域，信息由数字代表。所谓数字就是离散的数，是非连续的变量。电话的工作原理基于模拟系统，因为声音是一种波，它可以被转换为二进制的数字。这一转换最明显的优势是使精确度与可控性获得提高，同时它也使数字化电脑融合图像与声音系统成为可能。第三次技术革命将以往一切的系统都转换成数字形态。

四、软件：早期电脑要通过指令或操作系统来进行控制，人们必须学习 COBOL、FORTRAN 或者更专业的 Pascal、LISP 等编程语言。软件的出现解放了电脑使用者，使他们可以快速处理各项任务。通过分布式控制，软件指令一台电脑终端独立于其他终端而运作。个人电脑装入特定的软件程序——供财务分析或信息数据恢复——电脑系统因而可以适应用户的特定需求，用计算机世界的行话来说，即"界面友好"。

软件是定制化的基础，仍在继续向前发展。一名程序员在一个月里大概可以设计数千条编码。在电信业，大型交换机（将数十万次通话分配到不同线路上）可以连接 200 多万条通路。[①] 突破软件程序设计的"瓶颈"，是个人电脑迅速扩展到小企业和家庭的关键。随后要做的是，减少个人电脑**内部**的函数与应用的数量，如网景和 Oracle 甲骨文所做的那样，使个人可以按需"随时购买"软件。一旦实现了这一创新，我们就能向用户提供海量程序，并且极大简化个人电脑上的操作。

在光电子学领域的**重大进步**使新技术的扩大加强获得了保证。它提供了通过激光、超纯玻璃或光纤大批量传输数字信息的核心技术。新材料的传输能力大大

---

① 人们从所谓 Y2K（即千年虫）问题上可以看到转换软件编码的天量数字。由于几乎所有电脑操作程序都用两位十进制数来表示纪年，到 2000 年时，这些电脑将直接跳回初值——1900 年，银行、飞机预售和成千上百个企业为此头疼不已。1999 年 1 月，美国社保局宣布他们通过修改 3000 万条代码，已经使他们的电脑得到修正。

超越了电线与无线电。在实验室环境下，美国电话电报公司下属的贝尔实验室创下了"距离记录"：在不扩容情况下，以每秒4.2亿字节的传输速度传送了201公里；以每秒20亿字节传送了128公里。采用脉冲代码调制的方法，人们可以在几秒钟内传送整部30卷本的《大英百科全书》。光电子学仍在发展之中，我们这里谈论的是已经市场验证的成熟技术。

关于新技术最为紧要的事实是，它并不局限于某个孤立的领域（如"高科技"标牌所暗示的），而是遍布社会一切领域、重组所有旧关系的一系列变革。工业革命带来一个发动机时代——而我们一直视之为理所当然。在汽车、轮船、动力工具，甚至家用电器（如用1/2或1/4马力的小发动机驱动的电动牙刷、电动刻刀）上，发动机随处可见。后工业时代将再次见证这种无孔不入的变革。在未来几十年，电脑将入侵人们的生活——除了大型电脑，还有"芯片电脑"，微处理器将改变我们使用的设备和家庭环境。汽车、电器、工具、家用电脑都由一台具有每秒千万级计算能力的微处理器驱动。

我们已经看到多种变化正在形成。不同沟通方式，即电话（声音）、电视（图象）、电脑（数据）与文本（传真）之间的分立被打破了，通过数字转换实现了物理互通，形成一整套相互兼容的远程传输方式。电脑辅助设计与建模的引入令工程和建筑实践发生了革命性的变化。电脑辅助制造与机器人正在改造生产第一线。现在，商业公司、医院、大学等组织机构的信息管理系统在存档、库房管理、调度以及其他方面，都不可能离开电脑。数据库与信息检索系统重塑了决策分析与智力工作。在家庭领域，家用电器可以通过编程而得到控制，前卫住宅设计更将这一原则应用到家居环境的种种方面。与电视屏幕相连接的电脑，正在改变人们沟通、交易和信息交流的方式。

学者的任务不仅仅是描述这些铺天盖地的变化，而要对它们做一全面整理，并以社会学理论为根基提供一些基本分析。在下一节中，我将用一些表格来帮助读者了解现有结构在变革面前承受了怎样的压力，以及变革的发生方式。要再次强调的是：技术不能决定社会变革；它只提供手段和可能。新技术的利用与社会抉择有关。

III

技术的"轨迹"

在每项技术的特性及其分衍之间,差别极为巨大,但大多数人在使用**技术**一词时是无分别的。对普通人而言,技术仍等同于机器或机械化模式——当然,机械并没有消失。然而,作为后工业社会的基础,通信和电脑领域的新技术是一种智能技术,与创造了工业世界的机械技术相比,具有迥然不同的背景与学习模式。所以,我建议先画出现代技术的"地图"及其"发展轨迹",用5个框格来呈现其中的变化。

第一个框格与历史差别有关。

框格1　技术:从工业社会到后工业社会的历史差别

从机械技术:机器

到电力技术:有线与无线通信

到智能技术:程序设计、语言、算法

这些变化有三个结果:

一、运作系统从机械的变成半机械的,再变成电子化的。电话就是如此,从机械系统(手动拨号)发展到半机械系统,再到电子系统(按键拨号)。

二、从模拟的变成数字的。模拟系统以波形为特征(如电话中的声音传送);数字系统借助"脉冲"工作。使用数字系统(如0/1脉冲)之后,人们可以更精确地控制声音和其他数字化系统。

三、工业社会的标志是发动机。后工业技术则处处离不开微处理器,它是一切转换与计算系统中实行"控制"的元件。

第二个框格说明现代技术变革之源是**理论知识的汇编**。人类社会的存在离不开知识的传播。人类之所以不同于其他物种,就是因为我们发展了语言和代码,并在这个组织过程中形成了智力。从语言到概念是对思想进行分类,人类因而能够整理经验、归纳思想。但理论知识的汇编是新生事物，在很大程度上是20世纪专有的特征。

关键点在于科学理论得自基础研究。但是，基础研究往往不能获得即时收益。它必须不计名利，就是说，不面向应用研究和产品。

基础研究一般在研究机构进行。在美国，大学是基础研究工作的主要承担者，在医药等特定领域，则由政府主办的国家研究机构推进。德国的基础研究在政府资助的马克斯·普兰克学会（Max Planck Gesellschaften）进行；在英国，这项工作由各大研究机构联合进行；日本由大公司的实验室或位于东京北部的筑波等专业研究中心承担类似工作。

框格2　技术：变革之源

由"19世纪"的技术变革到"20世纪"的技术，是因为有了**理论知识的汇编**。

传统工业——钢铁业、通信业、广播及电视业、汽车业，甚至航空业——源于试试错错的经验主义，靠那些独立于当时科技与理论知识发展而动手单干的发明家与实干者，例如钢铁业的达尔比（Darby）与贝西默（Bessemer）、电话业的贝尔（Bell）、收音机与电力业的马可尼（Marconi）和爱迪生（Edison）、汽车业的福特（Ford）、航空业的赖特兄弟（Wright）。

20世纪后期出现的后工业源于物理学革命：量子理论、相对论、光学、固体物理学、材料科学。尼尔斯·玻尔（Niels Bohn）和费利克斯·布洛赫（Felix Bloch）对电子的研究促成半导体、晶体管的问世。爱因斯坦关于量子光学的论文引发了后来一系列对于光电元件与激光的研究。这些新的发明都得益于理论知识的编纂。

材料技术革命减少了人类对自然资源和地域的依赖。

最戏剧性的变革：从铜导线改为光导纤维（或玻璃纤维）。

变革的推动力：工业社会里的发动机、后工业社会的微处理器。

第三，在产品开发、品质改进和制造标准化产品之间存在区别。

此处的架构揭示了变革的轨迹与一种新的国际分工。美国建立了我称之为

"分布式制造业"。它是指首要关注概念、设计与销售推广的工业和公司。例如，大型时装零售连锁公司 Gap 集团在 50 个国家派驻了 250 名对分包商进行监控的质量监督员。全球制造使得它可以快速对市场与需求变化作出反应。Gap 公司有自己的零售网点。锐步（Reebok）作为迄今最成功的运动鞋生产商之一，并未设立自身的零售网点，而是专注于研究与产品设计推广。这类公司不"制造"产品，而是开发产品。

框格 3　技术：产品的产出

主要区别：**产品开发与产品制造**

产品开发基于以科学为基础的研究和进步。

产品制造分为两类：

（1）**品质**改进和（2）基于劳动力成本的**标准化**生产。

在过去的半个世纪，美国始终是技术**开发**的领航者。它的优势来自（1）大学里强大的科学基础研究和（2）强大的企业家文化。

同一时间段，日本在品质改进的领域表现亮眼——特别在汽车、家用电器领域。它的优势得益于强大的工程技术和敬业的工作文化。

在过去的半个世纪里，以廉价劳动成本为基础的标准化生产，一步步由韩国、中国香港，现在转移到中国大陆。

第四个框格说明发明、革新和传播之间的区别。在当下的社会，某个思想或产品的宣布引起轩然大波的现象是太普遍了；人们认为某些事物一旦出现，就会"革新"（技术的超常作用）整个生产线或工业。然而，大张旗鼓、反复宣传的有趣发明或产品往往招致失败。我们或许仍然记得全息照相，它的发明者丹尼斯·加博（Dennis Gabor）因此获得诺贝尔奖；还有"可视电话"，在与电话机连接之后，打电话的人在说话的同时也能看到对方。这里列出了它们之间的区别。

总的来说，现代发明由理论知识的汇编整理所驱动。几乎所有光学领域的成果都源自爱因斯坦在 1904 年揭示光为"量子"（并作为"波"）的一篇论文；光电元件、激光等新生事物由此应运而生。晶体管的发展则源于固体物理学。

但是，科技进步并不必然导向革新。它有赖于组织的适应性。我们知道，IBM 公司由于过分专注利润丰厚的主服务器领域，而放弃了一度由它领导的个人电脑领域，放手由微软公司吃掉这片市场。

传播则有赖于非常不同的因素。现在人们常用的传真机是在 30 年前开发的。（日本《朝日新闻》一度想借助传真在北方市场发行报纸，因为到北海道的运费非常昂贵。）可是，随着费用降低和传输速度提高，传真机成为日用消费品，它的生产则发展为一项上市业务。

框格 4　产品：变革的性质

发明、**革新**与**传播**之间存在区别。

发明受"科学驱动"。它的出现伴随着揭示技术的内在逻辑，如小型化、更高速、对新材料的适应，等等。

革新是"组织适应"。它源于某个组织利用（或抵制）新发明的能力和灵活性。（案例研究：IBM 公司抵制个人电脑，是其主营业务的利益所导致。）

传播受"市场驱动"。产品的使用与销售扩展，大多基于成本降低（例如传真），而当一个产品变得用户友好并能轻易取代旧产品时，则更多基于它的有效性及可靠性。

第五个框格，也是最重要的一点，是关于专业技术发展的分化。

我要特别强调这一观点，因为它对于了解不同社会的能力至关紧要。在通信与电脑领域，日本的科技扩展发展迅速，但日本企业几乎没有什么专业化方向。美国在这两个领域却大力发展了扩展与专业化的企业。让我们以两项统计来作进一步的说明。今天在日本，手机用户超过 3000 万，大约占日本电话电报公司 6000 万固定电话用户的一半。手机不再仅仅是商业必需品，而成为年轻人和普通市民到处携带的小物件。作为一种扩展设备，它已经重塑了近年来的通讯业。另一项统计与电脑有关，美国现在可为独立电脑提供 15000 种应用程序；这些程序可以被应用于任何人们可以想象的用途，即所谓专业化技术。

现在，我要从这些变革中总结出一些经济意义与社会意义。在电话生产与通

> **框格 5　技术：基本轨迹**
>
> 我们需要确定技术的本质和范围，以便跟踪有关的变革。
>
> 在信息革命中，技术变革的路径有三个阶段。
>
> ・转型技术
>
> ・扩展技术
>
> ・专业技术
>
> 转型技术推动社会的变革。扩展技术，正如字面意思，扩增了现有技术的应用范围。专业技术是现有技术针对某一特定任务的专业化应用。
>
> 我们可以用信息技术领域的重大进步来说明这几个阶段。
>
> **电话**：电话本身是一次技术转型。它改变了人们的通信方式，取代了邮递与电报系统，赋予我们一种全新的时空感。
>
> 手机是一种技术扩展。它"切断"了固定电话与系统联结的线路，摒弃了我们赖以通话的电缆。信号通过中继站、微波传送。
>
> 程控交换机（PBX）和局域网（LANs）是专业技术。**程控交换机**是公司内部通信的常用工具，以一个共用数字作为公司代码。
>
> **电视**：电视是转型技术，与收音机只能传输音频不同，它强调视频传输。宽带是扩展技术，大幅提高频道数量，从而使高清电视能提供更清晰的图像。
>
> 随着有线频道的增多，专业技术呈现为一个专门化的阶段，诸如家庭购物频道、24小时新闻播放的出现，等等。这是一个分割市场的过程。
>
> **电脑**：电脑是转型技术。它辅助我们计算、记录、模拟、造型、建筑或图形化计算机辅助设计（CAD）、计算机辅助生产制造（CAM），等等。
>
> 联网是扩展技术，与服务器、微型计算机或个人电脑等单机相对立。我们不但建立了公司间和公司内的网络，现在又有了联系千万个网址的互联网。
>
> 应用程序包括财务电子表格、游戏、保健项目，以及供特定需要的上万个程序。它们通常都被视为专业技术。
>
> 就技术层面而言，电脑的"发动机"是大批量任务的并行处理和编程软件。
>
> 这些技术变革催生了大量的经济变革。一般说来，"转型技术"要求大笔资金和庞大的组织投入，通常由大公司开发。
>
> 专业技术由于是在细分领域的应用，通常由小公司进行，由一位已经看到机会的工程师或创业者带头。今天在美国，信息业的重大发展恰恰存在于专业技术领域和小企业。专业技术的发展有赖于创业文化。

信业,扩展产品由大型公司发明和推广。而专业化领域——大多数是软件项目——是工程师和创业者开发,由小企业生产的。仅在加州硅谷,那里就有大约 7000 家制造这些专业化产品的公司,每个公司雇用 50 至 500 人。网景(Netscape)是将 Java 软件应用于互联网浏览的先锋。微软主宰着个人电脑操作系统的市场。**但应用软件**都是由小企业开发的。美国现在仍在壮大电脑和通信领域的专业化小企业。它之所以能这样做,是因为它把**创业文化**(以及投资的风险资本)与一批有高度技能的教育人群相结合。(有讽刺意味的是,这些进步有一部分是 60 年代末与 70 年代嬉皮士文化的残留。年轻的创业者反抗组织生活的约束,在编写电脑程序与代码中找到了经济上的出路和独立。)

对专业化领域的强调,足以指明美国与日本在经济表现上的差异。日本在很大程度上是一个**社群社会**,对个人创新侧目而视,在企业与大学中注重论资排辈。日本人在合作性的企业中表现出色,这也是七八十年代日本在电脑、通讯以及电子产品市场进行革新的力量所在。但是日本不鼓励有风险的企业家式的个人创新,而且缺乏辅助性风险投资制度,税制(它是高度平均化的)也不足以给予个体企业充分奖励。正由于此,日本虽然很容易进入扩展技术领域,但在专业化领域却表现不佳,那一直是美国表现出色的领域。

至于全球化和新的国际分工,许多经济体(和社会)的问题在于:它们是否**开发**新产品、**提升**产品品质,或有能力制造**标准化**产品。这不是说技术可以唯一决定它们的经济表现。许多部门对于一个社会具有根本性意义——诸如石油、天然气、林业、农业、渔业、旅游业、娱乐业、服务业,等等。当然,在许多方面,这些部门需要技术工具,而当一个经济体即将进入后工业阶段时,信息技术的发展轨迹会成为它们生存的关键。

IV

社会地理学、材料革命与全球化

在历史上,任何一个社会都由三个基础结构所维系,它们是各民族之间贸易与交往的聚集点和通道。交通运输是最首要的基础结构：河流、道路、运河，现代又有铁路、公路和飞机。其次是能源系统：水力、电力、电网、石油与煤气管线，等等。第三是通信系统：邮政网络（沿公路铺开），然后是电报（首次突破以往的链条）、电话、收音机，现在则是从微波到卫星的整套新技术。

交通运输是最古老的系统。当道路通往各个地方、促进贸易和交换的时候，社会各个部分之间的孤立就被打破了。人类聚居点一般位于道路交叉口、河流交汇处或湖泊湾曲地。商贾停下来卸货，农民售卖农产品，工匠落脚提供服务，于是市集和城镇渐渐兴起。

交通系统内最重要的是水路。这是运载批量货品最方便的手段，水道在高地之间交织通行，潮汐与水流提供了额外的动力。值得注意的是，在最近的1000年里，世界上几乎所有的大城市都紧邻水岸。罗马在台伯河边崛起，巴黎在塞纳河畔壮大，伦敦在泰晤士河河滨走向辉煌，除此之外，还有许多大城市位于海口和大湖之畔。

如果我们审视一下工业社会，城市与生产枢纽的位置决定于水源和资源的交互作用。拿一张美国地图，看看这个国家的中北部。明尼苏达州梅萨比山脉富含铁矿，伊利诺伊州南部和宾夕法尼亚州西部煤炭资源丰富。大湖区和连接滨海港口的河谷系统将这些地区联系起来：苏比利尔湖、密歇根湖、休伦湖、伊利湖与安大略湖经由圣劳伦斯河流入大西洋；伊利运河流经纽约并进入赫德逊河；俄亥俄河转弯流向密西西比河与墨西哥湾。

铁矿与煤的关联催生了钢铁工业，由此又产生汽车工业和大型机械工业、橡胶工业等等。把这些连成一片的水路运输系统是美国大工业中心城市——芝加哥、底特律、克利夫兰、布法罗与匹兹堡——兴起的区位因素。于是，我们看到经济地理学的印迹。

现在，随着工业社会的衰落，上述一切都在改变。水资源和原材料不再是最重要的城市区位因素，特别是随着技术的更新，制造工厂的规模越来越小，生产场所也越来越靠近市场。靠近大学与文化机构越来越成为重要的区位因素。不妨考虑一下美国高科技发展的四大中心——硅谷与斯坦福大学和旧金山市的关系、环波士顿周边的128号公路与麻省理工学院及哈佛大学的关系；新泽西州1号公路从新不伦瑞克到特伦顿的路段，以普林斯顿大学作为枢纽；以及明尼苏达州的明尼阿波利斯—圣保罗群集在州立大学周围。

通讯取代交通成为人与人之间主要的沟通和贸易方式。正如我们所见到的，日益廉价的通讯网络形成一种去中心化的强大推力。在过去，大企业的总部集中在中央商业区，因为那里辅助设施的聚集可以带来巨大的"外部经济效应"。人们只要"走过大街"，就可以容易地取得法律服务、金融服务、广告服务、印刷与出版服务，等等。今天，通讯费用不断降低和地价高涨，密集经济和外部经济因此不再那么重要。在过去十几年，几十家美国集团公司将总部从纽约中心搬到市郊，那里不但地价较低，员工通勤也比较方便。大公司纷纷搬往东北方向的康涅狄格州费尔菲尔德县、北方的纽约州韦斯彻斯特县、西方和西南方向的新泽西州梅塞县。

由于地理因素不再决定成本，距离不再是空间因素而是时间因素；时间成本与通讯速度成为决定性的变量。随着小型电脑和微型电脑的普及，将数据库与备忘录下载到这些小型电脑（以及使它们接入大型主机）的能力意味着工作不再需要一个固定的地点。

人类聚居地是这样，市场也是如此。市场是什么？过去，它是交叉道口和河流的交汇处，人们在那里买卖货品。市场是**地理位置**。但以后再不会这样了。以鹿特丹石油现货市场为例。油轮运载大量石油到这里，"就地"卖出。它们之所以到鹿特丹来，是因为它是一个靠近西欧市场的受保护的大型海港，有巨大的吞吐能力和大量来来往往进行交易的经纪人。现在，人们仍然把石油现货市场叫作"鹿特丹"，但交易地点已不在鹿特丹。在哪里交易呢？在世界各地！通过电报和无线电系统，世界各地的经纪人可以达成交易，指令公海上的油轮驶往不同港口。因此，市场不再是一个地理位置，而是一个网络。

大多数商品的情况同样如是，尤其以资本与外汇市场最为突出。人们在东京、新加坡、中国香港、米兰、法兰克福、巴黎、伦敦、纽约、芝加哥、旧金山等地都能获知美元、德国马克、瑞士法郎、英镑和意大利里拉的"实时"报价；货币在各国之间快速流动。利率差异及政治事件引发的骚动会影响资本的流向。

这个真正的全球化经济的神经和触角是以世界前所未见的方式相互联结的。舞台更大了，演员更多了，交易和交流增加了速度与活力。问题的关键在于旧的体制结构能否应付如此非凡数量的互动。我将在这篇前言的末尾再来谈这些与规模有关的命题。

促成经济地理与社会定位转型的第二种动力是新材料革命。在历史上，自然资源是每个社会赖以生存的基础。英格兰是"躺在"煤床上的岛屿。在蒸汽泵发明之后，矿井的地下水得以泵出，矿工可以沿矿脉掘进得更深。帝国主义就是一个国家确保原材料和市场的一种手段。日本在20世纪30年代发现自身需要更多的煤，随即就吞并了满洲，目的是确保煤的供应（以及防备苏联）。

今天，这一切都变了。量子力学的提出引爆了材料革命，人们由此可以根据所需的性能来制造全新产品。人们需要的不再是锡、锌或钢，而是根据不同的性能——延展性、张力、导电性——制造出具有上述性能的复合材料或合金。

材料革命的核心是技术替代。我们无需耗尽**任何**人类所需的材料。我们总能以一定代价获得技术替代。20多年前，由一些商人组成的"罗马俱乐部"预言自然资源即将耗尽，由于1973年石油危机的爆发，这一预言受到全世界关注。石油短缺其实不是由于石油的枯竭，而是OPEC石油组织的行动所导致；然而"短缺"的念头攫取了媒体的关注并引起了公众恐慌。

实际上，罗马俱乐部最早预言的是铜的短缺，理由是供应有限而需求在不断上升。若干石油公司倾资购买铜矿作为对冲防御，在很短的时间里，铜价上涨了一倍。可是在过去50年里，市场上铜的供应一直充足，铜的价格出现了回落。

要问当今世界上最大的铜矿在哪里，知道一些经济地理学的人会说是在智利或非洲的津巴布韦。然而世界上最大的铜矿可能是在纽约市的地下——因为光导纤维的出现而被废弃的大量铜导电缆。光纤用玻璃纤维制造，成本低廉，耗能少，而且容量比铜导电缆大10倍。所有通讯系统都在用光纤取代电缆。所以，铜不再是战略性大宗商品。

大部分金属和矿物同样如此。在二战期间，基于对战略物资的控制，世界上出现过铜卡特尔、橡胶卡特尔、锡卡特尔和锌卡特尔。现在这些卡特尔不复存在，技术替代使它们已经不合时宜了。唯一剩下的卡特尔是石油卡特尔，而这只是因为油价十分低廉。新的替代能源已经出现：热能、页岩油、核能、太阳能、天然气、甲醇、乙醇，甚至煤泥。但它们的价格相对昂贵。石油因为价廉和供应丰富，仍然具有一定战略优势。

正在兴起的材料革命会给社会和经济造成很大影响——换句话说，非洲等只限于原材料生产的地区，将会遇到大麻烦。非洲经济主要依赖农业与矿产。但是世界各地，特别是欧洲、美国、加拿大与澳大利亚的农产品（包括谷物）供应充足。化肥与"绿色革命"使世界各国在食物上几乎都能自给自足。[①]再以矿产或橡胶来看，技术替代降低了原材料的出口。1990年，非洲下撒哈拉地区的出口篮子的价值只抵得上1980年的一半，若再减去尼日利亚的石油出口，就只抵得上1/3。如果要向后工业经济过渡，非洲仍需要政治稳定和大力发展教育——即促使西方社会走向繁荣的一些条件。

有两百年之久，尤其是在整个19世纪，跨国经济主要靠金本位调节。世界被分为若干个"核心"国家以及围绕着它们的"外围"地区。核心国家以英国和美国为主，其次是德国和西欧。外围则指亚洲、拉丁美洲和非洲。核心国家承担了制造业的主要份额。外围国家提供原材料，有些提供移民和廉价劳工，有些成为被廉价商品充斥的市场。经济理论认为这是一种基于"比较优势"的贸易分工和劳动分工（一定程度上为政治压力所修改）。各国根据其资源、技术与熟练工人的数量生产最擅长生产的商品。英国一度是纺织业、钢铁业、造船业和工程业的领导者。德国在电气产品、化工行业遥遥领先。美国则主要提供汽车、农产品和煤。各国都试图通过我所谓的"技术阶梯"谋求在国际经济框架中的上升。例如，二战之后，日本快速进入造船业与钢铁业，使得这两大工业（尤其是前者）移出了英国。

[①] 受饥饿所苦的国家中的粮食问题，极少（除了孟加拉国）是农业问题，在很大程度上是政治问题或是分配制度的失败。缅甸过去一直是大米出口国，但是在吴奈温实施政治独裁之后，却不得不进口大米了。埃塞俄比亚的民生凋敝则是门格斯图的马克思主义军事集团瓦解小商贩体系的结果。索马里的饥荒是由于部落纷争使得土地无法下种。俄罗斯小麦种植区的面积堪比北美洲的北达科他和萨斯克彻温的小麦种植区；但由于社会组织的低效，那里的产量不足北美产量的1/3。

全球经济已经改换了面貌。它意味着商品与服务的单一经济、资本与货币市场的统一、商品市场的均衡化,以及我称之为"分布式制造"生产的发展。当然,跨国经济依然存在。大型商业集团乃至跨国公司的产品销往世界各地,但它们仍然主要以一国为基地,并被视为该国经济的堡垒。大型商业集团越来越被不可抗拒地拉进全球经济。壳牌公司(石油领域)、联合利华公司(食品与油脂领域)与飞利浦公司(电子产品领域)都是荷兰公司,同时也与英国有着千丝万缕的联系。汽巴—嘉基公司(药品领域)和雀巢公司(食品领域)都是瑞士公司,然而它们的生产与销售越来越面向全世界。丰田公司与尼桑公司、索尼公司与松下公司是日本公司,纷纷被无情地拉进全球经济,先是销售,现在是生产。

最为决定性的变化出现在资本与货币市场,这里几乎没有国界可言。哪里的投资回报率最大或者增值最高(只要政治是稳定的),资金就进来;一有麻烦就撤离。汇率在世界各地的货币市场上是相同的(除了套汇的小额差异)。各国越来越失掉对本国货币的控制力,汇率受买方的影响较少,欲望驱使下的套期保值或投机足以造成更严重的波动。银行间交易在瞬间就可完成。在伊拉克入侵科威特以后不到24小时,科威特银行已把大部分资产转移到海外。网络和信息成为全球资本与货币市场的管道和主宰者。新的地理中心与世界金融商业中心相结合:纽约、伦敦、东京、巴黎、法兰克福、苏黎世、阿姆斯特丹,以及在更大范围内,拉丁美洲的圣保罗与墨西哥城,亚洲的中国香港、新加坡、吉隆坡、上海与北京。

我们已看到资本、货币、商品的全球化,而生产也越来越走上这条路。我们是否会成为一个"地球村"呢?世界上大多数人口对于时装和娱乐的喜好,是由电视塑造的。不久以前,英国、法国、意大利和日本等国的电视台仍由政府垄断经营。但现在,垄断全被打破了,不但出现了独立的制作公司,CNN 全球网络及鲁珀特·默多克(Rupert Murdoch)旗下的卫星系统等现象也日益增多。社会学上的一个重大问题是:使各国相互区分的"民族"文化是否仍将存在?"高雅文化"与"低俗文化"的差异在消失。英语成为主导性的国际用语。在体育运动和休闲上,各国之间是仍会存有差异,还是采取共同的形式呢?垒球、高尔夫和滑雪已成为普及性的国际运动。足球在日本乃至美国逐渐流行。人们对食物和时装的偏好早已实现了全球化。在我的家乡马萨诸塞州剑桥（人口9万），有日本餐馆、中国餐馆、泰国餐馆、越南餐馆、韩国餐馆、印度餐馆、墨西哥餐馆、巴西餐馆、秘鲁餐馆、法国餐馆、意大利餐馆、俄罗斯餐馆、中东餐馆和犹太餐馆，更不用说供应肉排和海鲜的餐馆了。

商业娱乐已经全球化。美国的电视剧《达拉斯》在除了日本之外的世界各国都很流行，或许因为日本的商业文化与此大不相同。印度制作的电影数量远远超过世界其他国家，但它们只合乎印度人和乡村居民的口味。随着印度中产阶级的迅速成长，印度会不会加入全球化呢？

这些变化对民族文化和生活方式提出了严重的挑战。一般的忧虑是地域文化的同质化或被抑制。但是，这种想法可能过于简单。在传统文化浓厚且被宗教神权（如伊斯兰教或犹太教）所强化的地方，文化冲突可能相当尖锐。而在美国这种多元化的社会里，我们可以见到更广泛的文化融合（如美术、音乐和美食）。在一些社会（如日本和印度）的受教育阶层和知识分子之中，世界主义被广泛接受。文化植根于历史和语言，保留本国文化往往伴随着对历史的尊重和语言的再适应。显然，在人类迈进信息时代时，我们面临的不可能是唯一的答案。①

V

进入信息时代

当我们走进20世纪末时，人类很可能进入了"信息时代"。这个名词听上

---

① "抑制"文化最有力的是军事上、政治上和宗教上的征服。罗马帝国制定的法典被应用于任何一片领土，很大程度上成为了西方法律的基石。然而，帝国对地方宗教往往采取宽容态度。文化霸权最惊人的案例，如同大卫·贝尔（David A.Bell）向我提到的，是伊斯兰教。自7世纪穆罕默德传教以来，伊斯兰教传播得特别迅速，从摩洛哥到印尼，从巴尔干半岛和中亚到南部非洲，在它到达的所有地方，一一扫除了当地的文化。它不但引进一种极为统一的信仰，还在中东推行了阿拉伯语。在这种情况下，刀剑而不是技术成了压服的工具。技术对变化速度而不是变化性质影响更大。技术所做的其实是将文化与时尚向全球普及。

去似乎是崭新的。但事实并不如此。人类从来没有停止沟通，从最早的以烟火为信号，到鼓点、旗语以及100年前发明的电报、电话代码。每一次革新都带来新的时空概念，将世界各国和人民联系在一起，令他们以新的形式进行合作，虽然有时难免相互斗争。不同的是，新的信息时代不是建立在机械技术之上，而是建立在智能技术之上。时空的新概念超越了地理疆界（世界上还有哪个地方没有接受过音像搜索吗？）并"实时"发生。"虚拟现实"成为老生常谈，而不是潮流口号。

人们的注意力大多集中于新生事物，但变化的开端其实是理论知识向基本实践的转换。剑桥大学数学教授查尔斯·巴贝奇（Charles Babbage）在19世纪中叶建造了第一台计算机，即一种机械算盘。哈佛大学的艾肯（Aiken）与宾夕法尼亚大学的埃克特（Eckert）和莫奇利（Mauchly）制造的电子计算器使用光导开关作为操作装置来控制脉冲电流，进行计算。这种计算器——以及现代电脑——都以二进制为原理。而人们常用的计算方法基于拉丁文中的"deci"，即十进制。1/0的二进制源自布尔代数，它是19世纪英国数学家、逻辑学家乔治·布尔（George Boole）发明的符号逻辑系统，这是成千上万1/0脉冲信号转换为电脑操作编码的基础。尼尔斯·玻尔（Niels Bohr）提出原子结构假说，斯坦福大学德国流亡物理学家费利克斯·布洛赫（Felix Bloch）描述了气体凝聚为固体时能量以量子形态表现的上升，他们的工作推动了固态物理学的发展，从而导致电子管被以半导体材料为基础的晶体管取代。

信息发送需要媒介。理论知识再次为现代通讯产业打开了大门。麻省理工学院的克劳德·香农（Claude Shannon）提出了计算通讯频道传输能力的定理，根据频道带宽（电话、收音机、电视与电缆的带宽各有不同）以及信噪比（就是信号与噪声之比），可以算出在一定时段内发送的信息的"比特（字节）"数或单位数。由此，我们就能获知不同传输系统的能力。

接下来要处理的是，将不同传输系统——声音、文本、图像、数据——"融合"为同一个频道。电话线路传送的声音是一种"模拟"信号，因为声音本质上是一种波。电视图像、传真文本和电脑数据则是"数字化的"，换句话说，它们都是离散系统的单位脉冲。通讯产业的基本技术变革是将模拟信号转化为数字脉冲，以便使不同信号彼此兼容，通过共同的频道传送。(可参考唱片或录音带，其中声音的波形模拟信号被数字化，通过音响的控制获得更高的精确度。)

最终，微处理器问世了。在工业时代，发动机是一切机器的驱动力，而在后工业时代或信息时代，微处理器是核心的控制装置。经小型化的微处理器是一切计算、控制和记忆装置的心脏。微处理器在磁盘上储存数以百万计的字节信息，实现了用户的快速存取，并且能够控制发动机、机器和一切通讯装置。

20世纪位于交通轴线和通轴线的交点。交通设施有能力分派更多人员和物资。汽车沿公路将货物运送到铁路、港口和机场。汽车、公共汽车、火车和飞机使得人们的居住地点更**分散化**。交通能力的提升促成了郊区的发展，现在大多数美国人住在市郊。飞机最早由螺旋桨驱动，随后出现了喷气飞机，飞越大洲和海洋只需5至15个小时。协和式的亚音速和音速喷气机飞越大西洋只需3小时。

现代通讯系统"缩短"了地理距离。人们通过收音机可以收听世界各地的广播。电影提供了建立共同文化的基础。电视首次使希腊人口中的"**共享社区**"（oekumene）或传媒未来学家马歇尔·麦克卢汉（Mashall McLuhan）口中的"地球村"成为现实。今天，发生在伊拉克的海湾战争、对东京地铁的毒气攻击以及波斯尼亚的恐怖袭击等绝大多数新闻都可以做到"即时"直播。传送图像的手段有微波、同轴电缆甚至电话线路，卫星直播也日益成为其中的一员。

后工业社会新的基础结构促成了"质的变化"。电缆、宽带、数字电视、光导纤维、传真、电子邮件、ISDN（综合业务数字网，将数据、文本、语音、声音和图像并入单一频道。①然而最有意义的还是互联网与万维网的出现。互联网的发展速度在通讯史上是空前的。以往的通讯技术进步从来不曾这么快速地渗透进公众意识并获得公众接受。

互联网的问世可以溯源到20多年前美国国防部为了建立军事研究之间的联系而建立的、可互动的 ARPANET（高级研究计划署网络）。要在该网络上发送一

---

① 综合业务数字网（ISDN）可以说明由新生系统的革新所带来的一个问题。ISDN 起初建立时，被欢呼为通信产业的"新革命"。麻烦的是，每个电话公司（如作为该产业龙头的北方通信公司、美国电话电报公司）分别搞出一套自己的综合业务数字网。这些网络互不兼容。通过10多年的谈判，再加上政府干预，这个行业才最终建立起通用标准。

个信息,电脑必须先将数据放进 IP(互联网协议)包里。因此,电脑操作者(而不是网络)要为确保通讯而负责——简单地说,就是每台电脑都可以与任何一台电脑"对话"。与此同时,局域网(LANs)获得了发展,以本地桌面工作站为基点的网络互联逐渐展开。大型公司、机构不再将它们的电脑与一台大型分时操作主服务器相联结,而选择把整个局域网接入 ARPANET。网络互联由此进一步扩张到商业领域。

美国国家科学基金会(NSF)在重点高校建立了 5 个超级电脑中心,这成为互联网获得新发展的契机;直到那时,只有武器开发工程师才有资格接触世界上最快的电脑。NSF 决心由这 5 个中心为开端,建造自身的网络。1991 年 11 月,美国国会通过了参议员阿尔·戈尔(Al Gore)提出的一项法案,批准建立美国研究与教育网(NREN),把网络互联扩展到所有高等院校与科研机构——不但将这些电脑中心相互联结,还允许每所大学里的任何成员访问其他大学的电脑中心(恰如车轮的辐条)——由此,网络得以大幅扩张。重要的是,NREN 是自主的逻辑互联网,而不是一个单一的中央处理系统,因此可以根据用户需求发展和扩容。事实上,通过 NSF 以及高校互联,大学教育资格得以成为入口,使得每个接受四年制高等教育的学生成为互联网的用户。

一个关键的事实是——当时的互联网只能处理文本,让研究者在进行实验时实现线上合作(许多案例显示,同时在线交流信息或开展实验的人数可以达到 40 人或更多)。1994 年 10 月,加州的网景公司开发出"浏览器"软件,它不但可以协助电脑使用者轻松接入互联网,**还能呈现声音与图像**。①

下一个合乎逻辑的步骤是把互联网引进家庭,这项工作是由美国在线等商业组织完成的。它们收取月租费后提供服务器和浏览软件,把家庭电脑连接到互联网上。眼下,互联网可能连接了 3000 万台电脑和 1000 万名用户。按照当前的增长速度,到本世纪末,互联网可能将接入一亿台电脑。

---

① 1996 年,网景公司的浏览器占据了市场中 80% 以上的份额。主导个人电脑市场的微软公司由于低估了互联网的增长,发现自己的地位受到网景威胁。微软很快开发出自己的浏览器,并与 Windows 操作系统捆绑销售,迫使使用该系统的用户只能接受微软浏览器。两年之内,网景的市场份额缩减到大约一半。这一事实是 1998 年 10 月美国政府以反垄断为由对微软提起诉讼的根据之一。

互联网本身是一种渠道，是传送信息的分组交换网络。① 网站是组织或个人的地址；互联网站数以万计。这些网站提供产品信息、来自报章杂志或电视台的种种材料（今天，几乎每家重要的报纸、期刊、商业杂志和电视台都有自己的网站）、政府活动的更新情况（以及政府档案中的历史资料）、完整的图书馆书目——所有这些，都可以由用户"下载到"他们自己的电脑上，需要的话，也可以打印在纸上。

个人在互联网上"冲浪"，可能会被巨量信息压倒。于是，信息服务商设立了"搜索引擎"，以帮助用户找到他们需要的信息。② 据大型门户网站"雅虎"估计，该网站目前保有 3000 万至 5000 万页的信息或 200 至 300 千兆字节文本。③

互联网和新一代的通讯设施大大不同于上一个世代。通讯过去主要服务于**商务**往来，新的系统则将普通市民转化为用户和**消费者**。新一代的通讯基础结构**强调互动**和**参与**，用数以百万次的互联极大地丰富了传媒。互联网令新闻和流言倍增，任由轶事和丑闻博取大众眼球。它以前所未有的方式使人类的文化资源变得易于获取。它跨越了国界，使志趣相投的组织数量大增。互联网改变了"守门人"的性质，"守门人"传统上是指在某个思想接近的圈子里决定他人品味，左右对新时尚、新产品、新娱乐的接受程度的人物。④

---

① 电话一般是在两方之间建立直接的物理途径的"电路转换"网络。互联网则采用"分组交换"，信息被分割成标有不同目的地址的小包由网络传送，就像在一辆邮车里装入不同的信件。因此，分组交换扩大了网络容量。

② 1989 年，日内瓦附近的欧洲粒子物理学实验室"欧洲核研究组织"（CERN）为传送文本、图片和声音开发了 HTTP 协议（即超文本传输协议）。至 1991 年，欧洲核研究组织已经开发出可在文档中检索信息以及在线交流的网站服务器和浏览器。在文件中以超级链接的形式嵌入 URL 地址（统一资源定位器）的能力，意味着用户轻轻一点，就可从一个信息源转移到另一个信息源，而无需输入文件的地址或名称。

③ 一位古典文学教授最近在互联网上搜寻希腊大哲学家柏拉图（Plato）的参考材料。因为互联网是不做鉴别的，他找到了 4.4 万个网站，其中大量信息指向"芝加哥郊区"（suburb of Chicago）和西班牙文的"盘子"（plate）。他的解决办法是建立一个名为"四部曲：探索柏拉图的中期对话"的网址（plato@evansville.edu，evansville 指印第安纳州的伊凡斯维尔大学——译注），以及关于哲学和法学主题的另外 3 个网址。由于有"四部曲"的关键词，不但该网址本身容易找到，而且那里的材料是分类的，只有对学者有价值的材料才被展示出来。

④ 1955 年哥伦比亚大学的伊莱修·卡茨（Elihu Katz）和保罗·拉扎斯菲尔德（Paul Lazarsfeld）出版了一部具开创性的著作《个人影响》（格伦科自由出版社，伊利诺伊），探讨公众舆论与品味的形成

新的互动显然可被视作社会网络,从而提升**社会资本**和**社会影响力**的重要性。"社会资本"一词是社会学家近年来一直在大加探讨的主题之一。物理资本是指对货品与资源的控制,金融资本是对钱的掌控,人力资本是指通过教育获得新技能与新知识。社会资本是根据新的信息,更重要的是通过社会关系,发现晋升的机会和可能性。(研究者发现,美国黑人族群的问题之一是缺乏社会资本,因此在向上的社会流动中更容易受到排挤。)

这里有两个需要注意的关键点。一是互联网虽然可以触及全世界,但实际上仅局限于那些基础设施支持、建立了现代电话系统的国家和地区。在整个非洲以及第三世界的其他各国外加大部分东欧国家与西伯利亚,几乎不存在什么电话网络。而且,即使其中有一些国家的政府机关与科技大学可以登录进入互联网,人们往往也只能浏览少数网站。

另一个关键点是在这个时代,互联网仍是一种独立于电视和电话系统的媒介。然而,在美国,可提供宽带服务的电讯公司正在尝试通过有线电视接入互联网。电视机只显示信息和图像;不能进行互动。许多公司正在考虑以技术和商业计划推动传媒一体化。当一体化的可能性从萌芽发展到实用阶段时,在电脑、软件、通讯和娱乐领域,商业公司间的竞争可能导致各种联盟和兼并。

我们从大量事例中可以看到,互联网正在改变着新闻业、政界和商业。建议弹劾克林顿总统的长达450页的斯塔尔报告(Starr Report)在互联网和纸媒上同时发布。该报告在互联网上被上百万民众"点击"了600万次。人们在屏幕上滚动阅读,随时可以按照需要翻回到任何一页或一处来回顾,尤其是那些八卦的内容。1977年,美国航空航天局实施探索火星的探路者计划,将一个比小型冰箱略小的六轮车"寄居者号"降落在火星表面,全世界都看到它在火星地表行走。在一年之内,探路者网站收到来自全世界的10亿次点击。

互联网作为信息资源,越来越成为那些需要检索深奥艰涩信息的用户的有力

方式。传统观念一般强调大众传媒、广告等渠道的作用。但拉扎斯菲尔德和卡茨发现在大众传媒与个人之间进行干预的是一些被他们称之为"守门人"的人物。人们,特别是年轻人,作为某些集团或圈子成员,彼此交流对电影、服装和其他消费品的看法;"守门人"是那些意见最有份量并足以影响朋友和追随者的人。发现守门人是市场研究者的关键任务。互联网的出现使志趣相投的组织成员扩大到全国乃至世界各地,极大地改变了个人发挥影响力的模式。

工具。美国国会图书馆在每个工作日大概被点击100万次。截至2000年，国会图书馆预期会拥有从全国各地收集来的500万份美国历史档案，每一所学校和图书馆都可以上线浏览或通过光盘借阅。大英图书馆在伦敦尤斯顿的新馆开设了一个名为"翻开书"的展览，参观者可以在那里阅读到达芬奇的全部手稿，在特制屏幕上一页页地翻看，放大和查看对关键段落的文字说明，这些屏幕甚至能显示出如果不用达芬奇标志性的镜像反写，而用正常的书写方式，这些页面看起来将是怎么样的。免费的"出版名录"（PubList）自1998年8月以来一直流传在万维网上，它将在各大图书馆阅览室能找到的标准期刊名录汇集起来，使收录的刊物总数超过了15万种。新名录下的条目可以被检索或浏览。每个条目包括刊物简介、周期、出版商资料、定价、国际刊号，甚至提供有效的网址。

按照亚历山大大帝遗愿而建立的亚历山大图书馆是人类历史上的一个传奇。它既是博物馆和大学，又是拥有最丰富的希腊古籍收藏的学术研究中心。它的贡献不仅在于保留珍贵的古代文本，而且在于在解读这些文本的过程中催生出更多学问。该图书馆经历了古罗马的统治，直到3世纪才被战火摧毁。那么，在每个人的电脑桌面上可以组建起一所现代的亚历山大图书馆吗？乐观者已经在为这种可能性而欢呼雀跃了。在可见的将来，这样一所"大学图书馆"是否能成为现实，尚不完全清楚。如果要高效地搜索所有的有效文本，我们仍需解决许多问题，更不用说数学公式、音乐、艺术等非文本信息了。为它们编制索引将非常麻烦。（我们如何编制一幅画或一部电影的索引呢？）开发一种摘录程序，以便以简明的方式归纳结果，则是又一件棘手的任务。不过，各项工作已在进行之中。其中最重要的是美国数字图书馆启动计划，它试图将所有专业图书馆（从天文学到动物学）合并为同一种数字化格式，以方便用户使用。

宣扬互联网将催生一个电子市场、为顾客创造一种"虚拟零售"体验的舆论遇到了挫折。像喜欢去教堂、博物馆一样，美国人也爱逛购物中心。这是家人共处的大好时机，而且人们经常（像在图书馆浏览一样）被新奇商品所吸引。触摸和体验是"鲜活和真实的"，虚拟体验无法取代。但是，当人们知道自己要买什么或者便利是被考虑的第一要素时，电子市场确有它的优势。在金融领域，互联网上进行的交易占1998年个人投资者股票交易总和的10%以上。在航空公司用"荷兰拍卖法"以较低折扣预售,并随着起飞时间临近而降低折扣率之后,网上预售机票变得越来越流行。人们经常上线购买书籍和唱片,尤其是在离书店或唱片店较远或者要购买一些稀缺的书或唱片时。购买房屋的人感受到的便利是,他们可以先在房地产商的清单上检看,之后再决定是否看房。电子银行不再只是"虚拟"现实,人们一天 24 小时都能办理银行业务,而不仅是上午 9 时到下午 3 时的银行时间。"票务大师",这个最大的演出票务商发现了一个成熟的市场,因为买方发现能自动寻找最佳位次的电脑服务比电话订座更加方便。不过,众多电视购物频道惨淡的业绩,说明互联网的电子市场化可以提供单一功能服务,但不会像热中者认为的那样提供"虚拟零售"体验。①

VI

知识是什么?

在所有关于数据、信息和知识的大讨论中,**爆炸**或许是最常见的字眼。但这

---

① 这里我不得不暂时搁置把信息视作"商品"的问题。信息不同于物品的一个关键是,物品将在一定时间后被用光或磨损(譬如一辆汽车),而信息却不会。在某种程度上,信息更像是免费的物品或公共品,它和知识一样不会被耗尽。这样一来,我们又该如何给信息定价并把它作为价值的来源呢?

诺贝尔经济学奖获得者肯尼思·阿罗(Kenneth Arrow)在一篇重要论文中探讨了这一主题。1995 年 4 月 12 日,阿罗教授在米兰天主教大学的讲话中说(部分摘引):"大约 15 年前,我的朋友、杰出的社会学家丹尼尔·贝尔向我建议,认为我应当考虑'信息价值论'在现代经济中发挥的作用,就像'劳动价值论'之于古典经济学那样。我恐怕看轻了这项建议。以一种经济学家对其他社会科学家常见的优越感,我耐心地对他解释说,劳动价值论可以解释相对价格,而信息不论如何定义,总难以起到同样的作用。商品显然不能根据其中的信息含量来进行交换。我辩称,事实上,信息含量高的商品可能非常便宜,因为信息可以廉价地再生产,即使初始壁垒非常昂贵。每个新古典经济学家都知道边际成本及再生产成本才是决定性的。

"我的回答没有细节上的错误,但我忽略了贝尔的要点。事实证明我的看法是错的。令人吃惊的是,就电脑软件和其他一些商品而言,信息几乎是价值的唯一来源。如果把这些看作极端案例,信息作为生产率和价值的来源,已经在越来越多的市场上获得验证,并日益成为经济分析中的重要构成。因此,在这次演讲中,我要联系两个概念(这两者曾被加以探讨,但结果都不够让人满意):1. 信息作为经济商品的定位;以及 2. 知识型公司的定位和对财产权利的要求。"肯尼思·阿罗,"信息与工业组织",《社会科学国际杂志》不定期论文,1994 年。

个词没有什么意义，因为它除了说明生成的信息数量（更不用说信息质量）"变多"之外，没有说明任何事情。术语合并的过程同样是混乱的。数据成了信息的同义词，信息则被等同于知识。词典不但帮不上忙，有时甚至加剧了混乱。《韦氏新编大学字典》（或许是大众最广泛使用的工具）把数据定义为"用作推理、讨论或计算基础的事实性信息（如在测量或统计方面）"。信息是指"知识或智力的沟通与接收"。知识则是"在经验、交往中获知某些事物的事实或状态"。这些解释毫无意义。

在一开始，我们不妨把**数据**视为**以有序形式**呈现的事件或统计序列，例如消费品价格报告、国民生产总值、DNA结构或化学周期表的构成。当我们建立**一种语境**以说明这些项目之间的联系，并对它们加以组织时，**信息就产生了意义**——新闻、事件和数据。那么，知识要如何定义呢？在下定义之前，我们必须设法对人们的种种观念及其有效性作出区分。

韦拉德·奎因（Willard Van Orman Quine），美国当代杰出的逻辑学家和分析哲学大师，曾设法建立认知的条件。他在哲学词典《本质》中问道："怎样算是认知？首先，一个人必须相信它。其次，认知对象必须是真实的。知识是真实的信念。"尽管他对此忧心忡忡，但仍得出结论说某些事物有可能因错误的原因而被相信了。所以，知识应被看作"**经确证的真实信念**"。不过，这一定义还不够充分，因为基础不够合理。此外，这里还存在边界模糊的问题："如果知识等于确定性；我们又该如何定义确定性呢？"

到最后，奎因称，"我认为为了科学和哲学的目的，最好的做法是把知识这一概念作为无用事物抛弃，而大体使用其中的个别成分。"正如口语中的"大"一样，"知识"一词含有粗浅的功用，而不能满足"一致、精确"的标准。[①]

从另一个角度也能找出一些有效性。奎因由**认知者**及其背景知识的信念的立场出发，古典哲学则对**认知者**与**认知对象**作出区分而拒斥认知者的视角。认知者看待事物的方式各不相同，他们的认知难免过于随意和易于变化。认知对象又是什么？柏拉图认为认知对象是事物的特质，例如"白色"。更重要的是，人们所

---

① W.V.奎因，《本质》（哈佛大学出版社，1987），第108—109页。

认识的是事物的**理型**，即事物的典范或完美状态。认知者获得的任何知识在本质上都是不完美的，但是人们在从可见跨越到可解、从观点跨越到知识的过程中不断接近真理。亚里斯多德将这个过程重新阐述为"理型的实现"。每个事物都有自然的目标，并且除非因意外而偏离，总是力求实现这一目标，正如橡子注定要长成橡树。所以，从最初的事物（hyle），我们可以知道本原（arche）及终极目的（telos）；而它的内在设计（entelechy），就是我们对该事物的知识。因此，在诗歌、绘画或音乐中，我们建立了样式与形态，而样式与形态内部的一些变化的逻辑展开即是我们从艺术作品中所获得的确定知识。

广义地说，知识来自经验证的理论。我们知道巴比伦人拥有长达1000年的天文记录，却从未把这些数据总结为地心论或日心论。希腊人创立了概念，对数据分类，形成相关经验（亚里斯多德定义为"知识"）并建立理论。因此，古希腊数学家欧几里得可以发现田野里的石头之间的关系，测定它们的角度，并创立几何学。几何学可以应用于一切特殊的情况。理论使人类可以对一项发现进行由此及彼的概括。经由已验证的理论（如牛顿的运动定律），我们可以在新的环境里以知识的形式接受这项发现。①

认知者又该如何理解呢？正如奎因在英国哲学家吉尔伯特·赖尔（Gilbert Ryle）之后随之指出的，**知其然**（knowing that）与**知其所以然**（knowing how）是有区别的。**知其然**关乎实践，理论不能产生技能。一个人仅靠空气动力学不可能学会如何骑自行车。**知其所以然**，往往要将信息与背景、理论相配合。同样，**知道**与**理解**之间也有区别。信息是知道了某些新闻、事件与活动。而通过经环境或理论验证的知识，人们才能掌握事件的意义。②

---

① 为了区分，我要在此提及经济学家威廉·诺德豪斯（William Nordhaus）的著作《发明、增长与福利：对技术变革的理论处理》（麻省理工学院出版社，1969）。"为了分析的目的，"它区分了常识和专业知识，以及创造更多知识或物品的生产。常识，如文科领域的知识，"对于商品生产的特定问题并不特别有用。"但是在技术知识的第二等级，他列入了电脑程序和工程公式，"它们对生产商品有用，但并不产生更多的知识。"

但是，我发现他的看法有误导性；我在本书中的主要论点是：技术发明与创新越来越多地源自于理论知识的汇编，这一汇编的程序对于商品生产的变革具有指示性。

② 有人也采用英国哲学家迈克尔·波兰尼（Michael Polanyi）的术语"隐性知识"。隐性知识是人们在沉思中或经由实验寻求解决方案时浮现的针对答案的直觉或先意识的感悟。爱因斯坦认为它类似于

这些概念有助于我们区别数据与信息、信息与知识。用任何一本书的索引为例，数据好比**名称**索引，有一定的顺序，通常采取简便的字母排序法。信息好比**主题**索引，它们是作者提取的一组标题，用于引导读者领会书中探讨的主题。认真的读者还会根据与作者不同的目的，编制自己的分析索引。这一任务涉及判断，这种判断来自于知其所以然的知识以及与该主题有关的理论。

借用美国哲学家杜威（在《经验艺术》一书中）的表述，在这一方面，判断来自对前缀 re 的自觉运用：即**重新**排列、安排、规划现有知识的欲望，从而以科学或审美为目的，创造新的视角或新的知识。以这样一种方法，我们或许可以在认知者和认知对象之间建立统一。

VII

社会变革的架构

后工业社会的影响极为深远。它所带来的结构性变化发生尚不到 50 年，对比 200 多年前工业革命所触发的变革，我们对于即将掌控西方社会的大量变化只是了解到一些端倪。在这一节，我希望简略地谈论以下这些主题。

阶级的消亡

过去 100 多年来，阶级一直是西方社会分裂的核心与社会学理论最关注的话题。这种专注，首先源自马克思主义的影响以及马克思的著名预言——随着工人阶级的壮大和资本主义危机的深化，资本主义注定要消亡。因权力与地位差别而形成的社会层级，即便只由于年龄和性别而形成，将体制性地刻印于一切社会。马克思主义的诉求是，共产主义的胜利将会**消灭一切分层差异**，造就一个无阶级的社会。

欧洲和日本封建社会的分层基于地产与武力，平民要对领主尽义务。权力由等级决定。封建主义是一种没有流动性的僵化结构，但住在国王特许城市中的

答案的"形象化"，往往先于公式与方程出现。

商贩可以在体制外获得财富。资本主义社会则不同。它是从生活在封建体制之外的、以制造业或企业生成的私人财产为基础的阶级中成长起来的。它相对开放,有一定的流动性,家族是这个**社会**体制的核心。家族资本主义通过继承而实现生长和复制,很奇怪地竟然从未进入马克思的头脑。在欧洲和美国,大多数老牌公司都是家族企业。(在美国,以福特[Ford]、斯威夫特[Swift]、阿穆尔[Armor]和格莱斯[Grace]命名的公司,还有纺织业、酿酒业和传媒业等许多产业实质上都是由家族主导的企业。)①

后工业社会使得高等教育——人力资本——成为社会地位和权力的基础。家族财富虽然可以为在受教育阶段的孩子提供文化优势,有些孩子甚至被送入精英学校,然而学业成绩与职业竞争才是获得专业地位的必要条件。在家族公司内,子女继承日益让位于设立管理阶层。甚至当有些经理人通过收购手段而成为企业主之后,他们也只能把财富而非行政职位留给子女。互助基金和养老金制度使公司的所有权日渐分散,于是我们逐渐走向一个没有资本家的资本主义体制。它仍然是一个经济制度,但不太是一个社会制度了。

阶级又会如何?在社会学文献中,有3种阶级的构想。第一种关注不同职业与数量聚合。第二种以马克思主义为源头,以财产或权力作为阶级基础,研究企业内部的结构关系。第三种是"社会阶级",根据声望或生活方式来界定。

在职业结构方面,我们已经看到,产业工人阶级正不断萎缩。这部分是由于制造业的减少或角色转换,自动化生产的兴起使半熟练工种逐步消亡。作为劳动者组织核心的工会,其人数已经从1960年占7000万劳动力的30%演变到1996年占1.35亿劳动力的15%。大约40%的工会会员在公共服务业工作。

再看教育,美国的高等教育从培养精英、整个上流阶层,到现在面向全体大众。1940年,大约3000万入学者中只有不到150万人接受高等教育。1996年,6600万入学者中几乎有1500万人进入大专院校。同一年,在25岁及以上的成人中,

---

① 作为一种社会体制,阶级存在的前提是利益共同体、继承延续以及制度特权的合法化。家族资本主义以及私有财产的合法性为资本主义制度提供了初始合理性。关于更详细的研究,请见我的论文"美国家族资本主义的破除",载《意识形态的终结》第二章(自由出版社,1960;加入一篇后记,哈佛大学出版社1988年再版)。

超过 80% 的人念完了高中，另有 24% 的人拿到了 4 年制本科或更高的大学学位。

这反映了美国职业结构重心的变化。美国经理与专业人士的人数（1996 年）超过 3600 万人，与全国 1.267 亿的总人口相比，几乎占据了劳动力的 30%。这些人中的一半是高管和行政管理人员；另一半是专业人士——工程师、计算机科学家、专业医护人员、大学教师、律师，等等。①

这些人构成一个"阶级"吗？如果回到我关于阶级的定义，即利益共同体和继承延续性（对他们的子女），职业并非凝聚的源泉。促使人们团结或分裂的因素不在于职业地位，而更多地与宗教、文化兴趣、家庭教育等有关。

在本书提出的第一种构想中，我提议区分作为"专业集团"（如科学、应用技术、行政管理及文化等领域）的知识工作者（就其功能而言）及他们所分布的"地点"或工作场所（商业公司、政府、大学及社会服务业）（见结语第一部分）。一位科学家可能受雇于一家商业公司或者一所大学。他或她对于"利益"的感受有可能并不相同。知识工作者的利益可能决定于他或她的职业身分或工作场所。这里不存在固化的决定性法则。

马克思的阶级理论始终围绕着一个理念，即资本主义与生俱来地伴随着一系列不断加剧的危机。马克思提出三种危机理论：一，消费不足；二，生产品与消费品增长率的差异致产能过剩或生产过剩；三，最重要的是，利润率呈下降的趋势。马克思认为竞争是资本主义制度的支点。资本家在竞争中设法削减工资、延长工时，当两者都难办到时，就选择用机器替代劳工。由于劳动力是剩余价值的源泉，这个基础的萎缩会使利润率下降，从而促使资本家扩大生产以便从数量上提升利润。

在上述情况下，由于工人们抵制剥削升级，危机将会引发阶级斗争。马克思从来没有像凯恩斯那样设想过，即政府可能进行干预，以纠正体制中的某些危机。但是如果抛开阶级斗争，马克思的阶级团结的概念没有任何意义。

所有权关系在阶级的定义中作用越来越小。谁是通用汽车、美国电话电报公司、通用电气公司或 IBM 的所有者呢？从法律上说，股东们应该是企业的所

---

① 如欲了解管理与专业人士类别里 50 多种岗位，参见 1997 年《美国统计摘要》，表 645。

有者,但为了寻求更高回报,他们频繁买进、卖出持股权,对公司本身并不关心。现实中有许多例子,在计算机领域由企业家开创的公司尤其如此,如微软的比尔·盖茨、Intel的安德鲁·格罗夫这一类人会被视为所有者(通常只拥有很少一部分股份);但当这些人退休时(例如IBM公司的创始人汤姆·沃森和他的儿子),企业就会落入专业经理人的控制。

由于生活方式清晰可见,所以"社会阶级"的构想引起了较大的共鸣。但是它太多地将地位、声望、名气与生活方式混杂在一起。以《了不起的盖茨比》闻名的作家斯科特·菲茨杰拉德(F.Scott Fitzgerald)说过,"富人和我们不同。"海明威对此回答说,"对,他们更有钱。"现在富人们更加有钱了。近些年来,美国的贫富差距正在扩大;但加大的原因是富人变得更富,而不是穷人变得更穷(处于贫困线以下的美国家庭数量有所减少)。一个人无需像美国大畅销书《波莉安娜》中的主人公那样积极乐观,就会注意到67%的美国家庭购买了自己的住宅,1.33亿人拥有汽车,等等。就这些层面而言,社会阶级首先是市场研究的对象。然而,如果我们把阶级看成"行动组织"或"利益集团"的基础,社会阶级(而不是消费人群)几乎不可能形成多大的政治作用。①

脱离开我在这里讨论的框架,在过去50年,"新阶级"(New Class)的名词出现在两种不同的背景里。1957年,南斯拉夫共产党的前领导人、与铁托共同进行抵抗运动的民族英雄米洛万·吉拉斯(Milovan Djilas)出版了一本题为《新阶级》的书,说明自己为何要与马克思主义决裂。吉拉斯在书中宣称:权贵阶层、党的高级官员以及官僚政治中的头头们,就其拥有的权力,以及通过培育其子女进入一流大学和获得高位以延续这个制度两个方面,都是这样的一个"新阶级"。

---

① 有鉴于此,难怪两位年轻的社会学家在阅读有关阶级的文献之后哀叹道,"这一发展构成了对我们学科传统的惊人否定。"见戴维·格鲁斯基(David B.Grusky)和杰斯珀·索伦森(Jesper B.Sorensen),"阶级分析能拯救吗?",《美国社会学杂志》,第103卷第5期(1998年3月),第1188页。他们称正试图通过分解数据与数值范围,为"集体行动"设定更小的范畴来"彻底重构社会分层"。

有关职业阶层的权威说明,见彼得·布劳(Peter M.Blau)和奥蒂斯·邓肯(Otis Dudley Duncan),《美国职业结构》(威利出版社,1967)。艾里克·奥林·赖特(Erik Olin Wright)在《阶级》一书(伦敦,维索出版社,1985)中坚持马克思主义的观点。有关在当下继续使用阶级观点的全面且令人信服的批判,见简·帕库斯基(Jan Pakulski)和马尔科姆·沃特斯(Malcolm Waters),《阶级的灭亡》(伦敦,赛奇出版社,1996)。

这一概念——以及事实——明显地相悖于马克思主义理论中财产关系是阶级划分唯一基础的信条。更有甚者，吉拉斯表明，新的阶级制度已变为压迫无产者和农民的一种手段（除了压制人民的恐怖活动和古拉格集中营）。总的说来，吉拉斯提出的这个概念现在在社会科学和政治学中已被广泛接受。①

在过去20年里，美国社会在一种全然不同的语境里运用"新阶级"这个名词。令人印象最为深刻的是，新保守主义教父欧文·克里斯托（Irving Kristol）用它来刻画"知识精英"领袖反资本主义与反资产阶级的思维定式，这种现象在一流大学社会与人文领域的教授、大报的专栏作家、电台主持人及高级公务员中尤为显著。现在，这一定义等同于带有轻蔑意味的"自由主义者"。

它的起源可上溯到50年前约瑟夫·熊彼特（Joseph Schumpeter）和弗里德里希·哈耶克（Friedrich A.Hayek）对知识分子的大举攻击。熊彼特在《资本主义、社会主义与民主》（1942）一书中称，资本主义是一种"理性而胆怯的生活方式"，而"股票交易所是圣杯的差劲替代品"。熊彼特认为知识分子靠批判生活，缺乏"实际经验"所能提供的第一手知识。哈耶克在论文"知识分子与社会主义"（1940）中强调，在每一个走向社会主义的国家里，"更加活跃的知识分子"的思想都为进步铺设了道路。

的确，二战结束之后，西方文化一直由自由主义主导，按照美国社会文化批判家莱昂内尔·特里林（Lionel Trilling）的说法，是一种"反叛文化"。但在二战以前，欧洲文化的主流是右翼的，甚至可说是保守的。美国诗人埃兹拉·庞德（Ezra Pound）和英国文学评论家托马斯·艾略特（T.S.Eliot）、爱尔兰诗人威廉·叶慈（William Butler Yeats）和英国文学家温德汉姆·刘易斯（Wyndham

---

① 米洛万·吉拉斯，《新阶级》。实际上，把官僚阶层视为一个新阶级的设想，早在托洛茨基运动有关如何用马克思主义理论定位苏联和斯大林的讨论中，就已经被提出了。列夫·托洛茨基（Leon Trotsky）仿效马克思对路易·拿破仑在法国的历史地位的分析，即夺取了政权但无法改变基本的经济制度，在《被背叛的革命》一书中把斯大林的统治刻划为"波拿巴主义"。托洛茨基因此认为在被斯大林的波拿巴主义所"扭曲"之后，废除了私有财产的苏联仍然是一个社会主义国家。然而，托洛茨基运动中他的反对派则宣称，新的官僚集体主义制度正在体制化，因此新的"社会结构"已经出现。吉拉斯因用"新阶级"一词来命名这种现象而受到肯定。有关这个问题的详细讨论，参见本书第一章中的"苏联：官僚政治与新阶级"。

Lewis)、德国以诗人斯蒂芬·格奥尔格（Stefan George）为首的唯美主义，或者法国天主教思想家保罗·克洛代尔（Paul Claudel）与乔治·贝尔纳诺斯（Georges Bernanos），都造成了一定影响。而且，他们也都反对资产阶级。

克里斯托及其追随者以一种不现实的经济决定论，把社会定位同文化心态混为一谈。后工业社会的知识阶级是由专业人士构成的阶级，通常深入地涉足政治，不大是熊彼特描述为"胡说八道"的那类人。的确，受过教育的人在价值观上总是趋于自由主义或普世价值，甚至共和党内也存在这种思维定式，有的人在经济问题上保守，但在人工流产、同性恋或反对死刑等社会问题上是温和的。一如我过去的观察，"'新阶级'这个名词乃至思想，是语言学和社会学上的混乱，把一个新的专业化和技术化的社会阶层与文化心态混杂起来。"人们可以指出，硅谷里有许多人，即所谓后工业社会的前卫分子，在信念和生活方式上选择自由主义（而不是保守主义），在经济方面强烈提倡自由市场和企业家精神。[①]

谈谈妇女

在过去 25 年，最惊人的社会变化之一是妇女在社会、尤其是在职场中的新

[①] 关于克里斯托的观点，请看巴里·布鲁斯—布里格斯（Barry Bruce—Briggs）编，《新阶级》（交易图书社，1997），第 5—6 页。他提出一个极具影响的大胆看法："可以认为，新阶级大范围地控制或主宰着：著名私立与州立大学的人文与社科系、专科学校、师范院校；大多数全国性传媒机构——知名日报、大量期刊、出版业、商业电视网、唱片业、电影以及大部分教育传媒、美术界；基金会和其他影响公众舆论的非营利慈善机构；研究组织；相当一部分的国会职员；联邦社会福利局以及政府协调中心。同样，新阶级的价值观和情感正在渗透：自然科学系；商业学校；基层教师；州与地方政府机构；教士；广告业；工会职员，尤其是政府与白领雇员；各类工薪专业人员；甚至是一些商业公司，特别在公共关系、长期规划与国内教育计划等领域。这些人群有一个共同点：他们都是职员，不是一线工人，生产或处理所谓'思想'或话语，由于在正规教育中得到分析与读写能力而获得这些职位。"

我在论文"新阶级：一个混乱的概念"（载于我的著作《弯路》，阿伯特出版社，1980，交易图书社 1990 年重印）中详述了我的反对意见。

"新阶级理论家"的看法在史蒂芬·布林特（Stephen Brint）《专家时代》（普林斯顿大学出版社，1994）一书得到了认真的实证分析。布林特发现"新阶级"在人口和经济范围里是分散的，专业人士的政治偏好更接近于企业主与高管，而且专业人士与自由主义价值观的关系被过分夸大了。见第 8—19 页。布林特写道："调查证据说明，即便是专业人士中最自由的那些人——根据任何理论都可被定议为'新阶级'成员的人——总的说来，在品位上远非脱离常规，政治观点也不一定偏左，而且显然对于商业文明的组织原则没有任何抵触。"（第 19 页）

地位。1950年，70%的劳动者是丈夫，家里有妻子和一两个孩子，这在劳动力市场非常典型。今天这样的男人只占劳动力的15%。50%以上的妻子在外工作。

社会变化一般是两种力量的汇合：文化心态以及用市场条件将这种观念体制化的能力。妇女平等的文化心态可以上溯到100多年前美国民权领袖苏珊·安东尼（Susan B.Anthony）等人的著作。但是把这些观念用市场条件加以体制化，则只是过去25年的一个特征，是后工业社会的特征。

在工业社会，"工作"一词主要指工厂车间或管理部门的男人的工作；妇女们在纺织厂或时装店工作，或者当打字员、秘书或售货员。按照当时的社会习俗，年轻妇女（特别是那些做"白领"职业的）结婚之后，就辞去工作照顾家庭——但在美国南部以及某些服装厂，移民和有色人种的妇女往往选择工作或在婚后继续工作。

后工业社会里的职位，特别是在医疗、教育和研究领域的职位，都以高等教育为基础，并且面向妇女。1960年，只有6%的25岁以上女姓有大学学历，而截至1995年，21%以上的女性有本科或更高的学位。今天，49%的管理阶层（大多数在医疗领域从事办公室主任、公共行政管理、人事等工作）、30%的自然科学家、40%以上的大学教师、30%的律师，以及50%以上的教师（除了在大学）、图书管理员、设计员和心理学家都由女性来担任。[①]

妇女地位的非凡变化是美国社会在过去1/4世纪里最值得关注的现象之一，这在25年前是难以预见的。[②]

发展的阶梯

现代社会学的转型伴随着中产阶级兴起而到来。从1950年到1970年，据加拿大人口统计学家内森·凯菲兹（Nathan Keyfitz）的估计，美国和西欧中产阶级

[①] 关于详细分类，见《美国1997年统计摘要》，表645"按职业、性别、种族与族群划分的就业"。
[②] 说明如下：1965年，美国艺术与科学院建立了"2000年委员会"，由我担任主席。它的报告《走向2000年》在1997年由麻省理工学院出版社重印。大多数预测（主要关于社会结构变化）十分准确。其中没有预计到的一个特征就是后工业经济中妇女地位的变化。1970年是转折点，妇女从这时开始大量返回工作岗位。

人数从2亿扩大到5亿。所谓中产阶级,大体说来,我指的是生活水准摆脱过去累人的苦差使、强调居家便利——拥有洗衣机、冰箱、电话、收音机、电视,甚至汽车——的人。他们是大规模生产的商品和消费经济的基础,改变了发达国家的战后社会。

在20世纪90年代初期,我们见证了亚洲社会——东亚与东南亚——向中产阶级社会的转变。即使在中产阶级为数极少的印度社会,那里中产阶级人数只占人口的15%,约有1.5亿人——但已是日本人口的1.5倍。显然,下一个十年的主要问题是,波及若干国家——印尼、韩国、泰国——的金融危机,是将会造成社会与政治的瓦解,还是经济增长终会恢复(虽然不如以往那么高速)?

二战结束以来,经济发展被视为跨越农业社会、工业社会进入后工业社会的捷径。如果将后工业社会定义为由制造业向服务业转变的社会,那么,英国、绝大部分西欧国家、美国及日本已进入后工业时代。但如果信息社会被界定为具有科研能力及把科研知识转化为产品的能力——一般称为"高科技"——那么只有美国与日本可以说已进入信息时代。

还有多少国家能进入信息时代?大体说来,我们可以用"技术阶梯"描绘任何社会集中于经济领域的变革。"技术阶梯"可描绘如下:

- 资源型:农业与采掘业
- 轻制造业:例如,纺织业、制鞋业,等等。
- 重工业:例如,钢铁业、造船业、汽车业、工程业。
- 高科技:例如,仪器、光学、微电子、电脑、通信业。
- 未来型:以科学为基础的生物技术、材料科学、空间站、人造卫星。

英国社会学家罗纳德·多尔(Ronald Dore)多年前指出,日本和大多数拉美国家在130多年前几乎同时接触到扩张中的世界经济。日本迅速发展,而拉美并没有,主要是因为拉美各国的精英、大地主阶级和军方抵制现代化。

过去50年,日本是一个沿技术阶梯进化的完美案例。它的进步首先从二战后的轻工业开始。当其他国家凭借低工资开始涉及这些领域时,日本转向了钢铁业与造船业,并且在两个行业中都取代了英国的地位。然而,钢铁业与造船业都是能源密集型的工业,石油危机爆发之后,特别在1973年以后,日本再次转向仪器、光学元件、微电子领域，而且凭借新的生产技术（电脑协作）而涉足汽车制造业。

原则上，一个国家沿技术阶梯上升，需要具备3个条件：国内稳定，因此投资人预期可以获得投资回报；拥有为数众多的企业家、科技人员及熟练工人，以生产与制造产品；以及高效的教育系统，以便培训具有一定读写和计算能力、有能力学习新技术的人才。

除了"技术阶梯"，我们在发展中社会还可以看到"消费阶梯"。我们可以按图索骥将它们列为如下步骤：

- 生存
- 需要
- 希求
- 可支配收入
- 奢侈品

处在**生存**水平的社会（例如孟加拉国）把大部分收入（往往高达日常收入的一半）用于购买基本食物——大米、意大利面、面包。恩格尔定律，以19世纪德国统计学家厄恩斯特·恩格尔（Ernst Engel，根据家庭收入和消费之比而建立）命名，描绘了购买力随着收入上升、以基本必需品为起点的变化。

需要是指适用于所有人的生理性需要——食物、衣服、住所——一般基于最简陋的水平。随着社会收入上升，**需要**让位于**希求**。希求是**心理性的**，因人们各自的品味不同而不同。在19世纪，人们的某些品味基于对虚构小说中人物的认同；今天，则基于对电影、电视或广告人物的认同。"帅气"，在人们尤其是青少年中成为一种渴望，焦点在于对偶像的模仿。

可支配收入指需要与需求被满足后余下的收入。在这一层次，金钱可用于不同目的——旅游、珠宝和展示、爱好、娱乐。

奢侈品属于**社会学**范畴。它是一种明确的、供他人旁观的生活方式的产物。奢侈品设定与他人相比较的标准，得到人们的赞赏。奢侈品可以是高档轿车、豪宅、贵重的绘画与书籍，等等。

这些定义不是固定的，因为社会经常重新界定各种标准。过去的简单希求已变成今日的必需品。事实上，**中产阶级的标志，就是将一种生活标准重新界定为生活方式**。随着中产阶级作为消费者而成长起来，销售也得以上升。

基于需要与希求的大众消费，仍然是每个社会的重要基石。但随着收入上升，人们对生活方式的希求越来越关乎地位，同时也越来越需要标示地位的商品。（最传统的例子是服装和高级时装业的兴起。相比于大规模生产，它更强调个性标志和定制设计，尽管大众时装制造商往往很快就开始仿制高级时装。）

从社会学来看，生活方式的改变意味着从阶级向社会地位的转化。在由阶级构成的社会里，个人最关注的是经济事务，如找工作、吃得饱、有个家，等等；而在由地位建构的社会里，他人的认可、对新潮时装的接受，成为公开宣扬的个人主义标签（即使这种个人主义只是别的个人主义的仿制品）。阶级这一概念与大规模生产和大众消费社会相联系，其任务是把生活标准从需要、希求提高到可支配收入的层次。社会地位则关乎产品的差异化（如时尚界）、展示个人品味的愿望，以及在个人隶属的圈子中获得权威认证。送礼是揭示社会地位的一个灵敏指标，因为送礼是社会交换的一种形式。① 例如，日本是一个高度关注送礼的社会，因为这种行为涉及人与人之间地位高下的一套暗示。送礼成为一种仪式，在一年的不同时期，上下级相互送礼，互惠和认可的程度以此建立。

从阶级向社会地位的转化，正如我所试图界定的，是社会流动性的特征之一，在人类社会的历史上曾多次出现。许多伟大的小说探讨过这一与行为和道德有关的主题。在司汤达（Stendhal）的《红与黑》里，"从外省来的年轻人"于连设法挤入巴黎社会；而在巴尔扎克（Balzac）的《高老头》中，其中的拉斯蒂涅通过对上层阶级的观察而了解到世界如何"运转"。

与 19 世纪不同的是，在 20 世纪末，贵族阶层已经解体，连将特定阶层视为"上流社会"的概念也已流为过去的暗影。今日的名流显要是由媒体打造的。同

---

① 原则上，有三类交换：经济交换、社会交换和政治交换。经济交换是指买卖货品与服务，受合同制约。政治交换是指通过贿买选票、收买选民、庇护恩赐等手段而获得利益与建立相应政策。社会交换是指人际关系（甚至经济和政治关系），是以身份地位、校友和个人纽带为基础而形成的。在现代世界中，日本是将社会交换体制化的极少数社会之一，当然在某种程度上，英国上流社会的政治生活也是这样的。

样显著的是，消费者阶梯上处于上升的人数极大增长，他们由于缺少经验而不知道自己的社会定位。许多人以为消费主义成了一种生活方式。为了寻求与新地位相称的生活方式，这些人的品位被大量的时尚、美食及休闲旅游杂志所操控。①

随着人类进入信息时代，如果亚洲与欧洲的经济增长得以持续的话，陷于身份困境的案例还会增加。可以预见，中产阶级的舞台在地理上和社会内还会继续扩大（即上升为消费者的人数继续增长）；通过互联网等工具建立亲密集团，人与人之间的互动更为频繁；文化进一步融合，而传统精英对这些登堂入室的新变革进行抵制。"**文化大战**"（kulturfampf）已经在代际之间展开，由于将美国电影和电视节目视为文化垄断的根源，许多国家正力图抵制"美国化"。②

匮乏的终结？

30多年前，"电子革命"（即电脑与自动控制的结合）的先知们预言"一个几乎有着无限生产能力的系统"，将使我们有能力破除工作与收入之间的联系（见"结语"第4节）。这个生产率大幅上升的预期是错误的，先知们没有预见到服务业的扩张。

---

① 我在《资本主义的文化矛盾》一书（基础出版社，20周年版，1996，第285—295页）中详细讨论了这一社会转变。
② 有关阶级和地位的问题，以及社会结构中职业构成与社会群体的变化，都是在针对后工业时代政治的本质提出疑问。这些还只是初露轮廓的初级问题，现在讨论它们会离题太远。可以说，后工业时代的政治有两个轴心。其中之一是与种族和性别有关的"身分政治"，少数族群和妇女为在社会上获得平等地位而努力。它是从排斥政治走向包容政治的进步；在这方面，"平权法案"是政治舞台上的发端之举。另一个轴心被英国社会学家罗纳德·英格尔哈特（Ronald Inglehart）称之为"后物质主义"政治，关注安全和生活质量。它包括对环境和区划、人工流产的关切，以及随着在国内许多地区，新的房产被围墙环绕、形成"封闭社区"，人们对个人安全的理解所出现的变化。这一类的问题大量地演变为"文化战争"，使得原教旨主义右派、新保守派与自由主义者围绕所谓全国性的"道德沦丧"以及谁该为这种局面负责而争论不休。随之而来的分歧往往超越了传统的左与右、保守主义与自由主义的分野，因为有些共和党人在个人行为上是自由派，但在经济问题上却是保守派；而一些新保守主义者相信孩子们在学校里应受"道德监护"，对待社会救济和福利问题的态度却又是自由主义的。由我主编的《激进的右翼》一书（安格尔，双日出版社，1964）最早尝试在政治学领域建立一整套网络化坐标（把地位政治同阶级政治相对比），它还收入了理查德·霍夫泰德特（Richard Hoftadter）和利普赛特（S.M.Lipeset）等人的论文。2000年该书由交易图书社再版，戴维·普洛特克（David Plotke）写了新的导言。我在《威尔逊季刊》1992年夏季号上写了"美国的文化战争"一文。至于英格尔哈特的观点以及在43个国家所做的调查，参见他本人的著作《现代化与后现代化》（普林斯顿大学出版社，1997）。

今天有一种类似的过分乐观。"新经济"的拥护者断定信息（至少）可以帮助我们克服匮乏的问题，因为信息一旦公开，人人皆可利用，而且一旦加以保存，也很容易被检索。信息不像商品，永远不会"耗尽"。

这种观点的问题在于，它忽略了在**有效**信息发现过程中的交易成本，更重要的是，忽略了决定信息有效性及使用的必要因素，即判断——而判断是无法衡量的。

此外，还有一个特别重要的问题。按照经济学和社会学的定义，与匮乏有关的一个关键分类是**可分销**商品与**地位性**商品的区分。可分销商品，不论是汽车、电脑或电器，可因成本不断降低而增加产量，供越来越多的用户使用。但是地位性商品在本质上是匮乏的。它可以是山顶或海滨别墅，公司、大学院系的主管头头的地位，或者优胜美地国家公园（Yosmite，美国加州著名游览胜地——译注）或其他景区需排队使用的娱乐设施。只有有限的人可以获得这种地位性商品。同样，只有少数人可以生活在风景优美的马撒葡萄园岛，而不致使这个小岛过度拥挤。

正如我在该部分所指出的（见"结语"第 4 节），自霍布斯以来的哲学家一直认为，匮乏的终结是中止人类社会冲突与竞争的必要条件，它也是建立社会位置乃至乌托邦的前提。后工业社会虽然提高了生活水准，且供应大量可分销商品，但对地位性商品（以及其稀缺性）的争夺将越来越成为社会（尤其在职场）中竞争与冲突的根源。

时间管理

在商品生产社会或工业社会里，企业的核心问题是库存管理。如果一家企业有太多库存，它就必须为产品的"前期"成本和贮存手头过度生产的产品而承担风险——还要承担库存产品超过"保存期限"的损失。如果当市场出现需求时它的库存太少，它在销售上就将输给手头有同类产品的竞争者。库存管理是利润的支点。（联邦快递的创始人弗雷德里克·史密斯通过一项创造性的革新向其他企业表明：他的空运与相关服务在订单与运送规划之间建构了所谓的"空中仓储"，从而大幅减少仓储需要。）

在信息社会，核心问题是对时间的管理。人类生活有一定节奏，而一天只有24个小时。世界各地根据太阳的起落被划分为不同时区。过去，人们的生活大多依据农业生活的节奏，日出而作，日落而息。人工照明的出现改变了昼夜的分野。在全球，信息与人类活动是"实时"（Real time）发生的——这个词有点奇怪，好像以往的时间都是不真实的。但其实它只是要表明信息的传递在刹那间就可完成。当一个身在东京的人与另一个在波士顿的人通话，他说话时对方立即就能听到。现在，人们还创造出"虚拟现实"。它意味着我们消除了空间界线，可以通过"模拟设备"获得身处另一个三维空间的体验。我们可以在太空或岩洞中行走，有如身历其境。

打破时空，即打破我们过去用来构建现实的坐标，是进入信息社会的重要一步。这一飞跃将演变成实际的问题与商品。大约20年前，如果一个人想看电视节目，他就不得不"按时"坐在电视机前，否则就要错过节目，就像没有按照预定时间赶到而错过了飞机、火车一样。但随着录像机的出现，人们不但可以录制节目并按"自己的"时间播放，还可以随时播放录音带听到自己想听的音乐。过去，人们想听音乐的时候，必须把唱片或磁盘放进装有扬声器的录音机里播放，而且不能距离录音机太远。小型化的"随身听"发明之后，人们可以随时随地播放音乐。许多年前，人们如果要从银行提款，必须在银行营业时赶到银行。有了"自动取款机"，我们可以在千里之外的任何一台ATM上从账户提款，只要银行总部贮存了相关的账户信息，电子交易就能进行。人际通讯手段的最新发展是电子邮件。以往的邮政系统既老旧又笨拙，靠人工收信、发信和送信。传真加速了这个过程，但仍包含用传真机收发信件的步骤。以电脑为中介的电子邮件更加简单便捷。由此，时空可以基于个人的需要而加以重组。

不过，一切创新都有代价。正如我在25年前指出的（见"结语"第4节），在对各种"时间节省"进行相对的成本及收益计算时，这些选项从后门再度导入了效用分析。在与闲暇有关的计算中，人类变成了所谓的**经济人**。

知识分子（尤其是管理者）在做决策时不但要处理更复杂的任务，而且随时要处于待命状态，正如美国经济学家斯蒂芬·罗奇（Stephen Roach）所说，"随时在线"。一个人在从办公室到机场休息室，再到旅馆或者家的路上，通过寻呼机或移动电话[①]时刻保持在线。由于"距离的消失"以及信息在一天24小时内持续传播,管理者和金融商必须"随时应战",根据政治事件、汇率、股票与债券价格作出快速计算,同时处理因复杂决策而引起的各种难题。情况正如英国数学家及哲学家怀特海(Alfred North Whitehead)所说,时间飞逝,从不停留。这里还要引用瑞典经济学家斯蒂芬·林德(Staffan Burenstam Linder)的一句话,"时间或将成为最稀缺的商品。"

规模的难题

新的社会结构要如何根据后工业世界不同的社会价值观以及新的技术手段,来建立新的社会结构呢?这里必须考虑一个关键的变量——规模。

人们常说我们正处于一个加速变化的时代。坦白说,我并不了解它的意义。如果我们尝试在分析中运用这个概念,我们就会发现它缺乏明确的界线和定义。在谈论步调或步调的加快时,这个词应该是表示度量的单位。然而,变化的是什么?衡量的对象又是什么?谈论"变化"本身毫无意义,因为我们不得不追问:改变的是什么?假如回答"一切"都在改变,那说明不了任何问题。

但是,运用规模这一概念,我们可以找到更好的视角。规模变化是指形态上的变化。举例来说,不妨回溯一下伽利略的平方—立方定律:将物体的尺寸增大1倍,它的体积要变为原来的3倍。如果我们使某个社会机构的成员翻了一番,它就会出现质的变化。一所拥有5万名学生的大学,或许仍在延用30年前仅有5000名在校生时的校名,但人数的增加必然导致它内部结构的变化。

通讯产业革命正在改变人类活动规模。归功于"实时"通讯的性质,人类第一次锻造出相互依存的全球化经济,而且它越来越表现出非稳定系统的特征。某些变量的量级改变、某些单元的剧变与动荡,会立即触发所有构成单元的反响。

规模管理一直是教会、军队、企业乃至政府等社会机构最古老的课题之一。当经济活动、社会组织与政治和行政单位的规模相协调时,社会就能够合理地运转。然而,规模不匹配的情况不断加剧。许多年前我在一篇论文中曾评论道,民族国家

[①] 见《连线》1998年7月号,第69页。

对于人生问题来说太小了，而对于琐碎政务来说，它又太大了。^①民族国家，就它的政治政策而言，在应付国际经济的浪潮时日益无能（经济峰会的协调只是象征性动作），而当政治决策集中于官僚中心时，对它管控下的不同地方与地区单位的多样性和自发性来说，它又太大了。就此而言，假如说后工业社会里存在一个至关重要的社会学话题的话——特别在过渡阶段管理这一领域——那就是规模管理。

结　论

这篇前言与这本书一样，都是关于后工业社会的。然而，用这样一个名词描述社会的整体结构，是不恰当的。人们容易为资本主义社会、工业社会或现代社会中的前缀形容词所吸引，认为我们能够如马克思主义者的"生产方式"，或美国社会学家皮特里姆·索罗金（Pitirim Sorokin）的"感觉文化"与"观念文化"一样，给一个社会设立单一标杆，以整合所有的部门。把我之前说过的再扩展一下，我认为社会之中包罗 3 个领域，它们在历史长河中以各种方式相配合，而且各有不同的运动节奏。它们是技术—经济**系统**、政治**制度**和文化**范畴**。

技术—经济领域，多多少少可算作一个系统，因为它的构成变量（生产、消费和投资）是相互连接和关联的，其中任何一个的性质和量级变化都对其他相关变量有决定性的影响。经济体里存在的是明确的线性变化，即替代原理。假如出现了某种更好和更高效的生产方式，由于成本原因，它将替代以前的生产方式。竞争中稀缺资源的配置是根据如何获得最大生产率而决定的，关键词为"最大化"和"最优化"。

政治制度不是一个系统。它是一系列法律程序，有时是依据成文或不成文的宪法（如英国、以色列）制定，有时在政教合一的国家，则依据由经文（或教义）产生的宗教（或意识形态）传统。政治制度的推行要靠强制或者认同——军队或政党具有强制力，认同则意味着公民的自愿服从。这些法规规定如何执法与维持治安，同时决定在这个社会里获得地位、特权和权力的方式。政治制度的

---

① 见"未来的世界乱局"（1977），收入我的书《弯路》。

合法性取决于在多大程度上符合人们的价值观和习俗。政治制度中不存在线性变化，只有阶级或统治者的更替，或说规范思想与意识形态的变化，这反映出价值观与规章制度合法性的变化。

文化范畴是意义与想象力表达的领域——宗教或哲学辨析意义，艺术使想象力得以表达。文化表达中的变化包括以下几种：

- **传统**变化，掌控着其他变化的源头，决定在受统治权威维护的传统中接受和否定哪些因素。
- **内在**变化，是形式的逻辑展示，例如音乐领域的奏鸣曲或绘画领域的透视和错觉。
- 导致**实验**的变化，往往在旧形式失去活力时出现，例如序曲、十二音阶，以及在绘画领域省略内景距离的视角而导向抽象的表现主义。
- 导致**融合主义**的变化，是对各种风格和手工制品的广泛借鉴和融合，被大量应用于波普艺术，也可参见毕加索对非洲艺术的吸收。

由于文化主要关乎意义，我们可以看到两种模式：一种是融合主义，如宗教的融合。古埃及女神伊西斯（Isis）和冥王奥西里斯（Osiris）在腓尼基人的宗教里可以分别找到对应的伊师塔（Ishtar）和阿斯塔特（Astarte）。古代世界各大文化圈均拥有著名的女巫，太阳崇拜（Mithraism）和摩尼教（Manicheanism）都曾一度在罗马帝国流行。

然而，更有意义的是各大宗教——古印度教、佛教、儒教、犹太教、基督教和伊斯兰教——的千年存续。经历过政治帝国崩溃、经济体系消亡，这些伟大宗教的精髓依然清晰可辨。时至今日，人们仍然接受印度教和佛教的律法、犹太教的一神教义、天主教的圣餐与伊斯兰教的《古兰经》。存在于信仰、教义之中的先验力量，是它们得以持续的源泉。

当看到人类社会在漫长历史曾运用种种不同的原则时，我们怎么能把历史视为统一时期的划分，而认为各个历史时期之间互有质的不同，如黑格尔用某个时代独特的精神（Geist）、马克思用不同的生产方式——奴隶制、封建制与资本主义制度一样，界定社会形态的特点呢？（就这一意义来说，所谓"历史的终结"除了过度的简化，还有什么意义？）

后工业社会这一概念针对技术—经济范畴的基本变化,其影响集中于核心的教育和职场。鉴于**技术—经济**变化会向政治制度提出"控制"的问题,我们可以看到,主权与权威的政治尺度不能适应新的经济规模,因此旧的社会结构正在破裂。在世界各地,我们见证了越来越多的经济一体化和政治分散化。

但是,同样存在这样的事实:即与以往的技术发展不同,后工业社会源自对理论知识的汇编整理,科学是其社会特征中的特殊因子。从历史上看,科学代表着自由与开放的力量,因为对自然界的探索与理论知识植根于对人类观察的反复验证。正如我(在"结语"第2节)指出的,科学,如同许多社会机构一样,正受到官僚主义的威胁,有时不得不屈从于政治及法团主义的目的。在人类的学术与文化生活史上,同样的状况曾经反复地发生。然而,假以时日,自由与质疑的力量会突破任何封锁。拥有和能够创造信息与知识的知识分子是最有活力的生产力。

正如人类历史上的许多次飞跃一样,后工业的进步使男人和女人得以在社会洪流中更有能力控制自身命运。但它的前提必须是学术自由和政治开放、可不受任何人限制地追求真理。这才是知识自始至终的宿命。

后工业社会之比较图表

	前工业社会	工业社会	后工业社会		
生产方式	采撷	制造	处理、信息		
经济部门	第一产业	第二产业	服务业		
	农业 矿业 渔业 采伐业 石油与天然气行业	商品生产 制造业 耐用品 非耐用品 建筑业	第三产业	第四产业	第五产业
			交通运输 公共事业	商业 金融业 保险业 房地产业	医疗与教育 研究与行政管理 娱乐业
资源转换	自然资源： 风、水力、捕鱼、 动物、人力	人工能源： 石油 天然气 核能	信息与知识： 编程与算法 计算机与数据传递		
战略资源	原材料	金融资本	人力资本		
技术	手工艺	机械技术	智能技术		
技能基础	工匠、体力劳动者、农民	工程师、半熟练工人	科学家、技术与专业从业者		
工作模式	体力	分工	网络化		
方法论	常识 尝试与试错 经验	经验主义 实验法	模型 模拟 决定论 系统分析		
时间视野	指向过去	特别适应性实验	未来指向：预测与规划		
设计	与自然的竞争	与经过建构的自然相竞争	人与人的竞争		
中轴原理	传统主义	生产率	理论知识的汇编		

1976年英文版序

"后工业社会"一词很快在社会学文献中流行——是好是坏,有待观察。就某种意义来说,接受这个词是合乎逻辑的,可以理解的。一旦看到具有不同社会制度的众多国家都可以被界定为"工业社会",人们就必然把主要从事采撷自然资源而不是从事制造的社会划为"前工业社会";而当技术的性质发生重大变化时,人们就会想到"后工业社会"。何况,在恣意谈论"未来"成为时尚而对变化本身却进行毫无生气的叙述的情况下,对新社会轮廓的设想必然会激发人们的兴趣。如果我成了这股时髦风尚的受惠者,我为此深感遗憾。

一如我在本书中所指出的,后工业社会的观念并不是对未来进行准确的预言,而只是一种推测性的描绘,是根据已出现的一些特征所作出的一种**假定**,并以此估计几十年后的社会现实,经过两者的对比,人们就可以设法确定影响社会变迁的运作因素。同样地,我反对根据出现的这些特征而试图定义"服务业社会""信息社会"或"知识社会",即使这些要素都存在。因为这种名称是片面的,不然就是为了追求时尚而加以曲解。①

我之所以采用"后工业"这个名词,有两个理由:第一,在于强调这些变迁

---

① 或许主要的误解是认为后工业社会的观念就是指经济中服务业(或第三产业)部门的扩张,而对这种社会的重要性提出质疑。使用这一名称的一些作者,例如赫尔曼·卡恩(Herman Kahn)就强调这个特征。一些评论人竟然认为我在强调服务业部门的首要性,这不是无知就是对本书的肆意误解。

的间质性和过渡性；第二，在于着重强调知识技术这个主要的中轴原理。但这种强调并不意味着技术是所有其他社会变迁的首要决定因素。没有一个概念图式可以把一个社会现实描述穷尽。每个概念图式都是在各种特征中遴选**某些**特征的棱镜，以便突出社会变迁，或者更具体地去回答某些问题。

我们把后工业社会的概念和资本主义的概念联系起来，就可以理解这一点。有些评论认为后工业社会不可能"接替"资本主义，但这等于是把两个按不同中轴所建构的**不同概念图式**进行错误的比照。后工业图式涉及的是一个社会中的社会—技术层面，而资本主义涉及的是社会—经济层面。

此两者之所以混淆，首先是因为马克思认为生产方式（一个社会的基层结构）决定并包罗了社会的**所有**其他方面。由于资本主义是西方社会中盛行的生产方式，马克思主义者就设法用这个概念来解释从经济到政治、再到文化等一切领域的社会行为。而且，马克思认为作为资本主义生产的先进特征的工业化将扩散到全世界，所以最终会出现全球一致的生产方式和生活状况。国家差异将会消失，最后只剩下资本家和无产者两大阶级之间赤裸裸的对抗。

我想，现实情况表明并非如此。社会并不是一个统一的整体。政体的性质——不论一个国家是否民主——并不在于经济"基础"，而在于历史传统、价值体系以及权力在整个社会里是集中还是分散。民主并不能任意地被"抛弃"，即使它已经开始阻碍资本家的经济能量。[①] 同样地，当今的西方文化并不是18世纪或19世纪的"资产阶级"文化，而是一种敌视经济化方式的现代主义文化，它已经被"文化大众"所吸收，转变成一种由资本主义自相矛盾地加以推动的物质享乐主义。

马克思认为，生产方式把**社会关系**和**生产力**统一在一个单一的历史标题之下。社会关系主要是财产关系；生产力就是技术力量。然而，同样的生产力（即技术力量）却存在于大量不同制度的社会关系之中，我们不能说，苏联的技术

---

① 马克思主义者认为，法西斯主义是垄断资本主义的"最后"阶段。虽然许多资本家确实支持法西斯主义，但是资本主义制度的特性来自于领导这场运动的失意分子以及构成其群众基础的下层中产阶级。法西斯主义是一个文化—政治现象。奇怪的是，我们至今没有看到对法西斯主义进行全面的马克思主义分析，甚至也看不到对苏联国内的新阶级结构进行"马克思主义分析"。

（或化学、物理学）不同于资本主义世界的技术（化学、物理学）。

如果我们把这两个方面**分开**，不认为社会关系和生产力之间存在一对一的关联，那么我们对于不同社会制度之间的关系就会有不同的"答案"。因此，如果有人问：苏联和美国之间是否存在"趋同性"？答案就取决于特定的中轴。这可以借助图一来加以说明。

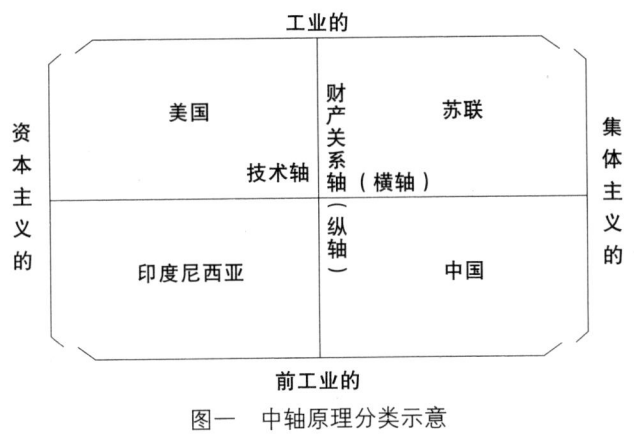

图一　中轴原理分类示意

如果我们以技术的横轴来划分各个国家，美国和苏联就都是工业社会，而印尼和中国都不是工业社会。然而，如果我们以财产关系的纵轴来划分，情况就有差异，美国和印尼是资本主义社会，而苏联和中国则都是"社会主义"社会或国家集体主义社会。（可是，**这种**一致却无法解释这两个共产党国家之间为什么一度存在激烈的敌对与紧张。）

我们如果把这些概念分开，就能指明不同的社会发展图式：封建的、资本主义的和社会主义的，或者前工业的、工业的和后工业的；如果按韦伯的政治威权架构来分，就是家长制的、世袭的和法制—理性的科层制——只要我们并不声称某个特定的概念图式是详尽无遗的或包罗一切的。在某一历史阶段内，很可能某一特定的中轴原理非常重要，而成为其他大多数社会关系的决定性因素。我想，很明显的是，在19世纪，资本主义方式的社会关系（即私有财产和商品生产，等等）成为流行的精神气质，因此实质上形成了许多特质和文化。但是，这和生产方式始终决定社会"上层建筑"的主张是不同的。

生产方式并不能统一一个社会。民族差异并未消失。没有直线发展的社会变迁，也不存在"社会发展规律"。社会科学中最严重的错误是想通过一个凌驾一切的单一概念（不论是**资本主义**或**极权主义**）去观察一个社会的特点，使得人们对现代社会复杂的特征（重叠甚至矛盾的特征）产生误解，或者设想某一社会制度必然不可避免地接替另一社会制度的所谓"社会发展规律"。任何社会都混合了各种不同的经济、技术、政治和文化体系（有些特征是一切体系所共通的，而有些特征则是历史的和特殊的），要根据人们心中的问题，从不同的有利点加以分析。我的重点在于技术的影响。我并不把它作为一种独立的因素，而作为一种分析的因素，以观察新技术出现以后会产生什么样的社会变迁，以及社会及其政治制度必须设法解决什么样的问题。

"后工业的"概念与"前工业的"和"工业的"概念是对立的。前工业部门主要是**资源采撷型**的，它的经济是以农业、矿业、林业以及天然气或石油等资源为基础的。工业部门主要是**制造型**的，利用能源和机器技术从事商品制造。后工业部门从事**加工处理**，其中通讯和电脑对于信息和知识的交流极其重要。

近些年来，世界突出地察觉到具有战略地位的能源和自然资源已成为工业成长的限制因素，从而提出这样的问题：这些局限是否会影响后工业部门的出现？

对这个问题，有实际的和理论的两个答案：就实务而言，资本密集的后工业要素的引入，在时间安排、扩散速度和使用范围方面确实取决于其他部门的生产力。工业部门的发展在很大程度上取决于农业部门的经济剩余；然而，工业化一旦启动，农业部门本身的生产力会通过化肥和其他石化产品的使用而得到提高。同样地，新的信息和处理方法的引进可能由于工业部门成本的提高或生产力迟滞而被延缓，但一旦引进以后，它们就会成为提高生产力的手段。

就理论而言，我们可以说后工业社会在**原则**上是不同于前工业社会和工业社会的。作为一种理论原则，工业主义的观点不可能自农业模式中产生。同样地，理论知识作为技术创新之新基础的战略地位，或者信息在再创造社会程序中的作用，并非来自能源在创立制造业社会时所发挥的作用。简言之，**分析起来**，它们都是独立的原则。

广泛地说，如果工业社会以机器技术为基础，后工业社会则是由智能技术形成的。如果资本与劳动是工业社会的主要结构特征，那么信息和知识则是后工业社会的主要结构特征。① 因此，后工业部门的社会组织和工业部门的社会组织是有很大不同的，我们可以通过对比两者的经济特征看到这一点。

工业商品是由分开的、可辨认的单位来生产、交换、销售、消费和耗尽的。譬如一条面包或一辆汽车，人们从销售商那里购买这种产品并得到实物的所有权，这种交换是由特定的契约性法规所支配的。但是，信息和知识并不能消费或"耗尽"。知识是一种**社会**产品，它的成本、价格或价值问题大大不同于工业产品的有关问题。

在制造工业产品时，我们可以构建一个"生产函数"（即：所使用的资本和劳动的相对比例），并根据相对成本来决定各个生产要素的恰当配置，如果资本被具体化为劳动，我们就可以谈及劳动价值论。

但是，后工业社会的特征不是劳动价值论，而是知识价值论。② 知识的汇集成为创新的导引。可是，知识即便售出，知识的生产者仍然保有知识。知识是一种"集体货品"，一旦创造出来，在性质上就可以被众人取用，因此，除非能得到产权优势（诸如专利权或版权），任何个人或企业都没有兴趣去出资生产这些知识。而且，专利权越来越不能保证专有性。许多公司白费钱在研究上，随后发现竞争者可以很快修改其产品来对付专利权；同样地，当个人或图书馆可以从技术刊物或书籍上复印他们需要的任何部分，个人和学校可以收录广播中的音乐或者把电视节目录制在影碟上的时候，版权问题也越来越难以监督。

---

① 所谓信息泛指一切经济和社会交换的基础——数据储存、检索和处理，包括：a，记录：工资名单、政府福利（如社会保险）、银行结算、信贷结算，等等；b，计划表：飞机订位、生产计划、库存分析、产品调配情况，等等；c，人口与图书：普查数据、意见调查、市场研究、知识储存、选举资料，等等。

所谓知识，我指的是通过传播媒体以有系统的方式传递给他人，提供理性判断或实验结果的一系列有组织的陈述、事实或思想。（更详尽的说明，请参阅本书第三章"经济进步的计量"。）

② 德国马克思主义学者于尔根·哈贝马斯提出过类似的论点，他写道："……技术和科学[已经]成为一个主导生产力，这使得马克思的劳动价值论的条件不起作用，当科技进步已成为剩余价值的独立来源，而马克思所认为的剩余价值的唯一来源（即直接生产者的劳动力）的作用则日益缩小，那么以非熟练（简单）劳动力的价值为基础来计算、研究与发展资本投资额，就不再有意义了。"（于尔根·哈贝马斯，《走向理性的社会》，波士顿，培根出版让，1970年，第104页。）

就此而言，我们可以说：**知识**（不是劳动）才是社会产品，马克思关于生产社会性的分析更充分地适用于知识而不是商品生产。

如果对个人或私人企业而言无利可图地生产知识越来越缺少吸引力，那么，这方面的需要和努力就日益落到某些社会单位——不论是大学或政府——身上以负担这些成本。由于没有现成的市场测试（人们怎么来评估"基础研究"的价值呢？），这就向经济理论提出一项挑战：要设计知识投资的最佳社会政策（例如，应当花多少钱在基础研究上？对教育应给予多少拨款，拨向哪一领域？在医疗领域的哪些方面我们能获得"较好收益"，等等），以及如何面向使用者制订信息和知识的"价格"。①

就比较狭窄的技术意义来看，后工业社会的主要问题是发展一个适当的"**基础结构**"以开发数字信息的**电脑通讯**网络，这是安东尼·奥廷格（Anthony Oettinger）的用语。这个网络将把后工业社会联结起来。人类社会的第一种基础结构是运载人员和货品的交通运输，如道路、运河、铁路、空运。第二种基础结构是输送能源动力的公共事业，如石油管道、天然气管道、电力传输系统。第三种基础结构是通讯业，主要联结电话、无线电和电视。现在随着电脑和数据终端的爆炸性增长（美国使用中的数据终端从1970年的18.5万台增加到1976年的80万台）以及电脑运算和信息储存成本的迅速下降，一个国家如何把信息传输的各种途径联结起来，就成为其经济和社会政策的一大问题。

"信息经济学"的特点不同于"商品经济学"，新的信息网络所产生的社会关系（从通过电脑终端进行沟通的彼此互动的研究团体，到全国电视网产生大范围的文化融合）并不是工业社会中的旧社会模式或工作关系。② 如果这种社会发展

---

① 关于集体商品这一问题的开创性著作，参见曼克尔·奥尔森（Mancur Olson）的《集体行动的逻辑》（剑桥，哈佛大学出版社，1965年）。"信息经济学"已越来越受到哈佛大学经济学家肯尼思·阿罗（Kennth Arrow）和迈克尔·斯彭斯（Michael Spence）的关注。这方面的早期著作，请参阅：肯尼思·阿罗的《有限的知识和经济分析》，载《美国经济学评论》，1974年3月号；以及迈克尔·斯彭斯的《一个经济学家的信息观》，载卡洛斯·A·夸德拉与安·W·卢克合编的《信息科学与技术年鉴》第9卷，华盛顿特区，1974年，美国信息科学学会出版。
② 便宜的通讯技术创造出新的社会模式的一个有趣案例，就是利用市民波段电台（美国联邦通信委员会批准的一种民间小型非营利无线电台，主要用于公路行车联系等方面——译注）作为协作行动的一种形式。1974年，独立卡车司机依靠无线电联系和选定一些封锁点，结果在中西部造成绵延上千公里的大范围怠工行动。在某种意义上说，这和马克·吐温在《密西西比河上的生活》一书中欢快地描绘的江轮引水员交换信息的方式并无多大差异，但是在这件事情上，犹如其他许多例子，现代性的特点并不在于行动的性质，而在于行动的规模、迅速和协调性。

起来，我们就会具有与以往大不相同的一种社会结构的基础。

如我已经指出的，后工业社会并不**取代**工业社会，就像工业社会并不消除经济中的农业部门一样。犹如在羊皮纸上刮去原有文字后重写，这些新的发展覆盖在旧的一层上，消除了一些特征，同时加厚了整个社会的结构。为了引导读者阅读，我想强调一下后工业社会的某些新的层面。

1. **理论知识的首要性**。任何一个人类社会都存在于知识的基础之上，但是现在的情况有所改变，理论知识的系统汇编和材料科学成为技术创新的基础。关于这一特征，读者从标志着20世纪后三分之一时期的、以科学为基础的新工业（电脑、电子学、光学、聚合物）中可以看到。

2. **智能新技术的出现**。以电脑线性程序、马尔可夫链、随机过程等为基础，我们可以利用模型、模拟以及其他系统分析和决策工具，来应对经济问题、工程问题（即便仍不是社会问题），制订更为有效和"合理"的解决方案。

3. **知识阶级的扩展**。社会上成长最快的集团是技术和专业人员。在美国，1975年，这个集团加上管理人员，占到800万劳动人口的25%。到2000年，技术和专业阶级将是社会上最大的一个集团。

4. **从商品转向服务**。今天在美国，每100人中有65人以上从事服务业。到1980年，这个数字将变为每100人中有70人。每个社会都存在巨大的服务部门。在前工业社会中，服务部门主要是指家务仆役阶层。（1870年以前这是英国社会最大的一个阶层。）工业社会的服务业主要是辅助商品生产的运输业、公共事业和金融业以及个人服务的提供（如美容师、餐馆服务员，等等）。但是在后工业社会中，新的服务业主要是对人的服务（主要是医疗保健、教育和社会服务）以及专业和技术服务（例如，研究、评估、电算及系统分析）。这些服务业的扩展（正如我在第三章所指出的）成为经济增长的限制和持续通货膨胀的根源。

5. **工作性质的改变**。在前工业社会中，生活是与大自然的竞争，人类要从土壤、水域或森林中竞夺生存资源，人类活动往往以小群体形式，并受自然变迁

这些技术问题的权威性论述，请参阅保罗·J·伯曼（Paul J. Berman）和安东尼·奥廷格的专著《传媒与电话：信息资源的政治学》，哈佛大学信息技术与公共政策计划，工作论文第75—78页。为了这些以及其他关于信息技术的资料，我要特别感谢我的同事奥廷格教授。

制约。在工业社会中,工作是与改造中的自然进行竞争,在生产商品和货物方面,人类与机器相比相形见绌。至于后工业的世界,工作主要是"人与人之间的竞争"(官员和当事人之间、医人和病人之间、教师和学生之间,或者研究团体、办事机构、服务团体之间)。在工作和日常事务之中,自然和制造的因素被排除在外,人们不得不学习如何相处。在人类社会史上,这是一个全新的、从来没有过的情况。

6. **妇女的作用**。工业部门的工作(例如在工厂)主要是男人的工作,妇女往往被排除在外。后工业部门的工作(例如对人的服务)为妇女提供了更多的就业机会。可以说,妇女第一次获得了经济独立的可靠基础。从稳定上升的妇女就业曲线、从双雇员及多雇员的家庭数量(目前占总数的60%),以及因妇女日益感到在经济上无需依靠男人而导致离婚率上升上,我们都可以看到这一点。

7. **科学的蜕变**。回头去看,17世纪的科学团体是人类社会一个独特的组织。它具有超凡感召力,因为它对真理的追求是革命性的,在方法和程序上是开放的;科学的合法性来自于它的信条,即科学的目标是知识本身,而不是任何特定的实用目的。科学团体不同于其他具有超凡感召力的群体(以宗教团体和救世主式的政治运动为主),它并没有将自身的信条视为"常规"而强制推行一些官方的教条。而且,直到近期为止,科学一直没有遇到研究工作官僚化、研究工作要从属于国家指导的目标,以及研究成果根据实用回报来"审核"等问题。现在,科学已变得与技术,同时与军事、社交技术、社会需要等密不可分。所有这一切就是后工业社会的中心特征,是新的科学机构的特征,对于未来的自由探究和对知识的追求极为重要。

8. **工作场所成为政治单位**。大多数社会学分析集中注意阶级、阶层或相互之间存在上下级关系的社会横向组织。然而在后工业部门,一系列纵向的**职权次序**很可能成为政治关系更重要的所在。在本书结语的第一节里,我叙述了在后工业格局中可能存在的工作场所。有4种**功能性**工作场所——科学的、技术的(即应用技能:工程学、经济学、医学)、行政的和文化的工作场所;以及5种**体制性**的工作场所——经济企业、政府部门、大学和研究机构、社会机构(例如医院、社会服务中心),以及军事部门中的工作场所。我的观点是,主要的利益冲突将出现在职权集团之间，同时，这些职权的牢固程度足以阻止新的专业集团在社会上形成一个坚实的阶级。①

9. 能者统治。后工业社会主要是一个技术社会，回报较少依据继承或财产（虽然它们可以形成财富及文化上的优势），而更多依据教育和技能。能者统治不可避免地成为一个至关重要的规范问题。在本书中，我试图界定能者统治的性质，并阐发所谓"公平的能者统治"，即根据同行的尊敬以成就决定地位的主张。

10. 匮乏的终结？ 19世纪的大多数社会主义和乌托邦理论几乎把人类社会的一切病态都归之于商品匮乏以及人类为争夺稀缺商品的竞争。事实上，最通行的经济学定义之一认为，经济学就是对竞相争夺的稀缺商品进行有效分配的艺术。马克思及其他社会主义者认为富足是社会主义的先决条件，并声称，实际上，在社会主义社会里，由于人人的需要都得到满足，所以无需采用公平分配的规范性条例。就这个意义来说，共产主义的定义就是废除经济学或哲学的"物质体现"。然而，显而易见的是，人类无法摆脱匮乏。我指的并不只是资源稀缺的问题（这个问题仍然争论未决），而是说，后工业社会在本质上带来了19世纪和20世纪初期思想家们所从未想到过的新匮乏。社会主义者和自由主义者曾经谈论商品匮乏；但是我要指出的是，在后工业社会将会出现信息匮乏和时间匮乏。分配问题不仅不可避免，而且会以更无情的形式出现，即使人类在对休闲时间的处置上日益成为所谓的"**经济人**"。

11. 信息经济学。如我在前面所指出的，信息在本质上是一种集体商品而不是私人商品（例如财产）。在商品销售上，生产商之间的"竞争"战略显然是可取的，以免企业变得懒散或形成垄断。然而，为了优化社会对知识领域的投资，我们必须采取"合作的"战略，以提高知识在社会内的扩散和使用。关于信息的这个新问题，在后工业社会的理论和政策方面，向经济学家和决策者们提出了最有力的挑战。

本书中的大多数例子都取材于美国。由此产生的问题是，西欧、日本和苏联

---

① 令人惊讶的是，在共产主义世界，**工作场所**明显在政治中发挥了很大的作用。人们分析权力运作时，不是根据阶级，而是基于党派、军方、计划部门、工业企业、集体农庄、文化机构（这些都是工作场所）之间的对立争夺。

等工业国家是否也将成为后工业社会？如我所指出的（参见第一章"马克思的两大图式"），马克思把英国作为其理论观点的重要例证，而且——尽管德国读者对英国的变革不屑一顾——认为资本主义会扩散到世界各地，因为"自然法则"的实现方式是"根据铁一般的必然性而走向不可避免的结果"。我不相信任何社会制度都受到这种因果律的支配。然而，后工业社会本身的一些特征表明，它们作为一种**趋势**，正出现于所有的工业社会。至于它们出现的程度，取决于世界各国实力的平衡、"第三世界"国家在政治上和经济上有效分配财富的能力、大国间的紧张关系是否引发战争等一系列经济与政治因素。不过，很明显的是，作为一个理论架构，这些社会中持续的经济增长必定会包含后工业因素的萌芽。

本书阐述的后工业社会的两大维度，是理论知识的首要性以及相对于制造业经济的服务业部门的扩张。第一种维度意味着人类社会日益依靠科学作为创新和组织技术变革的手段。大多数工业社会对于探寻科学知识的需要、组织研究工作以及信息作为社会战略资源而日益提高的地位，是非常敏锐的。就这方面来说，发达社会中各经济部门所占比重的变化，以及科技工业日益重要的地位，都是新生的事实。①

第二种维度——经济部门中服务业的扩张——在美国最为显著，但在西欧也在发生。1960年，在扩大的共同市场范围内，占总数39.5%的工人从事服务业（广义上包括运输业、贸易业、保险业、银行业、公共行政、个人服务业）。在13年后的1973年，这个比例上升到47.6%。服务业的扩张往往分为两个阶段。第一个阶段是牺牲农业而向服务业转变，但工业就业人数增加。这是科林·克拉克（Colin Clark）的观察，他在30年前率先阐述过这种现象。但是在丹麦、瑞典、比利时和英国，服务业指向的经济部门当下的增长，却相对牺牲了工业就业（因为农业就业几乎已到达最低限度），这种情况也开始遍及整个欧洲。②

---

① 我在本书中已指出（见第二章"工作部门与职业"），工业社会的国力一度以钢铁产量为指标。两年前，苏联的钢铁产量超过了美国，但《纽约时报》商业版对此只一笔带过。而在电脑的发展方面，不论在精密度和数量上，苏联都远远落后于美国。在联盟号与阿波罗号太空舱实现对接、二者的设备质量进行比较时，这个事实非常清楚。

② 令人吃惊的是，意大利、德国和法国的工业就业增加了，增加最多的是在欧洲工业化最滞后的意大利。但是在其他国家，工业就业人数相对于服务业就业人数的比例已开始下降。（关于就业变化的

苏联是一个工业社会，后工业的特征也很可能在该国出现。可是，令人吃惊的是，《后工业社会的来临》成为苏联报刊大肆攻击的目标，从学术期刊《哲学问题》或知识周刊《文学报》上的严肃讨论，再到党刊《共产党人》上的意识形态论战，以及《真理报》上大肆歪曲的叙述看来，好像党的意识形态委员会已经做出决定要攻击本书对党的理论是一种意识形态上的威胁。理由是相当清楚的。从苏联的观点来说，资本主义与共产主义之间存在着"历史性"冲突，而"历史的客观规律"则证明共产主义终将取得胜利。这仍然是苏共信仰的主要信条，至少就对外而言。就理论层面，我在讨论中否认人们可以用资本主义或社会主义这类铁板一块的概念来解释现代社会的复杂结构。更重要的是，当无产者不再是后工业社会中的主要阶级时，人们又该怎么维系那种信念呢？

捷克斯洛伐克科学院的一些成员写了一本值得关注的书《十字路口的文明：科技革命的社会意义与人文意义》，所谈的正是这个问题。该书出版于1967年，由社会科学主任拉道凡·里奇塔（Radovan Richta）主持。在书中，捷克斯洛伐克的社会学家们探讨在社会主义社会内部，由科技人员和专业人士所组成的新阶层与工人阶级之间发生新的"利益冲突"（如果不是"阶级冲突"）的可能性。里奇塔在捷克斯洛伐克被苏联占领后仍然留任，他在1968年以后批判了自己主持的这部著作。

后工业主义的主题主要适用于社会结构（技术—经济秩序）的变化，同时只是间接地涉及政体和文化（包括了社会结构中其他一些重大领域）的变化。这种做法的后果之一就是扩大了各领域之间的割裂，因为每个领域现在都是在相互对立的中轴原理之下运行的。

当资本主义上升为一个社会—经济制度时，它的统一性是纤弱的：精神气质是个人主义的，政治哲学是自由主义的，文化秉承资产阶级的功利观和现实主

更详细的统计数字，请参阅伦敦《经济学家》1975年11月29日，第17页。）

日本也在遵循着类似的轨迹，服务业牺牲工业而取得扩张。有关这方面详尽的讨论，请参见亨利·罗索夫斯基（Henry Rosovsky）的"日本的经济未来"，载《挑战》，1973年7、8月号。罗索夫斯基在这篇论文中提出了"经济成熟度"的概念，有趣地反映了过去50年中工业化国家中发生的经济部门变迁。他写道："经济成熟度是一个难以定义的名词，这里使用的是它的狭义。我们可以说经济成熟度指的是这种状态：劳动力在部门间重组的诱因已经很微小——在极端情况下，则是没有可能。

义，以及由追求社会地位、延滞享受等因素构成的人格结构。这些要素中，许多已经凋零，或者退化为苍白无力的意识形态。余下的只是受功能理性和效率所支配的一种技术机器，它许诺要提高生活水准和促进享乐主义生活方式。后工业的变化开始调整社会的阶层体系，提供更精密的技术，并使科学更直接地用于工具性目的。然而，作为"善德之邦"的科学是否有力量为社会提供一种新的精神气质，是完全不清楚的；更可能的是，科学本身会受到颠覆。这意味着人类社会既不能出现具有某种适当目的感的先验精神，也不能为人们提供具有稳定意义的避风港。

实际上，后工业的转变意味着**工具性**力量的加强，这是一种超越自然的力量，甚至是超越人的力量。在19世纪，乌托邦和社会主义思想家相信人类力量的加强必然是进步性的，因为它意味着宗教和迷信的没落，足以证明人类的巨大力量和自我意识。可是，事实证明这只是一个幻想。工具可以有不同的用途。采取何种用途则取决于社会的价值观、特权阶级的固有本质、社会的开放度和道义感，或者是我们在20世纪强烈地感受到的——它的兽性。

后工业的转变不提供任何"答案"。它只给了新的希望和新的力量、新的制约和新的问题——所不同的是，现在它呈现出世界历史上过去从未想象过的一种**规模**。

丹尼尔·贝尔

1973年英文版序

阿诺德·汤因比①认为，自从人类聚居点出现以来（或者说自从有这方面的文字记载以来），世界上出现过21种不同的文明，在文化上有统一性的西方社会是其中之一。然而，西方社会是一幅巨大的历史画卷。西方社会内部存在着令人眼花缭乱的、相互交织的成分，不论是宗教的分化、政治帝国的兴衰，抑或是社会—经济制度的接替。社会学家或历史学家的任务就是要制订出一种明白易懂的研究方法。

在某一时空范围内，人们可以认清适用于各种社会的共同结构特征以及更加持久的变化格局。当然，这些都需要某种程度的概括。

这样一种分析方法，自然有可能使某一特定社会和某一特定世代的历史中突出的、有意义的事物趋于湮没。（托洛茨基曾经说过，50年的时间，对于一种社会制度的生命周期来说，是非常短暂的；可是，这对一个人来说，则几乎是他具有意识的整个生涯了。）所以，人们可以根据一个社会的历史、民族性、"国家意志"等，来观察这个特定社会（由共同的历史和气质所联结的、组织在同一政治主权下的区域单位）的盛衰，探索它丰富而独特的命运。

---

① 阿诺德·汤因比（1889—1975）：英国历史学家，在古代史和现代国际关系史领域有许多著作，最著名的是历史哲学领域的巨著《历史研究》12卷，强调不要把国家作为孤立的单位来研究历史，而要研究整个文明——21个已为历史学家熟知的文明以及5个"化石"社会。——译注

同样显而易见的是，社会历史虽然具有个性，但每个社会和其他社会也有许多共同因素——宗教、文化、经济、技术——它们深入于每个民族独特的社会组织，并以特定的方式发生影响。西班牙的天主教接近于爱尔兰的天主教，但也有不同之处。我们可以为了某些目的而关注天主教的共同因素；或为了别的目的，关注造成差异的民族性。美国资本主义与日本资本主义既相似也不同（例如管理方法和对工人的责任等关键指标）。研究者的目的决定他的关注点。

在本书中，我以"工业社会"作为研究的概念单元。工业社会这个概念包括了10多个不同国家的经验，纵贯诸如美国和苏联这样一些对立社会的社会制度。工业社会是以商品制造为目的，以生产和机器化为轴心而组织起来的；前工业社会则依靠原始的人力，从自然界获取原始资源。就生活节奏和工作组织而言，工业社会就是现代西方社会的社会结构（即：经济、职业体系、层级制度）的典型特征。根据我的定义，在分析上，社会结构独立于另外两个社会概念：政体和文化。

静态地运用"工业社会"这个名词，就像"资本主义"一样会引人误解。20世纪的企业资本主义和管理资本主义，与18世纪和19世纪的家族资本主义有很大不同，20世纪依靠技术和科学的工业社会与前两个世纪的制造业社会也大不相同。任何一个社会制度（或者民族社会）都不可能掌握未来的专利，社会学的问题就是要认识变化的性质和（如有可能的话）道路，例如它面临的推力和阻力、强化因素和破坏因素。

本书提出的命题是：在今后30年至50年间，我们将见证我称之为的"后工业社会"的出现。正如我所强调的，它首先是社会结构的变化，在具有不同政治和文化构造的社会将产生不同的结果。作为一种社会形态，它将是21世纪美国、日本、苏联和西欧社会结构的一个主要特征。关于后工业社会的思想现正处在抽象概括的层次。

我用美国作为说明问题的单一案例，不仅因为它是我所最了解的，而且因为那里的变化更为先进和显著。它还允许我得以以社会学概论为背景，处理特定案例并获得直接观察和识别的便利。

马克思认为英国的命运（以此作为资本主义工业社会的范例）预示了一切社

会的命运，但我不像他那样看，我不相信有什么确定性的轨迹。后工业社会不是促进"上层建筑"变化的"下层结构"。它是社会的一个重要尺度，社会变化对于起仲裁作用的政治体制提出管理上的问题，一如文化和生活方式的变化带来与传统的对立，又如新的社会集团的出现以及对边缘群体的关注提出了权力与社会特权再分配的问题。

本书是21世纪特有的一种观察。它试图在方法论上采用一种全新的概念分析，即基于中轴原理和中轴结构的分析，提供一种把多得令人头昏目眩的历史宏观变化的潜在前景"加以条理化"的办法。

这种做法在实践上就是把社会结构变化中的本质特征看成是经济变化的性质以及在确定社会革新和变化方向时扮演决定性作用的理论知识的特征。这是一种对未来的探索。

约翰·杜威在《经验的艺术》一书中写道："在任何思想的试验过程中，唯有结论已经显现时，前提才会出现。"关于后工业社会的思想，情况就是这样。本书的各个章节是在最近5年中写成的，而在此以前的5年左右时间里，我已经在不断酝酿这一想法了。由于这是一种推测性的观念，讨论的是未来社会的各种可能性，因此不可能存在线性的逻辑推导，而只是一种对多元主题的探讨。每个章节是在不同情况下写成的，但又可被视为一幅拼图的一部分。我在最近两年中又把这些章节加以重写，突出其相互关系并指明后工业社会思想的五个方面。所有这些都在导论内详细地加以阐述。此外，我还写了一篇4万字的结语，探讨在今后几十年后工业社会必须面对的主要问题。这篇序言的目的是向助成本书的人们和机构表达我的感激之情。

后工业社会的思想最初是在1962年波士顿一次讨论技术和社会变革的论坛上一篇没有发表的长篇论文中被系统地加以阐述的。这次论坛的主席是罗伯特·海尔布伦纳（Robert Heilbroner），我要感谢他当时发表的意见以及10年来陆续进行的一些讨论。

1965年，卡内基公司给了我一小笔赠款来研究这一思想，这使我能够获得一些研究资料，并得到亨特学院哲学系弗吉尼亚·赫尔德博士（Dr. Virginia Held）为期一年的兼职协助。赫尔德博士写了一些备忘录，其中有些收在"2000年委员会"的工作底稿中,有些我已经在本书第五章中采用。与赫尔德博士的讨论对于我这一思想的早期阐述是重要的。

后工业社会的思想成为美国艺术与科学学院"2000年委员会"的"基本路线"之一,并在该会发表的5卷《工作底稿》和《走向2000年》(1967年)中得到反映。我要感谢美国艺术与科学学院执行主任约翰·沃斯(John Voss)的大力帮助;感谢《代达罗斯》(Daedalus)杂志主编斯蒂芬·格劳巴德(Stephen Graubard),他是我在学术上的长期伙伴,后工业社会思想中的许多内容我曾经和他讨论过,并以他广博的历史知识来做印证。

我最感谢的是拉塞尔·塞奇基金会(Russell Sage Foundation)及其会长奥维尔·布里姆(Orville Brim)。1976年,该基金会的一笔赠款首先使我摆脱了在哥伦比亚大学1/3的教学任务,使我能在哥伦比亚大学就预测方式的问题组织一个试验性的研究生讨论会。该基金会在随后几年中对我的研究工作持续给以资助。我利用1969—1970年的休假年在该基金会担任访问研究员,本书就是从那里开始成形的。本书第三章,以"对知识和技术的衡量"为题和略为不同的形式,发表在拉塞尔·塞奇基金会由埃莉诺·伯纳特·谢尔登(Eleanor Bernert Sheldon)和威尔伯特·摩尔(Wilbert Moore)主编的《社会变革的指标》一书中。我要特别感谢谢尔登博士对那篇论文发表的编辑意见。

在过去的10年中,我对以下若干重叠交叉和互不相同的学术问题产生了兴趣:后工业社会研究、社会指标的建立、长期社会预测和对新禧年的兴趣、社会变革理论评估、以中轴结构作为宏观社会学的一种组织方式的想法,还有对我称之为文化与社会脱节这一现象的巨大关注。我一会儿搞这个题目,一会儿搞另一个题目,有时用这些粗糙的草稿发表一些小文章,但拉塞尔·塞奇基金会对我是很表宽容的。本书是将在今后几年中陆续出版的若干著作中的第一本,这些著作将把我关切的那些问题连贯起来。我要感谢奥维尔·布里姆的耐心,并相信他将从本书得到一些回报。

1970年6月,拉尔夫·达伦多夫(Ralf Dahrendorf)和我在苏黎世组织了一次小型的国际讨论会,由国际文化自由协会发起,专为讨论后工业社会的问题。本书第六章即为形成那次讨论会基础的论文。其后,牛津大学纳菲尔德学院的琼·弗拉德博士（Dr. Jean Floud）、索邦大学的弗朗西斯·布里考德教授（Francois Bourricaud）、佛罗伦萨大学法律系主任乔瓦尼·萨托利教授（Giovanni Sartori）、伦敦经济学院的彼得·怀尔斯教授（Peter Wiles）和东京大学的富永健一教授（Ken'ichi Tominaga）都写了若干批评性和不同意见的论文。这些论文发表在1971年冬季号的伦敦《述评》杂志上，感兴趣的读者可以从中得到教益。①

我对于我的朋友欧文·克里斯托（Irving Kristol）更是抱有长久的感激之情，他虽然对所有的社会科学、特别对大范围概括的方法抱有怀疑，可是对我的每篇论文都严格、认真地加以关注，并坚持它们在内容表述上应有美学标准。

我在拉塞尔·塞奇基金会的秘书维维安·考夫曼（Vivian Kaufman）以及我在哈佛大学的秘书安·梅里曼夫人（Mrs. Ann Merriman）具备任何作家衷心期望其秘书所具有的品德。玛丽·塔维蒂安小姐（Miss Mari Tavitian）完成了本书"结语"的打印。劳工统计局的尼尔·罗森塔尔（Neal Rosenthal）不倦地协助提供第二章中的一些统计数据。朱迪思·伯班克夫人（Mrs. Judith Burbank）为第三章中的一些统计提供了最新数据。我的朋友和以前的编辑安妮·弗里古德夫人（Mrs. Anne Freedgood）阅读了文稿并对内容提出了有益的建议。基础图书出版社的里贾纳·沙克特（Regina Schachter）在审读小样和清样时，给予我极大的耐心。

作家往往不能对自己的文章做出正确判断。对我最严厉而又爱护的批评者是我的夫人珀尔·卡津·贝尔（Pearl Kazin Bell），她把我的文稿全部进行了校订。

丹尼尔·贝尔
1973年3月
于马萨诸塞州剑桥大学

---

① 其他的论文撰写人还有希伯来大学的S. N. 艾森斯塔特（S.N. Eisenstadt）、伯克利校区的莱因哈德·邦迪克斯（Reinhard Bendix）、哥伦比亚大学的兹比格纽·布热津斯基（Zbigniew Brzezinski）、巴黎大学的米歇·克罗齐埃（Michel Crozier）、以色列特拉维夫大学的齐格蒙特·鲍曼（Zygmunt Bauman）、巴西大学的埃略·雅瓜里比（Helio Jaguaribe）、耶鲁大学的胡安·林兹（Juan Linz）、巴塞尔大学的奥塔·锡克（Ota Sik）、查塔姆学院的安德鲁·肖恩菲尔德（Andrew Shonfield）、埃塞克斯大学的戴维·洛克伍德（David Lockwood）、哈佛大学的斯坦利·霍夫曼（Stanley Hoffmann）以及马萨诸塞州剑桥大学的斯蒂芬·格劳巴德（Stephen Graubard）。

导　论

　　这是一篇关于社会预测的论文。但是，人们可以预见未来吗？这样的问题容易产生误导。只要根据逻辑推理认为不存在"未来"这样的问题，那么人们就不可能预见未来。按照这种方式来使用术语，是为了使它具体化，假定这样一个实体是现实存在的。① **未来**这个词是表示关系的术语。人们只能讨论**某件事情**的未来②，本文探讨的是发达工业社会的未来。

　　预测不同于预见。虽然二者的区别是主观做出的，但必须确定下来。预见通常有关一些事件，例如：谁将在某次竞选中获胜，某个国家是否会打仗，谁会打赢某次战争，某项新发明的特点是什么，等等。预见集中于做出决断。然而，这类预见虽然有可能提出，却不可能公式化，也就是说，不可能使其受一些**规则**的

---

① 罗伯特·奈斯比特（Robert Nisbert）在他的论文"未来学有未来吗？"中写道："未来学的本质是：未来决定于现在，正如现在曾经决定于过去一样……在我看来，未来学的基本之处是那种动人的、然而是完全虚妄的假定：**"把时间的连续性同变化的连续性或者事件的连续性配合起来"**。（引自《文汇》1971年11月号，黑体是原来的。）用一句古老的俄国谚语来说，奈斯比特先生是在推开一扇敞开的门。他提出了一系列的比喻——未来、时间、变化——但没有提到内容或关系，以致这些词之间的不协调性会轻易地形成。方法论的焦点则是对不同**类型**社会现象的预测。因此，我从来不喜欢也不使用**未来学**这个词，它在实质上是没有意义的。
② 这是一种常见的混乱。例如，人们听到很多关于**意识**或**意识养成**的谈论。然而正像威廉·詹姆斯（William James）很早以前就指出的，根本就不存在什么意识，只存在对某种事物的意识。（见《心理学简明教程》第2章"意识流"。纽约，1961年；初版于1892年。）

支配。预见事件本来就是困难的。事件是社会矢量（利益、力量、压力之类）的交叉。虽然在某种程度上人们可以分别估计这些矢量的强度，但需要有一个"社会物理学"来预报它们确切的交叉点，在那里，决断和力量的结合不仅形成事件，而且更重要的是构成事件的结果。因此，预见的功能在很大程度上是基于对情况的长期熟悉而取得详细的内部知识和判断（苏联问题研究就是一个例子）。

只要存在规律性发展和重复出现的现象（那都是罕见的），预测就有可能；如果存在持续发展趋势——这种趋势的方向（不一定是确切的轨道）可以用统计性的时间序列加以测定，或者可以被阐释为历史发展趋势——那么，预测也是可能的。当然，人们必然要处理或然率和一系列可能的推测。但是，预测的局限性也是明显的。人们靠一套预测来推断的时间越远，误差的程度也就越大，因为推测的范围扩大了。更为重要的是，这些趋势在关键时刻会受制于抉择（在现代社会里，这种情况日益等同于权势人物有意识的干预）和（加速、转向或偏斜的）决定，这类政策干预可能在一个国家或一个机构的历史上造成转折点。

换句话说，只有假定影响事件的人具有高度理性的情况下——承认必须付出的代价和约束，共同接受或明确游戏规则，一致遵守规则，具有始终一贯的愿望——预测才有可能。因此，即使存在矛盾冲突，如果知道有关各方所能接受的代价和考虑问题的轻重缓急，那么，人们也有可能通过讨价还价和利弊权衡的方法来调停。但是，在人类的许多环境中——特别在政治方面——特权与偏见具有举足轻重的影响，而理性或一贯性却无足轻重。

那么，预测有什么用处呢？尽管它们不能预报结果，但可以阐明政策决定能够发挥效用的**限度**或者范围。假如人们希望掌握自己的历史，这是社会自觉性的一个突出成就。

预测有许多不同的方式。社会预测的范围与技术不同于其他的预测模式。最重要的区别在于，社会学领域的变量通常是一些独立或外在的变化因素，它们可以影响其他变化因素。虽然它们涉及的范围最广（与其他预测方式相比潜力也最大），它们的精确程度却最小。

下面对各种各样的预测方式作一简要概述，可以说明问题之所在。

技术预测，探讨**各类事件**的变化率或者其内部诸因素的排列组合。正如人们不可能预见事件一样，人们也不可能预见具体的变革。然而，人们可以预测一个封闭系统内部一系列变化在今后的必然发展步骤。因此，人们有可能设想出速度趋势的曲线图——对交通运输尤为重要的一个因素——从喷气式飞机的速度到超音速飞机的速度；人们可以根据计算机的内存来推断今后的计算水平，并使之编入"包络曲线"。① 这样的预测之所以可能，是因为技术的参数是有限的，而且为物理极限所制约。例如，地球上的最大运动速度为每小时2.57万公里，更高的速度将把人送入空间轨道。再以计算机的速度为例，它为传导装置的性质所限制：即最初的电子管、随后的晶体管以及现在的集成电路的限制。要达到更高水平的速度或计算能力，人们可以从理论上具体确定所必需的材质（新的应力强度或亮度）和程序（例如小型化）。然后，人们就去寻找这种材质或程序。但这是经济学的问题——寻找过程的费用、对潜在收益的评估、对现有技术的投入、新产品的市场规模等，都是技术系统以外的问题。

人口预测——人口统计是大多数经济和社会分析的基础——是不确定性和经修正的封闭系统的一个奇妙的混合体。在任何特定时期，出生率都受到价值观变化和经济条件波动之类的影响。但是，一旦一定数量的孩子生下来以后，我们就能够通过保险统计表以高度的或然率预报成活数和这些孩子未来的死亡率，由此还可以估计教育、保健等社会需要。不过，最初的测定结论是不确定的，是属于社会学领域的。

经济预测有三种类型。第一种是简单的市场调查，其基础是收入数据、年龄分类、家庭组成以及预期需要。企业利用这种市场调查，来预计消费者需求、库存数量以及对新产品的接受情况。第二种、同时也是最标准化的预测，是制定宏观变量的时间序列——例如，批发价格与消费价格指数、工业产量、农业生产率、失业率和100多个其他项目——它们被用作企业活动的指标，而综合起来又可以对经济状况进行预测。第三种预测是最复杂的一种，那就是计量经济模型，它通过确定系统内部主要变量的实际互动，力求模拟出整个经济体系的现实情况。

这里同样存在局限性。市场调查为个人态度与行动之间互相脱节的常见危险

---

① 这种专业技术将在第三章有关技术预测一节进行讨论。

所影响；当可自由支配的收入水平高的时候，这种脱节会扩大，因为人们可以延期购买，或者对于那些视价格高低而决定取舍的商品项目（家庭购买的第二辆汽车、长假、家庭游泳池）"不加关注"（从专门的经济意义上来理解这个词）。趋势外推法易受外来的"系统突破"影响。从1910年到1940年，农业生产率指数从基数100上升到大约125；如果此后20年间还像过去30年那样以同样的比率继续发展的话，那么在1960年它应当达到大约140。然而1960年的实际指数大约为400。20世纪40年代，巨大的战时需求、人力损失以及新的化肥所引起的农业技术革命，造成了一次系统突破。在四五十年代，每人每小时的产量差不多增加了三倍，战后农场大量减少，同时出现了大规模向城市移民的现象。① 计量经济学模型具有封闭系统的优势，但它的有限参数是根据分析者的意图而不是根据自然规律来确立的。当然，它的困难在于正确鉴别有关变量及其互动的明确规则，从而模拟实际的经济动向。进行季度预测的布鲁金斯模型（Brookings model）于1965年完成，涵盖了300个以上的方程式和内因变量，以及100多个外因变量——统计者们得出结论，"读者们看到综合方程体系以后应能明白，要建立一个有关全国经济的大规模季度计量经济模型，这还仅仅是个开端"。②

政治预测在所有预测中是最不确定的。在某些社会中，一些结构特征具有高度的稳定性。我可以预见（相当肯定地）在1976年、1980年和1984年美国将举行总统选举，或者预见英国每5年至少将举行一次议会选举——这种技能不算小，因为人们对许多国家不能做出这类预见。（人们能够同样估计意大利的政治稳定性吗？更不用说非洲和拉丁美洲国家了！）通过对公众舆论的民意测验，我可以对一些稳定的民主国家的政治事件，做出比较准确的预测。然而，最重要的政治

---

① 引自肯尼斯·博尔丁（Kenneth Boulding）的"期望意外之事：知识与技术的不确定的未来"，见《1980年社会变化前景》，载于《为未来设计教育》第1卷（科罗拉多州教育局，1966年）。
② 詹姆士·S·杜森伯里（James S. Duesenberry）、加里·弗罗姆（Gary Fromm）、劳伦斯·R·克莱因（Lawrence R. Klein）和埃德温·库（Edwin Kuh）合编：《布鲁金斯学会季刊关于美国的经济计量模式》（芝加哥，1965年），第734页。

布鲁金斯模型把全国经济分为36个生产部门和政府部门，加上18个其他主要成分（例如消费者需求包含20个变量；劳动力和婚姻包含18个变量；住房建筑包含23个变量；外贸包含9个变量等）。见第18章："完整的模式：第一个近似值"。

问题涉及冲突的局势，其中主要对手们必须对对方做出不确定的或冒险的估量。①博弈论者可能排列出一系列选择，然而只有具体了解到动机以后，才可以说明应该做出哪种选择。重要政治决定被实施的程度常常有赖于领导能力和意志力；人格因素是不易估量的，尤其是在危机当中。

另外三种社会预测分别是：推断社会趋势；鉴别促成社会变化的历史"关键"，以及预测社会重大框架的变化。

最普通的、特别是短期的预测是关于社会指标的预测：犯罪率、接受教育的人数、人口健康和死亡数据、移民等等。这类数据存在严重缺陷。首先，很难用一种有意义的方法来把许多这样的指标加以综合。例如说"犯罪率"在上升，这是什么意思呢？联邦调查局使用的"犯罪率"是将谋杀、强奸、斗殴、盗窃、偷盗汽车等案件一古脑儿混在一起，这些数字没有加权，也没有共同的衡量标准。人们可以把一磅土豆和一辆汽车换算成以美元计价的共同标准，也可以用消费价格指数来衡量不同种类的采购。但是，人们该如何来制定普遍的犯罪率、一般健康指数或受教育程度的比率呢？第二个困难是，即使有毫不含糊的数据，但由于数据的时间周期很短，我们不知道某些变化具有何种含义。（例如，从 50 年代中期开始的结婚年龄下降，似乎到 1970 年停止，甚至逆转了。至于离婚率，数字是在增加呢？还是仅仅平伏下去了呢？）第三，我们并不确切地知道问题与问题之间有何种联系，以及如何联系它们。一般说来，我们知道，居住区按种族和阶级来隔离会扩大教育水平的差距；教育的数量和质量则影响未来的职业选择和社会地位的升迁；大量移民与犯罪率之间是有联系的。但是，我们缺乏一个类似于经济模型的社会"模型"，所以，我们很难精确地阐述社会变化率之间的相互关系。②

价值观念的变化和新的社会进程的出现，预示着重要的社会变革，它的趋向

---

① 这类似于所谓"明斯克和平斯克的笑话"所示的一个"二流谎言"。两个人站在火车站上。第一个人问道："你到哪儿去？"另一个人回答说"到明斯克去买点棉制品。"第一个人哼哼说："嘿！你告诉我你要到明斯克去买些棉制品，想使我认为你要到平斯克去买些毛制品，不过我知道你要到明斯克去买些棉制品。所以你为什么对我说谎呢！"

② 关于对社会动向分析的一般介绍，见奥蒂斯·达德利·邓肯："社会预测：预测艺术的状况"，载于《公共利益》第 17 期（1969 年秋）。

可以大致按照历史时期勾画出来。1853年出版的托克维尔所著的《美国的民主》,是一部有力的作品,它今天仍然使人感到新鲜,因为他认识到改变社会的"不可抗拒的"主要动力之一是人们对平等的要求。马克斯·韦伯认识到科层化的过程就是改变社会组织和管理结构,把这种变化(它使社会上大部分人的职场生活和社会关系出现革命性的变化)视为现代社会生活趋向合理化的普遍进程的一部分。①

在最近150年间,西方社会中的社会紧张是由于趋向平等和科层主义的矛盾冲击所造成的,这种冲击在工业社会的政治和社会结构中几乎已经消失。展望今后几十年,人们可以看到,希望更多地在控制着个人生活的那些组织(学校、医院、公司企业)中参与决策,以及日益增加对技术知识的需要(专业知识化、能者统治)形成了未来社会冲突的轴心。

鉴别历史"关键"是非常困难的。现时的风尚是在许多社会趋势和新的社会趋势中发现一些可能并不存在或很快消逝的预兆(因为学术领域的变化速度时常比其他领域更快)。因此,哪些新思想、新价值或新过程是社会历史的真正转折点,是没有什么可靠指南的。由于做不到这一点——或者至少谨防这种过高估计——我们将转向关注社会结构的变化。

社会结构是决定社会上个人生活的主要组织结构,其中包括个人的职业分配、青年的教育、政治冲突的管控,等等。从农村社会转向城市社会,从农业经济转向工业经济,从联邦制转向中央集权的国家,都是社会结构的重大变化。它们是结构性的,而且总是逐渐增强、难于逆转的,因此比较容易鉴别。但是,正因这些结构性变化是大规模的,它们不允许我们详述未来一整套社会格局的确切细节。当这种变化发生的时候,我们不可能预见其未来,但可以识别社会所面临的和必须解决的"问题议程"。只有这种议程本身才是可以预测的。

---

① 关于托克维尔,见J·P.迈耶和马克斯·勒纳编、乔治·劳伦斯译:《美国的民主》(纽约,1966年)中作者"引言"第5—6页。关于韦伯,见《经济与社会》第3卷(纽约,1968年)第11章"科层政治"。该书写作于1914年到1920年,1920年韦伯去世,但该书仍未完成。(德文版第一版于1922年问世。)正像韦伯所写的:"美国政体中仍然有一种特征,至少在技术的意义上,它并没有完全科层化。但是,当美国与外界发生摩擦的范围越广,在国内对行政统一的要求越急切,这种特征就越是不可避免地、逐渐地正式让位于科层结构。"同上,第971页。

本书的主题——后工业化社会这个概念，是针对西方社会结构变化的一种社会预测。

方法论补记

社会结构不是某种社会现实的"反映"，而是一种概念性图式的"反映"。历史是事件的变迁，而社会是许多不同关系织成的网，这些关系是不能只靠观察来认识的。如果我们承认事实问题和关系问题的区别，那么，作为两者结合体的知识，就有赖于事实规程和逻辑规程之间的正确序列。从经验上来说，事实规程是第一位的；从意义上来说，逻辑规程是第一位的。人类靠发明某种语言、表达潜在规律来认识自然。因此，知识是我们用以建立各种关系的范畴的一种职能，正像在艺术领域内，感性是我们为了"正确地"观察事物而接受的一套常规的职能。爱因斯坦曾经说过："理论决定我们的视野。"[①]

"**名者，知也**"，这是一句古代格言。在当代科学哲学领域，所谓"名"不仅仅指名字，同时也指概念或图谱。一个概念性图式从复杂现实中选择特殊的属性，并按照共同的规则把它们分类，以辨别其异同。作为一种逻辑整理的方法，概念性图式并无真伪之别，而只有有用与无用之分。

按照我所使用的方式，概念性图式以中轴原理为基础，具有一个中轴结构。我的目的是要恢复传统社会分析方法的某些活力。

杜威认为，提出问题是影响后续思想发展最有效的方式。马克思提出了如何定义社会的问题，他的主张是：以经济关系为基础的下层建筑，以及由此决定的上层建筑。后来的思想家们把这种关系颠倒过来了，坚持认为意识形态的、文化或政治的因素是第一位的，又或者如人们普遍接受的那样，强调所有因素相互影响，而否认其中任何一个是最重要的。因此，攻击单一因果论的结果是否定社会因果论的一般概论，甚至反对寻找重要因素的努力。正如一位社会学家所说："当代的系统论把社会看成一个整体的非聚合系统，它的动力来源于其各部分分

[①] 引自沃纳·海森堡（Werner Heisenberg）：《物理学及其他：接触与对话》（纽约，1971年），第63页。

系统之间的相互作用以及分系统与外部环境之间的相互作用"。① 人们确定了一系列分系统——教育系统、职业系统、政治系统、宗教系统，社会化即为各系统间的相互影响，然而没有迹象说明哪一个是最重要的，或者为什么它是最重要的。一切都分解为相互作用的力量。

中轴原理和中轴结构的思想力图说明的不是因果关系（这只能用实证研究理论来完成），而是趋中性。在寻找社会如何结合在一起这个问题的答案时，它设法在概念性图式的范围内说明为其他结构环绕的那种**组织**结构，或者是在一切逻辑中作为首要逻辑的**激励**原理。

许多社会科学大师在他们的论述中含蓄地运用了中轴原理或中轴结构的思想。例如托克维尔的《旧制度与大革命》，整本著作的阐释体系强调大革命前后法国社会的连续性，以中央政府行政集权为中轴结构。至于《美国的民主》一书，平等是解释民主思想在美国社会弥漫传播的中轴原理。再如马克斯·韦伯，合理化过程是理解西方世界从传统社会变为现代社会的中轴原理，其中包括理性统计、理性技术、理性的经济伦理，以及生活态度的合理化。② 对于马克思来说，商品生产是资本主义的中轴原理，而企业则是它的中轴结构。雷蒙·阿隆（Raymond Aron）则认为机械技术是工业社会的中轴原理，而工厂是它的中轴结构。

概念性图式是分析家根据事实规程提出的逻辑规程。由于事实规程是五花八门、非常复杂的，所以根据人们所思考的问题，在同一时间或同一个社会框架内可以提出许多不同的逻辑规程——每一个都有其自身的中轴原理。18世纪和19世纪的社会学思想（与物理学思想）的缺点，在于它的天真的唯科学主义。现实就摆在"那里"，唯一的问题就是正确地反映它，不要被偏见、习惯、已有的成见等等所歪曲。（根据弗朗西斯·培根的经典阐述，认识真理的障碍包括部落偶像、穴居偶像、市场偶像和剧场偶像。）绘制社会状况地图的方法也可以被比喻为麦卡托投影法，它接近于建筑蓝图，采取了**无限远处**的视角；也就是说，人们不在地图上强调某一个特定的点，而是同时强调所有的点。但是，将北方标示在

---

① 沃尔特·巴克利（Walter Buckley）：《社会学与现代系统论》（新泽西，恩格尔伍德·克利夫斯，1967年）见第42、45页各处。
② 关于韦伯的说明，见《经济通史》（伦敦，年月不详），第30章，尤其是第354页。

地图上部是地理学上的惯例（在比较现代的时期），而且人们在看**透视**地图（观测者立足于限定的一点上绘制）时，可以了解到经济（和战略）地理学的更多知识。"从东方"看欧洲，即观测员立足于太平洋东望而绘制的地图，能使人比在一般地图上更加印象深刻地审视俄罗斯大面积的国土。①

概念性图式和中轴结构之所以有价值，是因为它们允许人们在设法了解社会变化时采取多重视角，而且不摒弃在特定主题下理解关键结构或中轴原理的"首要逻辑"的价值。因此，封建主义、资本主义和社会主义这些名词，都是马克思主义框架内以财产关系为中轴的概念序列。前工业社会、工业社会和后工业社会这些名词是以生产和所应用的知识为中轴的概念序列。以中轴为基础，我们可以聚焦于相似点和不同点。例如，以财产为中轴，美国和苏联之间存在着一种矛盾的关系，一个是资本主义社会，一个是（中央集权的）社会主义社会。以生产和技术为中轴，苏联和美国就同属于工业社会，因此又多少是一致的。从这方面来说，人们在观察苏联和美国时，就不需要只依赖趋于一致的原则或固有冲突的原则，而明确指定以此进行区分的、旋转着的中轴。于是，人们在解释社会变化时，就可以避免经济决定论、技术决定论等单一的决定论，而在既定的概念框架下找出一个首要逻辑。人们摒弃了因果论，同时又强调了它的意义（按德国哲学家狄尔泰的说法，即"涵义"）。人们在进行社会阐释时还可以建立"互补性"的原则。②

---

① 如欲生动了解上述区别，见理查德·埃德斯·哈里森（Richard Edes Harrison）:《放眼世界》一书中（纽约，1944年）的精彩地图。
② 把产生于某一领域的概念具体地用于另一个领域，这样做存在一种内在的危险性，这种借用尤其会造成社会科学的混乱。例如，对物理学中的力与动力以及生物学上的结构与机能的借用。尼尔斯·玻尔用互补性来解释光的充斥着矛盾的波粒二象性。据我的同事、物理学家杰拉尔德·霍尔顿（Gerald Holton）的看法，玻尔确实感到该原理适用于大量自然现象和社会现象。这很可能是大人物因发现一个有吸引力的原理而冲昏头脑时所表现出的**自高自大**。鉴于这一概念富于暗示，我要说明我不过用它作为一个比喻，而并不作为一种阐释工具。

将于1974年出版的、我为拉塞尔·塞奇基金会编的《社会变化的理论：一次盘点》一书中，收入了我的论文"宏观社会学与社会变化"，该文详细阐述了有关中轴结构和概念性图式的讨论。对概念性图式的另一种解读出现于乔治·古尔维奇（Georges Gurvitch）的《知识的社会结构》一书（牛津，1971年，最早在1966年以法文出版）。古尔维奇企图为一系列历史社会形态以及与之一一对应的认识系统下定义。为此，他详细阐述了马克斯·舍勒（Max Scheler）在他的《知识形式与社会》（1926年）中提出的知识社会学。

后工业社会面面观

从分析的角度，人类社会可以分为社会结构、政体和文化三个部分。社会结构包括经济、技术和职业制度。政体调整权力分配并裁决个人与集团相互矛盾的声索和要求。文化是与表达符号和意义相关的领域。按照这种方式来划分社会是有益的，因为每一个方面都有一个不同的中轴原理起支配作用。在现代西方社会里，社会结构的中轴原理是**经济化**，这是一个根据最低成本、使用替代用品、谋求最佳效果和寻求最高价值等原则来分配资源的途径。现代政体的中轴原理是**参与**，有时是经过动员或有控制的参与，有时则是自下而上要求的参与。文化方面的中轴原理是**实现并提高自我**的愿望。过去这三个领域是由一个共同的价值体系来联系的（在资本主义社会，它是通过一个具有共同特性的结构）。但在当代，这三个方面正日益趋于分裂，而且，由于我在"结语"中所谈到的原因，这种分裂还要扩大。

后工业社会的概念首先涉及**社会结构方面**的变化，就是经济改造和职业体制改组的方式，而且也涉及理论与经验、特别是科学与技术之间的新型关系。这些变化可以用图表来表示，我在本书中要这样做。我并不认为社会结构的这些变化**决定着**政治或文化的相应变化，而认为社会结构的变化从三个方面向社会的其余部分提出了**质疑**。

首先，社会结构——尤其是社会结构——是一个旨在协调个人行动以达到特殊目的的职能结构。这些职能通过适应于某一具体职位的、定义明确的活动方式，对个人进行分割，但人们并不总是愿意接受某项职能所规定的要求。例如，后工业社会的一个层面，就是科学的日益科层化和脑力劳动日益精细的专业化。然而，进入科学领域的人们是否会像150年前进入工厂体系的人们那样愿意接受这种划分，这还是不清楚的。

第二，社会结构的变化对政治制度提出了"管理"的挑战。在一个日益意识到自己的命运并力图掌握自己命运的社会里，政治秩序必然是最重要的。后工业社会愈来愈重视知识领域中技术的重要性，这迫使新社会的大师们——科学家、工程师和技术官员——要么与政治家进行竞争，要么就成为他们的盟友。因此，社会结构与政治秩序之间的关系便成为后工业社会如何分配权力的一大问题。

第三，强烈取决于认识能力和理论知识至上的新的生活方式，将不可避免地挑战文化潮流，即力求强化自我，并越来越反对受道德规范束缚和反对体制。

在这本书里，我主要致力于后工业社会社会结构与政治影响的研究。以后我还将写书探讨后工业社会与文化的关系。不过，中心任务是首先探索社会结构内部的社会变化。

英国哲学家阿尔弗雷德·诺思·怀特黑德（Alfred North Whitehead）曾写道："概括太广，只能导致无用的结论。只有以特殊性作限制的广泛概括，才是有用的概念"。[①] 提出一种华而不实的理论，吹嘘它是历史上的一个惊人创见，这在今天是特别容易做到的。但等到最后用事实来检验的时候，这种理论就变成了笑柄——诸如：30 年前詹姆斯·伯纳姆（James Burnham）关于管理革命的理论，或者是 C·赖特·米尔斯（C. Wright Mills）关于权力精英的概念，再或者 W·W·罗斯托（W.W. Rostow）的经济成长阶段论，就是这种案例。我力求避免采取那种冲动的做法。相反，我在这里研究的是**趋势**问题，并力求探索这些趋势的意义和后果，如果我所描绘的社会结构变化能够在它们的逻辑范围以内发挥作用的话。但没人能够保证它们一定会起作用。社会压力和社会冲突有可能使一个社会发生极大的转变；战争和相互责难可能导致社会的毁灭；这些趋势则可能挑起一系列制止变化的反应。所以，我所阐述的正是德国哲学家汉斯·瓦欣格（Hans Vaihinger）所谓的"如果"（as if），或是某种假定，或是对**可能出现**的事物做出合乎逻辑的解释，我们可以以此为背景来对比未来社会的现实，以便了解什么东西插进来改变社会按照其选择的方向发展。

后工业社会的概念是一个广泛的概括。如果从五个方面（或组成部分）来说明这个术语，它的意义会比较容易理解：

- 经济方面：从产品经济转变为服务性经济；
- 职业分布：专业与技术人员阶层处于主导地位；
- 中轴原理：理论知识处于中心地位，它是社会革新与制定政策的源泉；
- 未来的方向：对科技的控制以及技术评估；

[①] 阿尔弗雷德·诺思·怀特黑德：《科学与现代世界》（纽约，1965 年；初版于 1926 年），第 46 页。

- 制定决策：创造新的"智能技术"。

服务性经济的创立。 大约30年前，英国经济学家科林·克拉克（Colin Clark）在《经济发展的条件》一文里进行分析时，把经济分为第一产业、第二产业及第三产业，第一产业主要涉及农业，第二产业包括制造业和工业，第三产业即指服务业。任何经济体都是各个产业占不同比例的混合体。不过克拉克认为，随着各国日益走向工业化，鉴于部门间生产率的差别，一条不可避免的道路是劳动力的较大部分将进入制造业。同样，随着国民收入的增加，对服务业的需求会增大，经济体将沿着这个方向出现相应变化。

按照这个标准，后工业社会最首要、最简明的特征是大多数劳动力不再从事农业或制造业，而是从事服务业，如贸易、金融、运输、保健、娱乐、研究、教育和管理。

今天，世界上绝大多数国家（见表一和表二）仍然依赖第一类经济部门：农业、矿业、渔业、林业。这些经济体完全依赖自然资源，生产率低，因原料和初级产品的价格波动而使其收益大幅度摇摆。在非洲和亚洲，农业经济占用了劳动力的70%以上。在西欧、北欧、日本和苏联，劳动力的大部分从事工业或制造业。今天，美国是世界上唯一一个国家：其服务业部门雇用的劳动力占就业总人数的一半以上。美国是第一个服务性经济体，是第一个大多数人既不从事农业生产，也不从事工业生产的国家。今天，约有60%的美国劳动力从事服务性行业；到1980年，这个数字将上升到70%。

"服务业"一词，如果泛泛地运用，会引起对后工业社会的发展趋势的误解。许多农业社会，如印度，有较大比例的人口从事服务业，但那是一种私人服务（例如家庭仆役），这是因为当地劳动力便宜，而且经常就业不足。在工业社会，服务性行业的不断增长，是因为必须对生产提供辅助性劳动，例如运输和分配。后工业社会所强调的是一种不同类型的服务业。如果把服务业分为私人性质（零售商店、洗衣店、汽车修理、美容店）；企业性质（银行业和金融业、房地产、保险业）；运输、通信和公用事业；以及健康保健、教育和政府治理，最后这个类别的增长对于后工业社会才具有决定性意义。因为只有这个类别才能代表一个新的知识界——在大学、研究机构、各种专业以及管理部门——的扩张。

表一 1960 年按大陆和地区划分的世界主要经济部门的劳动力人数[①]

地区	劳动力总数（百万）	按部门分布的百分比		
		农业	工业	服务业
全世界	1,296	58	19	23
非洲	112	77	9	14
西非	40	80	8	13
东非	30	83	7	10
中非	14	86	6	8
北非	22	71	10	19
南非【较发达地区】	6	37	29	34
北美【较发达地区】	77	8	39	53
拉丁美洲	71	48	20	32
中美洲（大陆）	15	56	18	26
加勒比地区	8	53	18	29
热带南美	37	52	17	31
温带南美	12	25	33	42
亚洲	728	71	12	17
东亚（大陆）	319	75	10	15
日本【较发达地区】	44	33	28	39
其他东亚国家	15	62	12	26
中南亚	239	71	14	15
东南亚	90	75	8	17
西南亚	20	69	14	17
欧洲【较发达地区】	191	28	38	34
西欧【较发达地区】	60	14	15	41
北欧【较发达地区】	34	10	45	45
东欧【较发达地区】	49	45	31	24
南欧【较发达地区】	47	41	32	27
大洋洲【不包括波利尼西亚和密克罗尼西亚】	6	23	34	43

---

① 国际劳工组织 1970 年的调查准备在 70 年代末期公布。然而在 1969 年，经济合作与发展组织在巴黎公布了西欧各部门劳动力的分布情况，如表二所示。

澳大利亚和新西兰	5	12	40	49
美拉尼西亚	1	85	5	10
苏联【较发达地区】	111	45	28	27

资料来源:《国际劳工评论》(1967年1—2月号);国际劳工组织根据各国普查和抽样调查所制。
注:由于各个数字的四舍五入,各部分的总数可能与各组总数不符。

表二 1969年西欧和美国各部门的劳动力人数和国民生产总值

国别	农业		工业		服务业	
	占国民生产总值的百分比	占劳动力的百分比	占国民生产总值的百分比	占劳动力的百分比	占国民生产总值的百分比	占劳动力的百分比
西德	4.1	10.6	49.7	48.0	46.2	41.4
法国	7.4	16.6	47.3	40.6	45.3	42.8
英国	3.3	3.1	45.7	47.2	51.0	49.7
瑞典	5.9	10.1	45.2	41.1	48.9	48.8
荷兰	7.2	8.9	41.2	41.9	51.6	49.8
意大利	12.4	24.1	40.5	41.1	51.7	45.1
美国	3.0	5.2	36.6	33.7	60.4	61.1

资料来源:经济合作与发展组织(巴黎,1969年)

专业和技术阶层的优越地位。定义后工业社会的第二种方法是根据职业构成的变化,即不仅要看人们**在什么地方**工作,而且还要看他们**做什么**工作。在很大程度上,职业成为划分社会阶级与阶层的最重要的决定因素。

工业化从一开始就产生一种新的现象,就是产生了半熟练程度的工人,他们可以只经过若干星期的训练,便能按照机器工作的要求进行简单的常规操作。在工业化社会中,半熟练工人是劳动力市场中最大的一个类别。而服务性经济的扩张,由于更着重办公室工作、教育和管理工作,将自然而然地使劳动力向白领职业转移。到1956年,美国白领工人的人数,在工业文明史上第一次超过了蓝领工人。从那时候起,该比率一直在稳步扩大,到1970年,白领工人与蓝领工人的比例超过了5∶4。

然而最惊人的变化是专业和技术岗位的增加——通常要求具备大学程度——其增长率达到了平均增长率的两倍。1940年,社会上的专业与技术人员有390万,到1964年,该数字上升到860万。据估计,1975年美国将拥有1320万名专业与技术人员，人数仅次于半熟练工人，而成为美国八类职业中的第二大类职业（见表三）。统计分析还将进一步勾勒出这样一幅图景——科学家和工程师将成为后工业社会的核心人群。尽管专业和技术人员的增长率达到了劳动力平均增长率的两倍，但科学家和工程师的增长率却是该平均增长率的三倍。到1975年，美国大概将拥有约55万名科学家（自然科学家和社会科学家），1960年仍只有27.5万名；1975年大概将拥有150万名工程师，1960年仍只有80万。表四[①]介绍了专业与技术岗位的分类情况，这些岗位可被视为后工业社会的心脏。

表三 1964年主要职业类别的就业人数和预计1975年所需要的人数[a]

主要职业类别	1964年 人数（百万）	1964年 占比	1975年 人数（百万）	1975年 占比	百分比变化（1964—1975）
就业人员总数	70.4	100	88.7	100	26
白领工人	31.1	44.2	42.8	48.3	38
专业技术等类人员	8.6	12.2	13.2	14.9	64
经理人员、官员、企业主（农场除外）	7.5	10.6	9.2	10.4	23
办事员等类人员	10.7	15.2	14.6	16.5	37
销售人员	4.5	6.3	5.8	6.5	30
蓝领工人	25.2	36.3	29.9	33.7	17
技工、领班等类人员	9.0	12.8	11.4	12.8	27
操作工等类人员	12.9	18.4	14.8	16.7	15
劳工（农工与矿工除外）	3.6	5.2	3.7	4.2	[b]
服务业工人	9.3	13.2	12.5	14.1	35
家场经营者、农场经理人员、农业工人与领班	4.1	6.3	3.5	3.9	-21

资料来源：美国技术、自动化和经济发展委员会的报告第一卷：《技术与美国经济》（首都华盛顿，1966年），第30页；摘自劳工统计局：《美国的工业和人力资源需求（1961～1975年）》。
注：由于四舍五入，各项合计可能与总数不符。
a. 预计假定1975年的全国失业率为3%。但以3%的失业率作为预计标准，并不表示美国政府准备接受这样的失业水平。
b. 低于3%。

---

① 表三中给出的1975年美国专业与技术人员预计人数是1320万，而表四给出的则是1290万。这一差异可部分归究于表四的数字是5年之后算出的，同时两个表格有关失业率的假设也是不同的。我意在用这些数字来说明变化的幅度。

表四　1960 年和 1975 年专业与技术岗位的职业构成

（单位：千人）

	1960 年	1975 年
劳动力总数	66,680	88,660
专业与技术人员总数	7,475	12,925
科学与工程技术人员	1,092	1,994
工程师	810	1,450
自然科学家	236	465
化学家	91	175
农业科学家	30	53
地质学家和地球物理学家	18	29
数学家	21	51
物理学家	24	58
其他	22	35
社会科学家	46	79
经济学家	17	31
统计学家和统计员	23	36
其他	6	12
技术人员（医务人员和牙科技师除外）	730	1,418
医疗和保健人员	1,321	2,240
内、外科医师	221	374
专业护理人员	496	860
牙科医生	87	125
药剂师	114	126
心理学家	17	40
技师（医务和牙科）	141	393
其他	245	322
教师	1,945	3,063
小学	978	1,233
中学	603	1,160
大学	206	465
其他	158	275

一般专业人员	2,386	4,210
会计师	429	660
牧师	200	240
编辑与记者	100	128
律师与法官	225	320
艺术家与演员	470	774
建筑师	30	45
图书馆员	80	130
社会工作者	105	218
其他（航空驾驶员、摄影师、人事管理人员等等）	747	1,695

资料来源：劳工统计局公报，第1606期：《明天的人力需求》，第四卷（1969年2月），附录"E"，第28-29页。

理论知识的首要地位。在识别一个新兴的社会制度时，人们不仅要根据推断的社会趋向（如服务性经济的兴起或专业与技术阶层的增长）来了解基本的社会变化，而且要通过构成社会制度中轴原理的某些明确特征，确立一种概念性图式。工业社会以机器和人协作生产商品为标志。后工业社会则是围绕着知识组织起来的，其目的在于进行社会控制并指导革新与变革；这反过来又产生新的社会关系和新的结构，它们必须从政治上加以管理。

当然，知识对于任何现代社会的运转都是必不可少的。令后工业社会有所不同的是，知识自身性质的变化。对于组织决策和指导变革具有决定性意义的是**理论**知识的中心化——即理论与经验相比更为重要，而知识被编纂成抽象符号系统，如同任何公理一样，可用来阐释多个领域的人类经验。

任何现代社会的生存，要依靠革新以及社会对变革进行管理，力求对未来作出预测，以便提前计划。管理社会的这一任务，促进了制定计划和进行预测的需要。正是由于对革新的性质在认识上发生了变化，理论知识才获得如此重要的地位。

首先，人们可以从科学与技术之间业已变更的关系中看到这种情况。几乎所有现存的主要工业——炼钢、电力、电报、电话、汽车、航空——基本都是19世纪问世的工业（例外的只有炼钢业始于18世纪，航空业始于20世纪）。它们要么是发明家的创造,要么是聪明而有才干的工匠的发明,这些人对于科学和研究工作所依据的基本规律都不大注意。凯利(Kelly)和贝西默(Bessemer)独立地发明了氧化炼钢法,使得炼钢转炉和钢的大规模生产成为可能,但他们并不知道,与其同时代的亨利·克利夫顿·索拜(Henry Clifton Sorby)在冶金研究中揭示了钢的微观结构。电话的发明者亚历山大·格雷厄姆·贝尔,在科学家克拉克·马克斯韦尔(Clerk Maxwell)看来,不过是一个"为了牟取私利(钱)而成为电学家"的雄辩者。爱迪生有关"以太火花"(etheric sparks)的研究导致了电灯的产生,在技术领域引起了一场巨大变革,然而他的工作一直脱离电磁学的理论研究,甚至与之有所对立。不过,电动力学的进一步发展,尤其是在取代蒸汽机方面,只能由受过数学物理学正规训练的工程师来完成。正如一位传记作家所说的,爱迪生缺乏"抽象思维的能力"。[1]

首个由于与科学、技术具有复杂联系而堪称"现代"工业的是化学工业,因为要进行化学合成——化合物的再组合和转化——就必须具备高分子方面的理论知识。[2]1909年,沃尔特·纳斯特(Walter Nerst)和弗里茨·哈伯(Fritz Haber)使氮和氢化合而制成了合成氨。两位德国化学家根据1888年由法国人亨利·勒·沙特利埃(Henri Le Chatelier)首先提出的原理进行研究,惊人地验证了康德的一句名言:最适用者莫过于好理论。[3]然而,该成果的应用颇产生了一些讽刺意味。

战争可谓科技发展的温床。现代战争正按照一种全新的方式把科学与技术结合起来。第一次世界大战前夕,各国总参谋部曾预计:德国必须赢得一场迅速的压倒性胜利,否则,假如法国能够挺住,战争将以德国的失败而迅速告终(无

---

[1] 马修·约瑟夫森:《爱迪生》(纽约,1959年),第361页。
[2] 飞机制造业展示了这一有趣的变迁。第一批开创者是一些小发明家,但该领域之所以能继续发展,必须依靠应用科学原理。兰利(Langley,1891年)和赞姆(Zahm,1902—1903年)通过研究不同类型机翼周围气流的流动,开创了空气动力学这门新的科学。同时,赖特弟兄(Wright brothers)在1900年开始钻研制造滑翔机,并于1903年把一台以汽油作动力的引擎装在一架飞机上。然而,飞机制造业的进一步发展必须要在1908年之后通过实验的改进(例如在风洞中用模型实验)和基于自然规律的数学计算(例如围绕不同机翼角度的气流)的前提下才有可能。
[3] 见爱德华·法伯:"人类制造自己的物质财富",载于克兰斯伯格和珀塞尔编:《技术与西方文明》第2卷(纽约,1967年)。

论是在战场上或在谈判桌上)。它们都是根据这样一个简单的事实:智利是德国(也是全世界)生产化肥与炸药所需的天然硝酸盐的主要供应国,而战争期间,德国和智利之间的航道将为英国海军切断。1913年德国人使用了大约22.5万吨氮,其中有一半是进口的。氮的库存会迅速减少。但是,生产合成氨的哈伯—博施合成法发展是如此之快,到了1917年,合成氨已占到德国氮化物产量的45%。到停战时,德国对氮的需求差不多已能够自给。① 正是由于德国的坚持,这场大战演变成旷日持久的阵地战和大屠杀。

就战争对人类的杀伤来说,第一次世界大战是人类文明史上的最后一场"旧式"战争。而从科学所起的新作用来看,它又是第一场"新式"战争。科学和战争融为一体的终极标志,当然是在第二次世界大战中问世的原子弹。正如哈佛大学科学史教授杰拉尔德·霍尔顿(Gerald Holton)所说,它表明"自科学实验室里开始的一系列活动,能够引起神话般巨大和突然事件的发生。"第二次世界大战结束以来,科学技术异乎寻常的发展催生了氢弹、配合计算机系统的远距离预警系统和洲际弹道导弹,美国在越南战场率先展开了利用大规模电子遥感装置及计算机控制进行报复性打击的"自动化"战争。到了今天,战争同样受到科学的"恐怖"统治,而且正如其他人类活动一样,战争形态正在发生巨大变化。

以一种不太直接、但同样重要的方式,理论与经验之间正在变化的关系,同样反映在政府政策的制定,尤其是经济管理方面。在20世纪30年代大萧条期间,各国政府都在危机中挣扎,不知如何是好。当时,德国主导政府政策的社会主义经济学家坚持认为,萧条将"沿着自己的道路发展",意思是说,按照马克思主义原理,导致萧条的"生产过剩"将比比皆是。英国也存在着类似的绝望情绪,英国保守党派要人斯坦利·鲍德温(Stanley Baldwin)的密友、失业救济局成员

---

① 见 L·F·哈伯:《1900—1930年的化学工业》(牛津,1971年),第7章,第198—203页。正如哈伯所写的:
"在第一次世界大战爆发的时候,哈伯法则……基本上还是一个未知因素。氨的合成……标志着化学工业领域一次最重要的进展……由弗里茨·哈伯发明并由卡尔·博施(Carl Bosch)应用于工业生产的这一方法是高压合成法的首次应用。合成氨的生产技术经过适当修改,后来便用于合成甲醇,以及把煤加以氢化变为石油。它甚至影响了今天的石油冶炼技术以及对冶炼操作中的裂变气体的再次合成。"同上书,第90页。

汤姆·琼斯（Tom Jones）在 1934 年 3 月 1 日给美国教育家亚伯拉罕·弗莱克斯纳（Abraham Flexner）的一封信件中写道，"在国内方面，我们的贸易有改善的可喜迹象（尽管不太大），但是没有任何办法能使失业人数下降。越来越多的人慢慢地、然而肯定正在意识到：失业者中的绝大多数人将永远找不到工作。像巴里奥尔学院院长林赛和我这类的人，恐怕都在面临把职业与培训中心长期办下去的巨大任务。"①

在美国，富兰克林·D·罗斯福为修补经济采取了各种各样的方案。他通过美国复兴总署制定了一套类似于法团国家的、极其详尽的限价和管理法令。根据乔治·沃伦（George Warren）的建议，罗斯福下调了美元含金量，以便提高价格水平。为了解决闲散的失业者，他启动了一轮大规模的公共工程建设。这些政策没有哪一条得自经济复兴的综合理论。事实上，美国当时不存在任何这一类的理论。恰如罗斯福的经济顾问雷克斯福德·特格韦尔（Rexford Tugwell）所说，罗斯福只是在一个一个地试验各种"仙丹妙药"，希望能找到某种形式的配方来推动经济发展。②

在很大程度上，人们是通过理论和政策的结合才对经济管理有了更为正确的理解。凯恩斯为政府干预经济以弥合储蓄与投资之间的差距提供了理论依据。③而库兹涅茨（Kuznets）、希克斯（Hicks）等人对宏观经济学的研究，通过创立所谓的国民经济账户体系——即结合各种经济数据，把诸如投资和消费这类内容纳入生产账户与收入账户——为政府制定经济政策提供了可靠的框架，从而使人们能够测算经济活动水平，并决定哪些部门需要政府干预。

---

① 托马斯·琼斯：《书信集》（纽约，1954 年），第 125 页。林赛即 A·D·林赛，任巴里奥尔学院院长达 25 年，直到 1949 年。
② 见雷克斯福德·G·特格韦尔：《民主党人罗斯福》（纽约，1957 年），第 15 章，尤其是第 312—313 页。
③ 凯恩斯的经济学革命，实际上是在大多数经济体已经从萧条中复苏之后才出现的，尽管许多政策，特别是所谓不平衡预算或者赤字财政是以试错的方式被采纳的，并产生了"凯恩斯式"的效果。最自觉地努力运用新经济学的国家要算瑞典。它的财政部长、社会主义者欧内斯特·威格福斯（Ernest Wigforss）摆脱了马克思主义思想，根据经济学家埃里克·林达尔（Erik Lindahl）和冈纳·米尔达尔（Gunnar Myrdal）的建议，推行了积极的财政与公共工程政策。它是在凯恩斯主义之前的凯恩斯政策，换句话说，是在凯恩斯的《通论》于 1936 年出版前采取的政策。

经济学领域的另一场重要革命，是不断尝试将一种日益严格的、数学化的经济理论体系应用于真实的经济体。这一潮流源自瓦尔拉的一般均衡论，并在过去的 30 年里为里昂惕夫（Leontief）、廷伯根（Tinbergen）、弗里希（Frisch）和萨缪尔森[①]不断发展，应用于政策制订。在过去，这些概念和手段，如生产曲线、消费曲线、时间偏好和贴现等，作为抽象概念虽然很有用，但由于没有相应的数字资料来检验和应用这种理论体系[②]，它们与经济实践是相脱节的。

现代经济学在这一方面的发展之所以可能，是因为有了计算机。计算机在经济理论体系与近年来庞大的数据基础之间建立了桥梁，由此催生了现代计量经济学和指导政策方向的经济学。[③]其中一个重要的领域是对各工业之间相互依存的模型的研究，例如华西里·里昂惕夫（Wassily Leontieff）提出的投入产出模型，它不但简化了瓦尔拉（Walras）的一般均衡体系，而且以现实经验说明了各工业、经济部门及地区之间的交易平衡。美国经济的投入产出矩阵是由 81 种工业构成的一个系统网络，把从鞋类及其他皮革制品（第 1 类）到报废品与旧货（第 81 类）分别归入美国经济的生产部门、分配部门和服务部门。用一个现金流量表，就能说明任何一种工业的产品对应其他 80 种工业的具体分布情况。投入产出模型显示出就某一特定产出单位（按美元价值或实物产量计算）而言所需的投入（来自任一种或若干种工业）的类型及比例。反转模型则显示出生产某种产品所需的直接需求和间接需求。这样一来，人们就可以追溯出最终的消耗量，比

[①] 30 年前，几乎没有几个大学研究院讲授数理经济学。1947 年，保罗·萨缪尔森《经济分析基础》一书的出版，标志着转折的开始。该书以数理模型的方式介绍了新古典主义经济学。今天，一个人若没有坚实的数学基础是不可能进行经济理论研究的。

[②] 令人吃惊的是，在经济萧条期间，由于定义的混乱和缺乏快速统计的抽样调查技术，因此，政府对失业程度并没有真正的衡量；它依靠的是 1930 年的人口普查和制造业公司提供的一些估计数字。1921 年，当哈定总统召开专家会议讨论伴随战后萧条而出现的失业情况时，粗略的估计仍被广泛使用，最后公布的数字可以说是通过多数票表决决定的。关于哪些人应被计算在内或者"劳动力"如何构成这些问题上的混乱，在 30 年代一直持续，一整套确定的定义和数字迟至 40 年代才出现。当然，当时更没有所谓国民总产值和国民收入账户，使人们能对整体经济状况有所了解。直到 1945 年，它们才被应用于公共政策的制定。我要感谢朱迪斯·德·努夫维尔（Judith de Neufville）在麻省理工学院推出的一篇尚未发表的、有关社会指标的论文，其中论述了对失业率的统计。

[③] 小查尔斯·沃尔夫（Charles Wolf, Jr.）和约翰·H·恩斯（John H. Enns）在论文《计算机与经济学》（《兰德公司文件》，第 4724 页）中对这些发展给出了精辟的看法。其中一些阐释对我颇有教益。

如说汽车制造业对铁矿石的消耗总量或价值总量(即使汽车制造业并不直接购买铁矿石)。我们也可以看到铁矿石作为原材料是以怎样的比例被分配到诸如汽车、船舶、建筑等最终产品之中。按照这一方法,人们可以根据对每个经济部门的不同影响勾画出终极需求的走势图。① 投入产出表目前是制订国民经济计划的主要工具,它同时也被运用于区域规划,利用计算机模型来测定人口分布的变化对贸易的影响。

针对经济体的大型经济计量模型,如前面提到过的布鲁金斯模型,使人们得以对经济进行预测,同时,这类计算模型的存在确保经济学家可以进行政策"试验",例如弗罗姆(Fromm)和陶布曼(Taubman)模拟了1960—1962年间财政与货币政策的8种不同组合形式,以便观察究竟哪一种政策最为有效。② 人们可以用这种手段来鉴定不同的理论,看它是否有可能使经济"好转"。

认为对经济的管理不过是由某种理论模型派生出来的技术分支,这是科技治国论者才有的想法。最重要的考量是政治性的,为最终决策设定了框架。然而,经济模型指出了人们可以进行选择的限制边界,并且能验证替代性政治选项的后果。③ 最关键的是,经济政策的形成虽然不是一门绝对精确的艺术,但它是根据

---

① 从数学角度说,一个投入—产出矩阵是一组联立线性方程——在这个例子里,即通过线性代数求解由81个变量组成的81个方程式。见华西里·里昂惕夫:《美国经济的结构:从理论和经验方面探讨投入—产出分析》(纽约,1953年)。具有讽刺意味的是,当劳工统计局企图在1949年为美国经济创立一个投入—产出体系时,它遭到了企业界的反对,认为该算法是社会主义的工具;对这一算法的拨款在一开始就被否决了。

② 他们的结论是:政府非耐用品和建筑业开支的增加对实际国民生产总值的影响最大;增加开支比削减所得税更能刺激经济。加里·弗罗姆和保罗·陶布曼:《以计量经济模型进行政策模拟》(华盛顿,布鲁金斯学会,1968年),见沃尔夫和恩斯的引语,引述著作同上。

③ 罗伯特·M·索洛(Robert M. Solow)认为,一个政府借助现代经济工具,能够在一定的限度内达成它所需要的经济状态,因为政府财政开支能够矫正私人开支赤字和促进经济活动。但在这样做的时候,政府必须在通货膨胀和充分就业之间作出选择:这种矛盾似乎是资本主义经济市场结构所固有的。政府不得不进行一种非此即彼的交易——这是一种政治抉择。民主党人喜欢充分就业和通货膨胀,共和党人则偏爱价格稳定和缓慢的经济增长。

然而最近几年产生了一种新的现象——高失业率与高通货膨胀的并存。不知为什么,失业率不再能够"约束"经济,推动价格下行;这要么是由于高福利(例如失业保险)的缓冲、有组织的产业部门受到工资上涨的压力,要么是对价格上涨的预期抵消了通货膨胀的程度。

在现代经济政策的历史上,曾出现两个转折点:肯尼迪总统在1964年推出的减税政策,标志着凯恩斯的理论成为制订经济政策的准则;尼克松总统在1971年实行工资和价格管制,强制性的管制

经济理论制订的，而且通常必须找到理论根据。尼克松政府 1972 年之所以会接受"确保充分就业的预算"的思路，并且根据**貌似确切**的、资源已得到充分利用的假设（从而自动地接受了赤字财政）来设定政府财政标准，这一事实本身就足以证明过去 30 年来政府所必须面对的经济的复杂程度。

"研究与发展"（R&D）这个词，足以体现近年来科学、技术与经济的互相结合。由此诞生的、以科学为基础的工业（计算机、电子、光学、聚合物等工业），在美国社会的制造业部门中日益占据主导地位，并且在发达工业社会的产品周期中遥遥领先。这些以科学为基础的工业与 19 世纪兴起的工业不同，主要依靠在投产之前的理论研究。没有费利克斯·布洛赫（Felix Bloch）40 年前创立的固态物理学，就不会有什么计算机。激光的发明直接归因于拉比（I.I. Rabi）在 30 年前对于激光束的研究。（我们可以有把握地说，美国钢铁公司是 20 世纪前 1/3 的公司样板，通用汽车公司是第二个 1/3 世纪的公司样板，而 IBM 公司则是最后 1/3 世纪的公司样板。这些公司对待研究与发展的不同态度，可以作为衡量社会变化的尺度。）

凡是适用于技术与经济学的，就可以适用于一切类型的知识，虽然也许要以一种不同的方式；这就是说，一个领域的发展日益有赖于理论工作的优先发展，它汇集整理出已知的内容，同时为实证研究指出方向。实际上，理论知识正日益发展成一个社会的战略源泉，即中轴原理。而大学、研究机构和知识部门等汇集和充实理论知识的场合则演变为未来社会的中轴结构。

技术的规划。随着新的技术性预测模型的出现，我的第四个标准是，后工业社会有可能达到社会变化的一个新维度，那就是对技术发展进行规划和控制。

只有当社会能够建立起新的组织机构来积累储蓄（通过银行、保险公司和从股票市场取得的股本资金，以及政府征收的款项，即贷款与税收），并把这些钱用于投资的时候，现代工业经济才有可能建立。每年以国民生产总值 10% 或更多资金进行再投资，已成为 W·W·罗斯托（W.W. Rostow）经济增长"起飞"的基点。但是，现代社会若要避免停滞或"成熟"（不管该定义是多么含糊），就必

虽然已于 1973 年放松，但现在仍然存在着使用这些措施的可能。

须开辟新的技术领域,以便维持生产能力和更高的生活水平。人类社会如果愈来愈多地依赖技术和新发明,将会带来某种危险的"不确定性"。(马克思认为,资本主义经济如果不能扩张,就会死亡。而后来的马克思主义者,例如列宁和罗莎·卢森堡,认为这种扩张必然导致地理性的扩张,并由此形成对帝国主义的理论思考。但是,衡量资本主义扩张更重要的尺度是资本的集约化和技术发展。)没有新的技术,经济增长怎么可能继续呢?预测和"测绘技术"的新方法的发展,有可能在经济史上开辟一个崭新的阶段——有意识、有计划地推动技术变革,从而减少未来经济的"不确定性"。(是否能真正做到这一点,仍是酝酿中的问题,本书第三章将对此展开讨论。)

正如我们所知道的,技术进展也带来了有害的副作用,以及时常被人们忽视而确非故意忽视的第二层次和第三层次的后果。大量使用价格低廉的化肥,是促成农业产业革命的一大因素,但硝酸盐对水域的侵蚀却成为最恶劣的污染来源之一。滴滴涕作为杀虫剂挽救了大量农作物,同时也对野生动物和鸟类造成伤害。汽车的汽油发动机比蒸汽机效率更高,却引发了对大气的污染。问题在于对技术的引入缺乏控制,而相应的倡导者却只对单方面的效应有兴趣。

上述一切并非不可以避免。控制手段是存在的。正如美国科学院的一个小组委员会的一系列研究所显示的,在某种技术被引入之前进行"鉴定",就可以预先考虑替代技术或相应对策。该研究小组在报告中指出:

> 小组委员会认为,在某些情况下,采用我们这里所主张的广泛标准,可以在目前或未来强化选择不同技术,或者至少是修正过的技术的倾向——采纳"社会代价"较低(虽然总成本不一定较低)的有效方法。例如,用生物环境方法而不是纯粹的化学手段来控制农业虫害,或者用替代性的设计而非化学方法提高发动机的功率,再或者借助大众交通工具来抵消对私人汽车的过度依赖。[1]

---

[1] 见美国科学院的报告《技术:鉴定和选择的过程》,美国众议院科学和宇航委员会,1969 年 7 月。

技术鉴定是可行的。它所需要的只是政治机制能允许进行这样的研究并制定管理新技术的标准。①（这个问题将在本书第四章阐述。）

新的智能技术的兴起。艾尔弗雷德·诺思·怀特黑德（Alfred North Whitehead）写道，"19 世纪最重要的发明，是发明了发明的方法。一种新的方法诞生了。为了认识我们的时代，我们可以忽略变化的所有细节，例如铁路、电报、收音机、纺纱机、合成染料。我们必须集中力量注意这一方法本身，那是打破了旧文明基础的真正新事物。"②

按照同样的精神，人们可以说，20 世纪下半期方法论的前途在于：管理有组织的复杂性（如大型组织和体系的复杂性、含有许多变量的理论的复杂性）；识别和运用理性选择的策略来指导人类与自然界的竞争以及人类内部的竞争；发展一种新的智能技术，到 20 世纪结束时它有可能像机械化在过去一个半世纪中那样在人类事务中占有同样突出的地位。

在 18 世纪和 19 世纪，科学家们学会了如何处理一对变量：物体的驱动力与移动距离、气体的压力与容积、电流与电压。在略微扩张至三或四个变量之后，这些原理就变为大多数现代化技术的基石。正像沃伦·韦弗（Warren Weaver）所说的，电话、收音机、汽车、飞机和涡轮机这类**发明**，都是"复杂问题的简单化"。③在 19 世纪和 20 世纪初期，大多数社会科学模型包含着这些简单的、相互依存的变量：资本与劳动（在马克思主义中被称为固定资本和可变资本；在新古典主义经济学中被称为生产函数）、供给与需求、权力平衡、贸易平衡。用艾伯

---

① 为了推广技术鉴定的思想，美国工程科学院在三个处于发展之中的领域进行了研究：计算机辅助教学和教学电视；亚音速飞机的噪音问题；医学诊断中的多方法检诊。该研究得出结论，认为技术鉴定是可行的，并且概述了进行必要研究所需的费用和范围。就技术辅助教学而论，该研究考虑了它可能产生的 18 种不同影响。在飞行器噪音的案例中，他们考察了 5 种替代方案的成本和后果，从机场迁址、给附近住户加装隔音设施，到修改飞机设计或其飞行模式。见公共工程政策委员会报告《技术鉴定研究》（全国工程科学院，1969 年 7 月）。

"技术鉴定"的思想主要是在众议院科学和宇航委员会所进行的多项研究中产生的。1967 年，众议员达达里奥（Daddario）在众议院提出了一项建立技术鉴定局的议案。该议案于 1972 年通过，由国会而不是政府负责建立一个技术鉴定办公室。
② 《科学与现代世界》，第 141 页。
③ 沃伦·韦弗：《科学与复杂性》，载沃伦·韦弗编《科学家谈话》（纽约，1947 年）。关于这段引文和本节的若干建议，我要感谢哥伦比亚大学的前研究员诺曼·李（Norman Lee）。

特·沃尔斯泰德（Albert Wohlstetter）所阐明的理论来说，作为封闭且对立的系统，它们在分析上是最具吸引力的，它们把一个复杂的世界简化了。

随着科学的进步，人类下一步要解决的问题不再是那些少数的相互关联的变量，而是对大数据的整理，例如：统计力学中的分子运动、保险统计表格中的寿命概率、人口遗传学中的遗传性分布。这些问题在社会科学领域内就成了"普通人"的问题，例如智力分布、社会升迁率，等等。用沃伦·韦弗的话来说，这些问题即是"无组织的复杂性"。随着概率论和统计学的显著发展，以概率方式验证事件结果成为可能，这些问题的解决方案也将浮出水面。

后工业社会在智能和社会学方面的主要问题，借用韦弗的比喻，是"有组织的复杂性"问题——即管理含有大量关联变量的大型系统。这种系统必须经过人工干预、协调，才能达成特定目标。现代系统论的理论家们之所以如此**自鸣得意**，正是由于已经掌握了一套管理这种系统的技术。

自 1940 年以来，适用于解决有组织的复杂性问题的新的知识领域层出不穷，例如信息论、控制论、决策论、博弈论、效用论和随机过程，且由此又产生了一些新的技术，例如线性规划、统计决策论、马尔可夫链式应用法、蒙特·卡洛随机化过程、极小极大解，等等，这些技术被用来在战略格局的不同抉择中发掘可供选择的、理想的结果。在这一切的背后，是贾吉特·辛格（Jagit Singh）在数学领域发展出的所谓"综合计算"（comprehensive numeracy）。[①] 平均数、线性关系和无反馈，都是早期出现的、使数学为人们所易于掌握的简化形式。微积分非常适合解决少数变量和变化率的问题。但是，有组织的复杂性问题必须用概率来说明——通过约束冲突或合作，推导替代性选择的结果——为了解决这些问题，人们必须超越传统的数学领域去寻找方法。自 1940 年以来，概率论（一度是直观的，现在则是严格的和公理化的）、复杂组织理论、博弈论和决策论的进展，在理论应用上已经取得了进一步的发展。

我之所以把这些新发展称之为"智能技术"，其原因有二。首先，正如哈维·布鲁克斯（Harvey Brooks）的定义，技术"就是运用科学知识以**可复制**的方

---

① 贾吉特·辛格：《运筹学的伟大概念》（纽约，1968 年）。

式来解决问题"。① 在这个意义上来说,建立一所医院或者组织一个国际贸易体系,都是一种社会技术,就像汽车或数控机是**机械化**技术一样。**智能**技术就是用算法(解决问题的规则)来代替直观判断。这些算法可以被植入自动化装置、计算机程序或者基于某些统计资料或数学公式的一套指令;处理"有组织的复杂性"问题的统计与逻辑运算技术,是为了形成一套决策原则。第二个理由是,如果没有计算机,新的数学工具就基本只具有学术价值,或者用阿纳托尔·拉波波特(Anatol Rappoport)的说法,只具有"很低的解决问题的能力"。轻松运转的链式乘法计算、跟踪多变量相互作用的多重变量分析以及数百个方程式的同时分解——这些成果都是综合运算的基础。只是因为智能**技术**工具——计算机的出现,这些成果才有实现的可能。

新的智能技术的特点是,它能够定义理性行为以及相关的实现手段。任何处境都包含制约因素(如成本)和对立选项,一切行动都是在确定性、风险或不确定性的前提下发生的。确定性意味着制约因素是确定且已知的。风险即指预知几种可能的结果,并且能确定每种结果的概率。假如虽然能够确定几种可能的结果,但其概率却全然未知,这就存在着不确定性。其次,处境可以被定义为"对自然界的竞争",其制约因素是环境因素;也可以被定义为"人与人之间的竞争",每个人的行动方针都必然受到对对方意图的判断的影响。"② 在一切处境中,

---

① 哈维·布鲁克斯 1971 年 5 月 9 日在阿默斯特学院所作的演讲《技术和生态危机》,第 13 页。引自未出版稿,黑体字是后加的。至于这些观点的运用,参见布鲁克斯教授任主席的两个委员会的报告:美国科学院的报告《技术、鉴定和选择的过程》(美国众议院科学与宇航委员会出版,1969 年 7 月);以及经济合作与发展组织的报告《科学发展与社会》(巴黎,1971 年)。
② 今天,经济学和管理学中大多数的日常问题都与在确定条件下的决策有关,也就是说,制约因素是已知的。这一类的问题包括:在成本和价格已知的情况下确定产品组合的比率、按产品规模安排生产进度、网络通路设计等等。由于目标明确(最有效的路线或从某一产品组合中获得最大收益),所以,它们基本上是数学性的,能够通过线性方程来解决。1937 年,约翰·冯·诺依曼(John von Neumann)发表了一篇论文,论述处于匀速扩张过程的封闭经济的一般均衡问题,线性规划理论由此产生。该理论在计算机程序上的应用在很大程度上是由苏联经济学家 L·V·康托罗维奇(L.V. Kantorovich)提出的,但直到斯大林去世之后其成就才为世人所知。20 世纪 40 年代末,兰德公司数学家 G·B·丹齐格(G.B. Dantzig)用简化算法设计出了类似的技术。不过,线性规划理论的实际应用要一直等到电子计算机的计算能力足以连续处理 3200 个方程和 60 万个变量(例如解决某些运输问题)的时候。罗伯特·多尔夫曼(Robert Dorfman)将线性规划运用于对公司的研究:1958 年,多尔夫曼、萨缪尔森和索洛将其运用于某个经济体的产业间模型,以便提供供应的代用率,同时通过准则

可取的行为是指向"最佳"解决方案的一种战略，即一个人或者可以最大限度地扩大成果，或者通过对风险性和不确定性的判断而设法把损失降至最低。合理性，又可被视为是指在两种选择之间判断哪一种能够产生较好的结果。①

智能技术在系统分析方面具有最可观的前景。在这种意义上，系统即任意一组互反关系，其中某一因素性质（或数值）的变化，必然会给该系统中所有其他因素带来明确（或可测量）的后果。人体是一个确定系统；成员们为了一个共同目标而从事某种特定任务的工作组是一个目标系统；轰炸机和基地构成可变系统；经济体则是一个松散系统。

在飞速发展的、服务于军事或企业决策的系统分析领域，变量数目是关键因素之一。比如说，在设计一种飞机时，不能把单一性能参数（速度、航程或载重量）作为衡量某种设计内在价值的尺度，因为这些因素都是相互联系的。查尔斯·J·希契（Charles J.Hitch）用这个例子来说明对轰炸机设计进行系统分析的困难。"假定我们粗暴地把飞行器性能简化为三点——速度、航程和飞行高度。那么，为了衡量1965年新一代轰炸机的效能，我们必须考虑哪些问题呢？至少还必须考虑以下一些因素：它们将采用的队形、飞往目标的航线、基地系统、目标

函数，使得根据不同目标在最终需求的特定部门内部考虑不同解决方案成为可能。

1939年，哥伦比亚大学统计学家亚伯拉罕·沃德（Abraham Wald）提出了在不确定条件下制订决策的依据。他定义了极大极小准则，即人们总是按照可能产生的最坏后果来行动。莱昂尼德·赫维奇（Leonid Hurwicz）和L·J·萨维奇（L.J. Savage）发现了其他一些战略，如萨维奇美其名曰的"遗憾法则"，即一个人增加或降低风险的主观概率。

博弈论的历史悠久，但它的关键性转折发生于1928年，当时约翰·冯·诺伊曼发表了一篇论文，以数学工具证明了二人博弈的极大极小策略。冯·诺伊曼和摩根斯顿（Morgenstern）在1944年出版的《博弈论与经济活动》一书（普林斯顿大学出版社）中，将博弈论扩展至两名以上的参与者，同时将该原理应用于经济活动。冯·诺伊曼和摩根斯顿提出的策略——极大极小策略，或称之为最大损失的最小化——被定义为不确定条件下的理性选择。

第二次世界大战期间，当博弈—决策论被称为"运筹学"的时候，它得到了极大的推动。举例来说，飞机和潜艇之间就曾经出现过"博弈"。前者必须找到在指定范围空中巡逻时"最好的"搜寻方案；后者则必须制订出受到监视后最好的逃生路线。美国战时反潜运筹学小组运用冯·诺伊曼1928年的论文得出了策略性的方案。

博弈论被广泛应用于交易和冲突的案例，有时用来类比，有时则用以确定潜在后果的数值。见托马斯·谢林：《冲突的战略》（马萨诸塞州，剑桥大学，1960年）。

① R·邓肯·卢斯（R. Duncan Luce）和霍华德·雷法（Howard Raiffa）：《博弈与决策》（纽约，1957年）。此处有关理性的讨论基于第50页的定义，而风险、确定性和不确定性的定义参见第13页。

系统、机载炸弹和敌方的防卫情况等。听起来这些因数不算太多（实际上这远比设计所需要的要少），然而如果我们选取的参数不超过 10 个，并且每个参数只取两个可选项的话，我们就已经需要进行 2^{10} 次计算和比较（2^{10}，1000）种情况了。如果每个参数下设 4 个可选项，我们就需要判断 4^{10}（4^{10}，1000000）种情况。"①因此，一种新型轰炸机系统的选择，决不是一个简单的、可以留给那些"老迈的"空军将领们去考虑的问题。它必须在衡量这许多变量之后，根据其得失关系进行计算。

重点在于系统动力学之父杰伊·福雷斯特（Jay Forrester）及其他一些人提出的观点，即复杂系统具有"反直觉"的性质。他们认为，复杂系统牵涉到太多相互作用的变量，以至于人类的头脑难以按正确的顺序同时掌握住它们。福雷斯特还认为，直觉判断只能对短期内的因果关系做出反应，而因果关系是简单系统的特征；在复杂系统里，真正的原因可能隐藏得很深，或者要很久以后才能看得出来，更常见的情况是，真正的原因即为系统结构（如模型）本身，无法迅速为人们所认识。因此，人们在制订决策时必须采用算法，而不是直觉判断。②

福雷斯特编制了一个计算机模拟模型，展示中心城市的成长、停滞和衰退，该模型可以充分说明因果关系的幻像。该模型由三个主要区域构成，每个区域又包含三种成分。商业区域中包括新工业、成熟工业和衰退工业；住房区域包括补贴住房、工人住房和就业不足者住房；人口区域包括经理和专业人员、工人和就业不足者。这九种成分首先通过 22 种相关方式联系起来（例如不同的移民方式），然后再通过乘数函数与外部世界相联系。该模型是一个封闭的动态系统，模拟城市的生命周期。首先，空地被迅速占用，各种成分发生调整，从而达到某种形式的平衡；然后，随着工业凋敝和税收上升，停滞现象日益严重。计算机显示该周期所用时长为 250 年。

福雷斯特从这个模型中获得了大量政策要点。他认为，中心城市里低收入者

---

① 见查尔斯·希契："空军决策分析"，载 E·S·奎德（E.S. Quade）编：《军事决策分析：兰德公司关于系统分析的演讲》（芝加哥，1964 年）。他的阐释是推测性的。更为贴切、但同时更为复杂的阐释请参见奎德被收入上书的专题史，主题是战略性空军基地的选址与使用。
② 杰伊·W·福雷斯特：《城市的原动力》（马萨诸塞州，剑桥大学，1969 年），第 10—11 页。

住房的增加，使更多的低收入者迁来，产生了消极影响，因为这使税收基数不断降低，阻碍了新工业的出现。职业训练计划的不良后果是使得受过技术训练的工人纷纷离开城市。这一切并未使福雷斯特感到惊奇，因为正如他所指出的，简单的方法就是说如果需要更多的住宅，就盖更多的房子；更加高瞻远瞩的方案则是调整职业构成和人口平衡。在这个意义上说，根据直接因果关系作出判断的政策是错误的，而较好的政策应是"反直觉的"。

遵循系统分析来制订决策的逻辑非常清晰。以兰德公司和美国空军部的关系为例，它导致了科技治国论者进入国防部任职，创立了规划—设计—预算系统，在很大的程度上负责调整战略与战术计划，针对武器系统的选择确定成本和效益标准。按照福雷斯特的说明，在有关城市生活的重要决策中，这种做法将导致用经济判断取代政治判断。

新的智能技术的目标，恰恰是实现社会炼丹术士们的梦想：使这个巨大的社会"井然有序"。在今天的社会里，千百万人们每天要做出上亿个决定：买什么东西？生几个孩子？投谁的票？选择什么工作？等等。任何一项选择，都好似反射在测量仪上的量子一样不可捉摸。但这些量子的聚合形式却能像测量几何三角的高度和宽度那样清晰地加以记录。把计算机当作工具，那么，决策论就是它的主人。法国物理学家帕斯卡要与上帝掷骰子，重农主义者试图将人类一切交易纳入经济系统，而决策论者试图寻找他们的**总图表**——一种理性指南，从而在使人眼花缭乱的选择之中找到"最佳"解决方案。

乌托邦，作为寻求完美共同体的人类梦想，前景并不乐观。达成新梦想的障碍，在其信仰者看来，在于人类对理性的抵制。或许，阻力还源自以下这种想法，即人类所谓指导事业的理性，本身就是一种非理性的活动。这一点也是我想在本书中探讨的一个主题。

后工业社会思想史

不论是朱庇特或者是他的副手缪斯，其头脑里的思想并不是一蹴而就的。并存于后工业社会（与之相关的思想萌芽将在本书第一章中详述）这一概念里的五个维度，同样有一段漫长而复杂的历史。读者可能对这些记录有兴趣。

至于我的起点，是一个包含在我的著作《意识形态的终结》中的主题——技术性决策在社会上的作用。事实上，技术决策可以看作是意识形态的反义词：前者是计算的、工具性的；后者是情感的、表现性的。《意识形态的终结》一书即是讨论旧的政治热情已经衰竭，而发展成为后工业社会思想的这些理论，力图在科技治国论与政治的关系中对前者作进一步探讨。[①]

1955年春，在意大利米兰召开的"文化自由代表大会"的一次会议中，我提供了一篇论文，并在该论文的"家族资本主义的解体"一节中，表现出对技术决策的作用以及新一代技术精英的特征很有兴趣。简单说来，我的观点是：资本主义不但应被理解为一种经济体系，还应被看作一种通过家族企业相联结的社会体系。家族企业创立了一个利益共同体，使利益通过家族传统而延续，从而为资本主义体系提供了社会黏合剂。因此，管理资本主义的兴起，不能仅仅被视为企业专业化的一种现象，而是使社会黏合剂出现"碎裂"的一大因素。在描述了美国家族资本主义的解体之后（部分是由于投资银行的干预），该论文认为权力与社会阶层的关系正在发生两种"无声的革命"：一种是传统权力的衰落（不必然与财产有关），它意味着，富裕的企业家阶层及其后代所代表的上流阶级不再是一个统治阶级；另一种则是管理阶层的兴起，意味着权力不再继续掌握在一个特定的特殊集团手中。权力的连续性体现在机构的职位上。权力大部分为技术知识精英所掌握，其中包括商业集团管理者和当时占据机构职位的政治领导人。机构权

[①] 我要在此澄清一个误解，有些人就只是根据书名猜测观点，而从未认真阅读论据。在《意识形态的终结》里，我从未说过一切有关意识形态的思考都终结了。实际上，我认为旧的意识形态的枯竭不可避免地导致对新的意识形态的渴望。我当时写道：
"因此，人们在50年代末看到一种令人困惑的停滞。在西方知识分子之中，旧的热情已经耗尽。新的一代对于过去的争论缺乏深沉的记忆，同时也没有可靠的传统可以指望，所以他们正在一个从精神上抛弃了过去那种启示录般的、新千年幸福幻想的政治框架中找寻新的目标。在寻找这一'事业'的过程中，存在着一种深刻的、绝望的、近乎忧郁的愤怒……焦躁地探索一种新的、属于知识领域的激进主义。……对于这些寻找'事业'的人最有讽刺意味的是，工人——其不满情绪曾是推动社会变革的动力——却比知识分子对社会更感到满意……青年知识分子感到不幸福，因为，'中间道路'只面向中年人，而不是为他们提供的。这是一种缺乏热情、麻木不仁的状态……情感的能量和需求还在，但如何动员这些能量却是一个困难的问题。"见《意识形态的终结》（伊利诺伊州格伦科，1960年），第374—375页。

力稳坐地盘，而个人和家族则随风流逝。①

促成这一思想的第二个分支是，50年代初我发表在《财富》杂志上的、以劳动力构成的变化为主题的一组文章，它们特别参考了产业工人的人数相对于工厂中非生产性人员以及职业体系中技术与专业雇员出现下降的情况。在这方面，科林·克拉克（Colin Clark）的《经济进步的条件》一书，对我的影响是明显的。更重要的一个影响源于保罗·哈特（Paul Hatt）和纳尔逊·富特（Nelson Foote）发表于1953年5月号《美国经济评论》的一篇文章（该文受到人们不合理的忽视）。他们不但修正了克拉克"第三产业"的内容（提出第四产业和第五产业），而且把这些产业变化与社会升迁模式联系起来。在谈到产业分布与职业构成的联系时，哈特和富特强调工作专业化的趋势以及第五产业或知识产业的核心地位，是最为重要的一大发展。

第三个影响是，约瑟夫·熊彼特认为技术是一片公海，这一认识对我的思考产生了深远的影响。（哈佛企业研究中心的亚瑟·科尔［Arthur Cole］、弗里茨·雷德利克［Fritz Redlich］和休·艾特肯［Hugh Aitken］在50年代的多项研究中发展了熊彼特的思想）。②60年代初，在重读熊彼特的论述以后，我的思考便转向了技术预测的问题。资本主义社会在找到使储蓄和信贷机构制度化的方法，从而使储蓄和信贷转化为投资之后，它就能够调节经济发展。而后工业社会所要解决的问题之一，就是要通过"绘制"公海海图的某些办法来消除未来的不确定性。60年代人们在技术预测领域所做的各种努力，由埃里奇·杨奇（Erich Jantsch）在《展望技术预测》（巴黎，经济合作与发展组织，1967年）一书中作了总结，足以说明这一主张是可行的。

最后，在所有这些影响之中，我愿意特别指出物理学家、科学史学家杰拉尔德·霍尔顿（Gerald Holton）的一篇论文。它向我揭示出在理论知识与技术不断变化的关系之中前者的重大意义，以及理论的编纂工作不仅如霍尔顿所说是科学进步的基础，更是技术政策与经济政策革新的基础。霍尔顿的文章出色地说明了

---

① 上述文字参见《意识形态的终结》第2章。该书第3章"美国有统治阶级吗？"进一步丰富了论证的过程。
② 见约瑟夫·熊彼特：《资本主义、社会主义和民主》（纽约，1942年），第118页。

科学的进步其实就是知识的整理和分类。①

在1959年夏季奥地利萨尔茨堡的讨论会上，我首次借助"后工业社会"这一名词在一系列演讲中阐述了上述的大部分思想。当时我所强调的主要是生产部门的波动以及从商品生产社会向服务型社会的转变。1962年春，我为波士顿某次研讨会撰写了一篇长文，题为"后工业社会：预测1985年之后的美国"。此时，我的主题已经转为"智能技术"与科学在社会变革中的决定性作用，以及二者构成了后工业社会的重要特征。该文没有发表，但在科学界和政界人士中被广为传播。②1962—1963年冬，在哥伦比亚大学召开的"技术与社会变革研讨会"之前，该文经改写后被提交给大会，并于一年后经过删节发表在由伊莱·金兹伯格主编的研讨会论文集中。把大学和学术机构作为后工业社会的体制中心，是我在1966年出版的《普通教育的改革》一书中提出的一个主题（为此，我在本书中略去了关于大学问题的讨论）。在担任"2000年委员会"主席之后，为了建立针对美国未来社会的分析框架，我更加重视这些概念体系。我在那时候所写的研究民族社会、公共社会和后工业社会等概念的若干著作，都是用以认识美国社会变化的手段。新的变化是由运输与通讯革命、对群体权利的诉求、根据非市场性原则制定公共决策，以及理论知识和研究机构的中心作用所引起的。中轴结构概念的出现，同我推进社会变化的理论研究工作有关，它成为在拉塞尔·塞奇基金会（Russell Sage Foundation）支持下进行的对预测社会变化的理论盘点的基础。③

---

① 见杰拉尔德·霍尔顿："科学研究和学位：关于设置适当等级的说明"，载于《代达罗斯》（1962年春）。
② 我当时不想发表此文，是因为我觉得我的想法尚不成熟。该文在波士顿研讨会上传阅的一些部分，未经过我允许就被公共评论性杂志《潮流》和商业出版物《邓氏评论》刊出，而且令人费解地成为捷克斯洛伐克科学院出版的一本以缔造后工业社会的科技革命为主题的著作的引语。该文在政界人士，尤其是在科学与技术局内部流传的情况，可参见一篇刊于《科学》杂志（1964年6月12号第1321页）的文章。
③ 有关这些观点比较早期的版本，见伊莱·金兹伯格编《技术与社会变革》（纽约，1964年），第三章；丹尼尔·贝尔编《普通教育的改革》（纽约，1966年）和《走向2000年》（波士顿，1968年）。后工业社会的种种特征（本书第五章和第六章有所体现）曾在1966年于锡拉丘兹大学以及加利福尼亚理工学院75周年纪念会上获得说明。这些论文被收入下列几本书：爱德华和伊利莎白·哈钦斯（Edward and Elizabeth Hutchings）编《科学进步和人类价值观》；《加利福尼亚理工学院75周年纪念会记录汇编》（纽约，1967年）；伯特伦·M·格罗斯（Bertram M. Gross）编《一个伟大的社会》；《锡

人们一直提出这样的问题：我为什么把这种推测性的概念称之为"后工业"社会，而不叫作知识社会、信息社会或专业社会，因为这些名词似乎都与我所描绘的那些正在出现的显著现象相吻合。在当时，我无疑是受到拉尔夫·达伦多夫（Ralf Dahrendorf）在《工业社会中的阶级和阶级冲突》（1959年）一书中提到的"后资本主义社会"和W.W.罗斯托（W.W. Rostow）在《经济增长阶段》一书中提出的"成熟后"的经济[①]这两种思想的影响。对于我们生活于其中的西方社会，我的感觉过去是、现在仍然是：它处于一种巨大的历史变革之中，旧的社会关系（由财产决定）、现在的权力结构（集中于少数权贵集团），以及资产阶级文化（其基础是克制和延迟享受的思想）都在迅速消融。社会动荡的根源来自科学和技术领域。它们具有文化的性质，因为在我看来西方社会的文化已经实现了独立。这种新的社会形式究竟会是个什么样子，它是否可能具备18世纪中叶到19世纪中叶资本主义文明的那些特点，达成经济制度与性格结构的统一，现在还不完全清楚。所以，"后"这个缀语，是为了说明生活于间隙时期的感觉。

我使用后工业这个概念已经将近10年了。最近几年，它已经成为一个更加常见的字眼，虽然其含义与我的用法不同。指出其中的一些不同之处，可能是有用的。

赫尔曼·卡恩（Herman Kahn）和安东尼·J·威纳（Anthony J. Wiener）用

拉丘兹大学本特利讲演集》《纽约，1968年）。刊载于《公共利益》第6期、第7期（1967年冬季号和1968年春季号）上的《后工业社会札记》，是加利福尼亚理工学院75周年纪念和锡拉丘兹大学讲演的节录。

① 学术上的领先问题一向具有有趣的曲折性。1959年，我在为萨尔茨堡讨论会参加者提供的注释表格中曾经写道："后工业这个术语——我所杜撰的这个术语——说明一个社会已经从商品生产的阶段过渡到了服务性社会阶段。我所用的"后工业社会"有别于达伦多夫的"后资本主义"概念，因为我所研究的是经济体的部门变化，而他则讨论工厂中的权力关系。其后，我发现戴维·里斯曼在一篇题为"后工业社会中的休息与工作"的文章里，使用了后工业这个名称，该文发表在简编刊物《群众的闲暇》上（伊利诺伊州格伦科，1958年）。里斯曼使用"后工业"这个名称来说明与工作相对的"闲暇"。他在其后的任何文章中都没有再阐发过这个题目和名称。我那时很可能读了里斯曼的文章，这个名称无疑是从他那里来的，虽然我对这个名词的用法和他相比是非常不同的。具有讽刺意味的是，我最近发现这个名称出现于阿瑟·J·彭泰的《除旧布新：后工业国家研究》一书的标题上（伦敦，1917年）。彭泰当时作为一个著名的基尔特社会主义者和威廉·莫里斯与约翰·拉斯金的追随者，抨击"闲暇国家"是集体制度的、与奴隶国家有关的国家。因此，他主张退回到分散的、小手工业作坊式的社会及其高尚的劳动，这就是他所说的"后工业国家"。

后工业社会作为《千禧年》一书的核心①,但他们赋予该术语一种几乎纯经济的内涵(在该书的说明中把后工业社会与后大众消费社会相等同)。他们描绘了一个非常富足的社会(人口平均收入每18年翻一番),以至于工作和效率都失去了意义;而且,如果社会变化加快,就会产生"文化适应"的创伤或远期震动。卡恩和威纳所设想的几乎是一个"后经济学"社会,不存在匮乏,唯一的问题是如何使用丰裕的财富。然而,"后经济学"社会的概念在逻辑上是没有意义的,因为它的含义是说,这种社会里的任何东西都可以不计成本(而经济学则是对成本的管理),并且,资源也是无穷无尽的。大约5年前,许多人得意地谈论第三次技术革命,说"自动控制"将产生无限丰富的商品。然而,现在我们听到的却是地球遭到破坏,经济必须停止增长,否则我们将承受彻底的污染或耗尽世界上的所有资源。这两种类同于启示录的悲观看法,我认为都是错误的。

兹比格纽·布热津斯基(Zbigniew Brzezinski)认为他用一个新词汇"技术电子化"社会(technetronic society),精确地"定位"了未来,"这种社会的文化、心理、社会和经济等领域都受到技术和电子产业的影响,其影响在计算机和通信领域表现得尤为突出。"②但是,他的解释有两种缺陷。第一,布热津斯基的新词汇把变化的中心从理论知识转向技术的实际应用,而他在论述中却认为:从分子生物学到经济学,各种各样的基础学科和应用学科知识,在新型社会中具有重要意义。第二,"技术电子"因素的"改造"性质或者说它的首要性,意味着这是一种技术决定论,即经济从属于政治体制。我不相信社会结构可以"决定"社会的其他领域,恰恰相反,是社会结构的变化(这是可以预测的)向政治体制(预测它的反应要难得多)提出管理挑战或者政策挑战。同时,正如我所指出的,我认为现代西方文化的独立在生活方式和价值观念方面引起的变化,并不是由于社会结构本身的变化而产生的。

另外一些作者,如肯尼思·凯尼斯顿(Kenneth Keniston)和保罗·古德曼

---

① 主要的论证参见第四章"标准世界中的后工业社会",特别是第186—189页,参见赫尔曼·卡恩和安东尼·J.威纳:《千禧年》(纽约,1967年)。该书最早以《2000年委员会工作文件》第2卷和第2卷第1册的形式出版(私人出版,1966年)。
② 兹比格纽·布热津斯基:《两个时代之间:美国在技术电子时代的作用》(纽约,1970年),第9页。

（Paul Goodman），用后工业社会这个名词来表达相当大一部分年轻人在价值观念方面的巨大变化。正如凯尼斯顿所说，他们"寻求一个超脱于物质至上主义的，抛弃了追逐名利和业务第一的世界"。古德曼认为，在机器文明的泛滥之外，现在人类社会正转向"个体生存经济"。① 是否会有任何持久的力量来推动这种冲动，尚有待观察。② 我认为，在社会结构与文化之间存在着严重的裂痕，而它的根源深植于现代运动的反资产阶级特征，这个问题要用一种更为多样化的途径来解决，而不能仅仅靠青年运动的冲动。③

最后，后工业社会的主题还出现在一批欧洲新马克思主义理论家的著作之中，如拉多万·里克塔（Radovan Richta）、塞尔日·马莱（Serge Mallet）、安德烈·戈尔茨（Andre Goze）、阿兰·图雷纳（Alain Touraine）和罗杰·加罗迪（Roger Garaudy）等的作品。这些学者强调科学与技术在改变工业结构时的决定性作用，由此对社会变革中工人阶级作为一种历史力量的"天经地义"的作用产生了怀疑。他们的研究激发了一长串的新理论，以这种或那种方式，强调科学与技术工作者与"先进的"工人阶级相融合，或倡导"新工人阶级"主要由熟练技术人员构成的理论。④ 虽然这些作者都感到社会结构变革的紧迫性，但他们与"新"、"旧"工人阶级相关的辩论却冗长乏味得如同在讨论神学。他们的目的不是为了说明社会上实际的变革，而是为了"拯救"马克思主义中社会变革的概念

---

① 见凯尼斯顿：《青年人与持不同政见者》（纽约，1971年），尤其是"你只能在斯卡斯代尔成长"一章。关于古德曼的言论，见海伦和斯科特·尼尔林（Helen and Scott Nearing）的《愉快生活》一书引言（纽约，肖克恩简装版，1971年）。古德曼的观点与彭蒂的手工艺人行会社会最为接近。近来，一批年轻的政治科学工作者认为"西方社会人口的重要部分已经超越了［生存］阶段"，并用后工业社会的概念来说明这样一种情况：大批人口"不再与经济安全的紧迫需要有直接联系"。见罗纳德·英格尔哈特（Ronald Inglehart）："无声的欧洲革命：后工业社会中世代间的变化"，载于《美国政治科学评论》（1971年12月号），第991—1017页。
② 激进一代随着年龄增长将日益变为保守派的证据，见S·M·利普塞特（S.M.Lipset）和E·C·小莱德（E.C. Ladd, Jr）：《大学的一代——从30年代到60年代》，载于《公共利益》第25期（1975年秋季号）。
③ 莱昂内尔·特里林的"敌对文化"概念中暗含了这一主题。见特里林《文化之外》（纽约，1965年）。
④ 拉多万·里克塔的理论以及他在捷克斯洛伐克科学院的追随者，将在本书第一章讨论。戈尔兹和马莱的相关理论在第二章讨论。

以及列宁主义中与变革力量有关的理论。意识形态的危机确实存在。如果后工业社会意味着对工人阶级的腐蚀，那又该如何维持马克思关于社会变革的预见呢？如果工人阶级不能继承这个世界（实际上它的人数正在缩减），人们又如何肯定"无产阶级专政"和共产党作为工人阶级"先锋队"的地位呢？为了挽救这个理论而把每一个人看作"新工人阶级"的一员，显然是不可能的。①

本书计划

我已经指出，本书的六章是相互联系的，也就是说，像风车轮转一样来探讨多个题目，而不是对一个论点做出线性解释。

第一章讨论发达工业社会中的社会发展理论。这必然要以马克思为起点，但本书采取了两种不太常见的途径。首先，对资本主义未来的一般观点，来自《资本论》第 1 卷，马克思在其中预告了企业的集中化、社会将分化为两个阶级，以及资本主义制度不可避免的经济危机。但是，人们往往容易忽略马克思在《资本论》第 3 卷零零星星地描绘了一个很不一样的、极其引人入胜的社会发展图式。马克思在《资本论》第 3 卷中预言了企业管理所有权与控制权的分离，预言了人数大大多于工业无产阶级的白领管理阶级的兴起；以及通过银行体系的集中化来有效运用资本的新方式。实际上，资本主义是按照马克思的第二个图式，而不是按照第一个图式发展的。两者的区别在于：马克思在第 1 卷里提出的是资本主义的"纯"理论，是脱离了当前复杂现实的简化模式；而在第 3 卷里，他论述的则是实际经验的发展趋向。

第二种途径与马克思对社会经济基础的论述有关，即生产方式分为两个部分——生产关系（财产关系）以及生产力或生产技术（机器）。他认为，在资本主义的发展过程中，社会关系是最重要的，使高度两极分化的阶级走向斗争。可是，两极分化并没有发生，而今最显要的却是对技术和工业化的强调。为雷

---

① 既然独立企业家或单干的专业人士日渐稀少，**所有**工薪族自然都是工人阶级一员的想法，显然是过于简单了。而且现在大多数劳动者靠薪水而不靠计件或计时工作生活，人们又如何提倡"薪水阶级专政"，专谁的政呢？

蒙·阿隆（Raymond Aron）极大地发展了的工业社会理论，正是从马克思关于生产方式的第二种论述开始的。

西方关于社会发展的理论——如沃纳·桑巴特（Werner Sombart）、马克斯·韦伯、埃米尔·莱德勒（Emil Lederer）、约瑟夫·熊彼特、雷蒙·阿隆等人的理论——正如我试图说明的，都是在与马克思的不同图式进行"对话"。它们主要的不同在于对官僚制度的阐释，马克斯·韦伯是这方面的大师。在韦伯看来，社会主义和资本主义并不是矛盾、对立的体系，而是由于对职能理性的强调而产生于同一个社会形态即官僚政治的两个变种。苏联的工业发展是按照马克思的"技术"规范进行的，但又是沿着韦伯所预言的官僚主义政治路线发展的。与官僚政治及其所滋生的新阶级发生的对抗，就是托洛茨基与俄国革命成果的对抗。

今天，无论是西方的资本主义制度，还是苏联的社会主义制度，都面临着科学与技术变革所产生的后果，即社会结构的革命。共产党的理论家们回避这些变革的含义，唯一的例外是布拉格"解冻"期间在拉多万·里克塔领导下由捷克斯洛伐克科学院所提出的那个著名的研究。与大多数共产党的理论家相反，里克塔承认在社会主义社会里，新的科学—专业阶层和工人阶级之间即使不存在"阶级"冲突，也可能存在"利害"冲突。

本书第一章把工业社会模式视为西方社会发展的共同框架，同时它概述了前工业社会、工业社会和后工业社会的主要区别，并以此为比较分析各个社会结构的基础。结尾部分提出了对后工业社会这一概念的总的看法，更详细的论述则在随后各章中进一步展开。

第二章以美国社会为框架，探讨后工业社会五大维度中的两个：从商品生产经济向服务型经济的转变，以及由于专业与技术阶层成为后工业社会占主导地位的职业群体而导致的职业曲线斜率的变化。在这一范围内，本章探讨了若干个主要与工人阶级的未来相关的题目：例如"新工人阶级"的理论；工联主义作为蓝领工人的力量之源在历史上的作用，以及它在服务性经济和国外竞争的限制下达成诸如对工作的控制权等未来目标时遇到的日益增加的困难。

第三章的主题是讨论知识和技术的各个层面。知识和技术的性质变化最初所产生的问题，势必与变化的速度有关。关于这一点之所以产生了很多混乱，是因为人们从来没有完全弄明白正在变化着的是**什么**。就技术而言，19世纪的铁路、轮船、电力和电话，20世纪初期的收音机、汽车、电影、航空和高速升降电梯，比起最近25年发展的技术成果——电视和计算机，对于个人生活所引起的变化，可能要重大得多。"变化速度"的实际影响并非来自各种各样的技术项目，而是来自禁锢过紧的社会结构，现代社会已经把一个国家相互隔绝的地区和各个阶级都卷入社会中来，并且通过通讯与运输革命成倍地扩大了人与人之间的接触和相互影响。相互依赖的程度日深带来规模的变化——城市的扩张、组织规模的增长、政治舞台的伸展——它使人们在一个更大的实体内愈加感到孤立无援，同时也增加了组织中心对其中活动的控制范围。20世纪下半叶的重大社会革命，在于努力通过新的技术手段——不论是计算机的"实时"信息，还是新型的量化程序——来实现对"规模"的掌握。

第三章将在上述范围内来定义"知识"，包括分析知识呈指数级增长的性质；说明知识通过分科而实现发展的实际路径；同时确定"技术"的含义，衡量其发展并指明技术预测的模式。本章后半部分以详细的统计数字勾画知识阶级的结构——专业化职业的分布和它们的主要趋向——以及技术社会的资源分配，即研究与发展领域的资金分配。

资本主义社会的私营公司（或社会主义社会中的企业）到20世纪末必定仍然是社会中主要的组织方式。鉴于这两类企业的逻辑——功能理性的逻辑，我们与其继续探讨资本主义或社会主义，不如讨论在两种制度中都存在的"经济化"和"社会化"。它们是针对不同目的做出的"逻辑"反应。"经济化"的目标是职能效率和对事物（包括作为物对待的人）的管理。社会化确立了更广泛的社会标准，但是它必定包含着效率的损失、生产下降以及由于采用非经济价值准则而带来的其他成本。第四章在美国社会的背景下分析经济化与社会化的逻辑，认为两者的平衡乃是后工业社会的一个首要问题。

后工业社会必然是一个更加有意识地制定决策的社会。最主要的问题是如何规定准确反映个人偏好"次序"的社会选择。正如肯尼思·J·阿罗（Kenneth J. Arrow）所论证的，"孔多塞悖论"认为，从理论上看，这样一种社会福利选择是不可能出现的。因此，接下来只剩下各个集团之间的交易。然而为了交易，人们必须了解社会收益和社会成本。目前,社会还没有这样一种机构来进行社会审计和核定社会目标。第五章将讨论我们在社会规划领域的观点和工具的充分性。

最后要说明的是,后工业社会的意义在于:

- 它强调科学的作用与认知的价值为社会基本结构之必需;
- 它通过在决策时更偏重技术,使科学家和经济学家更直接地参与政治进程;
- 通过深化现有的脑力劳动科层化的倾向,使传统意义上的知识的目的和价值出现一系列变化;
- 通过创立和发展技术知识分子阶层,它提出了技术知识分子与传统知识分子的关系这样一个重大问题。

总之,一个新型社会的出现带来了财富、权力和地位的分配问题,这对于任何社会来说都是中心问题。现在,财富、权力和地位**不是判定阶级的标准,而是各阶级所寻求或获得的价值**。社会上的阶级是根据划分阶层的基本轴心而产生的。西方社会划分阶层的两个重要轴心是财产和知识。与它们同时存在的是一个日益强化对二者的管理并造就一批临时精英的政治制度(所谓临时,是指某一特殊社会集团通过担任官职而获得的权力并不必然延续,不能像家族或阶级那样通过所有权或精英政治特权而保持权力的延绵不绝)。

有鉴于此,第六章主要探讨技术官僚决策和政治决策之间的关系。早期科技治国论者圣西门的梦想是希望实现专家治国,但现在人们愈来愈清楚地看到政治决策乃是社会的中心,知识对于权力来说在实质上仍是从属性的因素。

任何新涌现的制度都会使感受到其威胁的人产生敌对情绪。新生的后工业社会的主要问题,在于实行能者统治所带来的矛盾,该种政治在知识社会中是地位分配的核心。因此,民粹主义和精英主义之间早已显而易见的紧张关系就成为社会内部的一个政治议题。另一类社会问题源自科学团体在历史上的独立性以及由于科学在传统上的独立以及它在研究经费和所提供的服务上日益依赖政府而引起的矛盾。这类问题率先在作为后工业社会重要机构的大学中出现。而最尖锐的压力出现在文化与社会结构之间,前者的中轴方向是反体制的、唯信仰论的;而后者则由经济化和科技治国论模式主导。这种压力最终将成为后工业社会最根本的问题。本书的结语将对它们一一加以阐述。

我在本书中所要论述的是社会结构的变化——在科学与技术的关系与公共政策方面革新模式的变化——是以知识特征的变化为其主要根源的：知识的指数增长和科学的分支、新的智能技术的出现、借助研究与发展项目预算来创立系统性研究。归纳起来，它们便是理论知识的汇编整理。

对科学知识的态度决定一个社会的价值体系。中世纪认为自然科学是一种应"被禁止的知识"。神甫和牧师们害怕"知识膨胀"，畏之"犹如毒蛇猛兽"。在基督教盛行的那段岁月，"自然界"在一种特殊的意义上被交付给撒旦的一套规律。英国剧作家马洛（Marlowe）用浮士德的传奇来说明中世纪对自然科学的那种失魂落魄的恐惧。[①] 在即将走向 17 世纪的世纪之交，对人类潜能的信心逐渐代替了过去的恐惧。在弗兰西斯·培根的《新大西岛》一书中，培根有意用新大西岛来代替柏拉图《蒂迈欧篇》中的大西岛；新大西岛中的国王已不再是一个哲学家，而是从事研究活动的科学家。在培根设想的、不牢靠的本色列岛上，最重要的建筑物所罗门之宫已不是教堂，而是一个研究机构，是"世界上最崇高的组织，也是这个国家的指路明灯"。所罗门之宫，或说"六日大学"，是一个国立机构，是为了建筑雄伟而惊人的事业以造福人类而创立。正如所罗门之宫的一位"元老"所说："我们这个机构的目的是探讨事物的本原和它们运行的秘密，并扩大人类的知识领域，以使一切理想的实现成为可能。"[②]

到目前为止，这种无穷无尽地探索知识的欲望始终居于主导地位。最初，人类设法征服大自然，并几乎取得了成功。近一百年来，人类一直设法用一种技术秩序来代替自然规律，这方面的工作已经得到很好的开展。[③] 后工业社会从根本上说是要以更强有力的形式来改造这种技术探索。不过现在的问题是，人类是否愿意继续这样走下去。历史对此尚未做出定论。

---

① 见巴兹尔·威利（Basil Willey）：《17 世纪的背景》（伦敦，1949 年），第 2 章"培根和自然的更新"，特别是第 31 页。
② 弗兰西斯·培根：《新大西岛》。（有关引文见何新译《新大西岛》，商务印书馆，1960 年版。——译注）
③ 在"技术、自然和社会：三种世界观的变化和范围的混淆"一文中，我从历史和哲学层面探讨了相关主题。该文基于 1972 年 12 月在史密森国家历史与技术博物馆举行的弗兰克·纳尔逊·道布尔戴系列演讲（Frank Nelson doubleday Lecture），将收入道布尔戴公司出版的演讲选集。

| 第一章 |

从工业社会到后工业社会:
社会发展理论

社会学家总要设法扮演预言家的角色——要是不当预言家,至少也得是观察家。从1850年到1860年,马克思每天上午坐在大英博物馆阅览室里,认为自己从每一点模糊的暴乱声或者每一次经济下降周期的吱吱嘎嘎声中都可以听到革命的轰鸣和社会的骤变。在这方面,马克思所迫切等待的,正是社会学在19世纪初兴起以来所关切的中心:那就是,在历史的天空中寻找能推翻现有社会秩序的"新阶级"的预兆。亨利·圣西门(奥古斯特·孔德的导师,现代社会学创始人之一)在1816年开始不定期出版《工业》杂志("工业主义"一词就是从此流行起来的)并在其中描绘未来社会,从那时起他就提出了他的主张。圣西门说,过去的社会是军事社会,其中的主要人物是牧师、武士和封建主——"寄生虫"和财富的消费者。圣西门认为治理新社会的则将是生产者——工程师和企业家,时代的"新人"。

不同的时代将诞生不同的人物,以不同的形象面世。托克维尔在1840年的著作中对于他所预见到的、在现代社会中兴起的新的大众民主,做了有关其可能结果的如下预测:

> 一大批类似的、平等的人们都在力求为自己取得一些小小的、世俗的满足。……在他们上头,有一个巨大的监护势力(国家)。它为人民提供安全,考虑和供应他们的需求,指导他们的工厂,规定财产的传承方式并分配继承权;剩下的只是如何使他们免于烦恼和生活之苦。①

---

① 阿历克西·德·托克维尔:《美国的民主》(纽约,1966年),第4部分,第6章"民主国家不得不害怕的那种专制主义",第666—667页。我要为此处及以下的一些引文感谢J·P·迈耶(J.P. Mayer)的《阿历克西斯·德·托克维尔:政治科学的传记研究》一书(纽约,1960年),第121—122页,不过在这两种情况下我在查对了原出处之后,对迈耶的引文有所增补。

30年后,历史学家雅各布·布克哈特(Jacob Burckhardt)在写给朋友的一封信中谈到德国社会的转变:

> 军事机器……必然成为存在的模式……军政府必将转为"工业主义"。大工厂里的人们将生活在某种确定的、受到监督的贫困之下,每个人要穿上划一的制服,每天的作息以鼓声为号;按逻辑说未来就是这样的。①

在布克哈特之后50年,凡勃伦又回到圣西门的主题上来。他认为20世纪的革命只能是一场"工业变革",而**如果**美国发生革命(之所以强调"**如果**",是因为他对这种前景是很抱怀疑的),美国不会像苏维埃的俄国那样(那是一个松散、落后的工业地区)由一个少数派政党来领导,更不会由工会(它只"关心饭碗")来领导,而是由工业体系中不可或缺的"参谋长"——生产工程师来领导的。凡勃伦在《工程师与价格体系》一书中写道:"革命战略的重要方针是技术组织和工业管理的方针;工业工程的基本方针;它们能够适应该组织将高度技术化的工业体系视为任何现代文明社会不可或缺的物质基础的方针。"②

然而,这些力求描绘新时代轮廓的观点,虽然都看到了一线真理,同时又为复杂性的阴影所笼罩而使预测变得扭曲。布克哈特在预测未来的"逻辑"发展之后,立即讽刺性地补充说:"我了解不少历史,知道事物并非总是按逻辑发展。"③

我们这个时代当然不缺少社会学观察家。旧的习惯不易抗拒,即使以往的经验促人谨慎,然而社会变化是如此富有戏剧性且振奋人心,自负的社会学理论家难免会提出一套各自的有关社会面貌的概念图式,以及通往未来社会的一系列路标。

对于新的国家或不发达国家的预测是标准化的:它们将实现工业化、现代化

---

① 亚历山大·德鲁(Alexander Dru)编《雅各布·布尔卡特书信集》(伦敦,1955年),致冯·普里恩(Von Preen)1872年4月26日函,第151—152页。
② 凡勃伦:《工程师与价格体系》,哈宾格版,本书作者为之撰写引言(纽约,1963年),第4页。
③ 同上,第152页。

和西方化，可是它们是否会走向共产主义或社会主义，是由精英（军事或政治领域的）还是大众完成社会的改造和复兴，仍不太清楚。怀疑论者克利福德·格利兹（Clifford Greertz）曾说"过渡性社会"可能在社会科学中成为永久性的范畴。不过，对于**第三世界**，发展虽然是长期而艰巨的，它却带来了历史转折点和新时代开端才有的希望。

对发达工业社会而言，情况就较不明朗了。每个观察家所看到的都是一个时代的终了（天哪，我们经历了多少次"危机"呀！），但对于前景可能如何却毫无一致意见。正如弗兰克·克莫德（Frank Kermode）指出的，这种共同的"时代终了的末日感"，正是当代文学特有的味道。

在社会学领域，这种踏步不前、生活在空白间歇期之感，最突出地表现在广泛使用"**后**"（用前缀来表达"以后的时期"）一词来综合性地说明我们正在进入的时代。拉尔夫·达伦多夫认为我们生活在**后资本主义社会**。他指出在工业社会里，重要的不是所有权而是权力，随着生产资料在法律上的所有权缩减，经济与政治秩序之间就发生了分裂。达伦多夫说，旧时资产阶级与无产阶级之间的劳资矛盾已经"在体制上被隔离"，不会从工作岗位转移到生活的其他领域。（"以工业本身而言，劳资矛盾在后资本主义社会里已在体制上被隔离，如果这样说是正确的话，那就是说：人们的职业地位已经失去对产业工人社会人格的全面塑造力，而只能决定其社会行为的有限部分。"）在各个领域内，权力是独立的：

> ……在后资本主义社会里，工业的统治阶级和被统治阶级以及政治社会的统治阶级和被统治阶级不再是等同的了；换句话说，原则上有了两个独立的斗争战线。在企业以外，经理可能只是一个公民，而工人却是一名国会议员；劳资的阶级地位不再决定他们在政治社会中的权威地位。

简言之，这就是后资本主义社会，因为是否掌握生产工具不再决定人们对社会的控制、权力或特权。经济关系或财产关系虽然仍然会带来冲突，却不再继续或普遍成为社会矛盾的主要中心。那么，构成后资本主义社会中统治阶级的是谁呢？达伦多夫写道，"我们必须在授权向行政管理人员发号施令的那些人之中、在官僚阶层的领导岗位中去寻找统治阶级。"虽然确有一些管理精英或资本主义精英存在，但真正的权力却掌握在政治精英手中。（"有必要首先考虑这类精英，决不能无视他们在国家权力结构中至高无上的地位。"）冲突首先出现在政治舞台；变革为政治精英所推行或遏制；而管理精英或资本主义精英若试图在领地之外行使权力，为了达到目的，总得设法影响政治精英。

政治精英是哪些人？国家的行政官员、内阁部长、法官。鉴于政府是利益汇聚之地，所以精英身后不乏"幕后集团"。

> 所以，概括说来，后资本主义社会政治意义上的统治阶级由国家行政官员、政府内占据领导地位的精英和这些精英所代表的利益集团构成。坚持把政治精英视为统治阶级核心的做法，一定会使那些以马克思主义或更为普遍的、传统的阶级观念来考虑问题的人们感到吃惊……

一如达伦多夫所写，"如果这听来奇怪……那是因为现实就是奇怪的。"①

乔治·利希海姆（George Lichtheim）认为，"现实情况是：当前的工业社会日益成为'后资产阶级'社会，随着私人企业家成为体制的枢纽，19 世纪的阶级结构将日渐解体。不确定性从此将极大地影响当代政治思考。"利希海姆认为，这是由于社会福利法和收入再分配是约束市场经济活动的"社会化进程的不同方面"，与此同时，公有制的扩张在公共部门和私人部门之间建立了一种新的平衡。"最不可能发生的情况就是工业社会保持'资产阶级'面貌。没有无产阶级就不可能有资产阶级，如果一方日渐消亡，另一方也将不复存在。同理，现代工业社会并不需要任何一方来使社会运转。"②

阿米泰·埃齐奥尼（Amitai Etzioni）认为我们处在一个"后现代"时代。他

---

① 拉尔夫·达伦多夫：《工业社会中的阶级和阶级冲突》（斯坦福，1959 年）。见第 7 章与第 8 章，"后资本主义社会的阶级（1）劳资斗争；（2）政治斗争。"上述引文摘自该书第 272、275—276、301—303 页。

② 乔治·利希海姆：《新欧洲的今天与明天》（纽约，1963 年），第 194 页。

在《积极的社会》一书开篇处就奇特地宣告:"现代时期以第二次世界大战后通讯、知识与能源技术的巨大变革而告终。"但是遗憾的是,该书长达 670 页的正文、注释和术语表中没有一处讨论到通讯、知识和能源技术,甚至也不曾谈及所谓"后现代社会"到底是怎样的。到头来,我们不得不回到该书前言中开头几行所谈的用意:

> 现代时期的核心特征之一是生产技术的效能持续提高,这对于它们所要服务的价值观的首要地位形成了越来越大的挑战。后现代时期的开始可以定在 1945 年,在这一时期里,技术的发展也许会对这些价值观的地位形成更大的威胁,而这些价值观也有可能重申自身规范的优先地位。哪一种可能性占上风,决定于社会到底是它所创造的工具的仆人还是主人。

所以,后现代时期或者后现代社会不是一个定义,而只是一个问题。①

肯尼思·博尔丁(Kenneth Boulding)认为我们处在**后文明**时代的开始。博尔丁先生指出,由于文明一词的内涵讨人喜欢,而后文明一词可能会使人生厌,所以人们或许会采用"技术社会"或"发达社会"的字眼。但是博尔丁先生认为这个新时期的显著特点是认识到**知识领域**(泰尔合德[Teilhard]将其称为 noösphere)是社会的社会方向以及社会自觉得以战胜个人自觉。因此,博尔丁这个名称的要害是强调在这个社会进化或精神进化的新兴时期指引社会的可能性,而不是强调过去的适应性生物进化或社会进化。②

萨姆·比尔(Sam Beer)在《集体主义时代的英国政治》一书 1969 年版后记中谈到一种"后集体主义"政治。他感到以政党为区分的、功能主义的、以福利国家为方向的英国政治的集体主义模式可能行将结束。后集体主义倾向是"对于政府和社会合理化日益扩大和加强的一种反应"。即使它不会制造政治模式的根本决裂,却可能对英格兰政体形成一定调整。(第 426 页)

---

① 阿米泰·埃齐奥尼:《积极的社会》(纽约,1968 年),第 7 页。
② 肯尼思·博尔丁:《20 世纪的意义:伟大的过渡》(纽约,1964 年)。

现实情况正是如此。过去，人们要修饰伟大这个字眼总是用"超"（beyond）字：超悲剧、超文化、超社会。但是这个词似乎已经被用尽了，今天社会学的修饰语是"后"字：神学家西德尼·E·阿尔斯特罗姆（Sydney E. Ahlstrom）将60年代美国的宗教状况描述为"后清教徒式、后新教徒式和后基督徒式的"。①刘易斯·福伊尔（Lewis Feuer）为其《马克思与知识分子》一书起的副标题是"后意识形态论文集"。约翰·伦纳德（John Leonard）在《纽约时报》上发表了"后文学文化"以麦克卢汉时代为先导的观点。②社会学家S·N·艾森斯塔德特（S.N. Eisenstadt）认为新的主权国家已经转变为"后传统"社会，虽然不再受到过去的规范约束并自觉地寻求变革，但它们却身处于一个停滞的世界之中，与现代的西方社会很少相近。③早些时候，罗德里克·塞顿贝格（Roderick Seidenberg）在预言理性主义的胜利时曾经描绘一种"**后历史人类**"，他说我们从史前（此时本能胜过理智）经过历史的过渡时期发展到后历史时期（理智战胜本能）④，正如查拉图士特拉（Zarathustra，即袄教创始人琐罗亚斯德——译注）所说的，被悬在深渊上空绳索上的人类，即为过去的动物与未来的超人之间的过渡。列在这张清单的最末（只是从谦卑的角度），我们提出了**后工业社会**的主题。⑤

---

① 西德尼·E·阿尔斯特罗姆：《神学与伦理学的剧烈转向》，载于《编年史》（1970年1月）。
② 《纽约时报》，1970年11月26日。
③ 这是《代达罗斯》杂志1970年6月9日至10日在巴黎发起的一次研讨会的主题。埃里克·霍布斯邦（Eric Hobsbawm）写到了"后部落社会"，认为社会阶级是从社会发展的这一阶段才出现的。见《代达罗斯》的《今日历史研究》专号（1971年冬）第36页霍布斯邦的论文"社会史和社会的历史"。
④ 罗德里克·塞顿贝格，《后历史人类》（北卡罗来纳州，查佩尔希尔，1950年）。
⑤ 爱丁堡的汤姆·伯恩斯（Tom Burns）嘲笑"后工业社会"这个名词，但却在给1970年"哈佛大学有关技术与社会研究项目"的未发表论文"公司制度的合理性"（第50页）中谈到"工业主义的后市场与后组织社会的阶段"。在这一长串的名称之外，我还要加上"后经济学"一词，它是赫尔曼·卡恩所设想的一个时代，收入极高，人们做决策时根本无须考虑经济成本。（参见他在1970年赫德森研究所的简要报告"20世纪最后1/3期间的变革力量"。）依据这一形势，一些激进分子（参看《社会政策》第1卷第1、4期上的讨论）谈到了"后匮乏"社会，吉迪恩·斯约堡（Gideon Sjoberg）和他的合作者则论述了"后福利"社会。杰弗里·维克斯爵士（Sir Geoffrey Vickers）在著著《在一艘摇晃船只上的自由》一书中谈到"后自由主义时代"。上述是用"后"这个词说明人类社会的某些新阶段的20个不同例子。

马克思的两大图式

我们都是大师们的**追随者**。① 爱德华·希尔斯（Edward Shils）最近的评论是很正确的："巨大的困难之一是我们无法超越 19 世纪与 20 世纪社会学伟人所定下的主题及其变体。'后工业社会'这个概念是圣西门、孔德、托克维尔和韦伯提供给我们的想象的混合物，这证明我们被禁锢在一个定义含糊的圈子里，这个圈子比它设想中的更加难以渗透。"②

很奇怪，希尔斯教授并没有提及马克思，这或许是因为我们都已经成为后马克思主义者了。圣西门把历史各阶段描述为有机社会和批判社会的螺旋上升（预示着索罗金观念式的、重视感觉的社会学思想），孔德则看到社会从神学阶段到形而上学阶段再到科学阶段的理性进步。如果不考虑其理论，两种观点都很有见地，但是我们对社会变革的兴趣却必然是源自马克思。马克思把社会变革归根于社会结构或体制（而不是一种思想状态，虽然他对待思想过于傲慢，仅把思想看

---

① 认为圣西门或马克思的所有追随者都集合在"后"字大旗之下，是不公正的和武断的。有一些更加大胆的冒险家设法用更为直截了当的方式来说明新时代的性质。

拉尔夫·达伦多夫在后来的一次笔战中谈到了"服务阶层社会"，"社会学家们为新社会起了许多名字，后资本主义社会与管理社会、休闲社会与消费社会、发达工业社会与大众社会只是其中的几个例子。所以，新加一个名称并宣称欧洲正在大步走向一个服务阶层社会，并无大碍。"达伦多夫认为服务阶层主要是社会中的白领阶层，尤其是专业和技术阶层。（见斯蒂芬·R·格劳巴德（Stephen R. Graubard）编《一个新欧洲吗？》一书中"阶级结构的最近变化"一文，[波士顿，1964 年]，特别见第 328 页。）

兹比格纽·布热津斯基提出"技术电子"时代，其中"技术，特别是电子学——我的新名词'技术电子'由此而来——越来越成为社会变革和改变社会习俗、社会结构、社会价值观以及人类社会全球展望的决定因素。"布热津斯基接着写道，他主张用"技术电子"的新名词而不用"后工业"，因为"它更直接地传达了我们时代变化的主要推动力的性质。"（见《两个时代之间：美国在技术电子时代的作用》，[纽约，1970 年]，特别见第 9 页。）

雅克·埃吕尔（Jacques Ellul）把他的观点称为"技术社会"，麦克卢汉则有所谓的"全球村"，而伯特伦·格罗斯（Bertram Gross）从更琐碎的层面谈到"流动性革命"，畅销书作家阿尔文·托夫勒（Alvin Toffler）在"跨工业"和"后经济"等名词上徘徊一番之后，定下了"超工业社会"这个名称。他写道，这意味着"一个复杂的、步伐迅速的、依靠先进技术和后物质主义价值观的社会"。（《未来的震荡》，[纽约，1970 年]，第 434 页。对托夫勒来说，"后"字所表达的各种更替和联系似乎已经枯竭了。

② 爱德华·希尔斯："社会学历史的传统、生态与体制"，载于《代达罗斯》1970 年秋季号《现代科学的形成：书目研究》，第 825 页。

作副现象)。他以决定论的模式来说明社会变革,设法从人与人之间的社会关系中来揭示决定论的根源。人们基本上不会认为所预想的社会变革源自"天"或人类的空想。即使在最初新的社会变革仅以思想为载体的时期,它们也必然体现在体制之中;追踪社会变革就是追踪中轴结构性质的变化。因此,假如人们不得不接受某种决定论,他们就只能再一次地同马克思的鬼魂妥协。如果要追踪资本主义工业社会的发展阶段,我们不得不从马克思的预言开始。但是,这样做却面临了一个难题,因为,正如我设法表明的那样,马克思关于人类未来的看法不限于一个图式,而是有两个图式,而目前大部分的社会发展理论正是针对这两个不同方向的图式所做出的反应。

在《资本论》(特别是第1卷第33章,论"资本主义积累的历史趋势")[①]中,马克思勾画了社会发展的基本图式。他认为新社会的结构,即生产的社会组织,在旧社会的母胎中已得到充分发育;这种新结构反映了生产的社会化性质同"资本垄断"所产生的"生产方式的桎梏"之间越来越大的矛盾;社会分化为两个阶级:人数日益缩小的资本巨头以及稳步增长的工人阶级;新社会的性质同旧社会的资本主义形式日益不能兼容,最终"外壳被炸得粉碎",社会主义世界来临。这个比喻是生物学方式的,过程是内在的,发展轨道是单边的。

然而,真正的现实并未如此发展。马克思主义作为一种社会诉求虽然具有特殊的力量,但马克思主义运动却只是在落后国家而不是在发达资本主义国家最为成功。更加重要的是,发达资本主义社会的社会结构的运转方式与《资本论》第1卷概述所设想的情况大不一样。马克思在晚期,尤其是《资本论》第3卷的某些章节中已经准确地预见到已经来临的事物的样貌。马克思**两大图式**之间的一系列不同,成为分析西方资本主义和发达工业社会之发展的起点。

我们先从**图式一**谈起。马克思对资本主义进程的分析,最初基于两种生产:大规模的制造业和农业。[②]可是,随着资本主义体系的扩张,土地与资本之间的

---

① 在人民出版社1975年中文版中为第24章第7节。——译注
② 我在这里采用艾布拉姆·L·哈里斯(Abram L. Harris)在"纯粹资本主义与中产阶级的消失"(载1939年6月《政治经济学杂志》)一文的观点,并对他所认同的马克思著作中的某些段落作了进一步的阐发。

差别、地主阶级和资本家阶级之间的差别消失了。地主与资本家的融合使得社会中只留下了两大阶级：拥有生产资料的资本家以及无产阶级。马克思说，我们的设想是资本主义生产继续扩展而吸收掉整个社会；因而只剩下这两大阶级（第2卷，401页）。**第三种人**被彻底排除了。正如艾布拉姆·哈里斯所写的：

> 马克思用**第三种人**来指彼此不同而又多少相关的两类人。第一类人包括如小农、独立手工业者以及其他所有在资本主义进程本身以外活动的、旧生产方式的遗留者。第二类人包括两种：（1）牧师、店主、律师、官员、教授、艺术家、教员、医生和士兵，他们生存于资本主义进程的基础之上，但没有参加这一进程；（2）商人、中介、投机者、商业劳动者（白领职员）、经理、工头以及其他所有"以资本的名义发号施令"的官员。①

为什么**第三种人**会被排除在外呢？马克思认为，独立的农民和手工业者处于资本主义进程之外，虽然携带资本主义进程的特点。（作为生产资料的拥有者，他们是资本家；作为劳动力的拥有者，他们是工资收入者。）无论如何，随着资本主义的发展，作为一个阶级他们终将消失。艺术家、医生、教授一类的人都是"非生产者"。生产性的劳动必须以剩余产品和新资本形式的新价值来取代资本家预付的旧价值。在旅馆里工作的厨师或侍者是"生产性的"，因为他们为旅馆老板创造了利润；如果他们在私人家里服役，即使给他们支付工资，他们也是非生产性的。非生产性劳工从参加生产的两大阶级的支出中获得收入。假如劳资关系扩展到医疗、娱乐和教育领域，那么医生、艺术家和教授就成了工资收入者，就是"生产性的"了。

总之，马克思设想了一种"纯粹资本主义"的模式。② 他写道：

---

① 同上，第339—340页。
② 第一位介绍这种"纯粹资本主义"模式的作家是亨利克·格罗斯曼（Henryk Grossmann），其著作为《资本主义制度积累和崩溃的法则》（莱比锡，1929年）。保罗·斯威齐（Paul Sweezey）在《资本主义发展理论》（牛津，1946年）一书中对抽象力的运用做出了同样的假设。

马克思在《资本论》第1卷的序言中写道：

"……以货币形式为其完成形态的价值形式，是极无内容和极其简单的。然而，两千多年来人类这样一个一般的剩余价值率，——像一切经济规律一样，要当作一种趋势来看，——是我们为了理论上的简便而假定的；但是实际上，它也确实是资本主义生产方式的前提，尽管它由于实际的阻力会多少受到阻碍，……在理论上假定，资本主义生产方式的规律是以纯粹的形式展开的。实际上始终只存在着近似的情况"。(《资本论》第3卷，人民出版社1975年中文版第195—196页)

这种"纯粹形式"的假设是马克思分析的基本点。它设想一切非资本主义的生产领域，或者被资本主义制度的扩张所消灭，或者从属于它。不论是从商品或是收入分配的视角来看待资本主义进程，"现在只有两个起点：资本家和工人。所有第三种人，或者是为这两个阶级服务，从他们那里得到货币作为报酬，或者……地租、利息等形式……"。(《资本论》第2卷，人民出版社1975年中文版第370页)

在资本家和工人的关系内部，有一个双重的过程，即"资本主义积累绝对的、一般的规律"。资本的不断积累造成了资本集中，以及它牺牲了"许多较小的资本家"，集中到"强大工业企业"的手中，"他们的资本一部分转入胜利者手中，一部分归于消灭。"(《资本论》第1卷，人民出版社1975年中文版第687页)另一方面，固定资本所占比例远远超出了可变资本或劳动力。这个替代工人的过程产生了相对"过剩人口"，并使利润率下降。("利润率下降，不是因为对工人的剥削少了，而是因为所使用的劳动同使用的资本相比少了。"《资本论》第3卷，人民出版社1975年中文版第274页)作为经济启示录，《资本论》中的强烈感情随之展现：

智慧在这方面进行探讨的努力，并未得到什么结果，而对更有内容和更复杂的形式的分析，却至少已接近于成功。为什么会这样呢？因为已经发育的身体比身体的细胞更容易研究些。而且，分析经济形式，既不能用显微镜，也不能用化学试剂。**人们必须用抽象力来代替这二者**。而对资产阶级社会说来，劳动产品的商品形式，或者商品的价值形式，就是经济的细胞形式。在浅薄的人看来，分析这种形式好像是斤斤计较于一些琐事。这的确很琐碎，但这是显微镜下的解剖所要做的那种琐事。"(第12页，**重点**为本书作者所加。)

马克思在一篇未完成的论文《政治经济学方法》中详细阐述了这一观点。该论文以附录的形式被收入《对政治经济学批判的贡献》一书(芝加哥，1906年)。

> 随着这种集中或少数资本家对多数资本家的剥夺,规模不断扩大的劳动过程的协作形式日益发展,科学日益被自觉地应用于技术方面,……各国人民日益被卷入世界市场网,……随着那些……资本巨头不断减少,……日益壮大的……工人阶级的反抗也不断增长。……生产资料的集中和劳动的社会化,达到了同它们的资本主义外壳不能相容的地步。这个外壳就要炸毁了。"(《资本论》第 1 卷,人民出版社 1975 年版第 831 页)。①

马克思在《资本论》的自序中,强调这些结果将成为铁一般的定律,而最早发生这种情况的英国的命运预示着其他所有国家的命运。马克思写道:

> 物理学家是在自然过程表现得最确实、最少受干扰的地方考察自然过程的,或者,如有可能,是在保证过程以其纯粹形态进行的条件下从事实验的。我要在本书研究的,是资本主义生产方式以及和它相适应的生产关系和交换关系。到现在为止,这种生产方式的典型地点是英国。因此,我在理论阐述上主要用英国作为例证。但是,如果德国读者看到英国工农业工人所处的境况而伪善地耸耸肩膀,或者以德国的情况远不是那样坏而乐观地自我安慰,那我就要大声地对他说:**这正是说的阁下的事情!**
>
> 问题本身并不在于**资本主义生产的自然规律**所引起的社会对抗的发展过程的高低。问题在于这些规律本身,在于这些**以铁的必然性发生作用并且正在实现的趋势**。工业较发达的国家向工业较不发达的国家所显示的,只是后者未来的景象。"(《资本论》第 1 卷第 1 版序言,人民出版社 1975 年中文版第 8 页,**重点为本书作者所加**。)

应当强调,马克思关于社会发展的**图式一并**不是一种经验性描述,而是从他

---

① 马克思写道,如同所有法则一样,这个法则"在执行中会受到许多条件所影响"。马克思在文中指出,存在各种"抵制倾向",主要来自奢侈品的增加、需求的精致化以及新需要的出现,等等。新工业吸收被替代了的劳动力,扩大了"非生产性就业"。尽管存在这些影响,但它们并不改变资本主义经济的基本特点和性质。

的"纯粹资本主义"模型中得来的。然而"纯粹资本主义"本身是一种理论上的简化，等到马克思开始写《资本论》第3卷的时候，大规模投资银行体系的发展和股份公司的出现已经开始改变资本主义社会的结构。如果在资本主义社会的第一阶段曾经存在一个由农场主、手工业者和独立自由职业者构成的"旧"中产阶级的话，人们又该如何看待正在出现的经理、技术雇员、白领工人等"新"中产阶级呢？这即为**图式二**的基础。马克思以格外敏锐的目光评述了这一现象。

资本主义社会发生了三大结构性变化。第一，随着一个新的银行制度的出现，资本积累不再依靠企业家个人的节俭、储蓄而筹集资金，而依靠于全社会的储蓄。马克思评论道："资本的这种社会性质，只是在信用制度和银行制度有了充分发展时才表现出来并完全实现。另一方面，不仅如此，信用制度和银行制度把社会上一切可用的，甚至可能的、尚未积极发挥作用的资本交给产业资本家和商业资本家支配。"（《资本论》第3卷，人民出版社1975年中文版第686页）

第二个变化是股份公司所造成的革命，其结果就是所有权同管理权的分离且产生了一个新类型的职业（如果不说是一个新阶级的话），马克思把它称之为社会的"指挥劳动"。

> 尤尔先生早已指出，"我们的工业制度的灵魂"不是产业资本家，而是产业经理。……资本主义生产本身已经使那种完全同资本所有权分离的指挥劳动比比皆是。(《资本论》第3卷，人民出版社1975年中文版第434—435页。)

最后，银行制度和信用制度的扩大以及股份公司的发展必然意味着办公室人员和白领工作的扩大。

> ……很清楚，随着生产规模的扩大，……商业活动将会增加；……价格计算、簿记、出纳、通讯，都属于这类活动。生产规模越扩展，产业资本的商业活动……也就越增加，虽然决不是按比例增加。因此，使用商业雇用工人就成为必要了，他们组成真正的事务所。①(《资本论》第3卷，人民出版

---

① 在《剩余价值理论》（恩格斯没有编入《资本论》的一些材料，在恩格斯逝世后由考茨基

社1975年中文版第334页）

这三大结构性变化似乎在大大修改或挑战阶级分化的理论（《共产党宣言》和《资本论》第1卷的末尾都格外强调阶级分化理论，它被视为古典马克思主义的主导思想），马克思认为基本的社会学趋势、经济危机的加深以及财产社会化性质的扩展会迫使社会矛盾走向尖锐。

就银行制度而言，马克思不认为信用的体制化是资本主义制度稳定的根源，而认为它会加速危机。

> 银行制度从私人资本家和高利贷者手中剥夺了资本分配这样一种特殊营业、这样一种社会职能。但是，由于这一点，银行和信用同时又成了使资本主义生产超出它本身界限的最有力的手段，也是引起危机和欺诈行为的一种最有效的工具。（《资本论》第3卷，人民出版社1975年中文版第686页）

至于管理职能，马克思认为它既能服务于资本主义，也能同样程度地服务于社会主义。他写道，管理职能"是由作为社会劳动的劳动的形式引起"，而"说这种劳动作为资本主义的劳动，……这无非就是说，庸俗经济学家不能设想各种在资本主义生产方式内部发展起来的形式，能够离开并且摆脱它们的对立的、资本主义的性质"。（《资本论》第3卷，人民出版社1975年中文版第435页）"一个管弦乐队的指挥不必是乐器的所有者。""合作工厂证明资本家就像职员一样地多余。"

事实上，马克思在随后一段惊人的分析中简要指出，经理的出现是把利润转变为"社会财产"的关键因素之一，因为有了经理（"熟练劳动的价格，同任何别种劳动的价格一样，是在劳动市场上调节的"），资本家就从生产过程中分离出

[Kautsky]编辑整理，有人称之为《资本论》第4卷）中，事实上，马克思已经明白地指出中产阶级介于工人和资本家之间，始终发展得快于劳工下层，这增加了上层社会的安全。他更特别指出："中产阶级的人数将增加，无产阶级在总人口中所占的比例将相对地越来越小（虽然它的人数会绝对地增加）。……实际上资产阶级社会的**发展进程**正是这样。"（《马克思恩格斯全集》第26卷第3册，人民出版社1974年12月版，第63页。

来，经理脱离自身的劳动，而利润被赋予了社会性，马克思写道：

……这全部利润仍然只是在利息的形式上，即作为资本所有权的报酬获得的。而这个资本所有权这样一来现在就同现实再生产过程中的职能完全分离，正像这种职能在经理身上同资本所有权完全分离一样。因此，利润……表现为对别人的剩余劳动的单纯占有。这种占有之所以产生，是因为生产资料已经转化为资本，也就是生产资料已经和实际的生产者相分离，生产资料已经作为别人的财产，而与一切在生产中实际进行活动的个人（从经理一直到最后一个短工）相对立。

在股份公司内，（生产）职能已经同资本所有权相分离，因而劳动也已经完全同生产资料的所有权和剩余劳动的所有权相分离。资本主义生产极度发展的这个结果，是资本再转化为生产者的财产所必需的过渡点。不过这种财产不再是各个互相分离的生产者的私有财产，而是联合起来的生产者的财产，即直接的社会财产。（《资本论》第3卷，人民出版社1975年中文版第494页。）

至于白领工人，马克思预见到这类职员的数量会扩大，但是他认为资本主义的发展会导致白领工人的无产阶级化，因为事务所内部的分工和公共教育的发展将降低他们的价值。他这样说：

真正的商业工人是属于报酬比较优厚的那一类雇用工人，他们的劳动是熟练劳动，高于平均劳动。不过随着资本主义生产方式的进展，甚至同平均劳动相比，工资也有下降的趋势。这部分地是由于事务所内部的分工；因此，劳动能力只需要得到片面的发展，……其次，这是由于：资本主义生产方式越是使教学方法等等面向实践，随着科学和国民教育的进步，预备教育、商业知识和语言知识等等，就会越来越迅速地、容易地获得，越来越普及，越来越便宜地再生产出来。由于国民教育的普及，就可以从那些以前没有可能干这一行并且习惯于较差的生活方式的阶级中招收这种工人。这种普及增加了这种工人的供给，因而加强了竞争。因此，除了少数例外，随着资本主义生产的进展，这种人的劳动会贬值。他们的劳动能力提高了，但是他们的工资下降了。(《资本论》第3卷，人民出版社1975年中文版第335—336页)

新的结构趋向被打了折扣，因为马克思隐晦地认为**图式一**具有决定性的作用。然而，为什么那"外壳"一定会炸毁就不清楚了。正如保罗·斯威齐写道："在真正的意义上，可以说：马克思的整个理论体系既否定了资本主义无限扩张的可能性，也肯定了社会主义革命的必然性。可是他的资本主义生产特有的经济崩溃的理论却难以被奉为圭臬。"① 而且，正如斯威齐所进一步评论的，后来的马克思主义思想家，包括罗莎·卢森堡（Rosa Luxemburg）和亨利克·格罗斯曼在内，竭力强调这样一种**必然**的崩溃，这就更没有说服力了。

在历史证据方面，鉴于利润率不存在内生的下降趋势，国家有能力干预和缓和（即便不是阻止）经济危机，以及技术成为资本再投资的开放性门槛，马克思在**图式一**中设计的**趋向**已经有所改变（假使不是篡改的话）。没有证据（在理论上或实践中）表明资本主义一定会由于制度内部的**经济**矛盾而崩溃。

旧社会子宫内的"新社会"结构（劳动力性质的改变、经理的作用）将会如何发展呢？我称之为**图式二**的社会发展会走向何方呢？这些因素对自马克思以来的社会学理论和社会进化的概念又起到怎样的作用呢？阅读20世纪上半叶有关资本主义未来发展的社会学理论，人们就会看到：事实上，几乎所有这一类思考都是在同马克思的**图式二**进行对话。

后马克思主义：西方的对话

在论述资本主义的学者中，没有人把它看作一种"永恒的"社会制度。这种最初主要来自于社会主义思想家②的自觉意识，影响了19世纪对于资本主义的定

---

① 见前引保罗·斯威齐《资本主义发展理论》，第191—192页，第11章"崩溃的矛盾"。
② 令人吃惊的是，这一来源使得资本主义的概念在经济文献中很晚才获接受。在1930年印行的《社会科学百科全书》中，沃纳·桑巴特（Werner Sombart）在一篇有关"资本主义"的文章中指出19世纪末和20世纪初重要的经济文献都不提资本主义这一名词。他写道：

义，从一开始就使人认为资本主义只是经济进化的一个"阶段"，将（很快）被后续的某种集体主义经济制度所取代。（事实上，鉴于资本主义将会夭折的种种预测，如果有什么需要说明的话，反倒是这一制度相对长寿的问题。）

最先设法把资本主义转化列为不同性质的社会学阶段之一——将资本主义列为经济史和经济分析的中心内容——的作者是德国经济史学家沃纳·桑巴特。桑巴特在《现代资本主义》一书中（该书最终修订版以三卷本的形式出版于1921至1927年），试图写出一部经济社会从自给自足的前资本主义经济转换到现代资本主义兴起及最终消亡的完备历史。桑巴特充分讨论了技术的影响以及资本主义企业作为一种特定社会形式的问世，不过他最重视的核心却是资本主义精神（或心理）是资本主义社会最为独特的特征，而企业家是资本主义发展的关键人物。①

"资本主义的概念以及它更清晰的定义，首先要在社会主义理论家的著作中追溯。直到现在，事实上它仍是社会主义的关键概念之一。……尽管资本主义有成为经济领域唯一主题的倾向，但无论这一名词抑或概念却始终没有被该领域的经院派人物所普遍承认。老一代的德国经济学家以及其他国家的大批经济学家全都反对资本主义这一概念。在许多情况下，他们的反对是含蓄的；如果不谈论经济思想史，资本主义几乎不被提起，而即使偶尔谈到它，也没有任何迹象表明它有任何的重要性。如果仅考虑最重要的著作，资本主义这一名词在纪德、科韦斯、马歇尔、塞利格曼或卡塞尔（纪德，Gide，1847—1932，法国经济学家；科韦斯，Cauwes，1843—1917，法国法学家和经济学家；马歇尔，Marshall，1842—1924，英国经济学家；塞利格曼，Seligman，1861—1939，美国经济学家；卡塞尔，Cassel，1866—1945，瑞典经济学家。——译注）的笔下不曾出现。在其他一些著作里，施莫勒、阿道夫·瓦格纳、理查德·埃伦伯格和菲利波维希（施莫勒，Schmoller，1838—1917，德国经济学家；瓦格纳，Adolf Wagner，1835—1917，德国经济学家；埃伦伯格，Richard Ehrenberg，1857—1921，德国经济学家；菲利波维希，Philippovich，1858—1917，奥地利经济学家——译注）多少对资本主义做过一些讨论，不过他们最后却摈弃了这一概念。尽管较晚出现的经济学认为这一名词不可或缺，或者至少有一定的意义，但是经常对"资本主义"一词加引号以说明对它的确切意义不肯定。如《社会科学百科全书》（1930年，纽约）第3卷第195页，在提到"资本主义"时为其加上了引号。

① 桑巴特在今天的社会学史中受到了不公正的轻视，这部分是因为他在晚年表示了对纳粹的同情，而更主要的，或许是因为他的著作虽然特别有启发性，却是很不谨慎的。他与马克斯·韦伯对资本主义精神的"辩论"或许可以作为最好的例证。在韦伯强调"新教伦理"作用的领域，桑巴特基于犹太教的教义和犹太人在15世纪的迁徙特点而将历史上的犹太人作为一大论据，争辩称西方世界的商业中心从地中海流域移向安特卫普和荷兰是继犹太人从西班牙被逐以后才发生的。不过，他与犹太人有关的证据相当粗糙。

桑巴特自《社会主义和社会运动》（1896）起开始谈及社会主义的兴起，在1902年《现代资本主义》第一版中论述了资本主义的发展。《现代资本主义》一书没有英译本，但F·L·努斯鲍姆（F.L. Nussbaum）提供了一本"随意的"改写本，即1933年出版的《现代欧洲经济体制史：介绍沃纳·桑巴特的"现代资本主义"》（纽约，1933年）。桑巴特在德语版《资产阶级》中动人地刻划了商人的历对桑巴特来说，经济的新时代只能在其他历史制度的框架内来理解。因此，任何一种制度体系的早期总是同衰败中的上一个经济制度的晚期相重叠；鼎盛时期显示的是一个处于单一、纯粹状态的制度；而晚期则可以看到一个新兴的、正在来临的制度的出现。桑巴特把这一分期方法应用于资本主义，区分了从 13 世纪中叶至 18 世纪中叶的早期资本主义；大约从 1750 年至 1914 年的资本主义全盛期；以及第一次世界大战之后的"晚期资本主义"。

早期资本主义带有手工业时期的标志。传统主义的影响依然强烈，经济生活有着个人色彩，买主与卖主允许个人好恶影响彼此的关系，雇主与工人靠宗法联系而结合在一起。

在资本主义全盛时期，利润和经济理性影响着一切经济关系。市场扩大，商业活动增加，科学性质的机械技术获得利用，社会关系已不具人的性质而被体制化了。桑巴特写道，"鼎盛时期的资本主义精神的特点是与这一时代相应的心理紧张，它源于非理性和理性之间的矛盾、投机精神和精打细算的习气之间的矛盾、冒险的企业家心理和勤劳、稳重的资产阶级心理之间的矛盾。"①

晚期资本主义主要出现了两大变化。在社会内部，"经济生活中属于资本主义成分的力量"削弱，而公私"混营"企业、国营与集体的公共工程和非资本主义的经济活动则"在数量、规模和重要性上都有增加"。在公司内部，"企业家心理逐渐消亡"。取代企业家心理的是官僚科层心理，由此公司本身被官僚科层化。

桑巴特说，在晚期资本主义（以 20 世纪 20 年代德国工业的卡特尔化为模板），社会普遍的期望是稳定。对利润的追逐有所减弱（"其证据是这些征象，如：固定股息、把剩余用于再投资——例如美国有些公司，其新增资本的 30% 至 35% 来自利润再投资"），市场机制被综合性的价格监管甚至政府管制所取代，经济制度的周期性摇摆日益平缓，政府干预变得越来越具有决定性。使资本主义

史和阶级心理。该书由 M·爱泼斯坦（M. Epstein）编译出版，英文版更名为《资本主义之精髓》（纽约，1915）。《犹太人与经济活动》的德文版由爱泼斯坦翻译，英文版更名为《犹太人与现代资本书义》（伦敦，1913 年），后由伯特·F·霍塞利兹（Bert F. Hoselitz）撰写新的引言并在自由出版社再版（伊利诺伊州格伦科市，1951 年）。

① 见"资本主义"词条，《社会科学百科全书》（纽约，1930 年），第 3 卷，第 207 页。

虽然两者产生于不同的历史根源……社会主义的组织形式不会改变这一事实。而在一种社会主义制度下，是否有可能提供像在资本主义秩序中那么严格的官僚科层组织，将会成为一个问题[韦伯在这里指的是合理考量资本的运用]。因为，事实上，社会主义可能需要比资本主义更高程度的官僚科层化。如果现实证明没有这个可能，那就说明存在另外一种非理性的基本因素——社会学时常遇到的那类形式理性与实质理性的矛盾。①

正如理查德·派普斯指出的：

> 韦伯不断地批评马克思主义者忽视了韦伯眼中社会主义所面临的中心问题：**谁来经营国有化企业？** 至于韦伯自己，他当然认为这一职能应由技术上对此最有准备的人群来承担，那就是"除了团结无产阶级（的观念）之外再无任何变化的"官僚机构。②

技术知识的扩散，经理在工业部门中以及官僚政治在政府中兴起，而不是向新领导人（马克思接着圣西门所阐述的形象）提供一个"乐队指挥"那样的地位，这在韦伯看来就是一种新的统治形式：

> ……新的束缚的大厦处处皆备。……所有的**经济**风向标都指向自由日益缩小的方向。……希望顺应发展方向的人最好尽快抛弃那些老式的理想。③

---

① 马克斯·韦伯：《经济与社会》（纽约，1968年）第1卷第223—225页。该书创作于1913—1914年；韦伯死于1920年。
② 前引派普斯书，第378页。文内的引文摘自韦伯的论文《社会主义》（维也纳，1918年）。
③ 马克斯·韦伯：《论俄国资产阶级民主的状况》，转引自理查德·派普斯："马克斯·韦伯与俄国"，载于《世界政治》（1955年4月）第378页。具有讽刺意味的是，韦伯认为官僚政治只有一个敌人，那就是资本主义企业家："在技术和现实知识方面优于官僚的，只有资本主义企业家（在他自身的利益范围内）。只有这一类人才能至少相对地免疫于受理性官僚主义知识的控制。在大型组织中，其他人都不可避免地要受官僚主义控制，正如在大规模商品生产中受到精密机器的主宰一样。"（前引《经济与社会》，第225页）。因此，社会主义经济在消灭资本主义企业家之后，就不再有返回面对官僚政治的票据存根了。

因此，在韦伯看来，资本主义和社会主义不是两个对立的制度（如果用财产作为区分的中轴，那就有可能把它们看成是对立的），而是同一类型——官僚科层化——的两面。韦伯认为官僚科层制等同于合理化的行政管理以及以其为基础的阶级，即政治上和经济上的职员与管理阶层。所以，未来不属于工人阶级而将归于官僚科层制。

在第一次世界大战以前，正统的社会主义理论认为无产阶级将会扩大而中产阶级必定消亡。在德国，独立企业家、小农场主和个体经营的自由职业者等"旧的"中产阶级确实没落了，但产业工人阶级也是一样：从 1895 年至 1925 年，工业生产中雇用工人所占劳动力总数的比例从 56.8% 降到 45.1%。[1]在这两者之间，一个新的阶层——白领职员（办公室职员与专业人员）出现了；他们的数量稳步增加。这如何解释呢？

提出注意这一新的社会学现象并对其加以研究的第一人，是埃米尔·莱德勒。他是社会分析师和一份有影响的刊物《社会学与社会政策档案》的主编。莱德勒在 1912 年的一篇论文中把这个集团称为"新中产阶级"。在历史上，资产阶级一度被称为中产阶级，因为它的地位处于地主阶级同工人阶级之间。随着士绅的没落，大资产阶级演变为由大金融家和实业家构成的统治阶级；在他们与工人阶级之间的就是马克思所谓的小资产阶级——小商贾和独立小商人、个体经营的自由职业者以及独立的手工业者（现在接过了中产阶级的名称）。目前，在企业内部，在雇主与工人之间出现了一个新的阶层。莱德勒称它为"新中产阶级"，这主要不是依据它的职能，而主要依据他们的自我评价及由他人的看法而得出的社会评价。莱德勒写道："这种位于两个阶级之间的中间地位，这种消极的特点而不是明确的技术职能，才是薪给职员的社会标记。它建立了他们在自我认识以

---

[1] 汉斯·斯派厄（Hans Speier）：《德国社会中的薪给职员》第 1 卷（纽约，1939），第 9 页。1937 年，纽约州社会福利部与哥伦比亚大学社会学系共同发起了一个外国社会科学名著的翻译计划（公共事业振兴署项目，WPA）。该项目共翻译并油印了约 25 本专著。它们被存放于哥伦比亚大学图书馆并有少量的发行。其中一个重要的主题是德国白领工人，约有 10 本相关著作被译出，作者包括埃米尔·莱德勒（Emil Lederer）、莱德勒与马尔夏克（Lederer & Marschak）、弗里茨·克罗纳（Fritz Croner）、汉斯·斯派厄、卡尔·德赖弗斯（Carl Dreyfuss）、埃里奇·恩格尔哈德（Erich Engelhard）和汉斯·托拜厄斯（Hans Tobias）等。

及社会对他们的评价中的社会特征。"①

一年以后,莱德勒在"论当代社会心理结构"的论文中解释了在社会从传统经济转变到理性经济的背景下两个阶级的心理差异。他说,现代经济组织最显著的特色是各个社会阶层不同的生活"节奏"。对体力劳动工人来说,生活是不规则的,为商业环境等外力所分裂;他的经济周期至多是以周计。对薪给工作者来说,生活比较安定,对年薪的期待主导着他的生活;他的"经济周期"以月计。公务员把年看成是生活的坐标,此外还指望随着资历增长而获得规律性的擢升。在不同的"节奏"中,莱德勒找到了不同阶层在社会学上的特殊性。②

对这个新现象的理论分析是由莱德勒和雅各布·马尔夏克(Jacob Marschak)在一篇著名的论文"新中产阶级"中提出的。这篇论文于1925年发表在《社会经济学大纲》上。③他们的分析被纳入"历史发展理论"的框架,并且以修改现有的"历史阶级"理论为基础。两位作者指出:"战争与革命为薪给职员阶级的壮大给予了巨大的推动力,……因为战争经济意味着大企业的扩张、庞大的"组织机构"以及官僚化,这些都将极大地加强薪给职员的职能。战争的结束……和

---

① 埃米尔·莱德勒:《现代薪给职员的问题:它的理论与统计偏向》,公共事业振兴署项目,编号465—97—3—81,哥伦比亚大学社会科学系。
莱德勒在希特勒上台后前往美国,成为纽约州私立的社会研究新学院研究生班教职员的创始成员之一。他于1939年逝世。莱德勒在英语世界以提出"大众社会"理论而著称,他在最后一本专著《大众的国家》(纽约,1940年)中特别讨论了这一主题。
② 埃米尔·莱德勒:"论当代的社会心理结构",德文版载于《社会学与社会政策档案》第46卷(1918—1919)。(该篇论文虽然写于1913年,却直到5年之后才发表。)英文版被列为公共事业振兴署项目,编号465—97—3—81(纽约,1937年),第8—9页。
③ 埃米尔·莱德勒与雅各布·马尔夏克:"新中产阶级",载于德文版《社会经济学大纲》第9节第1部分(1926年),英译本1937年出版于纽约。
从技术上讲,应当指出,标题中的"阶级"其实应被译为"等级"。马克思将阶级一词普遍地应用于全部人类历史,造成了该名词意义的混乱。在前资本主义及前工业社会,社会差异由等级和地位决定,它们不但为法律所加强,亦为传统所接受。现代资本主义,或说工业社会,扫除了这些差异,并以市场地位为基础建立了赤裸裸的物化"阶级"。这即是等级社会和资本主义社会历史性差异的基础。正如拉尔夫·达伦多夫所写:"即使在今天,德语口语中的'阶级'也限于指企业主和工人这两个等级,这是极有意义的。贵族、专业人员和更古老的手工业者和农民都不能被称为'阶级'。他们必须使用'等级'——这个概念用于'中产等级'时仅限于较晚出现的白领工人和公务员。总之,在日常用语中以及对于社会学家来说,等级应区别于所谓阶层或阶级。"前引《工业社会的阶级和阶级斗争》一书第6—7页。

战争经济的停止未能重新建立战前的社会阶级。"

此外,"国家和城市通过直接管理工业企业而扩大了它们的活动。市政化和国有化的倾向使公务员大军得以形成。恰当地说,这既不是资本主义制度的后果,也不是民族经济工业化的后果。"

两位作者认为,这些趋势来自于现代"'服务型国家'所从事的多方面职能的大大扩张"。①

在对薪给职员——技术工人、办公室职员、推销员和公务人员——的增长加以细致的统计分析以后,两位作者最终说:"从统计数据得出……薪给职员作为一个阶级的迅速发展,必须被视为经济持续发展、尤其是大型企业和企业组织方法持续发展的结果。……职员的迅速增加强化了这一集团的力量和活动能力,在职员大量集中的大城市中情况尤其如此。……上述事实的进一步结果是:仅仅从数量上看,这些职员为人数不断增加的劳动阶级之力量提供了一种平衡。"②

德国社会学界就"新中产阶级"的性质展开了一场长达10年之久的激烈辩论。左翼学者只把薪给职员看成是"白领无产阶级",它的"群众性"将会使其融入到工人阶级之中。某些乐观的社会学家在"新中产阶级"中看到了促进社会团结的因素,认为它可以作为雇主同产业工人之间的平衡势力,为企业(即便不是为社会)提供凝聚力。西奥多·盖格(Theodor Geiger)预言新中产阶级会被资本家阶级与产业无产阶级"挤垮",而熊彼特认为:由于薪给职员数量的增加,未来世界将会是一个官僚政治的世界。③那些仅从经济角度看待"新中产阶级"的学者,如同莱德勒和马尔夏克那样,预言其将"介乎各阶级之间的"地位是不大可能了。在一个对集团利益日益自觉、雇用关系要由法律来仲裁的社会里,新中产阶级将会自行组织起来,并且很可能与工会运动结成同盟。

---

① 埃米尔·莱德勒与雅各布·马尔夏克:"新中产阶级",第 8—11 页。
② 同上书,第 16 页。
③ 西奥多·盖格的"阶级概念的理论",载于《施默勒年鉴》第 54 年第 1 卷;熊彼特的文章载于《邦纳通讯》第 1 期,1929 年。齐格弗里德·克拉考尔(Siegfried Kracauer)写过一本有关白领工人的、很有影响力的著作——《薪给职员》,以今天所谓的超现实手法来描述白领工人的世界。汉斯·斯派厄的《德国社会中的薪给职员》(特别是第 1 章)以及埃里奇·恩格尔哈德的《薪给职员》(第 2 章)分别概述了德国社会学界的这一长期辩论。

不过，越来越多的实证研究澄清了一点，即：新中产阶级，部分由于它的社会出身（大部分白领工人是从没落的旧中产阶级中吸收来的），部分由于具有"在职场中必须穿着体面"的心态，因而顽固地决心保持"中产阶级"的自我形象和自尊。① 当大萧条袭来时，汉斯·法拉达用一本小说《小人物，现在怎么办？》提出了质问，这时新中产阶级做出的回答，如同旧中产阶级在中间党派和自由主义党派垮台时一样，总的说来是转而支持纳粹而不是去支持工人阶级政党。② "新中产阶级"作为经济和社会发展的一个预期的产物，带来了一个出乎意外而明确的政治后果，这是马克思主义者抑或德国社会学家未曾预想到的。

马克思把任一历史阶段的生产方式看作生产力（技术设备和劳动组织）与生产资料所有制性质所导致的生产关系之间的相互作用。后马克思主义时期中经理与业主的分离、企业的官僚科层化、职业构成的复杂化，这一切都使得一度明确的财产统治权和社会关系变得模棱两可。马克思曾进一步断言：生产的集权化和集中化会成为商品生产的"桎梏"，但自《资本论》问世以后的100年中，西方世界却出现了生产率的大提高和当时任何一位空想家所未想到的技术发展。

社会关系性质的模糊和技术上的成功，把生产"力"带至人们注意的焦点，重提将工业社会看作以资本主义及社会主义区分社会的另一种可能。一如在权威的问题上，官僚科层化不再认为资本主义和社会主义有所不同，而是把它们视为同一类型的变体；在社会发展的问题上，工业社会的观念也把这两种社会制度归入同一主题。雷蒙·阿隆（比任何其他现代学者都更加赞同工业社会的概念）在

---

① 埃里奇·恩格尔哈德在摘要说明奥托·苏尔（Otto Suhr）的若干篇不同研究时评论道：
"……他所谓的白领，恰恰是、而且仍将是他那一种特殊生活方式的直接表达。这种生活是他和其他一些人所珍惜的。职员们竭力维持公认的生活水准。从某一收入数字开始，越贫困的人，其收入中用来支付房租的比例就越大。基本上，家庭人均开支随着收入的上升而增加，但是必需品开支（食品、住房、衣着）的增长比其他生活需求的增长要缓慢一些。商业雇员把大部分开支花在衣着和服饰上；对食物不甚讲究，或许［因为他］想制造一个体面的第一印象。这种重视外在的生活方式（时常受到进一步的分析）导致了他们会赢得更多的尊重。在某一人群向一社会地位上升时，与职业相比，生活方式是更具决定性的因素。埃里奇·恩格尔哈德：《薪给职员》，载于《科尔纳社会学季刊》，英译文载前引公共事业振兴署项目（1939年），第57—59页。

② 相关证据见 S·M·利普塞特：《政治的人》（纽约，1960年）第5章 "法西斯主义—左派、右派与中间派"，特别是134—152页。

他的演讲中指出：

> 本书主题所反映的社会学问题（该书指《工业社会十八讲》），就是马克思和马克思主义所提出来的那些问题——《资本论》特别对后者作了充分阐述……[马克思]设法了解它的发展规律。……马克思认为核心现象是**积累**。他相信资本主义的实质可以在资本积累中找到。在选择经济增长作为本文的中心主题时，我已经在术语上采用了马克思主义有关积累的话题并且运用现代经济学的概念……
>
> 我不选择资本主义而选择工业社会（或者技术社会、科学社会、合理化社会）作为首要的历史概念。……从工业社会的概念开始，我对若干不同类型的工业社会加以区分，从而提出增长模式和增长阶段的概念。工业社会、工业社会诸类型、增长模式和增长阶段，上述四个概念代表了本理论相互承接的各个阶段。①

一旦集中来看发展阶段和经济增长的问题，矛盾就愈加复杂了，因为目前世界上的共产党国家，没有一个能够取代或接替资本主义社会（而且，按共产主义创始人所强调的平均主义来看，这些国家没有一个是社会主义的）。共产党政权一般在经济落后的国家里建立，因此阿伦首先注意的是马克思归之于资本主义的历史功能，即发展社会生产力（技术设备），它往往要靠强制的资本积累。（就准确的意义来说，这些国家都是围绕着利润中心而建立的等级森严、并且由政治组织起来的社会——以国家意志而不是以私人意愿为目标——因此最接近于马克思关于"国家资本主义"作为一种可能的社会形态的看法，马克思在《资本论》第

---

① 雷蒙·阿隆：《工业社会十八讲》（伦敦，1967年），第235页。此书于1962年在法国出版，但是阿伦在法文版前言中提到，这些文字是1955—1956年他在索邦大学的讲课记录，索邦大学的讲课记录均由大学文献中心以油印方式复制分发。人们对这一话题的兴趣使得它得以以书籍的形式出版，不过阿伦仍指出，文字本身保持了讲课记录的原有形式。

实际上，阿伦曾加以说明，一些人选择以生产力为核心思想，强调工业社会的概念，以此向马克思表示敬意；而希望强化资本主义与社会主义差异的那些人则更关注社会关系。至于阿伦对分别侧重"生产力"与"社会生产关系"的社会思想之异同的看法，见前引书第2—3页。

3卷曾含蓄地谈到这一看法；而不适用于任何其他的社会学名称。）

从这一历史进程来说，"共产主义"不是历史上的"下一个"阶段，而只是若干种工业化的模式之一。共产党政权建立的"工业"社会，是通过特殊的政治机制而不是市场机制而问世的。

世界自二战结束之后涌现出50多个新国家，其中大多数是经济上"不发达的"、致力于经济增长目标的，这强化了前工业社会和工业社会之间的区别。正如阿伦所指出的：

> 我的亚洲之行使我深信工业社会是我们这个时代的核心。在亚洲人看来，欧洲不存在两个根本不同的世界：苏维埃世界和西方世界。它是一个单一的现实：工业文明。苏联社会和资本主义社会是同一事物的两个子类，或说同一社会类型（即发达工业社会）的两个版本。[①]

阿伦以经济增长为轴心来构筑工业社会的概念。如果以更广泛的社会视野来看，工业社会在社会学中的定义可被视为由四位思想家提出的四种命题的综合；这四位思想家分别是：圣西门、涂尔干、韦伯和科林·克拉克。

圣西门（以及追随他的孔德）认为工业社会是同军事社会相对应的。后者是围绕着掠夺、浪费、夸耀而组织起来的；前者则以有秩序的商品生产为中心。圣西门认为一个工业社会应包含以下四个方面：重视生产；采取有序、确定和精确的生产方式；由工程师、实业家、规划师等"新人类"所组织；把知识看作社会基石。简言之，就是弗朗西斯·培根预言中的"新大西岛"的训令。

涂尔干认为"有机团结"的世界是一个专业化、互为补充和相互依存的世界。按照塔尔科特·帕森斯（Talcott Parsons）对涂尔干理论的阐释，它的主导原则是结构分化，即经济组织同家庭组织相分离，工作场所同家庭相分离。伴随着传统意义上的"集体伦理"出现崩塌，新的核心理念应围绕职业法规并且由职业伦理来加以协调。

---

① 雷蒙·阿隆：《工业社会十八讲》，第42页。

韦伯认为重点在于合理化和普世主义。一种单一的伦理和品味逐渐进入每一个社会。它包括非人性的标准、强调表现和成果、基于最低成本的效率观念以及在一切行政领域推行合理化运算（即一种理性的目的）。

科林·克拉克认为（正如最早在 1940 年《经济进步和条件》一书中所表达的），根据劳动力的分配情况，各经济部门可以分为：第一产业（采掘业）、第二产业（制造业）和第三产业（服务业），而每一产业在社会内的权重应是该产业部门生产率（人均产量）的函数。因此，经济发展即为劳动力从一产业向另一产业转移的比率，这个比率是各产业之间生产力差异的函数。以这种方式，克拉克可以轻易地将这一转变归诸于工业社会。

"技术规范"一词听来过于严格和有强制性，然而一切工业社会都存在某些共同的约束，以规范大致相似的行为并强制采用共同技术。工业社会理论家（甚至包括马克思在内）一致认为，工业社会的核心（或初级机构）是工业企业，它的中轴是按机器生产组织劳动力而产生的社会阶层。从这个观点来看，工业社会具有某些共性：技术就其被应用的任一地点来说是无差别的；技术和工程知识（以及提供这些知识的教育）也是无差别的；职业和技术的分类则大体上是相似的。更进一步来说，人们发现技术岗位的比重在每个社会中同其他各类岗位相比是增加了；工资的分布大体是一样的（声望等级也是这样）；经营管理更多地成为一门技术性的技能。

工业社会是**经济化**社会，这就是说，社会活动以职能效率为中心，它所迫切需要的是"以少求多"，选择更加"合理的"行动途径。这样，决定使用天然气而不使用煤作为能源燃料将由比较成本来判定，工作安排的决策将依靠现有材料与技术的适当结合。在这个层面，意识形态是无关紧要的，生产函数、资本与产出比、资本的边际效率、线性规划一类的"经济学"将取而代之。于是，"资产阶级经济学"与"社会主义经济学"的差异也淡薄了；如果谈论最佳方案和最大限度，那就根本没有任何区别了。①

---

① 这并不是说社会主义经济学与资本主义经济学**始终**是一致的。出于某些政治或意识形态的原因，苏联时常否定经济的合理性。最著名的例子是：斯大林一生中从未看到苏联经济体使用资本定价这一名词，因为其教条的意识形态认为是劳动而非资本创造了价值，而利率具有剥削的性质。利率是衡量

工业社会，如圣西门所坚持的，就是以有条理、有体系的方式把技术知识应用于社会事务。因此，**技术人员**——法语含义更广，泛指在应用科学领域受过训练的专家，因而比英语更贴切——的出现紧随工业社会其后。这同时意味着掌握这类知识的人将在社会中行使权威（如果不用权力这一字眼的话）。

圣西门认为工业社会属于纯技术的范畴，是一个有规划和井然有序的系统。在这个制度下，社会可以测定自身需要并组织生产要素以满足这些需要。工业社会以两大要素为特征：知识和组织。圣西门强调说，知识是客观的。没有人会对化学或数学发表"意见"；只能说懂或不懂这方面的知识。圣西门将"组织"比喻为一个交响乐队、一艘船只和一支军队，其中每个成员需根据其能力完成一项职能。圣西门清晰地勾画出新生资产阶级取代封建贵族的过程，预见到一个巨大的工人阶级的兴起，然而他并不相信工人阶级会继资产阶级而执政。他设法在他描绘的历史前景中说明，阶级不会实行统治，因为人类社会总是由接受教育的精英分子所治理的。工人阶级的天然领袖将是实业家和科学家。他预见到冲突的危险，但不认为它是不可避免的。有机社会一旦被创造出来，人们将按照公正的原则接受自己的地位。劳动分工意味着有些人指导别人，有些人则需接受指导。在一个按照职业和个人能力组织起来的社会，医生、工程师和化学家将根据客观需要而不是为了获取个人权力来运用其技能。这些人的指令之所以得到服从，不是

资本边际效率的标准且在任何会计工作中必不可少的这种观念，只能逐步地为苏联计划经济所接受。同样，线性规划虽然最早由苏联经济学家康托罗维奇在 20 世纪 20 年代末所发明，但这一思想却被斥为"资产阶级经济学"而加以摈弃，直到大约 40 年后，当兰德公司数学家丹齐格在战时独立地将其"再度发现"之后，才得以被广泛地运用。

意识形态的教条主义还表现为苏联计划经济工作者拒绝把市场看作经济调拨的机制（主要原因首先是政治上的）。许多共产党人认为市场是与资本主义相联系的，但实际上它只是一项技术：由使用者（消费者或中间商）而不是中央计划人员来决定需要生产什么。尤为讽刺的是，在 20 世纪 30 年代一场有关在社会主义制度下合理定价的可能性的大讨论中，奥斯卡·兰格（Oskar Lange）等马克思主义经济学家坚持认为只有在社会主义制度下，市场才能自由地指导生产，而在资本主义制度下，它却因垄断和不平等的收入分配而受到扭曲。（见兰格等人著《论社会主义的经济理论》，明尼苏达州明尼阿波利斯，1938 年。）

在这方面，卡斯特罗的言论或许代表着意识形态幼稚程度的最惊人的残余。他希望通过废除货币和取消一切定价，以便（在不久的将来）在古巴实现社会主义——仿佛这样做，人类就能忽略比较成本的重要性以及产品价格和汇率差异中的理性因子。

因为他们是主人，而是因为他们的专业能力；一个人服从他的医生，是自然而然的理性行为。由此，圣西门的信徒为新社会里的阶级构成提出一个口号（后来为恩格斯所使用）："各尽所能，按劳分配"，他们认为工业社会不再是"对人的统治，而是对事的管理"。

对事的管理——替代了政治上的理性判断——即是技术治国论的特点。工业社会的进步一直在从职能和方法上强调这一角色的两方面的作用。正如莱德勒和马尔夏克所指出的：

> （技术职员）既不存在于手工业中，也不存在于早期的工业中。传统意义上的能工巧匠，同制造业的小产业主一样，是和今天大公司中技术职员完全不同的。现代化的工业公司已经发展起一整套上层建筑或机制，技术职员必须成为其中一个组成部分。这套机制取代了车间里一切脑力活动及常规工作；一切都以计划与部署部门为中心。[①]

在这样的社会里，问题将被归结为技术性质。兹比格纽·布热津斯基谈到这种情况时说："……社会问题不被看成是故意作恶的后果，而被看成是由复杂性和无知引起的无意识的副产品；解决的办法不再是净化情感，而要使用人们积累起来的社会和科学知识。"[②]

技术人员的兴起，伴随着一种新的认识，认为发达工业社会将由技术官僚统治。这种看法在法国思想界尤为盛行。法国有长期的集权传统（托克维尔指出法国大革命的爆发进一步加强了这一传统），而 1793 年由革命政府建立的作为法国高等科技教育中心的**综合理工学院**，以及二战后问世的**法国国立行政学院**，即是为了培养国家机构中的行政精英而设立的精英院校。（雷蒙·阿隆指出奥古斯特·孔德是中等技术院校出身的经理人的"精神教父"。）以让·梅诺德（Jean Meynaud）为首的一些学者指出，"真正的权力"已经从选民代表转入技术专家手

[①] 前引莱德勒与马尔夏克书，第 7 页。
[②] 布热津斯基前引书，第 2 部分第 4 节"超越意识形态的思想与理想"。

中，而且现在"已出现了一种新型政府，它既不采用民主制，也不采用官僚制，而是以科技治国"。

梅诺德认为，科技治国论的兴起是与经理人员权力的扩大并驾齐驱的，就法国而言，"目前，经济规划、国防和科研这三大重要部门已为技术官僚所掌握。"他写道：我们可以"有把握地断定"，只要国家干预在社会和经济领域进一步扩大和系统化，科技治国的力量就会在第三共和国和第四共和国得以继续增强。"欧洲煤钢共同体等专设机构的创立扩大了这种权力。在戴高乐政府执政期间议会影响力的下降以及部长权力的扩张——许多部长来自行政事务部门——使技术治国论的影响在 60 年代得到进一步加强。梅诺德写道，"技术官员在第五共和国的主导地位，部分是由于这届政府的运作方式，特别是它在有权力秘密做出一些决策或干预时。"①

这一领域的许多著作把科技治国描绘为对立于（或者破坏了）正规的民主制政治框架。有些文字简直已濒于歇斯底里，请看已故的乔治斯·格尔维奇（Georges Gurvitch）把科技治国定义为：

> 一种可怕的社会权力，性质上是专制主义和秘密的，它有吞噬国家的危险。有组织、有计划的资本主义把这种权力推向法西斯的体制。不论是否加以伪装，它把由托拉斯、卡特尔、银行、雇主、高级行政人员和最高级的职业军人构成的体系与需要这些人提供服务的极权主义国家相结合。②

这个问题上的许多混乱，源自未能分清技术知识分子的两种职能和两大类别：应用知识的**技术人员**和行使权力的技术官员。③ 科技知识——对事的管理——是制订各种决策（包括政治决策和战略决策）时必要的和正处于发展中的要素之

---

① 让·梅诺德：《科技治国》（伦敦，1968 年），第 95、140—141 页。
② 《等待着人类的是怎样的未来？》（巴黎，1961 年）。引自梅诺德，出处同上，第 146 页。
③ 这一区分在由两位马克思主义学者所著的一本很有意思的著作里也谈到了，见弗雷德里克·邦（Frederic Bon）和米歇尔—安东尼·比尔尼埃（Michel-Antonie Burnier）：《新知识分子》（巴黎，1966 年），第 4 章 "知识型的技术官员" 与第 5 章 "知识型的技术人员"。

一。但是权力——人与人之间的关系——则涉及到政治选择,那是多种价值观和利益的混合,不能用技术方式来"下命令"。掌握权力的技术官员,不管要运用多大比例的技术知识,仍然只是一名政客,而不是**技术人员**。①

显然,在未来社会,不论人们如何下定义,科学家、专业人员、**技术人员**和技术官员将在社会的政治生活中起到主导作用。但是,如果要对这几个人群所拥有的权力作一有意义的概括,必须先澄清以下四个问题:

一、将科技能力应用于解决社会问题时的范围和限度;

二、评估这一类出售"知识"而不是商品的新型工业,以及它们(营利的或非营利的)在一国经济中所占比例;

三、新的社会阶级根据技术而不是财产决定,它的凝聚力要建立在怎样的基础上;

四、**技术人员**和技术官员取代资本家阶级,成为一个新的统治阶级②的可能性(恰如大规模工业出现之前的资产阶级)。

以上就是马克思之后的西方社会学著作描述的社会发展脉络。如我所说,它们或多或少是对马克思的图式二的一种阐释,但其指向是马克思从未想到过的。生产力(技术)取代了社会关系(财产)而成为社会的中轴,从这一点出发,雷蒙·阿隆及其他一些学者在著作中提出工业社会的概念。资本主义社会正在经历某种变化,在韦伯和熊彼特看来,它所趋向的不是社会主义,而是某种形式的国家主义和官僚科层社会。新的社会发展理论从学术上向古典马克思主义以及以其为旗帜的国家和社会运动提出了严肃的挑战。

马克思主义:官僚政治的问题

在后马克思时代的西方社会学著作中,以下两个问题成为研究、资本主义或工业社会转变的核心议题:一是企业(暂不考虑整个社会)的官僚科层化;二是

---

① 这一观点将在本书第6章加以详述。
② 我们并不限于特别集中于技术人员;如果我正确地理解达伦多夫的"服务阶级"的名称(见本书136页注1),他会把这个集团(加上其他一些)包括在他认为是上升中的社会新阶级的核心。

新的阶级（尤其是技术人员和白领）崛起并在社会中居于主导地位，改变了阶级在社会学中的意义。如果把这些问题放入马克思主义的框架，那就是：社会生产**力**已变为工业性质，且对各种政治体制均是如此；社会生产**关系**变得官僚化，财产权的重要性在逐渐降低。

马克思已预见到许多这类变化。他写道：股份公司"是作为私人财产的资本在资本主义生产方式本身范围内的扬弃"。（《资本论》第 3 卷，人民出版社 1975 年中文版第 493 页）如我早些时候所指出的，他认为所有权和管理权的分离，以及资本家转化为"他人资本"的管理者，是企业向社会化迈进的一步。（马克思有关的讨论，见《资本论》第 3 卷，人民出版社 1975 年中文版第 434—439 页，492—499 页。）但是他没有预见到（资本主义企业和社会主义企业的）经理会发展为一个新的阶级。他也没有更多论及官僚主义的问题。然而，在 20 世纪中叶，官僚主义已经成为一切社会（社会主义社会和资本主义社会）的核心问题。

说来奇怪，只有在一篇论文、即 1843 年写的《黑格尔法哲学批判》一文中，马克思正视了这个话题。自此之后，除了偶尔附带提及，这个题目似乎已不成为马克思关注的中心。[①] 原因或许在于马克思对现代社会与政治关系的基本看法。

[①] 研究马克思的学者当然不同意这一点，正如他们不赞同许多种对马克思主义的另外解读。马丁·阿尔布罗（Martin Albrow）在一本出色的小册子《官僚主义》（伦敦，1970 年）中写道，"谈官僚主义的一节是"黑格尔法哲学批判"一文的重要组成。这是马克思思考得极为深刻透澈的一个主题。不过，自此之后，他就极少再给予它任何关注。马克思偶尔会提及官僚主义者，但"批判"一文既未被引述，也未被出版，马克思关于国家的理论没有受到它的任何影响。"（第 69 页）

什洛莫·阿维内里（Shlomo Avineri）在《卡尔·马克思的社会与政治思想》（英国剑桥，1988 年）一书中指出："……马克思 1843 年之后的著作无一例外地强调了从历史和职能角度理解官僚主义的重要性。马克思认为官僚主义是认识现代国家的中心问题。"（第 49 页）

怎样来看这一显著的分歧呢？不妨先作这样的区分。在"批判"黑格尔一文中，马克思将官僚主义视为一种介于国家与市民社会之间的、半独立的力量来讨论其作用。在马克思晚期的政论（尤其是"雾月十八日"和"法兰西内战"）中，官僚主义被等同于国家机器，而国家作为"统治阶级的工具"，不免时时以代表**大众**利益为伪装，"为其自身的权力起而斗争"。官僚主义在现代社会发展为一支**独立**力量的思想在马克思的著作里消失了。必须强调，他的论述仍处于西方社会发展框架之内。马克思把官僚主义看作"亚细亚生产方式"的核心特征；所谓"亚细亚生产方式"是卡尔·魏特夫（Karl Wittfogel）在《东方专制主义》一书（耶鲁大学出版社，1957 年）中提出的。

直到 1927 年，《马克思的黑格尔法哲学批判》才被 D·梁赞诺夫（D.Riazanov），收入其主编的马克思早期著作选集，得以出版。该书的英文全译本（英国剑桥）直到 1971 年才问世，是由约瑟夫·奥马利（Joseph O'Malley）编辑的。美国劳埃德·伊斯顿（Lloyd Easton）和库尔特·H·古达特（Kurt

黑格尔曾指出，古典世界里没有社会与政治、社会与国家的区分。正如以色列哲学家阿维内里（Avineri）所写："当政治国家只是社会经济生活以及物质状态的一种形式时，**共和国**即意味着公共生活成为个人生活的真正内涵。所以，任何人的私人生活如果缺乏政治地位，他就等同于一个奴隶；政治不自由意味着社会奴役。"

在中世纪，这种关系是颠倒的。社会地位决定个人的一切，特定的等级或**地位**，规定社会成员的权利和义务。社会本身便是社会及政治地位的基础；**地位**这个词既与社会阶层有关，也与政治组织有关。

而在现代社会，国家和市民社会之间存在基本的区分。正如马克思在《论犹太人问题》一文中所写："政治革命……摧毁一切等级、公会、行帮和特权，……消灭了市民社会的政治性质。……政治解放同时也是市民社会从政治中获得解放，甚至是从一切普遍内容的假象中获得解放。"①

这一基本区分是自黑格尔开始的，他认为市民社会是各种特殊利益的汇集，每个人追求自身的个人目的，而国家则代表为"全体"进行统治的"大众利益"。文职人员的责任就是贯彻国王的决定——国王是国家的象征；黑格尔没有使用官僚政治一词。他在《法哲学》一书中写道："行政事务带有**客观**的性质，它们本身按其实体而言是已经决定了的。"社会为此需要一批特殊的人。

> 个人之所以担任公职，并不由本身的自然人格和出身来决定。决定他们任职资格的是**客观**因素，即知识和个人才能的证明；这一条件既保证了国家能够获取它的所需，而且因为它是就任公职的唯一条件，也就确保了每个市民都有晋身于这一等级的可能。

滥用职权的问题，即保证官员们不僭越大众利益的问题，有赖于"官员的层级组织和责任心"，以及赋予大学、地方社团等机构可以在其下属范围内独立运

H. Guddat）合编的《青年马克思论哲学与社会文集》（纽约，1967年）第152—202页摘录了其中的部分文字。

① 《马克思恩格斯全集》第1卷，人民出版社1965年版，第441—442页。

用权力。①

马克思认为这只是故弄玄虚。正如他在《黑格尔法哲学批判》中所说的："黑格尔……所讲的一切都不配称为哲学分析。这几节大部分都可以原封不动地取自《普鲁士民法典》（Prussian Civil Code）。"大众利益和特殊利益的对立纯属幻想，因为国家就其本身而言是用一种私人目的对抗其他的私人目的，而官僚政治——在马克思的表达中带有负面色彩——的公正性是为了掩饰它自身的特殊利益。在这个背景下，马克思提出他对官僚政治的本质的认识：

> 黑格尔从"国家"和"市民社会"之间、"特殊利益"和"自在自为的普遍物"之间的**分离**出发，而官僚政治的基础的确就是这种**分离**。…… 黑格尔完全没有考察官僚政治的**内容**，只是给官僚政治的**"形式的"**组织做了某些一般的规定。而官僚政治的确只是在它本身以外的一种内容的"形式主义"。……
>
> "官僚机构"是市民社会的**"国家形式主义"**。它作为**特殊的**同业公会，是"国家的意识""国家的意志""国家的威力"。因此官僚在国家中形成**特殊的闭关自守的**集团。……
>
> ……官僚政治是一个谁也跳不出的圈子。它的等级制是**知识的**等级制。上层在各种细小问题的知识方面依靠下层，下层则在有关普遍物的理解方面信赖上层，结果彼此都使对方陷入迷途。
>
> ……官僚机构掌握了国家，掌握了社会的唯灵论实质：这是它的**私有财产**。官僚机构的普遍精神是**秘密**，是奥秘。保守这种秘密在官僚界内部是靠等级制组织，对于外界则靠它那种闭关自守的公会性质。因此，公开的国家精神及国家的意图，对官僚机构来说就等于**出卖**它的秘密。因此，权威是它的知识原则，而崇拜权威则是它的思想方式。但在官僚界内部，唯灵论变成了粗劣的唯物主义，变成了盲目服从的唯物主义，变成了对权威的信赖的唯

---

① 黑格尔：《法哲学》，转引自《马克思恩格斯全集》（牛津，1949），第190页及第192页。对"行政力"的讨论，见287—297节，第186—193页。

物主义,变成了例行公事、成规、成见和传统的机械论的唯物主义。就单个的官僚来说,国家的目的变成了他的个人目的,变成了他升官发财、飞黄腾达的手段。首先,这个官僚把现实的生活看作物质的生活,因为**这种生活的精神在官僚机构中有其独特化的存在**。……因此,官僚机构必须使生活尽可能物质化。……因此官僚必须用耶稣会的精神来对待现实的国家,不管这种耶稣会的精神是有意识的还是无意识的。……对官僚来说,世界不过是他活动的对象而已。"①

这谈得很尖锐,然而人们不得不把马克思后期对官僚政治的忽略——以及对政治秩序的系统性讨论不够——归因于马克思的思想从政治学转向了社会学,后来的《经济学手稿》和《德意志意识形态》都体现出了这一进化。从这里我们得出马克思关于社会学的明确定义:关注社会而不是国家;考察经济而不是政体。

马克思认为一切基础性的社会关系不是来自政治,而是来自生产方式。阶级关系都是经济关系;官僚政治和军队不是完全独立的。他认为现代社会的特征不是民族国家或官僚政治的出现,而是**资本主义**生产方式的诞生。动摇现代社会的危机首先是经济的危机,那来自资本主义生产方式的"活动规律":长期的消费不足,生产部门与消费部门之间比例失调从而形成生产过剩,以及利润率下降——这一切都源自资本家之间的殊死竞争以及由此出现的社会资本有机构成的不断变化。资本主义的独特之处是存在一个独立于国家的自由市场。②

因此,马克思认为起决定作用的不是政治结构而是社会结构。政治是社会上各种势力角逐的舞台。政治没有自主性,只是社会势力的一种反映。国家又是什么?它是统治阶级的暴力工具——军队、警察、官僚机构。马克思认为没有资本主义**国家**,只有为资本家所利用的国家。韦伯将政治制度或政治合法性分为家长

---

① 马克思:《黑格尔法哲学批判》,见《马克思恩格斯全集》第1卷,人民出版社1965年版,第298—303页。
② 阿维内里说得好:"市民社会已彻底从政治限制中解放出来;私人生活包括经济活动,变得与任何共同体毫无关系;施加于财产和经济活动的一切政治限制都被废除。经济个人主义和自由主义即是市民社会与国家一分为二的表达,人类社会充分意识到自身的异化,人的生活可划分为私人的和公共的两个领域。"(见前引阿维内里书第20—21页。)

制、世袭制和官僚制，而事实上，马克思就**政治制度**而言并未建立类似的理论或史观。马克思认为，重点在于**基础**的社会结构所体现的现实生产关系被形式上的生产关系模糊掉了。（所以，马克思在《资本论》第 1 卷里讨论商品拜物教时，指出商品间抽象的交换关系掩盖了人与人之间具体的社会关系。）

马克思认为**资本主义**生产关系在各种**政体**（如实行民主的英国或实行独裁的德意志帝国）中都能实现，但鉴于资本家是社会上的统治阶级，国家将必然反映和支持资本家的利益。

这个判断过于武断。马克思关于政权兴衰分析的、最生动和震撼的一篇文章可说是"路易·波拿巴的雾月十八日"。可是，"雾月十八日"是对一个冒险家的研究，这个冒险家是"超"阶级的，借助国家来控制一个阶级去反对另一个阶级。马克思写道：

> 这个人所负的这种充满矛盾的使命，就可以说明他的政府的各种互相矛盾的行动，这个政府摸索前进，时而设法拉拢这个阶级，时而又设法侮辱另一个阶级，结果使一切阶级一致起来和它作对。……①

马克思写道，"但是"，波拿巴作为十二月十日会的头目，"觉得自己是**流氓无产阶级**的代表，因为他本人、他的亲信、他的政府和他的军队都属于这个阶级，"这个阶级主要的目的就是让自己发财致富。因此，这个政权的政治性质是过渡性的。可是，在一个短促的历史时期里，国家有**可能**在政治上反对"占统治地位的"阶级而由有煽动能力或武力的人或集团所掌握，他们是反对资产阶级及主导经济的阶级的一批人；但是马克思却认为到头来关系重大的是"物质权力"所赖以建立的基本经济制度。

马克思认为，基本的生产方式和财产关系的性质才是主要的和有决定意义的；其余的都是次要的。马克思的早期著作是对宗教和政治的批判。有关官僚政

---

① 马克思："路易·波拿巴的雾月十八日"，见《马克思恩格斯选集》第 1 卷，1972 年人民出版社中文版，第 700 页。

治的著作是在他转向经济学以前写的,当时马克思还是一个民主主义者,尚不是一个共产主义者。① 在这些著作中,官僚政治貌似一股准独立力量,有它自身的存在方式,按照它自身的利益来统治社会的其余部分。但是,在这篇有关官僚政治的论文发表了两年之后,那时马克思已经完成了《经济学手稿》,他尖刻地评论了过去的一个朋友卡尔·海因岑(Karl Heinzen),"愚蠢的海因岑把阶级的存在同**政治**特权和**垄断**相联系。"② 这时,马克思已绝对相信经济权力的首要性。

官僚政治有可能成为一种超社会的独立力量,这是所有怀疑19世纪进步性的人(从无政府主义者巴枯宁到保守主义者伯克哈特)的中心议题。③ 但对于马克思主义者来说,它与阶级关系即为经济关系而经济关系**根本上**就是财产关系的观点是矛盾的。对历史的洞察,变成了意识形态的教条;像它为之服务的那些意识形态一样,反过来又混淆了现实。具有讽刺意味的是,这一冲突生效而使得政治取代经济的地点,恰恰是在第一个社会主义社会,即凭借马克思主义夺取政权的苏联。

苏联:官僚政治和新阶级

在沙皇俄国发生了一场社会主义革命:生产资料的私有制被废除,财产关系及阶级关系已经改变。于是,马克思主义中有关社会和社会发展的那一部分将在最不利的环境中接受检验。

在第一次世界大战以前,所有马克思主义理论家都预言过俄国革命。这根据的是马克思自1848年革命所得出的判断——资本主义的**政治**进程分为两个阶段:

---

① 关于这一点的权威探讨,见伦纳德·克里格(Leonard Krieger):"借助马克思来追寻历史",载于《政治学季刊》第75卷第3期。
② 参见前引奥尔布罗书,第70页。
③ 巴枯宁有一段著名的议论:"……一个强大的国家只能有一个基础:军队和官僚政治的中央集权。在这方面,帝国和民主共和国的本质差别可归结如下:帝国里的官僚集团压迫和掠夺人民,既是为了为拥有特权的有产阶级、同时也是为自身谋取更大的利益,一切行动均以君主的名义;在共和国里,官僚集团的所作所为并无二致,只不过冒用的是人民之名。……每个国家,即使是最接近共和思想或民主思想的国家(甚至包括M·马克思所设想的未来的人民国家)本质上都是一小撮有知识且被赋予特权的人自上而下的统治工具,这些人号称比人民自己更了解他们的利益。"见G·P·马克西莫夫(G.P. Maximoff)编:《巴枯宁的政治哲学》(伊利诺伊州格兰科,1953年),第211页。

民主主义革命和社会主义革命。民主主义革命实质上是资产阶级性质，这场革命将取得集会权和选举权等政治权利，那是资产阶级本身建立政权所需要的，工人阶级可以通过斗争掌握这些权利。社会主义革命是由工人阶级发起的，运用其政治权利改变社会的经济关系。

从这一观点出发，马克思主义者提出一系列假设：英国和法国在民主主义革命中走在最前列；德国的革命尚不完整；俄国则被甩在最后。因此，历史的进程尚待完成。俄国必然要经历一场"1848年革命"。社会主义者都认为俄国发生一场革命是历史的必然——但那应该是一场"资产阶级性质"的革命，是二月革命而不是十月革命。

以托洛茨基为首的一些马克思主义者认为，俄国由于托洛茨基所谓的落后国家"联合发展法则"有可能率先发动社会主义革命。托洛茨基写道："在资本主义衰退的条件下，落后国家是不能达到资本主义的一些老中心所已经达到的那种水平的"，由于这些国家不能在资本主义的基础上发展，因此只有社会化才能"解决先进国家的资本主义早已解决了的那些技术和生产率的问题"。①

但是，苏联在十月革命以后出现了一个新的社会力量，官僚集团越来越取得自主和独立的权力。列宁在《国家与革命》一书中认为旧的国家机器必须打碎，新的行政机构要像1871年的巴黎公社那样直接掌握在人民手中：会有官吏，但他们不会成为官僚，"也就是说……脱离群众、站在群众**头上**的特权者……。这就是官僚制的**实质**。"工人代表负责监督机构的运行。行政官员通过选举产生，而且可以随时撤换。他们的薪金不得高于工人的工资。要"立刻转到使**所有的人**都来执行监督和监察的职能，使**所有的人**暂时都变成'官僚'，因而使任何人都**不能**成为'官僚'。"②

而托洛茨基几乎从一开始就采取了更为现实的看法。他认为，官僚制是无

---

① 列夫·托洛茨基：《被背叛了的革命》（三联书店译本第1页，1963年）。以下引文出处除非另作说明，均同此处。
② 列宁：《国家与革命》，载于《列宁选集》第3卷，人民出版社1975年版，第271页和第266页。列宁还说，"在大生产的基础上，这个开始自然会使一切官僚机构逐渐'消亡'，……在这种秩序下，日益简化的监督和统计表报的职能将由所有的人轮流行使，然后将成为一种习惯，最后就不再成为特殊阶层的特殊职能了。"（同上书，第213页）

法摆脱的（"官僚主义的倾向……即使在无产阶级革命以后也会到处表现出来"，《被背叛了的革命》第39页），因为向社会主义的过渡显然不会在短期内完成（"一个社会主义国家，即使在美国那样最发达的资本主义基础上建立起来，也不能立即满足每个人的各种需要，因此它就会被迫鼓励每个人尽量增加生产。"《被背叛了的革命》第37页），因此国家的形式和社会上的某些"指挥机构"还是必要的。

他认为官僚制必然要发展它的既得利益。但是苏联共产党是官僚主义的对头。（"党时时刻刻同官僚进行公开的或隐蔽的斗争。"）恰恰是斯大林在追求自身权力的时候把两者合并到一起。斯大林所做的就是"让党屈从于它自己的官僚并使后者与国内的官僚相融合。目前的极权主义制度就是这样产生的"。（《被背叛了的革命》第204页）

官僚制自有其运行的轨道。托洛茨基写道，"官僚的漫无限制的权力，也是促使社会分化的一个同样有力的工具。"（《被背叛了的革命》第96页）它用它的权力来保证自己的福利；它把不同的人群彼此隔开，在工人阶级和集体农庄中制造特权阶层；它扼杀批评来加强自身的权力。它在各方面"有一种统治'阶级'的特殊感，而对于自己有权进行统治却还远远没有自信心。"（《被背叛了的革命》第98页）

如果苏联社会里已经出现了一个新的统治"阶级"，那么这个社会是什么性质呢？它还是社会主义的吗？如果是的，那是以什么方式呢？如果不是，那它是什么呢？托洛茨基在那本书里再三推敲的就是这些问题，它们对于如何评价俄国革命至关重要。

托洛茨基设法给出两个答案，一个是政治意义上的，另一个是社会学意义上的。托洛茨基把斯大林政权称为某种形式的波拿巴主义，虽然那"是历史上从来没有见过的一种新类型"。波拿巴主义是在两个阵营的尖锐斗争中把国家权力暂时抬高到相互争夺的各阶级之上"这样的历史时刻"出现的，但是作为一个马克思主义者，托洛茨基认为波拿巴主义不过是一场更深刻的阶级斗争中的一个过渡性政治阶段。那么，苏联社会在社会学上的特征（即**阶级性质**）又是什么呢？

是"国家资本主义"吗？托洛茨基详细考虑了这个问题，但基于两个奇特的理由而反对这一阐述：其一是财产在苏联已经"社会化"了；其二是国家资本主义是没落中的资本主义国家（例如德国或意大利）用来限制社会"生产力"以服务于反动目的的一种办法。既然苏联政府的意图是"发展社会生产力"，苏联社会当然具有历史进步性。可是，一个举着国家资本主义旗帜的政权怎么能既是法西斯主义的，又是共产主义的呢？

官僚集团是一个新阶级吗？托洛茨基对这个问题更感为难。在资产阶级社会里，"官僚代表有财产、有教养的阶级的利益"。"法西斯分子掌握政权以后，用共同利益……等纽带同大资产阶级联合起来。"在苏联，"生产资料属于国家。但是，国家——姑且这么说——'属于'官僚，官僚是苏维埃社会中不折不扣的唯一享有特权和发号施令的**阶层**。"（《被背叛了的革命》第181—182页）

托洛茨基避而不把官僚称作一个**阶级**，而接受这样一个事实：苏联已经创造出一个新的、不同类型的社会制度。当他使用"统治阶级"一词时，"**阶级**"二字被加上引号，以说明其不确切的意义；当他写到国家"属于"官僚时，"属于"一词也在引号之中。他的主要论据是：官僚集团不具有阶级的实质和明确特征——财产权，所以它不能"剥削国家机器而把它的权利传给它的继承人。"

托洛茨基说这个问题尚无定论。他认为历史尚未决定苏联政权的性质。苏联"是在工人国家的基础上产生的，而这个国家已经被有组织的武装的苏维埃贵族和非武装的劳苦群众之间的对抗弄得四分五裂"。（《被背叛了的革命》第203页）**苏联是一个介乎资本主义和社会主义之间的矛盾社会。**"（《被背叛了的革命》第186页）在未来，苏联有可能通过无产阶级运动的新高潮废除官僚特权，也有可能"资产阶级复辟"。托洛茨基还考虑了第三种可能："官僚集团继续执政"。但是正统的马克思主义思想背景使得他不可能接受这种可能性，因为他无法想象一个不向"有产阶级"转变、不设法通过"遗嘱"向下一代传递特权的阶级会上升为统治阶级。

可是，托洛茨基在考虑这些问题时推导出了一个令人吃惊的结论："把苏维埃政权说成是过渡性的或中间性的，意味着抛弃像资本主义（包括"国家资本主义"）以及社会主义这样完备的社会范畴。"他强调说，教条主义者是不会满意的，"如果社会现象总是表现出完备的性质的话，那么，社会学问题将会简单得多。然而，为了逻辑上的完整而丢开现实，再没有比这种做法更危险的了，今天违反你的方案的因素，明天就可能完全推翻它。"(《被背叛了的革命》第186—187页)

作为一个正统的马克思主义者，托洛茨基只能设想当时的苏联不是走向资本主义就是走向社会主义。然而，托洛茨基并没有从他的方案中排除官僚可以成为一个新阶级的可能性，即使这一设想破坏了资本主义和社会主义两分法的"逻辑上的完整"。他在《被背叛了的革命》中写道：

> 如果这些整个来说还很新的关系一旦固定下来，成为标准并且合法化，那么，不管有没有工人的抵抗，归根到底，这种关系要导致无产阶级革命的社会战利品完全毁灭。不过，现在谈到这一点，至少为时还早。(第182页)

三年以后，托洛茨基在他的最后一篇理论檄文中，承认了另一个非此即彼的明确可能性。这篇文字是在《苏德互不侵犯条约》之后不久写的，托洛茨基告诉他的追随者当下正值一个新的历史转折：由于"分崩离析的资本主义世界不可能坚持下去"，如果无产阶级不能用社会主义来改造世界，那么一种新的社会形态——官僚集体制将会在历史舞台上出现。

关于官僚主义集体制这个名称与思想，托洛茨基是从1939年在巴黎出版的一本题为《世界的官僚主义化》的书中得来的，该书作者的笔名叫布鲁诺·R。没有人知道他是谁，但托洛茨基说他是"一名曾追随第四国际的意大利'左翼共产党人'"。更加奇怪的是，谁也找不到这本托洛茨基认为是唯一能挑战其思想的书。"官僚集体主义"这种观念，只是在托洛茨基之后才为人们所熟知。

据托洛茨基的介绍，这本书篇幅不长，但主题极为明确。俄国官僚将形成一个新的阶级，而且这个阶级的成员——官僚、经理、技术人员——是即将创造一个新型统治阶级的社会革命的先驱，这样一种现象将遍及整个西方世界，包括斯大林治下的苏联、希特勒治下的德国、墨索里尼治下的意大利，甚至实施罗斯福新政的美国，它们都是一个共同历史现象的一部分。

托洛茨基认为，这种新的"非此即彼"将带来一个直接的政治结果。他写道，"不论前景……可能会多么艰巨"，如果斯大林政权在通向社会主义的道路上并不仅仅是一种"可恶的沉沦",而是一种明确的新社会形态,其自身具有持久的剥削性,那么各国的无产阶级就不得不批判苏联并拒绝在它的敌人面前捍卫其进步形象。在较长的前景里,如果大命题正确的话,即:社会主义并不是资本主义之后的必然阶段,那么这种思想就应被视为一种"乌托邦"。①

托洛茨基在临终时仍不愿意接受第二种前景,他和他的信徒们认为俄国是一个"堕落的工人国家",要靠一场无产阶级革命来复原。然而,左翼分裂主义者认为"官僚集体主义"这个词很贴切,正统马克思主义范畴对他们来说则有些过于狭窄。它把那些寻求用现实的社会学范畴来描述苏联政权的独立激进分子团结在一起。马克斯·沙赫特曼(Max Shachtman)所领导的持不同政见的托洛茨基派接受了这个概念。在1940年以后的一系列文章中,沙赫特曼设法提出一种看法,认为苏联既不是社会主义性质也不是资本主义性质,而是一种新类型的社会。② 在托洛茨基造成分裂的阶段,作为沙赫特曼的同志者,詹姆斯·伯纳姆像布鲁诺·R那样归纳了这一思想,提出"管理革命"的理论,认为这才是西方社

---

① 托洛茨基的这篇文章题为"战争中的苏联",发表在《新国际》(1939年11月)上。他在文中如此阐述说:

"不论第二种前景可能会多么艰险,如果事实证明世界无产阶级无法完成社会发展所赋予它的使命,它就只能开放地坦承以资本主义社会内部矛盾为基础的社会主义纲领,最终将走向乌托邦。不言而喻,用一个新的'最低'纲领来保卫官僚极权社会中被奴役的人的利益,也是需要的。"

② 沙赫特曼最初于1943年在为当时出版的托洛茨基的《新道路》所写的长篇引言中总结了大致的论点。《新道路》是托洛茨基1923年撰写的党内文件,也是他就官僚主义在苏联的发展这一主题写成的早期论著。沙赫特曼把它翻译出来,确立了修正主义学说的开端。沙赫特曼以《官僚主义革命:斯大林主义国家的兴起》(纽约,1962年)为题发表了一本著作选集。

20世纪40年代初,美国托洛茨基运动引发了意识形态的大分裂,激进派几乎在每个组织中都造成了一定冲击,沙赫特曼宣称苏联出现了一种新的社会形态——官僚集体主义,与此同时,约翰逊—福雷斯特派却认为苏联只能被定义为"国家资本主义"社会。约翰逊就是黑人作家C·L·R·詹姆斯(C.L.R. James),他后来又重操旧业,撰写板球运动评论,是这一领域公认的权威。福雷斯特是理论家拉雅·杜纳也夫斯卡娅(Raya Dunayevskaya)的化名,她一度担任托洛茨基的秘书。杜纳也夫斯卡娅小姐隐居在底特律,在那里,她建立了一个女权主义组织,其目标是在理论上说服工人:要了解列宁,就必须阅读黑格尔《逻辑学》。她的著作《马克思主义和自由》(纽约,1958年)用部分章节阐述了她的观点,赫伯特·马库塞(Herbert Marcuse)为其写了一篇满是赞赏之词的导言。另外两个阵营的据守者分别是詹姆斯·P·坎农(James P. Cannon),捍卫所谓的"正统"托洛茨基主义,将苏联看成一个"堕落的工人国家";和詹姆斯·伯纳姆(James Burnham),将官僚集体主义归纳入管理革命的思想潮流之中。

会的必然结局。

伯纳姆的《管理革命》一书具有一种精巧的简单特性,更多的是一种理念和名词,而不是一系列的具体定义和范畴,自30年前出版以来一直具有持续不断的影响力。它基于这样一种设想:在一个技术社会里,权力的重要范畴是**职能**而不是**所有权**。它提出一个颇有说服力的、有关历史上阶级接替的理论:正如受压迫的农民阶级不是压迫他人的封建地主的取代者,二者皆被一个完全不同的阶级——资产阶级所取代,资产阶级按照自身的形象重新塑造了社会,同理,无产阶级也不是资本家的取代者,二者都会被"经理人"所取代,经理人会变成一个新统治阶级,凭借在技术上的优越性获取权力。

虽然,《管理革命》的思想可能早被布鲁诺·R提出过(伯纳姆的书中没有提到他),但是这一概念的历史轮廓是清楚的。伯纳姆很快在他两年后的下一本书《马基雅弗利分子》中确立了他的遗产,并防御性地为这本书起了一个副标题"自由的捍卫者"。这一思想的先驱是:盖塔诺·莫斯卡(Gaetano Mosca,1858—1941,意大利政治学家。——译注),声称一切社会都划分为精英和群众,政治活动始终是那些坚决的少数派"为争取优越地位而进行的斗争";维尔弗雷多·帕累托(Vilfredo Pareto),把政治史视为"权贵分子的走马灯",在那里,社会上新兴的势力操纵群众情绪以取得权力①;以及罗伯特·米切尔斯(Robert Michels),认为复杂的组织产生了技术专业化的需要,"组织意味着寡头统治的倾向",领导者总是把保护自身利益放在它的职责前头,认为只要扩大国家官僚体制"就能[满足]人口中受教育的成员的要求……受教育阶层中不满的成员取得社会地位的要求"。②

"管理革命"这个**名词**听起来虽然响亮,但其分析和逻辑范畴却相当薄弱。它的中心词经常变动。伯纳姆强调"管理者"指的是"生产经理人""管理工程

---

① 帕累托形容这种活动的机制是:"革命的来临,是由于社会上等阶层中——由于阶级流动的变缓或其他原因——如颓废分子的积累,这些人不再能掌握维持权力的剩余财产,并且日益不能使用武力;与此同时,社会下等阶层中的优胜分子正在向上涌动,这些人掌握了利于行使政府职能的剩余财产,并愿意使用武力。"见《思想与社会》第3卷(纽约,1935年),第1431页,第2057段"阶级流动"。
② 罗伯特·米切尔斯:《政党》(伊利诺伊州格伦科,1949年重印版),第31—37页,第185—189页。

师""监管性的技术员",而不是指财务经理人,这种区别大致脱胎于凡勃伦对工业与商业的区分。政府部门也有管理人,这些人是行政官员、专员、办事处负责人等等。据认为,工业管理人和政府管理人拥有共同的利益。

管理人"通过对国家的控制,得以拥有、掌握生产工具,并实施对它的控制"。德国和意大利正在从资本主义向管理型社会转变。苏联"举国快速地向管理型结构发展",工厂、国营托拉斯和大集体农场的管理人,已经获得了国民收入的最大份额。

在西方,管理革命非来临不可,因为资本主义即将垮台。

> 经验已经表明,资本主义要摆脱大规模失业希望渺茫。……公共债务和私人债务的数额已经达到难以维持的程度。……在所有的主要资本主义国家里,已经出现了长期性的农业萧条。……[最后]资本主义很难为现有资金找到有效的投资项目,它们都在银行账本上被无效地浪费了。私人资金的大规模失效和人力的大规模失业同样说明了资本主义的末日。

伯纳姆以同样的启示录式的语调写道:"我们现在可以懂得20世纪两次世界大战的核心历史意义。……1914年的战争是资本主义社会的最后一次大战;1939年的战争是管理型社会的第一次大战。"他继续写道:"二战的结局是注定的,它不由德国取得的军事胜利来决定,结局终归一样。"这个结局就是资本主义的垮台、整个欧洲的联合("欧洲插在若干主权国家之间的日子已经过去")和管理型社会的胜利。①

除了很快落空的政治预测以外,管理革命的理论体现了怎样的生命力呢?伯纳姆关于谁是管理人的定义相当含糊,可是从他的理论据以创立的内容来看,很清楚,他认为经济管理人员而不是政治官僚将统治社会。虽然有一次他说经济管理人员和政治官僚之间并无明显区别,当时他写道:"把管理人员说成统治阶级,

---

① 詹姆斯·伯纳姆:《管理革命》(纽约,1941年),引文依次见该书第80、72、236、159、221、32—33、176、247页。

几乎等于说他们就是国家官僚。"①

事实上，经济管理人员（如果认为管理人员指的是管理经济**企业**的人）与国家官僚体制往往区别很大，而且时常互相争执。正如克尔、哈比森、邓洛普和迈尔斯在他们关于管理的比较研究中所说的：

> ……在所有的工业化社会中，管理阶层既没有能力也没有意愿成为占支配地位的统治集团。经理人就是股东、国家官僚的代理人，在某些情况下也是工会的代理人。由于一心关注企业的内部事务（企业变得越来越复杂了），管理阶级的成员们在处理社会重大事务时，倾向于成为适应形势的人而不是领导人。"②

谈及这一切，并不是要忽视西方社会结构中已经发生的那些变化——如果人们更关注企业职能而非其外在形式的话。技术管理的威力迫使资本主义企业的许多根本性目标发生决定性的改变。管理行为的自主性程度很高。③ 在"社会主义"

---

① 马克斯·韦伯在1917年的一篇论文中，提出了与伯纳姆相类似的观点。在其中以"官僚主义化和文人的天真"为题的一节中，韦伯说：
"私人资本的不断消亡在理论上容易接受，虽然对于某些完全不知所谓的文人们来说它在梦中也并不容易想象；私人资本的消亡绝不会是这次战争的结局。但是我们不妨设想在将来某个时候，资本主义是会完结的。现实的结果会是什么呢？是现代工厂的钢架被毁吗？不是的！私人资本的消亡意味着国有化（社会化）企业的**最高管理层**的官僚化。……如果私人资本走向消亡，国家官僚体制将成为**唯一的**管理者。现在并肩工作而暗地里相互对立、某种程度上相互制约的公、私官僚们，将会溶合为一个单一化的阶层。"引自罗思（Roth）与威蒂克（Wittich）编《马克斯·韦伯：经济与社会》第3卷，第1401—1402页，附件二"重建后德国之议会与政府"。
② 见克拉克·克尔（Clark Kerr）、弗雷德里克·哈比森（Frederick Harbison）、约翰·邓洛普（John Dunlop）和查尔斯·A·迈尔斯（Charles A. Myers）"工业主义与工业的人"，载于《国际劳工评论》（1960年9月号）第10页。这几位作者们在同一主题的著作中进一步指出："虽然职业管理注定要成为政治和传统领域先驱的替代者，但这个阶层不太可能成为某个社会的统治权贵。换句话说，国家不会如詹姆斯·伯纳姆在《管理革命》中所预想的那样成为职业管理者的财产。职业管理者可能既是国家的公仆又是国家的主人，既遵从市场的规律，又对它实行管制。职业管理者只是统治**精英**的一部分，但并不足以代表它。例如，苏联工业部门的经理在政治和政府权贵面前不得不卑躬屈膝。日本大**财阀**的领袖总是意识到自己首先应为民族主义目标和国家利益而服务。……看来，在现代工业社会，管理部门的优越性只限于企业经营范围之内，即便在这里，它也必须同要求并参与治理工业人员统治规则的其他人分享权力。"《工业主义与工业的人》（马萨诸塞州剑桥，1960年），第145—146页。
③ 有关私营公司的行为改变的重要研究，见罗宾·马里斯（Robin Marris）《"管理型资本主义"的经济理论》（纽约，1964年）。它指出经理们的目标不是利润最大化，而是一种"可维持的增长

经济中管理某个企业往往使管理者与中央经济计划者或制订增长目标、部门间分配等决策的政治负责人形成直接冲突。但是这种做法是为管理革命的理论设限，而不是把它接受为西方社会一切结构变革的**基调**。

伯纳姆的管理革命理论是纲要性的，掀起了一股风潮。格斯（Gerth）和米尔斯（Mills）辛辣地把伯纳姆称为"经理们的马克思"，但毕竟还是赞扬了他的理论。虽然这个理论从未在社会学的领域扎下根，但关于苏联社会已成为一种既非资本主义又非社会主义的新社会形态的思想却已在四五十年代被社会主义者以及非斯大林主义的马克思主义者所广泛接受，使人们对该时期主流的旧意识形态失去幻想。

苏联社会转变成一种新的社会形态的主题，在1957年米洛万·杰拉斯（Milovan Djilas）《新阶级》一书出版之后而为大众所了解。此书缺乏托洛茨基式的理论深度，也回避了希法亭（Hilferding）、所罗门·施瓦茨（Soloman Schwarz）、尤高（Yugow）、西吉拉（Ciliga）、彼得·迈耶（Peter Meyer）、伊冯（Yvonne）等早期马克思主义作家提出的分析问题的复杂性，这些学者是最早对苏联社会阶层和职业趋势进行统计分析的一批人。但这本书在以下三个方面是成功的：首先，它是在狱中写了以后偷送出来的，作者是第二次世界大战之后共产党前高层、南斯拉夫副总统，由于主张南斯拉夫共产党的"民主化"而在1954年被开除出党；它出版于匈牙利革命之后不久，该事件使许多社会主义者认为苏联将会以惊人的速度崩裂；质朴的叙述融合了一种极具感染力的伦理热情。

杰拉斯很快说明他的分析主要基于共产主义世界，这是他唯一了解的世界。（"我并不佯装了解共产主义世界以外的世界，不管有幸抑或不幸，我本人生活在共产主义世界。"）他在书中写道："要确定这个新阶级的范围并指明它的成员是非常困难的，或许是不可能的"，但是"也许我们可以说，这个阶级是由那些因

率"，从而达成资产的最大化。实际上，企业的首要目标不是由市场性质而是由经理们的动机决定的。J·K·加尔布雷思（J.K. Galbraith）在《新工业国》中以马里斯的著作为基础给出了更加通俗的论述。一些著名的经济学家在《公司经济》（罗宾·马里斯与艾德里安·伍德编，马萨诸塞州剑桥，1971年）中验证和阐发了马里斯的假设。就苏联管理者和政治操控者二者的关系而言，最杰出的研究参见杰里米·阿兹里尔（Jeremy Azrael）的《管理权力和苏联政治》（马萨诸塞州剑桥，1966年）。

垄断行政大权而享有特权和经济优先权的人们构成的"。由于这种特权的来源是党的权力，因此新阶级的核心不是经济管理者而是政治官僚。党作为职业革命者的干部群体，其本身就预示着一个新的阶级。在以前的人类社会里，新阶级是在新的经济类型已经成形**之后**才取得权力，而在共产主义世界里，情况正相反。新的阶级"夺取政权不是为了**完成**一个新经济秩序的建立，而是为了**建立**一个它自己的经济秩序，因此，它必须建立其控制社会的权力。"

杰拉斯注意到管理革命的问题，因此写道："要特别注意以上所说的政治官僚与那些伴随每一次现代经济集中化而兴起的官僚之间的基本区别。"每一个发达社会都出现了新的白领和"公务人员"，这些人可能正在转变为一个特殊的社会阶层。"这些公务人员与共产党的官僚有许多共同之处，……但他们并不完全一样。"在非共产党官僚之上"通常有选任的政治领袖或公司老板，而共产党人的上层却既无领袖也无老板。"在共产主义世界里，"政府有权管理并分配国家财产。这个新阶级，或其执行机关（党的寡头统治），便拥有了当家做主的地位和权力。这种程度的经济垄断，连那最反动的资产阶级政府也梦想不到。"①

---

① 米洛万·杰拉斯：《新阶级》（中译本，世界知识出版社，1963年），引文依次见第1、34、35、38、39、187、188页。

对杰拉斯理论的长期讨论，最终迎来了一个奇怪的结局。鲍里斯·苏弗兰（Boris Souvarin）在巴黎主编了一本政治性双月刊物《社会契约》，该刊物1958年11月号刊载了乔治·埃奈因（Georges Henein）所写的一篇文章"布鲁诺·R与'新阶级'"。该文将杰拉斯的思想追溯到布鲁诺·R《世界的官僚主义化》这一源头。据埃奈因称，布鲁诺·R已经逝世。

然而，1959年3月号《社会契约》发表了两封与此题有关的信件——一封是布鲁诺·R本人写的（他仍很健康）；另一封由沙赫特曼一派的刊物《劳工行动》前主编哈尔·德雷珀（Hal Draper）所写。布鲁诺·R自称原名为布鲁诺·里齐（Bruno Rizzi），简略地谈了谈创作《世界的官僚主义化》的情况，但对自己的情况仍只字未提。他声称他于1938年首次将自己的想法告诉了托洛茨基，"托洛茨基是我所爱戴甚至看作导师的人。"他还批评伯纳姆剽窃了他的著作，并且只剽窃了"消极的那一部分"。

德雷珀的信第一次为这位性格难以捉摸的作者提供了一些传记性质的细节。德雷珀是沙赫特曼派的成员之一，一直在寻找布鲁诺·R，并最终于1948年获得了一本复制的布鲁诺·R著作。他在这一年的《新国际》上刊发了布鲁诺·R著作中仅存的一些章节。1956年，德雷珀意外地收到一封来自意大利、署名布鲁诺·里齐的信。寄信人自称在《新国际》刊载该文的8年后他才第一次看到它，由此惊奇地发现有一批社会主义者在信奉这一理论。1958年4月，德雷珀和他的妻子（恰好在欧洲）拜访了里齐。不可思议的事情就此出现了。据德雷珀说，布鲁诺·R并非一个反法西斯的意大利难民，而是一个战前自由往来于法国和意大利之间的商人。里齐从来就不是托派成员。1938年以前，里齐曾在巴黎设法加入托派，但是流亡的意大利托派分子担心他是法西斯的特务，或者至少是一个政治行为怪杰拉斯认为，斯大林之死意味着一个时代的结束，生活的某种"正常化"现在有可能了。他说，这个新阶级不会放弃它的权力，但是它"已厌倦于教条式的清洗和训练性的会议。大家都想活得平静点。这个新阶级已十分巩固了，它现在必须设法保护自身，甚至防范其所拥戴的领袖。"（见《新阶级》中译本第47页）

大约10年之后，一个问题被提了出来：这个新阶级是否"分裂了"？一个新的科学和技术知识分子阶层的发展壮大（探索的自由对于这个集团中有创造性的精英分子是利害攸关的）会不会破坏党在社会上的权力？阿尔伯特·帕里（Albert Parry）在《分裂的新阶级》一书（纽约，1966年）中非常尖锐地指出在科学知识分子同党的官僚之间存在固有的矛盾。帕里利用了杰拉斯的"新阶级"一词，杰拉斯有点含糊地认为"新阶级"指的是实行统治的党内官僚，再加上其

僻的人。

这些担心是可以理解的。1937年，里齐在米兰用本名出版了《苏联往何处去》。该著作包含里齐的理论萌芽，但最终得以出版，据雷珀说："这是"因为据里齐的理论，法西斯主义具有一定的社会进步性"。一些马克思主义者认为这样的观点算不得大逆不道。法国共产党前党员雅克·多里奥（Jacques Doriot）、比利时社会党左翼领袖亨利·德·曼（Heri de Man）以及由斯皮纳西（Spinasse）和里夫斯（Rives）领导的法国社会党某派别，在大战爆发之初曾经支持过希特勒，认为希特勒的胜利将会毁灭资本主义并统一欧洲。伯纳姆的书中充塞着这种历史的非道德论，"第二次世界大战的结局同样是注定的。……在资本主义的基础上找不出任何解决方案。"人们多么容易将历史、进步同当下的需要相混淆！

至于剽窃的罪名则没有实证。虽然苏瓦林（Souvarine）在一篇编辑后记中称伯纳姆"剽窃"了布鲁诺·R的作品，但鉴于布鲁诺·R的著作未能传世，逐字照抄文本就是不可能的。至于这一思想，则"广为流传"。正如马克斯·诺马德（Max Nomad）所经常强调的，事实上，许多这一类的概念都可以回溯到波兰无政府工团主义者瓦茨劳·马哈伊斯基（Waclaw Machajski）的理论。马哈伊斯基在1899年《社会民主主义的演变》一书中断言：把社会主义视为救世之说，是心怀不满的知识分子打造出的一种具有迷惑性的意识形态，而无产阶级将沦落为知识分子夺取权力的工具。人们甚至可以把更早时期的、俄国社会主义在19世纪七八十年代的萌芽回溯到保罗·阿克塞尔罗德（Paul Axelrod）和彼得·特卡切夫（Peter Tkachev）之间的争论，当时阿克塞尔罗德提出由"有斗争性的少数人"领导群众发起革命具有很大的危险性。我们还可以引述更早的米哈伊尔·巴枯宁的言论，声称未来"由科学知识实行统治……那是一个新的阶级，由真伪混杂的科学家和学者构成新的阶层……国家级的工程师在科学及政治领域形成新的特权阶级。"

关于布鲁诺·R的更早、更详细的介绍，参见我的"布鲁诺·R传奇故事"（载《新领袖》1959年9月28日）一文及1959年11月16日该刊物所登的信件。巴枯宁的言论，参见由G·P·马克西莫夫（G.P. Maximoff）编《巴枯宁的政治哲学》第3部分第4章"马克思主义批判"，第283—289页（伊利诺伊州格兰科，1953年），巴枯宁有关马克思主义的胜利将会导致一种新的统治形式出现的言论，是相当惊人的，值得阅读全文。

他一些权贵分子,而帕里却把"新阶级"简单地和"知识分子"等同起来。帕里认为他们"占到苏联全体劳动者的近五分之一"。这个阶层总的讲来比工人阶级和农民享有更多特权,其内部约有 60 万名"科技工作者"。这个集团的呼声将对苏联共产党磐石般的控制形成挑战。帕里特别以物理学家彼得·卡皮查(Peter Kapitza)的经历和著作为例。

这一反对派的范围和效力能有多大,还是一个问题。可是一种抗衡情绪的存在,在苏联氢弹的设计者之一安德烈·萨哈罗夫(Andrei Sakharvo)被广为传诵的文章中清晰可见。萨哈罗夫已成为知识分子的良心。在题为《学术自由极为重要》的宣言的一节中,萨哈罗夫如此陈述:

> 知识分子在社会上的这种地位,使得主张他们服从于(苏联、波兰等社会主义国家内的)工人阶级意志与利益的任何响亮要求都毫无意义。这些要求真正的意思是服从于党的意志,或者更具体地说,服从于党的中央机关及其官员们的意志,谁能保证这些官员们始终表达整个工人阶级的真正利益,是进步力量的真正利益而不是他们自身阶层的利益呢?①

一小批精英分子(即使是有战略重要性的人物)的要求,当然不大可能决定性地迫使权力重组,从而保证苏联科学界的独立性。但是苏联共产党的领导确实面对若干重大结构性改革的必要,任何马克思主义者都会理解这些必要性是源于社会中社会—经济性质的变化。例如,兹比格纽·布热津斯基认为,苏联共产党对政治的坚实控制以及对经济的指挥体系,可能对苏联工业化一度是必要的,现在则越来越"失效"了。高度集权的权力结构越来越不能管理一个复杂的"技术电子社会",这一类社会的发展需要来自多方面的动力。

布热津斯基为苏联政治发展提出 5 条可选择的路径,他认为它们在逻辑上都是可以实现的。

- **僵化的寡头政治**:苏联共产党维持它的统治地位;意识形态仍然是教条主

---

① 安德烈·D·萨哈罗夫:《进步、共处和学术自由》(纽约,1968),第 30 页。

义的；政治领导仍然是集体的，由于没有特意推行变革，就并不存在什么重大的抉择。实际上，这将是目前倾向的延续。

- **多元演化**：党转变为不那么铁板一块的组织，有点类似于南斯拉夫的情况；教条主义的列宁斯大林主义传统受到侵蚀。此时，党所扮演的"角色将是一个道义的、思想的鼓舞者而不是统治者；国家和社会将成为革新和变革的重要源泉"。

- **技术适应**：苏联共产党由官僚主义向专家政治转变。国家将由新技术培养的科学家来领导，以科技创新为手段维护苏联安全、实现工业增长。

- **战斗性的原教旨主义**：重新唤起意识形态的狂热，振作僵化的官僚主义架构，"借助'文化革命'的路线"实现更有效和集中的领导，更加敌视外部世界。

- **政治瓦解**：核心集团的信心膨胀以及该体制中军队与其他重要辅助部门的分裂，有可能造成统治精英内部的麻痹。

"根据苏联社会当下的权力分配展望未来的10年，"布热津斯基认为苏联领导层将设法在第一种和第三种方式之间找到平衡。它仍将维持寡头控制，但是会像在东德那样，使更多的科技专家参予决策。然而，布热津斯基又称，由于苏联共产党的"执政风格"、因国土广袤而难以统一施政的现实条件以及军方的要求，这种路线很可能行不通。可是一旦得以实现，"第一种和第三种方式的结合（力求把僵化的意识形态与科技专业化相结合）就会使目前的苏联共产党专政在20世纪70年代转变为一种共产主义寡头政治。"[①]

社会发展：莫斯科的看法

回顾现状，可以看到在最近40年，西方工业社会的发展出现了三大变化：首先是工业企业的变化，经理人日益成为企业组织的控制者；其次是职业构成的变化，工人阶级人数相对减少，新的技术与专业阶层逐步扩大；最后是政治体制

---

① 兹比格纽·布热津斯基：《两个时代之间，美国在技术电子时代的作用》（1970年，纽约）第3部分，特别是第164—172页。

的变化,以国家官僚化的加剧和科技专家参与政治的现象兴起为特征。

上述过程同时出现在西方资本主义社会和苏联共产主义社会。在西方,官僚主义的发展以及政治决策之日益具有技术性质,产生了一大难题:难以在政治领袖与官僚和专家官员之间取得平衡。政治家作为企业、工人和其他选民的代表,通过政治制度来响应大众呼声。在苏联,巨大的官僚机构已经转变成一个新的阶级,威胁着共产主义意识形态以及建立一个无阶级社会的承诺。对这两种制度来说,职业和阶级结构的变化使得人们对工业社会的未来"形象"产生疑问(如果资本家和工人阶级都不复存在的话),并且对各种社会(管理型社会、中央集权经济统制型社会、官僚主义社会、民主社会)和社会结构新形态之间的关系提出了最根本的质疑,不论人们把这种社会结构新形态称之为"后工业化"、"后资本主义化"、抑或为一个由受过教育的、掌握专业科技的阶层所统治的新生社会所起的任何其他称呼。

西方社会学一直在探索这些趋势,并就最能解释这些变化的社会范畴和社会理论展开讨论。苏联,直到最近,实际上一直对此保持缄默。西方社会的结构性变化,几乎没有得到认真的讨论。(继续把西方社会称为"资本主义社会",也许意味着共产主义学者认为马克思和列宁制定的这个特征仍然是有效的。①讨论苏联官僚政治的性质和"新阶级"的主题当然是被禁止的。苏联社会学家最近刚刚开始调查苏联国内职业结构的变化,而且他们充分认识到这个题目的微妙性质,弄不好就会在意识形态方面捅马蜂窝。

如果我们审视苏联国内的社会学,可以看到有三个层次的讨论。

首先是官方意识形态的陈词滥调。在这一级上,社会学接受历史唯物主义为

---

① 值得注意的是,苏联学术著作已经不再大谈特谈资本主义**经济**危机和**经济**崩溃的不可避免。取而代之的是对西方社会不稳定论的讨论。

1969年,苏联科学院设立美国研究所,该所于1970年1月开始出版一份题为《美国:经济学、政治学与意识形态》的刊物。梅尔·范塞德(Merle Fainsod)在一篇评论该刊物头六期的文章中说:"可以预期,论述当代美国对外政策的文章忠实地反映了当前党的路线。但在这些限度之内,人们必须意识到粗糙的标语口号已经让位于对影响美国对外政策的各种力量与因素进行比较细致、到位的分析。"在其他研究领域,特别有关包括经济问题在内的科技主题,该刊物在很大程度上是尊重事实的,同时它大量搜寻美国管理学著作及管理实践,用来训练苏联的管理人员。见梅尔·范塞德:"苏联人所见",载于《共产主义问题》(1970年11月—12月号)。

方法论，马列语录被奉为经典，教科书一再重复被大大简化的社会发展模式，把马克思主义庸俗化，似乎近百年来西方社会毫无改变，似乎近40年来苏联社会毫无改变，因此无须修改已经宣布的模式。

雷戈里·格莱泽曼（Grigori Glezerman）在一本题为《社会发展的规律》的书中写道：

> ……现代的资产阶级社会学否认认识的可能性和社会发展规律的存在，从而否定了在大多数情况下社会生活是可以预见的。……他们关于不可能穿透未来帷幕的观点，首先是针对马克思主义的，因为马克思主义证明共产主义将取得胜利。马克思在一百多年前就宣告资本主义必然灭亡，由社会主义社会取而代之。①

格莱泽曼这位理论家认为存在"一般"规律和"特殊"规律。社会发展的"一般"规律是：社会主义作为一种新的社会—经济形态是不可避免的。但是由于每个国家在经历或绕过资本主义时并不是注定要走同样的道路，因此还存在着"特殊"规律。历史过程当然有许多变量，根据这一逻辑，我们发现每一种情况都对应着一个"特殊"规律！这就是该理论的性质。②

---

① G·格莱泽曼：《社会发展的规律》《莫斯科，无日期》，第79页。这本书是针对莫斯科大学哲学研究生以及苏共中央科学院哲学系的一门课程。

② 格莱泽曼的理论有许多混乱之处。在其著作的某一页里，在引述了大量恩格斯和列宁的言论之后，他向读者表明规律"反映了各种现象间的**本质**联系、**普遍**联系及**必要**联系"。（第46页，黑体为原文所有）但翻过几页，他又告诉读者说，"一切规律都是不完善的，有一定的限定条件。……要预见具体的进程，只了解一种规律是不够的，因为它无法考虑到各种条件，而这些条件在数量上趋向**无穷**。相应地，列宁在《哲学笔记》中写道，"一般概念、规律等等的**无限**总和才提供完全的具体事物。"（见《列宁全集》第38卷，人民出版社1963年中文版，第310页）读者被告知，"马克思主义者在分析特定历史条件时善于应用理论，所以能**预见到**社会发展进程。"（第86页）科学发展的趋势"'说到底'决定于生产的需要"。（第80页，黑体为原文所有）可是，说不清楚这种"说到底"的判断是由分析学者做出的（或许是指在当时仍在世的分析学者），还是在该历史时代终了时做出的；如果是后者，那么读者怎么能事先知道"无限"的条件中哪一个才能真正决定社会的发展。

最后，在读者努力弄清什么才是"规律"时，格莱泽曼表示："最后一点，……规律的特性在于它表达了现象之间的**稳定**且**持续**的联系。物质世界以及人类面对的自然和社会都是不断变化着的。尽管如此，确定的、相对稳定且持续的联系仍然存在。正如列宁在《哲学笔记》中指出：规律就是第二级讨论是学术性的，但仍然与党保持一致。它以苏联科学院为中心，而不面向党组织，更加关心如何在捍卫传统理论和令人不安的社会研究"具体"结果之间找到平衡。在1971年以前，苏联科学院副院长阿列克赛·鲁缅采夫（Aleksei Rumiantsev）领导并进行了大量这方面的工作。鲁缅采夫攻击"渐进的经验主义"，但支持加强对社会的预测，以便为苏联社会的变化提供更细致的资料。在1970年第六届世界社会学大会瓦尔纳会议（Varna）上，鲁缅采夫在一篇论文（以不尚侈谈为特点）中设定了社会预测活动的基础，被视为苏联社会学的一大突出特征。他写道："缺乏对当前社会形势的充分认识和了解，就注定使预测今后的变化归于失败。"

> 预测的困难……在于社会进程的性质是多因素的、复杂的、或然性的……我们不但必须研究客观的经济因素，还必须研究若干主观因素：品味、风格、偏好，等等……社会计划的有效性在很大程度上决定于对经济和非经济因素的充分考虑，以及对兴趣、动机、需要和爱好的了解。只有在认识、计划和管理过程中广泛运用统计和数学方法、模拟工具和计算机，才能有效利用所有这些巨量信息。①

鲁缅采夫反映了"共产党员中管理者"的想法，他们看到"科学技术革命"正在改变苏联社会，这是一个重大的变化。未来学家伊戈·别斯图热夫—拉达（Igor Bestuzhev-Lada）认为"科学技术革命"使"对社会进程的管理变得特别复杂"。在《未来之窗：目前社会预测的问题》一书中，别斯图热夫—拉达评论了

现象的持续不断性。"（第47页，黑体为原文所有）哥伦比亚大学教授西德尼·摩根贝塞（Sidney Morgenbesser）在哲学课上被一名年轻的激进分子问及他是否相信毛泽东的"矛盾论"，教授回答说："我信，也不信。"这番话对于格莱泽曼先生的变与不变的定义是最好的回答。

① A·M·鲁缅采夫：《苏联的社会预测与计划》英文版，莫斯科，1970年，由保加利亚瓦尔纳召开的苏联社会学学会出版，第9页、6页、12页。虽然这一切都是无懈可击的。但显然鲁缅采夫的指责是针对苏联计划部门的教条主义者的，他在引述研究品味、风格、偏好的必要性以后写道："根据人民需要的科学预测的长期计划，比起忽视上述因素的计划要合适得多。"（第6页）可是，作为一名党的思想家，鲁缅采夫也认为马克思列宁主义的基本内容仍然正确。见《共产主义政治经济学的类别与规律》（莫斯科，1969年）。

各种社会预测方法，并得出结论，"随机方法……是科学研究中最有效（即使不是唯一可能的）方法。"他进一步提出未来学在道德—伦理规范的发展以及这些发展对科学技术革命的影响等领域尚缺乏足够的研究。①

第三级讨论是关于以苏联内部职业划分为出发点的一大批社会实践研究，对职业划分的意义进行了小心翼翼的探讨。里奥·拉贝兹（Leo Labedz）指出，"自从斯大林在1931年说'没有自己的知识分子，统治阶级就无法行事'以后，就出现了如何给知识分子及其在社会结构中的地位下定义这一难办的问题。"②

鲁缅采夫在1965年指出，大体上可被视为"脑力劳动者"的"知识分子阶层"，大约有2500万人，占到苏联劳动人口的近1/5。更重要的是，正如大量研究报告所展现的：这一地位（和财产）的继承，对于苏联内部新的阶级结构的出现是很重要的。③

大量苏联社会学家的研究报告指出，在这个"工人与农民"的国家，出身于无产阶级家庭的孩子们很少愿意当工人，更不愿意当农民。大多数人希望进大学而成为"知识分子"一员。泽威·卡兹评论说："这些研究报告是在苏联不同地方分别进行的，可是它们主要的结论却极为一致。"就地位而言，科学家、飞机驾驶员、船长是最高的，而农业和服务业工作则最低。此外，知识分子的子女进入大学的比例极高，而农民子女想进入大学却非常困难。正如莫斯科大学社会学实验室的N·M·勃利诺夫（N.M. Blinov）在1966年所报告的：

---

① I·B·别斯图热夫—拉达：《未来之窗：当前社会问题的预测》（莫斯科：《思想》，1970年）。在谈到应采取或然论而不是决定论时，别斯图热夫—拉达写道："解决未来问题应采用或然论的方法论，虽然在理论上无可争议，但仍需要在极度复杂的科学研究配合下才能加以正确运用。因此，走一条阻力最小的路的诱惑，往往会占据上风。思想上的惰性，以及将预测等同于占卜的固有传统（乃至偏见）更助长了这一倾向。"

上文引自弗雷德·伊克尔（Fred Ikle）给我的一本别斯图热夫—拉达的著作中的概略。又见伊克尔先生的"社会预测和价值观改变的问题，特别参照苏联与东欧的相关著作"，载于《兰德公司论文集》第4450页（1971年1月）。

② 里奥·拉贝兹："社会学与社会变化"，载于《观察》（1966年7月），第21页。

③ 关于这些研究报告的全面评价，参见泽威·卡兹（Zev Katz）："苏联教育与社会结构中的传统因素"（格拉斯哥大学苏联与东欧研究所，1969年）及"苏联的社会学：未完成的建筑"（哈佛大学俄国研究中心，1971年）。我在此感谢卡兹博士让我获得这些材料，几次和我进行讨论，从而使我了解到其他一些相关数据。

……阶级分野对个人的社会晋升之路仍然有强大的影响,因此,阶级结构作为一种社会因素,对于个人素质的养成起到最主要作用。例如,农村受过高等教育的人数少,排除其他一些因素后,主要是由于农村学生的占比相比城市学生要低 10 倍。①

赫鲁晓夫在任时,曾设法通过向工、农子弟分配定向名额、要求升入大学的学生从事一年体力劳动等方式,希望扭转这一趋势。1964 年,这种"改革"被取消了,新的"英才教育"取代了平均主义的教育思想。举例来说,在不久前建立了一座"科学城"的新西伯利亚,新西伯利亚物理与数学学院作为限制学额的预科学校,每年只从 10 万名申请人中挑选 200 名学生。1968 年,苏联已经开办了 500 多所这类特殊的精英预科。过去,中学生每周要用 13 小时进行体力劳动;到 1968 年,这项计划被废止了。以前在职或服过兵役的青年占到大学入学学生的 80%,现在则降到了 30%。②

共产主义理论家曾经认为苏联将成为一个无差别社会。但至少在目前,这种思想几乎已被所有严肃的苏联社会学家所抛弃,西方基于职业分工而形成不同社会阶层的思想逐渐获得承认。1966 年,一些苏联社会学家在明斯克宣布列宁关于阶级的定义不适用于今天的苏联社会,与会者同时还提出多个标准,以便修正官方的观点。有些人争辩称专职从事行政管理工作的人是一个不同的社会集团。有些人甚至认为苏联共产党并非如最初列宁主义所主张的是工人阶级先锋队,而是用来解决各个社会集团之间利益冲突的一个工具。③

---

① 转引自卡兹著作(格拉斯哥,第 4 页)。
② 见《华尔街日报》(1968 年 10 月 15 日),来自新西伯利亚的报导"俄国的新权贵"。
③ 关于明斯克会议,见《哲学问题》1966 年第 5 期、《哲学科学》1966 年第 3 期第 133—138 页,以及 Ts·A·斯特潘扬(Ts.A. Stepanyan)和 V·S·谢曼诺夫(V.S. Semenov)编《苏联的阶级、社会阶层和集团》和《社会主义社会的社会结构变化问题》(莫斯科,1968 年)。新的职业分工和阶级划分的资料,见 M·N·鲁特凯维奇(M.N. Rutkevich):"苏联知识分子的补充来源"(CDSP 杂志 1967 年第 9 期)、"论知识分子作为社会主义社会的社会阶层的概念"(《哲学科学》1966 年第 4 期)、"60 年代苏联社会结构的数量变化"(载斯维尔特洛夫斯克(Sverdlovsk)《社会差异》第 3 卷第 5—19 页);斯特潘扬和赛曼诺夫前引书;O·I·希卡拉丹(O.I. Shkaratan):"苏联工人阶级的社会结构"(CDSP 第 19 卷第 12 期);E·A·阿拉伯—奥格利(E.A. Arab-Ogly)等人编《社会学与意识形态》(莫斯科,1969 年)。以上均转引自泽威·卡兹(哈佛大学论文,1971 年)。

苏联社会学家虽然论及这个仍在壮大的新阶层，但是多数人还是不敢探讨这一变化对于党的理论和意识形态所产生的影响。如果知识分子不断增多而工人阶级相对缩小，那么，苏联共产党要怎样发挥"无产阶级专政"先锋队的作用呢？苏联官方并不承认矛盾的存在。V·阿法纳西耶夫（V. Afanasyev）写道："苏联的知识分子……是真正的人民知识分子，扎根于工人阶级和农民。他们来自人民，所以全心全意地服务于人民。"[1] 别斯图热夫—拉达在《新时代》（一份对外的大众周刊）发表了一篇大受欢迎的文章"资产阶级未来学的乌托邦"，文中讨论到后工业社会，并承认农业和"某些工业"所雇用的人数正在下降，而"服务业和研究与发展部门雇用的"人数比例"正在上升"。但是他认为这并不意味着工人阶级的消失。"工人阶级一直是、并且仍然是现代社会中主要的、决定性的力量，是现代生产的主力……"[2]

如E·阿拉伯—奥格利这样的头脑复杂的新一代思想家则更加严肃地认为：科学技术革命的实质是为化学、原子能、机床制造等重要工业，创造出一个高度熟练或技术化的"新的工人阶级"，一个新的名词"知识工人"正在取代旧有的劳动工人。[3] 但是，由托洛茨基提出、杰拉斯加以普及的更大的社会学问题本身，则从来没有被正视过。

捷克对未来的看法

在苏联以外的东欧共产主义世界，自斯大林于1953年逝世以后的一段时间里，1956年赫鲁晓夫对斯大林的批判、1956—1957年的波兰危机和匈牙利革命，都引发了学术上和政治上的巨大动荡。列宁主义政党合法性、集体主义性质、计划经济缺陷等一些旧的实践受到激烈讨论；历史唯物主义、阶级论、异化性质等理论受到挑战。辩证唯物主义的僵化观念、利息属于剥削性质的理论以及科学是社会"上层建筑"一部分的观点，这些无意义的意识形态教条都被悄悄地

---

[1] V·阿法纳西耶夫：《科学共产主义》（莫斯科，1967年），第179页。
[2] 转载自《未来学家》（华盛顿，1970年12月），第216—217页。
[3] E·阿拉伯—奥格利：《科学技术革命与社会进步》（莫斯科，1969年）。

抛弃了。①

奇怪的是,在所有这些动荡中,却没有就"未来社会"以及工业社会结构变化向传统的共产主义思想揭示了什么进行深入讨论。直到20世纪60年代初,对这些问题才开始有了一些讨论,随后,由于重申意识形态纪律,许多讨论相继流产。②

在这些探索中,最重要的是拉多万·里什塔(Radovan Richta)与捷克斯洛伐克科学院的一个研究小组合作撰写的一份令人印象深刻的研究报告,该报告以《十字路口的文明:科学技术革命对社会与人的意义》为题于1967年出版。捷克文和斯拉夫文版共印5万份,很快售罄。1968年10月,捷克斯洛伐克出版了英译本,由美国经销商负责分销,在西方世界居然没有引起什么注意。可是,"在急迫地探索和紧张地讨论一个经历全面社会转型之后达到工业成熟的社会前途的气氛中构想出来的"这个文件(第21页),对于讨论共产主义和西方世界社会结构的变化,是非常重要的。③

这场讨论以"科技革命"为出发点,它被视为共产主义意识形态新的希望。不像苏联人,里什塔为首的研究小组将科技革命看成是包括西方社会在内的一个整体进程(大部分苏联人回避这种讨论,因为它会向一些有关资本主义的经典假设提出挑战,并且打开通往工业社会和后工业社会思想的大门)。更重要的是,研究小组没有回避新的阶级结构以及科技革命发展所预示的一个新的统治阶级的兴起。

他们首先进行"工业革命与科技革命之间的分析对比",并得出结论,这种变化的结果不仅是劳动力的转化,而且将一切生产力转化成一个连续的机械化生产过程,这个过程中,以前"主导生产活动"的人现在只能"靠边站"。实际上,社会生产力发展的"决定性因素"不是劳动力(和工人阶级)而是科学(和知识

---

① 关于这类思潮的评论,见里奥·拉贝兹编《修正主义》(伦敦,1962年)和Z·A·乔丹(Z.A. Jordan)《哲学与意识形态:评波兰哲学与马克思主义》(荷兰多德雷赫特,1963年)。
② 例如,波兰共产党领导人、曾在1956年短暂出任文化部长的弗拉迪斯拉夫·宾科夫斯基(Waladyslaw Bienkowski)写了一本书《社会主义的动力》,主要谈由于科学的新作用而向社会主义意识形态提出变化的要求。该书曾被送往波兰的若干个出版社,均遭到拒绝;最后在未征得作者同意的情况下1969年由流亡在巴黎的"文化出版社"出版。
③ 拉多万·果什塔《十字路口的文明》英文版,1968年10月,捷克斯洛伐克出版,国际艺术与科学出版社(纽约州怀特普莱恩斯,1969年)在美国发行。鉴于该研究报告事实上鲜无人知,却与社会发展理论很有关系,所以我在这里有较多引用。

阶层）(第27—28页)：

> 一向构成生产基础的简单、分散工作，现在已被**科学**以及它在工艺、组织、技术等方面的应用所取代。科学的领域过去是和工业相分离的，而且只是偶尔从外部少量地采用，现在它正在渗入到生产的中心和社会的整个生活之中。这个领域在不久以前只包罗了几十万人，而现在则正在扩张为一支巨大的**物质力量**，除了广泛的技术基础以外，它在全世界包罗了350多万名专家和1100多万名工人。据一些专家估计，在一个短短的历史时期内（到下一个世纪），人类全部劳动人口中会有20%从事科学和研究。（第36页）
>
> 换句话说，科学正成为国民经济中的主导变量和文明进步的**根本标准**。有迹象表明出现了一种**新型发展**（"后工业"），推动它的新动力源自生产力内部持续的结构性变革，生产资料和人力的数量与其质量和适应性相比不再重要。这里就产生了**集约性**发展，发展的加速与科技革命的出现紧密相关。（第39页）
>
> 在技术革命及其引起的发展模式的变化过程的某一阶段，社会发展的一切规律和构成将会出现新的内容。**科学**、**技术**和**生产**本身之间的关系就是如此；人们可以说现在已经到达了一个界线，一旦超越这一界线，这些因素就会上演如工业时代的第一产业和第二产业那般重要的角色［即马克思在《资本论》中强调的图式］。以科技革命为背景，生产率的增长遵循一种更高的标准，即：科学先于技术，技术先于工业。（第41页）

研究小组建立了工业社会与后工业社会、科技社会的区分，这事实上意味某些过于简单化的马克思主义范畴不再适用。其中最重要的显然是有关工人阶级领导地位的观点：

> 表明科技革命与工业化之间不同的一个全新的现象，是工业和有关活动所吸收的劳动力数量**相对**下降——与此同时，工业内部的劳动从传统部门大量转移到先进部门。这种倾向明白地驳斥了认为工业化进程和"工业社会"

结构绝对有效的观点。……（第120页）

一般说来，我们可以假设在科技革命过程中，"服务业"的规模将在今后10年内发展到占全国劳动力40—60%的程度，而长期来说它的占比会更大。正在朝它进发的这个文明可以被颇为恰当地相应称为"后工业文明""第三产业文明""服务业文明"等等。（第121—122页）①

不过，最令人吃惊的影响是直接生产以外的各个经济部门中**科技和专业**人员数量的不断增加。在50年代和60年代，这个阶层在美国的发展速度超过了其他阶层，比白领阶层增加的速度高一倍（白领职员在40年代的职业构成中占比最高），比工人阶层的总体增长速度高7倍。（第131页）

综合上述情况，旧的一套马克思主义观念不再是有效的"社会发展规律"了：

社会发展的规律并不是事先注定的，它们没有什么固定的图式。这些规律总是根据历史事实，根据社会自身的运动，随这个重要基础的每一转折而变化。整个科技革命所表现的是对人类文明基础的深刻干预。从它与整个当代社会革命的内在关系来看——科技革命不可避免地会与**历史的基本规律**发生冲突。在许多领域，文明的进程需要一种新的逻辑和时间标准。（第210页）

至少，从长远的观点看，我们不由得预感历史将会失去其自然进程的那一面，工业文明已经模糊了事物的非竞争性发展，只是时不时会受到文明收敛性变化的干扰。"（第277页）②

以资本形成和周转规律为出发点的计划思想和计划周期，现在也受到质疑。

---

① 这方面内容请参看 J·富拉斯蒂埃：《20世纪的伟大希望》（巴黎，1958年）；和 D·贝尔："后工业社会"，载于《技术与社会变革》（纽约—伦敦，1964年）。
② 原文附有脚注，大意是将历史视为一个自然进程，注文如下："因此，历史以往的发展类似于自然的进程，在本质上也服从于同一种运动规律。"（"恩格斯致约·布洛赫"，1890年9月21日，载于《马克思恩格斯选集》第4卷，人民出版社1972年，第478页。）

文明发展的节奏总是由其决定性主题所决定的。原始社会的自然生产为周期定下了基调，直至今日，世界绝大多数地方还在遵守由这些自给自足的生产单位所建立的以年为单位的生产周期。在古典的工业文明中，扩大再生产过程中的**资本周转率**一直是未来所有计划与提前数年进行的投资活动的出发点。同样地，社会主义的五年计划或七年计划——虽然往往并不基于对这种关系的领悟——是与**社会劳动**以及相关资产周转率相对应的。一旦**科学**及它的具体应用开始影响增长，这些关于稳定经济关系的具有主观色彩的看法自然大受欢迎，尽管几乎一切实际看法仍然是从这些观点得来的。（第269页）

科学本身具有独特的特征，不同于包括劳动在内的其他活动方式；正是这一特点使得以科学为基础的社会有别于以工业为基础的社会：

科学之所以获得新的地位，主要是由于它非凡的**概括**能力。与其他产品相比，一项科学发现不会在使用中被损耗，反而在这个过程中被逐步改善——而且"不花一文钱"。科学还具有特殊的**增长**潜力。每一项发现既是结果，又是进一步研究的起点：我们知道得越多，我们能发现的也越多。内在的指数生长性使科学明确地区别于一切传统工业活动。（217页）

这一切带来三个重大的社会学问题：第一，假如工人阶级不能领导科学与技术革命，那么工人阶级在未来社会中的作用是什么？第二，新社会中的阶级划分必然会强调专业和技术阶层的主导地位；第三，如果要利用科学控制生产和维持未来社会，这需要有一批训练有素的高级研究人员，并辅以一个庞大的技术人员队伍；这一切岂不是在规定一个潜在的新统治阶级的属性吗？

里什塔和他的同伴们写道：

每一次生产革命——包括工业革命——迄今为止都是阶级的活动，一个阶级在兴起时推动了这次革命，而必将为另一个负有同样使命的阶级所取代。这整个过程的完成是以损害代表大多数人的阶级为代价的。如果我们建造的科学和技术革命的模式符合于现实，我们认为：作为一场特殊的生产力革命，如果没有**大多数人**乃至社会**全体**成员最终**积极**、独立的参与的话，期望它能取得进展是不现实的（至少在整个战线上）。（第 245 页）

随着社会主义世界阶级构成的变化……社会阶层的首要特征首先是由于工作内容的不同而不同。两大阶层——从事创造性工作的人们和从事简单操作工作的人们在工作中相互依存，这种关系的长期存在，必定会带来严重的问题……

只要科学和技术的进展没有从社会和人类的一切含义上加以合理的控制，我们就会面临**职业**与**民主**之间的分裂。这表现在技术官僚化的倾向上，但是它的根源不是科学技术本身，而是科学和技术从属于某些集团和阶级利益。事实是，在科学和技术革命开始以后，在许多资本主义国家里，实际的管理权就转移到有训练的上层管理人员手中去了。在国家垄断之下，上层管理人员至少要对传统资本集团保持一定的独立——但在本质上这一群人仍然是资本的奴仆。第 249—250 页）[①]

在社会主义制度下，专业精英和群众之间的裂痕将会加深，因为工人阶级不能成为新社会的领导者：

面对工业文明带给我们的这种分裂，人们就会得出结论：即使在社会主义制度下，劳动人民也不可能在一夜之间变成科学和技术革命中的积极分

---

① 刻画新的管理阶级、科学精英以及新的中产阶级的特征，显然使这批捷克人感到困惑，即使他们早已摆脱了马克思主义教条的束缚。在之前谈及资本主义社会阶级变化时，小组成员对已为若干社会学家们所描绘的"新的中产阶级"兴起、"中等阶层的停滞"、专业与技术人员的转变等现象做出了评论。不过，他们声称这并不是真正的变化。除了"经理等少数人主要以食利为生——它只是知识分子内部的阶级分化"[原文]，科技专家阶层的兴起在很大程度上是一个新的工人阶级的扩张。可是，当他们转向社会主义的类似讨论，这一区别问题就相当尖锐地出现了（见第 277 页）。关于报告中引用的对资本主义社会阶层变化的相关论述，见迈克尔·扬（Michael Young）《高级知识分子阶层的兴起》，（伦敦，1958 年），D·贝尔《邓氏评论与现代工业》，1962 年 1 月号，以及赫尔穆特·舍尔斯基（Helmut Schelsky）《自动化的社会结果》，（杜塞尔多夫—科隆，1957 年）、《寻求现实》，（科隆—杜塞尔多夫，1965 年）。

子。在先前的社会制度中缺少合适的形式，而我们不能期望这个过程现在会自动完成而不遇到任何问题。在历史上任何一个革命阶段，这都不曾出现过。（第252页）

社会分野的问题再次浮出水面，是因为一个新的科技精英阶层即将出现，而这些精英将会努力巩固他们的特权地位：

> 闭目无视这个事实，那是毫无用处的；我们时代的一个尖锐问题就是要弥合工业文明的深刻分裂，正如爱因斯坦非常惊愕地发现的，工业文明使毫无防范的群众被掌握在控制科学技术的受过教育的精英手上。可能这是社会主义将面临的最复杂的任务之一。由于科学技术能促进社会共同利益，这种形势要求将科学技术的进步主要交给在这方面有觉悟的、进步的人们手中，即专业人士、科学家、技术员、组织工作者和技术工人。即使在社会主义制度下，我们也可以发现精英统治的倾向、垄断教育机会、对更高生活标准的过分追求，等等；这些人可能忘记了局部的解放总是同整体的解放联系在一起的。（第250页）

社会主义长期以来的梦想——建立一个新的大同社会，注定要受到挫折。不仅如此，新的社会还会带来新的矛盾和新的斗争，它们不必然与过去阶级与力量的分配相伴而生，而有可能取决于对变革及科学的态度：

> 在科学技术革命面前，许诺一个没有矛盾和斗争的未来，是必定要落空的。社会主义使人类进入一个没有压力、不需努力的时代，它将满足人类的一切需求，这是人类对于工业化生活的幻想之一，是对工业机构控制力量正反作用的简单认识……不同的人群之间容易产生摩擦，而摩擦最易产生的一种方式是，由于工作内容的不同进而导致对工作以外的生活产生不一致的观点……同样，代际之间的误解也变得强烈，这是由于人们的生活方式在短短二三十年中发生了极大的变化。

有迹象表明，社会将不断地、越来越尖锐地趋向**进步**与**保守**的两极。这使人们清楚地意识到：各种势力的分歧与通往进步的路径，必然与由阶级、财产、权力等属性而形成的、维系个人一生的客观分野相联系，而在这一社会背景下，不可调和的对抗却不再酝酿残酷的斗争。这就要求社会状况能容许这种分裂采取机动的、功能性的形式以适应现实中辩证的斗争。个人和集团的开创之举当然要冒激烈冲突的风险，并分出现实的胜负——尽管胜者的专权和败者的受辱是可以且必须被消除的。社会主义的历史使命正在于此：借助旧的社会形态中一切适当的手段（一切经济工具以及民主的、社会的和政治的各种机构），用一种恰如其分的新的运动体系，来解决社会分歧的起落沉浮。此时，社会分歧的发生已不再基于阶级冲突。（第257—258页）

看过里什塔小组的研究报告，我们又回到了原点。按照马克思主义理论，报告的观点可以称之为后社会主义社会。这样的社会也可以称之为后工业社会。这种社会与后资本主义社会的融合（**就其自身性质而不是就其结局而言**）是由于决定社会结构（不必然是指政治和文化结构）的新的因素是科学技术革命，我在我的著作中称之为"理论知识的中心地位成为社会组织的中轴原理"，新的阶层划分的特征则是将科技人员与其他阶层截然分开。

"**后**"这个词在这里都可使用，不是因为它定义了一种新的社会形态，而是因为它指向一种过渡。新社会的未来面目如何，尚待观察，因为起控制作用的**不是技术**而是组织这种新战略资源（指技术——译注）并用它来支持其政治制度的那些政治化的管理者。

总而言之，如果我们遇到一种新的令人迷惑的社会变化，我们就必须进行**理论上**的后撤。所谓理论是指一种社会结构模式，它可以说明体制中重要变量具决定性的互动，确定预测未来关系的实际规律，提供其历史和活动的说明性原则。我们被迫回头去做的是创造一种新的图式，也即托马斯·库恩所谓的概念性图式，它既不是模型，也不是理论，而是可以从中酝酿出模型和理论的**观点**。

后工业社会：一种概念性图式

"后工业社会"的概念强调理论知识的中心地位是组织新技术、经济增长和社会阶层的一条中轴。根据现实经验，我们能够设法说明中轴原理在发达的工业社会中越来越处于主导地位。

这不是要提出一项聚合原理。聚合的观念基于这样的前提：**一个最主要的制度已足以确定该社会的性质**。多年以前，皮特里姆·索罗金和C·赖特·米尔斯认为苏联和美国会越来越"相像"，因为双方都以战争为单一目标来推动社会走向中央集权和官僚主义。简·廷伯根（Jan Tinbergen）和他的同志则认为，由于经济的理性特征，共产主义国家和资本主义国家都在走向调节计划（直接或间接）与借助市场并行的模式。马里恩·利维（Marion Levy），在某种程度上威尔伯特·穆尔（Wilbert Moore）也是如此，认为一切工业社会的核心特征日益变得"相像"，是因为在工厂生产、教育与职业的关系以及技术知识性质等方面存在共同要求。① 但是，作为历史和政治实体，没有哪个社会可以完全按照马克思所认

---

① 将苏联、美国视为中央集权及官僚主义社会的聚合理论，见C·赖特·米尔斯：《第三次世界大战的原因》《纽约，1958年》第1部分第3节；皮特里姆·索罗金：《我们时代的基本趋势》（纽黑文，1964年）。至于反对的观点，见伯特伦·D·沃尔夫（Betram D. Wolfe）："俄国与美国：对聚合理论的挑战"，载《人文主义者》1968年9—10月号。有关经济的聚合性，见简·廷伯根："共产主义经济和自由经济是否表现出聚合的特性？"，载于《苏联研究》1961年4月号；及H·林耐曼（H. Linnemann）、J·P·普龙克（J.P. Pronk）和J·廷伯根合著：《东西方经济制度的聚合性》（鹿特丹，荷兰经济研究所，1965年）。至于反对的观点，见乔治·N·哈尔姆（George N. Halm）的、被收入斯特赖斯勒（Streissler）、哈伯勒（Haberler）等人合编的《纪念弗雷德里希·A·冯·哈耶克论文集》中的"市场经济与计划经济会聚合吗？"（伦敦，1966年）。

有关工业社会的著述极为繁多。小马里恩·利维（Marion Levy, Jr）《现代化与社会结构》（新泽西州普林斯顿，1966年）是有关聚合性的一本重要著作。另一篇表现得更加慎重的著作，见阿诺德·费尔德曼（Arnold Feldman）和威尔伯特·穆尔（Wilbert Moore）的"工业化与工业主义：聚合与分化"，载第五届世界社会学代表大会的《学报》（首都华盛顿，1962年9月）。

苏联学者将"工业社会"的概念解释为聚合理论的重要实例，关于这一问题的简短评论，见西里尔·布莱克（Cyril Black）"马克思与现代化"，载于《斯拉夫评论》1970年6月号。而被公认为"工业社会理论之父"的雷蒙·阿隆，对聚合理论表示出极大的怀疑，见《工业社会》（纽约，1967年），第105—130页。

就聚合性的相关著作及论战，有两篇主要的评论性文章，伊恩·温伯格（Ian Weinberg）："工业社会的聚合问题：对一项理论的批判"，载《社会与历史比较研究》（1969年1月号）以及阿尔弗雷德·G·迈耶（Alfred G. Meyer）："聚合理论"，载于查默斯·约翰逊（Chalmers Johnson）编《共产主义制度的变化》（斯坦福，1970年）。

为的单一体制来确定其定义,例如马克思将一个制度定为资本主义性质,**一切其他关系**(文化的、宗教的、政治的)都从那个决定性的基础上得来。社会结构(亦如政治秩序和文化)内部有着建立各种体制的不同中轴。社会根据其政治制度与社会结构和文化的关系而有不同。在将不同社会的经济或社会结构按某个中轴来比较时,这些社会可能表现出显著的不同。例如,按所有制的中轴被定为资本主义的社会,若按政治共识的中轴来比较,这些社会又可以被区分为民主的和专制的。

在另一种意义上,我们可以认为封建主义、资本主义和社会主义以及前工业社会和后工业社会的分类都来自马克思。马克思认为生产方式包括社会关系和生产"力"(即:技术)。他把当前的生产方式称之为资本主义的,但是如果我们把资本主义这个词限制在社会关系方面,而把工业这个词限制在技术方面的话,那么,我们可以通过分析看到不同的序列组合。在这个意义上说,可以有社会主义的后工业社会,也可以有资本主义的后工业社会。正如苏联和美国按所有制的中轴来看两者是不同的,但二者又同是工业社会。

此外,我们必须对聚合性和国际化加以区分。在绘画、音乐或建筑领域,我们可以建立国际风格,一位"现代"艺术家不论在法国、英国、日本和墨西哥都可以以同样方式作画。科学知识和技术方法也可以实现国际化。可是,各个**社会**作为历史实体,是确切的**制度化**联合体,难以直接对接。在许多种坐标(技术、建筑)上,它们是相似的或者以共同的知识或风格为基础,但是在另一些坐标(价值观、政治制度、传统)——以及这些元素形成的方式上,例如教育制度——它们可以不一样。如果要对聚合性下个定义,那就是指不同社会按某一坐标多少有些相似,或者指它们可能面临着**类似的核心**问题。但是这完全不是要保证它们会做出**同样的或相似的**反应。它们的反应与每个社会特定的政治与文化组织有关。

后工业社会的思想,如同工业社会或资本主义一样,只是一种概念性的图式。它代表社会组织的一种新的中轴原理,并界定了正日益走向后工业社会的各个社会所必须面对的共同的核心问题。有关后工业社会的思考,并不如让·弗拉德(Jean Floud)设想的那样,基于社会体制的概念。我并不认为社会是有机的或者结合得相当紧密,可以用一个单一制度来加以分析。事实上,我当下在理论上主要关心的是,西方社会中文化与社会结构之间的分离:一个变得日益反体制和自相矛盾,另一个则走向功能理性和精英体制。提出后工业主义的概念是力求识别**社会结构**中新的变化。但是,正如我一再论述的,社会上这一领域里的变化同其他两个分析坐标即政治和文化的变化之间,并无必然的相互联系。

我相信要研究一个社会的主要规律或重大领域,最好的办法是找出**中轴**体制或原理,它们既是其他体制所环绕的主轴,又向社会现有解决方案提出了重大挑战。资本主义社会的中轴体制是私人所有制,而后工业社会的中轴体制是理论知识的中心地位。在最近100年来的西方文化中,"现代主义"由于对传统和既有体制的进攻而成为社会的中轴。在西方的政治体制中,中轴问题是大众参政的愿望与官僚主义之间的关系。

社会分析的难题之一在于,这些原理彼此迎头相撞,在同一制度内会有所重叠和相互斗争。因此,在社会学家认为是一切社会之基础的等级制度内,权力的历史基础始终是财产所有权以及其他通过继承而传递的手段。但是,在财产所有权仍保持其重要性的情况下,技术成为另一个、有时可与之抗衡的基础,获得技术的手段是通过教育。与此同时,政治职位也成为权力和特权的基础(特别是对于在上述两种方式中受到阻碍的集团,如种族集团等),获得政治职位的手段是政治动员或罗致人员。这三种方式的矛盾性质使得辨别社会集团和政治利益的一致性变得如此困难。① 文化已经取代技术而成为社会变革的源泉,而敌对文化与腐朽的新教伦理之间的紧张关系在美国社会的价值体系中创造了一个突出的矛盾。②

后工业社会和以前的社会有什么不同呢?从历史的意义上看,富永教授的看法是正确的,即后工业社会是工业社会所展现的种种趋势的延续,而且许多发展是很久以前就预见到的。例如,圣西门和马克思非常看重工程师(一方)和科学

---

① 见伦敦《述评》(Survey),1971年冬第16卷第1期上弗拉德博士(Dr. Floud)的评论以及关于较晚的布里考德(Bourricaud)和富永(Tominaga)教授的评论。
② 本书结语的"文化与意识"一节对这些主题作了进一步的阐述。

（另一方）在社会变革中的重要作用，虽然他们谁也没有（或不能）意识到科学对经济与技术发展的基本关系的改变，例如，19世纪和20世纪初的大多数大工业——钢铁业、电报与电话业、发电厂、汽车业、航空业——在很大程度上都是由独立于科学基本研究的天才思想家们所发展起来的。化学工业可称是第一个出现的现代工业，人们只有在理论上掌握了大分子性能的**先验**知识，才能创造出新的产品。

假如为了**分析**的目的，我们**可以**把社会划分为前工业社会、工业社会和后工业社会，并且根据不同的坐标对它们进行对比。在下一图表中，我设法从不同角度表明这三种社会有多么大的不同。（见表1—1）当然，这里采用的都是社会结构的理想类型，目的在于说明它们之间本质的不同。前工业社会的"意图"是"同自然界的竞争"，资源来自采掘工业，受到边际递减规律的制约，生产率低下；工业社会的"意图"是"同经过加工的自然界竞争"，以人与机器的关系为中心，利用能源把自然环境改造成技术环境；后工业社会的"意图"则是"人与人的竞争"，以信息为基础的"智能技术"同机械技术二者并驾齐驱。社会不同的意图决定了经济部门分配特征与职业梯度的巨大不同。每个社会都有各自不同的方法论，而且最为重要的是，它们的体制特征和组织方式显然是依据不同的中轴原理而展开的。

综上所述，每个社会所面临的结构性问题有巨大的差异。工业社会的核心经济问题，始终是资本：怎样使产生充足储蓄并将其及时转入投资领域的过程制度化；股票市场、投资银行、自行筹资和国家征税都是为了满足这一目的。社会关系的核心是企业或公司，主要的社会问题是雇主与工人之间的劳资冲突。只要投资过程规范化，"阶级冲突"受到限制而不再就某一问题使国内趋于两极分裂，那么，工业社会的那些老问题即使没有"解决"也已经减弱了。

后工业社会里的核心问题在于，如何组织科学知识及进行相关工作的大学或研究所等基础科研机构。在19世纪和20世纪初期，国家实力取决于其**工业**能力，主要标志是钢铁产量。衡量德国在第一次世界大战前夕的实力，应根据其钢铁产量已超过英国这个事实。在第二次世界大战以后，一国的科研能力成

表1—1 社会变化的总图式

	前工业社会	工业社会	后工业社会	
地区	亚洲 非洲 拉丁美洲	西欧 苏联 日本	美国	
经济部门	第一产业	第二产业	第三产业	第四产业
	采掘业： 农业 矿业 渔业 木材业	商品生产： 制造业 加工业	交通运输 公用事业	商业 金融业 保险业 地产业
			第五产业	
			卫生保健 教育 研究 政府 娱乐	
职业阶层	农民 矿工 渔民 非技术工人	半技术工人 工程师	专业人员与技术人员 科学家	
技术	原料	能源	信息	
意图	同自然界的竞争	同经过加工的自然界竞争	人与人之间的竞争	
方法论	常识、经验	经验主义、实验	抽象理论：模式、摸拟、决定论、系统分析	
时间角度	面向过去 特定反应	特定适应 计划	面向未来 预测	
中轴原理	传统主义：土地／资源的局限性	经济增长：国家或私人对投资决策的控制	理论知识的集中与汇编	

为其潜力和实力的决定因素，"研究与发展"已经取代钢铁而成为各国力量的对比标准。因此，国家支持科学的方向和力度、科学政治化、科研队伍组织工作的社会学问题都成了后工业社会的核心政策。（见表1—2）

表 1—2 后工业社会的结构与问题

中轴原理	理论知识的集中与编纂
首要机构：	大学 学术研究所 研究公司
经济基础：	以科学为基础的工业
首要资源：	人力资本
政治问题：	科学政策 教育政策
结构问题：	私人与公共部门的平衡
社会等级：	基础——技术 途径——教育
理论问题：	"新阶级"的凝聚力
社会反应：	对官僚主义化的抵制 敌对文化

重大的社会变化将激起重大的反响。20世纪60年代后期西方社会的学生运动，一定程度上是文化上对一个以科学为基石的社会日益壮大的新的反动。从更大的范围来说，学生运动是对后工业社会不可避免地"从组织上约束"智能活动的一种反应。它对青年施加的压力越来越大，迫使他们从越来越小的年龄开始就为选择好的大学、好的专业、进入研究生院乃至就业而焦虑。

从政治上来说，正如弗朗索瓦·布里考德教授指出的，后工业社会的问题在于：非市场化福利经济学的发展以及决定公共物资分配的机制不够有效。出于技术和观念的考量，我们不能以市场条件来衡量这些物资的价值；由于这些福利要分配给全体人，部分公民可能不愿意支持这类开支。最重要的是，非市场的政治决策可能诱发直接冲突。市场能够起到分散责任的作用，政治决策的出发点却是公开可见的，而且后果必然是有人吃亏有人占便宜。因为有这样一个焦点，在政治决策即将达成时，冲突就更加容易爆发。

在最广泛的意义上，现代社会最常见的难题是官僚化或"制度化管理"。历史上，官僚化在某种程度上可说是自由的进步。与工头随心所欲的权力相比，采用非人性化的规章制度其实是对权利的保证。可是当整个世界都变得非人性化，官僚组织要靠机械的规章制度运转时（通常是为了官僚们的利益和便利考虑），这个原则显然已经离它的出发点太远了。

这些变化的社会背景是：支持者（尤其是科学技术人员）倍增，这使得技术治国的决策与政治决策日趋混同；一个崛起的新阶级而它似乎并不特别力求壮大这个群体的凝聚力，以便成为社会上的一个新的统治阶级。这些条件都将决定后工业社会要面临的问题。

后工业社会的概念不是一幅完整的社会秩序图；它是描述和说明社会结构（即经济、技术和等级制度）中轴变化的一种尝试。但是中轴变化并不意味着"基础"和"上层建筑"之间具有决定性的关系；相反，现在社会上的组织动力主要来自政治体制。鉴于各个工业社会——美国、英国、纳粹德国、苏联、第二次世界大战后的日本——有明显不同的政治和文化特征，所以，很可能，即将进入后工业阶段的各个社会也将形成不同的政治结构和文化结构。今天，现代社会的主要分野不在生产资料所有者和社会地位毫无差别的"无产阶级"之间，而存在于政治、经济和社会组织中有决策权和无决策权的人们之间的官僚体制和权力关系。政治制度的任务就在于根据份额分配和社会公正的不同要求来处理这些关系。

后工业社会的概念所提出的是，各个社会所必须加以解决的问题有一个共同的核心，它主要取决于科学与公共政策的关系；社会问题的解决可以通过不同的方式，出发点也各不相同。社会学家们要寻求的是帮助人们预见社会变化产生方式的"有序化工具"。而后工业社会的概念即为这样一种"有序化工具"，使西方社会结构中的复杂变化更易为人们所理解。

| 第二章 |

从商品到服务：
不断变化的经济形态

马克思和恩格斯在1848年2月完成的《共产党宣言》中设想了一个只有两大阶级——资本家和工人的社会。占有生产资料的少数人以及靠出卖劳动力维持生活的大多数人，构成社会历史上最终陷于冲突的两个对立阶级。当时，欧洲和美国的绝大多数人既不是资本家，也不是工人，而是农场主和农民。这些国家中最主流的生活方式是农业和手工业。从这一点来看，《共产党宣言》就许多方面而言都是一个了不起的预言。

英国是工业化的明显典型。但是，除了曼彻斯特、利兹、伯明翰和谢菲尔德这些城市，大不列颠在19世纪中叶还丝毫没有工业化的痕迹。当时的职业统计数据清楚地说明了这个事实。正如戴维·兰德斯（David Landes）所写的：

> 1851年的英国人口调查——虽然有种种不精确的地方——说明农业和家庭中的仆役肯定是该国最重要的职业；这个国家的大多数劳动力从事于旧工业：建筑业、成衣业、制鞋业和各种各样的非熟练劳动。即使就棉花加工而言，50多万名劳动力中（英国总劳动人口约为1600万）有3/5以上在工场劳动；差不多有2/3的营利单位，其雇工不到50人；每个英国工场的雇工平均不到200人；成千上万台手工织机仍然在农村家庭中使用。[①]

19世纪中叶的英国工业尚很不发达，而欧洲大陆在这方面的发展则落后于英国大约一个世代。在欧洲大陆工业化程度最高的国家——比利时，大约有一半的劳动力从事农业生产（英国只有四分之一）。直到1895年，德国从事农业生产

---

① 戴维·兰德斯：《失去束缚的普罗米修斯：西欧从1750年到目前的技术变革和工业发展》（英国剑桥，1960年），第119—120页。

的人口仍比工业多。德国要再过25年才能达到50%的劳动力从事工业这一标准。直到第二次世界大战，法国从事工业生产的人数才超过农业！我们再回到马克思的时代，在1852年，普鲁士（在这方面足以代表整个德国）有72%的人口被列为农村人口。正如约翰·克拉彭爵士（Sir John Clapham）所评述的，"总的看来，德国工业在任何意义上都不能算是资本主义的，工厂类型的大企业在1840年以前为数极少。"在1851年的法国，只有10.5%的人口生活于城镇里。克拉彭认为："1848年，雇工在百人以上的企业数目是如此之少，因此它们对整个国家的平均数不可能产生多大影响；在采矿和冶金业之外，几乎不存在什么企业，真正的工业环境在1848年的法国是罕见的。"1850年，在美国的2300万人口中，有1960万人生活于农村地区（指2500人以下的居民点），而在770万劳动力中，490万人从事农业，120万人从事制造业和建筑业（这两个行业到1870年才有明确的区分），近100万人为家庭仆役。①

马克思对工业社会无情发展的判断是一个大胆的设想。近几百年来西方社会最重要的社会变化不仅是工业活动的扩大，而且伴随着农民的消失——在李嘉图的土地报酬递减的世界里，农业生产率2倍或3倍于工业生产率的想法（这却是最近30年来美国的情况）是完全无法梦想的。

农业生活标志着4000年来的文明，它的转变是一种时代标志。当看到蒸汽动力应用于纺织工厂的时候，人们可以大胆预测机械化的发展和工厂活动的扩大。但是，在赛勒斯·麦考密克（Cyrus McCormick）于1832年发明收割机并于1851年在伦敦水晶宫展出这项发明之后，有谁曾经同样信心十足地做出类似的预测呢？今天，美国只有4%的劳动力从事于农业，用300万人的劳动（20年前的数字比它多一倍多）养活2.07亿人。如果取消对农作物生产的一切限制，这些工人大概还可以多养活5000万人。

取代农民的是产业工人。最近100多年来，产业工人的变迁是整个世纪社会斗争的标志。他们要求社会尊严和地位，要求在工业收入中提高分配份额，希望

---

① 见兰德斯前引书，第187页；J·H·克拉彭：《1815—1914年法国和德国的经济发展》（英国剑桥，1945年；初版于1921年），第82、84、54、70和71页；《美国的历史统计资料》（首都华盛顿，1960年），第14页和第74页。

在影响其劳动和就业条件的领域有发言权。除此之外，按照马克思和社会主义运动的乌托邦式的想法，由于斗争环境而认识到自己命运的工人阶级，不但是工业的动力，而且是人类解放的动力；一旦工人阶级掌握了生产资料，开创了社会主义的美好时代，对生产和富足的最后一些巨大障碍都会被消除。

然而，如果人们把产业工人视作未来的工具，或者更具体地说，把工厂工人作为无产阶级的标志，那么，这种想法就会变形。因为一个矛盾的事实是，当人们沿着工业化道路前进的时候——即人力日益为机器所取代——人们必然会看到产业工人自身的销蚀。[①] 实际上，到 20 世纪末，工厂工人在劳动力中的比例可能像今天农民的比例一样小。整个蓝领工作领域都可能极大地缩小，以至这个名词在社会学上的含义将随着更适合于新的劳动力分工的新范畴的确立而消失。我们看到，劳动力中的专业与技术阶级代替产业工人处于主导地位——到 1980 年，他们将成为社会上人数排名第二的职业集团，20 世纪末将成为最大的职业集团。这是职业构成中正在发生的一场新的双重革命，就职业对其他行为方式的决定意义而言（不过，这种作用正在缩小），它也是一次社会阶级构成的革命。生产性质与职业性质的变化，是"后工业"社会的一个侧面。

通过对比后工业社会、工业社会和前工业社会的特征，可以更清楚地把握后工业社会概念的意义。

在前工业社会里——迄今仍是世界上大多数国家的情况——绝大部分劳动力从事于采掘和提取自然资源的产业：矿业、渔业、林业、农业。人类的生活主要是同自然界竞争。人们按照传统的方式，用体力进行劳动，对世界的认识是以对季节、土壤性质和雨量这些因素的依赖为条件的。生活的节奏由这些偶然事件

---

① 马克思的著作对这种情况有很多矛盾的看法。在《资本论》之前勾画这部杰作轮廓的《政治经济学批判大纲》里（马克思生前从未发表这篇文章），马克思设想有朝一日所有劳动都会被机器所代替，科学而不是劳动力将成为主要的生产力。在《资本论》中，当马克思论述资本构成不断变化的逻辑时，他指出这个双向过程一方面导致企业不断集中，另一方面则使"产业后备军"即失业人数增加。马克思从来没有能脱离他自己的这一说法，在《资本论》第 1 卷倒数第 2 章里描绘而非敲响资本主义的丧钟时写道："随着那些……资本巨头不断减少，……日益壮大的……工人阶级的反抗也不断增长。……生产资料的集中和劳动的社会化，达到了同它们的资本主义外壳不能相容的地步。这个外壳就要炸毁了。"（《资本论》第 1 卷，人民出版社，1975 年版，第 831 页。）

左右。时间是一种**持续**的感觉,是对长与短的感觉;劳动的节奏随季节和风雨的变化而变化。由于这是与自然界竞争的阶段,所以生产率低,经济为有形世界的变易及世界经济中原材料价格的波动所制约。社会生活以扩大了的家庭为基本单位。所谓福利就是在必要时喂饱更多人的肚子——几乎总是如此。由于生产率低、人口多,就业不足的比例很高,这种情况通常散布在农业和家庭仆役这些部门。服务行业的就业率很高,但是这种服务是面向个人或家务工作的服务。人们通常只要求吃饱肚子,所以家庭仆役是便宜和充裕的。(在英国,直到维多利亚时代中期,社会上人数最多的职业是家庭仆役。在《名利场》一书中,贝基·夏普和罗顿·克劳利上校都是穷光蛋,但他们却有一个仆人;19世纪50年代,卡尔·马克思一大家人挤在伦敦索霍区的两个房间里,时常由于交不起房租而被驱逐,但是他们却有一名忠诚的仆人伦琴,有时候甚至还有两个仆人。)前工业社会是按照日常活动与权力分配的传统方式所组织的农业社会。

工业社会——主要指北大西洋沿岸国家,再加上苏联和日本——是商品生产社会。生活是与经加工的自然界进行竞争。世界发展至技术阶段并为理性所主导。机器处于主导地位,生活节奏决定于机器的运转速度;时间是有序的、有条理的,被均匀地分割。能源代替了人力,使生产率——以少求多的艺术——获得提高。它使以大规模商品生产特点的工业社会成为可能。能源和机器改变了劳动的性质。技术被分解为相对简单的各个环节。手工业者为两种新人物所代替——工程师,负责布局设计和工艺流程;半熟练工人,是机器与机器之间的人的齿轮。直至有一天,工程师的技术才智将创造出一种新的机器来把他自己也取代掉。这是一个协调一致的世界,人、原材料和市场为商品的生产和分配而密切配合。这是一个有日程、有规划的社会,商品的各个组成部分按确切的时间和比例装配完成,以加速商品流通。这是一个有组织的世界——等级森严和官僚科层化的世界。人被作为"物"来对待,因为协调物比协调人更容易。职务与个人之间要做出必要的区分,企业组织构成图以规范的方式表现了这一区分。组织机构向各个职务提出要求,而不是向人提出要求。**技术**的标准是效率,生活方式被纳入经济学的模式,即人们如何以比较合理的价格,利用最好的机器,从固定数量的、需提炼的自然物(煤、石油、煤气、水力资源)里萃取最多的能量。按照杰里米·边沁从效用和幸福计算所推导出的宇宙论，他的信条就是最大化与最优化。将独立的人视为一个单位，而自由社会是个人决定的总和，这些决定最终由市场所记录的种种需求而汇总起来。有些人把每一种倾向都变成一种本体论的绝对观念，而实际上，生活从来都不像他们所说的那样是"单面的"。传统的因素依然存在。一旦有可能，职业群体会进行干预而尽可能地强制推行他们自己的节奏或实行产量限制。浪费现象十分严重。排他主义及政策（更强调独特性，以区别于普遍真理）比比皆是。它们缓和了工业生活冷酷无情的特性。不过，工业社会基本的、技术性的特点依然存在。

后工业社会以服务行业为基础。因此，它是人与人之间的竞争。这里要考虑的不是纯粹的体力或者能源，而是信息。核心人物是专业人员，他们通过教育和培训把自己武装起来，以提供后工业社会所日益需要的各种技能。如果工业社会的定义是根据作为生活标准标志的商品数量来确定的话，那么后工业社会的定义则根据服务和舒适——在保健、教育、娱乐和文艺领域——所计量的生活质量标准来确定。现在，这些不但是人人所希望的，也有实现的可能。

"服务业"一词掩盖了许多不同的事物。由工业社会向后工业社会过渡，有着若干不同的阶段。第一，工业的发展必然伴随着交通基础设施以及辅助商品流通和提升能源利用的公共事业的扩张，同时带来非制造业蓝领劳动工作的增加。第二，在大众消费和人口增长的过程中，销售（批发和零售）和金融、不动产以及保险等传统的白领就业中心也在扩张。第三，19世纪后半叶德国统计学家克里斯琴·恩格尔（Christian Engel）的理论指出，随着国民收入的上升，人们发现家庭用于购买食物的费用比例开始下降，边际增长额首先用来购买耐用消费品（衣着、住房、汽车），然后用于奢侈品、娱乐等方面。因此，随着人们生活面的扩大和新的需要与爱好的发展，第三产业即个人服务部门开始发展：餐厅、旅社、汽车服务、旅游、娱乐、运动。这里开始出现一种新的认识。社会所承诺的幸福生活的需求集中到两个基础性的领域：保健与教育。消灭疾病，增加过上丰裕生活的人数，再加上努力延长人类寿命，这些都使得保健服务成为现代社会的一个重要特征。技术应用和专业技能的增长则把教育以及接受高等教育提升为迈向后工业社会的一个条件。因此，我们现在看到一个新的知识界，特别是教师阶层的成长。最后，由于人们对服务业的更多需求，以及由于市场尚不能充分满足人们对更好生存环境和保健与教育的需求，政府尤其是州和地方一级政府必须进一步发展以满足这些需求。

后工业社会将是一个"公共"社会。社会活动的单位是社群而不是个人；人们必须达成"社会决策"而不是仅仅把个人决策集中到一起。以私人汽车和公共交通堵塞为例，仅仅将个人决策汇集到一起是大有问题的。但是，人与人之间的合作远比对物的管理困难。参与成为社区管理的一个前提。然而，当许多不同集团需要太多的不同事物，并且不准备进行协商或交换的话，那就会出现冲突和僵局。如果不能在政治上达成一致，我们必然会陷入政治困境。

政治要求和社会权利与日俱增，社会的飞速变革和不断变化的文化风尚令旧的传统不知所措，新的倾向则侵蚀着传统的规划和旧道德，因此社会生活作为人与人之间的竞争，变得更加难以开展了。信息成为核心资源以及组织内部的权力源泉。专业化成了地位的标准，但是，它同时也与因社会大众要求扩大权利和更多地参与社会生活而兴起的民粹主义产生了冲突。如果说资本家和工人之间在工厂里的斗争是工业社会的标志的话，那么，专业人员和大众在组织和社群内部的冲突，就是后工业社会中冲突的标志。

从社会学的角度来看，这就是通往后工业社会的一幅社会发展蓝图。[①] 为了更直接地确认后工业社会的结构特征和发展路线，现在让我先来谈一谈由美国经济产业分布和职业变化所决定的职业岗位构成。

工作部门和职业

在 20 世纪最初那几年，美国每 10 名工人中只有 3 名受雇于服务业，另外 7 人从事商品生产。到 1940 年，该比例接近于均衡。1960 年，该比例已经变为每 10 人中有 6 人从事服务业。到 1980 年，随着服务业越来越占主导地位，每 10 名工人中差不多有 7 名在服务业部门工作。（见表 2—1、2—2 和 2—3）自 1900 年

---

① 至于阶级地位与权力的性质，以及阶层体制变化这些更理论化的问题，将在第六章讨论。

到1980年,各产业之间的就业比例出现彻底改变,美国经济在此期间有两次结构性变化,一是转向服务业,二是公共部门上升,成为就业的主要领域。

从历史事实看,就业转向服务业并不表示突然脱离过去的长期趋势。正如维克托·富克斯(Victor Fuchs)所指出的,"根据我们已有的劳动力在各部门分布的记录资料,我们发现服务业所占百分比长期上升的倾向"。[①] 从1870年到1920年,向服务业的转移几乎完全是由于农业就业流向工业的缘故;服务业就业人数的增长同工业一样迅速;服务业主要的就业增长是在运输、公共事业和销售等**辅助性**领域。这是美国经济工业化的历史时期。在1920年之后,非农业部门的增长率开始改变方向。工业就业人数仍然大量增长,但它在就业总数中的**份额**已经趋于下降,因为服务业的就业人数正在以更快的比率上升。从1968年到1980年,如果我们把制造业作为工业的关键部门,其就业增长率还不到劳动力总增长率的一半。

巨大的分野开始于第二次世界大战以后的1947年。当时的民间就业情况仍接

表2—1　1870—1940年商品制造业和服务业就业情况的部门分布(千人)

	1870年	1900年	1920年	1940年
总数	12,900	29,000	41,600	49,860
商品生产部门人数总计	10,630	19,620	23,600	25,610
农业、林业、渔业	7,450	10,900	11,400	9,100
制造业	2,250	6,300	10,800	11,900
矿业	180	760	1,230	1,100
建筑业	750	1,660	2,170	3,510
服务业人数总计	2,990	9,020	15,490	24,250
贸易、金融、不动产	830	2,760	4,800	8,700
运输业和公用事业	640	2,100	4,190	4,150
专业服务	230	1,150	2,250	4,000
家庭和个人服务	1,190	2,710	2,330	5,710
政府(不列入其他类的)	100	300	920	1,690

资料来源:根据《美国的历史统计:1820—1940年》D57—71组,第14页。
注:由于四舍五入以及小数点后的数字并未计入在内,各数相加与总数不尽相符。

[①] 维克托·富克斯:《服务经济学》(纽约,1968年),第22页。

近战前的均衡状态。自此以后,就业增长就开始以新的、加速度的方式改变方向:仅仅 10 年之后,商品制造工业中的就业已不足全部工作岗位的 42%,到 1968 年,该数字进一步下降到 35.9%(见表 2—3)。商品产量虽然稳步上升,但就业占比下降的倾向仍将持续。总的来看,商品制造工业 1968 年雇用了 2900 万工人,这个数字在 1980 年可望增至 3160 万,然而它在就业总数中的份额将从 1968 年的大约 36% 下降到 1980 年的低于 32%。①

表 2—2　1947—1968 年以及预计到 1980 年的商品制造业和
服务业就业情况的部门分布(千人)

	1947 年	1968 年	1980 年	变化百分比	
				1947-1968 年	1968-1980 年
总数	51,770	80,780	99,600	56	23
商品生产部门人数总计	26,370	28,975	31,600	9.8	9
农业、林业、渔业	7,890	4,150	3,180	(-48)	(-23)
矿业	955	640	590	(-33)	(-9)
建筑业	1,980	4,050	5,480	10	35
制造业	15,540	20,125	22,358	29	11
耐用品	8,385	11,850	13,275	41	12
非耐用品	7,160	8,270	9,100	15.5	10
服务业人数总计	25,400	51,800	67,980	104	31
运输业和公用事业	4,160	4,500	5,000	8	10
贸易(批发、零售)	8,950	16,600	20,500	85.5	23
金融、保险和不动产	1,750	3,725	4,640	113	24
个人、专业和企业服务	5,050	15,000	21,000	135	40
政府	5,470	11,850	16,800	117	42
联邦政府	1,890	2,735	3,000	45	10
州和地方政府	3,580	9,110	13,800	150	52

资料来源:《1980 年的美国经济》,劳工统计局公报第 1673 号(1970 年)。1968 年和 1980 年的数字录自表 A—16,第 49 页。1947 年的数字是劳伦斯·B·克劳斯根据 1673 号公报中的图表数据编制的。
注:1980 年的数字假定失业率为 3%。如果失业率上升至 4%,就业人数将随之下降 100 万(即从 9960 万降至 9860 万),即商品制造业的就业人数从 3160 万下降至 3100 万,服务业就业人数从 6798 万下降至 6730 万。由于计算上的四舍五入,数字并不总是很确切。

---

① 本节统计资料选自《1980 年的美国经济》,美国劳工部公报第 1673 号(1970 年)。

表 2—3　预计到 1980 年的商品制造业和服务业就业情况的部门分布百分比

	1947 年	1968 年	1980 年
总数	100	100	100
商品生产部门人数总计	51	35.9	31.7
农业、林业、渔业	15.0	5.1	3.2
矿业	2.1	0.8	0.6
建筑业	3.9	5.0	5.5
制造业	30.0	24.9	22.4
耐用品	16.0	14.7	13.3
非耐用品	14.0	10.2	9.1
服务业人数总计	49	64.1	68.4
运输业和公用事业	8.0	5.5	5.0
贸易（批发和零售）	17.0	20.5	20.6
金融、保险和不动产	3.0	4.6	4.7
个人、专业和企业服务	10.0	18.6	21.2
政府	11.0	14.6	16.9
联邦政府	3.5	3.3	3.0
州和地方政府	7.5	11.2	13.9

资料来源：《1980 年的美国经济》，劳工统计局公报第 1673 号（1970 年）；数字已改换为百分比。

在商品制造业内部，农业和矿业的就业人数仍将在绝对意义上下降。该部门的重大变化——以及增加新工作的动力——将出现在建筑业。在 1968—1978 年这 10 年，美国的住房需求要求修建 2000 万套新的私人住宅，同时通过公共补贴新建和修复 600 万套住房。要达成上述目标，建筑业的就业人数在这 10 年之内可望获得 35% 的增长。

制造业仍然是美国经济中最大的就业源。它在 60 年代每年获得 0.9% 的增长，主要体现在飞机、导弹、军用器材、通信设施等国防工业就业人数的增加上。这些部门的产品与大众商品生产的工业相比是比较"精密的制作"，所以其劳动力构成较高。但是，国防消费转向其他部门——其结果是飞机、导弹和通信设备等制造业的失业率上升——意味着制造业增长率在未来会减缓。未来的就业增长将主要表现在与住房建设有关的建筑材料制造领域。

作（蓝领工人有 2300 万人），其中差不多有 1400 万人是管理人员、专业人员和技术员——他们是美国上层中产阶级的核心。[①]

蓝领就业的总人数在 1900 年约为 1200 万，1974 年上升到 2970 万，且将缓慢地爬升至 1980 年的 3110 万。1900 年，蓝领工人构成全部劳动力的大约 35%，这个数字在 1920 年达到 40%，二次大战后的 1950 年又再次上升，但到 1974 年便下降到占全部劳动力的大约 34.9%，到 1980 年将达到历史性的新低点 32.7%。

表 2—4 1900—1960 年各大职业群体的分布百分比

主要职业集团	1900 年	1910 年	1920 年	1930 年	1940 年	1950 年	1960 年
总计	100.0	100.0	100.0	100.0	100.0	100.0	100.0
白领工人	17.6	21.3	24.9	29.4	31.1	36.6	42.0
专业和技术人员	4.3	4.7	5.4	6.8	7.5	8.6	10.8
经理、官员、企业主	5.8	6.6	6.6	7.4	7.3	8.7	10.2
职员一类人员	3.0	5.3	8.0	8.9	9.6	12.3	14.5
售货员	4.5	4.7	4.9	6.3	6.7	7.0	6.5
体力工人	35.8	38.2	40.2	39.6	39.8	41.4	37.5
技艺工和工长	10.5	11.6	13.0	12.8	12.0	14.1	12.9
操作工	12.8	14.6	15.6	15.8	18.4	20.4	18.6
劳力工（农场和矿山工人除外）	12.5	12.0	11.6	11.0	9.4	6.6	6.0
服务工人	9.0	9.6	7.8	9.8	11.7	10.5	12.6
私人家庭工人	5.4	5.0	3.3	4.1	4.7	2.6	3.3
服务工人（私人家庭除外）	3.6	4.6	4.5	5.7	7.1	7.9	9.3
农业工人	37.5	30.9	27.0	21.2	17.4	11.8	7.9
农场经营者和农场经理	19.9	16.5	15.3	12.4	10.4	7.4	4.0
农场工人和工头	17.7	14.4	11.7	8.8	7.0	4.4	3.9

资料来源：根据《美国历史统计资料》计算。
注：由于四舍五入，百分比相加可能不是 100。

[①] 关于当前的数字，见《美国统计摘要》，1971 年，表 347 "按重要职业分类及性别分类的就业人数"，第 222 页。

表 2—5　按人数和百分比计算的 1968 年（实际）和 1980 年（预计）的职业分布

职业集团	1968 年		1980 年	
	人数（千人）	百分比	人数（千人）	百分比
总计	76,000	100	95,000	100
白领工人	35,600	46.7	48,300	50.8
专业与技术人员	10,300	13.6	15,500	16.3
经理和官员	7,800	10	9,500	10
职员	12,800	16.9	17,300	18.2
售货员	4,600	6	6,000	6
蓝领工人	27,500	36.3	31,100	32.7
技艺工和工长	10,000	13.1	12,200	12.8
操作工	14,000	18.4	15,400	16.2
劳力工	3,500	4.7	3,500	3.7
服务工人	9,400	12.4	13,100	13.8
农业工人	3,500	4.6	2,600	2.7

资料来源：数字根据美国劳工部第 1673 号公报计算。
注：由于四舍五入，百分比相加可能不等于 100。

当然，就业人数最惊人的变化表现在农业上。农业在 1900 年仍然是美国就业人数最多的职业，农业工人有 1250 万人，大约占总劳动力的 37.5%。截至 20 世纪 30 年代，农场经营者和农业工人的绝对数字持续上升，但在就业总人数中所占份额开始下降。在 1940 年，农业革命把生产率推上新高，农业劳动者的人数迅速下降。1974 年的农业就业人数为 300 万，到 1980 年将降至 260 万；其占比将从 1974 年占总劳动力的 3.5% 降到 1980 年的 2.7%。

服务业的就业在稳步扩张。1900 年，美国大约有 300 万人从事服务工作，其中有一半以上是家庭仆役。1974 年，差不多有 1140 万人在服务业工作，其中只有 10% 的人从事家务活动。就业人数的上升主要体现在汽车修理工、旅馆和饭店工人之类的职业。经过整个 70 年代，服务业的就业岗位将增加 2/5，是就业岗位总体增长速度的一倍或一倍半。

半熟练工人这一类别（人口调查分类中称为操作工人）从 1920 年以来一直是美国经济中满足最多就业的职业，雇用的工人要比任何其他职业类别更多。半熟练工种是与大规模生产相对应的职业，通常随商品产量的增加而增加。但是，有着巨大知识含量的新技术的引进减缓了这一职业集团的迅猛增长。半熟练工种的就业总人数将从1974年的1400万上升到1980年的1540万，而增长率只及预计的总体就业人数增长率的一半。

从整体就业的占比来看，半熟练工种将从1968年的18.4%下降到1980年的16.2%；届时它的规模名列**第三**，而人数最多的职业类别是职员，其次是专业和技术工人。在半熟练工种之中，工厂工人所占比例或许也要下降。1968年，每10个半熟练工人中有6个人是工厂操作工。其中很多人现在成为检验工、维修工、电动升降铲车等运送设备的操作工，等等。在非工厂操作工人之中，卡车司机、公共汽车司机和出租汽车司机为数最多。

当下美国社会的核心就业类别是专业与技术人员的大类。最近几十年来，这个类别的人数增长把所有其他大类远远抛在了后边。该大类的用工人数从1890年的不到100万人增长到1974年的1230万人。在类别内部，人数最多的子项是教师（200多万），排名第二的子项是专业保健人员（约200万），然后依次是科学家和工程师（约140万）、工程与科学技术人员（约90万）。尽管对教育的需求出现了暂时性的下降，而1970—1971年期间国防部门精减一度引发工程人员失业，但该大类的用人需求仍领先于其他类别，其规模在1968年至1980年之间将再增加1/2（大约是其他类别就业增长率的2倍）。截至1980年，该大类中的就业人数将达到1550万，占就业总人数的16.3%，而该数字在1958年时仅为11%。（见图2—1和2—2）

历史性的新变化向工会运动提出了严肃的问题，因为工会运动在美国历史上一直是由蓝领工人主导的。从记录看来，工会运动（劳工

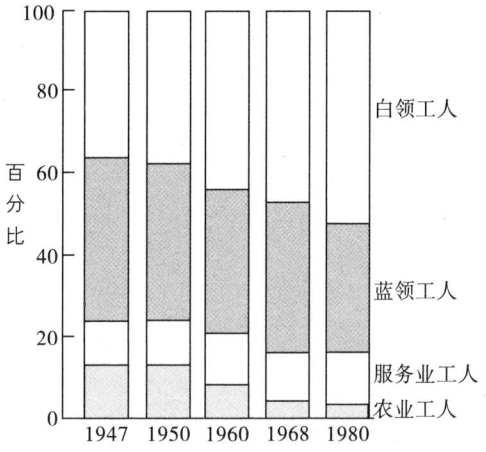

图2—1 美国主要职业类别的就业趋势*

*1947—1968年的数字为实际数字，而1980年的数字是以服务业出现3%的失业率为前提而预计的。农业工人之中包括了农场管理者。

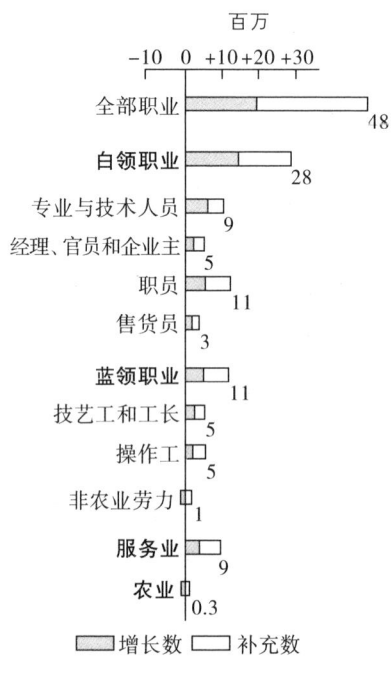

图 2—2 1968—1980 年美国主要职业类别就业净值*

* 预计服务业经济的失业率为 3%。
资料来源:《1980 年的美国经济》,载劳工统计局公报第 1673 号（1970 年）。

联合会、产业工会联合会,再加上主要的独立工会）自 1935 年的大规模组织以来,已比以往任何时候都更为强大。1970 年,全美工会会员人数上升至 1938.1 万,创造了最高纪录。在 60 年代,各大工会新增加了 230 万个会员,但主要增长出现在 60 年代中期,而且最后两年增加的会员人数只有 1964—1966 年快速增长阶段增加人数的一半。[①]

然而,这些数字仍然只反映了问题的表面。一个重要的事实是,就对总劳动力人数的占比来看,今日美国工会会员的占比与 1947 年的**完全相同**;就非农业部门中工会会员的占比来看（大多数工会会员和相应的组织工作都集中在该部门）,今天还**低于** 1947 年。实际上,美国的工会运动在将近 1/4 个世纪里并没有取得真正的进展（见表 2—6）。

自 1935 年《瓦格纳法案》通过直到第二次世界大战结束,美国工会会员人数一度翻了 4 番,随后便一直处于平稳状态。从 1953 年到 1954 年,我在《财富》杂志等处发表了一系列研究文章,认为劳工运动将停止发展,并且说明了停滞的性质。[②] 我的推论基于工会运动在制造业和建筑业已经走向饱和这一论据,因为它几乎已经动员起所有主要的雇主,而将那些 100 人以下的小企业动员入会,代价实在太高。工会运动在分销行业（卡车司机和零售人员）还将有所发展,因为该领域的就业仍在扩大之中,但是,这方面的

[①] 本节统计资料（除已注明者外）,均引自"美国工会（1969 年）",载劳工统计局公报 1665 号（1970 年）;对 1968—1970 年的初步预计,见劳工统计局发表的"1970 年的工会和员工协会会员"（1971 年 9 月 13 日）。
[②] 见"下一次美国劳工运动",载《财富》杂志（1953 年 4 月）,及我在"工会的发展"一文中的论述,载劳资关系研究协会第七次年会会议记录（1954 年 12 月）。

表 2—6 1947—1970 年工会会员在总劳动力中的占比

年份	工会会员总数（千人）	劳动力总数		非农业企业职工	
		人数（千人）	工会会员百分比	人数（千人）	工会会员百分比
1947	13,782	60,168	22.9	43,438	31.7
1952	15,805	62,966	23.7	48,306	30.9
1956	17,490	69,409	25.2	52.408	33.4
1960	17,049	72,142	23.6	54.234	31.4
1964	16,841	75,830	22.2	58,332	28.9
1968	18,916	82,272	23.0	67,860	27.9
1970	19,381	85,903	22.6	70,644	27.4

资料来源：1947 年和 1952 年数字根据全国研究局利奥·特洛伊（Leo Troy）的统计；1956—1968 年的数据见劳工统计局公报第 1665 号；1970 年的数据由劳工统计局发布（1971 年 9 月 13 号）。

注：按照加入工会的职工的占比来看，美国在西方工业国家中排名最低。在比利时和卢森堡，65% 以上的职工加入了工会；意大利为 55% 以上；英国为 45% 以上；荷兰为 40% 以上；德国差不多达到 40%；法国大约为 20%。此数据来源于欧洲经济共同体，见《经济学人》（1971 年 6 月 19 号），第 46 页。

增加将被铁路和矿业部门工会会员的减少所抵消。各大工会已经表明他们没有能力组织白领和技术工人；工会发展的唯一重要源头是政府雇员，而这显然有赖于政府给予的支持。

美国工会的发展一直依赖于政府支持。20 世纪 30 年代工会运动的高涨虽然是自发的，但工会运动的**制度化**却只有在美国劳资关系委员会的保护下才有实现的可能。工会的实力得以巩固，也是由于第二次世界大战期间战时劳工局在集体谈判的合同中实行了工厂只雇用工会会员的条款。

近 10 年来，美国工会运动唯一获得的发展是在政府雇员中间，发生作用的是同样的力量。1962 年 1 月，肯尼迪总统发布了 10988 号行政命令，促进了在联邦政府层面的工会发展。这一命令明确无误地支持公共机构的工会，一如 1935 年的《瓦格纳法案》支持工会和面向私人企业的集体谈判。它宣布："政府的有效运行和雇员自身的福利，要求在雇员组织和管理部门之间保持有序的、建设性的关系。"正是罗伯特·F·瓦格纳市长于 1961 年发出的行政命令，使得工会在纽约市 4 万多名教师中取得"重大突破"。类似的行政命令在费城和其他城市同样取得了显著效果。①

1970年，部分由于经济下降，同时部分由于政府推动，工会运动在大学教职员工中出现了一个高潮。19个州通过了公共部门雇员关系法或者类似法案，这大大促进了政府公共部门的集体谈判。1970年，当美国劳资关系委员会对年收入在百万美元以上的私立学院和大学实行管辖之后，面向私人机构的工会运动得到了进一步的发展。

截至1971年底，美国全国2500所学院和大学中已经有133所承认为教授们进行集体谈判的代理机构。这些机构主要分布在纽约、密歇根、新泽西、威斯康星、伊利诺伊和马萨诸塞6个州内。但是这些教职员工中有近一半集中于纽约的两大高校系统：纽约州立大学和纽约市立大学。

在美国大部分地区，教师们都被纳入了工会组织，但通常是通过面向中小学教师的美国教育协会或美国大学教授联合会等专业协会。这两者在过去一般回避直接的谈判，而满足于游说活动。美国教育协会尤其如此。教师工会在70年代的竞争，可能促使这两个组织转而采取更激烈的措施去保卫教师的经济利益。

1956年，当劳工统计局第一次开始收集各行业工会会员的资料时，政府部门参加工会的人数是91.5万，占到1810万工会会员总数的5.1%。截至1962年底，这个数字增长到120万，占工会会员总数的7%。到1968年，政府部门工会会员达到220万，占会员总数的17.7%。②

工会运动的重大进展出现在联邦政府内部，有近乎**一半**的雇员被组织起来。但是，在人数更多的州和地方政府部门，参加工会的雇员还不到雇员总数的10%。各级政府中雇员加入工会的比例请参见表2—7。

工会在政府部门相对显著的发展，改变了美国工会在各产业之间的分布。在产业工会联合会的巨大推动下，美国工会会员的半数以上集中于制造业，但正如表2—8所示，这一比例在近几年来慢慢产生了变化，今后我们还可能看到更大的变化。

---

① 见埃弗雷特·M·卡萨洛（Everett M. Kassalow）："工会运动走向公共部门"，载《公共利益》第14期（1969年冬）。
② 哈里·P·科汉尼（Harry P. Cohany）和卢克利希亚·M·杜威（Lucretia M. Dewey）："政府雇员中的工会会员"，载《每月劳工评论》（1970年7月）。

表2—7 参加工会组织的政府雇员的比例

年份	政府		联邦政府		州和地方政府	
	就业总人数（千人）	参加工会组织的百分比	就业总人数（千人）	参加工会组织的百分比	就业总人数（千人）	参加工会组织的百分比
1956	7,277	12.6	2,209	—	5,069	—
1960	8,353	12.8	2,270	—	6.083	—
1964	9.596	15.1	2,348	38.2	7.248	7.7
1966	10,792	15.9	2,564	41.8	8.227	7.8
1968	11,846	18.2	2,737	49.4	9,109	8.8

资料来源：《每月劳工评论》（1970年7月）。
注："—"表示缺少资料。

表2—8 1956年和1968年各部门工会会员情况（千人）

年份	总人数	制造业		非制造业		政府部门	
		人数	百分比	人数	百分比	人数	百分比
1956	18,104	8,839	48.8	8,350	46.1	915	5.1
1968	20,210	9,218	45.6	8,837	43.7	2.155	10.7

自1956年以来，制造业和非制造业的工会会员在会员总人数中的比例持续缩减（制造业的工会会员在1968年至1970年之间减少了4.4万人），只有公共部门的工会会员人数有所上升。据估计，制造业中已有60%左右的雇员加入了工会，非制造业部门为1/4，政府部门略低于20%。

白领群体对于劳工组织的未来至关重要，而工会在这一人群中的影响力十分薄弱（见表2—9）。根据来自167个工会的报道以及对22个工会的预估，加入工会的白领工人在1968年为320万，大约占工会会员总数的15%。白领工会会员在政府部门的比例最高，达到40%以上；其次是非制造业部门，占22%；制造业部门占4%。根据62个工会的报告，加入工会的专业与技术人员人数为98.2万人，但该领域的大部分工会专门服务于演员、艺术家、音乐家、航空驾驶员以及政府雇员（主要是教师）。在白领最为集中的贸易行业、金融业和保险业，以及科学和工程技术领域，大多数雇员仍然没有被组织起来。

表 2—9 白领工人工会会员人数（千人）

年份	白领会员人数	在全体工会会员中的百分比
1956	2,463	13.6
1968	3,176	15.7

后工业社会的几种劳工问题

我所描述的职业构成变化向美国工会运动提出了一些严肃的长期问题。所谓长期，在本书中是指这些变化趋势要明确表现出来大概需要30年左右，而且统计数字和所占比例并不总是影响力的可靠指标。农业工人的人数一直在稳步递减，然而农业政治在各政党的博弈中仍然起着重要作用，农业集团的影响力远远大于它真正的实力。在这方面，对于一个有1亿劳动人口的国家来说，由2000万成员加入的运动将在相当长的时期内产生巨大影响。

要全面分析后工业社会的劳工问题，必须考虑工会结构、工会内部的官僚化和民主等问题，但这些都超出了本文论述的范围。我要探讨的问题（其中一些具有理论的性质）基本上源于对劳动力构成变化的分析以及我稍早描述的后工业社会的性质。

教育与地位

新一代劳动力最令人吃惊的是教育水平的提升。1980年，每16个成年工人（25岁及以上）中只有1个人，即只有大约500万人，其学龄少于8年，而每10个成年工人中将有7个人，即大约5200万人，将至少念完4年制高中。与1968年相比，当时每10个成年工人中有1个人，即大约700万人，读不完8年书，现在每10个成年工人中有6个人，即大约3700万人，读完了4年制高中。

许多人将接受更高级别的教育。1980年，在25岁及以上的成人中，每6个人里有1个人，即大约1300万人，将起码读完4年制大学。相比之下，1968年该数字是每7个人里有1个人，即大约850万人。此外，在1980年，大约有920万成年人（即每8个人里有1个人）接受过一定的高等教育，虽然未读完整个4

年学制。

不仅教育程度有很大提升,而且在文化上也取得了更多的一致。美国劳工运动,以蓝领阶层为最显著的例子,一贯有很大部分是外国出生者或者是第一代移民,许多人把处于比较低的社会地位看作是理所当然。1950年,大约有34%的蓝领工人(熟练工、半熟练工和不熟练劳动力)或则出生于国外,或则父母是外籍,或则是混血。到1960年,这个数字已经下降到26%,[①]有可能还会进一步下降。

美国蓝领工人是历史上第一支接近于"经典"马克思主义所谓受过较好教育、文化上同质的形象的劳动力大军。这样的变化将会铸就怎样的新觉悟或新的战斗精神呢?今天,在工厂里工作的人们所处的环境比其父母经历的环境要优越得多。我们从一代代传承的经验中可知,过去的成就对今天影响甚微。关键在于,不论在工资占比、养老金和监督管理等方面有多大改善,就工作本身的状况而言——节奏控制、任务分派、对任务的计划和部署,它仍然是工人自己无法控制的。美国联合汽车工人工会等推动的工会运动,虽然限制了对工人的专横欺凌,但并未向劳动本身的组织工作发起真正的挑战。因此,年轻且接受了教育的新一代劳动力进入工厂后,将会在何种程度上形成一种不同的心理以及向工作本身的性质提出新的要求,让我们拭目以待。

在现代社会中,大大小小的集团必然要建立组织。美国的专业人员——工程师、医生、教师——是有组织的。这些组织主要是专业组织,但大城市的教师工会中有不少隶属于劳联—产联。在接下来的20年,这些工会组织的性质是我们所关注的主要问题:它们是将继续维持传统的行会形式,还是将成为更有战斗性的、采取进攻态度的工会呢?一些年轻的专业人员,尤其是那些从事医务和社群工作的专业人员,在60年代的学生抗议运动中锻炼了组织才能,试图把这些工会组织或者新形成的专业团体转向更有战斗性的方向。然而,这些专业人员受限于越来越严苛的预算,这一类人的收入在60年代虽然一度稳步上升,但在下一个

---

① 这些数字是根据1950年人口普查"主题报告3A"中《14岁及以上白人人口特征》及1960年人口普查"主题报告1A"中《14岁及以上人口的社会经济特征》来计算的。乔迪·贝尔·雅各比夫人(Mrs. Jordy Bell Jacoby)帮我做了许多拆分和计算的工作。34%和26%两个数字不是平均数;这些数字说明本国出生者和外国出生者在熟练工、半熟练工和不熟练工人的分类中都是平均分布的。

10 年中却停止了增长。这样一来，工会运动的发展在很大程度上就依赖于政府的政策，要看它是否愿意为社会项目提供资金；同时，它也受制于知识分子失业率的高低。正如对熟练工和半熟练工的组织是工业社会的特征一样，专业人员的组织形式也将成为后工业社会的主要特征。未来将出现哪些类型的组织形式，还有待进一步观察。

黑 人

大概在 10 年前，我在一篇阐述后工业社会的论文中写道："只要教育是今天——和明天——社会升迁的主要途径，那么，通过计算退学率，以此对比教育与未来的技术需要，人们就能够粗略地绘出 30 年后美国社会阶级构成图……。按照这个标准，30 年后的美国社会将是一个由有色人种占主导地位的社会。"①

今天的形势不像十几年前那样令人心塞。1960 年，黑人在专业与技术群体中仅占 4%，1970 年该数字达到 7%，几乎翻了一番。1960 年，黑人在职员这一群体中仅占 5%，1970 年达到 8%。在这些关键性的部门里，工会的进展令人瞩目，但就整体人数而言，成效依然不高。只有 22% 的黑人男性成为专家、技术人员和职员，而在白人男性中这一数字则为 43%。（36% 的黑人妇女是专家、技术人员和职员，而在白人妇女中这一数字则为 64%。）18% 的黑人男性是非熟练工人，而白人男性中这一数字仅为 6%；18% 的黑人妇女是家庭仆役，而白人妇女中这一数字仅为 3%。②

半熟练工人是人数最多的黑人职业群体（占黑人男性劳动力的 28%，而在白人男性中只占 19%）。对于这个群体来说，帮助他们找到较好的工作是工会的职责。然而，工会虽然声称要采取大力协助的方针，对黑人工作地位的提升却一直成效不彰，在建筑业和一些要求技术的行业尤其如此。（黑人只有 14% 是熟练工人，白人则有 21%。）在政治领域，黑人是否会继续成为劳工运动的同盟军，这

---

① "后工业社会"，1962 年 6 月 14 号。
② 以上数据引自《1970 年美国黑人的社会和经济地位》，《当前人口报告》系列 P-23，第 38 号。

取决于劳工组织而不取决于黑人的行动和反应。黑人的政治独立——至少在上层领导中——是 20 世纪 70 年代政治中的一大现实问题。

妇　女

想一想职员、售货员、教师、保健技师以及类似行业，我们将意识到服务业实际上是以女性为主体的经济产业。1960 年，商品制造业的工人中有 80% 是男性，另外 20% 是妇女；而在服务业，从业者中只有 54% 是男性，另外 46% 是妇女。换一个角度再看，全部就业妇女中有 27% 在产品制造业工作，另外 73% 在服务业工作。①

服务业大部分没有组织起来这个事实，在劳工运动与妇女的关系方面造成了一个特殊问题。1958 年，工会女性会员人数为 310 万，占工会会员总人数的 18.2%。到了 1968 年，女性会员人数上升至 370 万，占会员总人数的 19.5%。10 年间，美国工会组织新增 200 多万名会员，其中妇女占到新增会员的 30%。自 1958 年以来，有 60 多万美国妇女加入了工会。

同样在这 10 年内，女性在全部劳动人口中的比重从 32.7% 增长到 37.1%。于是，工会女性会员与就业女性的比率，在此期间从 13.8% 下降到 12.5%。而且，大多数女性会员集中于少数几个工会。相当多的妇女从事蓝领工作，是国际女装工人工会、融合服装工会、服务业从业者工会（过去的建筑服务业工会）以及重卡和轿车工人工会等的会员。余下的女性会员大多加入了电信工人工会、教师工会和政府雇员工会。

鉴于各种社会性的因素，妇女一直比男性难于动员。女性通常不会认为她们的工作是"永久的"，所以对工会活动没有兴趣。许多女性工作是非全日制的工作或家庭之外的"副业"。女性的就业流动率一直比男人高得多。由于女性在全部劳动人口中所占比例必将上升——除了妇女解放的影响之外，主要是因为服务业的扩张，所以，对于组织化的工会运动来说，想要吸收更多的会员，必然会变得越来越困难。

---

① 维克托·R·富克斯，同上书，表 66，第 185 页。

非营利部门

我在前文中曾经指出,服务业可以划分为不同类型:有些对工业有直接的辅助作用,例如运输业和公共事业;有些进行分销和贸易,提供金融和保险上的支持;有些提供专业和商业服务,例如数据处理;有些源自休闲的需求,例如旅游、演出、运动和娱乐,还有媒体;有些涉及社会服务,尤其是在保健、教育和政府部门等领域。政府部门是第二次世界大战结束以来增长最大的一块。

事实上,增长主要发生在社会的**非营利**部门。据伊莱·金兹伯格及其助手的估算,1929年,非营利部门在全部商品与服务销售量之中占到12.5%,到1963年占17%,而且该数字仍在上升。[①]1929年,有446.5万人受雇于政府和非营利机构,约占总劳动力人口的9.7%。到1960年,有1358.3万人,或者说就业人员的20%是在非营利部门工作,当时,政府雇员人数为830万。政府雇员人数上升迅速(年增长率为4.5%),1968年时达到1180万,预计到1980年将达到1680万。(尽管没有得到其他非营利部门特别是保健部门的雇员人数增长率的具体数字,但我们可以设想它必然也有巨大增长。)

尤为重要的是,非营利部门是**新增**就业的重地,实现了真正的扩张而非人员的更替。从1950年到1960年,非营利部门提供的岗位占新增就业的50%以上;在1960年到1970年,仅政府部门提供的工作机会,就占到服务业**新增**就业的1/3。

营利部门的雇员和非营利部门的雇员在精神气质上有什么明显的差别吗?这一领域至今几乎没有什么真正的研究。不过,既然非营利部门的核心是保健、教育和研究部门——1975年其雇员人数将达到600万人[②]——我们就可以设想一个

---

① 金兹伯格、希思坦德和鲁本斯:《多元经济》(纽约,1965年),第86页。
② 按职业类别进行的具体预测只提供到1975年。劳工统计局公报1606号第4卷在"明天的人力需求"一节中绘制了如下的美国工业—职业表(单位:千人),见第28页:

医务和保健人员	2240
教员	3063
自然科学家	465
社会科学家	79
职员	240
编辑和记者	128

由中产阶级和中产阶级的上层人士所构成的核心，这不仅将形成一个巨大的文化市场，而且，总的说来，这些人对于政治和社会的心态要比整个美国社会的心态更趋向自由。正是在这个阶层内部将爆发出要求社会变革的巨大动力。

"新"工人阶级

浪漫的法国马克思主义者雷吉斯·德布雷（Regis Debray），在最近的一次谈话中测试了智利总统萨尔瓦多·阿连德（Salvador Allende）的革命纯洁性：

> 德布雷：……主要问题在于社会中哪一部分是（革命）过程的动力，哪个阶级负责管理这一过程。
>
> 阿连德：无产阶级，换言之，就是工人阶级。

在发达工业社会里，这个问题变成什么是工人阶级？是"工厂工人"、"产业工人"，还是更广泛地说，是"蓝领工人"呢？（在马克思看来，无产阶级与贫苦的劳动人民并不是一码事，而且肯定不是他所认为的那些在社会活动中失去了人的尊严的**流氓无产者**。典型的无产阶级应由工厂工人构成，严苛的工作环境激发出他们的阶级意识。）但是，即使按照其最广泛的定义，蓝领工人群体在发达社会或者后工业社会里也是日益缩减的。所谓的无产阶级或说工人阶级是**所有**那些为工资和薪水而工作的人吗？但是，这个概念一经这样扩大，就变得面目全非。（所有经理都能被算作工人吗？监督员和行政管理人员也是工人吗？拿高薪的教授和工程师是工人吗？）

长期以来，马克思主义社会学家只是简单地忽略这个问题，宣称资本主义"不可避免的"经济危机必然会导致革命，而"工人阶级"将在其中取得胜利。20世纪20年代的德国首先注意到新的技术和管理阶层崛起的现象，并将这些人归类为"新的中产阶级"；正是在这个意义上，C·赖特·米尔斯1951年在《白领》一书中使用了同样的概念。德国社会学家（特别是首先具体分析了这种现象的埃米尔·莱德勒和雅各布·马尔夏克）认为，"新的中产阶级"不是一个自主独立的阶级，但终将在工人阶级或企业界之间选择其一。米尔斯的看法也是如此，

"如果政治力量只能依靠有组织的经济力量,白领工人就只能从'企业'或'劳工'中取得力量。在整个权力结构里,他们是因变量。因此,对他们的政治倾向的预测,必须取决于对企业和劳工斗争的方式和结果的预测。"①

两位德国社会学家和米尔斯都对经理、行政人员和职员有大量的分析。但是随着在航天、计算机、炼油、电子、光学和化学等高科技领域工程和技术人员越来越多,熟练劳动的性质出现了巨大变化,这在 50 年代表现得尤为明显,这个新兴阶层因此在职业构成中变得愈加重要,取代熟练工人成为工业活动中最重要的职业集团。这时,无产阶级在社会学上的定义就变得至关重要。

第一位力图从理论上解决这一问题的马克思主义者是独立的法国激进派塞尔日·马莱。1959 年,他在《现代》和《广场》等刊物上发表了一系列文章,以 IBM 公司为参照分析了规模较小的布尔机器公司以及高度自动化的加利福尼亚—得克萨斯石油公司内部新的工业生产过程。1963 年,在法国出版的《新工人阶级》一书就是以这些研究另加一篇长文《工会运动与工业社会》为基础的。该书虽然没有被译成英文,但对一些年轻的美国激进分子,特别是对"学生争取民主社会组织"确实产生了影响(毕竟他们可以接触并分享工人阶级的斗争果实)。"新工人阶级"理论似乎一度在独立的马克思主义者中间形成影响,但一方面由于"气象员派"革命的冒险主义,另一方面由于"进步劳工党"的严重教条主义,它的声音很快被淹没了。最终,"学生争取民主社会组织"的解体使得这一思潮彻底失去了土壤。

马莱的论证非常简单。工程师和技术员是"新的"工人阶级,将部分地取代旧的工人阶级,由于具有领导革命的潜力,他们所发挥的作用要远远超过其实际人数。虽然拥有高收入,但这些人仍然是"新的"工人阶级,他们的技能将被破坏、分割,成为例行公事,因而难以实现所学到的专业技术。他们将"沦为"受过高级训练的工人阶级。较高的薪资不足以将他们打造为新一代的"工人贵族",而在事实上为其他工人提供了一个典范。马莱写道:

---

① C·赖特·米尔斯:《白领》(纽约,1951 年),第 352 页。

实际上,"新工人阶级"是与最高度发达的工业资本相联系的,其目前的生活水平完全是由于相应企业的高生产率。然而,他们的生活水准将随着经济形势而改变,把这些现代工业技术人员等同于"工人贵族",是一种肤浅的分析。的确,这些人和工人群众在生活水平上存在明显差距。但是,正如我们所看到的,这对于其余的工人阶级的行为非但没有产生消极后果,相反,这些"先锋人物"的存在产生了积极的效果。①

从根本上说,这种思想并不新鲜。它是凡勃伦著作的核心内容(但法国人对凡勃伦所知甚少)。凡勃伦在《企业论》(1903年)中明确区分了工业和商业,工程师主要致力于对生产实践做出改善,而金融资本家或经理则实施控制以维持生产和实现利润。凡勃伦在《工程师和价格体系》(1920年)一书"简论技术人员的苏维埃"中,提出生产工程师的革命潜力是"工业体系内的总参谋部",有着不可或缺的作用:

缺少生产工程师的即时和不间断的指导和校正,工业体系就难以运转。工业体系是一种机械结构,其运转方式由生产工程师设计、建立和操作。没有这些人以及他们的不断关注,工业设备以及各种机械装置都不过是一堆破烂。②

凡勃伦的创作正值苏联革命之后的第一波革命浪潮。他认为靠工团主义推翻一个社会是有可能的——事实上他认为这是唯一可能的方式,因为在发达工业社会里发动政治革命的想法已经过时。半个世纪以来人们对于这种想法似乎已经生疏,但是,通过由专业人员组成的新阶级与异化概念的紧密结合,法国作家们似乎有可能将它复活。

与凡勃伦一样,马莱将他的分析主要集中于技术人员,而法国社会批评家、

---

① 塞尔日·马莱:《新工人阶级》(巴黎,1963年),第69页。
② 见索尔斯坦·凡勃伦:《工程师和价格体系》(哈宾格版,1963年),第4—5页。

《现代》杂志编辑安德烈·戈尔兹（André Gorz）则把这种观点扩大至所有专业人士的"异化现状"。他认为迄今为止工会运动所采取的必要的斗争立场只争取到一些"数量上的收益"，而坚持这一战略将会越来越没有效果，因为它把工人与消费社会和经济体制的生产率捆绑在一起。工人们以及所有专业人士应该采取的新战略是，为"本质性"的改变，特别是为控制生产而斗争。戈尔兹说：

> ……技术人员、工程师、学者和研究人员，发现自己像其他赚工资的人一样，靠完成一件足以在短期内获得收益的工作而获取报酬。他们发现长期的研究、以创造性的手法解决根本问题以及对工匠精神的挚爱，这一切全都与资本主义的赢利标准格格不入……。他们还进一步发现，他们的工作乃至个人生活的方方面面，都为资本规律所统治，因为控制着大工业集团的那些人同样控制着国家、社会、地区、城市和大学的权力，以至于每一个人的未来……
>
> 这样一来，反对资本权力的斗争显然就是为有意义的生活而斗争，这一斗争必须毫不间断地持续下去，从公司延展到整个社会领域，从工会延展到政治领域，从技术延展到文化……因此一切都被容纳到斗争之中：工作、工资、事业前景、城市、地区、科学、文化，以及为人类幸福而发展个人创造力的可能性……这一目标的达成，仅仅通过将资本和信贷累积的中枢国有化是不可能的（等于甘冒政府官僚化的风险），还需要大大增加民主决策中枢并提高它们的独立性，换而言之，建立一个由各地自治机构组成的综合性协作网络。这种要求非但毫不抽象，而且或许正是迫切的需要。……因为一旦达到一定文化水平，对于自治、个人获得自由发展以及赋予生活一定意义的需要，就会像满足生理需要那样迫切。

对于19世纪的无产阶级来说，活不下去意味着他们的劳动力不可再生，而对于科学领域或文化工业的工作者来说，活不下去则等于无法继续在工作中发挥创造力。19世纪的工业从农村吸收劳动力，劳动工人的肌肉失去活动空间，肺呼吸不到新鲜空气，肠胃缺乏新鲜食物提供营养；这些人的健康状况下降，其需要只剩下让人类机体在一个不友好的环境中空转。20世纪下半叶的工业日益倾向于从高等院校招募人力：这些人具有创造性或独立工作的能力，有好奇心，可以综合、分析、发明和借鉴，有时虚度光阴，有时却因为不能有效工作而甘冒毁灭的风险。①

以赫伯特·金蒂斯（Herbert Gintis）为首的一些哈佛大学年轻的经济学家极其认真地努力把戈尔兹的思想应用于美国。金蒂斯注意到一个"在现代资本主义社会中新兴的社会阶级"，一个被他泛泛地称为"受过教育的劳动者"的新工人阶级。金蒂斯依据爱德华·丹尼森及其哈佛大学同事塞缪尔·鲍尔斯（Samuel Bowles）的经典著作，特别强调"受过教育的劳动者"的重要性；因为，如果人们比较一下从1929年到1957年生产资本（机器和技术）与"人力资本"在美国经济成长中的相对贡献，人力资本比生产资本的作用大5至8倍。但是，金蒂斯认为受过教育的劳动者是按照资本主义制度的需要而被制造出来的。受过教育的人们要求作为生产者而过充实的生活，而他们在日常工作中的命运却是工作分割和专业化，这种被异化的感觉就激发出革命的愿望。在金蒂斯看来，美国学生对大学的抵制预示着所有"受过教育的劳动者"有可能造资本主义的反。

金蒂斯的抽象分析的弱点，首先在于把美国学生看成未来革命的典范。大学里即使有必修课，也并不等同于典型的商界企业，"学生觉悟的提高"很可能并不是因"受压迫"而产生的。大学是一个"温室"，美国学生生活在一个不同的世界里。今天，学生们几乎不会因任何越轨行为而受到成人般的制裁和赔偿惩罚。但毕业以后，学生将进入一个完全不同的、身份地位有极大差别的社会，开始担负起他们对自己及其新家庭的责任。因此，并不奇怪，不管最初是多么地崇尚激进主义，这一代大学生随着年龄的增长，会变得更加保守。②

---

① 安德烈·戈尔兹《劳工的战略》（波士顿，1968年），第104—106页。最早的法文版本《工人阶级的战略和新资本主义》于1964年出版。
② 关于这一论证的更全面的论述，见S·M·利普塞特和E·C·小莱德所著："大学的一代——从30年代到60年代"，载《公共利益》第25期（1971年秋）。利普塞特教授和莱德教授指出，每一代大学生在一开始时都比上一代更左；而虽然他们最后总是比一开始时变得保守，但他们最终的观念却可能比很久以前的大学生入学时的观念更左、更自由化。在这个意义上说，社会上受过大学教育的阶层，总是存在一代比一代更左、更自由化的基本趋向。

第二个弱点是他认为"制度"的需求总是铁板一块。矛盾的是（也许是半开玩笑的），金蒂斯分析的依据不是马库塞（Marcuse）的理论，而是社会学领域的功能主义学派，尤其是塔尔科特·帕森斯的理论，后者已为马克思主义者抨击为将人类社会过于简单地视为一个"整体"。无论如何，功能主义和马库塞对于社会和文化的多样性与复杂性的理解都过于简单。美国社会不存在一种在下一代中"再生产"当下职业分工的"制度"，反而是从职业细分趋势的诸多源头中孕育出更多不同的趋向。

第三，金蒂斯把科层官僚制与资本主义相等同（"工作的科层官僚制是资本主义控制工作过程的结果，因为科层官僚制是唯一与资本主义霸权相适应的一种组织形式"），而没有把它看作所有技术和等级社会（资本主义的和共产主义的）历史发展中的一个普遍特征。[①]由于成立委员会和群众参与受到鼓励，典型的科层官僚等级结构已经在发生改变，但金蒂斯在科层官僚的概念中恰恰忽略了这些在组织层面出现的大量变化。的确，这些新的变化没有改变权力的基本性质，却往往有助于为个人提供比以往更多的参与度。

这些批判的源头是社会主义者人道主义的道德驱动。这样一种价值观虽然令我们同情，但是像戈尔兹和金蒂斯那样把规范范畴与分析范畴混为一谈，把社会趋势等同于修辞上的心愿达成，那将是愚蠢的。例如，工程师符合被异化的"受过教育的劳动者"的许多属性。他们中很少有人能够自主决定自己的技术和知识应如何使用；国防经济的转向，加上研究与发展经费的猛烈削减，使许多工程师第一次领悟到"职业生涯"的风雨飘摇。但他们仍然从未把自己与"工人阶级"相等同。（1971年6月号的《财富》杂志在一篇针对工程师问题的文章中提出："许多来自蓝领工会家庭的人一旦升入工程技术行业，就再不愿意退回去了。"）工程师所关心的是如何保持他们的"专业地位"。他们抱怨工程师一词现在被到处滥用，推销员自称是IBM公司系统工程师，芝加哥人则委婉地把垃圾工人称为卫生工程师。他们为确保自身专业地位而做的努力——加入卓有声望的

[①] 金蒂斯的主要评论见其论文"新工人阶级和革命青年"，载《连续统一体》（1970年春—夏号）第8卷，第1期和第2期增刊，文中引语见该刊第167页。

协会、凭借专业证书设定更严苛的要求、改变大学的授课课程——都旨在区分而不在合并。①

努力维持专业的地位——个体的流动性在这种社会仍然起到积极的作用——最终与新左翼的民粹主义发生了冲突，后者将对专业化的崇尚指斥为一种"精英主义"。新左翼政治势力在学校、医院和居民区内指责专业化和等级化是将人民排斥于决策之外的一种手段。因此，我们今天可以看到一种奇怪的现象："受过教育的劳动者"为官僚阶层和民粹主义所夹击。它如果想要抵制威胁其当下成就的"异化"，就更有必要维护一脉相承的专业精神（当然是在思想方面），而不会走向二者之中的任何一方。就这一点来说，所谓"新工人阶级"不过是一种激进的幻想而已。

变革的限制

毫无疑问，在今后几十年内我们还将看到职业结构和专业领域的惊人变化。更年轻、受过更多教育的新一代劳动者将认为与长期忍受机器限制相比，货币报酬（他们的前辈们曾为之斗争）并不那么重要，这时在生产场所内部就会出现争取工作决策控制权的新的要求。随着新一代走向社会舞台以及专业化关系结构的改变，专业人士内部会形成越来越多的社会意识。例如，医务界作为后工业社会的核心职业，将不可避免地结束"看病收费"的关系，代之以某种形式的社会保险加政府支付。医生作为个体进行经营的时代已告终结，医院和群体服务将日益获得更重要的地位。一整套新问题随之而来：由谁来经营医院——传统慈善机构的理事？市政官员候选人？医生？"选区选民"还是"整个社群"呢？如何分配科研资源与医疗资源的比例？是要设立规模更大、配备更精密设备的教学医院，

---

① 这里，人们尤其可以看到英、美生活在社会学方面的差别。在英国，工程学从不被认为是一项真正的专业。直到近期，技术院校才被列入大学的行列，科学、技术和管理人员联合会的会员从1947年的9000名增长到今天的22万名。美国目前有十多个工程师工会，"工程师和科学家组织委员会"（Council of Engineers and Scientists Organizations）声称是美国和加拿大10万名会员的代表，不过美国国内面向工程师的集体谈判合同仍较为罕见。

还是要在居民区设立更多的简易医务所？同理，在立法领域，由于政府将在福利、济贫、教育、消费和保健等方面承担更多工作，律师得以在商业、不动产、劳工法、遗嘱和信托等旧的领域之外新增一个公共利益法的全新领域。专科院校以及社区学院的数量倍增，以及大多数大学里标准化课程的取消，也提供了实验和变革的舞台。

具有讽刺意味的是，就在大量必要性改革即将在就业和职业细分的领域出现时——部分是因为 20 世纪 60 年代的骚乱，但更重要的是由于后工业社会结构性变革的深层动力——如果抛开一向存在的既得利益干扰的话，在客观上出现了比美国前几十年经济和社会发展中更加强烈的限制这些变革的因素。

首先是生产率的限制。一个简单而明显的事实是，商品的生产率和产量提高较之服务业快得多。（这对于就业人数的相对占比变化非常重要，在商品生产中以机器代替人力比在服务业中更加容易。）服务业体现的是人与人的关系而不是人与机器的关系，因此生产率必然低于产业部门。各个类型的服务业都是如此。在零售业中，尽管采用了自助服务、超级市场和预先包装等办法，但从事市场销售的劳动力比例上升使得生产率无法再行提高。在小至理发大到旅游等个人服务方面，人与人的关系受时间因素的限定。在教育领域，尽管采用了标准教学、电视教学和上大课（学生不喜欢）等办法，教育开支却还是每年上升 5—7%，而服务业整体（包括教育业在内）的生产率每年仅上升 1.9%。在医疗领域，尽管采用多相筛查和与机械化设备相类似的诊断科技——以减少对个体的关注为代价而增加了诊疗人数——一个医生用于治病的时间还是有限的。最极端的例子是乐队现场演出。正如美国经济学家威廉·J·鲍莫尔（William J. Baumol）常喜欢说，半个小时的五重奏，每小时需要耗费两个半人力，而且音乐家的生产率无法随着工资的提高而上升。[①]

在近几十年来政府预算（不计福利开支）已增至两三倍的城市里，生产率限制的问题尤其到了紧要关头。市政开支的大部分——教育、医院、警察和社会服

[①] 有关测量技术问题的全面审视，见维克托·R·富克斯编：《服务业的生产和生产率》（纽约，1969 年）。

务等开支——都拨给了非增长性经济部门，而且没有什么真正的收益或赚钱的经济产业可以抑制预算上升。只有生产率的提高才能为社会工作的扩张提供空间。

第二种限制是通货膨胀，强大的工会和经济寡头的双向互动已使得它成为经济结构**固有**的成分。通货膨胀自 1968 年以来一直困扰着美国经济。很大程度上它是由约翰逊总统的欺骗行为引起的。他向美国人民隐瞒越南战争的代价，不敢用增税的方法支付战争开支。但这笔钱不可避免地要在接下来的日子里偿付。抛开越南战争不谈，通货膨胀已成为美国经济的一个结构性问题。在钢铁、汽车、电机产品和橡胶等重要产业部门，集体谈判的大惊小怪和吵吵嚷嚷实际上只是一场模拟斗争，劳资双方已在私下达成了切实的和解。工会争取到工资的实质性增长，有能力"统制"价格的工业界则借口工资的增加而进一步地提升产品价格。工业界（直到近期）总是能把增加的成本转嫁给公众，在这一回合中工会和政府再无反对意见。①

由于上述体制的建立，美国工会在过去 4 年内一直强制工资以平均 7% 的年增长率提高（在印刷业和建筑业等产业里，工资每年的增速可达 12%）。与此同时，生产率的提高每年只有 3%。如果美国经济仍是一种制造业经济，这种情况还可以勉强应付。产品制造业的劳动力成本大约占总成本的 30%，那么，工资增加 10%，意味着生产成本只增加 3%，这可以被生产率的提高所抵消。但在服务业中，工资可能占到整个行业总成本的 70% 或更多，每增长 10% 的工资，便会增加 7% 的成本；而服务业的生产率提高平均只在 1.2—1.9% 之间。透过这一差额，我们可以大致看到通货膨胀正被内化于该体制之中，以及通货膨胀中的成本推动因素所产生的副作用。

导致通货膨胀成为美国经济结构性问题的，正是服务业经济的新特性。根据约翰·肯尼斯·加尔布雷思在"新工业国"中的看法，通货膨胀持续是因为工资是由谈判商定的，而美国经济中的产业部门不断提高统制价格。但是，1965 年至 1970 年的数据却勾勒出另外一幅画面。价格指数在这期间上升 30%。作为美国经

---

① 关于这一体制如何产生及这种把戏如何得以实施的详细讨论，请参见我的"集体谈判的破坏性"，载《评论》（1960 年 3 月）。

济最高度集中的产业商品之一，汽车的价格指数上升15%。电视、应用电器、家具等耐用消费品的价格指数上升18%。医疗、教育、娱乐、保险等服务业的价格指数上升则高达42.5%。价格上涨的部分原因是需求的旺盛，然而更大程度上却是因为在生产率仅有很少增长的部门中大幅提高工资和价格。

一旦工资的稳步上升成为确定的趋势，我们就会看到政府或公共服务部门开始感到头疼了，因为"价格"提得越高，"税收"和政治上的牢骚也将随之增多。从城市的问题，我们可以进一步扩大到整个社会。随着劳动力更多地转入服务行业，生产率和经济增长将会进一步受到拖累，而私人及政府服务业的成本则急剧上升。与此同时，大众的社会不可避免地要求政府更多地作为、提供公共服务产品。于是，我们不得不面对一项痛苦选择，因为，一旦服务业（尤其是政府部门）工资上升而生产率不能提供足够补偿，那么这项开支就对社会资源形成了额外的声索，要与医院、学校、图书馆、住房、净化的水和空气等一起争夺必要的经费。

根据后工业社会的特征，政府将成社会上最大的职位提供者。但是，争取政府部门的工资增长完全不同于从私营企业中争取工资增长。詹姆斯·奥康纳（James O'Connor）所说的"国家财政危机"已经迫在眉睫。政府综合性功能的增加需要新的财政收入。与此同时，政府行政机构的扩张却使开支大为提高。政府的预算限制不同于私人企业。私人企业可以通过提升价格把成本传导出去。而政府财政收入的增加有三种途径：一是提高经济成长率，将国民生产总值的增长用于政府目标而不用于私人消费。（美国政府在60年代初期就是靠这种方法为社会项目提供资金的。）但这样的增速要以通货膨胀为代价，而目前西方社会完全不知道要如何控制通货膨胀。二是提高政府和服务业生产率。这种做法虽然可能取得一些成效，但与"增长性的"工业部门相比实在有些微不足道。三是增加税收，而公众持续提出反对加税的抗议。替代性的解决方案是削减政府项目和压缩开支，但是这样做又要承受各方面的压力——企业界要求削减社会项目而保持补贴；劳工要求在各个领域扩大预算；革新派要求削减国防预算而扩大社会项目开支——因此这一方案也很难达成。政府财政在未来一定会成为问题，很可能成为后工业社会的一大棘手问题。①

第三种限制尤为美国所特有的国情。按照企业家的看法，美国制造业产品显然正因定价过高而被排挤出世界贸易。根据经济学理论，鉴于商品生产不可避免要经历"产品流通"，一旦某种产品进入标准化生产、投资易于预测、价格需求弹性较高而劳动力成本具有决定性影响时，发达工业社会便发现自己正处于不利地位，而发展中国家有能力以更便宜的价格进行生产。这就是美国制造业面临的现状。在世界经济中，美国是一个"成熟"的经济体，更多具有进取精神的国家正在努力将它从巅峰位置推落，正像20世纪20年代中期各国对英国所做的那样。

看一下美国今天在世界经济中的地位，可以看到三个明显的事实：

一、在世界贸易中，美国只有在技术集约的产品领域才处于顺差，而在农产品、矿产品、石油以及一些非制造业、非农业产品乃至非技术集约型的制造业产品领域则大大地处于逆差。美国的纺织品市场，以及收音机、打字机和高档照相机等业已进入标准化生产阶段的技术产品市场，处处为外国产品所充斥。甚至在技术集约型的产品领域（如计算机、激光器、仪表）贸易额也出现了下降：在1962年，该领域的进出口额是1∶4（进口25亿美元，出口102亿美元）；1968年则下降至1∶2（进口94亿美元，出口184亿美元）。1971年，当尼克松总统采取行动迫使外国货币升值并收紧外国产品在美国市场上的销售限额时，贸易逆差总额已高达每年120亿美元。

二、运费下降和国内外的工资差额使美国跨国企业越来越倾向于在国外制造大部分零件而运回国内组装。福特汽车公司之所以能够生产价格低廉的平托牌汽车，是由于在国外制造了大部分零件；克莱斯勒公司则宣布它所有轿车的零件将有越来越多的部分在国外而不是在底特律生产。

---

① 关于它的理论模型，见威廉·J·鲍莫尔"不平衡增长的宏观经济学：解析城市危机"，载《美国经济评论》（1967年6月）。正如鲍莫尔教授所写的：

"增长性经济部门的资本积累和革新没有停止的迹象，因此，行政部门的成本上升也不会中止；无论是否存在通货膨胀，财政预算在未来几乎可以肯定将不可抗拒地、累进性地增加……不能为此而责备任何个人或集团，因为无法采取任何措施来加以扼止。"（同上书，第423页）

新马克思主义对这一问题的看法，见詹姆斯·奥康纳，"国家的财政危机"，载《社会主义革命》第1卷第1期（1970年1—2月）和第1卷第2期（1970年3—4月）。

三、美国正在日益成为一个**食利者**社会，商业账户中有大部分和越来越大部分的收入是美国公司的海外投资收益而不是出口所得。

上述这一切向美国劳动者提出了非常严肃的挑战。美国组织程度最高的制造业正面临着职业的严重销蚀。过去由衷赞成自由贸易的美国劳动者，现在却成了严重的贸易保护主义者。这样做或许能够挽救某些部门（纺织、电子、钢铁、汽车）的就业机会，但消费者却要付出较高的代价。

实际上，由于产品制造业和服务业两个领域之间的生产率差异，以及美国制造业在世界贸易中的地位正遭到威胁，进行社会实验的余地变小了。当工人们要求更多地自主控制劳动条件时——这不可避免地会增加成本——由于适逢美国经济环境的改变，此时的社会压力可能是最大的。

最大的限制还在于体制内部大量增加的、相互冲突的需求。正如我前面已经指出的，后工业社会越来越向公共社会转变，公共机制将取代市场而推动产品的分配，公共选择替代个人需求而成为服务功能的主导。公共社会就其本质而言扩大了人们的权利（包括孩子、学生、穷人和少数人的权利），将它们转化为公共社会的要求。个人行为对公益的影响是一种外部因素，把清新空气、净化用水和大众交通转化为公共问题，提出建立社会规则和社会控制的必要性。人们对更高教育和医疗条件的要求必然极大地提升政府在资金提供和标准设定方面的作用。人们对于舒适环境以及提高生活品质的要求，又将政府推入了环境、娱乐和文化等领域。

这又牵涉到另外两个问题：首先由于社会学知识的匮乏，我们确实仍不知道如何有效地去做这样多的事情；而同样重要的是，由于不可能有足够的钱去满足所有的或者大部分的要求，我们又该如何决定先做些什么呢？1960年，艾森豪威尔总统的全国目标委员会制定了一套最低生活标准（10年以后这套标准看上去已经相当原始）。美国规划委员会预定到1975年达成这些目标，并据此估算了成本（假定增长率为4%，事实上未能达成），发现资金缺口竟高达1500亿美元。所以，问题的关键是轻重缓急和进行选择。

要如何达成这一点呢？公共社会的一大特征是：个人和群体越来越多地参与社会生活。事实上，就城市这一层级而言，目前美国公众的参与度要高于历史上的任何一个时期。① 但是，参与度的提高导致了新的矛盾：随着地方社群数量的增加，而每个社群都在谋求不同的、甚至相互冲突的目标时，某些群体否决另一些群体利益的可能就越发容易出现，而这种僵局往往引起灰心失意和无能为力的情绪。过去 20 年来，美国选民人数已经大大增加，这一现象并不局限于地方，而是波及全国。利益集团政治的实体通常是公司、工会和农场，而种族群体在州和城市政治中有相当大的影响。近 20 年来，我们还看到科学家、教育工作者、知识分子、黑人、青年和穷人等团体的崛起，它们都在努力扩大自身影响并争取得到更多的资源。② 旧联盟不再具有决定性的作用。近 10 年来我们所看到的是，出现了一种对两党任何一方都不信任的独立因素。这些选票将投向哪一方，已经变得越来越重要。在政治上达成统一将更加困难。无法达成统一意味着人们只能选择冲突，而长期冲突将导致社会的分裂，将某支强大的社会力量引上暴力镇压的道路。

过去，西方工业社会有三个显著特征：所有商业企业向垄断性的集团公司发展；一切工作本身都带有机器及其节奏的印记；劳资冲突作为阶级分化的表现形式，带来撕裂社会的风险。然而，这些因素在后工业社会里显然已经发生了变化。

现代企业是上世纪末、20 世纪初成形的一项社会发明，它的出现是为了推行所谓"经济模式"——推动社会变革的火车头。③ 它是为了进行大众商品生产而协调劳动力、原料和市场的一种工具，与历史上的两种大型组织——军队与教会有显著的不同。1901 年，J·P·摩根创建了美国历史上第一个估值超过 10 亿美元的企业——美国钢铁公司，以此为标志，现代企业的地位在 20 世纪上半叶与日俱增，而美国经济也日益为通用汽车、通用电气、美孚石油以及《财富》杂志工业 500 强名单上的各大巨头所主导。然而到了 1956 年，现代企业似乎发展到了经济的顶峰，其收入占到国民收入总额的 57%，该比例在此后一直保持稳定。

规模巨大是现代企业的特征，它的资产、销售额及职工人数蔚为可观。（通

---

① 关于更详尽的说明以及全面的论证，见丹尼尔·贝尔和维吉尼亚·赫尔德合撰："公众的革命"，载《公共利益》，第 16 期（1969 年夏）。
② 企业总是形成过大的影响吗？这根据情况而定。我们必须分清社会的基本制度（仍然是资本主义的）和现实的"竞争生态学"，不同的情况会形成不同的联盟，就特定的政治问题而言，就连企业界内部都会出现相当大的分歧。
③ 对于"经济模式"的阐述，见第四章"公司的从属性"。

用汽车作为美国最大的一家公司，1970年雇用了695790名职工；规模居于第500强的阿尔文工业则雇用了7850名职工。）而服务业的一大特征是企业规模小。虽然我们在服务业也可以找到像工业企业那么大的巨型公司，如公共事业领域的美国电话电报公司、银行业的大通曼哈顿银行、保险业的都市人寿保险公司、零售业的西尔斯·罗巴克公司等，但在零售业、个人和专业服务领域、金融业、不动产乃至医疗行业，绝大多数公司的雇员不超过1000人。政府一词容易使人联想到冗余的行政官僚，实际上地方一级政府的雇员人数超过了州和联邦政府，而且一半以上的工作人员是在人数不到500名职工的政府部门中工作。[①]

即使在诸如医院和高等院校等一些规模较大的机构中，新型企业也与以往的企业有所不同：较低层级（如医院的科室和大学的院系）拥有更大程度的自主性和专业控制权。现代企业的确是一个"组织化的社会"，人们的生活以这一类组织而不是小市镇为中心；但是，许多社会学家做出这种单纯的判断，事实上忽略了美国社会正在出现诸多类型的组织，而一向为人们所熟知的垄断集团虽然仍是主流，但却不再是唯一的形制。小型专业机构、研究所、各种新型政府机构，再加上为专业人士和社会群体所控制的高等院校和医院，终将成为社会上越来越多的人生活的中心。

发生变化的不仅是工作地点，还有工作的性质。我在1956年发表的《工作和不满》一文中曾经写道："成千上万的工人自各地工厂涌出，是工业化的美国不可磨灭的写照，正如带边饰的鹿皮裤和来复枪、假发和蕾丝分别是19世纪拓荒者和弗吉尼亚居民的象征一样。大多数美国人可能不必进入工厂工作，正如大多数美国人从来没有去拓荒，也没有住过佐治亚州房屋一样。这些原型蕴含着每个时代特有的精神。"我进一步论证说，虽然丰富多样的职业和工作已与工厂无关，但"工厂仍是一种原型，有如染料缓慢地渗透到织物当中，它的节奏对工作

---

① 遗憾的是有关企业规模的资料并不充分，维克托·富克斯在他的新书《服务经济学》（1968年）中不得不借用10年前的老资料。富克斯的计算以雇用500名员工的企业为截止。考虑到近10年企业规模的扩大，我选择以雇用1000名员工的企业为上限，以突出制造业与服务业之间就劳动力分配的差异。富克斯引用的资料，参见第8章，尤其是第190—192页。

的一般性质产生了微妙的影响"。①

机械化的节奏仍然浸润着整个美国社会。引入机械化设备之后，材料加工的性质发生了革命性的变化。大型保险公司、银行、公用事业机构和工业集团等处的办公室工作，同样具有机械化和无线遥控的特征，日常工作的步调如同流水线一样有条不紊。但是，特征鲜明的原型已经不见了。卓别林的电影《摩登时代》一度是工业文明的标志，在今天却已变成历史的陈迹。工业化的节奏不再随处可见，节拍已被打乱。

当下的美国是否会出现一种新的原型呢？服务业以人与人之间的关系为主导，这一事实使赖特·米尔斯早在20年前就宣称白领世界将成为"人的市场"，为了影响并赶到别人前面，每一个人都不得不在市场中"出卖自己"。米尔斯提出的原型是售货员，配套环境是"大商场"。②他的观点在甫一提出时就无法充分说服别人（尤其对那些试图在商场中获得服务的人来说），今天就更没有这样的作用了。新原型有很多种。根据某些商业广告来判断，其中一个重要的实例是研究人员或实验室里穿着白大褂的技术人员（通常是为了证明该厂商的产品优于其对手的产品）。然而，这与其说是复制一种新的文明，还不如说是要努力跟上已经反映出来的科学权威。

如果工作本身没有突出的形象，那么新关系的核心内容就是个人的接触或交往，以及自我对变化的反应和该反应的回馈，例如乘客在飞机售票处发火、老师对学生的爱憎，等等。在后工业社会工作，其基本特征是人与人的互动，而不是人与机器的互动。

最后，"劳工问题"在100多年里一直困扰着西方社会。员工与老板（资本家或公司经理）之间的冲突盖过了其他一切冲突，成为社会各主要领域所环绕的中轴。根据商品生产的规律，马克思认为资产阶级和工人阶级最终将剥离一切其他社会属性，被还原至理论中的经济关系，从而纯粹地按照各自的阶级地位而

---

① 《工作和不满》（波士顿，1956年），第3页和第36页。工业民主同盟1971年请刘易斯·科塞（Lewis Cosr）撰写了引言并再版该书。
② 赖特·米尔斯:《白领》，前引书，第8章。

相处——整个社会也是如此。① 然而,他的预测在两个问题上弄错了。一是马克斯·韦伯称之为"处于隔离状态的集团"——同一种族、民族、语言和宗教——具有的力量,其中的忠诚、纽带和感情认同在多数情况下比阶级身份更加有力和不可抗拒,集团内部的分工往往超越阶级的界线。在比利时、加拿大等工业发达的国家与在非洲部族以及印度这种群体社会里一样,"处于隔离状态的集团"一旦引发冲突,通常比阶级冲突更易导致深刻尖锐的社会分裂。第二,劳工问题受到了"约束"。利益冲突和就经理和工人对工作条件的控制权不对等而言的劳工问题依然存在,但这种不对等的现象已经转化,谈判方式亦已形成体制。政治上的冲突得到了控制,而一度被凡勃伦和杜威当作社会学理论核心的职业心理学,是否会影响人类其他方面的行为也是个问题。(资产阶级无论在白天还是在晚上都是资产阶级;但这对于某些经理就难说了,他们在白天是管理者,晚上就变身为翩翩公子。)问题的关键在于,有关劳工的"劳工问题"不再是核心,在社会学和文化的中轴上也不再具有令其他一切问题沿该轴线分化的影响了。

今后10年,重新组织工作领域的潜在需要,生产率的下降,由制造业和服务业部门生产率不相称而引起的长期通货膨胀威胁,外国竞争,工会就种族问题提出的抗议,在建筑业内部工会和建筑工人的双向垄断,所有这些挑战都可能使劳工问题日益激化,甚至走向仇恨。可以想象到的最佳状况即是一些工会把注意力从收入和消费转向关心生产环节和工作的性质。这些变化可能被政治化,但上升为意识形态或"阶级"问题,则不太可能。

美国政治在下一个10年中很可能会集中于解决自身问题,就国家的层面,

---

① 马克思的这种观点在《共产党宣言》中展示得最为明显。他在几个不同地方写道:

"资产阶级除非使生产工具,从而使生产关系,从而使全部社会关系不断地革命化,否则就不能生存下去。……一切固定的古老的关系以及与之相适应的素被尊崇的观念和见解都被消除了,一切新形成的关系等不到固定下来就陈旧了。一切固定的东西都烟消云散了,一切神圣的东西都被亵渎了。人们终于不得不用冷静的眼光来看他们的生活地位、他们的相互关系。"(《共产党宣言》,载《马克思恩格斯选集》,第1卷,人民出版社1972年版,第254页)

"以前的中间等级的下层,即小工业家、小商人和小食利者,手工业者和农民——所有这些阶级都降落到无产阶级的队伍里来了。(同上书,第259页)。

"无产者的一切家庭联系是由于大工业的发展而被破坏,他们的子女……被变成单纯的买卖对象和劳动工具……""随着资产阶级的发展……民族隔绝和对立日益消失了。"(同上书,第269页和270页)

关注医疗、教育和环境等公共利益话题；就地方层面，关注犯罪、市政服务和财政等话题。在这些公共问题上，美国劳动者将会发现他们在全国性问题上大多倾向于自由主义，但在地方层面，割裂公共生活的派系问题将会把他们导入分歧。

所有这一切都与1848年的《共产党宣言》以及1968年学生革命相去甚远。劳工问题在经济领域内依然存在，但在社会学和文化领域则已消失。就这一点而言，后工业社会目前发生的这些变化或许代表着西方社会一次历史性的转变。①

---

① 黑格尔说，密涅瓦（罗马神话中的智慧女神——译注）的猫头鹰是在黄昏时飞翔的。他的用意或许是说：劳动者，特别是欧洲劳动者，在结构性衰退或经济限制最大的时期可能形成最具有进攻性的阶级意识。

| 第三章 |

知识和技术诸方面:
后工业社会中新的阶级结构

我先从一个寓言开始,其他的一切都只是阐释。豪尔赫·路易斯·博尔赫斯（Jorge Luis Borges）[①]在"通天塔[②]的图书馆"一文中有一段话：

> ……那个图书馆里有数不胜数的、也许是无数个六角形回廊，中间有巨大的通风井，回廊的护栏很矮……
>
> 那里的资料应有尽有：将来的详尽历史、大天使们的自传、图书馆的真实目录、成千上万的谬误目录、展示那些虚假目录的证据、展示真实书目是谬误的证据、巴西里德斯的诺斯替教派福音书[③]、对这一福音书的评介、关于你死亡的真相、每本书的各种文字的版本、每本书在所有书中的引用。
>
> 当人们听说图书馆已经收集全所有的书籍时，首先得到的是一种奇特的幸福感。人们都觉得自己是一座完整无缺的秘密宝库的主人。任何个人或世界的问题都可以在某个六角形里找到有说服力的答案。宇宙是合理的；宇宙突然扩大到无穷无尽的希望……
>
> 过分的希望自然会带来深深的沮丧。确信某个六角形里的某个书架上藏有珍本书籍，而那些书籍却不可企及的想法，这是几乎难以忍受的。一个

[①] 豪尔赫·路易斯·博尔赫斯："通天塔的图书馆"，见《迷宫》，詹姆斯·E·厄比（James E. Irby）（纽约，1962年）译，新方向出版公司1962年版。经新方向出版公司和劳伦斯·波林格有限公司允许转载。

[②] 通天塔（Babel）：又译"巴别塔"或"罢伯耳塔"，是圣经故事中诺亚的子孙拟建造而没有完成的一座摩天高塔。据《创世记》载：诺亚的子孙向东迁移，至示拿，见一平原，乃徙。拟协力建造一城和一高塔，以达天上。上帝虑彼等今后将无事不成，乃混乱其语，使互不通意，遂四散。该城乃被称为"巴别尔"，意为"混乱"；塔称"巴别塔"。——译注

[③] 巴西里德斯是基督教诺斯替派的主要代表之一，揉合基督教教义、亚里士多德学派和斯多噶派哲学，主要著作有《福音书诠疏》等。——译注

亵渎神明的教派建议中止寻找，让大家打乱字母和符号，通过不大可能的运气，成功地编写出正宗的书籍……

另一些人反其道而行之，他们认为首要的是消灭那些无用的作品。他们闯入那些陈列着谬误证件的六角形陈列室，不耐烦地翻翻一本书，然后查封、毁掉所有的书架，千千万万的书籍就这样莫名其妙地在他们移风易俗和禁欲主义的狂暴下遭到浩劫。他们的名字受到诅咒，可是为这种狂热破坏了"宝库"而惋惜的人忽视了两个明显的事实：一个是图书馆庞大无比，任何人为的削减都是微不足道的。另一个是虽然每本书都是独一无二的、不可替换的，但是（由于图书馆包罗万象）总有几十万册不完善的摹写本——除了个别字母或逗号外，同原版没有什么差别……

图书馆是无限的、周而复始的。 假如一个永恒的旅人从任何方向穿过去，几世纪后他将发现同样的书籍会以同样的无序进行重复（重复后便成了有序：宇宙秩序）。有了那个美妙的希望，我的孤寂得到一些宽慰。

——豪尔赫·路易斯·博尔赫斯 "通天塔的图书馆"

变化的速度

很少再有人像亨利·亚当斯[①]（出身于美国社会最有名望的家族之一）那样竭力了解当代社会。他的祖父约翰·昆西·亚当斯是贵族政治最后一个代表人物，因受到杰克逊与人民党的冲击而下台。亨利·亚当斯深深感到大众民主时代没有像他这种旧式贵族的发展空间。为了认识自我和所处时代，亨利·亚当斯转而研究历史。

亨利·亚当斯用45年的时间来思考历史。他写下了恢宏的巨著《美国史》，在今天已鲜有读者；他在世界各地游历，在罗马追寻著名史家爱德华·吉本的足迹。最后，在以第三人称写成的自传体《亨利·亚当斯的教育》中，他坦承了自己的失败。亨利·亚当斯写道："人的思想像是惊弓之鸟，总是力图逃

[①] 亨利·亚当斯（1851—1921）：美国经济学家，率先对政府经济事务进行研究并作出积极努力，著名作品有《财政学》。——译注

避'混乱'这一囚禁它的牢笼……"他认为自己陷于同样的囚笼。"亚当斯始终未能认识历史的规律性，这是他没有讲授它的原因，因为混乱是没法讲授的……"

但亨利·亚当斯并没有放弃对历史潜在秩序的研究。正如他所写的："在10年探索之后，他发现自己正躺在1900年大博览会的机器展览馆里，他的历史著作被突然迸发的全新力量折断了脖颈。"亨利·亚当斯在一个发电机陈列厅里获得了这一启示。

在发电机产生的滚滚能源之中，亨利·亚当斯认为，对于人们用来标榜那个时代的复杂性，他已经略微觉察到解释其秘密的钥匙。他写道，在19世纪，社会普遍用煤产量来衡量其进步程度。他兴高采烈地说，或许可以把煤利用率的提升视为"功率计"。亨利·亚当斯指出，从1840到1900年，煤的产量每10年就翻一番；作为一种应用能源，每吨煤在1900年的利用率等于1840年的三至四倍。历史的功率计启用算术比作为评估手段；而亨利·亚当斯对于X射线和镭被发现后颠覆了人们对世界的认知印象颇深，认为1900年前后出现的新力量正在创造新"精神"。他指出这一切所揭示的既是一种新的社会物理学的基础，又是历史动态规律的基础，后者即为社会变化的基本秘诀——加速度定律。

不可能性已经不再是阻碍的因素了，他在《亨利·亚当斯的教育》中用一种奇怪的、交织着欢乐与沮丧的笔调写道：

> 人生到处都有着不可能性。这个孩子在6岁前，见证了4件不可能的事情成为现实——远洋汽轮、铁路、电报和银版照相……他看到美国的煤产量从零增长到每年300多万吨，甚至更多。而远比这更重要的是，他看到许多人在追逐力量（其吸引力的真正尺度），人数从1838年的几十人、数百人上升到1905年的数千人，他们的敏锐程度在历史上闻所未闻。这些人在隐蔽的领域里搜寻力量，这些地方甚至连大自然本身也没有意识到，在各种仪器的辅助下，把搜寻的范围和精确度提升至全新的高度……如果科学的复杂程度每隔10年就会翻上2至4倍，那么甚至连数学很快也会变得晦涩难懂了。

普通人的智力［即亚当斯的］已经难以应付了……他的头脑在 1900 年时就已经不懂［科学］了。①

亨利·亚当斯一直想写一本《社会物理学》，从而使计算变化率如同计算速率一样精确。他的失败——或许任何人都将失败——充分体现了人类不愿把自己退化成图纸上的一段线条的刚愎任性。但是，亨利·亚当斯所抓住的，在他所生活的时代里他或许是第一个这样做的人，是驱动所有人的生活加快变化步调的一种感觉。人们翻阅他的论文《历史分期原则》，第一次从历史书中看到用笔直上窜的 J 形曲线来说明知识的指数级增长时，就会感到自己有点像是巴尔博亚②（Balboa）登上山巅，第一次看到面前一望无际的太平洋一样。

指数曲线——变量倍增的加速实现——现在已经司空见惯。我们知道，从耐利·柏莱（Nelly Bly）1889 年环航世界到 1928 年第一次环球飞行，人类环绕地球的时间每隔 1/4 世纪就按指数递减 2 倍，1928 年之后，该数字变为 10 倍。德里克·普赖斯（Derek Price）在我们接下来将要讨论的问题中，认为科学研究的总量自牛顿时代以来每 15 年翻一番，在一位科学家的研究生涯中大概会增至 3 倍。

关键的是，指数曲线不仅意味着时间标准的迅速变化，而且正越来越迅速地改变人类的知识特征和生活方式。华盛顿卡内基研究所所长卡里尔·哈斯金斯（Caryl Haskins）在 1965—1966 年的所长报告中写道：直到 1920 年，"人们仍然广泛地相信银河系体现了整个宇宙。只是在最近 10 年，我们才充分意识到，我们这个星系只不过是几百万甚至几十亿个同类星系中的一个，它们罗列在天穹上，向远处伸展，这是人类在 1920 年甚至 1950 年还一无所知的……"

只是在近 10 年，我们才认识到类星体（类似星体的射电源）的存在。其中一个两年多前刚刚发现的类星体，据估算比太阳亮 2.5 万亿倍。这些发现彻底地改变了我们对自然和宇宙的认知。实际上，在伽利略之后的 300 年里，

---

① 亨利·亚当斯：《亨利·亚当斯的教育》（波士顿和纽约，1918 年），第 494—495 页。
② 巴尔博亚（约 1475 年—1517 年）：西班牙探险家，1510 年成为首位发现太平洋的欧洲人。——译注

科学发展一日千里,以前要几十年才能整合和联系的局部认识现在几年的时间就可做到。

从天文学的外部世界到生物学的内部世界,类似的情况一直在重复。100多年前,修道士格雷戈尔·门德尔奠定了遗传学的基础。多年之后,年轻的生物化学家弗里德里希·米歇尔(Friedrich Miescher)在寻找核内物质时用酶分解了活性细胞的细胞质。从米歇尔的研究到莱纳斯·鲍林(Linus Pauling)和罗伯特·科里(Robert Corey)在20世纪50年代提出有关基因的分子结构的一套理论,又花了75年的时间,之后,只用了不到10年时间,克里克(Crick)和华生(Watson)就解开了生命的基本遗传密码。

与这些发现同样重要的是,亨利·亚当斯早在1900年就深刻地认识到一个简单而重要的事实,即从社会和学术的角度来说,一个孩子再也不可能生活在他的父辈和祖辈曾经生活的世界里。几千年来,孩子们追随着先人的足迹,迈上稳定的生活之路,按照仪式化的惯例行事,学到的是同一类型的知识和伦理,与地方和家庭保持着基本一致。世界上有些地方的生活仍然如此,但这种地方越来越少了。今天,不仅年轻人要从根本上与过去决裂,培养技能以应付不确定的未来,整个社会也面临着同样的任务。

规模的变化

把我们所处的时代与过去相区别的第二个显著事实是社会生活出现了"规模的变化"。我们先来看一下数字。令人吃惊的是,当下仍在引导美国的宪法在通过时,美利坚所辖的13个州只有不到400万人口。当然,有75万名黑奴被排斥在社会生活之外。这些人非常年轻,年龄中值只有16岁,当时够得上选举年龄的男性仅有不到80万人。在乔治·华盛顿就任第一任美国总统时,纽约市作为首都,人口仅有3.3万。

生活在城市里的人口占少数。有大约20万人居住在当时所称的"城市"——即2500人以上的聚居点。人们生活在由小社群组成的孤岛或人烟稀少之处,很少长途跋涉,远方来客极为罕见。当时的美国是一个农业社会,人工照明采用蜡烛和煤油灯,日出而作,日落而息,"天气不错啊"是农业时代才有的问候语,没有什么夜生活。所谓新闻就是地方上的流言,少数报纸也只关注地区性事件。普通人对于世界及政治的理解受到极大限制。

再来看看目前。美国人口已超过 2 亿,超过 1.1 亿人生活在大都市区(即每个县里至少有一个 5 万人口以上的城市)。没有人能够与世隔绝。(60% 的制造业工人在雇员超过 500 人的企业里工作。)就连那些农场工人也通过大众传媒和娱乐与全美社会相联系。

不过,1798 年的美国与今日美国真正的变化、同时也是最令人吃惊的差别,在于我们每个人所**认识**和**听说**的人数。简言之,即我们**经历**这个世界的方式。现在,每个人在工作中、在学校里、在邻里间、在专业或社会环境中,可以认识几百个人。考虑到当代生活的流动性——地域的、职业的和社会阶层上的流动——人的一生中会有上千个熟人和朋友。通过大众传媒,同时由于政治和文化领域的扩张,我们所**听说**的人数(和地方),正在以指数级别递增。

当世界各地人民经历这种跃进的时候,社会意识、社会关系和社会互动将会发生怎样的变化呢?考虑一下上一世纪的世界人口爆炸。人类社会经历了数千年沧桑,直至 1859 年,人口才达到 10 亿。在此基础上,新增 10 亿人口仅用了 75 年(1850—1925 年),再增加 10 亿人口则只用 35 年,1960 年世界人口达到了 30 亿。到 1980 年,世界人口很可能增长到 40 亿。如果目前的增长速度得不到扼制,到 1990 年世界人口就会达到 50 亿。罗杰·雷维尔(Roger Revelle)指出,按照目前的出生率和死亡率,1965—2000 年的新增人口将超过现有的全部人口。换个角度来观察的话,地球有史以来的人口有 1/5 今天还活着。

规模的变化不仅仅简单地表现为原有结构的放大。生物机体及人类机构在大小和规模发生变化后,都会相应地改变它们的形态。这就是伽利略在 350 多年前提出的"相似原理"(general principles of similitude)。伟大的生物学家达西·汤普森(D'Arcy Thompson)在名著《生长与形态》中阐述了这个问题:

> [伽利略]说过如果我们试图建造巨大的船只、宫殿或庙宇,可是帆桁、横梁和船体腰板却无法安到一起。同样,自然创造不出大得异乎寻常的树木和动物,而同时保留适用于较小体量的比例和材料。这类事物将因自重而解

体，除非我们……改变其比例……①

伽利略认为，比例变化必须遵循数学原理。在立体几何中，这被定义为半方—立方定律：物体体积按立方增长，而其表面积只按平方增长。社会制度不遵从空间定律；但它可以套用生物学的比喻，即存在一个**结构分化**的过程，"**一个单位或机体分化为两个**，其系统构成和职能互不相同，而在一定程度上，二者合起来在职能上等同于早先尚未分化的单位。"②

由涂尔干和马克斯·韦伯提出、塔尔科特·帕森斯及其弟子们加以阐发的结构分化，在分析社会变化的增长时，或许是目前最重要的社会学概念之一。它指出随着社会机构的规模和职能增加，界线清晰的、专业化的子系统被设计出来以履行其职能。而随着专业化子系统的增加，人们又在协作、层级和社会控制等方面发现新的问题。

以社会变化为背景，分化的过程可以追溯到久远的早期人类社会，例如政教合一（如古埃及的法老）分化为各自独立的宗教和政治体制（在明治维新之后的日本以及现在的英国，两者仍象征性地结为一体）。再如家庭，一度是将经济、财产、娱乐和其他职能结合在一起的基本结构，也已分化成家庭与职业体系，以至于家庭农场、家庭经营或家族商业都因此受到了损害。

在当代工业社会，经济体制内部的分化表现得最为明显。当本质相似的公司和社群迎头相撞时，竞争和"激烈的生死搏斗"出现了。过去，这一类竞争时常引发人群间的战争，事实上它通常是最主要的原因。但由于当代社会可以通过提高生产率而不是通过剥削或掠夺来发展经济，于是，这一类竞争转化为劳动分工和相互依存的生产关系。为了应付竞争或者避免屈居下风，社会性组织（地区、城市或企业）便开始走向专业化，缩减活动范围，并成为彼此的补充。向越来越大的市场供应商品，需要相当复杂的流程，这迫使贸易分化为批发和零售两大环节。随着经济增长和企业的壮大，职业的专业化分工也发生了类似的分化。我们

---

① 达西·汤普森：《生长与形态》（英国剑桥，1963 年）第 1 卷，第 27 页。
② 塔尔科特·帕森斯和尼尔·J·斯梅尔塞（Neil J. Smelser）：《经济与社会》（伦敦，1956 年），第 255—256 页。

已经看到所有制与管理权的分离，而且还会看到管理工作的细分，生产、金融、销售、科研、人事，等等，都发展为可以提供新兴专业化岗位的领域。[①]

如此显著而普遍的经济活动的特征，现在在一度相当单纯的教育和学术领域中也显现出来。大学的学生人数从5000人上升到50000人，这显然不仅是教育规模的线性增长，也意味着教育结构的大规模提升。过去我们见到的是院校的投资、管理、录取考生及教学统统掌握在单一的学术机构手中（牛津大学和剑桥大学迄今依然如此），但现在我们看到的是一个由财务人员、管理者、教务长、研究所长、招生干部和教师构成的繁复的层级结构，为彼此之间的、微妙的官僚化新型关系所限制。在科学研究所和研究性质学院内部，我们可以看到同样的分化和氛围在发生作用。从这一点来说，如果说有什么事件足以区分20世纪的上半叶与下半叶的话，那就是职能的专业化从经济领域扩展到学术领域。

本节所讨论的两个概念——变化的速度和规模的变化——在讨论后工业社会的核心构成（即知识和技术标准）时有非常关键的作用。

知识诸方面

定义"知识"

人们如何确定一次社会性变革的时间，又如何判定一个挫折的开端？就知识的性质而言，我把这个时间选定在1788年。所谓挫折，是指无法掌握一个人所需的全部知识。《大英百科全书》第11版在前言中指出："《大英百科全书》最早的几个版本［1745—1785年］……如同以往的百科全书一样……是由一至两位仍可以掌握其领域中所有人类知识的专家编纂的。从第3版［1788年］开始才采用了借助专家学识的做法。"因此我们知道，知识的统一性是在那个时候被打破的。《大英百科全书》1967年版提到有10000名"有声誉的专家"参与了编辑工作。

[①] 关于"结构分化"这一概念的讨论，见塔尔科特·帕森斯："对经济发展体制框架的一些思考"，载《现代社会的结构与过程》（伊利诺伊州格伦科，1960年），第98—132页。

所谓知识指的是什么呢？**百科全书**意味着无所不包，一切已知的事物（书面的或口语的）都可以被收入这个定义的范畴。但是，为了便于本章的讨论，我给出的定义是：**知识是对事实或思想的系统阐述，它提出合理判断或实证结果，并且能够通过某种载体以规范的方式传达给他人**。我使知识有别于新闻和娱乐。知识意味着新的判断（例如研究、学术）或用新的方式呈现旧的判断（例如教科书和教学方法）。

这个定义比有些既定的哲学范畴要宽泛。马克斯·舍勒[①]把知识分为3类：统治知识、教育知识和救赎知识，或者用于行动和控制的知识、用于非物质文化的知识以及用于救世的知识，按弗里茨·马克卢普（Fritz Machlup）的版本则为应用知识、学术知识和精神知识。

然而，与马克卢普对知识的综合分类相比较，我的定义又相对狭隘。马克卢普在《美国的知识生产与分配》一书中认为，"一种按照求知者的求知对象是**什么**来分类的客观解释的分类方案，不如按照求知者是**谁**、**为什么**和是什么目的求知的主观解释的分类方案更能令人满意。"[②]马克卢普用"已知事物对**认知者**的主观意义为标准"，区分了知识的5个类型：

1. 应用知识：对人的工作、决策和行动有用的知识；根据他的活动可以进一步细分为：（a）专业知识；（b）商业知识；（c）劳动知识；（d）政治知识；（e）家庭知识；（f）其他实用知识。

2. 学术知识：满足一个人学术上的好奇心，被认为是普通教育、人文主义、科学学习和人文修养的一部分；一般要通过对悬而未决的问题和有文化价值的对象集中注意力学习来获得。

3. 闲谈和消遣性知识：满足一个人非学术方面的好奇，或只是满足其娱乐和情感激励需求的知识，包括闲谈、有关犯罪和事故的新闻、轻松的小说、故事、笑话、游戏等，一般是在"紧张的"工作之后在放松和休闲的状

---

① 马克斯·舍勒（1874—1928）：德国哲学家，现象学派的主要代表。——译注
② 弗里茨·马克卢普：《美国的知识生产与分配》（新泽西州普林斯顿，1962年），第21页。

态下获得的知识，有降低敏感性的倾向。

4. 精神知识：有关上帝的宗教信仰和灵魂拯救方面的知识。

5. 非必要知识：在认知者兴趣以外，通常是偶然得知而无意中保存下来的知识。①

罗伯特·莱恩（Robert Lane）提出了"知识社会"的概念，并试图为这一概念建立认识论的基础。与马克卢普一样，莱恩把"已知事物"和"认知中的状态"都视为知识，但他同时强调与这一类知识所带来的和社会有关的与日俱增的自我意识。莱恩写道：

> 作为最初的一个粗略定义，知识社会和其他社会相比，是一个这样的社会：它的成员（a）寻找人类、自然和社会信仰的基础；（b）（或许不自觉地）被现实真理的客观标准所引导，受过高等教育的阶层遵从有证据的科学规律和推理；（c）把大量资源应用于这类探索，因此得到大量知识；（d）持续收集、组织和解释已获得的知识，以这种方式服务于当下的目标；（e）利用这种知识来说明（或修正）价值观和目标并使其进一步发展。正如"民主社会"要建立政府及人际关系的基础，"丰裕社会"要建立经济学的基础，知识社会也必须以认识论和探索的逻辑为基础。②

这些定义无所谓对或错；毋宁说它们只是限定了使用范围。处理综合性的社会变化时，要全盘考虑上述定义。但就社会政策的效果——为实现特定社会目标而对社会资源进行分配的需要——而言，我要提出一个受限的定义：即知识是已认知的**精神财富**，被冠以一个或一组名称，拥有版权或其他为社会认可的形式（如出版物）。根据写作或研究所花费的时间以及沟通或教育类型的媒体收费，这种知识是有偿的。它受制于市场、行政或政治决策者及他人对该项知识收益及所

---

① 同上书，第21—22页。
② 罗伯特·E·莱恩："知识社会中政治和意识形态的衰落"，载《美国社会学评论》第21卷，第5期（1966年10月），第650页。

耗费的社会资源的判断。从这个意义上说，知识是社会经常性投资的一部分；它是一种有条理的陈述，为了传播的目的，被记录在著作、文章甚至计算机程序里，只能被粗略地加以统计。当然，这一实用性的定义回避了"知识社会学"的某些问题：例如各种思想的社会背景、彼此之间的联系、与某些结构性基础的关系，等等。在评估一套知识体系的特性时，这些问题必须加以考虑，但它们超出了本书的评论范围。①

知识的计量

增长方式。近年来，我们已经听惯了知识"总量"呈指数级暴增的报道。最初的粗略统计出现于1944年，由于知识增长带来了存储和回收知识的恐慌。卫斯理安大学图书馆员弗里蒙特·里德（Fremont Rider）计算出美国科研图书馆的藏书平均每16年就翻一番。里德以10所具代表性的大学为例，指出从1831年（每所大学的图书馆平均藏有约7000册图书）至1938年，其藏书每22年翻一番；再比较规模较大的美国大学自1831年以后的藏书增长，其藏书约每16年翻一番。② 里德以耶鲁大学为例来解释未来可能出现的问题：

> 耶鲁大学图书馆在18世纪初大概只有1000册藏书。如果它自此一直每16年藏书就增加1倍，到1938年，它的藏书将达到约260万册。实际上，1938年时它的藏书已经达到274.8万册，与"标准"增长率保持惊人的一致……要花一点时间才能算出，1849年时耶鲁大学图书馆的书架占地长度约为2公里，索引卡片（如果它那时候还有卡片索引的话）占去160个卡片抽屉。1938年时，274.8万册藏书上架后占地长度约12.8公里，所有索引卡片占去约1万个卡片抽屉。1938年时，要管理这样一座图书馆，需要200多名馆员，大概有一半人做图书索引工作。③

---

① 至于设定了知识社会学必须回答的问题的综合性范式，可见罗伯特·K·默顿："知识社会学"，载《社会理论和社会结构》（修订版，伊利诺伊州格伦科，1957年），尤其是第460—461页。
② 弗里蒙特·里德：《学者和未来的科研图书馆》（纽约，1944年）。
③ 同上书，第11—12页。

里德继续推测——在当时似乎还有点想入非非——如果耶鲁大学图书馆的藏书继续以"不高于最保守的速度"增长的话，将会发生怎样的情况呢？他估计到2040年耶鲁大学图书馆将会有：

> 大约2亿册藏书，书架占地长度超过7200公里。索引卡片（如果还有索引卡片的话）占去近75万个卡片抽屉，占地超过3.2公顷。每年新增藏书达1200万册，为这些新书编目需要6000多名馆员。①

德里克·普赖斯把里德所发现的美国科研图书馆的迅猛增长推向几乎所有与科学知识有关的领域。普赖斯在他出版的第一本探讨这个问题的著作《巴比伦以来的科学》②中，试图把科学期刊与学术论文的发展列为知识的两大重要指标。科学期刊与学术论文是17世纪末科学革命的创新。它们使新思想能较快地在越来越多的热衷于科学的人中进行沟通。现存的历史最久的杂志是《伦敦皇家学会哲学学报》，1665年问世，接着欧洲一些国家级科学院也推出了三四种类似的刊物。此后，期刊数量不断增加，到19世纪初，总数达到100种左右，到19世纪中期达到1000种，到1900年达到1万种左右。普赖斯最后说：

> 如果把……从1665年起到今天作为一个期间进行计算，我们一眼就可以看出，科学期刊从1种发展到10万种左右，这一数量上的激增是非常有规律的，在任何人为或者自然统计中都相当罕见。1750年，全世界大概有10种科学期刊，从这以后，期刊数量一直稳定地以每半个世纪就增至10倍的速度增长。③

---

① 弗里蒙特·里德：《学者和未来的科研图书馆》《纽约，1944年），第11—12页。这当然没有考虑到用缩微胶卷技术来代替藏书。但新技术解决的是存储问题，而不是知识增长的问题。
② 德里克·普赖斯：《巴比伦以来的科学》（纽黑文，1961年）。他首次就这一主题发表论文是在《国际科学史文献》第14期上（1951年）。知识爆炸的主题在《发现》一书中以比较通俗的形式加以发挥并重新出版（伦敦，1956年6月）。
③ 德里克·普赖斯：《巴比伦以来的科学》，前引著作，第96页。

在随后的著作中,普赖斯继续辩称论文数量是科学知识总量的相关指标之一。他在1965年发表的一篇文章中写道:

> 对科学家本人来说,出版物是一种具有神秘力量的、永恒的和开放性的文献,他可以借此介绍自己的发现。只有在极罕见和特殊的情况下,人们才不得不考虑进行没有最终著作的纯科学研究。亨利·卡文迪什①(Henry Cavendish)可谓一个病态的案例:他本人孜孜不倦地进行研究,其大部分发现并未公诸于世,沉默了整整一个世纪,直到这些有价值的成果分别为其他科学家独立发现之后,它们才由克拉克·马克斯韦尔(Clerk Maxwell)发掘出来。这一类未出版的著作,或碍于国家机密而不许出版的著作,也算是对科学的贡献吗?我认为,一般说来它们很难称得上是贡献。科学可不是没有沟通的科学!……
>
> 因此,我的定义强调所谓科学是在科学期刊、论文、报告和书籍中发布的材料,简言之,是以文献形式具体表述的材料。十分方便的是,这种文献较之人们所接触的其他东西更易于定义、划界和统计。它对于科学家意义重大,因此在数百年间靠索引、分类,由期刊摘录和检索系统等构建起体系……所有这一类文献都可以、而且实际上在许多情况下已经进行了统计、分类并按照时间序列加以编辑排列。例如,研究文献的主要内容,可以视为是被收入《世界科学期刊目录》的科学刊物所发表的论文,《目录》是所有参考馆员都相当熟悉的一种工具书。②

到1830年,全世界大约有300种刊物,显然有一定素养的科学家无法再随时跟踪新的知识,于是期刊摘录作为一种新的工具出现了,它从每篇文章中提炼出摘要,使得感兴趣的读者能够决定哪篇文章有必要进行全文阅读。但是,正如

---

① 亨利·卡文迪什(1731—1801):英国物理学家,不喜交际,终生过孤独生涯,其研究成果当时均未发表,直到100年后由马克斯韦尔把它发表,方为世人所知。——译注
② 德里克·普赖斯:"科学学",载约翰·R·普拉特编《对人类本性的新看法》(芝加哥,1965年),第47—70页,尤其是第58—59页。

普赖斯所指出的,期刊摘录的数量也在以同样的方式增长,每过半个世纪就增至10倍。到1950年,期刊摘录的数量已增长至约300种的惊人数字。

普赖斯一直试图根据上述数字得出某种"指数增长律"。他认为最重要的结论是新期刊的数量一直以指数而非线性增长。"实际上,相关的基本值每隔大约15年就增加1倍,相应地在50年内增至10倍,在一个半世纪内增至1000倍……"

如果这一点属实,那么值得注意的是,我们发现的不仅是一种迅速的增长,而且它的增长曲线应该是指数性的,即在数学上体现为基数越大、增长速度越快。普赖斯追问:"为什么会出现这样的情况呢?任何时候,刊物总是按照与自身数量成比例的增速,而不是按照固定的线性增速而孳生出更多的刊物?"他认为这必然是由于"这些刊物发表的科学发现及论文具有某种特点,才使得刊物发展呈现出这样一种状况。每一次增长似乎都在以一种合理的固定增速激发出一系列新的增长,所以增长数量在任一时间点都与科学发现总量成比例。"①

普赖斯论证说,适用于科学期刊数目的"指数增长律",同样适用于这些刊物中科学论文的实际数量。以《物理学摘要》从1918年至今所刊载的论文为例,他认为论文数量的增长遵循指数曲线,其数字与实际数字的偏差不超过总数的1%。20世纪60年代初,刊载于《物理学摘要》的论文约有18万篇,随后这个数字稳步倍增,不到15年就可增加1倍。1951年以来,以大约30次这样的分析为基础,普赖斯得出结论:"毫无疑问,任何一个正常发展的科学领域的文献都在以指数增长,每隔10到15年的时间就增加1倍。"②

肯尼斯·O·梅(Kenneth O May)在较晚时候对数学文献的研究③,确认了普赖斯为物理学所勾勒的格局,但发现"数学文献的增速只及普赖斯发现的增速的**一半**"。普赖斯得出的倍增间隔时间"相当于年增长率大约为5%到7%,而我们发现数学文献的年增长率大约为2.5%,即每隔28年就增加1倍"。

二人的差异在于起始点的选择。梅指出:"在仓促得出数学的发展速度不同

---

① 德里克·普赖斯:《巴比伦以来的科学》,前引书,第100—101页。
② 德里克·普赖斯:《巴比伦以来的科学》,前引著作,第100—101页。
③ 肯尼斯·O·梅:"数学文献的数量增长",载《科学》第151卷(1966年12月30日),第1672—1673页。

于其他科学领域的结论之前,要注意的是,虽然普赖斯在谈及'文献'时似乎指的是所有文献,但实际上他的数据是每个领域在发展一定时间后的文献数,各领域期刊摘要的起始时间分别是:物理学在1900年,化学在1908年,生物学在1927年,数学在1940年。"

梅教授在研究中回溯了1868年的《数学发展年鉴》,追踪了1940年全年以及1941—1965年《数学评论》中的文献增长。他指出,在数学领域,如果持续忽视1900年、1920年及1940年之前的文献,人们就能得到一系列类似于普赖斯所发现的较高的增长曲线。梅得出结论,"如果普赖斯等人把其统计序列前期的文献考虑进去,他们将会得出低得多的增长率。他的分析证实了科学文献总量的累加一直保持着每年约2.5%的增速,即每个世纪大概增至原来的4倍。"

增长的限制。任何按指数形式出现的增长到了某个时刻都必然要趋于平伏,否则就会发展到荒唐的程度。以电气工业公布的数字为例,如果在富兰克林进行电力实验的1750年前后,该行业仅有一个人的话,那么,指数级增长的结果是1925年该行业要雇用20万人,到1955年该行业的雇员总数将达到100万人,按照这个速度,到1990年时,所有劳动人口都将被这一个领域所占用。[①] 在某一时点,增长出现饱和而增速必然趋于平缓。对于知识增长的测量,正如表现出类似特点的其他领域一样,关键在于饱和状态的定义和估算何时达到饱和状态。

这里所阐述的趋向于极限的指数增长,是一个S形函数或S形生长曲线,其中间点上下的速率是对称的。因此,这类增长易于预测,我们可以设想中间点以上的速率和中间点以下的速率是对称的,并且趋于平缓。实际上,该曲线的美妙形态诱使许多统计学家相信它就是描绘人类行为的"哲人基石"。

作为世界人口发展的一般规律,饱和这一概念率先由统计学家、社会物理学创始人阿道夫·凯特勒(Adolphe Quetelet)于18世纪30年代评论马尔萨斯时提出。典型的人口曲线一般从渐近极小值开始缓慢地增长,随后增速加快,然后缓慢地趋向不明确的渐近极大值,此时曲线达到转折点形成S形。1838年,凯特勒的一位同事、数学家P·F·维尔赫尔斯特(P.F. Verhulst),试图为这个概论找到

---

① 这个例子选自德里克·普赖斯的《巴比伦以来的科学》,前引著作,第108页。

一个数学上的表现形式，用"**减速函数**"把马尔萨斯的几何级数曲线转变成 S 形曲线或者他所谓的逻辑曲线，从而建立了真正的"人口发展规律"，指出世界人口不大可能达到的上限。①

维尔赫尔斯特制定了一系列假设：增速不可能保持不变；它一定是当前人口的某种线性函数；一旦人口增速开始下降，或者饱和出现，人口下滑的速度要比人口开始增长时更快。增长和停滞的因素互成比例，而由于人口曲线具有"对称性"，人们得以计划、预测未来。②

1924 年，数理生物学家雷蒙德·珀尔（Raymond Pearl）受维尔赫尔斯特的论文启发，提出维尔赫尔斯特—珀尔定律。为了画出一条 S 形人口增长曲线，珀尔认为人口增长率取决于当前的人口以及剩余土地可生产的、"尚未被利用的必需品储备"。珀尔曾推衍出封闭环境内果蝇数量增长的方程式。1925 年，他用一组类似的方程，预测出美国 1950 年的总人口为 1.487 亿人，1960 年为 1.592 亿人。珀尔对 1950 年的人口预测与实际统计人口相比只有 300 万人的误差，而对 1960 年的人口预测的误差则超过了 2500 万。珀尔预计美国人口的上限为 1.97 亿，这个数字将在 20 世纪 80 年代被打破，到 2000 年，美国总人口似乎还会上升到 2.75 亿。

在使用 S 形曲线作分析时的关键问题，是它只在某种"封闭系统"中才有效，这种系统或则以固定的资源、自然规律，或则以一种绝对概念为基础。换句话说，"条件上限"迫使曲线趋于平缓。但是，世界人口或人类社会并非一个"封闭系统"，所以用这种曲线进行预测就有一定风险。不过，把这一模型视为检测社会现实的"基线"或假设，还是有一定价值的。已故美国的空军首席科学家路易斯·里德诺（Louis Ridenour）是第一个对弗里蒙特·里德的数据发表评论的人（见 1951 年《科学时代的文献学》所发表的论文）。他指出大学图书馆藏书数量倍增的现象，在人寿保险公司资产、长途电话和无线电话通讯流量、环行地球时

---

① 这里的说明摘自达西·汤普森的《生长与形态》，同前引著作，第 142—150 页。
② "维尔赫尔斯特把人们要为生存而斗争，**因此**人口增长率开始下降的那一点称为人口**正常水平**；他将这一点设为曲线的原点，这样一来，在原点两侧的曲线将是对称的。因此，维尔赫尔斯特定律及其逻辑曲线的形式、精确度和预测未来的能力都以某些假设为基础。"同上书，第 146 页。

间、一般民用飞机毛重、航空客运数字、注册轿车数等方面都可以看到。里德诺假定指数定律是凭经验建立的，事实上他认为，存在一个"社会变化定律"，与化学和生物领域中化学反应或细胞增长的"自动催化过程"相类似。为了确立一个解释体系，里德诺争辩说公众接受一项新产品或新服务（如长途电话或飞机旅行）的速度，与通过接触而对它有所了解的人数成正比。既然饱和在某一时点必然会出现，里德诺像维尔赫尔斯特一样，提出一个微分方程，来计算当曲线将要达到绝对上限时速度的下降。①

里德诺的"社会变化定律"的问题在于仅根据单一的变量就绘制出了曲线，以及假定存在饱和状态。但是，豆芽、酵母、果蝇以及类似的有机体生活在**特定**的生态环境里，适用于它们的逻辑发展曲线，对于人类社会可能并不适用，因为后者存在延迟决策（例如生育）和使用替代物（例如用公共汽车或地铁替代私人轿车）的情况，因此人口增长并不遵循某种固定的、"内在的"方式。这就是为什么逻辑曲线有时可能靠不住。

然而，这种技术的一大优点是：借助数学语言的运用，人们常常可以在高度复杂的现象中识别出相同的基本结构。人们一般不会认为，结婚生孩子和工厂更新设备是一类现象，然而剑桥大学的英国经济学家理查德·斯通（Richard Stone）却在两者之间发现了精确的、数理上的相似。斯通还发现在流行病与教育需求之间，存在同样惊人的类似。② 在绘制教育需求曲线图时，仅仅根据旧趋势进行简单的外推显然不可接受，因为我们已经发现，系统性突破会在某个时点出现，带来趋势上的飞跃。（如果以50年代的情况为基础来规划未来对于美国高校的需求，

---

① 见路易斯·里德诺、R·R·肖（Shaw）和A·G·希尔（Hill）：《科学时代的文献学》（伊利诺伊州厄巴纳，1952年）。里德诺在"社会变化定律"一章中引进这个数学方程，说（第34页）：

"鉴于人类的许多种活动似乎都由增长曲线的一般形式所主导，所以，探寻是否能为经验性的社会变化定律找到一种理性表达，将是很有趣的。

"事实上，我们几乎立即就找到了一种表达。它取决于一种听上去很合理的假设：任何时候，公众进一步接受新产品或新服务的速度都与该产品或该服务已被使用的程度成正比。举个具体的例子，它认为每单位时间内购买和注册汽车的人数，取决于那些自己没有汽车而驾驶他人汽车的人有多少概率这样做。这一概率与已注册的汽车数量成正比。"

② 理查德·斯通："教育系统的一种模式"，载《社会科学及其他论文中的数学》（剑桥，1966年），特别是105页。

我们必然认为到1975年，18至22岁青年的大学入学率仅仅会达到40%；实际上，该上限在1965年就达到了。）斯通认为，高等教育可以被看作是一种"传染过程"。"在每个阶段，被传染的人数和决定进入大学的人数，部分地取决于已被传染和可能被传染的人数。"经过一段时间，"传染病"蔓延开去，使每个可能感染的人都受到传染。这个过程可以用一个微分方程式来表示，它的曲线仍然是一条S形曲线或逻辑曲线。

可是，即使人们只把逻辑曲线分析当作一个基准而不是实际预测，一连串的问题仍然接踵而来。因为，在S形曲线的关键点，增长将达到"临界值"而逻辑曲线对逐渐接近的上限会做出不同的反应。珀尔和里德诺假定了简化的饱和和平伏状态。而在《巴比伦以来的科学》一书中，德里克·普赖斯似乎接受了同一种简化的观点：

> 对称的S形曲线的一大特征是，从初始数值向饱和值的过渡是在时间轴的中段，大概对应着增长到五六倍（确切地说是5.8倍）的那一部分完成的，而与上限的确切数值无关……就美国科学界来说，精确的发展数据表明，从几乎感觉不到任何困难的时期到矛盾尖锐到无法令人人满意的阶段，大概只用了30年……粗略地说，我们现在已经处于人力天花板的中途。[①]

两年之后，普赖斯就改变了看法。知识曲线似乎不能被视为简单的S形曲线或者逻辑曲线。在哈佛大学物理学家杰拉尔德·霍尔顿著作的影响下，普赖斯设法把不同的变化曲线统一起来。普赖斯以一种活泼的人格化语言写道：

> ……长期以来的指数增长似乎并不喜欢趋于平伏这一想法。在达到中点之前它们便开始扭曲转向，像鬼火一般变化形状和定义，以便不致因撞到可怕的上限而遭灭绝。换用不那么拟人化的词汇来表述，振荡的控制机制出现，曲线开始大幅波动。近期的明显收缩带来反弹效应，而反弹先是大大超

---

① 德里克·普赖斯：《巴比伦以来的科学》，第115—116页。

越原有记录,随后又掉到比之前更低的低点。如果这一反应是成功的,它的数值在测量上会出现相当大的改变,从而使它获得重生,以新的动力再次上升,直到最终的毁灭。

由此,我们发现了比简化的 S 形曲线更常见的经典逻辑曲线的两个变形。在这两种情况下,变化出现在变形过程的某一时点,很可能是在指数增长所引发的匮乏变得难以承受的时刻。如果允许被计量的事物的定义作略微改变,以便可以用旧的条件计量新的现象,新的逻辑曲线就会像在灰烬中重生的凤凰一样,这是首先为霍尔顿(Holton)所充分认识的一种现象,被他贴切地称为"升级"。另一方面,如果变化后的条件不允许出现新的指数增长,增长曲线就会出现持续的剧烈波动,直到统计数据变得不够明确而无法计量,而在某些情况下,增长曲线的波动也可能按对数规律下降到一个稳定的最大值。有时,达到成熟之后毁灭就接踵而来,所以,增长曲线不但没有达到稳定的最大值,而是缓慢地降回到零;再或者,由于定义的突然变化而无法计量指数,增长曲线突然终止在半空中。①

关于 S 形曲线的对称性就谈这么多吧!普赖斯建议说:"既然我们知道逻辑曲线会带来一些不好的后果,而且若干科技部门在实践中已经遇到了这类问题,那我们不妨重新探讨一下整个科学界的增长曲线。"② 普赖斯最终发现,知识的指数增长"中断"之后,增长曲线(在绷紧肌肉完成一跃之后!)"或者逐步上升,或者出现激烈的波动"。究竟什么方向?我们不知道。那么,我们正处在哪种情况下呢?"逐步上升"的概念或上升曲线的更新,在遵循某种自然规律的确定路径中是有一定意义的。从这个角度说,有一定弹性的"包络曲线"等技术预测就为自己找到了立足之地。不过,探讨"剧烈波动",对于说明可计量的变化没有任何帮助,因为这类波动不存在确定的图形。

总之,我们看到以增长曲线勾勒的科学知识的"总"量,迄今至少仍不能提

---

① 德里克·普赖斯:《大科学,小科学》(纽约,1963 年),第 23—25 页。
② 同上书,第 30 页。

供什么帮助，它不过是一种类比，泛泛地提醒我们未来可能要面对这些增长带来的问题。以这些曲线为基础来制定社会政策，会把人引入歧途。为了处理这些问题，我们必须就知识发展的模式转向一些不太"精确"、但从社会学来看却更加有意义的观察。

知识的分解

指数，以及科学知识以某种复合形式"线性"累积，上述想法已经遮蔽了一个事实：即"学科分支"或各个领域新生出无数个分支和专业，而非增长，才是更加典型和重要的发展模式。

在19世纪，人们认为科学是有限的、可穷尽的知识领域，人类最终能够实现对这一疆域的充分探索；而我们现在认为知识是无限的，尤其以分化成变化多端的形式为其特征。每一次进展或快或慢地开放新的领域，这些领域又派生出自己的分支学科。不妨看一下杰拉尔德·霍尔顿引用的案例，英国数学家和物理学家C·C·斯托克斯（C. C. Stokes）和天文学家J·查理斯（J. Challis）1848年提出"冲击波"领域及气体运动的理论方程，不仅推动了这一方向数学和物理学的重大进展（马赫及后来的冯纽曼和汉斯·贝特等人），而且分化出激波管、空气动力学、爆燃和电磁流体力学4个领域。电磁流体力学经过阿尔芬（Alfven）在1942年的发展，在理论和应用聚变研究中起到重要的作用。①

有时发展看似已经停滞，对该领域的探索达于穷尽，但几项新发现却突然带来一系列新的"迸发"。1895年，伦琴似乎已认识了X射线的全部重要特性，但是1912年，冯·劳厄、弗里德里克（W.Friedrich）和尼平（Knipping）在发现了X射线在晶体中的衍射之后，又建立了两个独立的领域：X射线和晶体学。同样地，约里奥—居里夫妇1934年发现了人工放射性，这一发现带来质的变化，其分支之一导向哈恩（Hahn）和斯特拉斯曼（Strassmann）的研究，李斯·迈特纳（Lise Meitner）将其准确地解释为铀原子裂变；另一分支则导向恩里科·费米

---

① 杰拉尔德·霍尔顿："科学研究与学识：恰当规模设计札记"，载《代达罗斯》（1962年春季号），第362—399页。在有关学科分支的讨论中，我基本上采用了霍尔顿的观点。

（Enrico Fermi）的研究，他用慢中子轰击金属而加强了放射性，这一研究直接导致了可控原子裂变和原子弹的发明。

大部分学科的分支并非单纯产生于学科发展的"固有"逻辑，而是产生于科学自身的社会组织形式。19世纪的科学仅是一种由个人自行控制的、小规模而有价值的专业。到了20世纪，正如霍尔顿所说，科学家们被组织起来，协同每一个人的研究活动，"以便形成一个迅速生长的研究共同体"，推动个人以及他们与该领域人士共同的研究发展。霍尔顿以诺贝尔奖获得者I·I·拉比（I. I. Rabi）为例，画了一棵"树"及其"分枝"。1929年，拉比在哥伦比亚大学达成了理论物理学的一次"突破"——让分子束穿过磁场——催生出核磁光谱、微波激射、原子构成理论等多个分支学科。拉比不仅发展出作为源头的分子束技术（树干），激发了一批有创造力的同事和学生提出新的问题、进入相关领域，而且在几大新领域中激发了又一轮的快速分化，其中一些随后发展出它们自己的分支学科。①

《美国科技人员年鉴》是一份由政府支持的具有科研资格的人员的完整名录，在它所罗列的详细专业分类中，我们可以看到科学领域的急剧扩增。（该年鉴是美国科学基金会与各大科学专业协会合作编写的。）该年鉴始于第二次世界大战结束后不久，当时，在科学这一项目下有54个专业；20年后，确定的科学和技术专业已发展至900多个。在很大程度上，科学领域的扩增是由于越来越精细的学科区分而带来的整体性重新分类；但也有新专业创立和学科分支的影响。例如物理学，1954年版《年鉴》列出了其中的10大分支和74个专业；1968年版《年鉴》则有12大分支和154个专业。再如在1954年版《年鉴》中，理论物理（量子物理学）被列为一个独立的分支，专业包括核物理、原子物理、固态物理、磁性物理等；1968年版《年鉴》不再这样划分，而改为更复杂的分类。1954年版《年鉴》中，固态物理学被细分为8个专业；到了1968年，固态物理学之下已出现了27个专业，这一扩增即是该领域新增"分支"的体现。

任何一个负责续编年鉴的美国科学学会都没有研究过，是否可以根据再分类

---

① 杰拉尔德·霍尔顿："科学研究与学识：恰当规模设计札记"，载《代达罗斯》（1962年春季号），第386—387页。

或新增领域来绘制科学专业增长图。事实上，持续监测每个科学领域的发展，有可能会揭示出一些有用且重要的知识发展速度指标。

技术进步的计量

现代化和技术发展

现代化的显著标志是追求"更新"，然而这类追求中的大部分并不代表人类体验的全新变化。早在君士坦丁时代，文化汇合就已是一个显著特征，将希腊文化和亚细亚的神秘宗教融合在一起。感受的歧异，至少与柏拉图之区分理性与精神同样古老。但是，交通和通讯革命把世界各个社会联结成一个巨大**联合体**，这意味着古老的地区性文化走向解体，而世界各地的艺术、音乐和文学汇流入一个全新的兼容并蓄的容器，每一个人都能接触到它，也有义务推动它。这样一种视野的扩大、人文艺术的融合，以及对"新事物"的探求，不论是作为一种探险抑或使自己有别于他人的傲慢尝试，其本身就是在创造新型的现代化。

问题的核心是如何看待文化这一概念。人们在谈到"古典文化"或者"天主教文化"（几乎类似于"细菌培养"——繁育出明显一致的菌种）时，人们想到的是一套有着长久渊源的信仰、传统、仪式和禁忌，在历史过程中形成了同一的风格。现代化却是**与过去决裂，把过去拉到现在**。过去，文化这一概念以连续性为基础，而现在它以多样性为基础；过去奉行传统的价值观，当代的理想则是不同文化的汇合。

在现在与过去之间的巨大鸿沟上，技术一直是在不同时代之间划界的主要因素之一。通过实行新的度量衡或加大对自然界的控制，技术改变了社会关系和人们观察世界的方式。我们可以很容易地列出技术带来变化的 5 种方式：

一、以更少成本生产更多商品，于是技术成为提高世界人民生活水平的主要动力。已故的熊彼特总是爱说：技术降低了丝袜的价格，使每个女店员都能像个女王一样买丝袜。技术不仅是提高生活水平的手段，而且一直是西方社会消除不平等的重要机制。让·富拉斯蒂埃（Jean Fourastié）写道，在法国，"1948 年，审计法院首席法官**每小时工作**的收入,不过是其勤杂人员的4.5倍,而在1800年时,这两个职位之间的收入比约为50:1。"正如富拉斯蒂埃所指出的,之所以出现这种情况,是因为西方社会的物价下降和工人阶级实际工资的提高。①

二、技术创造了工程师和技术人员这个人类社会前所未有的新阶级,作为规划工作流程的计划人员而远离工作现场。

三、技术建立了理性的新定义,即一种强调职能关系和数量的全新思考方式。它的考核标准是效率和最优化,即尽可能地节约人力物力。职能理性的新定义影响了新的教育模式,工程学和经济学的量化技术取代了推想、惯例和说理等老方式。

四、作为技术发展的结果,运输与通讯革命使经济产生了新的依赖性,也带来新的社会互动。新的社会关系网已经形成(明显地由亲属关系转向职业和专业的关联);新的密集程度(在生理上和社会上)成为人类行为的模型。

五、对美的感知,尤其是对空间和时间的认识,发生了天翻地覆的变化。古人没有今天这种"速度"和运动的概念,对从空中向下俯瞰的气象学中的"高度"概念也没有认识,它是评判景观或城市风光的另类视角。艺术,尤其是绘画的体验,出现了剧烈的变化。②

经济进步的计量

技术是工业社会的基础,所以我们首先考虑它对经济产生的影响。经济变革直接取决于新技术的出现。对这一点的认知,相对说来还是新近的事。当代经济学的奠基者之所以极为关注这门"沉闷的科学",是因为他们相信资本积累不可能无限制地持续。他们的结论以三个假设为基础:收益递减规律;马尔萨斯原理,即实际工资的上升将加速人口增长并"稀释"上涨的工资;技术绝对不变。这即是李嘉图经济学的概要。③约翰·斯图尔特·穆勒用"停滞状态"的概念对

---

① 让·富拉斯蒂埃:《财富的起因》(伊利诺伊州格伦科,1960年),第1章,特别是第30—31页。
② 对这一点更详细的说明,见丹尼尔·贝尔"文化与社会结构的分裂",载杰拉尔德·霍尔顿编:《科学和文化》(波士顿,1965年),第236—251页。
③ 正如李嘉图在《政治经济学与赋税原理》中所写:"由于人口对于生存的压力,唯一的办法,或

李嘉图经济学进行了详细的阐述。

就连马克思——在某种意义上他是一位后李嘉图主义经济学家——也得出了悲观的结论。马克思比同时代人更敏锐地认识到机器的革命作用，但他认为机器代替人力的主要后果是资本的集中，以牺牲其他资本家为代价提高对工人的剥削（通过延长劳动日），由于随后出现的资本家竞相提高竞争水平，最后当系统达到上限时便出现一连串的危机。按照劳动价值论的阐述，马克思认为，"资本有机构成"的上升将导致平均利润率的下降和工人的持续贫困。

然而，这一早期的悲观看法是错误的。过去100年来，实际工资一直持续上涨；自1870年以来，美国人均收入每年平均增长2%以上。古典经济学家们为何会犯下如此严重的错误呢？正如莱斯特·拉维教授（Lester Lave）所说："如果询问李嘉图生产率的提高是否可能，他很可能回答说：只要分配到每个工人头上的资本（包括土地）数量增加，生产率就会上升。"① 但是，他未能对这一效应加以量化。标准资本—产出比（通称柯布—道格拉斯函数②）认为，如果保持劳动力数量不变，资本每增加3%，产出就增长1%。从1909年到1949年，美国经济中的私人非农业部门按人—时计算的资本额增长了31.5%。在这个基础上，产品的增长（人均产出）应该是大约10%。然而惊人的事实是，在这一时期，31.5%的资本投入所带来的人—时产出增长不是10%，而是104.6%。简言之，90%的生产率增长无法用按人数平均的资本额增加来解释。上述这一番解读——概念上虽然简单，却需要极其复杂的细节和证据——是罗伯特·M·索洛在一篇题为"技术进步"的古典经济学（或者应该说是新古典经济学？）论文中提出的。③ 正如我们

则是缩减人口，或则是更迅速地积累资本。在富国，肥沃的土地已被开垦，后一种方法既不实际，也不理想，如果大力推行这种方法，它的结果就是使所有阶级变得同样穷困。"引文见莱斯特·B·拉维：《技术进步：它的概念和计量》（新泽西州恩格尔伍德，克利夫斯，1966年），第3页。在上一段，我参照了拉维的说明。

至于穆勒对停滞状态的分析，见《政治经济学原理》（多伦多，1965年）第4卷，第6章，第752—758页。

① 拉维，前引著作。
② 柯布—道格拉斯生产函数说明产出物与各种投入物之间的一种实物关系，它表明收益与生产规模成固定比例。——译注
③ 罗伯特·M·索洛："技术进步和聚合生产函数"，载《经济学和统计学评论》第39卷（1957年

现在所知，技术是提高生产率的基础，生产率一直在以古典主义经济学家所想象不到的方式改变着经济生活的现实。

简单的答案总是引出复杂的问题。那么，什么才是技术进步？我们可以说，技术进步即改善新、旧资本效能（即效用）的更好的方法和组织模式。但是，这个定义过于宽泛。如此一来，技术进步可以是一台替代手工铸造的汽车引擎制造仪；也可以是一项物理技术，例如把石头运上金字塔的斜坡；还可以是简单的社会学技巧，例如给制鞋工人进行初步的劳动分工，或时间及动作分析等复杂的工业工程学技术。技术进步可以是运筹学中的逻辑分析，或者是一个说明线性规划的数学公式，用来确定工作流程或有待填写订货明细的生产计划表。显然，上述这些情况无法量化对比。我们如何才能把这些不同的事物置于同一标题之下，同时找到统一的计量方法呢？

使问题变得更加棘手的是，人们反复被告知他们正生活在一个"技术进步不断加速"的时代，它不断带来新的"爆炸性"的社会问题。人人都知道大量的技术进步是第二次世界大战爆发之后出现的，原子能、电子计算机和喷气发动机是新产品和新变化中比较惊人的三项。公共（政治）讨论的困难在于"速度"暗示了度量的意味，仿佛现在正在发生的一些变化，如同19世纪的蒸汽机、铁路、电话、发电机及类似发明一样，都是可以计量的。我们如何比较电的发明与原子能的发现所带来的变化呢？这是不可能的。两者都是"革命性"的创新。我们无法比较两者的影响。更有甚者，许多社会进步是同时出现的，学者们往往把它们一

8月）。索洛在分析中假定技术是资本和劳动力投入被计算之后的**剩余**残差。经济学家一般喜欢用成本概念来考虑问题，而不喜欢用残差进行说明。乔根森和格里利谢斯试图相应地重新计算数据，以说明劳动力和资本投入的变化足以说明整个生产率的上升。他们写道："在解释经济增长时，我们建议比过去更多地依靠人力资本和非人力资本这一对支柱，二者均为资本结构中的重要成分。经济学家把技术进步的学术支架统统拆除的日子或许不太远了。"见兹维·格里利谢斯（Zvi Griliches）和D·W·乔根森（Jorgenson）："实测生产率进步之源：资本投入"，载《美国经济评论》（1966年5月号）。

"右翼"对技术的意义提出质疑，而"左翼"认为索洛的理论框架过于新古典化，缺乏对结构性因素的关注。琼·罗宾逊（Joan Robinson）在与生产函数相关的分析中，对资本主义体制一直很有兴趣，因为正是这种体制而不是一般均衡条件在支配着生产技术的选择。对于这些问题的评论，见G·C·哈考特（Harcourt）："资本理论在剑桥大学的论战"，载《经济文献》，第7卷，第2期（1969年6月）。

股脑儿看作技术飞速进步的一部分。

是什么构成了当代社会**这场**加速的变革？这是个过于宽泛、模糊的问题。显然，技术代表着部分的原因。然而，政治也是其中一个因素。广义地讲，我们毕竟首次看到普罗大众被融入社会，这涉及一个重新定义社会权利、公民权利和政治权利的过程。加速变革之中还包含着社会性的因素，预示着情感和道德的巨大变化：例如两性观念、对成就的定义、社会联系和责任等等。此外，正如我们已经指出的，文化因素不容忽视。显然，我们不能简单地从概念上将这一切划分到一处，更不用说找出共同的测量方法。如果把自己限于"进步"这一概念，要计量"进步的速度"，根本是不可能的。既然找不到综合性指标，我们必须更确切地划定分界。

如果确定要测量技术数值，追问进步的速度，我们必须首先回到定义其价值（首先表现为货币的形式）的领域——即经济学领域。

对于经济学家来说，技术进步即是"生产函数"的变化。① 简单地说，生产函数解释了投入与产出的关系，表明在任一时刻从已知生产要素总量所能得到的**最大**产出率。略去其他因素的影响，假定生产要素仅由资本和劳动力构成，而生产函数可以显示在成本已知的条件中，二者最有效率（以最佳比例）的结合方式。② 每人每小时平均实际工资的增长，既是由于资本相对增加，也是由于对资源更有效的利用。古典经济理论强调，更高的实际收入水平是资本存量的增加所带来的。但是，导致资源、新技术等因素更好结合的科学研究，使生产函数向上移动，同样可以带来实际工资的增长。事实上，我们今天认为，技术进步而不是资本存量增加，才是有效提高实际工资的决定性因素。罗伯特·索洛在前文提到

---

① 这一定义参照了"技术进步：测量的决定因素及其扩散"这篇文章，该文由埃德温·曼斯菲尔德（Edwin Mansfield）提交给技术、自动化和经济发展全国委员会，被刊于该委员会报告《技术和美国经济》（首都华盛顿，1966 年）的附录 1。
② 理查德·R·纳尔逊、默顿·J·佩克（Merton J. Peck）和爱德华·D·卡拉切克（Edward D. Kalachek），在其有趣的著作《技术、经济成长和公共政策》（布鲁金斯研究所出版于首都华盛顿，1967 年）中就技术进步提出了一个更分散化的生产函数理论。为了从种类和数量上说明使一个设计思想得以付诸实施所需要的科研投入，他们指出所需资源的数量取决于三个主要变量：(1) 设计思想超越现有同类产品的程度；(2) 产品特性，特别是产品系列的规模和复杂程度；(3) 设计者所需的有利于新技术创造及衍生的相关知识储量，以及原材料和零部件的储备（第 23 页）。

的1957年论文中建立了一个"总生产函数"（由于以资本代替劳动力和以资本代替资本的同一性和高弹性而受到批判），从而设法分离由资本增加及由技术进步所带来的生产率提升。他发现从1909年到1949年，资本增加大约使生产率提升了12.5%，而技术进步则带来高达88%的提升。[①]

广义上说，我们必须要从对生产函数的讨论转向以一般时间标准来计算的生产率测量方法。传统上，技术的进步大体上是通过比较年度每人每小时产量或经济学家所谓的单一要素生产率指数而得出的。它是用某一年度（总体经济或某一工业）所生产的商品、劳务的市场价值除以生产这些商品、劳务所需人—时数而得出的。这样确定的生产率无法说明效率的增长是由新机器或更熟练的工人引起的，还是由工作进度加快引起的。不过，如果我们要考量近年来技术进步是否已大大加速以及加速到何种程度，它却是我们所具备的唯一扎实的计量手段。

近年来，约翰·W·肯德里克（John W. Kendrick）对劳动生产率作了最为深入的研究[②]，得出下述结论：首先，在1889—1957年这个期间，美国每人每小时工作的实际产量以2—2.5%的平均速度上升。这些收益被广泛地扩散开来，使得自20世纪初以来人们每小时平均的实际收入迅速增加，而工作时间减少了20—30%。肯德里克认为，第一次世界大战之后这种现象一度出现停滞。在1889—1919年，每人每小时产量以1.6%的匀速上升；而在1920—1957年，该数字的平均增速为每年2.3%。增长的原因目前尚不清楚。肯德里克认为，这可能是由于科学管理概念的传播、从事企业管理工作的大学生和研究生的增加、研究与发展组织化的推广以及移民政策的变更。按照"全要素"生产率指数进行计算，可以得到同样的结果。这个由埃弗西·多马（Evsey Domar）所提出的全要素生产率指数，同时与劳动力及资本投入变化相关，而并非只与劳动力投入变化有关。肯德里克运用该指数估算出1889—1957年美国经济总生产率每年上升1.7%，而在第一次世界大战以后的阶段上升到2.1%。

---

① 对索洛模型的重新计算，将会揭示某些错误。资本在提高生产率之中的份额应为19%，而不是12.5%。见莱维的前引著作，第34页。
② 约翰·肯德里克：《美国社会的生产率趋势》，美国经济研究局和普林斯顿大学出版社（新泽西州普林斯顿，1961年）。

这些计量方法通常认为技术进步本质上要归因于"组织性因素",也就是说,技术进步是指能够改善新、旧资本效率的更好的方法和组织形式。如果我们要计算直接由机器而不是仅仅由方法改进(即时间与动作分析、线性规划等)带来的进步,这些技术变化在得以实现之前必须先被体现为资本。例如,钢铁业引进连续式宽带轧钢机,铁道工业引进内燃机车,必须获得大规模的投资,由此,我们就可以"分离"由机器引起的生产率增长比例。索洛在1959年发表了一篇基于资本体现变化的研究论文,估算出私人经济部门技术进步的增长速度在1919—1953年为年均2.5%。[1]

这一类分析和专业估算大部分都是10年前完成的。这个数字近年来有增长吗?在60年代初,貌似一直在持续的高失业率(平均大约6%)一度让人们非常担心,自动化的迅速增长将会导致失业潮,因为它必然反映为生产率的加速增长。大量经济学者预言由于生产率增长速度过快,因此如果不能明确分离收入与工作的关联,美国经济将无法吸收新的生产。1965年,约翰逊总统指派美国技术、自动化与经济发展委员会就该问题做出报告。一年之后,该委员会认为上述观点严重夸大了事实。它在报告中指出:"在第二次世界大战结束前35年,私人部门人—小时产量平均每年上升2%。20世纪30年代大萧条的10年也被计入这个时间段。从1947年到1965年,私人经济部门的生产率大约每年上升3.2%,比前一时期的增速提升了50%以上。但如果不考虑农业,二者的差别便不那么悬殊,战前的增速为每年2%,战后则为2.5%。"[2]

假如需要更精细的指数,肯德里克和萨托(Sato)发现1948—1960年私人经济部门**全要素**生产率的平均年增速为2.14%,而在较长的期间内,即1919—1960年,平均年增速下降到2.08%。理查德·纳尔逊认为技术变化是组织性因素引起的,并估算出技术进步的平均增速在1929—1947年为1.9%,在1947—1954年为2.9%,在1954—1960年为2.1%。因此,虽然有一些证据说明自第二次世界大战以来技术进步的增速有所提高,但提高的幅度要比根据人—时产量变化计算出的

---

[1] 罗伯特·M·索洛:"投资与技术变化",载肯尼斯·J·阿罗、塞缪尔·卡林(Samuel Karlin)和帕特里克·萨佩斯(Patrick Suppes)合编:《社会科学中的数学模型》(斯坦福,1959年)。
[2] 《技术和美国经济》,第2页。

结果小得多。①

正如该委员会得出的结论：

> 对现有证据的研究使我们深刻地意识到：任何有关科技进步的大胆狂言都缺乏充分的基础……。我们总体上的结论是，技术进步在近几十年来一直在加快步调，而且未来还可能继续加快。技术进步的连续性不会被中断，在今后10年里也不大可能发生。（因为将显著影响下一个10年经济的大多数最重要的技术发明已处于很容易辨认的商业应用阶段。）②

对技术的预测

要证明过去几十年来技术进步"增速"的跃升虽然有困难，但是，无可否认的是，一些本质性的**新**技术已被引进人类经济和社会历史。所谓的"新"的因素，即业已发生变化的科学和技术之间的关系，以及由于科研体制而使科学不断渗入现行经济体，在美国尤其已成为企业组织的标准成分。这里有两种全新的现象：科研活动的系统发展、以科学为基础的新兴工业的产生。

古典经济学家迟至约翰·斯图亚特·穆勒，始终认为人口和土地是经济成长的限制性变量，稳健的经济体最终都会走向某种"停滞状态"。③ 而马克思认为，

---

① 该资料引自曼斯菲尔德《技术进步》，前引著作，第105页。
② 《技术与美国经济》，第1页。括号里的文字引自该报告的第4页。该委员会把1958—1966年的高失业率归咎于经济的低增长率。经济需求的日益迟滞，而且二战之后"婴儿潮"达到顶峰，这使得进入劳动力大军的青年人数翻了一番。

  鉴于该委员会报告的某些结论可能会受到挑战，所以，"申明立场"是很明智的。我是该委员会的成员之一，参与了这项研究，并在结论报告上签了名。而有关技术进步增速的那些章节，主要是由马萨诸塞理工学院的罗伯特·M·索洛教授起草的。
③ 见约翰·斯图尔特·穆勒：《政治经济学原理》（纽约，1886年），第2卷，第4册，第6章。穆勒恳切地指出：

  "我不能……认同守旧派政治经济学家普遍说明的固有版本，即财富和资本的停滞。我倾向于认为，在目前的情况下，整体来看这种现象将会有巨大的改善。我要说我并不迷恋于一些人提出的理想生活，这些人认为人类不得不为生活而斗争；构成当下社会生活的践踏、倾轧、排挤和盲从，是人类最值得拥有的命运或别的什么，否定它是工业发展某个阶段的令人厌烦的症状。它或许是文明过程的必然阶段：那些迄今为止幸运地避开了这一阶段的欧洲国家，可能最终还是要经历这个阶段。"（第328页）

资本主义社会的动力必然是积累,而垄断不可避免地要降低增长速度,制度本身可能由于其"内在矛盾"而崩溃。因此,前后几代后马克思主义经济学者一直期待"经济走向成熟",其标志或则是新大陆市场和投资机会的枯竭(帝国主义的命题)、人口增长放缓(30年代持悲观看法的经济学家喜爱的话题,参看阿尔文·汉森的著作[①]),或则是由于铁路、电气和汽车的推动力减弱而使新的技术进展所促成的商业周期"长波"宣告终结。

"经济成熟"的魔咒现在已被基本消除。主要原因是技术的开放。熊彼特在1942年《资本主义、社会主义和民主》一书中写道:"我们现在处于创造了发电厂、电子工业、电气化农场和家庭以及汽车的企业周期波动的下降期。我们发现一切都是那么令人不可思议,我们一生中恐怕不会再看到堪与之相比的重要机会的出现。"

熊彼特对资本主义的前途是悲观的(鉴于企业官僚化和知识分子的敌对态度),但他的确清楚地看到了科技的未来。所以他补充说:"然而实际上,仅是化学工业所展示的未来,就比1880年可能预计的前途远大得多……。技术的可能性是未被探索的海洋……没有理由认为技术潜力即将枯竭而使产出速度放缓"。[②]

自熊彼特发表这些预言以来,在1/4世纪里,发生了两个变化。一个变化是科学与发明被系统性地加以结合,这主要由从事研究与发展的机构来推动。第二个比较晚近的变化是,通过开发技术预测这一新技术以"探索技术的海洋",它将展现出未来的发展,使工业部门或整个社会根据潜在资本、需求和产品系统地规划未来。科学与革新的新型融合、科技增长的系统化和组织化,是后工业社会的基石之一。

早期的发明与革新与科学研究没有关系。纳尔逊、佩克和卡拉切克指出:

> 对比一下瓦特发明蒸汽机分离压缩室时如何运用潜热理论、马科尼对电磁学的推动,以及卡罗瑟斯的研究如何导致尼龙的发明、肖克莱如何发明晶体管和制药业及军用飞机领域最近的技术进展。早期造成重大突破的科学研

---

① 阿尔文·汉森(Alvin Hansen):《财政政策和商业周期》(纽约,1941年)。
② 约瑟夫·熊彼特:《资本主义、社会主义和民主》(纽约,1942年),第117—118页。

究是完全自主的发明创造。而在较晚的案例中，大量的基础科学知识是在为了明确的目标而努力的过程中获得的，其目的是为实现进一步的技术发展提供所需的基本认识和资料。促使卡罗瑟斯发明尼龙的基础研究，是在杜邦公司进行的，由管理层提供资金，管理层希望借由提高对长链聚合物的认识，发现重要或升级版的化学新产品。肖克莱在贝尔电话实验室的研究项目得以进行，是由于有人认为提高对半导体的认识有助于发明更好的电气产品。①

他们继续指出：70年代的新兴工业——聚合物和塑料、电子设备和光学产品、化学产品和合成材料、宇航和通讯——完全基于科学的进步。

> 基于科学的技术和工业如果试图在产品和工序上取得重要进步，有着巨大的优势。以开创新的可能为目标的科学研究，已经**取代了科学领域的偶然性发展**，以及传统上通过**直接进攻攻克某个问题**的重大发明努力。第二次世界大战之后，电子、飞机、导弹、化学和制药领域的巨大进展，反映出这些工业为推动技术进步投入了大量资源，其内部的科学基础正走向成熟。这些基于科学的工业所生产的产品，多是其他工业使用的原材料，而原材料的改进推动了各个经济部门生产率的迅速增长。比较受市场欢迎的新型消费品，或则直接来自上述工业，或则是其他工业部门用上述工业部门所制造的原材料和零件组合而成的新产品。②

"研究与发展"的作用，作为科学与经济活动的要素之一，将在以后的部分讨论。就这一节所讨论的技术的计量，我们不妨先聊聊以技术预测为代表的新知识类型。

我们今天比以往预测得更准确吗？至少在科技这种比较容易追踪的领域？有三种因素把今天的预测与过去的预测相区别：（1）充分认识到社会的复杂分化，

---

① 纳尔逊、佩克和卡拉切克：《技术、经济成长和公共政策》，前引著作，第41页。
② 纳尔逊、佩克和卡拉切克：《技术、经济成长和公共政策》，前引著作，第43页。黑体是本书作者加的。

因此把明确定义体系的各个类型及其相互关联视为一个前提；（2）新技术的发展，主要是统计和数学的发展，这促进了对数据的分类和分析，从而揭示了社会各部门取得的发展速度；（3）大量的经验数据使我们清楚地看到各部门的具体构成，从而探讨它们在连续的时间序列中的趋势。

大量的统计资料是最简单而且也许是最重要的便利条件。1790年，英国议会就英国人口是在增长还是在减少发生了争论。议员们各有各的观察视角，以有限的经验为依据提出完全矛盾的观点。直到现代意义上的第一次人口调查被推行，这个问题方告解决。一个重要的前提是要有一定数量的、能够妥善处理数据的相关人员。J·J·斯彭格勒（J. J. Spengler）半是调侃地说道："现在不但经济学家可以更加关注人口问题（虽然在过去80年里他们只用大约1—1.5%的文章探讨人口问题），而且还将有越来越多的经济学家从事这一工作。今天从事经济实践的经济学家比过去4000年所孕育出的全部经济专家还要多，这一类人的增长速度甚至超过了世界人口增速。"①

简言之，占有的资料越多（参照建立国民生产统计所需的各项数据总量），测绘变量曲线和预测就越容易。今天，大多数（即使不是所有的）基本经济和社会预算，都以国民生产总值为基础。然而，令人吃惊的是，政府对这一类宏观经济数据的收集和发布还是新近发生的事，最多上溯到1944年富兰克林·D·罗斯福的预算咨文。系统性的技术预测是尚处于婴儿期的事物。埃里奇·扬奇（Erich Jantsch）在为经济合作与发展组织（OECD）所做的技术预测综合调查中写道：

> 今天，大部分技术预测是在没有明确使用专业技术的情况下进行的……直到几年前，人们才感到需要有规范的技术。系统性的技术预测大约肇始于1950年，1945年时涌现出一些先驱者，大约10年之后，在60年代，人们才首次感到在更大范围内的、对专业技术的兴趣，而有些人早在50年代末就已开始进行相关技术的实验。现在，在60年代中期，人们对更加精细的

---

① J·J·斯彭格勒："美国经济学会主席致词"，载《美国经济评论》（1966年5月号）。

多层级预测技术和可借助计算机处理的集成模型产生了越来越大的兴趣。①

大部分技术预测仍然是以富于想象力的工程师或作家的构想为基础的。德国工程师普勒斯纳（Plessner）早在1892年就预测出未来时代的技术发展（例如超临界蒸气和金属蒸气汽轮机）和功能（例如电视和声控打字机），其中一些迄今为止尚不易实现。亚瑟·C·克拉克（Arthur C. Clarke）在他的科幻小说中进行了更为大胆的预测。他认为，如果某项事物为人们所热切向往，尽管存在一定的技术难度，但任何理论上成立的事物总有实现的可能。他说，过去人类已经实现了许多"疯狂"的念头，只有认为这一类奇思怪想还能继续实现，我们才会对未来抱有希望。②大多数的畅想是"诗意的"，因为人们很少注意客观限制，尤其是经济限制。幻想必不可少，却一定要用技术来约束它。以辩证思维见长的马歇尔·麦克卢汉强调，强化直觉是一种高技术含量的训练。

建立规范化的技术预测的大部分动力最初来自于军方对其必要性的认识，加利福尼亚理工学院空气动力学领域的著名科学家西奥多·冯·卡曼（Theodor von Karman）是这项工作的领路人。他在1944年所做的有关飞行器推进技术的未来的报告，通常被视作首份现代技术预测。③卡曼随后发起每5年对美国空军进行集中技术预测及在北约组织内部进行技术预测的做法。他的创新相当简明。正如扬奇所描述的：卡曼通过功能表现和主要参数考察基本的潜力和局限，而不是煞费苦心地用精确定义来描绘未来时期的技术系统函数；强调对基础性未来技术的替代性组合进行评估，也就是评估替代性的技术选择；尽量将预测限定在15年至20年的规定时间范围之内。

在这方面，正如詹姆斯·布赖恩·奎因（James Brian Quinn）曾经指出的，技术预测与市场预测或经济预测非常相似。老练的经理人从不期望市场预测能够以个位数的精度预告单一市场的规模或特征。我们的合理期望应该是，市场分析

---

① 埃里奇·扬奇：《技术预测的发展前景》，经济合作与发展组织（巴黎，1967年），第109页。
② 亚瑟·C·克拉克：《空间的许诺》（纽约，1968年）。
③ 西奥多·冯·卡曼：《迈向新地界》，这是以美国空军科学顾问团的名义提交的一份报告（1944年11月7日）。

人士先估算出某一市场最可能实现的或"预期"规模，并评估其他规模预期的或然率和意义。奎因先生也有类似的表达：

> 除非是对当前技术做即时的推断，否则预测者想要预计一种主导未来应用的技术的准确特性和形式，纯属枉费心机。但是，他能够就某一种固定用途对未来需要的性能特征进行"范围性预测"。他能够做出或然性的说明，指出某一技术类别在未来特定的时期有可能提供哪些性能特征。他能够分析在规划期限内保持这些技术—经济能力有效的潜在含义。①

技术预测在 60 年代的"飞跃"，在很大程度上要归功于小拉尔夫·C·伦兹（Ralph C. Lenz, Jr.）。伦兹在俄亥俄州怀特—帕特森空军基地系统指挥部航空系统处工作。伦兹的短小论著《技术预测》对专业性技术预测进行了分类和排序，该文以作者 10 年前在麻省理工学院完成的硕士论文为基础，是最常为人们所引用的一本著作。② 伦兹把预测类型分为**外推法**、**增长类比法**、**趋势相关法**及**动态预测法**（即建模），并解释了如何单独或组合应用这些预测类型。埃里奇·扬奇在为经合组织所做的调查中，列举了 100 种预测技术（其中许多只是在统计或数学方法选择上有一些变化），把它们分为**直觉技术**、**探索技术**、**规范技术**和**反馈技术**。

在众多的预测工具中，我们将选出 4 种被证明最有效且相关工作被最大限度完成的工具加以介绍：S 形曲线和包络曲线（**外推法**）；德尔菲技术（**直观法**）；形态设计和关联树图（**矩阵与背景法**）；以及对**扩散期**和引进业已成熟的新技术之后变化速率的研究。

外推法。一切预测的基础都是某种形式的推导——试图解读从过去一直延续到未来某一时期的某种趋势。最常见和最具有误导性的预测，是根据以往趋势绘制直线图或曲线图，再进行直接投影。线性投影图意味着人口、生产率、开支等

---

① 詹姆斯·布赖恩·奎因："技术预测"，载《哈佛商业评论》（1967 年 4 月）。
② 小拉尔夫·C·伦兹：《技术预测》，空军系统司令部（1962 年 6 月）。

在单位时间内的扩张速度是恒定的。这一技术有明显的问题。它有时表现出"系统性的断裂"。前文已经指出,如果我们按照20世纪头25年的数字来计算自30年代中期起的25年内的农业生产率的话,以1910年的农业生产率指数为100,该指数在1960年本应达到135或140,而实际上该指数已跃升到400。换用另一种说法,如果以线性模型用过去20年研究与发展开支率推断未来20年的相关开支,结果将是国民生产总值的绝大部分会被投入这项事业。

绝大多数经济预测仍在依赖线性投影,因为经济增速似乎就是依照着这种规律进行。在其他一些领域,例如人口、知识总量或突发需求,增长看上去是指数性的,于是从维赫尔斯特到普赖斯的众多学者,就试图采用S形曲线或逻辑曲线。我们已经看到,这些曲线的问题在于:它们或则要假设一个恒定的环境,或则在开放环境中趋于不稳定。近来,特别是在技术预测领域,学者们又为"升级"的概念所吸引;即,当一条曲线在其轨迹中达到平伏状态时,一条新的曲线会沿着类似的上升轨迹"继续攀升"。

最近几年,巴克明斯特·富勒(Buckminster Fuller)、拉尔夫·伦兹和罗伯特·U·艾尔斯(Robert U. Ayres)等人接过"升级"的概念,建立了一种即使不是最时髦也是最引人注目的技术预测方法,即所谓的"包络曲线"算法。[①] 按照这种算法,某一**特定**发明或技术**类别**的最佳性能指标(例如飞行速度),要被长时间地加以测定,直到达到该性能的最大值——称之为**包络**。这里假设存在一个最终的恒定速度,或则由于理论上**固有**的限度(例如地球上的最大飞行速度是每秒7.9公里,超过这一速度,飞行器便会脱离地球),或则由于**外在**的规定(例如,限于资源利用率,1985年美国国民生产总值的上限为1.5万亿美元)。该算法在规定了饱和终值之后,人们再来测定以往的增长,根据每条曲线"背部"的**切线**来推定**新**的阶段性上升。于是,包络曲线就是由许多局部曲线构成的一个巨型S形曲线,每当曲线接近内在限制或外在限制所规定的上限时,增长速度持续下降。

换言之,对于任何技术类型,我们必须知道或者假设存在一个绝对的极限,

---

① 我在这里很大程度上依据罗伯特·艾尔斯本人的著作,也参考了艾尔斯为哈德逊研究所(Hudson Institute)所写的备忘录。

再根据这一极限估算规则的增长速度。**目前**不存在技术上超越现状的可能,这一假设就其本身而言没有问题;该算法假定技术上的突破发生在未来。

唐纳德·舍恩(Donald Schon)指出,严格说来,包络曲线分析不是对发明的预测,而是在预测系列发明可能对某些技术参数产生的影响。① 它认为鉴于参数具有某种内在逻辑,例如外部燃烧能量转换系统的效能增加、高能物理粒子加速器中操作能源的加速增长、飞行器功率或速度趋势曲线(见图3—1),所以必然存在着该参数的内在发展。它还认为必然会出现一些发明,以支撑曲线沿着大S形曲线上升。

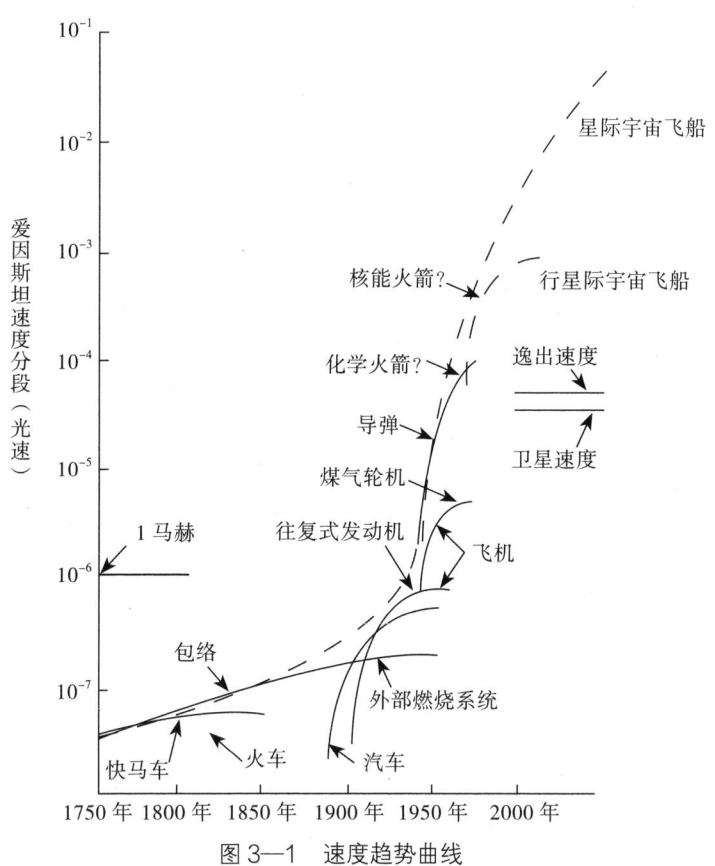

图3—1 速度趋势曲线

---

① 唐纳德·舍恩:"预测和技术预测",见丹尼尔·贝尔编:《走向2000年:进展中的工作》(波士顿,1968年)。

赫德逊研究所的罗伯特·U·艾尔斯是包络曲线算法最热心的支持者。他认为，即使人们在任一特定领域超越当前的"技术状态"而进行推断，这种算法依然有效，因为该系统以往表现出的发明速度有望得以持续，直到任一参数达到理论上的"绝对"限度（例如光速、气温绝对零度）为止。因此，不应根据一种**特定**类型要素的限度来判断某一参数（例如粒子加速器的操作能源）现有的性能，而应该在历史背景下考量总体的"宏观变量"。通过对特定类型要素的综合，人们便能够自前一时期包络点出现的"背式"跃进中看到它的潜在发展。

技术预测者宣称，在大多数情况下，根据持续的对数增长进行包络曲线分析是有效的，只有在发现有说服力的证据之后才能否定这种推断。例如，在预测飞行器最大速度时，根据30年代之后任一时期的趋势曲线所做的预测，要比根据当前技术限制进行的预测更加精确。包络曲线算法的一大特点是它不局限于个别的技术，而关注"宏观变量"的性能特征。艾尔斯评论说，分析越分散（面向构件），算法在本质上就越偏向于保守。事实上，以要素分析为基础预测出的最大进展只是实际进展的较低值，这种现象十分正常，因为该算法假设没有出现新的发明以改进这项技术。面向单一技术类型时，增长上限可以很容易地以包络曲线来解释，但这类方法不适用于单项技术，因为它们要受到革新、替代性和升级的影响。

宏观变量也有明显的局限。[①]以绘制17世纪以来热电厂的最大热能曲线图（见图3—2）为例，该曲线在达到当前最大热能的44%之前，一直以1%或2%的增速逐步上升。效能提升的出现非常突然，且每次都高达50%，随后增速出现阶段性的持续下降。以此为基础，艾尔斯预测在1980年前后，热电厂的最大运转效能将达到55—60%。考虑到营利性质的能源工厂需要长期投入，人们通常会质疑这一预测。不过，这一量级的效能可以通过若干种正在开发的技术手段达成，例

---

① 如果在进行预测的参数中，人们力图通过把"微观变量"列入较大类的关系以减少特殊技术误差的界限，这里就有一个分类的逻辑问题；人们可以任意选择若干项目放在一起，因为它们构成一条匀称的曲线。在这里，力求简化只导致变形。大多数模式为了有用处——人们在经济学中可以看到这一点——都是非常繁琐的，包括几百个变量和方程式。然而这种复杂性是必需的，如果预测要具备有意义的实际价值的话。

如燃料电池、燃气轮机、磁流体力学等,所以这一预测是可能实现的。然而,该曲线似乎很难解释1980年以后的增长,因为只有一种1.5倍的提升因素才能使效能上升至90%,而以同样的速度达到更高的改进,显然是不能实现的。

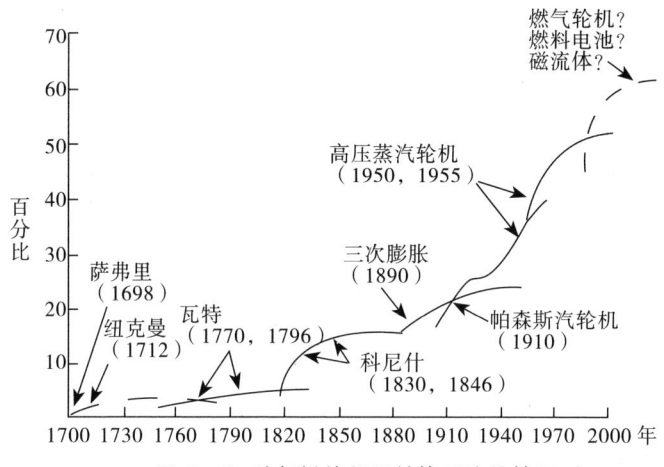

图3—2 外部燃烧能量转换系统的效能

资料来源:选自汉斯·瑟林(Hans Thirring)的《人类的能源》,1958年,版权为印第安纳大学出版社所有,哈帕和罗氏火炬图书社出版。经印第安纳大学出版社和乔治·C·哈拉普公司许可重印。
译注:萨弗里(Savery,1650—1715年),英国发明家,最早把蒸汽动力用于机器。
 纽克曼(Newcomen,1667—1729年),英国发明家,发明蒸汽机。
 帕森斯(Parsons,1854—1931年),英国发明家,注力于蒸汽回转式发动机。
 科尼什(Cornish)

重要的是,要了解包络曲线投影图的主要逻辑。这种算法认为,任何技术类别都存在一系列固有极限(例如绝对光速)。因此,在规定了这个外点之后,它便设法估算出技术发展的中间轨迹,即一系列朝着上限移动的向上伸展的S形曲线。

这一理论的弱点一定程度上是任何预测都要解决的问题,即参数选择以及根据目前状况假定的最高限度(无论它是固有的还是外加的限制),来估算曲线发生持续的平伏走向的转折点的位置。通常来说,我们在考虑变量的性能特征(例如飞行速度)时,除了有一些技术参数倾向于以对数形态增长,或者能够促进又一轮上升的**某种**发明即将出现的重大假设,不存在任何成熟的理论足以说明为什么进步**一定**按照这种模式发生。关于后者,预测工作者越来越依赖于由威廉·F·奥格本（William F. Ogburn）率先提出、再经罗伯特·K·默顿（Robert K. Merton）显著修正的一种观点，即发明是"多重"或同时发生的事项。由于发明越来越成为一种不带有个人色彩的社会过程，不再决定于个别发明家的天才，新时代的发明已经蜕变为对社会需要及经济需求的一种反应。只要存在需求，就能找到实现它的新方法。但是我们似乎没有理由认为，新时代的发明会"按计划"出现。

直观技术。在最一般的预测中，最简单的流程是咨询专家，即假定该专家对某一领域了解得最多、最深入。问题的关键当然在于，判断谁是专家，如何建立测试其预测可靠性的测验，此外，如果专家们意见不一致，又怎样在他们之间做出抉择。为了解决这一"模糊科学中的认识论"问题，当时任兰德公司数学专家的奥拉夫·赫尔默（Olaf Helmer）建议将"德尔菲技术"作为征求和运用专家意见时的一种有步骤、有规划的方法论。这一程序的基本原理非常简单：它包括对某一特定领域的专家团队轮流提问，在随后几轮质询中专家意见会达成某种程度的对立或一致。赫尔默与西奥多·戈登（Theodore Gordon）在兰德公司共同指导一项长期的预测技术研究，以检验这种方法的有效性。[①]

兰德公司的预测研究选择了6个研究领域——重大科学突破、人口增长、自动化、空间探索、战争的可能性及其预防、未来武器系统——为每个领域组织了一个专家团队。

发明和科学突破的专家团队收到邮件，被要求列出看起来在未来50年内迫切需要且有可能实现的创新项目。这一轮一共确定了49个项目。在第二轮，专家团队再次收到邮件，被要求估计每个项目在规定时段内实现的成败几率。由此确定实现每一项目所需年份的中位数和四分位数。（该团队预测经济可行的海水淡化可在1965—1980年实现，1970年为中位值；可控热核动力可在1978—2000年实现，1985年为中位值。）在第二轮，研究人员对于其中10个项目达成高度一致。接着，他们从余下的39个项目中选出17种作进一步考察。在第三轮，专家团队需要考量这17个突破项目大致所需的时间。如果个别专家的意见超出了以

---

① 对德尔菲技术的探索及兰德公司研究的成果，均被收入奥拉夫·赫尔默的《社会技术》（纽约，1966年）。

前反馈中部50%所确定的跨度，他便需要为其看法提供适当的理由。在第四轮，时间跨度进一步缩小，最后的清单包含了31个项目，这时专家团队大体达成了意见一致，也分别听取了多数意见和少数意见。

整个过程虽然十分繁琐，但采纳专家团队的应用技术是为了以下两重原因：它可以消除或削弱面对面讨论时可能产生的负面影响（例如盲目跟随主流意见的从众效应、否定公开发表意见时的尴尬心理，等等）；它在多个轮次中提供反馈，使回答的人有时间重新考虑一种意见，重新评述他的选择或确定新的可能性。

在何种"信任状况"下，我们可以接受这种方法和它的预测结果呢？主要的问题不在于任何一个单项预测，而在于缺乏含义明确的背景。每项预测都被视为孤立的情况，而所有的预测者很容易就意识到，任何一项预测的实现不仅有赖于许多其他预测，而更重要的是，有赖于国家自身的状况。上述预测所暗含的前提是：美国和世界这一大背景是不变的。但是，社会制度和国家关系是一定会变化的，而这些变化（不是任何个别突破的技术可行性）则决定这些突破是否有实现的可能。简言之，预测必须在一个制度背景下进行，该背景明确说明在某个既定时间内可以达成的重大社会、政治和经济关系。兰德公司对德尔菲技术的运用，为我们提供了一系列可能性，然而这些可能性的组合方式却取决于它们所存在的那个具体制度。只有当我们有能力在创建社会体制模式方面取得进展之后，预测技术或预测科学才可能获得发展。

矩阵和背景法。它是将目前"形态研究"和"树状图"题目下进行的大部分研究中的所有可能性，以井然有序的方式排列出来。原则上说，它可以被视为探索大型综合问题解决方案的系统化尝试。新颖之处在于排序方式和数学技术的运用，将相应价值分配到该问题的各个参数上。[1]

形态研究是由瑞士天文学家弗里茨·兹维基（Fritz Zwicky）在加利福尼亚航空喷气工程公司从事火箭研究时提出的，他现在为威尔逊山和帕洛马山天文台工作。[2]

---

[1] 埃里奇·扬奇：《技术预测》，前引著作，第175页。
[2] 埃里奇·扬奇：《技术预测》，前引著作，第176页。

在早期从事火箭和喷气发动机的研究中,兹维基用一个形态学表格详细展示出 11 种变量类别的各种组合,每个类别各有自己的变量区间(例如,火箭燃料作为一个类别,有气态、液态和固态三种可能性;运动作为另一个类别,包含传送、循环和振荡的可能性)。该表格共计列出 25344 种发动机的潜在可能。1943 年的计算以较少参数为基础,提出了 576 种可能性,然而其中已包括当时尚属保密的以脉冲式喷气发动机为动力的德国 V—1 飞弹和 V—2 火箭。当时,丘吉尔的科学顾问林德曼教授(Lindemann)即使见到了照片,也无法充分认识 V—2 型火箭的潜力,因为他抵制液态火箭燃料这一概念。

正如扬奇所说,"全面应用兹维基在火箭和喷气燃料发展中实践的(形态结构图),显然取得了巨大的成功,它对于在初期阶段建立一条无偏差的路径具有决定性的意义。"扬奇指出,许多公司正以高度理论化的手段获取基本参数组合的专利,从而锁定或阻挠未来的潜在发明。("比如,我们可以看到有人急于在至今尚未获得专利的核反应堆冷却剂/减速剂系列的领域里'冲刺'以获得一些专利。")[①]

把预测与不同阶段特定目标相联系的需要,促发"树状图"这一概念的产生,它有时也被称为"关联树"(reliance trees)或"决策树"(decision trees)。树状图的概念是 1957 年首先由丘奇曼(Churchman)和阿库夫(Ackoff)提出的[②]。它是一种排序工具,类似于公司的组织结构图,将任务流程中的要素制成分解图表,并把这些要素与特定目标相联系。它的新颖之处是确定各个功能子系统的权重和分值,以便发现哪种组合形式可提供最佳结果。

由于"树状图"只是一个制图工具,它的预测是解决现有问题和新技术在 5 年、10 年或 15 年内的演变。加利福尼亚阿纳海姆北美航空自动控制研究室建立了一个名叫 SCORE 的"树状图",即"为研究重点选择具体目标",提前 5 年到 15 年把具体的目标与特定战略相联系。有关"决策树"的最著名案例是国防部所采用的计划项目预算系统(PPBS)。

---

① 同上书,第 178—180 页。
② C·W·丘奇曼,R·L·阿库夫和 E·L·阿库夫:《运筹学入门》(纽约,1957 年)。

诺伯特·维纳（Nobert Wiener）曾经将"系统"定义为"有组织的复合物"。假如我们手上有一个如美国国家航空航天局（NASA）所建立的那种树状图，其中包含301项任务、195个系统、786个子系统和687个功能要素，要对每个系统进行跟踪，评价其性能，并且计算系统内新技术对其他系统的影响，这显然是一个复杂得近乎可怕的任务。矩阵和形态图的作用就在于，提供能够理清这些关系的图表。

扩散期。保罗·萨缪尔森（Paul Samuelson）曾经做过一项基础判断，即从指定的材料组合中所得到的产量，取决于当时的"技术状态"。[①] 因此，了解技术的方向和传播，对于企业的生存至关重要。然而，重点在于具体的发明难以在技术上加以预测，也不可能加以预测。科技发明如同政治事件一样是突然发生的，通常代表着研究人员想象力的突破。没有人能够预测出肖克莱会发明晶体管或汤斯设计出激光器的前身。大部分技术预测**假定**会出现某种发明——这是关键点——再通过包络曲线中新的上升曲线预测它的扩张速度或伴随着新发明在工业中的扩散而出现的扩散率。技术预测中主要的**经济**方法就是扩散率。

在过去的75年，技术在经济体中的扩散确实在加快，而这是对变化速度加快这一常识的一种测量。弗兰克·林恩（Frank Lynn）在为总统自动化委员会所做的研究报告中谈到：

- 从发现一种新的技术发明到认识它的商业潜力，这期间所耗费的时间，据20世纪前后（1880—1919）引进的各项技术发明计算为平均30年，该数字在第一次世界大战之后下降为16年，到第二次世界大战后又再次下降为9年。
- 把基础性技术发明转化为商业产品或商业过程所需的时间，在进行调查的六七十年间，已经由7年下降为5年。[②]

实际上，由于研究与发展活动的增加，新产品的酝酿期已经出现急剧的下降。而营销时间虽然略有缩减，但并没有大幅度地下降。最令人印象深刻的是林恩"信心满满"的结论，他指出："在今后5年中将对经济和社会产生显著影响

---

① 保罗·萨缪尔森：《美国经济问题》（纽约，1962年）。
② 见《技术和美国经济》的附录1。

的技术发明都已经被转化为商业产品,而将在 1970—1975 年产生明显社会和经济影响的技术发明,现在都已明确地进入了商业开发。"正是在这个基础上,制订社会与技术规划才有可能。

虽然这只是一个一般性的结论,但在各个部门和工业之间,革新与扩散情况却有很大不同。1961 年,埃德温·曼斯菲尔德(Edwin Mansfield)研究了 12 项发明在 4 类工业企业(烟煤、钢铁、酿造和铁路)之间扩散的速度。自首次成功实现商业应用之日算起,至所有大型公司配备上调度控制中心、汽车减速器、副产品焦炉和连续退火设施为止,这个过程用了 20 年或更多的时间。而所有大型公司对货盘装卸机、马口铁集装箱和连续采矿设施的应用只花了 10 年或不到 10 年的时间。林恩根据他的研究得出结论,技术革新应用于消费品时的扩散速度大约是应用于工业时的两倍。

上述研究属于事后的反推。有一些人正在尝试预测技术的扩散速度和方向。埃弗雷特·M·罗杰斯(Everett M. Rogers)在《革新的扩散》[①]一书中使用了按时间绘制的历史扩散曲线(以美元总量和使用次数作为计量单位)以确定曲线的特征。曼斯菲尔德建立了一个简单模型[②],它的核心思想是商业公司引进新技术的可能性随着已使用这项新技术的公司数量及其获利的增加而增加,且随着所需的投资规模的增加而减少。迄今为止,这些尝试都只是试验性的。

就扩散这一问题,我们需要跳过技术预测,转向经济预测和社会预测。这是因为,新发明或新产品的推广显然不仅仅取决于技术效能,同时也取决于成本、对消费者的吸引力、社会成本、副产品,等等。因此,任何一项新的发明的引进,都取决于经济限制、政府政策、价值观和消费者的社会心态。

在某种意义上说,技术是与自然界的竞争,人们要获取自然界的秘密,就不得不靠自然规律和人类智慧探索未知的道路。经济和社会生活则是人与人之间的竞争,这一领域的预测必须考虑到各种战略、计划和心理需求,因为每个人都试图通过合作或对抗提升自身利益。

---

① 埃弗雷特·M·罗杰斯:《革新的扩散》(伊利诺伊州格伦科,1962 年)。
② 埃德温·曼斯菲尔德:《经济计量学》(1961 年 10 月)。

人类行为受到社会限制，而预测者的任务正是要确定这些限制。大规模的社会变革不是由某个突然的行动或一句说错的话引起的。限制包括自然条件（气候和资源）、固有的风俗、习惯和制度，甚至人群的反抗。例如，那些基于少数特例就大肆渲染自动化的潜在影响的人忘记了一个简单的事实，即当数据处理或数控工业刚刚出现时，虽然它们使某些工业的销售额快速增长到几十亿美元，但是对比一个年平均生产额高达 1 万亿美元的经济体，它们的影响力还是很小的。

社会的外部局限性即为它的经济成长率。麻省理工学院的经济学家罗伯特·M·索洛曾提出李嘉图—马克思—索洛模型（Richardo-Marx-Solow model），获得人们充分认可，被视为当代经济学的一大成就。他指出每一种经济体都有其"自然"的增长，即人口增长率和技术发展率的合成，后者可被定义为生产率、新发明的问世速度、组织效能的提升、教育等。[1] 鉴于目前的体制安排（资本筹集和分配的方式、可支配收入的比例，等等）和一个社会所拥有的人力、资源及国民生产总值的可观数量，即使引进革命性的新技术（如农业革命），它也不会造成总体生产率的大幅上升。有些社会起步晚，正努力向前追赶，因此成长率要高于其他社会。在短时期内，发达经济体可以在一定限度内提高增长率，但是，由"生产功能"向更多地使用资本转化，不久便会导致替代成本、边际效应下降以及增速趋缓，直至整个经济重新恢复"自然"增长。根据爱德华·丹尼森的研究，美国经济的"自然"增速，在现有体制和技术水平下，大约为每年 3%。[2] 最终——从逻辑上看，但从社会学上看也许并不如此——技术，作为人类共同知识财富的一部分，将为一切社会所利用，因而各经济体的增长率最终也将趋于平衡。在任一个可见的时间阶段，制约着经济学家和社会学家预测的是经济增长率——它决定哪些事物可以为社会所用，而这是一切社会预测的起点。

我们已经说过，技术是后工业社会中一个中轴；另一个中轴是作为一项社会

---

[1] 罗伯特·M·索洛："投资和技术变化"，前引著作。
[2] 爱德华·丹尼森：《经济成长的源泉》，经济发展委员会（纽约，1962 年）。

基本资源的知识。知识和技术体现在社会体制中，通过人表现出来。简而言之，我们谈论的是一个知识社会。它有哪些标准呢？

知识社会的结构

所谓后工业社会是一个知识社会，具有双重意义：首先，创新的源泉越来越多地来自研究与发展。更直接地说，由于**理论**知识的核心地位，科学与技术达成一种新型关系；其次，社会的权重——即大部分国民生产总值和多数就业——越来越多倾向于知识领域。

弗里茨·马克卢普令人敬佩地计算了国民生产总值用于知识的生产和分配的比例，估算出1958年美国国民生产总值大约有29%（或1364.36亿美元）用于知识的相关领域。[①]（各分项占用的资金和比例，见表3—1）不过，马克卢普所用的定义的确太宽泛。例如，教育一项包括家庭教育、职业教育以及教会教育。传媒一项包括所有商业性印刷品、文具和办公用品。信息设备一项包括乐器、信号设施和打字机。信息服务一项包括花费于证券经纪人、不动产代理商等的资金。就这个范围而言，国民生产总值的29%这一数字在被大量引用的同时，也造成了不小的误导。尤其是在克拉克·克尔（Clark Kerr）遭到学生的攻击——他在《大学的作用》一书中引用了该数字[②]——之后，"知识工业"和"知识工厂"这些名词已经略带贬义。

针对"知识社会"的任何有意义的数据统计在范围上要小得多。正如我所确定的知识的定义，这些统计必须主要限定于研究（研究与发展中开发一项主要投在导弹和航空领域，占总数相当大的比例）、高等教育和知识生产这些可被视为精神财富，包括有效的新知识及相应的知识传播的项目。以教育为例，如果将其定义为远比马克卢普狭窄的公立及私立学校直接开支，我们将会发现，1969年国民生产总值中教育开支的份额比1949年时翻了一番还多。1949年，教育开支占国

---

① 弗里茨·马克卢普：《美国的知识生产与分配》，1962年版，第360—361页。教育开支在国民生产总值中的占比引自美国政府《教育统计资料汇编》（美国政府印刷局，1970年），第21页。
② 克拉克·克尔：《大学的作用》（纽约，1966年）。

表 3—1　1958 年用于知识的国民生产总值的比例分配

知识类别和开支来源	金额（百万美元）	百分比
教育	60,194	44.1
研究与发展	10,990	8.1
通讯媒介	38,369	28.1
信息设备	8,922	6.5
信息服务（不完全）	17,961	13.2
总计	136,436	100.0
开支来源：		
政府	37,968	27.8
企业	42,198	30.9
消费者	56,270	41.3
总计	136,436	100.0

资料来源：数据引自弗里茨·马克卢普，见《美国的知识生产与分配》，普林斯顿大学出版社，1962 年版，第 360—361 页，经许可编排为表格形式。

民生产总值的 3.4%（1939 年为 3.5%，1929 年为 3.1%），而 1969 年，这个数字上升到 7.5%。这种倍增现象可被看成教育产业重要性的一个指标。（其他的有限制性的指标见以下几个小节的表格。）

知识阶级诸方面[1]

在柏拉图的理想国，知识只属于哲学家这一个阶级，城市的其他成员则被划归武士（卫兵）和工匠。而在未来的科学之城里出现了三个阶级：有创造性的精英"科学家"和专业高层管理人员（我们是否可以按柯勒律治[2]的定义，称他们为"新知识阶层"？）；以工程师和教授为代表的中产阶级；以及技术员、初级教员和教学助理等无产阶级。

隐喻总是让人浮想联翩，然而知识社会内部已经出现了不平常的分化，而且

---

[1] 以下各节的统计资料，已根据可以获得的资料进行了核对，最晚的数据是 1972 年的年中数据。
[2] 柯勒律治（1772—1834）：英国诗人和评论家，在 18 世纪晚期至 19 世纪上半叶英国政治思想领域中占据重要地位。——译注

按照等级和支配地位的传统阶级分类来探讨这种分化，虽然依然重要，却不总是最有成果的。其他的社会学方面的差异同样存在。例如，在知识社会的社会结构中，醉心于职能理性和专家治国运转模式的技术知识分子与日益走向末日启示、享乐主义和虚无主义的文化人之间，存在着深刻且不断扩大的分歧。专业管理者和技术专家之间也存在分歧，这有时便导致双重权力结构——医院和研究实验室都有这种情况。在大学内部，系主任与教职员之间、系内研究人员与教学人员之间总是存在分歧。至于艺术世界，博物馆理事、馆长、期刊编辑、批评家、销售商、赞助人和艺术家之间的关系错综复杂。影视领域则另有一番景象。要对知识阶层作进一步探讨，必须先从细节上研究这些多样化的垂直分层与分化。

社会结构的常规分析一般从人口入手。事实上，总体数字是令人吃惊的。如果我们采用亚伯拉罕·莫尔斯（Abraham Moles）的假定，即到1972年，"发达"国家人口的5%、世界总人口的3%从事智能劳动，那么未来科学之城的总人口将达到1亿！[①]

世界性的整体比较难于实施，此处引用这一数字，意在说明知识阶级的成长已经引起了规模性变化。由于不掌握历史数据，我们很难进行这一类的比较。我们的任务之一，是为未来提供一条基准线。在这里，我们将限于只使用美国的数据以及人口调查数据，以便基于时间跨度进行比较，并对未来做出一些预测。

我们参照的主要人口调查数据是"专业和技术人员"的数据。从1947年（第二次世界大战之后的基准线）到1964年，美国专业与技术工人的就业人数增加了1倍多，从大约380万人上升到超过850万人。到1975年，这个职业类别的人力需求可望提高一半以上，达到1320万人。假定那时的劳动力总数为8870万人的话，那么，专业和技术这一集团将构成劳动人口的14.9%。如果再加上估算出的920万名经理、官员和企业主，那么，集团整体将占到劳动人口的25.3%。实际上，每4个人中就有1个人上过2年到4年大学——该集团的平均教育标准——

---

① 亚伯拉罕·莫尔斯："1972年的科学城"，载《未来》（巴黎，1964年）。

这 25.3% 的人口，构成美国受过教育的阶层。①

教师是专业阶层中最大的单一团体。公立和私立学校就业教师合计人数从 1954—1955 学年的大约 130 万人，增加到 1964—1965 学年的大约 210 万人，1970 年的 280 万人。在人口调查的专业和技术人员分类中，教师占该类别总人数的大约 25%。20 世纪 60 年代，教师中有一半人就职于小学，1/3 以上的人就职于中学，大约 20% 的人就职于专业学院和大学。在 1965—1975 年这 10 年间，教师人数可望上升大约 1/3 的幅度，在 1974—1975 学年上升至 300 万人。但是，如果其他专业和技术集团出现了较快的上升，教师在这个阶层中的占比将下降到大约 20%。

工程职位是第二大专业岗位，规模仅次于教师工作，对男性来说它又是最大的专业。在 1950 年到 1966 年之间，工程师就业人数增加了 80% 以上，从 53.5 万人上升到大约 100 万人，主要原因是这一阶段内以科学为基础的工业发展，如电子工业、航天业、导弹制造业、科学仪器制造工业、核能源产业和计算机技术相关行业，同时也因为生产过程越来越复杂，开发和制造产品需要较长的周期。在所有工程师中，大约有一半人在制造业部门工作，还有 1/4 的人进入了建筑业、公共事业和工程服务业。工程师中有很大一部人（大约 15 万人）受雇于政府，其中半数为联邦政府所雇用。教育机构雇用了大约 3.5 万名工程师从事研究和教学。从 1964 年到 1975 年，工程师的人数可望再增长 50% 以上，大约达到 150 万人；那时，这个集团将构成专业和技术阶层总人数的 11% 以上。

与工程师相关的还有工程和科技人员（不包括制图员和测绘员），其人数从 1960 年的 45 万人增加到 1966 年年中的 65 万人，大约占专业和技术工作者的 7%。工程和科技人员的就业人数，到 1975 年可望增长大约 2/3，总数达到 100 万人以上。

知识社会中最重要的专业集团当然要属科学家，在所有专业集团中它的增长率一直最为显著。举例来说，工程师的人数从 1930 年的 21.7 万人升至 1964 年的

---

① 这些数据和预测以及后面的分项数据，摘自劳工统计局为技术、自动化和经济进步全国委员会提供的《1964—1965 年美国工业和职业类别的人力需求》，发表于《技术和美国经济》的附录部分。后面的预测发表于《明天的人力需要》，1606 号公报（1969 年 2 月），其中只做了些许的修改。

近100万人；而科学家的人数在同一时期内从4.6万人上升至47.5万人。换一个视角，从1930年到1965年，劳动力人数大约增加了50%，工程师的人数增加37%，而科学家人数则增加93%。据劳工统计局的计算，到1975年，自然科学家的人数将升至46.5万人，而社会科学家的人数则将高达8万人。[①]（见表3—2和图3—3。）

表3—2 技术人员和科学人员人数预测

	1963年	1970年	1975年
美国人口（百万）	190	209	227
劳动力（百万）	76	86	
民间就业人数（百万）	70.3[a]		88.7
白领工人	31.12[a]		42.9
（占民间就业人数的百分比）	（44.2%）		（48%）
专业和技术人员	8.5[a]		13.2
（占民间就业人数的百分比）	（12.2%）		（14.9%）
科学人员（百万）	2.7	4	
（占职业人口的百分比）	（3.6%）	（4.7%）	
严格意义上的科学家	0.5 ⎱ 1.43	0.74 ⎱ 2.14	
工程师	0.93 ⎰	1.4 ⎰	
技术员	1	1.6	
高中理科教师	0.25	0.3	
获博士学位者（千）	106	170	
在科学领域	96	153	
在工程学领域	10	17	

资料来源：经济合作与发展组织，《国家科学政策考察：美国》（巴黎，1968年），第45页。
a. 以1964年的数据为基础。

[①] 《国别科学政策考察：美国》，经济合作与发展组织（巴黎，1968年），第44—45页，以及美国劳工统计局公报1606号，同上。

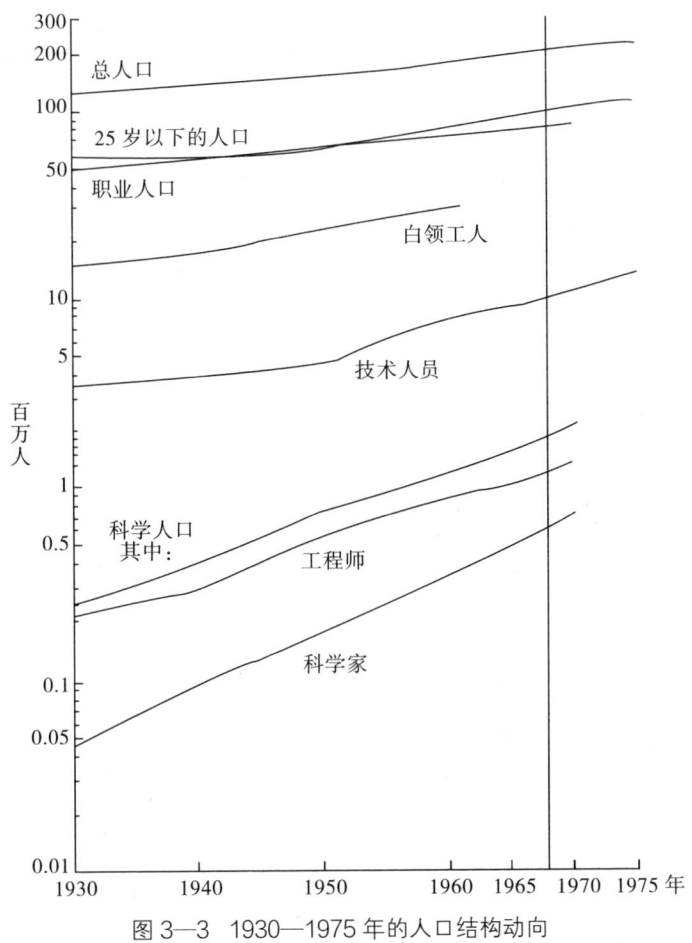

图3—3 1930—1975年的人口结构动向

资料来源：经济合作与发展组织，《国别科学政策考察：美国》（巴黎，1968年），第43页。

所有这些增长是与世界上空前大规模的高等教育普及同时发生的。历史上任何一个社会都不曾为从19岁、20岁（大学低年级水平）到22岁的大部分青年提供正规教育，而现在这已成为美国的公共政策。美国在20世纪20年代决定为全国所有孩子提供中等教育，而在过去20年，它再度决定为全国所有有能力的青年提供大学教育，或者至少让他们念几年大学。起初，发起这项决定是为了解决退伍军人的教育问题，尔后，它便扩展到各种国家体制中，因为很明显，新兴的以科学为基础的工业，需要更多受过技术训练的人员。这种变化可以最形象地用表3—3来表达，该表说明在18—21岁期间上大学的人数在不断增长。

表3—3 1946—1964年学生总数与相应的年龄集团

年份	18—21岁的人数	入学人数	入学人数占18—21岁总人口的百分比
1946	9,403,000	2,078,095	22.1
1947	9,276,000	2,388,226	25.2
1948	9,144,000	2,403,396	26.3
1949	8,990,000	2,444,900	27.2
1950	8,945,000	2,281,298	25.5
1951	8,742,000	2,101,962	24.0
1952	8,542,000	2,134,242	25.0
1953	8,441,000	2,231,054	26.4
1954	8,437,000	2,446,693	29.0
1955	8,508,000	2,653,034	31.2
1956	8,701,000	2,918,212	33.5
1957	8,844,000	3,036,938	34.3
1958	8,959,000	3,226,038	36.0
1959	9,182,000	2,364,861	36.6
1960	9,546,000	3,582,726	37.5
1961	10,246,000	3,860,643	37.7
1962	10,745,000	4,174,936	38.9
1963	11,129,000	4,494,626	40.4
1964	11,286,000	4,950,173	43.9

资料来源：经济合作与发展组织，《国别科学政策考察：美国》，第494页。

这个表同时说明，第二个10年的增速比第一个10年更快。在1946—1964年这18年间，入学总人数增加了145%，而最后10年中的增长达到104%。自1964年以来，这个趋势一直在上升。如果参照《教育统计资料汇编》的数据，在18—19岁的年龄组（即大学一年级学生对应的年龄组），1965年在校人数占46.3%，1967年占47.6%，1968年占50.4%，1969年占50.2%。预计在相当长的一段时期里，50%这一数字会被视为标准。

经合组织报告小组使用的另一种统计资料汇编，提供了比入学人数更有用的一个概念。对正攻读学位的在校学生增长情况的统计资料汇编，使人们得以衡量从1869年到目前的漫长时段的学生人数增长。表3—4列出了美国大学扩张的各个阶段的相应数据。

表3—4　1869—1963年攻读学位的学生人数及其相应年龄集团

学年	学生人数			在人口中所占百分比	
	总数	本科生	研究生	18—21岁	18—24岁
1869—70	52,286	—	—	1.68	1.14
1879—80	115,817	—	—	2.72	1.63
1889—90	156,756	154,374	2,382	3.04	1.78
1899—1900	237,592	231,761	5,831	4.01	2.29
1909—10	355,213	346,060	9,153	5.12	2.89
1919—20	597,880	582,268	15,612	8.09	4.66
1929—30	1,100,737	1,053,482	47,255	12.42	7.20
1939—40	1,494,203	1,388,455	105,748	15.59	9.08
1949—50	2,659,021	2,421,813	237,208	29.58	16.50
1959—60	3,215,544	2,873,724	341,820	34.86	20.49
1963年收录人数	4,234,092	3,755,515	478,577	38.05	23.33

资料来源：经济合作与发展组织：《国别科学政策考察：美国》，第52页。

自1879年以来，美国大学的就读人数每20年翻一番。对比各时期相应的年龄组，可以看到第二次世界大战之后，快速增长变得相当明显，在50年代又进一步加强。这种进步不仅反映在入学人数上，也反映在研究生人数的增长上。自1950年以来，研究生人数增加了1倍，而本科生人数在同期间只增长了50%。因此，不但入学总人数在不断增长，而且优秀学生人数从比例上来说增长得更多。

到20世纪60年代末，大学生人数出现了突飞猛进的增长，从1960年到1970年差不多翻了一番。增长主要是人口膨胀引起的，集中出现在大学本科阶段。看一下总体数字，人们会发现这样的增长是惊人的。（见表3—5）

表 3—5 1964—1970 年 18—24 岁的高等院校入学人数

年份	18—24 岁的人数	入学人数	入学人数占同年龄人口的百分比
1964	18,722,000	4,950,000	26.4
1965	20,202,000	5,526,000	27.4
1966	21,346,000	5,928,000	27.8
1967	22,244,000	6,392,000	28.7
1968	22,787,000	6,928,000	30.4
1969	23,600,000	7,299,000	30.9
1970	24,500,000	7,612,000	31.1

资料来源:《教育统计资料汇编》"表 86",美国教育总署,1970 年。

如表 3—6 所示,获得学位的人数与学生人数同比增长。自 1947 年以来,获博士学位的人数翻了 3 番,获硕士学位或同等学力的人数增加 2.4 倍,获学士学位或同等学力的人数增加 1.8 倍。到 1968 年,22 岁这一年龄组大约有 20% 的人,完成了学士学位(1956 年时为 14%)。获得硕士学位的人数在该年龄组(24 岁)的占比从 1956 年到 1968 年增加 1 倍,即由 3% 升至 6%。至于从事研究工作的博士,尽管在 1970 年时人数已增至 1960 年的 3 倍,但在 30 岁年龄组的美国人中,仍然只占到大约 1%。

按照学历等级和专业对学位进行分类,我们便揭示出一个令人吃惊的事实(表 3—7)。在 1954 年和 1964 年,社会科学和人文领域颁发的学士学位大约占总数的 72% 到 73%,自然科学和数学领域颁发的学士学位只占 26% 到 28%,然而在博士学位这个层级,情况完全反转了。在这两个年度,差不多有 50% 的博士以自然科学或数学为研究方向。这个数字本身反映出两个重要事实:首先,在科学领域拿到博士学位平均需要的时间,较之社会科学和人文领域的博士学位要快得多;第二,拥有博士学位对于获得好的就业机会的作用,在科学领域比在其他领域更为显著。看一下 1968 年颁发学位的具体数字(最新数据),社会科学领域颁发 120668 个学士学位,博士学位只有 2821 个;生物学领域有 31826 个学生获得学士学位,2784 人获得博士学位,而在物理学领域,19380 个学生获得学士学位,3593 人得到博士学位!(见美国教育总署:《1967—1968 年颁发的学位》。)

表 3—6　1869—1870 年到 1963—1964 年获得高等院校授予学位的人数

年份	获得授予学位的人数			
	获得学位的总人数	学士和初等专业人员	初等专业人员以外的硕士	博士
1869—70	9,372	9,371	0	1
1879—80	13,829	12,896	879	54
1899—90	16,703	15,539	1,015	149
1899—1900	29,375	27,410	1,583	382
1909—10	39,755	37,199	2,113	443
1919—20	53,516	48,622	4,279	615
1929—30	139,752	122,484	14,969	2,299
1939—40	216,521	186,500	26,731	3,290
1941—42	213,491	185,346	24,648	3,497
1943—44	141,582	125,863	13,414	2,305
1945—46	157,349	136,174	19,209	1,966
1947—48	317,607	271,019	42,400	4,188
1949—50	496,661	432,058	58,183	6,420
1951—52	401,203	329,986	63,534	7,683
1953—54	356,608	290,825	56,788	8,995
1955—56	376,973	308,812	59,258	8,903
1957—58	436,979	362,554	65,487	8,938
1959—60	476,704	392,440	74,435	9,829
1961—62	514,323	417,846	84,855	11,622
1963—64	614,194	498,654	101,050	14,490
1965—66	709,832	551,040	140,555	18,237
1967—68	866,548	666,710	176,749	23,098
1968—69	984,129	764,185	193,756	26,188
1969—70	1,025,400	785,000	211,400	29,000

资料来源：经济合作与发展组织，《国别科学政策考察：美国》，第 54 页。载《教育统计资料汇编》，美国教育总署，1970 年。

注：从 1959—1960 年开始，该数据包括阿拉斯加和夏威夷地区。

表3—7　1954年和1964年按学科分类的学位分布情况（百分比）

学科	1954年			1964年		
	学士和同等水平者	硕士和同等水平者	博士和同等水平者	学士和同等水平者	硕士和同等水平者	博士和同等水平者
自然科学和数学占总致的百分比	28.0	21.7	48.1	26.1	27.3	49.7
数学	1.4	1.3	2.8	4.0	3.9	4.2
工程学	7.9	7.7	6.8	6.9	11.0	12.3
物理学	3.7	4.4	19.4	3.5	4.5	16.9
生物学	3.2	2.8	11.2	4.6	3.3	11.1
卫生学	8.2	3.0	2.1	5.2	2.3	1.3
社会科学和人文科学	72.0	78.3	51.9	73.9	72.7	50.3
社会科学	12.1	7.1	12.1	15.7	9.5	12.3
教育学	18.6	47.5	16.6	18.0	37.6	14.8
总计人数	287,401	58,204	8,840	529,000	111,000	15,300

资料来源：经济合作与发展组织，《国别科学政策考察：美国》，第56页。

科学精英和大众

科学工作者是后工业社会的主要资源。科学工作者在各部门（工业、政府、大学）及各种社会职能（生产、研究、教学）之间的分配，是面向社会稀缺资源利用的一致性科学政策的起点。[①] 科学工作者的定义十分复杂，特别是在有关工程的领域。许多人被归入工程师一类，在工业领域更是如此，但这些人并没有受过正规教育，也没有取得大学学位。另一方面，一些工程师由于所受的训练，从事专业以外的管理工作。科学家很少出现类似情况，虽然近年来，有一些科学家转向了行政管理和教育改革。一般说来，科学工作者即为至少上过4年大学或接受过同等训练、以某一种学科为专业且从事科学性质工作的人。这一定义

---

① 本节的统计数据主要引自两个报告：经合组织《国别科学政策考察》以及《1966年美国科学人力资源》，出自美国国家科学基金会编制的"全国科学技术人员名录"（首都华盛顿，1968年），NSF认证号68-7，据美国教育署最新统计资料有所补充。

也适用于工程师。

我们根据人口调查做出第一级划分。1960年对技术人员的调查表明美国已拥有33.5万名科学家和82.2万名工程师。[①]

我们可以按学科、经济部门和社会功能说明三种基本分类，再按工业内部、大学内部和政府内部的专业和功能作更进一步划分。

图3—4说明工程师和科学家按学科分布的情况。令人吃惊的是，大部分科学家集中在两个领域——生物科学和化学，而工程师则平均分布于工程学的四个主要领域——工业、民用、电气和机械。

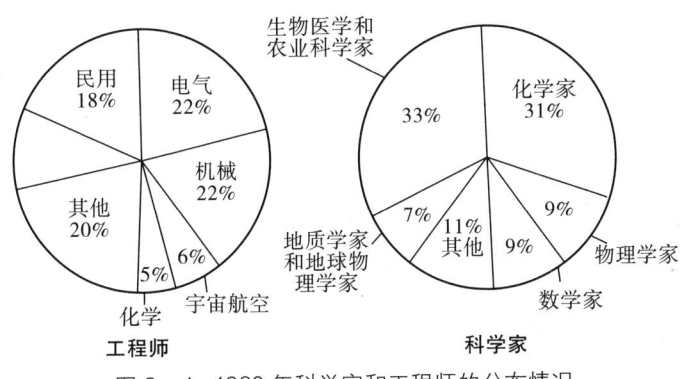

图3—4 1960年科学家和工程师的分布情况

资料来源：经济合作与发展组织，《国别科学政策考察：美国》第207页。

注：后来的数字表明比例略微有所变化。

就工程师而言，美国劳工部公报1606号（1969年2月）所引用的1966年数字，显示出以下分布：电气工程师占20%；机械工程师占20%；民用工程师占20%；工业工程师占11%；航空工程师占6%；化学工程师占5%。

就科学家而言，据国家科学基金会1970年的抽样调查表明：化学家占28%；物理学家占12%；数学家占8%（加上4%的计算机科学家）；生物和农业科学家占20%（不包括医学科学家）；地球和海洋学家占8%；大气和空间科学家占2%；其他占22%。

表3—8列出了工程师和科学家在各经济部门之间的分布。绝大多数工程师主要分布在制造业，其次在政府部门；科学家人数最多的单一部门是制造业，但大学和政府部门雇用的科学家人数合并起来超过了这个数字。

---

① 1970年人口调查要到1972年才能得到详细数据。可能获取的部分最新资料均已体现在文中和表格内。

如果考虑精英人群，审视一下科学和工程学博士在各部门和科学领域之间的分布情况，我们就会发现，这些人员的分布明显侧重于学术和研究，且高度集中于科学领域。（见表3—9、表3—10和表3—11。）

表3—8 1960年科学家和工程师按部门分布的情况

部门	科学家和工程师	工程师	科学家
合计	1,157,300	822,000	335,300
采矿业	31,600	19,100	12,400
建筑业和公共工程	55,100	52,700	2,400
制造业	613,500	472,800	140,700
运输、通讯和其它服务业	61,500	58,800	2,800
其他工业	100,400	82,100	18,200
政府部门（联邦、州和地方）	170,100	109,400	60,700
学院和大学	125,100	27,000	98,100

资料来源：经济合作与发展组织，《国别科学政策考察：美国》，第208页。

表3—9 1969年按部门使用科学博士和工程学博士的情况

部门	百分比
学术部门	60
私人工业部门	26
政府部门	9
其他部门	5

资料来源：国家科学基金会，《科学和工程学博士：供应与使用》，1971年5月。

表3—10 1969年非学术部门使用科学博士和工程学博士的情况

部门	百分比
研究与发展	76
其他活动	24

资料来源：国家科学基金会，《科学和工程学博士：供应与使用》。

表 3—11 1969 年科学博士和工程学博士按科学领域分布的情况

领域	百分比
物理科学	32
生命科学	25
数学	6
工程学	15
社会科学	22

资料来源：国家科学基金会，《科学和工程学博士：供应与使用》。

为了说明以科学为基础的各大工业的重要性，请注意科学家与工程师在每个领域内相对于就业总人数的占比。在 1962 年，数字如下[①]：

制造业	3.0%
一切化学品	10.2%
制药	16.9%
电气工程	7.8%
通信	12.3%
航空	12.4%
科学仪器	17.7%

当然，最关键的问题是各经济部门如何使用这些科学工作者。至于有多少科学家从事应用研究，又有多少科学家从事基础研究（假定可以这样划分），这个问题只能在更具体的小规模样本中获得答案。按照人口调查的总体标准，我们可以看到科学家和工程师的三种主要职能：生产、研究与发展、管理与行政，教学等其他功能都被分在杂项中（表 3—12）。

---

① 1970 年，除了制药及仪器行业的占比有较大幅度的提升之外，上述数字没有出现明显变化。据国家科学基金会的预测，到 1975 年，就职于制药行业的人数占 18.5%，而仪器行业的就职人数则几乎占到 26%。

表 3—12 1960 年科学家和工程师按职能分布的情况（百分比）

人员	生产	研究与发展	管理与行政	杂项
所有科学家和工程师	35	34	7	24
科学家	24	42	4	30
工程师	41	30	8	21

资料来源：经济合作与发展组织，《国别科学政策考察：美国》，第 210 页。

为了考察目前对科学家和工程师的使用，我们有必要再按工业部门、大学和政府部门作进一步的细分。

表 3—13 列出了在工业领域就职的科学家和工程师按专业和职能划分的分布情况。在工业部门内部，有占总数 30% 的人从事研究与发展。其中从事研究的物理学家占到总人数的 72.1%，从事研究的数学家与生物学家则占到总人数的近一半。不过，从事研究活动以外的其他工作的科学家人数仍然占到一定比例。同样地，工业部门内部有一半数学家和一半化学家所从事的工作，与研究活动大为不同。

表 3—13 1962 年工业领域内所雇用的科学家和工程师按专业和主要职能划分的比例（百分比）

就业	科学家和工程师总数	研究与发展	经营与管理		技术、贸易、销售和维修业务	生产和操作	其他职能
			研究与发展	其他			
总数	100	30.1	5.5	12.6	10.9	34.3	6.5
工程师	100	27.2	5.1	13.6	10.9	36.9	6.3
自然科学	100	44.9	7.6	8.4	8.0	24.6	6.5
化学家	100	47.4	8.3	7.1	9.5	24.6	3.0
物理学家	100	72.1	12.6	2.8	3.0	7.0	2.4
冶金学家	100	33.7	6.8	13.7	6.3	37.3	2.3
地质学家和地球物理学家	100	6.8	2.3	16.3	2.8	38.1	33.6
数学家	100	48.4	4.6	8.8	10.3	19.0	9.0
生命科学	100	29.7	5.4	10.9	24.3	19.1	10.5
医学	100	17.8	5.0	9.0	44.2	7.8	16.1
农业	100	18.7	5.3	20.0	13.3	27.3	15.4
生物学	100	48.0	5.9	4.7	18.5	20.7	2.2
其他科学家	100	33.4	13.6	10.6	9.3	12.1	21.0

资料来源：经济合作与发展组织，《国别科学政策考察：美国》，第 211 页。

根据大学内部相关数字制定的表3—14，表现出的是另一番景象。它采用了1965年的数据，美国高等教育部门在该年度雇用了26.1万名科学家和工程师，是1960年雇用人数的两倍多（见表3—8）。表中的数据由于算法不同而略有差异：1960年采用的是职工人数，而1965年的数据还加入了各高等院校研究中心雇用的所有人员。尽管略有不同，这些数据基本反映了在大学里科学家和工程师就职人数在5年内的急剧增加。1965年，大学所有雇员中有61%从事教学，29%从

表3—14　1965年大学和学院按职业情况和科学领域划分的科学家和工程师的人数，以及按职能划分的相当于科学家和工程师的专职人员数目（千人）

项目	总人数	正规大学和学院			与联邦政府签订合同的附属于大学的研究中心
		人数	授予研究生学位的科学和工程学院	其他学院	
科学家和工程师总数	261.0	250.0	210.3	39.8	11.0
就业状况					
专职	158.9	148.8	118.1	30.6	10.1
兼职	41.0	40.8	31.9	8.9	0.2
研究生	61.1	60.4	60.2	0.2	0.7
学科领域					
工程师	37.4	32.4	28.2	4.1	5.1
自然科学家	67.6	62.4	49.6	12.7	5.2
生命科学家	101.2	100.7	93.6	7.1	0.5
心理学家	12.8	12.7	9.3	3.4	0.1
社会科学家	40.8	40.7	29.0	11.7	0.1
其他科学家	1.1	1.1	0.5	0.6	a
相当于科学家和工程师的专职人员总数	203.2	192.6	158.5	34.1	10.6
职能					
教学	117.7	117.7	85.1	32.6	a
研究与发展	65.4	54.9	54.3	0.6	10.5
其他活动	20.0	19.9	19.1	0.9	0.1

资料来源：经济合作与发展组织，《国别科学政策考察：美国》，第510页。
a. 不到50人。

事研究与发展，10%从事其他类别活动（如行政管理等）。在与联邦政府签订合同的、附属于大学的研究中心，几乎所有人都在从事研究工作，而在大学从事全职工作的19.26万名科学家和工程师中，只有29%的人主要进行研究工作。

最后，我们来看看政府所雇用的科学家和工程师的分布情况。1962年，联邦政府雇用了大约14.4万名科学家和工程师在实验室或行政部门工作，占到联邦政府雇员总数的8%。国防部所雇用的具同等资历的人员占比最大，而农业部令人吃惊地占据第二位。随后的一些数据很可能会显示出卫生、教育和福利部门相关雇员人数的大幅增加，这是对医疗和生命科学领域研究活动在过去10年的扩张的一种反映。除了政府直接雇员之外，我们还必须考虑非营利机构（1965年）雇用了总人数达17884人的科学家和工程师。

知识阶级的核心群体是由美国科学基金会支持的国家科学和技术人员名录上所列的那些人。这些人表现出相当的专业才华，政府因此认为有必要对他们进行跟踪记录。正如国家科学基金会一项研究的题目，他们是"美国科学人力资源"，是这个时代"科学之城"里的上层阶级。截至1968年，该目录总计列入29.7942万人。按学科分类如下（百分数）：

自然科学	53
化学	32
物理学	11
地球和海洋学	8
大气和空间	2
生命科学	20
生物学	16
农业	4
数学和计算机	11
数学	8
计算机	2
统计学	1

社会科学	17
心理学	8
经济学	4
政治学	2
社会学	2
语言学	1
人类学	/

其中关键数据参见表3—15。它使我们从整体上了解到每个领域内科学精英的人数及其中博士学位获得者在美国《名录》中的相应占比。

表3—15 按学科领域划分1968年获得哲学博士学位者占国家科学基金会登记总人数的百分比

学科领域	名录总人数	获得博士学位者		
		人数	占总人数百分比	百分比
全部学科领域	297,942	111,206	37	100
化学	93,788	28,973	31	26
地球和海洋学	23,746	4,956	21	4
大气和空间	5,745	514	9	—
物理学	32,491	14,311	44	13
数学	24,477	6,929	28	6
计算机科学	6,972	469	7	—
农业科学	12,740	2,332	18	2
生物科学	46,183	22,344	48	20
心理学	23,077	14,794	64	13
统计学	2,639	929	35	1
经济学	11,510	6,112	53	5
社会学	6,638	3,396	51	3
政治学	5,176	3,034	59	3
人类学	1,219	1,158	95	1
语言学	1,541	955	62	1

资料来源：《1968年美国的科学人力》，国家科学基金会全国科学和技术人员名录（首都华盛顿，1970年），第23页。

这个核心集团有30万人，成员具有相当的学术能力及科学天分。令人吃惊的是，其中半数以上分布在自然科学领域，只有17%分布在社会科学领域（其中半数是心理学家）。二战结束以来，政府倾向于向自然科学投入，大部分的研究生津贴流向了这一领域。现在情况有了明显的变化。近些年来，政府投入大幅转向生物科学，在最近一段时间，获得生命科学博士学位的人数占比一直在上升。同样，对社会政策的必不可少的关注，将会促进美国经济学家和社会学家的人数增加。

仔细看下这个核心集团，在1968年，其中只有37%的人是博士，另有29%的人达到硕士水平，30%的人取得学士学位。这一比例可望随时间而有所改变。70年代之后，将有更多的人获得更高学位。

再看主要的工作领域，有32%的人从事研究与发展，21%的人从事经营管理，21%的人从事教学工作。在博士这个较小的团体内，我们可以看到更多细节。社会科学领域的博士在《名录》总人数中的占比要比物理学和自然科学博士为高。例如，名录上全部人类学家的95%拥有博士学位，相比之下，数学家中的博士占比只有28%，经济学家中则为53%。这个差异反映出以下这一事实，即哪些领域的就业良机主要集中于大学，就如社会科学领域一样，那些领域的博士人数的占比就相对较高。获得博士学位的科学家在物理和数学领域占到半数以上（52%），在生命科学领域占到1/3，在社会科学领域只占11%。

如果参考雇主的类别（见表3—16），所谓的"上层阶级"即博士学位获得者之中有半数以上（58%）为教育机构所雇用，只有22%为工业和商业部门所雇用，这与"科学之城"整体的职业分布形成了鲜明的反差。

按"上层阶级"从事的主要工作来看（见表3—17），博士学位获得者中有一半（57%）主要从事研究与发展（在"科学之城"该数字占1/3）；另有30%博士学位获得者宣称他们的主要工作是教学。

表 3—16 按雇主类型划分，1968 年获得博士学位者占国家科学基金会名录总人数的百分比

雇主类型	名录总人数	博士学位获得者		
		人数	占登记人数的百分比	总数百分比
全部登记人数	297,942	111,206	37	100
教育机构	117,746	64,624	55	58
联邦政府	29,666	8,461	28	8
其他政府	10,031	2,300	23	2
非营利机构	11,204	4,937	44	4
工业和商业	95,776	24,099	25	22
个体经营者	6,462	1,945	30	2
军事部门	7,155	949	13	1
其他	1,729	549	32	—
未报告者	5,466	839	15	1

资料来源：《美国的科学人力》，1970 年，第 23 页。

表 3—17 按主要工作划分，1968 年博士学位获得者占国家科学基金会名录总人数的百分比[a]

主要工作	博士学位获得者	
	人数	百分比
全部工作	111,206	100
研究与发展	42,390	38
基础研究	(26,727)	(24)
应用研究	(14,147)	(13)
经营或管理	21,069	19
研究与发展的经营管理	(12,967)	(12)
教学	33,902	30
生产和检验	782	1
咨询	4,655	4
勘查、预测和报导	1,099	1
其他	1,265	1
未报告者	3,541	3

资料来源：《美国的科学人力》，1970 年，第 24 页。
注：括号内为细分的数字。由于四舍五入，细分数字的合计并不全和有关的总数相等。
a. 国家科学基金会名录的总人数见表 3—15 和表 3—16。

总之，我们看到接受高等教育的科学精英的就业场所较一般大众有很大的不同。只有不到 1/4 的科学精英就职于企业界，就职于大学的占到一半以上；其中有 24% 的人从事基础研究，50% 的人从事某种形式的研究与发展。如果说企业界与大学的氛围完全不同、甚至截然相反，这样的说法也许太过武断。但是，两者的**标准**显然是不同的，尤为重要的是，两者所带来的社会压力也是不同的（用技术语言来表达，两者的"参照组"不同。）大学的气质基本上是自由主义的，在这一保护伞下，存在着一系列差异明显的政治光谱，在大多数情况下，科学精英与周边环境的气质相适应。假如人们同意罗伯特·海尔布伦纳的看法，相信科学和以科学为基础的技术发展正在创造蚕食资本主义的新的社会结构（恰如脱离土地经济的商人和资产阶级的活动破坏封建制度那样），那么，有意义的事实在于大部分科学活动脱离于企业制度之外，且科学政策的组织首先并不对企业界的要求作出响应。[①] 新阶级存在的必要基础是在旧的统治秩序之外获得独立的体制性基础。对科学家来说，这个基地就是大学。科学界是否强大到足以维持这种独立性，还有待观察。这个问题我将留待本书的结语部分再来探讨。

受过高等教育者的未来形象

后工业社会的一大关键是要获得一定数量受过训练的、具有专业技术能力的人才。我们认为即使会有阶段性的下降，但这种需求将一直延续到可见的未来——在人类历史上前所未有。基于科学知识的工业扩展，需要更多的工程师、化学家和数学家。在教育、医药和城市事务方面制定社会规划，需要大量在社会和生物科学领域受过教育的人才。1966 年的《人力资源报告》指出：

> 研究与发展的增长……将在许多专业和技术领域引发对专家的需求。此外，需要大量的城市规划人员、工程师和建筑师，以实现大城市中心众多衰败城区的重建和重新设计。各个领域的社会科学家的才干将被用于恢复这些城市中的人力资源。我们还需要更多数量的教师。亟于获取人数增长的还

---

① 罗伯特·海尔布伦纳：《美国资本主义的限制》（纽约，1966 年），第 114—120 页，第 130—132 页。

有，为了实施联邦、各州及地方政府以改善国民健康为目标的新医疗计划及其他计划所必须增加的公务人员。①

短期预测相对容易。1980届大学毕业生现在已在高中就读，人们可以粗略地估算出大学适龄人口中即将接受高等教育的占比——虽然人人都知道过去的预测大多是错误的。据美国教育总署估算，1977—1978年的入学情况可参见表3—18。

表3—18　1964年和1967年以及预测中1977年的教育情况及1964—1977年的增长率

	1964年	1967年	1977年	1964—1977年的增长率（百分比）
中学人数（百万）	48.1	56.7	62.6	30
高等教育在校人数（百万）	5.0	6.9	10.6	112
取得高等教育学位者	635,300	856,000	1,297,600	104
学士	529,000	685,000	980,000	85
硕士	111,000	148,800	273,700	147
博士	15,300	22,000	43,900	187
自然科学（百分比）	49.7%	51%	55.2%	—
社会科学/人文科学（百分比）	50.3%	49%	44.8%	—
大学教员	420,000	478,000	665,000	58
教育支出总额（10亿美元）	38	54.3	76.3	101
高等教育支出总额（10亿美元）	11.9	18.8	30.3	155

资料来源：《1977年教育统计预测》，卫生、教育和福利部，1969年。
注：1. 上述各年均为学年，所以，1964年即1964—1965年，等等。
　　2. 上述学位包括具有相应学历者，所以正式列为学士等。
　　3. 1964年的美元数字按1963—1964年美元计算，1967年美元和1977年预测美元数均按1967—1968年美元计算。

但是，这个预测可靠吗？在70年代初，教育和研究活动一度突然转向沉寂，这个经验使我们多少了解到预测的危险性。大多数预测者简单地给出上升的预

---

① 美国劳工部，《美国总统人力资源报告》（首都华盛顿，1967年》，第44页。

测；他们不但没有考虑到一系列政治和社会因素，也忽视了至关重要的人口统计指标。显然，从1955年到1970年，社会对科学家、工程师、研究型博士及大学教师的需求在外界条件的压力下迅速扩张，而各大高校竭力要满足这一需求。同样明显的是，1970年到1980年将是收缩的10年。发生了什么情况呢？

从1955年到1970年，有三种因素汇合到了一起。因素一是继苏联人发射人造地球卫星之后，美国人忧虑国内科学水平已落后于苏联，因此美国对科学领域的投入大幅增加。1955年，用于研究与发展的财政支出略高于70亿美元，约为国民生产总值的1.65%。1960年，这个数字上升到130亿美元，相当于国民生产总值的2.7%，到1965年，它再度上升到177亿美元，占国民生产总值的2.87%。对空间研究和空间技术的支出，由1961年的4亿美元上升为1966年的60亿美元。60年代中期，近24万名科学家、工程师（大约占到全国科学家和工程师总人数的30%）是由联邦基金供养的，在所有从事研究与发展的科学家和工程师中，有半数以上（55%）的人的研究项目依赖联邦政府资金。

因素二是大学适龄人口在人口统计数据中突然上升。在1950—1960年，14岁到24岁的青年人数几乎是固定的，数字的上升很微弱，仅从2600万上升到2710万。但是，在自1960年开始的10年中，由于战后婴儿人数迅速增加，该年龄组的人数猛增了44%，从1960年的2710万上升到1969年的3900万。

第三个因素是，不仅有可能升入大学的总人数增加了，想升入大学的青年**占比**也在增加，从1955年的27%上升到1965年40%。鉴于这两个原因，60年代专科学院和大学里的新生人满为患，大学不得不为此进行相应的扩张。

为了满足对大学教师乃至科学家和工程师日益增长的需求，联邦政府首次为研究生教育投下重金。60年代中期，在大约25万全日制研究生中每5人中就有3人接受研究人员津贴或奖学金。在自然科学领域，每5个研究生中有4人接受了这种形式的资助。在非科学领域，这个比例约为2∶1。由于这种迫切需求和大笔资助，再加上募兵制使得学生们可以延期服役，进入研究院或专业研究所的大学毕业生比例大幅跳升。从1950年到1965年这15年中，这个比例从6人中有1人上升到2人中有1人。在大多数常春藤大学，毕业班中大约有80%的人都将继续某种形式的研究生课程。

这一切的结果就是，获得博士学位的人数快速上升。正如戴尔·沃尔夫（Dael Wolfle）和查尔斯·V·基德（Charles V. Kidd）所指出的，自1861年耶鲁大学成为美国第一所颁授博士学位的大学起，至1970年，美国各大学已颁授了34万个博士学位，其中一半是在这一时期的最后9年颁授的。①

然而，到1970年，市场情况已经发生了变化。共同造成繁荣的诸多因素先后出现下降。其一是人口统计数据中大学适龄人口的增速趋于平缓。尽管绝对数字仍在增加，但**突出效应**已经减弱。其二是联邦政府开支在研究生资助计划、研究资金以及与航空及国防有关的工业三方面出现了急剧的削减，从而对大学产生了直接影响。它首次在接受过高等教育的人群中造成了严重失业（各科学和工程领域的失业率约为5—10%），同时造成了对科学家和工程师的需求大幅下滑。其三是衰退和通货膨胀相结合产生的影响，再加上联邦政府开支缩减，几乎使所有大学的预算都出现了巨额的赤字。

结果就是，美国受过高等教育的科学精英面前呈现出全然不同的就业前景，第一次感受到"过剩生产"造成的威胁。研究生院每年新增学位不是预测中的每年上升9%，而是达到了14%，比任何人所预想的还要多。阿伦·M·卡特（Allan M. Cartter）评论说："我们在美国大学里建立的研究生教育和研究体制，比我们在70年代和80年代初的实际所需超出了大约30—50%。"卡特认为，单就科学领域而言，学术、研究和工业生产等领域（基于必要人员更替和5%的增长率）在1985年大概需要21—25.5万名新博士。按照目前的增长水平，今后15年内我们将培养出32.5—37.5万名博士。②

80年代之后又会出现怎样的情况呢？受过高等教育的人力资源的未来需求主要取决于三种因素：人口平衡；对新技术的需求；大学入学适龄人口的占比。

按照美国科学促进协会前主席华莱士·R·布罗德（Wallace R. Brode）的看

---

① 戴尔·沃尔夫和查尔斯·V·基德："博士的未来市场"，载《科学》第173卷（1971年8月27日），第784—793页。
② 阿伦·M·卡特："1970—1985年科学人力资源"，载《科学》第172卷（1971年4月9日），第132—140页。

法，70年代及80年代初的人才过剩，在80年代中期就会消失，随后美国将面临科学和工程人才的极度短缺。布罗德的推论基于以下三个要素：技术增长继续目前的增速；大学适龄人口在1985年达到顶峰，尔后出现下降；科学家和工程师人数的占比达到峰值。布罗德指出，自1960年起，自然科学和工程学领域的大学毕业生人数大约占22岁青年的3.8%。他认为这已是在这些领域进行有效工作所需的智力资源的自然上限。布罗德根据3.8%这个数据，结合对学生人数的趋势预测，由此得出在1968—1986年具有学士学位的科学家和工程师一直过剩，但随后在1987—2005年将出现短缺。布罗德写道："1983年之后，科学家和工程师的过剩将会消失。从1987年起直至20世纪末，我们将要经历科学家和工程师的实质性短缺。到1990年时，如果一个科学家还能保持甚至提升其技术能力，那么他大概可以想干什么就干什么。"

鉴于在未来10年，过剩的科学家和工程师大概不会超过1983年供应量的10%，布罗德提出一种"储备方案"，以便保存暂时过剩的技术人才。他写道："我们应该通过私人、联邦和各州政府筹措资金，在诸如卫生、环境保护、消除污染、教育、博士后研究项目、知识更新课程及基础研究等领域建立一些技术型项目，以便维护受过训练的科学家和工程师，并提高他们的能力。在1970—1980年这一时期，这些工作人员将为国家创造极大的价值。在1980年之后的几十年里，这些储备中的科学家足以满足工业、政府和教育领域的大量迫切需求。"[1]

知识社会的全景取决于发端于二战之后的高等教育革命还要走多远。在20年代，美国为推动教育扩张采取了一系列措施，即取缔童工、提升基础教育的年限、大幅增加教育资金，以使所有人都能接受义务性中等以上的教育。今天，有93%的学龄青年进入高中，其中80%的人完成了高中教育。

至于高等教育，截至1945年，大学基本上还只服务于少数精英。从1945年到1970年，美国进入发展大规模高等教育的阶段。（今天，大约有50%的高中毕

---

[1] 华莱士·R·布罗德：《基于饱和模式制定的科学和工程学人力资源》，载《科学》第173卷（1971年7月16日），第206—213页；引文见该书，第208—209页。

业生进入大学，其中21%的人念完了大学。）关键在于，在1970—2000年这一期间，我们是不是还要进一步提升高等教育的**入学**率。

我们要对此做出一系列详细预测。

在1960—1980年，大学适龄人口（18—21岁）大约将增加700万人，到20世纪末下世纪初，可能会再增加700万人。[1] 关键的问题在于这个年龄组中有多大比例的人将升入大学。阿伦·M·卡特和罗伯特·法雷尔（Robert Farrell）对20世纪最后1/3这段时间的高等教育情况做了一些推算。[2] 表3—19归纳了18—21岁这一年龄组的总人数与大学本科生在校人数之间的历史关系。在20世纪前2/3的时期内，大学入学率的形态出现显著变化，入学率稳步地从大约0.04上升到0.4，只在大战爆发时稍有中断。（从本页注1可以看到大学生的年龄分布情况，其中的数字表明的是入学率，而不是该年龄组所占的百分比。）表的下部预测了1965—2000年 S_1 至 S_5 这5种入学比率。

卡特和法雷尔将不同的入学率与人口预测相结合，分别得出几种未来的本科生入学率（见表3—20）。表中数据可被视为基准线，也可作为粗略的指标加以使用。不过艾丽斯·里夫林（Alice Rivlin）指出："这似乎不大可能，即通过使更多趋势曲线适应于同一组基本的入学率资料就可获得任何有用的数据……从现在起，大学入学率应被视为一个因变量。"[3]

主要的问题在于，过去的所有预测对高中生升入大学的比例过分低估，因而现行的规划可悲地不足。没有一种"理论"描述哪些人有可能继续大学教育；各个州也不大可能快速对战后形势做出反应，快速扩充教育设施。

---

[1] 18—21岁的年龄组，对预测而言不能算是特别可靠的指标，因为目前专科学院和大学的学生中大约33%的人不属于这一年龄组。据1960年人口调查数据，大学本科生按年龄划分的情况如下：

18岁以下	18—21岁	22—24岁	25—29岁	30岁以上
2.2%	67.7%	13.9%	11.2%	5.0%

不过，为了便于对比，一段时间内，我们可把18—21岁年龄组当作"规范"。

[2] 阿伦·M·卡特和罗伯特·法雷尔："20世纪最后1/3阶段的高等教育"，见《教育档案》（1965年春），第121页。

[3] 艾丽斯·里夫林："高等教育需求"，载《社会经济制度的微观分析》（纽约，1961年），第216页，由福尔杰（Folger）在前引著作第144页引用。

表3—19 大学本科生与18—21岁年龄组之间的历史关系和预测关系

年份	18—21岁年龄组的人数（百万）	大学本科生与18—21岁年龄组之间的比率				
1889	5,160	0.030				
1899	5,931	0.039				
1909	7,202	0.048				
1919	7,312	0.080				
1929	8,901	0.118				
1935	9,236	0.122				
1945	9,558	0.16				
1955	8,508	0.276				
1960	9,546	0.345				
1964	11,282	0.400				
		预测				
		S_1	S_2	S_3	S_4	S_5
1965	12,282	0.400	0.416	0.387	0.412	0.416
1970	14,278	0.400	0.459	0.433	0.468	0.459
1975	16,107	0.400	0.483	0.475	0.519	0.507
1980	16,790	0.400	0.483	0.527	0.566	0.560
1985	16,957	0.400	0.483	0.552	0.607	0.618
1990	18,880	0.400	0.483	0.552	0.645	0.682
1995	21,570	0.400	0.483	0.552	0.679	0.753
2000	23,730	0.400	0.483	0.552	0.710	0.832

资料来源：阿伦·M·卡特和罗伯特·法雷尔："20世纪最后1/3时间内的高等教育"，载《教育档案》（1965年春），第121页。

第一栏资料来源：人口调查局的历史数据。截至1980年的预测，见人口调查局：《当前人口报告》丛书P—25，第286号（1964年7月数据组B）。1980年之后的数据，由人口调查局向美国教育协会提供。表中数据为有关各年7月的数字。

第二栏资料来源：1889—1955年的数据，基于美国教育总署《两年教育调查，1957—1958年》第4章第1节第7页的"在校生的学位／学分系列数据"。1960和1964年数据的比率，引自美国教育总署《秋季开学入学率》江编和《高等学位录取人数》。

注：S_1假定该比率一直保持在1964年的水平——不大可能如此，已为1965年的录取人数报告证伪。S_2假定到1970年为止，该比率每年按2%的速度上升，在1970—1975年，按1%的速度增加，最后从1975年起趋于平缓。S_3参照了教育总署所做的截至1975年的入学率预测，假定增长率在1975年之后出现下降，到1985年达到一个恒定增速。S_4是双曲线函数，在曲线上升的同时增速持续下降。S_5假定自1965年以后入学率每年以2%的增速上升（在这种情况下，到2010年时该比率的数值将超过1，这在统计上虽有可能，但现实中不大可能出现。）

表 3—20　1960 年秋和预测到 2000 年秋的大学本科生攻读学位者入学人数（千人）

年份	第一组	第二组	第三组	第四组	第五组
1960	3,296	3,296	3,296	3,296	3,296
1965	4,829	5,021	4,675	4,973	5,021
1970	5,711	6,556	6,182	6,688	6,556
1975	6,443	7,773	7,655	8,366	8,166
1980	6,716	8,103	8,843	9,495	9,397
1985	6,783	8,183	9,367	10,296	10,478
1990	7,552	9,111	10,429	12,176	12,881
1995	8,628	10,410	11,915	14,648	16,249
2000	9,492	11,452	13,108	16,648	19,739

资料来源：见卡特和法雷尔："20 世纪最后 1/3 时间内的高等教育"，第 122 页。

注：第一组数据说明大学适龄人口的增长程度，即使入学率不会继续增长，本科生年度入学人数仍将从 1960 年的 320 万增长到 20 世纪末的大约 950 万。第二组数据表示按保守估算，该数字在世纪末将上升至 1140 万人。而两位作者认为，相对激进的第三组及第四组数据更能显示迫在眉睫的扩张，该数字到 80 年代末升至 1000 万，到 2000 年则升至 1300 万至 1600 万。第五组是 10 年或更多年后的外部上限。

展望一下 2000 年，思考受教育人数是否可以与社会需求相匹配，一个关键的事实是大学生一如既往地主要源自中产阶级。正如马丁·特罗（Martin Trow）所指出的："尽管美国的受教育机会有所扩张，但仍然有很多有能力的学生上不起大学。通过一份对加利福尼亚州教育制度的研究报告，我们发现在学习成绩最好的 20% 高中毕业生中，几乎有一半的人（47%）由于父亲是蓝领工人而不能继续上大学（其中一些人在工作一段时期或服兵役之后也有可能进入大学）。相比之下，在具有同等才能、出身于中产阶级家庭的学生中，只有 25% 的人不上大学。"

约翰·K·福尔杰（John K. Folger）和他的助手们在为拉塞尔·塞奇基金会准备的一份研究报告中，通过对两组**高中生**的对比，得出社会—经济地位对受教育程度的影响。两组高中生的成绩在其年龄组中皆列于前 1/5，但社会—经济地位有所不同。其中一组学生的社会—经济地位可归为美国社会的前 1/5，而另一批学生则要被划为最底层的 1/5。两组高中生均毕业于 1960 年。

在出身上层社会、成绩优秀的 100 名高中男生中：9 人没有上大学；9 人进入专科学校（其中 3 人最终毕业于正规大学）；82 人进入正规大学（其中 63 人念到毕业)。在取得学士学位的66人中,有36人升入研究生院或专业学院。

在出身下层社会、成绩优秀的100个高中男生中:31人没有上大学;17人进入专科学校(其中5人最终毕业于正规大学);52人进入正规大学(其中32人念到毕业)。在取得学士学位的37人中,有15人升入研究生院或专业学院。

因此,在60年代初,聪明的穷人孩子与富有的竞争者相比,只有约55%的机会在5年内读完大学,约40%的机会继续念研究生。[①]

如果高中生升入大学的比例持续扩大,显然,今后几十年内必定要有更多大学生来自工人家庭。但是,工人家庭的孩子为什么不上大学呢?通常假定他们不上大学主要是由于一些歧视性障碍——例如工人阶级的孩子上不起大学,需要早日赚钱供养家庭,等等。最近,一些社会学家提出工人阶级的孩子是否有意愿继续接受高等教育的问题。约翰·波特(John Porter)就这一问题指出:

> 反复提出的问题之一是,升迁的价值是不是整个社会共同价值体系的一部分,或者说,它们是不是中产阶级的亚文化价值……。鉴于社会各阶级对于教育的渴望和心态有极大差异,人们不禁好奇为什么过去根据所谓的共同价值体系,一直认为所有美国人都是以成就为指向的,在迫切地寻找发展机会……。有关升迁的共同价值观念具有严格的内涵,即当社会政策如过去一些本能论一般假定,提供某些不曾有过的机会,就将激发社会中潜伏的升迁的渴望和事业心,使以往的被剥夺者成为一个向上升迁和追求成就的社会主流。[②]

波特对于这种看法半信半疑。他认为由于价值观的差异,各个主要工业社会在新的阶段(被他称为"后现代化"阶段)可能会面临受过高级训练的人力资源的匮乏。这个问题相当中肯,且不能通过争论加以解决。假定特罗所引用的数据

[①] 马丁·特罗:"美国高等教育的民主化",载《欧洲社会学杂志》,第3卷,第2期(1962年),第255页。约翰·K·福尔杰、海伦·S·奥斯丁(Helen S. Austin)和艾伦·Z·拜尔(Alan E. Bayer):《人力资源和高等教育》,拉塞尔·塞奇基金会(1970年),第321—322页。

[②] 约翰·波特:"向上升迁的未来",载《美国社会学评论》第33卷,第1期(1968年2月),第12—13页。

是有效的，那么工人阶级子女的问题其实不在于上不上大学，而在于上**什么样的大学**。一份针对公立学院是否能有效提高工人阶级家庭学生相对于其他出身学生的升学率的研究报告，根据其在中西部和加利福尼亚州的研究，认为虽然出身于专业人士和其他白领家庭的学生比出身工人阶级的学生更倾向于离开家乡到外面去上大学，但出身于工人阶级和中产阶级底层家庭的学生，却与那些家庭比较有钱的孩子一样，有很大可能进入地方性的公立初级学院。

特罗在报告中指出："如果附近有一所地方性的公立初级学院，出身于底层阶级家庭的男性会有半数升入大学，相比之下，家庭出身相似而当地没有初级学院的孩子们只有15%升入大学。如果居住地附近有一所四年制州立学院（与初级学院相比，它往往更着重对学生的选择而较少职业训练），大学入学率几乎可以提高1/3。"[①]

对未来大学入学率的预测越来越像是碰运气。原因之一是，尽管人们现在可以有效地控制生育，但由于夫妻双方能够比较容易地决定是否要孩子和在什么时候要孩子，人口出生率反倒难于预测了。人口**出生率**在缓慢下降，但由于育龄人群的基数较大，绝对人口到2000年或许会增加6000万到7000万。教育机构管制的放松使越来越多的人可以暂时休学，然后再重返校园。劳动力市场对于大学毕业生的需求受制于某种不确定的变化。不过，假如社会政策决意使至少50%的大学适龄人口接受高等教育的话（该数字在1870年大约为2%），那么，我们可以做出某种粗略的预测。根据卡内基高等教育委员会1971年的一份报告，美国大学入学率在1960年至2000年将会是走走停停走走的模式。1960—1970年这10年，大学入学率翻了一番。在1970—1980年，它将继续上升50%。1980—1990年，入学率保持不变。1990—2000年，它将进一步增加1/3。截至1980年，美国大学新生人数达到1250万，在1990年达到1230万，在2000年达到大约1600万。卡内基委员会认为，截至1980年（及1990年）新增的新生大部分都能为现有的2800所大学所吸收，没有必要成立更多的有资格颁授博士学位的研究型大学。截至2000年，美国应首先要重点发展城市区域的社区性大学和综合

---

① 马丁·特罗，前引著作，第255—256页。

性大学。

根据这一切,我们可以得出什么结论呢?总的说来,到2000年时,美国将成为一个大众知识社会。30年之后,高等教育院校的入学率大体上比30年之前的1940年高10倍。1940年大学教职员工大约有15万人,从现在起的30年后,这个数字可能会增至1940年的10倍。在70年代末,获得博士学位的人保持在大约每年4—4.5万人的水平,因此到20世纪终了时,社会上大约有100万人持有博士学位证书。

大众群体失去了自身的特点,高等教育的概念也失去了它的精英特质。于是,知识社会本身的内部分别变得更加重要。社会教育体制被划分为社区学院、公立大学和小规模的私立大学系统,实际上是在重复和延续精英、特权分子和受教育的大众三大分支,强化了"科学之城"结构内部的阶级分野。

体制结构

假如人们认为社会的主要机制即是指政体、经济、学术机构、文娱机构、宗教和家族体系,那么,这里要强调的是,学术机构(主要是教育机构以及基础研究与学术组织)对政府的高度依赖性。在经济领域,政府控制货币发行量,通过财政政策影响经济增长率,从而实现间接的政治管理。而且,政府越来越多地直接购买一部分物资。然而,即使管制机构众多,经营性单位(公司、企业)仍然保持了高度的独立性。同理,即使政府为电视和广播节目制定了相关规则,文娱领域在很大程度上取决于市场需求。相对严肃的节目则较小程度地依赖各类基金会和私人赞助。宗教组织几乎完全依赖私人资助。至于家庭,除了领取福利金的家庭以外,基本上是一个自治机构。

教育机构的政策依赖性,是由于以下三个因素:第一,教育在传统上一直是一项公共职能,国家对初级和中级教育负有首要责任;第二,历史上大多数优等生在私立学校受教育(虽然许多大学是由教会资助的),今天,私立和公立高等教育之间的平衡出现了改变,现在,大多数学生是在财政拨款的高等教育机构里受教育;第三,整个教育系统,尤其是高等教育,越来越依赖联邦政府的资助。联邦政府资助采取了多种形式——私立大学依赖政府提供的学生津贴,在研究生阶段尤其如此；越来越多地利用政府贷款来建设大学设施；研究项目靠政府提供资金——今天，所有研究项目资金中大约有3/4是由联邦政府提供的。

美国的教育系统尽管严重依赖政府（当然，这一现象也并非美国独有），但几乎不存在所谓的集中管理。例如，法国设立了一个中央部门，负责统一课程安排、考试和所有大学的管理（除教会大学以外）。美国也很少如苏联的学术机构那样指导研究方向和按规划进行分工。美国所谓的"管理多元化"，有时只是混乱和无组织的美化而已。美国没有核心研究预算和一套协调政策。除了原子能委员会、国家科学基金会、科学技术局等一批独立机构，管理责任被下发至联邦政府各个部门。1968年，艾伦·皮弗（Alan Pifer）归纳了教育组织中的高度分散化：

> 审视一下高等教育的"结构"，（外部的）观察者可以发现种类、标准大不相同的大约2200个机构。他会发现其中一些机构由政府管理，另一些则由私人管理，而后者之中有些是教会产业，有些则不是。美国50个州的高等教育体制互不相同，除了一些区域性协作之外，相互之间没有多大关联，因此很难说存在一个总体性的全美教育体制……一旦看到联邦政府在高等教育领域所发挥的作用，观察者将会更为惊讶。他将意识到：联邦政府这一角色根本没有清晰的表述和理解……联邦政府对高等教育的作用，除了《赠地法案》中的委托权以外，多年来一直沦为联邦政府其他计划的副产品，例如资助研究项目或免除退伍军人及劣势人群的责任。近来，联邦政府刚刚开始从自身出发考虑对高等教育的资助，做出了几个犹豫不决和碎片化的基础动作，勉强可以说是在摸索形成一个联邦层面的政策……目前，联邦政府各部门（除邮电部和财政部之外）及至少16个独立机构与国内高等教育机构已建立了直接联系，仅教育总署就获得15个立法法案授权，负责监管该领域60多个独立项目。最后一点，观察者还会意识到，联邦政府内部找不到一个机构来负责指导或协调这些活动，评估它们对专科学院和大学的整体影响——更不用说在本质上关心高等教育的健康发展和相关福利。①

---

① 艾伦·皮弗："建立协调一致的全国高等教育政策"，在美国高校联合会的讲话（1968年1月6日）。

针对美国高等教育的这一传统看法,未能显示出资源(即学生和研究资金)向**少数**大学**集中**的程度。根据充分的统计资料进行追踪,我们看到在全国2500个高等教育机构中只有159所大学。然而,就读于这159所大学的大学生人数,接近占到美国所有大学生的1/3以及四年学制大学生的一半。①

资源集中还可以通过另一种方式看出。在1940—1960年,美国大学入学人数从140万增加到360万,而1940年以后新设的学院只吸纳了增加人数的大约10%。因此,既有学院的规模大概翻了一倍。最大的集中出现在较大的大学里。1964年,35所大学(占大学总数的1.6%)招收了20%以上的入学新生。104所高校(占不到大学总数的5%)则招收了入学新生总数的40%(见表3—21)。

表3—21 美国本土和海外地区1969年秋按入学人数划分的高等教育机构数目

入学学生人数	机构		入学总人数	
	数目	百分比	数目	百分比
总计	2,525	100.0	7,917,000	100.0
200以下	273	10.8	29,690	—
200—499	369	14.6	128,340	1.6
500—999	570	22.5	421,130	5.3
1,000-2,499	618	24.4	966,420	12.2
2,500-4,999	287	11.4	1,019,490	12.8
5,000—9,999	229	9.0	1,656,750	20.0
10,000—19,999	114	4.5	1,589,320	20.0
20,000—29,999	39	1.5	924,830	11.6
30,000或30,000以上	26	1.0	1,180,980	14.9

资料来源:《1970年教育统计资料汇编》,美国教育总署,1970年,第85页。

在大学圈子内部,同样存在高度的资源集中。美国有2500多所专科学院和大学,93%以上的研究项目由其中100所高校负责运行。在这个范围内,其中21所大学实施了所有大学研究项目的54%,10所大学实施了所有大学研究项目的38%。②

---

① 《1966年教育统计资料摘要》,美国教育总署(首都华盛顿,1966年),第78页,表99。
② 前10名分别是:加利福尼亚大学(合并)、麻省理工学院、哥伦比亚大学、密歇根大学、哈佛大

根据这种集中程度，我们可以认为在精英层面存在一个以一系列指标为特征的教育及高校科研全国系统。作为这类指标，一些大学承担着题材丰富的研究工作，如对外国及地区的研究（俄国、中国和拉丁美洲研究）、海洋学、宇宙空间、医疗和城市问题，最快地对接"国家需要"；一些大学与政府保持直接联系，为高级别的管理职务以及国外援助、经济发展、技术支援等各类任务提供人事支持。大学系统内部不仅流动性极高，而且核心人物之间的专业联系在持续增强。

我一直认为大学将日益成为后工业社会的重要机构。[①]在过去20年，大学——一提到"大学"，我就想到精英群体——承担了相当多的职能扩张，例如它作为服务性机构在基础研究、扩大通识教育中的作用。某种意义上，大学的特定职能没有一种是全新的，早在约翰·霍普金斯大学和芝加哥大学组织研究生院的时代，它们就想到过这些职能。其中的新东西是规模上的巨大变化。今天，在基础研究领域从事研究工作的大多数科学家都跻身于大学；大学被视为政府和公共组织所需的专业知识人才的源头；甚至大多数评论家和作家也就职于大学。大学已成为文化建制派的核心。20世纪60年代中期的学生运动就是反对无视传统教学功能和对学生漠不关心的重大信号。然而，由于缺乏有组织的学术机制，美国政府不问大学的意愿而将数量巨大的任务强加给它，其他国家则把这些任务交由大学体系之外的机构完成。战后社会的一大特征，不是传统上教育体系对政体的依附，而是在美国历史上前所未有地出现一个由政府、科学界和大学相融合的"科学行政综合体"。人们常常谈到艾森豪威尔总统在"告别演说"中警告人们要警惕军事—工业综合体，但很少记得在同一篇演说中，艾森豪威尔总统同样也警告科学—行政综合体。他觉察到后一种综合体同样象征着权势的不适当的集中。

到20世纪末，如果我们可以如期望中那样看到高等院校的入学率翻上一

学、伊利诺伊大学、斯坦福大学、芝加哥大学、明尼苏达大学和康奈尔大学。

其他大学还包括耶鲁大学、普林斯顿大学、宾夕法尼亚大学、北卡罗来纳大学、威斯康星大学、密歇根州立大学、俄亥俄州立大学、纽约大学、加利福尼亚理工学院、罗彻斯特大学和华盛顿大学（未按顺序排列）。

① 丹尼尔·贝尔：《通识教育改革》（纽约，1966年），第3章。

番,那么,一个非常重要的问题是,目前名牌大学的资源集中是否还会持续下去。答案在很大程度上决定于新生主体的出身。如果新生中有相当大的比例来自工人阶级家庭,那么大多数人将就读于初级学院。初级学院一直是美国教育界发展最快的一个部分。1930年美国有217所初级学院,这个数字到1950年猛增至528所,到1968年,它又增至802所。面向精英的私立学校、大学和学院开始限制入学人数,而威斯康星、俄亥俄、明尼苏达、密歇根和加利福尼亚等州立大学则呈现出高速的扩张。克里斯托弗·詹克斯(Christopher Jencks)和戴维·赖斯曼(David Reisman)指出:"在1910—1950年,私立大学在教育市场上的份额一直保持在50%左右,现在则开始以每年约1%的速率下降。1964年,该数字达到36%,预计到1980年下降至约20%。限制入学产生了两个后果:其一,它提高了学生的平均能力,使私立大学对学生和教员相对产生了更大的吸引力,也许还间接提高了学位的货币价值。其二,它意味着慈善收入的使用不必过于局限。"[1]

多年以来,面向精英的高校在数量上一直保持着相对稳定(虽然集团内部已产生地位变化)。这种情况是否会继续下去仍不得而知。

美国政府在科研上花费了巨量资金(具体情况见下一节),但政府内部并没有一项核心的科研预算,没有一整套的重点项目(目标)安排及相关评估,更不要说针对必须关注的领域和着意培养的人力资源,建立一项长远的规划。从开发原子弹的曼哈顿计划起,美国科研政策一向是压倒性的"以任务为指向",由国防、卫生、原子能、航天等政府部门自主确定任务,资金则取决于预算局的复审和国会拨款。基于任务指向,隶属于某个部门的建成的实验室或资源无法依据某种制度与其他部门分享资源、人力和设备。伴随着新的需要、问题和重点项目的出现,大学里必须提供新的研究设备、机构、实验室和各种安排以支持这些新任务。鉴于研究需要往往是在仓促中确定的,而政府并不具备相应的能力,因此联邦政府就与新成立的非营利公司和大学订立了大

---

[1] 克里斯托弗·詹克斯和戴维·赖斯曼:《学术革命》(纽约,1968年),第272页。1970年,私立性质的学院及大学入学人数不到该年新生总数的30%。

批"联邦合同"（federal contract），以便在政府外完成这些任务。美国政府科研项目的体制构成如此散乱，以至于根本找不到一份能说明其范围和构成的有效材料！

1957年，美国总统行政办公室设置了负责科学技术专项的总统特别助理一职。此人将同时出任科学技术局（1962年建立）、总统科学顾问委员会（1957年建立）和联邦科学技术理事会（1959年建立）的主席，并担任国防部国防科学委员会成员。

美国总统科学顾问必须通盘考虑整个联邦的科技政策，但鉴于几乎90%的研究与开发费用为国防、原子能、航天和医疗4个领域的机构所耗尽，而科学顾问没有权力干预这些机构的活动，因此科学顾问的影响力相当有限。总统科学顾问委员会是一个政府机构，成员由政府外部挑选。这一政策咨询机构负责确定科学经费的新领域，评估科学资源在科学领域与技术领域之间以及军用与非军用领域之间的平衡。但是，对于现实政治问题，它几乎没有什么影响。

在尼克松执政期间，科学顾问的地位被大幅削弱，1973年1月科学技术局被撤销，职能被划归国家科学基金会等机构。直白地说，这意味着科学界不能再像1945—1968年那样可以直接接近总统。

研究项目预算主要掌握在各种联邦机构手中，机构之间形成了互不相同的多样化体系。美国国家航空航天局在内部形成了强大的技术实力，但是其大部分开发工作是靠与私人性质的工业企业签约推进的。原子能委员会成立了大量的国家标准实验室，但几乎无一例外，它们或者由某些大学按照合约使用（如芝加哥大学管理的阿尔贡实验室），或者由若干大学联合管理（如长岛的布鲁克黑文国家实验室），再或者由私人公司使用（如由联合碳化物公司管理的奥克里季实验室和西方电气公司管理的桑地亚实验室）。国防部则广泛采用多种手段：应用性研究和开发由兰德公司、国防分析研究所等非营利公司进行评估；探索性调研与各大学签订合约来推进，如麻省理工学院的林肯实验室；设计工作交给由各大学创设的非营利公司，如麻省理工学院研究所或哥伦比亚大学的里弗赛德研究所；开发工作可以分配给诸如航空航天公司等非营利企业；生产任务则由诸如洛克希德和波音等大公司来承担。医疗领域已出现了设立政府机构的动向，1948 年成立的美国医疗研究所今天拥有 9 个下属研究所。美国医疗研究所所获资金占全美医疗研究开支的近 40%。从一开始，美国医疗研究所就被授权决定研究拨款和经营旗下的研究设备。这些活动在最初是共同推进的，随后重心明显向研究拨款倾斜。1966 年，美国医疗研究所通过合同拨付了约 9.12 亿美元，内部经营用去 2.18 亿美元。（为了扩张这些活动，该研究所在 1950 年为研究项目支付了 3000 万美元，为直接经营支付了 1500 万美元。）

总的说来，美国科学政策及体制结构迄今仍有两个显著特点：一旦明确了特定任务（尤其在新领域内），就临时设立应用研究与开发、新的研究团体和形式以推动这些任务；至于纯理论研究和基础研究，科研资金以研究项目为基础被分配至个人头上，这些人能够使评审团及研究小组相信该项目的价值，并且信任他们作为研究人员的能力。

任务指向和**计划资助**两大特征，特别有助于获得可观的研究成果，首先是由于目标集中且调动大量资源，其次研究者能够迅速证实自己，从而被激发出高度的研究创新能力。（相比于欧洲模式，欧洲模式把研究人员长期束缚于与某个专业教授的合同。）但它的弊病同样明显：牺牲了政府乃至大学内部的持续性制度建设，因为在多数情况下，研究设备主要提供给个人、小组，而不提供给机构。（克拉克·克尔曾经讽刺地说，大学往往还不如一个旅馆。）美国模式也不支持长期的持续研究，因为计划制度倾向于强调那些在两三年内可以完成的、具体而明确的研究项目。

从相对广泛的政治背景来看，美国缺少统一的科学政策、主体性的学术团体和部门机构，这意味着伴随着日益扩张的科学影响力及技术决策本质而来的"专家治国论的潜力"在美国体制里被降至最低。在第二次世界大战期间和战后的短暂时光，一些主要的专业协会曾达成内部的高度一致，旧派系在政治领域发挥重要影响，而科学界一无所有，只能扮演选民的角色。科学界作为政策支持者之一，与工业部门和工人、农民、穷人等群体一样，要求获得国家资源，尽管它的"业务"涉及的是许多执行机构而不是国会。科学政策所体现的权力隶属于国防、原子能和航天等核心机构的政治利益及官僚利益，并不为科学界或某个面向科学领域的综合性政治决策机构所拥有。

资源分配

一般认为，推动科技发展的"财政"手段就是研究与开发经费。人们用各种办法将研究与开发经费与经济增长、科学生产率、创新速度的加快、发明与投入生产周期时间的缩短相联系。这些所谓的关系都有分析方法上的问题。不过我们可以用作简易指标的是，通过研究开发经费乃至更高层面的教育经费，而表现出的一国对科技潜力的投入。

经合组织在有关美国科学现状的报告中强调，美国将国民生产总值的3%用于研究开发，而这成了"其他国家的标准，它们都把这个标准当作奋斗的目标"。[①] 二战结束这20多年来，美国研究开发经费增至原来的15倍，教育总经费增至6倍，国民生产总值却只增至3倍。1965年，美国把超过9%的国民生产总值花在研究开发及教育上。[②]

在这一领域，就各国情况进行数据对比要冒很大风险，因为，对比美国、西欧、加拿大与日本之间这方面的努力，的确显示出各国之间非常大的差距。按照国民生产总值的占比来看，英国研究与开发经费占2.3%，是最接近3%这一神奇指标的国家，其他工业大国约占1.5%。而对比研究人员在全部人口中的占比，美国大约是德国、法国、比利时或加拿大的4倍多，是英国或日本的2倍以上（见表3—22）。

研究与开发经费模式最令人吃惊的一点是，联邦政府提供了大部分资金，而研究与开发工作主要由工业部门、大学和非营利组织进行。没有联邦政府的带头，美国的研究与开发工作就不会有所进展。在1940—1964年，联邦政府研究与开发经费年平均增长率达到24.9%。1965年，研究与开发经费总额高达205亿美

---

① 经合组织，《国别科学政策考察：美国》，第29页。
② 本节统计数据，除特别注明之外，均引自国家科学基金会的报告《研究开发资源的国家模式》、《美国的资金和人力》（国家科学基金会67—7）、《1966年、1967年和1968年财政年度用于研究、发展和其他科学活动的联邦资金》，第16卷（国家科学基金会67—19）。有关1967—1970年的统计资料引自其后的国家科学基金会历年报告。

表3—22 美国为研究与开发所做的努力与其他西方国家和日本的对比

国家	1964年国民生产总值（十亿美元）	人均国民生产总值（美元）	1964年人口数（百万）	研究与开发支出 (百万美元)	占国民生产总值的百分比	年份	合格的研究与开发人员 总数	每一千人口中的人数	年份
德国	103.98	1,774	38.2	1,436	1.4	1964	33,382	6	1964
法国	88.12	1,674	48.4	1,299	1.6	1963	32,382	7	1963
意大利	49.58	897	51.1	290	0.6	1963	19,415	4	1963
比利时	15.41	1,502	9.3	123	0.9	1963	5,536	6	1963
荷兰	16.86	1,385	12.1	314	1.9	1964	9,227	8	1964
除卢森堡外的欧洲经济共同体国家	273.98	—	179.6	3,462	1.4	1963—64	99,942	—	1963—64
英国	91.90	1,700	54.2	2,159	2.3	1964—65	59,415	11	1965
瑞典	17.47	2,281	7.6	253	1.5	1964	16,425	22	1964
日本	69.68	622	96.9	892	1.5	1963	114,839	12	1964
加拿大	13.51	2,109	19.2	425	1.0	1963	13,525	7	1963
美国	638.82	3,243	192.1	21,323[b]	3.4	1963—64	474,900	25	1965

资料来源：经济合作与发展组织，《国别科学政策考察：美国》，第32页。

a. 相应的专职人员。
b. 按照经济合作与发展组织的标准，而不是按照国家科学基金会的标准所做的估计。

元，其中联邦政府提供的资金占 64%，工业界提供 32%，大学支付 3.1%，非营利机构支付 1%。① 但是，只有 15% 的工作是由联邦政府完成的，另有 70% 由工业界进行，12% 由大学进行（其中由与联邦政府签订合同的研究中心完成 3%）、3% 由非营利机构进行。在基础研究领域，联邦政府提供了大约占 64% 的资金，但大学才是主要执行者。1965 年，在联邦政府为基础研究投入的 30 亿美元中，58% 为大学使用，21% 归工业界，另有 7% 被划归非营利机构（见表 3—23）。

表 3—23　1965 年的基础研究开支

资金来源（百万美元）	执行者						资金来源的百分比
	联邦政府	工业界	大学		非营利组织	合计	
			本身	与联邦签订合同的研究中心			
联邦政府	424	191	920	198	118	1,851	63.0
			1,118				
工业界		416	25		16	457	16.0
大学			473			473	16.0
非营利机构			74		71	145	5.0
合计	424	607	1,492	198	205	2,926	100.0
			1,690				
执行者的百分比	14.0	21.0	51	7	7.0	100	
			58.0				

资料来源：经济合作与发展组织，《国别科学政策考察：美国》，第 34 页。

---

① 在其他国家，公共基金的投入占比要低得多。根据经合组织统计，1964 年的情况如下：

　　国家　　　　　百分比
　　法国　　　　　63.3
　　英国　　　　　66.6
　　瑞典　　　　　47.7
　　德国　　　　　40.4
　　荷兰　　　　　40.0
　　日本　　　　　27.8
　　意大利　　　　33.1

在考虑研究与开发工作时,如果我们不仅仅考虑对经济增长的贡献或科技的推动作用,而是以**政治**的角度,我们将对美国一段时间以来的努力有不同的理解。绝大部分研究与开发经费都被用于国防项目。从 1953 年到 1961 年,直接开支(国防部和原子能委员会的某些项目)的占比一直在 50% 上下波动,据国家科学基金的数据,该数字在 1965 年下降到 32%。然而,占比的缩小主要是由于航天经费的增加,而不是国内其他需求的增加。如果我们依据经合组织有关美国科学政策的报告,把**应付外部挑战的有关开支**"视为一个大类",那么,正如表 3—24 所示,受政治因素支配的联邦政府开支占到总开支的 80% 以上,同时占到研究与开发经费的 60% 以上。(鉴于私人赞助的工业研究与开发经费大部分也与国防有关,在政治上对外部挑战做出反应的研究与开发经费在该经费总额度中的占比无疑还要高于 60%。)

表 3—24　1954—1967 年与对付外部挑战有关的研究与开发经费

财政年度	联邦研究与开发开支(百万美元)	与应付外部挑战有关的研究与开发开支(百万美元)	第二栏占第一栏的百分比	第二栏占全部研究与开发开支的百分比
1954	3,147	2,768	87.9	49.4
1955	3,308	2,896	87.5	46.7
1956	3,446	2,947	85.5	35.4
1957	4,462	3,775	84.6	39.5
1958	4,990	4,155	83.2	38.4
1959	5,803	4,766	82.1	38.5
1960	7,738	6,548	84.6	48.1
1961	9,278	7,917	85.3	55.3
1962	10,373	8,711	83.9	55.8
1963	11,988	10,068	83.9	58.1
1964	14,694	12,440	84.7	66.5
1965	14,875	12,580	84.6	62.2
1966	15,963	13,208	82.7	—
1967	16,152	12,941	80.1	—

资料来源:经济合作与发展组织,《国别科学政策考察:美国》,第 38 页。
注:第二栏的数据是国防部、国家航空航天局的开支,加上原子能委员会的 50% 开支的总和。大多数专家认为它可以被视为"国防目的"开支。

考虑到这些因素，美国在研究与开发领域相对于其他国家的极大领先，有了另外一层意义。英国的军事研究和国防开支（包括军用原子能研究），大约占研究与开发经费的33%；德国有关经费的17%用于原子能、宇宙空间和军事研究；意大利为21%；加拿大为23%；日本为3%；法国为45%（其中22%用于原子能研究）。显然，美国政府支持研究与开发的动力，在很大程度上服务于其政治目的。实际上，各个国家在这方面支出的比例情况都是如此。

未来的情况怎么样呢？美国研究与开发经费以12.1%的复合年度增长率，从1953年的52亿美元增长至1965年的约205亿美元。同一时期，国民生产总值的复合增长率仅为5.3%。不过，以1953年为基准年，美国研究与开发经费的平均增长率在1953—1956年达到17.6%的峰值，随后一直下行。在1964—1965年，国民生产总值的增速升至7.8%，而研究与开发经费的增速却放慢到6.7%，这是研究与开发经费的增速首次低于整个国民经济的增速。

研究工作最核心的要素——从事研究与开发的人力资源，在1954—1965年这10年间，增长得比民用劳动力快，由23.7万人上升到50.4万人，年增长率达7.1%，而劳动力整体的年增长率仅为1.5%。就该类人力资源在劳动人口的占比而言，同一时期，从事研究与开发的科学家的占比从0.37%升至0.68%。据1965年的数据，工业部门如同以往一样，是从事研究与开发的科学家和工程师的最大雇主，雇用了35.12万名全职工作人员，占该类别人力总数50.36万的70%左右。联邦政府雇用了6.9万名专业科学工作者和工程人员，约占总数的14%。高等院校则雇用了6.6万名从事研究与开发的科学家和工程师，占到总数的13%，其中5.49万人在大学和学院本部工作。有3%从事研究与开发的科学家服务于其他非营利部门。这一分布格局与1958年的情况很接近（见表3—25）。

国家科学基金会把研究与开发经费划分为**开发**、**应用性研究**和**基础研究**三类。（联邦政府承担的各学科研究经费详见表3—26。）所谓开发，指为了满足专项职能（例如国防）或经济需求而设计、测试专用的标准和流程。应用性研究的定义是把现有的知识付诸实施的开创性步骤。基础研究"首要的动机是为知识而追求知识……不须考虑直接的目的……以提高对自然规律的认识"。其中的差异，尤其是基础研究与应用性研究的差异，是否具有意义，是一个需要探讨的重要的

表3—25　1954年、1958年、1961年和1965年受雇于研究与开发领域的科学家和工程师（按部门划分）

部门	1954年	1958年	1961年	1965年
合计	237,000	356,000	429,600	503,600
联邦政府[a]	37,600	50,200	55,100	69,000[b]
工业界[c]	164,100	256,100	312,000	351,200
大学和学院[c]	30,000	42,500	51,700	66,000
（大学和学院本部）	(25,000)	(33,900)	(42,700)	(54,900)
其他非营利组织[c]	5,300	7,200	10,800	17,400

资料来源：国家科学基金会。

a 平民和军事人员的人数。1954年，占军事编制的科学家、工程师（国防部）共约7000人，1958年有8400人，1961年有9200人，1965年有1.2万人。
b 估计数。
c 全职人员加上兼职人员（按全时当量折算）人数，包括在受产业部门监管并签订了联邦合约的研究中心工作的研究与开发专业人员。

表3—26　按科学领域划分，联邦政府对全部研究活动承担的款项（百万美元）

科学领域	实际数字	估计数	
	1966年	1967年	1968年
合计	5,271	5,623	6,390
生命科学	1,290	1,431	1,584
医学	811	909	1,020
生物学	370	406	441
农业科学	109	116	124
心理学	100	107	124
自然科学	3,641	3.817	4,382
物理学本身	1,842	1,852	2,040
工程科学	1,677	1,840	2,205
数学	123	124	137
社会科学	166	178	209
其他科学	74	90	91

资料来源：国家科学基金会。
注：由于四舍五入，故各项数字相加可能不等于总数。

理论问题。① 不过，只要国家科学基金会接受这些差异，我们就可以根据某种趋势曲线，用相关数据建立未来的基准线。用于开发以及应用性研究和基础研究的资金保持了相对不变的比例——大致是 2/3 的资金用于开发，1/3 用于研究，而投入到应用性研究和基础研究之间资金比例则打破了原有的平衡。1965 年，用于基础研究的经费总计占研究与开发经费的 14%，应用性研究的经费则约占其中的 22%；但在 1953—1958 年，面向基础研究的经费投入只占到资金总数的约 9%。

考察一下美国研究与开发经费在各领域之间的分配，我们看到 1967 年联邦政府的研究资金总额为 56 亿美元，其中约 68%（38 亿美元）投入在自然科学领域；25%（14 亿美元）投入生命科学领域；7%（4 亿美元）投入到心理学、社会科学和其他学科（见表 3—26）。

在 1955—1965 年，用于研究的经费获得大幅提升。绝对数额增加最多的领域首先是自然科学，跟着是生命科学。社会科学和心理学的基数虽然较小，但表现出较快的相对增速。在 1956—1967 年，二者合并后的年平均增长率为 26%。相比之下，其他学科同一时期的年平均增长率只有 20%。在接下来的 10 年里，大气科学、海洋科学以及技术、航天、生物医学研究，还包括社会科学、教育和城市问题有望成为重点研究项目。

基础研究经费的具体分配，相较于应用性研究经费对各主要学科的分配没有太大差别。应用性研究经费主要集中在自然科学领域，因为这是国防部和国家航空航天局最关注的领域。在 1967 年，自然科学领域的开支占到总拨付款项的 69%，生命科学领域占 23%，行为科学领域占 8%。至于基础研究，自然科学领域获得了 65% 的资金，生命科学领域获得 29%，行为科学领域则获得 6%。

经费分配在具体的分支学科上表现出了明显差异。1967 年，在自然科学领域，46% 的应用性研究经费流入工程科学，但工程科学的基础研究经费却只占到 10%。在生命科学领域，生物学占了应用性研究经费的 2%，而在基础研究中它却占到 16%。自 1956 年之后，应用性研究经费在各个领域和学科之间的分配保

---

① 米歇尔·D·里根（Michel D. Reagon）根据这一思路提出了一系列有价值的问题：《基础研究和应用性研究：有意义的差异》，载《科学》（1967 年 3 月 17 号）。

持了相对稳定：45%以上的经费投向工程学科，约20%投向医学领域。在基础研究领域，对行为科学和生命科学的投入有望出现明显的高增长（表3—27）。

表3—27 1969年联邦政府为基础研究承担的款项（按科学领域划分）

科学领域	承担款项（百万美元）	百分比
合计	2,094	100
生命科学	569	27
心理学	55	3
自然科学	819	39
天文学	282	13
化学	132	6
物理学	398	18
其他	7	b
环境科学	319	15
大气科学	171	8
地质学	95	5
海洋学	52	2
其他	a	b
数学	57	3
工程学	191	9
社会科学	72	3
其他科学	11	1

资料来源：《应用于研究与开发和其他科学活动的联邦资金》，国家科学基金会70—30，第19卷。
a 少于50万美元。
b 少于0.5%。

当然，绝大部分基础研究在大学里进行。1966年，美国高等院校及其属下签订联邦合约的研究中心，用掉近20亿美元研究与开发经费。（高等院校用了13亿美元，签订联邦合约的研究中心用了6.4亿美元。）其中一半以上的经费（55%）用于基础研究，2/5（39%）用于应用性研究，只有6%用于开发。美国卫生、教育和福利部，国防部，国家科学基金会，国家航空航天局，原子能委员会这五个部门几乎为高等院校提供了全部的所需资金。其中最大一笔、超过总额的40%的经费来自卫生、教育和福利部，主要由美国医疗研究所拨付，为医药、生命科学和行为科学领域的大多数项目提供了资金。

上述情况是研究与开发经费处于黄金时代的图景。在艾森豪威尔和肯尼迪政府执政期间,美国研究与开发经费平均每年可增长15—16%。在约翰逊总统任内,平均年增长为3—4%,尼克松总统任内则出现了实际的下降。在1960—1967年,联邦政府所承担的研究与开发款项稳步上升,航天项目扩张是经费上升最主要的因素。1967年该项经费达到165亿美元的峰值,标志着长期增长周期的终结。

在1967—1970年,研究与开发经费的总额持续下行,联邦政府承担的款项每年下降2%,若以定值美元计算,再计入通货膨胀的因素,则实际上平均每年下降7%。有关研究也显示出下降而非上升。(见图3—5和表3—28)。

表3—28　1960—1972年研究与开发经费年平均增长率(百分数)

工作性质	1960—1967年	1967—1970年	1970—1971年	1971—1972年
按当年美元计算				
研究与开发开支总额	12	-2	a	8
研究	15	2	7	11
基础研究	19	1	5	11
应用研究	14	3	8	11
开发	10	-5	-3	7
按定值美元计算*				
研究与开发开支总额	10	-7	-5	b
研究	13	-2	2	b
基础研究	17	-3	b	b
应用研究	12	-2	3	b
开发	9	-9	-8	b

资料来源:国家科学基金会,《应用于研究与开发和其他科学活动的联邦资金》,第20卷。
a 少于0.5%。
b 缺乏资料。
* 根据国民生产总值平均物价指数计算。

再来看该项经费在联邦政府预算中的占比。1940年研究与开发经费在美国政府预算中的占比还不足1%,1955年升至近5%,1963年超过10%,1965年达到

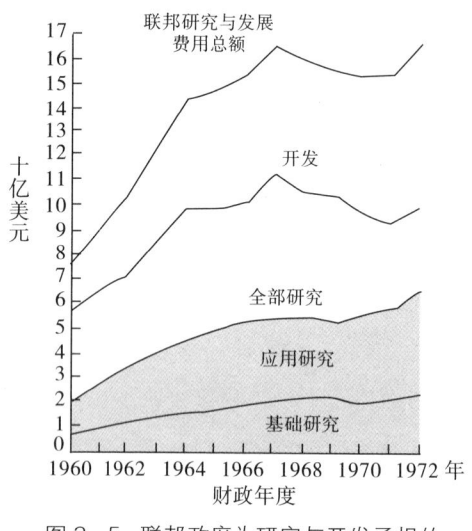

图3—5 联邦政府为研究与开发承担的款项的趋势图

峰值，占预算总额的12.6%。此后，经费数额虽然保持不变，然而截至1971年，其占比预计将降至8%。（见表3—29）

然而核心领域仍然如故。在美国大力推动研究与开发的那段时期，联邦政府资金主要投向国防、航天和原子能三大领域。1960年，这3类机构共用去91%的研究与开发经费。到1970年，这三类机构获得了更多资金，它们在研究与开发经费中的整体占比也有所变化，但仍然占用了研究与开发经费总额的82%。医疗领域的经费在1960年占4%，到1970年翻了一番，上升到8%。（见表3—30）

我们再把目光转向产品领域。1969年，工业部门研究与开发经费的70%投入到以下五个领域：导弹和宇宙飞船、电子设备、飞机、机械装置和化学品。实际上，研究与开发在美国存在严重的扭曲，表现为以下两种方式：国家科学基金会1971年2月的一系列研究表明，从经济成长和生产率的视角来看，美国民政部门对研究与开发的投资不足；就住宅、污染、环境恶化等迫切的社会需求和热点而言，美国几乎没有任何针对这些问题的研究与开发。截至1966年，欧洲各国在工业与环境领域工作及从事以民政为导向的研究与开发的科学家、工程师的人数比美国多出30%。

通过住宅与国防项目的对比，我们就可以看出显著的不同。1968年，据美国规划协会的估算，用于城市设施（包括住宅）的私人和公共支出总计为920亿美元，略高于810亿美元的国防开支。而相比于国防部1970年和1971年用于研究与开发的经费为70—80亿美元，住房和城市发展部1970年的研究与开发经费仅为2200万美元，1971年增至3500万美元。国家规划协会的伦纳德·莱希特（Leonard Lecht）指出，该协会1971年的预计开支，占联邦政府开发经费的0.25%。

表 3—29 美国三十年的科学技术预算（百万美元）

财政年度	美国预算支出总额	研究与开发工作以及研究与开发设施	
		开支	开支占预算支出总额的百分比
1940	9,589	74	0.8
1941	13,980	198	1.4
1942	34,500	280	0.8
1943	78,909	602	0.8
1944	93,956	1,377	1.5
1945	95,184	1,591	1.7
1946	61,738	918	1.5
1947	36,931	900	2.4
1948	36,493	855	2.3
1949	40,570	1,082	2.7
1950	43,147	1,083	2.5
1951	45,797	1,301	2.8
1952	67,962	1,816	2.7
1953	76,769	3,101	4.0
1954	71,138	3,148	4.4
1955	68,503	3,308	4.8
1956	70,461	3,446	4.9
1957	76,748	4,462	5.8
1958	82,575	4,991	6.0
1959	92,111	5,806	6.3
1960	92,230	7,744	8.4
1961	97,802	9,284	9.5
1962	106,830	10,381	9.7
1963	111,314	11,999	10.8
1964	118,585	14,707	12.4
1965	118,431	14,889	12.6
1966	134,654	16,018	11.9
1967	158,352	16,842	10.6
1968	178,862	17,030	9.5
1969	184,556	16,348	8.9
1970（估计）	197,885	16,154	8.2
1971（估计）	200,771	16,161	8.0

资料来源：国家科学基金会。

表 3—30 联邦政府机构承担的研究与开发款项（百万美元）

机构	实际数		估计数	
	1960 年	1970 年	1971 年	1972 年
总计	7,552	15,330	15,387	16,662
国防部	5,712	7,360	7,420	8,332
国家航空和宇宙航行局	369	3,800	3,248	3,189
教育、福利和卫生部	320	1,221	1,480	1.635
原子能委员会	762	1,346	1,307	1,251
交通部	—	317	437	483
国家科学基金会	75	289	345	494
农业部	126	281	303	314
内政部	64	158	185	204
商务部	31	122	158	182
环境保护局	—	89	116	144
经济机会局		123	116	100
所有其他机构	94	224	272	335

资料来源：国家科学基金会：《按预算任务分类的联邦研究与开发资金分析》，国家科学基金会71—25。
注：由于四舍五入，各项数字相加可能不等于总数。

两大基本变化——联邦政府研究与开发经费的增长趋于平缓甚至下降，以及该项经费正逐步、三心二意地转向医疗、住宅和交通运输领域——向我们提出了最明确的挑战。研究与开发经费的分配是应该简单地在"发现"污染、贫困、城市混乱等弊端时对国防或社会需求的紧急情况做出反应，还是应该基于国家长远目标的某些考量而设法找到一套协调的政策？是延续目前个别机构掌权的"行政多元化"体制，还是建立一些统一的科学及教育机构？科学与研究的推动是主要基于项目来投入资金，还是要考虑更长远的体制建设，无论这种体制建设将表现为联邦政府内部的能力、独立性质的研究所和机构或高校之间联合协作？简言之，如果研究与开发工作的基本目标是应付"外部挑战"，以及迅速扩大美国科学界是为了加强国防优势，那么，后工业社会是否会有类似的努力，持续解决国内社会需求和服务于科学界与高等院校的长远利益呢？

结论

本章有三项任务：描述社会中影响知识和技术的结构性基本趋势；分析知识和技术在计量上的一些问题；提出当下与未来美国受过教育、掌握技术的阶层具有的特征。这些任务都是些大问题，许多细节不能不简单略过。而且由于篇幅所限，若干重要问题同样无法涉及。不过，针对知识和技术的任何一场充分讨论必须包括以下内容：知识组织背景的变化（如层级制、官僚化的官方组织与大学和协会的现行模式的兼容）；科学规范（如科学独立地位与为国家服务的号召之间的协调）；知识结构内部的沟通模式（如信息检索的问题、正式及非正式的通讯网络，等等）；新兴"智能技术"的革命性（如模拟信号的作用、系统工程及与计算机相关学科）。

本章的大部分内容涉及事实、数据和计量。苏格兰不可知论哲学家休谟在被问到如何看待知识时说："如果我们手里拿着一本神学或经院哲学著作，我们不妨问一问：它包含任何与量及数有关的抽象推理吗？没有。它包含任何与事实和存在有关的实证推论吗？没有。把它烧掉算了：因为除了诡辩和幻想以外，它一无所有。"

我们应该听从休谟的告诫，但保留下知识世界无法被估量和计算的部分，即价值和选择。20世纪最后1/3时光，不论我们称之为后工业社会、知识社会、电子科技时代抑或活力社会，它的重心在于寻求更多的社会引导，更多的专业知识。[1] 在某种程度上，这是科技治国论者的旧梦，只不过圣西门等早期的科技治国空想家认为在一个科技治国的社会里，由于所有问题都交由专家决定，政治将

---

[1] 阿米泰·埃特齐奥尼（Amitai Etzioni）在《活力社会》（纽约，1968年）一书中，全面性地尝试了用社会学术语为这一新型社会提供概念性框架。他相当准确地指出，历史语言和已有的社会学模式，即使在强调过程时，也缺乏有关方向和选择的词汇。因此，他试图为新的社会学结构提供一个轮廓。我认为埃特齐奥尼所做工作的问题在于，他把**意识**和**控制论**作为关键性的术语。控制论的模式即便包含反馈和自我调节，在本质上还是机械的和封闭的。而意识、人类视野的扩展和控制自然与社会的意义，只在开放的体系中才能产生作用。

走向消亡。人们尊重上级的能力，就如遵从医生、乐队指挥或船长的命令一样。①但更具可能的前景是：后工业社会将比以往社会**更多**涉及政治，因为选择是人们有意识的选择，而决策中心变得更为明确。②市场社会的本质是分散责任，"生产"决策由消费者分散、多样的需求来指导。但是，把资金分给这一科学项目而不是另一项目的决定，却是政治中心的决定，而不是由市场决策。鉴于政治是现实利益与价值观的综合体，而两者又都十分复杂，冲突和摩擦在后工业社会里呈上升趋势，大概是不可避免的。

因为知识和技术已成为人类社会的核心资源，某些政治决策同样不可避免。而既然知识机构对公共资源有所要求，公众自然也要向这些机构提出一些要求。

我们正处于若干个转折点，社会和知识界在错综复杂的未来面前都不得不做出一些重大抉择。

高等教育的经费供应。显然，高等教育的重点正从私立大学向公立大学转移，而假使没有大量的公共援助，就连私立学校也难以持续运营下去。综合上述两种情况，联邦政府必须提供某种程度的支持。③这就引出一系列不可回避的问题：援助谁？如何援助？每一种类型的研究机构，不管是大是小、公立还是私立、宗教抑或世俗、相当于本科、研究生或更高级别的学历，我们要不问其品质如何一律给以资助吗？如果不是这样，那么由谁来做出有关决定呢？如果要开办新的学校，我们要把决定权交给各州，而不考虑区域和国家的需要吗？涉及公共基金时，公众的发言权如何得到体现呢？

知识的评估。在涉及公共资源的使用时，我们在用研究成果评定未来开支时要用什么办法？又由谁来评定？资源是有限的，在面临选择时，例如将人力资源与资金投向航天项目还是粒子加速器（全部花费可能超过10亿美元），我们如何

---

① 罗伯特·莱恩对这一观点有更为深刻的论证，见"知识社会中政治和意识形态的衰落"一文，载《美国社会学评论》，1966年10月。
② 圣西门、库尔诺、F·W·泰勒和凡勃伦等人的科技治国梦想及其在政治世界的局限性，将在第六章中讨论。
③ 见"高等教育的财政经费"座谈会，载《公共利益》第11期（1968年春），克拉克·克尔、戴维·杜鲁门（David Truman）、马丁·迈耶森（Martin Meyerson）和查尔斯·希契等人都做了发言。

进行决策呢?

创造性的环境。所谓知识,它是否将日益成为"社会合作"的成果、一种以实验室和研究团队为基础的协作活动,抑或个人凭自身天分而深思熟虑的结果呢?如果说上述假设太过僵化,甚至有自相矛盾的嫌疑,那么,什么才是创造性和生产效率的条件和基础呢?

技术的转化。我们要用怎样的一套程序,才能使实验室的发明更迅速地定型并投入生产呢?一方面,这是一个信息的问题。它导致了这样一些问题,如联邦政府是否有责任建立综合性的技术"输送"方案,推动技术发明的发布、积极动员工业界使用这些发明等。另一方面,假如人们认为这等于是把技术发明推广到不发达世界的一个更大的问题,那么,它又变成了一个文化和技术援助项目的问题。

知识的增速。假如知识和新兴学科以更快的速度分化,那么传授如何追上发展的速度?难道没有必要根据"知识的结构"或杰罗姆·布鲁纳(Jerome Bruner)所谓的"概念创新",沿着我过去提出的方针来评价课程的性质吗?[①]

变化的调子。这个社会如其他社会一样,正在经历丰富多变且同步出现的多层次革命——把无权无势的人们融入到社会中;相互依存的深入和民族社会的建立;政治决策日益取代市场决策;高度城市化的社会出现和农业人口萎缩;技术手段的多方面引入,等等——难道我们不需要更主动地"监控"社会变革,并建立预测未来的有关机制吗?[②]

让我们再回到最初的寓言吧!《创世记》中的通天塔,预示着人类体验的开端。"耶和华说,'看哪,他们成为一样的人民,都是一样的语言;如今既作起这事来,以后他们所作的事,就没有不成就的了。我们下去,在那里变乱他们的口音,使他们的言语彼此不通。'"[③]

自从被逐出伊甸园,人类一直在寻求共有的语言和知识的统一,寻求一套

[①] 见丹尼尔·贝尔:《通识教育改革》及杰罗姆·布鲁纳:《教育的程序》(马萨诸塞州剑桥,1960年)。
[②] 这个问题将在第五章论述社会报导的概念时讨论。
[③] 见《新旧约全书》,1940年中文版,第10页。——译注

"第一原理",通过以经验、理性范畴为基础的认识论,形成一系列不变的真理。通天塔的图书馆嘲笑这一**狂妄野心**:如同无边无际的空间,一切都在其中,一切又都是空幻;亦如著名的哥德尔定理,当意识到它是一个矛盾时,它就不再是矛盾了。博尔赫斯说,终了就是开端。这就是衡量知识时遇到的曲折悖论和必要的谦卑。

| 第四章 |

公司的从属性：
经济化模式和社会学化模式之间的紧张关系

前文已经指出，在后工业社会，"第三产业"即企业和政府以外的非营利领域，包括学校、医院、研究所、志愿和公共性质的协会等，将会出现巨大的发展。尽管如此，商业公司仍将存在，至少在目前仍是社会的中心。国民生产总值的大约55%来自企业部门，大约9.5%来自非金融性质的公司每年在新增工厂和设施方面的投资。①

当我们谈到公司时，不管使用哪一种熟悉的含义，我们往往会联想到工业巨头，想到《财富》杂志上尽人皆知的"神奇500家"。商业公司的核心地位是有其理由的。实际上，美国大约有150万家公司。如果我们对此总数进行拆分，它们的分布如下：

零售和批发业——45万家

金融、地产和保险业——40万家

服务行业——20万家

制造业——19.5万家

建筑业——11.5万家

农业和矿业——4.5万家

如果将制造业看作工业美国的典型，我们发现19.5万家制造公司拥有大约5000亿美元资产。其中大约19.2万家公司（占总数的98%）的资产规模低于1000万美元，而这98%的公司只占到所有工业制造公司资产的14%。另外500多家资

---

① 所有的数据都取自《美国统计摘要》(1971年)。

产规模在 2500 万美元以上的制造公司却占所有工业制造公司资产的 83%，200 家资产规模在 25000 万美元以上的制造公司占到总资产的 66%，87 家资产规模在 10 亿美元以上的制造公司占总资产的 46%。

这 500 多家工业制造公司 1970 年共雇用 1460 万名工人，占制造业就业总人数的 75%。在某种程度上，它们成为权力的象征，是人们持续关注公共政策的一个因素。对企业的关注在今天再次显著起来，而理由却与 30 年前大不相同，那时通用汽车公司等用上百万美元雇用打手、购买催泪弹和枪支以对抗劳工组织的暴力运动。企业权力无疑是当下社会的主导力量，关键在于如何限制它。对公共政策的关注大体可以归结为"社会责任"，它源自公共社会这一概念的不断发展以及一个政体不得不对经济冒险活动加以控制。经济上的冒险活动时常带来不可预见的后果，有时远超出发起者的意图或控制力。

近几年来，公众对公司的态度已经有了明显的变化。就在 14 年前，尤金·V·罗斯托（Eugene V. Rostow）在评论爱德华·S·梅森（Edward S. Mason）在《现代社会中的公司》中的权威性概论时写道：

> 在浏览大型股份公司近期发展和改革方案的有关材料时，我们会惊讶于其中相对和平的氛围。人们似乎普遍认为没有进行改革的必要。30 年代初的激愤情绪，倾泻出大众面对为时 12 年的商业领导所造成的萧条时感到的背叛和挫折，但这种心情几乎完全看不到了。①

美国人在 20 世纪 50 年代对国内公司采取宽宏大度的心态是不难理解的。除了艾森豪威尔政府诱导的普遍的社会和平之外（社会和平得以维持，部分原因是由于动员起全社会反对外部敌人的情绪），美国社会对企业的作用形成了一种全新的、貌似令人满意的看法。

回头去看，美国国会 1890 年通过了谢尔曼反托拉斯法，而 75 年来美国公司

---

① E·V·罗斯托："负有责任感的企业管理的权益人与目标"，载爱德华·S·梅森编《现代社会中的公司》（马萨诸塞州剑桥，1959 年），第 59 页。

的超级规模一直令民众抱有疑虑。在美国人的字典里，规模意味着权力，大型企业对民主而言是经济和政治上的双重威胁。经济规模可以等同于市场权力或者控制产品销售价格（在一定限度内）的能力。大规模的资产即意味着在地方社区、州乃至全国拥有了不正当的影响力。

反托拉斯持续了半个多世纪，美国人在经济领域得出了更为成熟的新看法。其中一点是要着重区分规模与市场控制，认识到两者并不是完全相关的。美国现在最大的两家制造业公司分别是新泽西美孚石油公司和通用汽车公司，前者拥有205亿美元资产，后者拥有182亿美元资产。通用汽车公司占据着美国汽车工业生产总量的约55%；美孚石油公司尽管规模比通用汽车公司更大，却只占据了国内炼油市场份额的约9%，其石油产量所占据的市场份额则更小。

显然，规模并不是市场控制的一个好的预测指标。市场控制要由"集中率"来衡量，即某一产品行业里最大4家公司的销售额占行业产品销售总额的百分比。看上去一个相当明确的趋势是，自20世纪初以来，集中率已经出现了大幅下降，绝大多数工业企业没有持续走向集中，而是不断地此消彼长。①

然而，意识形态的变化才是更重大的转变。人们认为"规模"不如"经营状况"关系重大。经营状况是一个不易捉摸的标准，其中包含对革新的接受程度；扩大产能的愿望（自由主义经济学家在40年代对铝、钢等"寡头垄断"产业的最重要的指责之一就是它们不愿扩张产能）；由提高质量、增加工资和稳定价格（如果不是降低价格的话）所反映的生产率提高；以及其他满足社会需要的同类指标。

增长是有关经营状况的最明确的指标。人们对30年代大萧条的恐惧在于停

---

① 大公司拥有大的市场份额，这一模式可以找到许多例子来加以佐证。不过，我们也可以找到更多的例子来加以驳斥。如果我们察看集中化的"标志"案例，显而易见的是，如今没有一个产业的集中度堪与1898—1902年企业合并大潮之后的那个时期相比。芝加哥大学的西格尔教授指出，在1900年，国际收割机公司生产的收割机占全国总产量的85%。1902年，国民饼干公司控制了全国70%的饼干生产。1901年，美国制罐公司生产了90%的罐头产品。1902年，谷物产品公司拥有该行业80%的生产能力。在1902年，美国皮革公司的皮革产量占全国皮革产量的60%以上。安全蒸馏公司提供了60%以上的威士忌；国际造纸公司生产了全部新闻纸的60%。在1900年，美国炼糖公司事实上提供了全国所有的食糖。有关现代企业集中化的全面探讨，请见M·A·艾德尔曼（M. A. Adelman）："经济集中化的两面"，载《公众利益》第21期（1970年秋）。

滞。阿尔文·汉森（Alvin Hansen）等自由主义经济学家曾经预言：经济体实际上已达到过分的"饱和"，再没有任何扩张的可能。现实粉碎了这一类恐慌。在二战之后，新的技术前沿不断突破，大公司起了带头作用。

一个生气勃勃的大型公司足以向公众证明：企业规模无关紧要，重要的是它能展示出增益经营状况的动力指标。事实上，J·K·加尔布雷思在《美国资本主义》中曾论证说：规模是一种资产，因为它确保了大型企业承担技术进步的能力。

> 它的配备相当适于资助技术发展。它的组织方式为确保技术发展及将其投入使用提供了有力的刺激……公司在一定程度上影响价格的能力，确保在回收技术投入之前其收益不至于被仿造者（完全不承担技术升级的成本）传递给公众。**在这种情况下，市场力量保护了刺激技术进步的诱因。**"[①]（黑体为原文所加。）

这是以企业经营状况为标准，有力而巧妙地为规模集中作辩护。在相当程度上，美国企业界在战后的主流观念转向了企业经营能力。公司自身的合法化不再主要取决于私有财产的神圣不可侵犯，而在于强调它作为一种工具，向人民提供了越来越多的产品。企业界似乎充分发挥了它的作用，于是，批评的声音逐渐销声匿迹，到50年代末，企业界在美国社会生活中建立了新的合法性。

新的批评

但企业的合法性正在受到挑战，至少可以说，人们对待公司的宽宏大度的心态已消退了。悖论在于新批评的着眼点不再是规模大小（虽然一些旧的民粹主义观点仍然坚持这一点），而是企业的经营状况。认为企业经营使得社会变得更丑恶、更肮脏、更腐朽、污染和毒害更严重的观点在整个美国弥漫。认为企业自身

[①] 约翰·肯尼思·加尔布雷思：《美国资本主义：抗衡力量的概念》（波士顿，1952年）第91页、93页。

利益能够与公共利益取得一致的看法已经被另一种看法所取代。

任何问题一旦被意识形态化，就容易走向扭曲。对乡村的掠夺、环境舒适度的锐减显而易见，但其根源却不那么明确。一个明显的原因是人口的大幅增长和社会习俗的变化。不妨以美国国家公园为例，如果以一个人在园内停留12小时以上为一人次，1930年，参观人次为300万，当时全国人口为1亿2200万；1960年，参观人次达到7900万，这时的美国人口为1亿7900万；1968年，参观人次达到1亿5700万，相应的美国人口总数为2亿。针对这一现象的结果，《纽约时报》有一段生动的报道：

> 优胜美地，从旧金山和洛杉矶驱车只有一天的路程。人们一般认为它是最拥挤的公园。交通堵塞在重要的节假日最为严重，今年这个劳动节周末假日也不例外。
>
> 耳边不断传来的喧闹声不是瀑布的水声，而来自来往的车辆。收音机播放着最时兴的摇滚乐。停车费特别贵。几十个孩子在优胜美地瀑布下方的岩石上攀爬。露营地由于过度使用而满是尘土，甚至比城市里的贫民区更为拥挤。即使在偏僻区域，露营者仍随处可见。这种体验很像在星期天逛迪士尼乐园。

假如我们进一步将空气和水的污染看作社会病态，那么美国社会的各个部门显然都犯了错：农民为提高产量而大量使用硝酸盐化肥，污染了河流；私人轿车的车主开车来去，向空气中排放有毒气体；原子能委员或许要为扩展核能力而对排水热污染负责；企业通过烟囱向空中排放烟尘，产品废料更污染了湖泊。

但是如果我们认为人人都该受到责备，并简单地以为只要对每个人都进行道德上的规劝，要求他们采取自制，这就行了，那我们就忽视了真正的重点。这种局面本身反映了一个事实：社会的分配机制——对成本和资源的恰当分配——已经失效了。在自由社会，市场可以反映某一项目的真实成本，并由此形成社会对资源和物品的最佳分配。但是一旦私人成本和社会成本相互偏离，物资分配就被扭曲了。当工厂主不需要支付他人为他所造成的污染付出的代价时，工厂产量

（或私家车的行驶里程）就会达到一个高于社会最优化的水平。

现代社会中愈来愈严重的问题即是私人成本和社会成本的偏离，这又被经济学家称为"外部效应"，因为企业不会将这类成本计入自身的成本核算。这种认识又带来新的问题，即在企业会计流程中被严格定义的成本和投资收益在今天是否足够恰当。换句话说，"经营状况"以往的定义或许太狭隘了。我们要解决的问题不仅仅是某一个公司的"社会责任"，而是更为广泛的社会组织模式和社会整体目标的"正确性"。鉴于现代企业作为机构已在相当程度上融入了现有格局，它将成为新的探索的出发点。

通过设定两种模式，我称之为**经济化模式**和**社会学化模式**，并评估和判断在两个极值之间的企业行为，我们或许可以看到两种前景之间的巨大差异。

经济化模式

大约在 150 多年前，现代西方社会掌握了一种人类社会在历史上从不知道的秘密，即用和平的方式稳步增加财富、提高生活水平。以往的一切社会几乎都是通过战争、掠夺、没收、征税或其他勒索的手段来获得财富的。按照博弈论的简单说法，经济生活是一种零和游戏，胜利者只能以失败者的损失为代价才能得利。现代西方社会掌握的秘密是**生产率**，即以定量的资本和定量的劳动力获得更大比例的产品的能力，简单地说，就是社会可以"以最少的努力或最低的成本而获得较多的产品"。经济生活不再是零和游戏，每个人都可以成为最终的胜利者，尽管收获多少有所不同。

一般认为，生产率的提高是由于利用机器才有可能的，或者更具体地说，是由于发现了新的能源形式并将其以机械或电子方式应用于机器才有可能的。显然，这一观点的绝大部分都是对的。但从概念上说，生产率的提高只有通过新的"支持体系"才有可能实现，即以一种新的方式来控制机器的部署。换用不那么抽象的话来解释，现代工业社会就是两种"新型人类"（工程师和经济学家）的产物，是将这两种人结合起来也即提高效率的一种理念。对于工程师来说，设计一台机器并确定它与其他机器的部署就是在已知的物理投入中找出释放最大产能的"最佳途径"。经济学家在相对价格的框架内引入货币成本核算，从而找到生产组织中人与机器的最佳比例。

与传统社会相比，这些革新已经给现代工业生活带来革命性的变化。新的科学引入了一种明显不同的生活方式。我们称之为**经济化**。经济化就是在互相竞争的项目之间最合理地分配稀缺资源的科学；它是减少"浪费"的重要技巧，用流行的会计方法所规定的核算来衡量。经济化的前提是一套主导分配的市场机制，以及对应供求关系变化的浮动的价格体系。

经济学在过去一百年里发展了一套严格而考究的宏观理论体系，以之解释货物、劳务和其他生产要素的相对价格、生产要素在各产业部门间的分配、就业水平和价格水平。伴随着经济学的发展，又出现了合理的劳动分工、职能的专门化、生产关系的相互补充、生产职能的利用（相对价格下资本与劳动力的最佳结合）、制订流程（各个批次在生产或运输中的最佳排序），等等。与经济化相关的词汇包括"最大化""最优化""最低成本"——简而言之合理化的构成要素。要指出的是，合理化的功利主义奠基人认为它是**手段**的合理化，即达到预定**目标**的最佳方式。人类生活的目标从来不是既定的；它们是多元的，可由社会成员自由选择。经济学应当以"最佳方式"达成这些选择，即以最有效的手段赢得"最大限度"的满足。

为了便于理解经济化模式，我们必须强调手段合理化与目标多元性的区别。现代工业社会，作为一个自由社会，从来不曾感到有制定目标或从若干目标中优先考虑某些项目的必要。现代工业社会总是回避这一类集体决策。在200年前，从没有人有意制定某种社会决策以"改造"社会。没有一个类似于法国国民议会、美国制宪会议那样的选举会议站出来宣告一种新的社会秩序。然而，新型工业社会的新目标相当清晰——所谓的"预定"目标全部与不断提高物资的物理产出有关。传统的生活方式（手工艺和家庭作坊）被牺牲掉了，以建立新的体系并达成上述经济目标。

这段历史可能平淡无奇，但有一个事实必须加以强调。这不是一场政治变革，没有人作为某个集团的成员而"投票"赞成这些决策，也没有人评价（或有能力评价）这些变革的后果。可是，这种以功利计算或经济化模式为基础的全新生活方式已经开始逐步改造整个人类社会了。

公司：一种新的社会发明

生产率是一种技术，稳步增加物资的产出则是一个目标。为了实现这两者，它们必须在某种可以更新的组织系统中加以体制化。如此形成的机构就是公司。

大多数经济史以及某些经济理论聚焦于企业家，将其看作唯一重要的人物。这些企业家能够发现新的市场良机，打破陈规并建立经济生活的新领域。当代社会学的众多理论把经理人描述为维持日常运作的无个性的技术官僚。然而，要了解公司，我们既不需要去了解企业家（以及有关他的神话），也不需要懂得经理人（以及有关的漫画），而要寻找历史上和社会学意义上居于这两者之间的人——组织者。

教会和军队堪称历史上的组织模式，而在20世纪最初几十年逐渐成形的商业公司，是旧的组织模式之外的一种新的社会发明。创造这一新形式的大人物们，其中包括建立美国电话电报公司的西奥多·N·维尔、新泽西美孚石油公司的创始人沃尔特·蒂格尔、通用汽车公司的阿尔弗雷德·P·斯隆，设计了一种办法，将人力、物资和市场协调起来，以最低的成本和最佳的资本投资收益来生产商品和劳务。他们在这样做时引进了功能理性和**经济化**的思想，以此作为处理社会关系的新模式。

上述三人中，只有阿尔弗雷德·P·斯隆记下了他运用的原则。他的著作《我在通用汽车公司的生涯》相当引人入胜，我们可通过他的描述看到20世纪中叶美国企业模式的典型。斯隆先生的著作最动人之处是他的语言。他的核心词汇是**概念**、**方法论**和**合理性**。通观全书，斯隆一直使用上述词汇来解释他在通用汽车公司推进的革新："创始人杜兰特根本没有系统性的财务方法论，那不是他做生意的方式"，"1921年初，我们将10条汽车生产线挤在7条生产线的空间里，这暴露了它的不合理性"，"就产品系列而言，只有别克和卡迪拉克汽车对其市场定位有着清晰的概念"。

这些话语既不随意，也不煽情。人们在把这些语言同学术相联系，而不是与分析组织必要性相联系时，尤其会感到吃惊。它们部分地源自斯隆所受的工程师训练（1895年在麻省理工学院获得学位）；但更多地直接源自斯隆所倡导的组织革命：详细计划的启动、统计方法和财务管理。在解释为什么更信赖市场研究和预测而不相信推销员的直觉时，斯隆指出："……在汽车工业中，你的经营离不开流程和规划。这就是把数字当作未来的指导。"①

通用汽车公司成功的原因，简单说来，可以归结为两个因素：基于生产线的"明确概念"的市场战略以及经营分散与政策协调相结合的组织形式。② 通用汽车公司的组织架构现在已很普通，为大多数大型公司广泛仿效。但在推进革新之时，它仍是一个新鲜事物。简单地说，它的组织原则就是要把每个单位的成本完全分解，通过严格的预算对运营部门实行控制。在创立这一体系之前，通用汽车公司的一些部门按照成本加上固定的营利百分比将配件出售给其他部门（例如，电瓶部门将产品出售给汽车部门）。公司最高领导并不知道哪些部件是赚钱的，哪些不赚钱。斯隆写道："各个部门当然会为投资基金而竞争，但是公司总部人员却不知道将钱用在什么地方最为有利，这是不合理的。"

斯隆所做的是把每一个部门都当作一个独立公司，而把公司的领导集团当作一个"控股公司"，用与实际可获取的数量相符合的投资利润率来衡量每个部门的经营状况。收益率是衡量经营状况以及各个部门排名的一种手段，不仅仅看每个部门的绝对利润，还要看其投入资本的回报率。简言之，它就是用利润额乘以投资资本的周转率。通过这些措施，公司领导层就能决定如何分配公司的资金以便使整个公司得到最大限度的利润。

---

① 阿尔弗雷德·P·斯隆：《我在通用汽车公司的生涯》（纽约，1964年），第135—136页。
② 这种市场战略和组织形式使通用汽车公司从落后地位一跃而超过了福特汽车公司在市场上的领先地位，福特公司素来被视为生产技术领域的天才。1921年，福特公司占有60%的汽车和卡车市场，并且几乎全部控制了低价市场。通用汽车公司打进低价市场的雪佛兰牌汽车只占有4%的市场。硬着头皮与福特公司进行价格竞争无异于自杀。斯隆的战略不是通过削价来抢福特公司的生意，而是在价格上稍稍超过它，以此设法吸引那些宁愿买较高价格汽车的购买者，因为他们认为价格越高，汽车越好。通过接连不断地项目"升级"，很大程度上就是每年变换车型，通用汽车公司赢得了较大的市场份额。实际上，通用汽车公司以"样式"来对抗"效用"，并取得了胜利。

公司政策的每个细节都服从于这一目的。斯隆清晰地定义了公司的哲学：

> 为了达到这一目的，我们要明确企业流程的种种假设。我们假定资本投资的首要目的是建立一个有能力支付令人满意的红利、保证和增加其资本价值的企业。因此，我们认为公司的首要目标是赚钱而不只是生产汽车。如此直言不讳或许有些不合时宜，但我仍然认为这类商业入门有利于制订政策决策。[①]

每个公司的经济化体系成为彼此之间紧密衔接的纽带，从而创造出一个社会体系。普通股的每股收益是该体系得以运转的平衡轮。某个公司在收益下降后，就会发现很难吸引资本，相较其他公司要为获得资本支付更多费用。整个经济体的资本分配遵循着公司内部资本分配的同一原则。受限于竞争，任何一个公司想冲破投资利润率这一衡量尺度的可能性是相当有限的。系统内部的任何变革都必须是整个系统的变革。

于是，利润率和生产率成为企业成功的指标。这两者是企业是否满足市场需求以及是否在公司内部和社会成员之间有效地分配资源的试金石。这是企业**经济化模式**的基本原理，也是整个经济体的基本原理。

经济化模式的局限性

市场的理论优势是，根据买方和卖方表示出的偏好（在既定的收入分配之内），以某种优化方式协调人与人的互相依赖。凡勃伦很早以前就曾指出，最终为经济体提供方向的，不是价格体系而是经济存在于其中的**文化价值体系**。价格体系只不过是在已形成的**需求**框架内完成物资和劳务分配的一种机制。因此，经济引导的效用不可能超出塑造它的文化价值体系。

工业社会的价值体系（包括共产主义社会和资本主义社会）一直聚焦于快速发展经济；而在西方社会，尤其是美国社会，文化价值体系的指向是增加私人消

---

① 斯隆前引著作，第64页。

费的商品。这一体系至少有三个缺点。

最大的问题是它只对**经济**商品做出衡量。E·J·米香（E.J. Mishan）曾经指出，正如过去一首流行歌曲里所唱的："生活中最美好的是自由。"清新的空气、美丽的风景、纯净的清水、明亮的阳光，更不用说那些无法称量的事物，诸如访朋会友的愉快、工作中的满足等等——这些都是"免费物资"，无所不在因而几乎不要什么成本，但却不能被侵占或被出售。这些免费物资对于人类的幸福至关重要。然而，在我们现在的会计项目下，它们的价格等于零，不能增加任何经济学家眼中所谓的财富。同理，它们消失后，人类财富也不会显示出任何缩减。

第二个问题是，由目前的经济核算所衡量的增长产生了愈来愈多的"外溢因素"，它或者成为其他私人部门直接承担的成本，或者被分配给整个社会。这就是经济学家所谓的"外部效应"。根据经济学家给出的定义，外部效应（或外部成本）是A、B两者私下交易时"散落在"第三者C（通常还有D、E、F）身上的影响，是无意识且在规划之外的。其结果是产生了社会成本（尽管也经常带来社会收益）。社会成本最显著的案例是空气污染——这部分是由于社会上私人轿车的不断增加。在每一本经济学基础教科书里，空气是最典型的"免费物资"。讽刺的是，在今后30年里，我们最短缺的资源将是干净的空气（其成本按比例急剧上升）。私家车的车主们不用支付汽车尾气的成本；同理，销售竞争性燃料、正在把煤挤出市场的公司也不用支付重建日益萧条的煤矿居民区的费用。更有甚者，由于空气和水不属于任何人，市场经济就把它们当作免费资源。公司要出钱购买原材料和劳动力，但迄今为止，它们还不必为向大气和水源排放污染物而付费。它们的商品价格并未反映其商业活动的真实成本。

经济化模式的第三个问题是，美国社会的价值体系把满足个人的私人消费当作首要的考量标准；其结果是公共商品和私人商品的失衡。就大众心理而言，人们很少认为税收被用于购买那些个人无法自行购买的必要的公共服务，反而觉得税收是"**政府**从**我**这儿拿走"的钱。税收不被看作福利的增加，而是减少。一些政客关于税收过"高"的论调（以什么为标准呢？）强化了这种认知，而他们本应追问：是否存在某些只能靠公共商品来满足的需求呢？税收究竟该用来购买什么？

假如我们试图以某种优化模式来评估幸福（或生活质量），问题不仅在于单一地追求经济增长，还在于经济化模式的成本核算体系的本质遮蔽了自身的许多缺陷。我们对国民生产总值的迷信就是很好的证明。

国民生产总值、私人成本和社会成本

通常，我们通过国民生产总值来衡量经济福利。该数字帮助我们以宏观视角来看待社会活动，衡量经济不足、充分就业的收入潜力等因素，并以此作为制定经济政策的一种依据。但它也存在一些缺陷，特别是我们要考虑的不仅仅是社会财富，还有社会福利。

国民生产总值计算在市场上买卖的货物和劳务的价值。它的计算采用一种单向的"加法"。它不区分福利的真实增长，抑或福利在实际上有所减少，却被核算成经济的增加。举个常见的例子，钢铁厂的产量使国民生产总产值有所增加。但是，假如钢铁厂造成了湖泊的污染，并利用额外的资源来净化湖泊，新的净化开支也将被计入国民生产总值。同理，环境的逐渐恶化不会被显示为实际产值的下降，因为从环境中得来的好处（如湖泊或河流为人们提供游泳的场所）一开始就不被算成产值。而抑制环境恶化的开支却能够被表现为实际产值的增长。

更重要的是，评估**公共**服务时，我们并没有一种评估实际收益或价值的手段。对于市场上销售的商品，例如汽车或时装，我们提供的是市场价格，作为个人为商品支付的价值。然而，我们要如何评价医疗、教育或国防等公共服务呢？我们的核算制度只计算"投入"成本，从不计算产出价值。例如，警察的"产出"价值用警察部门内的职员薪资、警车的成本等来衡量，而不是用防止犯罪或逮捕罪犯的社会价值和经济价值来衡量；医疗服务的价值用医生收费和用药开支来衡量，而不是用减少因生病而损失的时间来衡量；教育服务的价值用教师薪金、设备花销等来衡量，而不是用学生在知识上的增益来衡量。

核心问题在于，我们应该花多少钱在"公共商品"上。人们对税收有诸多抱怨，但迄今为止尚没有一种方式足以表明人们从公共服务中所获收益可能大大高于所付成本。由于无从了解，公共服务很可能被"低估"，也因此不大为人们所看重。

外部效应的不断增长使会计制度暴露了它的另一个局限，即私人成本和社会成本的背离。社会成本是一个古老的概念，可以追溯到150年前的社会主义经济学家西斯蒙第（Sismondi）。直到大约50年前A·C·庇古出版了《福利经济学》一书，社会成本这一概念才被纳入新古典主义均衡经济学的概念框架之中。庇古指出，额外资源的投资可能将成本转嫁给"并不直接相关的人民头上"，例如"铁路机车对周边森林产生的无法弥补的破坏"。[1]

近半个世纪以来，私人成本与社会成本的背离几乎彻底被忽视了。现在，随着人们越来越关注环境破坏、技术变革的副作用和"外部效应"的增强，这个问题已成为社会政策的核心。在未来的10年，一个重大的社会问题将是决定由谁来支付这些外部效应的成本，如何估算其数值。哪些成本应由造成这些成本的单位来承担，而哪些成本由整个社会负担更为合理，将成为未来的政治经济学中最大的难题之一。我们现在只是刚刚开始意识到这个问题，仍缺乏一份真正的总成本矩阵，以便在特定情况下评估某些行为和政策的得失。[2]

---

[1] 庇古在著作中列举了数十例"危害"，如在住宅区修建工厂对邻近住户的破坏；竞争性的商业广告令消费者付出的代价；随着酒类商品销量的增加，警察和监狱的开支相应增加；禁猎区的兔子成灾而使周边土地不堪重荷；因外国投资上升而导致外交与军事开支增加，等等。

在美国国内，哥伦比亚大学的约翰·莫里斯·克拉克（John Maurice Clark）曾详细阐述过这一主题，在其《经常费用经济学》（1923年）一书中，把社会价值与市场价值以及社会成本与市场成本相区别。阿伦·格鲁奇（Allan Gruchy）指出，克拉克认为商业上的成本定义排除了许多重要的社会成本，例如公共健康风险、失业以及其他与市场波动有关的成本。克拉克的焦点在于使商业效率更密切地与社会效率相联系，使经济系统如考虑市场价值那样考虑社会价值、洁净的空气、优美的景观，等等。

[2] 我不想低估制定这个矩阵在技术和政治上的难度。让我举一个"家常"案例，其中的问题使我个人在许多年以前第一次开始关注社会成本。

当我还是一个小孩时，纽约市街道上的积雪要专门雇用卡车来运走，倒进河里。多年以后，时任卫生专员的保罗·斯克里文（Paul Screvane）命令他的手下将积雪推到街道中间让过往的车辆碾碎。他这样做，或许是因为雇用卡车的费用大大上涨了，或许是因为他想在任职期间创下一个出色纪录以便竞选市长。卫生局在节省开支方面的表现令人称赞。但是（我根据工商协会的记录计算出），每逢下雪，纽约市的洗衣和给衣物着色的费用就会增加，这是因为来往车辆把许多无辜行人的衣服溅脏了。

"合理的"解决办法是什么呢？人们可能说斯克里文的方法极不合理，因为它把铲雪的费用转嫁到不幸的行人身上，如果洗衣和染衣费用比增雇卡车费用还高的话，那就是资金的浪费。然而人们也可以强调，如果雇用运雪卡车，城市的直接开支就会增加，税收上升，这将加剧城市纳税人的不满。因此，像玩"俄国转轮枪"那样打中谁就算谁而使随机的一群行人负担成本，可能比经济性的成本效益分析更具有"政治"合理性。

社会学化模式

上述问题虽然重要,却不是核心所在,核心问题是:经济化模式的基本命题是成本和效益的计算以**个体**的满足为单位。这是一种原子化的社会观,反映了一种功利主义的谬论,即个人决策的总和等同于社会决策。然而,个人决策的总和具有远远超出个人能力所能驾驭的集体影响,往往会对个人的意愿造成损害。每个人都会认同私家车所提供的自由和机动性,但过多汽车上路的总效应却是立即导致交通堵塞。人们在理论上有可能接受汽车是一种不光彩的交通工具,但由于缺少一项社会决策以决定哪种替代模式更适用该地区的交通,或许就只能选择去买辆汽车。每一个人都会看到个人行动产生的后果,可是由于缺少一种能够评估它的社会机制,我们就只能表现得无能为力,听之任之,从而加速这些个人行动。

实际上,与经济化模式的思维相对照,人们可以规定(原谅我的词不达意)一种社会学化模式,尽量以更自觉的方式判断一个社会的需求[①],换用过时的套话来讲,即以"公共利益"等明确概念为行动的出发点。

这里涉及两个根本性问题。

一是通过使所有人**融**入社会,有意识地建立社会公正。假如社会价值体系具有更加明确的目标,从而对社会的分配系统(定价系统)形成指导,它必须建立(哪怕只是粗略地)"恰当的"收入分配以及对所有公民有效的最低收入,等等。

二是公私部门的相对规模。按照教科书的说法,经济物资可分为两类:个人物资和社会物资。个人物资是"可分割的";每个人都可在自由选择的消费原则下购买所需的货品或劳务,例如衣服、器具、汽车等。而社会物资"不能分割"为每个人都能占有的项目,它是一种公共性服务,例如国防、警卫、消防以及公园、水资源、公路等。后一类物资和劳务不向个体消费者售卖,且无需适应个人

---

① 我们可以说,定价系统在理论上可以解决这个问题,例如,当塞车使私人成本上升时,替代性的交通方式就会变得有利可图,而与私家车产生竞争。在这种情况下,定价系统要依靠不断**试错**来评估结果。问题在于这类评估都是**马后炮**,且很可能徒劳无功——大量资源已被错配,而先发式的运输"系统"早已建立。通过这样一种系统,拥堵的公路只会带来更多的公路。

偏好。它们的质和量取决于一个唯一的因素，即要适用于所有人。社会物资要服从公共需求、政治需求，而不是个人需求。

个人很难要求在市场上单独购买属于他的那份未被污染的空气，即使他愿意付出额外代价。这类行为必须通过公共渠道来协作推进。我们可以指定企业、市政或个人的污染源承担其污染成本，从而强制过失方降低对大气的污染，又或者把这笔钱用于对污染的补救。同理，铺设道路、规划城市、控制拥堵、组织医疗、清除环境污染、资助教育——这一切必然将成为公共政策目标、公众关注的焦点，且经常（但不是必然）需要公共基金支持。

强调美国社会必须扩张公共部门，并非天真地以为我们现在就可以弥补市场的缺陷了。每个领域都有其自身的问题，政治智慧的基础是要认识到每个领域不可回避的困难。公共决策经常表现得像私人决策一样不合理和不见效。未来的最重大的社会学问题将考验我们是否有能力**预见社会变革与技术变革的后果**，并根据种种价值标准和成本标准来建立**可供选择的其他选项**。

种种规划

大量的规划正在推进之中。在今天，每个地位重要的公司必然按照年度财政计划和五年市场战略行事，以应对竞争，扩大自身规模。各个公司自行规划，忙着利用自有的新技术——但没有人检测整体效果。政府各个部门的规划也是如此。考虑到社会效果，我们发现这种规划不能令人满意。

第一个问题来自单一目标计划所固有的谬误[①]，绝大多数工程师、开发人员、工业家和政府官员都是单一目标计划者。他们心中的目标几乎只与眼前问题有关，无论这个目标是一个发电站、一条公路、一条运河还是一条河流的开发。甚至在运用成本效益分析（以陆军工兵部队为例）时，他们也很少注意、甚至根本不想考虑新系统的多重后果（即次级影响、三级影响）。

---

① 有关这一点的阐述，见哈罗德·吉列姆（Harold Gilliam）所著"单一目标计划的谬误"，载《代达罗斯》杂志"美国变化中的环境"专号，1967年秋。

第二个问题是，正如凡勃伦所说，没有对技术流程和体制流程进行必要的区分，换用美国科学院顾问团的说法，即没有对"技术"和"支持系统"进行必要的区分。汽车、超音速运输机、杀虫剂、药物——它们表现的是"技术"这个名词在物理工程学领域的意义。支持系统则是对生产和分配的组织，更广泛地说，是技术发展的经济和法律基础。简单地说，事实上不存在什么"技术规范"，在特定的技术和具体的支持系统之间不存在一一对应的关系。杰克·伯纳姆（Jack Burnham）以辛辣的方式指出："当我们购买一辆汽车时，我们不再是购买汽车这个词的旧含义所表示的物品，我们是在购买一个3至5年的租借权，以加入州政府认可的私人运输系统、公路系统、交通安全系统、工业零件更换系统、昂贵的保险系统……"①

因而，我们可以基于这一问题来设法改变技术（汽油发动机）或支持系统（私人不受限制地使用公路）。这方面我们可以做的是比较不同成本之下的替代方案，并设计出更好的体系服务于社会需求。这也转而强调了全国性"技术评估"的必要性。②当前的技术如何应用于未来，主要是经济或体制上的既得利益者说了算，鲜有例外的情况。美国科学院顾问团特别指出："有关新技术的开发和利用的决策，不应当只考虑它对赞助人和用户的即时效用，还必须及时地考虑新技术的使用和推广所牵涉的长期代价，以及它对各个社会部门与环境的潜在伤害，即新技术的破坏性往往在远离产地和使用地点的地方出现。"

联邦政府已建立起相对初始的评估和决策体系。联邦水污染管理局、美国空气污染管理局和环境管理局被授权就污染的后果提出报告；但它们没有足够的权力建立监管。有一些机构，例如原子能委员会，在推广新技术（如核动力）的同时也评估其后果。但是，我们仍然需要建立**独立**委员会，以便于技术

---

① 杰克·伯纳姆：《超越现代雕塑》（纽约，1968年）。有人或许会问雕塑家为什么要讨论汽车系统，其实伯纳姆的讨论意在指出当代社会背景下"对象"消失了，取而代之的是"系统"。
② 技术评估的概念主要产生于国会议员达达里奥领导下的众议院科学和宇宙航行委员会的研究。为检验这个概念是否可行，两个专门小组得以成立，一个设在美国科学院，一个设在美国工程学院。在哈维·布鲁克斯指导下的美国科学院专门小组同意技术评估是可能的，并提出了一些政府能实施这一程序的办法。工程学专门小组搞了三项研究——亚音速飞机噪音研究、电子计算机协助指导研究和多阶段健康检查研究——来发展这一概念。双方有关技术评估的报告由众议院委员会于1969年7月出版。

评估的推进以及向政府、国会提出补救建议。无论结果如何，显而易见的是，美国在接下来的几年中将会出现一些社会决策机构，对技术变革和社会变革的次级影响作出评估。行政部门将被授予很大的新权力，国会也将面临十分复杂的新任务。

至于私营公司，它与公共政策的关系将会出现一个新的原则。正如一些公共政策提供税收减免，帮助公司扩大生产能力（以投资信用、加速折旧等方式），未来也会出现一些实施税费惩治的公共政策，迫使公司承担其经营造成的社会成本负担，或推行某种将社会成本降至最低或提高社会效益的替代性技术和支持系统。考虑到私人决策的整体影响，公共政策干预企业决策的情况不可避免。

在逐步接纳技术评估的同时，我们还要尝试推进社会评估。举例来说，由于城市郊区的快速扩张和郊区物业所有权的极大发展，美国社会的面貌在第二次世界大战以后已今非昔比。这些变化之所以成为可能，是因为以下这几项公共政策：联邦政府提供担保的抵押贷款；降低退伍军人的首付（通常可以低至购买价格的10%），因此使得"买"房比租房更便宜；以及从应缴所得税的收入中扣除贷款利息。但是，没有人对于由许多小型房地产建筑商所建造的大片的、网格式分布的独立住宅"支持系统"提出质疑。

我们目前认为有三种城郊发展的替代性模式：一是带有私人步道和独立车库的独立住宅；二是共享辅助设施（如车库）的"住宅群"；三是有大型绿化区的高层公寓。这三种模式分别对应着将由社区居民而非建筑商承担的差异极大的"社会成本"（如道路铺设、辅助土地利用、学校位置，等等）。然而，这些社会成本很少被人们纳入考量。不存在任何一种"总体成本矩阵"，购买者因而根本无从知道在选择某一方案时，他本人及社区将要为此付出哪些次级成本。我们甚至没有一项公共政策曾经试图做出这样的决定。

我并不是说消费者必须采用这种或那种城郊发展模式。但是，既然正是公众的钱财在推进这一领域的社会变革，明智的公共政策就应当调查不同模式下的替代总体成本矩阵，以及维持或改变住宅建造与开发现有体制的后果。这不是"干预"或"不干预"社会的问题。任何一种行动（包括不采取行动）都必然会加强或削弱某个既得利益团体。这是使选择和后果明朗化的问题。

作为社会学机构的公司

传统的公司法认为财产是与物有关的范畴，但在过去30年里，公司所获得的重要经验是：公司生产物品，同时又是由人组成的。公司不能把人——至少是管理人员和白领工作人员——当作物来对待。

公司既是经济化的机构，也是其成员的生活方式。截至20世纪初，绝大多数美国人的生活仍被限于孤立的小城镇、教会和家庭。小城镇大量消失，教会很大程度上丧失了对邻近居民情感的影响，统一和协调生活的、家庭与职业之间的紧密联系——由下一代继承的家庭农场、家族企业或家族专业——统统被切断了。传统生活方式的崩溃以及由此产生的漂泊感与迷茫，是社会学家口中**社会反常**的根源。

法国社会学家涂尔干创造了**社会反常**这一名词，认为要消除它，就必须设立能为其成员提供亲属般情感和共同目标的社会团体。他认为政治社会过于模糊和遥远，答案要在行会和专业团体之中寻找，后者可为社会提供新的伦理道德。哈佛商学院专门研究涂尔干理论的埃尔顿·梅奥（Elton Mayo）认为商业企业可以最有效地实现这一目的。

对于相当多的人来说，情况必然如此。已故社会学家W·I·托马斯提出的"四种希望"是基本的人类需求，即希望安全、希望新经历、希望得到呼应和希望得到承认，这些欲望只有在企业环境下才能实现。上述观念在很大程度上导致了20年前"组织的人"的概念的出现，它是一种有贬义色彩的表达，以一种新形式的整齐划一为标志。如果这种想象意味着过去自由自在和有个人主义色彩的人，现在变成统一和有序的，历史就成了虚构，而讽刺不过是一种新的意识形态而已。小城镇的生活相当狭隘单调（读者不妨回忆一下辛克莱·刘易斯的《大街》），而组织的世界却能提供一种全新、真实的挑战和机遇。公司既是达成一致的动力，也能成为个人发挥主动性的舞台。

商业公司与大学、政府机构和医院一样，有其等级和身份制度。它现在已成为许多成员持续终生的经验。由此带来的必然后果是，商业公司不再是达成单一目的的工具——从商业经营的角度，生产物资和劳务——还要成为令其成员感到满足的生活方式。它不能只满足顾客，还要让"自身"也感到舒适。

然而，公司毕竟要受种种约束，与大学、政府机构和医院的氛围大不相同。与这三者不同的是，公司具有竞争性，要千方百计获得赢利。更重要的是，这三者的资金支持往往来自借助税收转化的公司赢利。即便如此，如果我们建立一个连续统一体，其一端是**经济化**，此时商业组织各个方面都一心一意地还原为实现生产和利润目标的工具，另一端是**社会学化**，此时每个工人都获得了终身就业的保障，使劳动者满意成为资源利用的主要指向，那么我们可以看到在近30年来，企业始终竭力满足几乎所有雇员，并稳定地移向**社会学化**一端。读者不妨留意一下比重不断上升的"附加福利费"，该指数指向假期、伤残工资、健康保险、附加失业津贴、养老金，等等。

从历史的眼光看来，这一切都不可避免。鉴于传统的社会支持体系（小城镇、教会和家庭）走向瓦解，新的组织尤其是公司正在取代其地位，因此必然会成为人们寻求安全、正义和自尊的舞台。在考虑商业公司的意义时，如果仅仅把它视为一种经济工具，我们就完全无法理解过去半个世纪发生的社会变革的意义。

义务的平衡

人们在讨论中使用公司的"社会责任"时，既不是在玩弄辞藻（尽管许多公司领导确是如此），也不会联想到**高尚义务**（更少公司领导会这样想），更不是认为某种颠覆性的主义正潜入我们的社会（如某些自由主义经济学家的暗示），而只不过是接受了人与人相互依赖这一最基本的社会心理。如果人们不把忠诚和服从看作是简单的金钱交易，不把就业仅仅看作是干活挣钱的一种有限的人际关系，那么公司就等同于一个社会，要对其成员承担社会义务；同时它又是向消费者主导的经济世界以最低成本提供商品的经济化竞争实体。

那么，什么是义务的平衡呢？人们在这个方向上可以走多远呢？解决这些问题的最好方法或许是正视已经出现的和未来10年内可能出现的一些问题。

职业带来的满足感　在20年前"人际关系"著作中的陈词滥调是：一个人的

职业满意度越高,就越可能拥有充实的精神和丰沛的创造力。因此,由工程师制定的工作场所的物理布局要考虑工业心理学家和社会学家的建议。成本的提升可由生产率更高比例的提升来弥补。

但是,如果工作上的变化提升了满意度,却**没有**相应提高生产率,又会怎样呢?公司要如何处理?标准的回答是:公司的首要义务是谋求利润,而成本的边际增长只能通过生产率的边际增长来弥补。让我们再换一种方式提出这个问题。当一家公司雇用了较多的妇女,而这些妇女要求公司出钱承办托儿所,是不是公司非办不可呢?问题不仅仅在于劳动力市场紧张时把这些托儿所作为吸引妇女劳动力的必要代价,还在于社会价值观的变化,使得愿意工作的妇女可以在她们的孩子还幼小时就能重返工作岗位。对于年轻女性来说,托儿所是职业满足感的必要构成,尽管它有可能导致公司的成本增加远远超出因这些女性生产率提高而获取的"收益"。传统上的那些原则是否会持续下去呢?

少数族群的就业 一家公司是否有特殊的义务大比例地雇用因历史原因而处于不利地位的少数族群成员——即使这些人在能力上不如其他竞争者?如果雇用这些人会提高培训成本而且有可能导致生产率的降低,公司也得承担这一义务吗?这种处境与大学面临的情况在原则上没有差别,大学也不得不在总人数有限的情况下设置一定特殊名额,甚至为此要排除掉一些按照正规标准(如考分、成绩等级)更合格的主流族群学生。优秀品质与社会公正,与最复杂的伦理问题一样,是"正确"与"正确"的对抗,而不是对与错的区分。当出现这种权利的冲突时,我们该怎样来平衡我们的义务呢?

相对工资 我们要如何确定一个人的价值呢?供求之间求取平衡的纯粹的市场原则反映了相对的稀缺性,然而相对稀缺并不等于社会公正。在美国绝大多数工业部门,计件或计时的蓝领工作与领取周薪或月薪的白领工作之间仍存在着巨大差别。尽管国际商用机器公司、得克萨斯仪器公司等少数公司消灭了这种分别,但大多数公司没有追随它们的做法。这种易引发争议的身份歧视的理论根据何在?

在公司内部,最低工资(通常代表普通劳动者的工资水平)与最高级别管理层的平均工资之间的工资级差大约是 25∶1,甚至更高。如此大幅度的差距究竟有什么道理呢?它最初的理论根据是市场。然而,市场已经愈来愈不能决定劳动者与管理人员之间的"等级"差别了。英国工业心理学家埃里奥特·杰奎斯（Elliot Jaques）试图根据每种职业所承担的不同职责，制订出"公平"的工资准则，举例来说，以个人独立完成一项工作的工作时间与监督程度作为衡量标准。社会上或许还存在其他这一类的"规范"系统。但是，由于人类希望而且需要有一个清晰的理论，来解释人群之中的报酬差异，我们必须明确地提出某些针对社会差异的公平准则。

应对社区承担的责任　这是个老问题，随着公司日益成为其成员的生活方式而再次出现。除了纳税以外，公司对于其工厂和总部所在的社区还负有哪些责任呢？在提供便利设施和创造令人满意的社会与文化环境方面，公司又要承担哪些责任？

应对环境承担的责任　近几年来，公司以及整个社会已经意识到不能把环境视为"免费物资"。然而，正如我已指出的，如何分摊成本将是美国社会在接下来的 10 年所面对的最棘手的技术—政治问题之一。

面对道德争议　美国公司如同大学一样，在道德问题上始终宣称自身的"价值中立"。作为一家公司，它的职责是谋求最大的投资回报。然而，价值中立已经不大行得通了。美国在南非的私人投资所遇到的困难就是最好的说明。在 50 年前的典型道德故事中，有个例子说的是地方教堂把其地产租给妓院，以获取收入。该所教堂反复强调在这场交易中它失去的肉体与拯救的灵魂一样多。这样的计算不可能使人信服。同样，当一家公司宣称它拯救的肉体与失去的灵魂一样多时，这种论调也无法令人心悦诚服。

总体来说，在我勾勒出的以**经济化**和**社会学化**为两端的连续统一体内，人们的注意力正愈来愈转向后者。同时，由于我所列举的商业公司未来 10 年将要面临的那些特定问题，仍然没有找到明确的答案或现成公式，制订决策所要考虑的立场也将愈来愈转向社会学化的视角。

公司的转折点

我相信"社会责任"将是今后几年中日益走向激烈的论争关键。米尔顿·弗里德曼就此提出了如下见解：

强调公司管理层除了商业才能还需具有"社会责任",这意味着什么?如果这种表述不仅仅是修辞上的,它就意味着管理者要以某种不符合其雇主利益的方式行事。举例来说,他必须限制产品价格的上涨,以便达成抑制通货膨胀的社会目标,即使价格上涨更符合其公司的最大利益。又或者,他同意支出一些费用以减少污染,而这笔费用超出了对公司最为有利的数额,或超过了法律为达成改善环境的社会目标所规定的最低限额。再或者,他愿意牺牲公司的利润,放弃更合格的工人而雇用生活艰难的失业者,以减少社会中的贫困人群。

在基于企业自由和财产私有的制度下,公司经理是企业主的雇员,对他的雇主直接负责,即按雇主的愿望经营企业,一般来说,就是在遵守社会基本规范(在法律和道德习俗方面)的同时尽量多赚钱。[①]

针对弗里德曼的观点,有两种不同的回应,它们均是近期由世界资产最高的美洲银行新任总裁及首席执行官奥尔登·克劳森(Alden Clausen)提出的。

对克劳森来说,迫切的问题是:今天的公司要在怎样的社会背景下进行经营?约翰·达文波特(John Davenport)在《财富》杂志上刊文表示:"保持这个巨大的金融机器的利润增长是奥尔登·温希普(汤姆)·克劳森的首要任务……有意义的是,……他常常想到的却是:如何减缓(如果不能转变)在旧金山亨特广场和市场街南区蔓延的衰败;如何解决该市最棘手的失业问题;如何处理伯克利及斯坦福校区的学生骚乱。"

为了捍卫这些社会目标,克劳森提出了与弗里德曼针锋相对的意见。正如刊登在《财富》杂志上的那篇文章所说:

> 此刻,克劳森及其同僚对于调整银行的资金结构不怎么感兴趣,而对于制订一条路线以度过这个资本主义遭受严重攻击的时期更感兴趣……

---

① 见《星期日泰晤士报杂志》(1970年9月13日)所载"企业的社会责任是增加利润"。该观点在弗里德曼《资本主义与自由》一书中有详尽的阐述。

……他认为,企业要想在明天得以生存,今天就必须关心非商业化的问题。弗里德曼的观点在短期内是可行的。"但就长期而论,假如所有社会组织走向四分五裂,谁都无法赢利,抑或给赢利找到用武之地。"

除了社会利益以外,还存在另外一处不同:在表面的观点冲突之下,潜藏着一个很少被正视、阐明,但却相当重要的公司性质问题。弗里德曼基本上把公司看作"虚拟人",公司经理不过是股东的代理人,而克劳森把公司看作自主的生命体,在平衡企业主的短期需求与社区长期需求所需的资助时具有一定程度的选择自由。

约翰·达文波特是一个著名的保守主义者,在评论中称:"克劳森公司自治的观点背后可能潜伏着危险,但是把社会看成原子化的个体集合,也未免有些不现实。"①

问题的核心在于公司的性质。公司主要是"所有者"(法律上的股东)的工具呢,还是一项自主的事业?尽管这项事业有特殊的历史,但在权力多元化的制度下它正在成为、也理应成为服务于社会的工具?

40年前,A·A·伯利(Berle)和梅里克·多德(Merrick Dodd)就这一话题在《哈佛法学评论》杂志发起了一场经典辩论。伯利当时的观点是(他后来又修正了自己的观点):一切公司权力都是为了股东利益而被托管的权力。多德则认为,尽管从法律上说确是如此,然而私人财产的利用深受公共利益的影响,而鉴于公司被视为一种机构,企业负责人从整体上应被看作是企业的受托人,而不仅仅是"股东的代理人"。伯利对他的回应是,既然我们不能提供"一个明确而合理可行的向他人负责的方案",多德的建议将把对公司的控制完全置于管理部门的手上。根据伯利的看法,问题在于:如果应对股东负有的责任没有一个事先的法律声明,我们怎样防止管理部门随意使用社会和政治权力,把手伸得过长而为自己谋求私利呢?

法律的乃至社会学的难题依然存在。企业经理算是外部投资者的受托人吗?

---

① 约翰·达文波特:"美洲银行不是供挥霍的",载于《财富》(1971年1月)。

还是如弗兰克·艾布拉姆斯（Frank Abrams）在新泽西美孚石油公司董事长任期中所理解的那样，企业经理的工作方式是"在面对股东、雇员、顾客和广大公众等直接利益者的诉求时，保持一种公平而有效的平衡"？

私有财产还是私有企业？

现代商业公司已甩掉许多传统资本主义的历史特征，然而由于缺乏新的理论依据，它仍在延续老一套的意识形态，而且被这种意识形态束缚了手脚。

社会对于正在发生的事情找不到语言来表达是可悲的。瑟曼·阿诺德（Thurman Arnold）如此评价资本主义的神话，它是财产私有的语言表达，早在30年前即已完全过时。**问题在于所有制到今天已沦为法律上的虚构。**

股东是企业所有人，因为在理论上，他提供股本并承担相应的风险。但是，现在只有少数公司要靠出售股票来筹集资本。绝大部分的资本是企业获得成功之后自我筹措的经费。在过去10年中，美国国内规模最大的1000家制造业公司有60%以上的资本投资是公司在内部筹集的。保留资本是大型公司净资产增加的基础。而保留资本的增加则要靠经理人的技巧。（同样，大部分的新增资本是通过发行以营利为抵押的固定支付的债券来筹集的，而不是通过流动资产或股票来筹集的。债券价格取决于公司的稳定和偿付的预期——再次成为管理的问题。）

如果像弗里德曼那样把他的逻辑坚持到底——这既是弗里德曼的实力，又是他的弱点——那我们就必须认为自筹资金是非法的，或者至少不应受到鼓励。根据市场资本主义的"纯"理论，公司拿股东的资本去冒险，然后以红利的方式支付利润给公司的合法所有人，即股东们。如果公司打算再拿这笔钱冒风险去投资，就应向股东们提出再投资的要求，而不是把钱从股东那里扣留下来、由经理人做出再投资的决定。弗里德曼认为只有对红利的"双重征税"（向公司所得和个人所得征税）才能阻止这种理想状况的实现。但我却要说，这种状况既不理想，也无实现的可能。在现有的购买股票的模式下，特别是随着共同基金、社会养老金和信托基金的发展，股票持有人往往"快进快出"，缺少对企业的持续关注。这样一种快进快出可能会对管理部门形成有效的约束，又可衡量企业的经济表现。但这样一来，它同时成为了某种形式的抵消的力量，而不是所有权的象征。真正的企业主直接干预并在心理上与企业的命运相认同；实际上，公司雇员而不是股东更符合这番描述。对雇员来说，公司就是生活于其中的社会机构。要把他们的命运交由金融投机商来支配，这在政治上和道义上都是不可想象的。

换句话说，公司应该是一个**私人企业**，而并非真正意义上的**私有财产**。（假如企业资产是以管理人员的才能为主，而不是基于机器和物资，在以科学为基础的工业部门、通讯部门以及所谓的"知识工业"，这是确凿无疑的，那么所有权就不再那么重要了。）假如所有权在很大程度上沦为法律上的虚构，我们就应当对它采取一种更现实的态度，把股东不看成"企业主"而是有权力向公司利润中某些特定部分提出声索的合法债权人，仅此而已。[①]

"公司"的含义

公司到底是什么呢？如果我们追溯到公司最早的含义——中世纪晚期解决一些新问题的社会发明，那么，公司就是从事一项共同活动的多种团体（如手工业行会、自治市镇、宗教机构）进行自治的一种工具；它往往掌管着经济上的共有资产，存在时间超出个体成员的寿命。公司的"成员"直接对公司行为负责，他们是前成员的遗产受赠人，其中一些人被推选出来推动工作。

现在的商业公司如同今天的大学一样，从其名称仍可看出早期的社会学上的意义。事实上，假如人们愈来愈多地套用大学的模式来看待商业公司的话，所有

[①] 美国大约有 3100 万名股票持有人，其中绝大多数在企业中只占到很小的持股比例。纽约证券交易所对股权的调查（1970 年）表明，在接受调查的 3052 万名股票持有人（调查总人数为 3085 万）中，大约 1250 万名持有人每人拥有的证券价值不足 5400 美元，640 万名持有人每人拥有价值在 5000—10000 美元之间的证券。共有 1890 万名持有人（占总人数的 62%）每人拥有价值不到 10000 美元的证券。

普遍地看，机构投资者现在在美国各大公司中所占的持股比例不断上升。1970 年底，纽约证券交易所估计有价值 1619 亿美元的证券（占该交易所上市企业证券价值总额的 25.4%）由机构投资者持有。如果计入未注册的共同基金、投资合伙人、非银行性质的信托公司和国外机构，该交易所估计机构投资者的持有占比将超过 40%。我要对波士顿大学法学院的菲利普·布卢姆伯格教授（Philip Blumberg）提供这些资料表示感谢。

权的缺陷就暴露得更加明显了。到底是谁"拥有"哈佛大学或芝加哥大学呢?从法律上说,应该是由监督人、受托人所组成的"公司"。但从任何一种社会学视角来看,这个答案毫无意义。大学是由其成员,即职责和义务各不相同的行政机构、教职员工、学生和校友,自主选择的、不断发展的企业单位,成员们希望在实现它的目标时,适当照顾到校内特定团体的利益,同时还要兼顾使大学得以运转的更大团体的利益。

作为商业机构,所谓"公司"是指管理部门和董事会,它们作为受托人为所有企业成员工作——不仅仅为股东,也为员工和顾客——同时还要适当考虑整个社会的利益。但是,如果我们接受上述观点,这里就存在一个重大的逻辑推论——即权力层内的董事必须要能代表那些构成公司整体的选民。[①] 如果做不到这一点,就不存在对管理部门的有效制衡。更重要的是,不具备这样的代表性,管理层的"合法性"就会受到严重的质疑。

如何代表公司的全体选民,仍是一个有待探索的话题。新任斯坦福法学院院长的小贝利斯·曼宁(Bayless Manning, Jr.)十多年前尝试用法律的形式描述公司的现实状况,将公司看作"表决权信托",股东除了领取红利外,还要将他的一切权利授权给公司董事。为了建立对董事会的监督机制,曼宁建议设立"二级议会",作为"外部机构"在董事会内出现利益冲突,如职员的赔偿费、为与公

---

① 市政养老基金、高等院校、基金会、教会及其他政治实体的机构持股上升,在一些具体情况下,由于受制于直接的政治压力,对于影响和改变公司政策,可能会产生一股小小的力量。在拉尔夫·纳德发起的通用汽车公司竞选运动中,纽约市市长林赛指示纽约市的养老基金受托人用他们掌握的16.2万股通用汽车公司股票来支持通用汽车公司竞选运动的提案。这样做的还有波士顿市市长怀特、旧金山市市长阿利奥托、威斯康星州和爱荷华州的退休基金。

与此同时,美国公司着手扩大董事会的代表性。以1970年来说,下列领先企业的董事会都新选入了黑人代表:

大通曼哈顿银行	哥伦比亚广播公司
联邦爱迪生公司	公平人寿保险公司
花旗银行	通用汽车公司
吉拉德信托银行	大西洋和太平洋茶叶公司
IBM公司	密歇根联合煤气公司
泛美航空公司	保诚人寿保险公司
俄亥俄美孚石油公司	威斯汀豪斯广播公司
W·T·格兰特公司	

司无直接业务关系的大学、社团活动提供捐款与公共利益出现抵触时，对董事会的决定进行审查。

评价上述及其他建议是否可行，超出了本书的范围和作者的能力。问题仍然存在，不会凭空消失；目前讨论可行的解决方案或许仍为时过早。

从艰苦奋斗到平淡无奇

有关这些问题的争论仍在持续，但我们的头脑中必须要有这样一个意识：一代人的痛苦往往会被另一代人漠视。今天有谁还会想起储蓄银行的人寿保险计划呢？可是，这个由马萨诸塞州路易斯·D·布兰代斯（Louis D. Brandeis）提出的方案在立法院奋争了5个月才终获通过，这是波士顿比肯山[①]所见证的最艰苦的斗争之一。（反对意见认为人们不会自愿交保险，而且假如废除了昂贵的代理人制度，人们根本什么也拿不到。）这项工作使布兰代斯闻名于全国，并最终将他送进了最高法院。人们对他的美誉一直流传到今日，但话题本身很快就烟消云散了。

然而，我们过去没有、现在也仍然没有完全吸取教训——改革的影响从来就不如支持者所希望的那般巨大，它的结果也很少如反对者所担心的那般产生极大的破坏和灾难。工人的赔偿问题激怒了一代激进分子，企业界强烈反对的理由是赔偿费等于免除了工人要对其行动负"个体责任"；可是，今天有谁还会否认工业安全标准是工厂运转的合理成本呢？

这类改革表明美国人的"公共哲学"经历过或明或暗的修正。当人群、社会发生变化，主流价值观有了新的形式时，这种"修正"是不可避免的。私人企业制度之所以会成为西方社会的重要机制，不是由于它的强制权力，而是由于价值观——经济化和不断提高商品产量——与社会主流的消费观相一致。尽管这一制度存在着种种明显缺陷，但它却是"可行的"。不过，到了今天，这些价值观正在遭受非议，不是以上一代社会主义者和激进分子的质疑方式，即认为

---

① 即马萨诸塞州政府所在地。——译注

这些价值观建立在剥削工人的基础之上,而是指向它的核心,即生产更多的私人产品是以牺牲其他社会价值为代价而实现的。这里,我又回到了之前的论点,即与政治组织不一样,从没有人聚集起来为市场经济"投票",而现在它居然已经胜选了。

我认为显而易见的是,美国人正在摆脱以私人企业和市场体系为基础的社会,而走向政治上根据明确规定的"目标"和"重点"做出最重大的经济决策的社会。这种转变中固有的危险为任何了解自由传统的人所熟知。在过去,社会存在"共识",公共哲学无需阐明。这是一种社会力量,因为当内在的分歧逐渐显明,明确表述往往招致强力的检验。今天,正在出现从市场决策向非市场的政治决策的明显转变。市场分散责任,而政治中心明显可见,谁获益谁受损一望而知,政府成了一个角斗场。

沉湎于这一类危险毫无意义。任何一种社会、经济秩序都不能建立永垂不朽的法令,以消费者为导向的自由企业社会不再像从前那样使公众感到满意了。因此它必须改变,这样才能使我们仍然承认是自由社会的特质存留下去。

新的变化是否代表"进步",是一个非常微妙的问题,我个人不知该如何回答。这是一个以个人主义和市场合理化为前提的社会,在这个社会里,个人所想望的目标会通过自由交换来最大限度地予以实现。现在,我们要转向一种公共道德,但是社群本身仍有待于完整定义。在某种意义上说,从政治经济主导向政治哲学主导的转变——这就是当下社会变迁的本质——正转向非资本主义性质的社会思潮。它是西方社会长期的历史发展趋势。①

---

① 本文针对的是美国社会里的商业公司,但在苏联,官僚化的国营企业与整个社会互动时也发生了大量同样的问题。按照苏联的计划制度,每个企业负责完成中央计划规定的产量和利润目标。企业如果"超额完成"计划,就可以保留部分利润作为企业的社会投资基金,用来为工人建造住宅、加设俱乐部设施,等等。这样就形成一种"经济化"的刺激,因为企业通常不愿承担它所产生的社会成本。举例来说,位于贝加尔湖畔的苏联大型造纸厂严重地污染了贝加尔湖,但却竭力反对"内化"附加费用的观点。只要苏联仍如此一心一意地致力于我所谓的"经济发展"和"经济化"模式,我们就可以说苏联体制实际上是国家资本主义,使每个企业以最大限度地增产为社会的首要目标。不可避免的是,在复杂社会里,没有一个企业可以按单一目标的模式经营,异议必然随之出现;国家同样必须面对如何分配社会成本的问题。有关苏联对这个问题的讨论,请见马歇尔·戈德曼(Marshall Goldman):《对发展的破坏:苏联的环境污染》(马萨诸塞州剑桥,1972年)。

第五章

社会选择和社会计划:
我们的概念和工具的适应性

威廉·詹姆斯（Willam James）说："人类的智识生活几乎完全在于用概念秩序取代最初构成其经验的感性秩序。"[①] 概念体系，是指一组前后一致的术语，以高度的抽象，组织物体或经验所具有的各种属性、特质，以便把它们与其他物体或经验联系或区别开来。从某种角度，我们之所以会产生智识上和政治上的问题，是因为我们所运用的智识的概念和范式是一系列过去经验的产物或总结。在经济学中，我们建立了"有关公司的理论"，但是，现代公司并不只是放大了的公司，我们还没有贴切的知识模式来解释它的行为。我们仍然认为个人是社会决策的单位。（关于生几个孩子或是在市场上购买消费品这类问题，他和她就是决策单位。）但是，就绝大多数影响重大的资源分配或左右一国社会面貌的一些问题而论，决策单位是组织或政府，而我们在公共商品和社会选择方面还没有足够的理论。所有人都知道规模带来的问题已经彻底改变了社会形态，然而在讨论美国政府架构时，我们仍然在使用两百年前的语言和假设。

因此，第一类问题是我们掌握的、与当前目标有关的那些概念是否恰当。在探讨美国人生活的改变时，我打算提出一些质疑旧有模式的命题，在一定程度上提出一些更恰当的新模式，便于读者理解美国人生活中的某些混乱。

这些命题有些涉及修辞，有些则意味模糊（但它们都是真命题），都以"笔记"的形式加以呈现。笔记对读者而言经常成为一种障碍。读者要求有条理的阐述，以线性方式列出重点（以优美的表达为理想境界），从而得出特定的结论。有趣的是，这是罕见的"美国式"的要求。前提往往是任何问题都有一个解决办法，个人只要按直线方式向前推进即可。间接的方式是令人懊恼的，它意味着含

---

① 参看"感觉与概念"，见威廉·詹姆斯《哲学的某些问题》（纽约，1916年），第51页。

混或复杂，按美国人的语言，可以被理解为推托或含糊其词。美国人的生活基于经验而不是以情感，这也算是"民族性"的一个侧面吧。

社会抉择和社会价值：需要新的算法[①]

"大社会"一词在问世的过程中，与许多先驱者有关联，但是，没有哪一个人能像亚当·斯密那样震撼世界。亚当·斯密在《国富论》中写道：

> 按照自然自由的制度，君主只有三个应尽的义务——这三个义务虽很重要，但都是一般人所能理解的。第一，保护社会，使不受其他独立社会的侵犯。第二，尽可能保护社会上各个人，使不受社会上任何其他人的侵害或压迫，这就是说，要设立严正的司法机关。第三，建设并维持某些公共事业及某些公共设施（其建设与维持绝不是为着任何个人或任何少数人的利益），这种事业与设施，在由大社会经营时，其利润常能补偿所费而有余，但若由个人或少数人经营，就决不能补偿所费。[②]

阅读亚当·斯密笔下的"大社会"，政府的合法职能（实际上指对政府的限制），从今天大社会问题的视角来看，是相当令人惊讶的；因为，亚当·斯密是美利坚合众国的两个"规划者"之一，另一个是约翰·洛克。我特意用了"规划"这个词——它用在这里有些不好理解。斯密、洛克二人根据一些具体的哲学假设，

---

① 在本节及接下来的几节里，我借鉴了我为技术、自动化和经济发展全国委员会和美国艺术与科学学院千禧年委员会准备的备忘录。
② 亚当·斯密《国富论》（纽约，1937年），第651页。（参看郭大力、王亚南中译本《国民财富的性质和原因的研究》下册，商务印书馆1974年版，第252页。——译注。）据我的统计，"大社会"一词在《国富论》中有三处出现（第651、681和747页），但是，它的含义要参照该书第5卷第1章的结论部分——这一章研究君主或国家的年收入——从上下文看，"大社会"在这里的含义是"整体社会"（见第767页）。这一点与上述的讨论有极大关联。格雷厄姆·沃拉斯（Graham Wallas）把大写的"The Great Society"（大社会）用作其著作的书名。这本著作（1914年出版）脱胎于沃拉斯1910年在哈佛授课时的讲义。尽管它最初的主题是讨论人与人之间日益增长的相互依赖，以及与社会规模相伴而生的变化，但是这本书并没有着力于评估这一变化的原因、结果，而是试图将社会心理学的新发现应用于针对社会事务的理性探索。

提出了社会运转的前提条件，这才使得美国得以在这一社会的运转中孕育形成。

斯密的关键命题是：每个人在追逐自我目标的同时也有利于整体社会。他认为：

> 鉴于每个人都尽到最大可能……把目标对准其产品可能具有最大价值的产业，因此，每个人都必然尽其可能地努力推动该社会年收入的增长。一般地说，他既不是有意识地去促进公共利益，而且也不知道……通过把目标对准其产品可能具有最大价值的产业，他个人对于公共利益形成了多大的促进。他只追求自己的利益；大量个体在这样做时，如同被一只看不见的手推动，最终达成了一个个体自身从未意识到的目标。社会并不因为这一目标是在无意之中产生的，就要迎接不好的结果。通过追求个人利益，人们对于社会利益的促进往往比他真正有意这样做时更加有效。①

换用现代语言来直接表达，斯密笔下自由的、生产性的社会的存在前提是：个人主义、理性、完美信息及理性选择；社会福利是个人效用的总和。实际上，斯密提出的命题在文明社会史上几乎是全新的：交易双方在自由交换中都有收益。过去，人们通常认为在某种意义上财富主要通过剥削来获得，如军事征服、包税制、通行税、什一税，等等。因此，经济生活是一个零和游戏；某人有所得，其他人必有所失。然而，按照斯密设定的前提，经济生活就有可能打破零和游戏的魔咒。②

我们来看看亚当·斯密这两段引文引出的一个问题，经济商品的类型不是一种，而是两种：个人商品和社会商品。个人商品是可分割的，个人或家庭可基于消费者的自由选择而购买特定的商品和个人服务。但社会商品是不能被分割成个人占有的商品的，它是公共服务的一部分（如国防、教育、环境绿化、调控洪水

---

① 《国富论》第 6 卷，第 11 章，第 423 页。
② 实际上，使得经济生活不再是一个零和游戏的原因，不是自由交换，而是因为技术的应用实现了生产率的提高。有关技术如何成为促进社会平等的主要手段的探讨，可参看让·富拉斯蒂埃《财富的起因》一书（伊利诺伊州格伦科，1960 年）。

等等)。公共商品和劳务既不售予个人消费者,也不迎合个人的偏好。它们的性质和数量是由一项决议来确定的,共同适用于所有人。所以说,社会商品取决于公共的或政治的需求,而不以个人需求为转移。①

独特之处在于,在"大社会"中,越来越多的商品不得不由社会共同购买。除了国防以外,城市规划和交通运输系统的合理化、维护城区空地和扩大娱乐领域、消灭空气污染和净化河流、保证教育开支和组织充分的医疗,现在,所有这一切都是个人所不可能承担的"公共设施",而由"大社会"创立这些设施则能"取得更大的收益"。

每个人都有自己的价值权衡,这使他们可以依据成本来评估相对满足的情况,从而相应地决定其购买。然而正像我在上一章所说的,以成本和效益为标准,并没有一种机制使我们能够考量私人消费和公共购买商品之间的多种组合。

上述问题是实践和政治层次的。而这里又出现了一个理论性的难题。因为近年来,经济学家和数学家虽然能提供个人效用偏好模型的"理性证据",却找不到群体福利效能模型的"理性证据"。让我们不妨回头看看据说是由亚当·斯密最先提出的看法。《国富论》有一段著名的卷首语,斯密说,只有人才懂得以物易物。动物要想得到爱抚,只能摇尾乞怜或紧紧尾随。尽管人类有时也同样奴颜婢膝,但是他们设法讨价还价的手腕比较高明。("……要想仅仅依赖同胞们的恩惠而指望得到[他们的帮助],那是一定落空的。如果他能够刺激他们的利己心而有利于他,并使他们看到为他做事是为了他们自身的好处,那么他就更有可能达到目的。")

实际上,他为别人提供了一份可通过理性计算的利益。但是,个人怎样进行这些计算呢?商品或服务对于个人的价值又是什么?人们如何把一个商品与另一个相比较呢?要进行理性选择,必须先有某种基本的、人们可以用来评估其他替代项的价值标准。货币是一种现成但不完善的计量尺度。货币的"价值"随财富数量的增加而缩减。10美元对于百万富翁的重要性要比对于乞丐小得多。(在运

---

① 最先讨论这个问题的著作之一,见霍华德·鲍恩(Howard Bowen)"关于投票表决经济资源分配的说明",载《经济学季刊》第58卷(1943年11月),第27—48页。

用平等处罚理论时,这也是疑难之一。两人由于超速行驶分别被罚 100 美元,但是,100 美元对于百万富翁来说,相比于支付同等罚金的工人无足轻重。那么,平等指的是"等量"的处罚,还是指承担处罚的等量能力呢?)边沁建议用"效用"作为理性选择下的模型单位,在这一模型中,个人偏好将根据效用呈有序排列。但是,没有什么办法来对比效用(例如,人们的某种偏好究竟比另一种多多少?换句话说,它的强度系数是多少?),而当人们需要不同商品的不同组合时,他们也没有什么办法来寻找最佳组合。效用与价值一样被看作是抽象概念,只有价格才是交换和对比的指标。

1944 年,冯·诺伊曼和摩根斯顿出版《博弈论和经济行为》一书,通过探讨条件选择、风险决策而更新了效用这一概念。人们并不确切地知道某种选择的结果,但是可以知道各种替代方案;在对比成功和失败的概率之后,选择中必然包含某种博弈。(简单的博弈如下:如果参加博弈,你有机会赢得一辆凯迪拉克轿车,输了的话就只能得到一辆自行车;而如果不参加博弈,你可以得到一辆大众汽车。假如输赢的概率是 50—50,你要参加博弈,还是接受安慰奖?如果输赢的概率是 40—60、30—70、20—80、10—90,那又该如何办呢?到哪一点上你就不会冒任何风险了?)按照这样的前提,我们就可以用数值标定效用,从而使我们可以测量个人的偏好(类似于温度计那样,而不仅仅是级别排序)。① 运用线性方程的各种技术来找出资源组合"优化"方案、效用最大化等,同样成为可能。

然而,当我们从个人决策转向群体决策时,当我们考虑——用卢斯和雷法的话来说——"如何最好地把社会成员不一致的偏好结合起来达到全社会折中的偏好"时,我们似乎又进入了死胡同。肯尼思·阿罗在 1951 年《社会选择和个人价值》一书中,为了将这一问题公式化做出了首次重要的尝试。他论证称,对社会福利"公平"的五点要求是不一致的(就是说,不存在同时满足五点要求的福

---

① 约翰·冯·诺伊曼和奥斯卡·摩根斯顿(新泽西州普林斯顿,1953 年)。关于测量效用的可能性的简单数理论证,可参看雅各布·马尔夏克的"测量效用和概然性",载马丁·舒比克(Martin Schubik)编《博弈论以及社会行为的相关方法》(纽约:威利出版社,1964 年)。关于效用理论、在确定条件、风险和不确定条件下的决策的更广泛的讨论,见邓青·卢斯(Duncan Luce)和霍华德·雷法(Howard Raiffa)的《博弈和决策》(纽约,1958 年),第 2 章。

利函数）。① 多数裁定的原则即使满足了其中三个甚至四个要求，但同样要受到由孔多塞（Condorcet）率先提出的多数票决中的逻辑矛盾的制约。

自相矛盾之处在于：当人们如今第一次有可能建立斯密—边沁世界中的理性"模型"时，对于公共社会中的"参赛者"来说，社会理性的基本条件却越来越趋于消失了。

用一个基本定理就可以证明这一点。假定有三个投票人 A、B、C，他们对问题 x、y、z 的偏好情况按下列方式排列，我们发现：

偏好情况	投票人 A B C
第一	x z y
第二	y x z
第三	z y x

显然，x 与 y 相比，多数人（投票人 A 和 B）更偏好 x；y 与 z 相比，多数人（投票人 A 和 C）更偏好 y；通过转换（即假如一个人对 x 的偏好大于 y，对 y 的偏好大于 z，那么，我们可以认为他对 x 的偏好也大于 z），我们预计对 x 的偏好会大于 z，因此，多数投票人会选择 x；但实际上，投票人 B 和 C 对 z 的偏好大于 x，所以，在这三个问题上不可能形成一个唯一的多数。②

人们对于阿罗提出的、建立群体福利函数所必需的初始条件做过多次修正，以解决投票矛盾（如互投赞成票、讨价还价或者安东尼·唐斯所谓"情感多数"的出现）。但至少就我看过的技术著作而言，我们还没有找到一种令人满意的方案。③

---

① 修订版于 1963 年问世（纽约）。
② 有关这一问题最全面的探讨，参见邓肯·布莱克（Duncan Black）的《委员会与选举理论》（英国剑桥，1958 年）。更进一步的讨论，可见詹姆斯·M·布坎南（James M. Buchanan）和戈登·塔洛克（Gordon Tullock）的《赞同意见的计算》（密歇根州安阿伯，1962 年）。一些早期的讨论，参见罗伯特·A·达尔（Robert A. Dahl）和查尔斯·E·林德布洛姆（Charles E. Lindblom）的《政治学、经济学和社会福利》（纽约，1953 年）；安东尼·唐斯（Anthony Downs）的《有关民主的经济理论》（纽约，1957 年）。就阿罗的"不可能性定理"的座谈会情况，见西德尼·胡克（Sidney Hook）编《人类价值观与经济政策》（纽约，1967 年）。
③ 见前引阿罗的著作。在该著作的新版（纽黑文，1963 年）附录中，阿罗重新修正了前提条件，以说明前提条件中仍然存在着不一致性以及不存在建立完整的社会福利函数的逻辑基础。阿罗以此来还击某些在其论据中发现错误的言论。

设法建立一个单一的、与个人偏好序列相对应的社会选择偏好序列，完完全全是学术上的问题。而在"现实"世界中，社会的优先选项、把何种社会效用最大化，应该推进何种公共企业，都要在政治领域里按照"政治标准"（即各个利益集团的相对权数和压力）来解决，要依据国家需要和公共利益的某些模糊标准加以平衡。但是，理论上的难题正是从这里出现的。因为，如果将大社会定义为一个试图对其目标越来越具有自觉意识的社会的话，它的一大问题即是"理性"与"政治"的关系，假使我们不称之为冲突的话。许多当代社会理论致力于严密阐述人的理性，优化、极大化和极小化都可谓理性规范下的行为模式。然而，我们似乎还未能阐述经济选择的"群体理论"。就社会福利而言，社会学理论的困境在于当前这个向公共社会过渡的阶段的不安前景。

　　我曾指出我们欠缺一个制定社会选择的有序机制，并且我很快把它纳入到对于注重实效的人们来说毫无意义的抽象层面。① 对于理论家来说，这个暗示是相

---

① 理论有时确实令注重实效的人们产生了混乱。威廉·H·赖克（William H. Riker）通过对众议院各委员会修正案审议规则的分析，说明了隐蔽的投票矛盾。他表明：根据若干规则，多数人不同意的修正案也可能获得通过，而人们对此毫不知情！举例来说，当修正案的某个段落或对修正案的修正被放到委员会面前，第一轮投票首先是针对这些修正进行的。假如针对某个段落的修正被通过，它就可以取代原始段落而不需再行下一轮投票。由于在三个环节上只投票两次，众议院不会发现任何转移性，仅由少数人赞同的选项就有可能成为法律。赖克的结论是，这类问题可以出现在各种各样的**现实**情况之中，出现的概率略高于10%——这不免使某些注重实效的人们感到担心。
　　这并不是说"多数同意"规则是不可能实现的。如果回头去看多数票决的原始案例，我们就会发现偏好的非转移性只在第三轮投票时才变得显著。因此，为了发现这些非转移性，我们必须启动全面的"循环赛"，确保将每一条建议与其他建议进行对比。但是，赖克指出任何立法会都没有对三条建议以上的修正设定这样的配对比较流程。一旦发现非转移性，我们可以像邓肯·布莱克论证的那样，推进"消耗性投票"系统，让候选人或议题一个个地相互对比，从而在每一种情况下都可获得多数人的决定。阿罗和布莱克已经论证出一种更具理论性的方式，通过将偏好选择绘制在图表上，我们可以获得每个投票人的"单峰值"曲线；将一个既定群体所有的单峰值偏好曲线绘在一组坐标轴上之后，我们就可以发现多数人的选择——如果该群体的人数为奇数或双方票数打平时主席将进行决定性投票的话。
　　注重实效的人们可能会兴奋地发现，在现实中，当不一致或对立出现时，就会形成某种形式的互投赞成票或讨价还价。但正如塔洛克和布坎南所指出的，我们可以把这类程序嵌入到解决投票矛盾的理论方案中。但我要强调，为社会福利函数找到理性解决方案的这一更宏观的理论性问题，依然悬而未决。多数同意规则仍是人们的首选，因为它能够满足阿罗建立的满足有效性的5个必要前提中的3至4个，是"权宜之计"中最合理的一种。不过，在某些情况下，由于担心出现"多数人的专制"，我们或许也要考虑布莱克和阿罗所提出的达成社会福利函数的某些较复杂手段。最后，还有一点，任何解决方案——至少就人们迄今提出的那些方案而言——都没有满足实现真正社会选择的全部逻辑前提。
　　关于进一步的讨论，可参看威廉·H·赖克的《政治联合理论》（纽黑文，1962年）。

当强烈的，因为这些逻辑难题既打击了那些认为大众意志将使必然性在民主辩论中浮现的人，也打击了那些认为只要通过把个人偏好归纳起来就可以发现公共利益的唯理主义者（我们每个人都可能是唯理主义者）。注重实效的人们得以振作起来，因为上述一切加强了一种直观的念头，正如交易解决了大量的分歧，群体分歧也一定可以得到完满的解决。正如罗伯特·达尔（Robert Dahl）所说：

> 不少美国人经常因这其中的自相矛盾而感到沮丧。事实上，对于这个从表面上看如此无序和混乱的制度，任何一个关注政治进程的美国人都会时不时地感到深深的灰心和愤恨。
>
> 它是一种以去中心化为标志的制度。各项决策在无休无止的讨价还价中产生；或许世界上再没有哪个国家的政治体系会把讨价还价当作政治进程中如此基本的组成成分……［然而］，尽管有着种种缺陷，这个制度的确提供了极大的可能性，保证了每个活跃和合法的群体的呼声在决策的某个阶段会被有效地倾听。这在政治体系中不算是不好的事情。①

情况大体就是如此。但是，如果我们基于群体利益进程的合法性再作考虑的话——这最初是由亚瑟·F·本特利（Arthur F. Bentley）提出的——某些不那么晦涩高深但仍属于理论性的问题就会浮现出来。②

群体政治和个人领导

如果将理性和个人选择通过市场发挥作用视作 18 世纪经济学理论的贡献，

---

① 罗伯特·A·达尔：《为民主理论而写的前言》（芝加哥，1956 年），第 150 页。
② 尽管有些唠叨，但在本节的结尾，我还是要回过头来谈谈这一理论问题的正当性。即使像我这样的实用主义者也不得不承认，有关社会选择**应该**是哪种形式的某种理性体系是必须要有的，即使仅仅作为一种标准而存在。或许，我们还可以继续这一讨论，考虑到：现在，利用数学模型和高速计算机，我们或许可以草拟一份全国经济计划，通过投入—产出矩阵获得经济资源的最佳分配方案以及完全依据成本定价的各种产品。可是，执行这样一份计划的行政难度如此之大，人们在现实中不得不求助于市场或某种交易制度以实现经济的运转。这样一种理论建设的价值就在于，它可以被视为一个标准，从而针对该系统建立"影子分配"和'影子价格"，以便我们在矛盾出现的当下进行干预。以此类推，我们也需要一个理论性的社会选择模型，以便实现优化社会福利函数。

那么代议制和利益就是 19 世纪政治学增添的新内容，二者的融合孕育了自由社会的社会学理论。约翰·斯图尔特·穆勒在《代议制政府》一文中对这一政治思想做了最全面的阐释。穆勒写道：

> 代议制政体就是，全体人民或他们中的多数部分通过由他们定期选出的代表行使最后的控制权，这种权力必定在每一种宪政政体的某个地方有所表现……
>
> 在这个地方，这个国家的每一种利益和每一种意见都能在政府面前以及其他一切利益和意见面前对自身的理由进行热烈地辩护，能强迫它们听取或者明白说明不同意的理由，这样一个场所本质上就是——如果它没有其他目的——任何地方所能有的最重要的一种政治制度和自由政府的头等好处之一。①

代议制政府的理论将社会反映为"力量的均衡"。它认为立法机关应包括国内不同社会分工及所有阶级利益的代表，正如穆勒呼吁工人阶级有权利在议会内拥有自己的代表时所指出的，"由于缺乏天然的保护人，被排斥的群体的利益总有被忽视的危险。"事实上，穆勒非常关切少数人代表权的思想，热烈赞扬托马斯·哈代比例代表制的建议，认为它是"一种具备几乎无可比拟的优点的体制，在有关的特定目标上以接近于理想的完美形式实施的一项重大政府准则……"②

这一理论规范经过政治思想中源自阿瑟·F·本特利的"现实主义"流派加工，应当指出，本特利 1908 年的初始阐述被长期忽略，直到 30 多年后才由 V·O·基（V. O. Key）、戴维·杜鲁门和厄尔·莱瑟姆（Earl Latham）重新叙述，用以描述政治现实的经验本质。如果说经济学缺乏"群体理论"的话，在 20 世

---

① 译文参见《论代议制政府》（商务印书馆，1984 年），第 68 页，第 81 页。
② 约翰·斯图尔特·穆勒：《功利主义、自由与代议制政府》（纽约，1936 年），第 209、228、240 和 261 页。要指出的是，有关代议制和利益的理论是规范性的。它是穆勒所热衷的确定"政府最佳形式"的一部分。现实当然可能完全不同。正如穆勒所指出的："从政治上讲，一切权力大部分是由意志构成的……意见本身是最大的活跃社会力量之一。一个怀有某种信念的人的社会力量等于 99 个只知道利益的人。"（同上，第 183 页。）

纪的美国政治思想中，这种理论确有非常充分的表现。V·O·基最简练地说明了这一点：

> 实际上，集团利益是政治进程中的活跃力量……无论集团利益的基础如何，政治研究必须基于一个社会内各个集团利益的目标和构成的分析……表达集团利益的主要工具是政党和压力集团。通过这些正式的机制，拥有共同利益的群体在政治力量平衡中发挥了自身的影响。①

这样说来，政客的角色就是经纪人：

> 在民主国家，政客或政治家的问题就是在相互竞争的利益和价值观要求之间维持有效的平衡……在一定的限度内……民主国家中的特定利益群体可以自由表达它们的要求和不同意见……民主国家的政客……要保持权力就必须善于集中足够多的特殊利益；他必须在这里让步，在那里坚定，在另外的地方拖延，在相互竞争的力量和利益处于相互交织的混乱状态时又要雷厉风行……政客们……必须起仲裁人和调解人的作用，接受所有人的批评。为了避免或缓和冲突，他要做出妥协。②

无论这一"模型"多么真实地刻画了"19世纪的遗产"，③它对于认识20世纪下半叶的政治来说，显得惊人的过时，没有考虑当下国家政策中以下三个最有决定意义的特征或正在成形的因素：外交政策的影响、社会"未来方向"以及"技术"决策日益提升的地位。

外交政策的形成主要不是为了回应国内压力集团的需要和压力（尽管一旦做

---

① V·O·基：《政治、党派与压力集团》（纽约，1942年），第23—24页。
② V·O·基：《政治、党派与压力集团》（纽约，1942年），第10—11页。
③ 应该指出，曼克尔·奥尔森已向"群体政治"的理论基础提出挑战，运用"经济分析"来解释总体选择的本质，认为利益集团并不充分代表其成员的利益。见小曼克尔·奥尔森《集体行动的逻辑：公共利益和群体理论》（马萨诸塞州剑桥，1965年）。

出决定，也会根据它们的需要做一定修改，如在西南地区而不是在西北地区制造飞机）。外交政策是根据大国和意识形态层面的利益形成的，是对业已察觉的来自其他大国或意识形态势力的威胁的反应。但是在冷战条件下，它的结果是迫使整个社会接受"被动员的状态"，造成全国上下一致的氛围，并把决策权和大量资源集中在中央政府手中。

致力于经济增长及社会变革的新内容，如对规模不断扩张的社会部门产生的更快速的震动、预测社会变革并在相当程度上加以指引的需要，使人们重新强调规划以及对于国家目标和一个具有稳定增长的社会可以提供的"可能的未来"具有更自觉的意识。所谓"稳定增长"是指如果生产率增长保持每年3%的均速，国民生产总值将在24年内翻一番。达尔和林德布洛姆写道："革新的过程既是科学的，也是政治的。仅仅发现新的社会技术是不够的，还必须把它们投入使用。发明和发现只是这一过程的开始，下一步是革新，而革新是政治问题。我们认为，整个来看，这个过程正令人吃惊地迅速进行着——这也许是当代最伟大的政治革命。"①

科学和政治的结合使技术决策起到越来越重要的作用。自觉地制定政策，不论它是指外交政策、国防政策抑或经济政策，都要求重用具有事先开列限制条件、详细制订管理和政策流程、评估不同选择的后果等必要技能的人才。军事技术革命，例如核力量的出现、用导弹取代由人驾驶的飞机，是由科学家启动的。系统分析和成本—效用技术的发展则是由数学家和经济学家促成的，它们彻底革新了战略流程和五角大楼的管理结构。②国民经济的管理，再加上对政府财政效果的密切关注，要求雇用有着深厚人文素养，能够有技巧地应对何时减税何时增税、增减的数量与指向以及工资物价指标应采取何种基准等越来越具有技术决策色彩的重大政策问题的公务员。③

---

① 罗伯特·A·达尔和查尔斯·E·林德布洛姆：《政治学、经济学和社会福利》（纽约，1953年）。
② 见查尔斯·J·希契和罗兰·N·麦基恩（Roland N. McKean）：《核时代的国防经济学》（马萨诸塞州剑桥，1960年）；E·S·奎德编《对军事决策的分析：兰德公司关于系统分析的讲话》（芝加哥，1964年）。
③ 正如一位过去的官员所诚挚指出的，"公共政策及行政管理方法的发展，从长远看，更多来自专业人群较为客观的研究和讨论过程，而不大是由政党之间和社会性及政治性压力集团之间的冲突过程

这一切导致的最重要的政治结果是，在近乎所有政治系统中，从立法机构、议会到行政部门，都出现了实际权力的转移，同时被法国政治及经济学家伯纳德·德·茹弗内尔（Bertrand de Jouvenel）文雅地称之为"王侯"的人们也重新出现了。既然就现代政治的本质而论，外交政策不再是"外交"而是使得重大决策得以迅速制订的无数轮战略演习；而由于社会变革的新模式，是计划政策而非制定法律的迫切需要使行政机构掌握了主动权，我们如何还能期待别的结果呢？

在过去25年，我们已经在美国看到总统职务向总统行政办公室以及预算局、经济顾问委员会和国家安全委员会等直属该室的新设参谋机构大规模转移。从长远看，最重要的不是总统个人权力和威望的增长，而是现在由预算局和经济顾问委员会所执行的行政部门内部至关重要的控制和指导职能的**体制化**，它强化了权力的结构性转移。

政治理论对于行政部门或魅力型领导人的新作用、科技治国论的理性与政治上讨价还价之间的冲突，以及为未来着想的路线等基本变化虽已有了种种描述，但是仍未把这些新情况吸收进新的概念框架之中。尽管利益集团的模型越来越不适应于帮助我们认识美国向全体动员的政体的转化，该模型较晚出现的、更趋复杂的版本（用各种系统以及投入和产出等术语来表现）[①]却仍然重复同一种假设，即用均衡一词而非"力量均势"作为该模型的飞轮。不同于那些把政府描绘为某种形式的仲裁人的模型（即政府调停由互相冲突的利益集团提供的各项投入，允许它们对有关产出的决策有所影响），一幅更贴切的图景应把总统权力看成是可以自由行动的系统，它甚至可以选择愿意让哪些利益集团成为投入源头，而行政部门本身可以在科技治国论的基础上与社会中各个利益集团讨价还价。[②]

除了建立一个更适当的经验模型之外，我们还要面对一个更加困难的、形成

而引发的。"唐·K·普赖斯（Don K. Price）《政府与科学》（纽约，1962年）——这番话是在V·O·基的言论发表后的十一二年发出的，或许反映了政治分析家在战前及战后的不同体验。

[①] 举例来说，可参见戴维·伊斯顿（David Easton）"政治体系分析的一种方法"，载《世界政治》（1957年4月），第383—400页；以及《政治生活的系统分析》（纽约，1965年）。威廉·米切尔提出了一个更为机械化的模型，见《美国政体》（纽约，1962年）。

[②] 戴高乐治下的法国或许称得上是一个极端案例，在一段时期内，几乎整个政治体系（集中表现在行政机构里）都"摆脱"社会而存在，以科技治国论为标准来发动变革（需求、投入）和制定决策。

一种规范性理论的问题。考虑到中央决策过程中种种不可避免的因素、社会及公共选择的扩张以及自觉进行社会规划的需要（不是为了"指导"社会，而是为了促进目标中的社会变革），这种规范性理论必须提出与自由社会价值观相一致的理性标准。在建立这一理论的过程中，再概念化的其他要素也必须被加以考虑。通过以新的方式组织熟悉的现实，再概念化或许有助于让我们找出即将在公共社会出现的新问题。

数字、互动与密度

大规模社会的特征不在于巨大的人口数字，或者说不只在于人口数字，而在于人口的集中度和密度。幅员辽阔的社会可能有大量人口，但是过去这些人分布在广大的土地上，社会组织基本上是分散的而非整体性的。只有当分散状态被打破，人与人的相互联系与影响日益增加时——过去体现为大型城市集中程度，现在则通过大众沟通工具实现——大众社会的特征才会显现出来。[1] 这些特征包括：在社会结构方面，家庭与职业体系的分离、专业化的提升、职能分化、集体主义的倍增、层级结构、制度规范化、普世价值的扩张，以及在文化方面，信仰的世俗化、对个人体验的强调、寻求新奇和刺激、教义与形式的结合。[2]

简言之，大众社会就是我在另一处所说的"天涯若比邻"的反映。虽然最初的变化由交通运输和通信联络的新形式所创造，从而使人们可以用无数方法保持持续的接触，然而，"天涯若比邻"不仅指的是飞越各大洲时的时空缩减或通过电视或收音机与地球上任何地点建立即时联系，更指的是就个体**经历**的时代而言，社会、艺术及心理等方面的"距离"同样也出现了消融。[3]

美国在历史上有其自身的特殊性，但在许多方面已具备了大众社会的特征。

---

[1] 有关这一问题的经典论述，参见涂尔干：《社会分工论》《纽约，1933 年），第 2 卷，第 2 章。
[2] 塔尔科特·帕森斯在多本著作中阐述了这些命题。参看《现代社会的结构和过程》（伊利诺伊州格伦科，1960 年）。
[3] 尽管文化结构、社会结构的变化来自同一源头，但是，每个领域内大不相同的需求、动力显然制造了令人痛苦的张力。我确信其后果对于定位社会内部的关键张力十分重要，但这已超出本书研究的范围。我在"文化和社会结构的分裂"一文中多少讨论到这一话题，载于杰拉尔德·霍尔顿编《科学与文化》（波士顿，1965 年）。

作为文化分散的象征的地方主义基本上已被打破，尽管它的某些政治影响仍残存下来。家族企业（如农场、零售业、小型制造业）在美国经济中无足轻重。个人的流动性，无论是在社会上和地域上，都是史无前例和惊人庞大的。①

人口数字、互动及密度的增加造成了巨大的影响。这里，我想以通讯联络方式作为单一变量，就两个问题说明一下这种情况。

孤立空间的消失。如果人们考察一下美国史，最令我们震动的是，自1877年铁路工人大罢工起至1941年末第二次世界大战爆发，在这65年内，发生了大量的暴力事件，特别是劳工暴力。我们可以大致选择任意一组指标——出动军队的次数、骚乱次数、死亡人数、破坏活动的数量、每人/日的怠工损失、公司与工会斗争的花费，结论很可能是美国遭受的暴力事件比欧洲任何一个国家都要多。然而，美国确实避免了使欧洲社会崩坏的政治浩劫，达成了某种基本谅解（表现为战时生产局的劳工代表，且在随后的战时劳工局制定的工会保障条款被加以制度化）。

人们可以找出许多因素来说明美国社会和欧洲社会的区别，但是，特别是在第一次世界大战以前，最重要的一点无疑是"孤立空间"。欧洲政治暴力事件的一大显著特征是它们大多发生在政治中心或接近政治中心的地方。（例如，如果法国的立宪议会在第戎、而不是凡尔赛举行，法国的情况又会是怎样的？后者距巴黎只有32公里，且受到巴黎民众的压力。显然，这一类"**如果**"的问题是无法作答的，但是，对它们的整理却有助于让我们看到可替代变量的可能性。）而

---

① 每年人员的流入和流出以及在各劳动市场之间及内部的持续转移，即可被视为流动性的一种指数。1964年，美国劳动人口的均值为7400万，其中约7000万人为就业状态，390万人为失业状态。但是，在这些全国均值背后，我们进一步看到：在这一年的某阶段，劳动力人口一度高达8700万人次，其中8500万人次获得了工作，4300万人次进入或再次进入劳动力市场；4200万人次暂时或永久性离开劳动力市场；1410万人次曾经历一段时期的失业。（上述资料来源于劳工统计局为技术、自动化和经济发展全国委员会所提供的资料。）

在1955—1960年，略多于半数美国人口总数的美国人（约8000万人）变更了住所，约4700万人迁入原居住州、县的新居，其他人则迁往不同的州或县。在1969年这一年里，大约有3600万美国人搬家，其中约1/3离开了原居住县。见《美国统计摘要》（1971年），第34页。

近年来有关社会流动性最全面的一份研究（基于代际间的职业变迁）表明出现了朝向月薪制、技术和专业岗位移动的阶级上升。参见彼得·布劳（Peter Blau）和奥蒂斯·达德利·邓肯（Otis Dudley Duncan）:《美国的职业结构》（纽约，1967年）。

在美国，早期的暴力事件大多发生在社会"边缘"（如芝加哥和落基山地区那些与世隔绝的煤矿社区），震动的影响范围相对要小。

现代大众通讯方式的出现，使我们——在很多情况下是强迫我们——直接、迅速地对社会问题给出反应。以 20 世纪 60 年代发生的首个类似案例为例：毫无疑问，亚拉巴马州塞尔马的电视直播镜头展示出官方在镇压黑人游行时蛮横地使用了暴力（咆哮的警犬、赶牲口用的电棍），这立即引起了全国反响，在接下来的一周里成千上万人从全国各地涌入了塞尔马。假如不是由于电视直播，这一事件的冲击即使仍会透过新闻摄影和纪录片获得传播，但很可能早就消退了。在大众传播工具出现之前，这类事件甚至不可能造成全国性的影响。

为了证明这一点，我们不妨再粗略地对比一下以下两个事件。在 1893—1894 年冬季，不断加剧的经济困难和失业促使各地的失业人群组成了一支"向华盛顿进军"的"大军"以要求救济。其中最著名的是由民粹主义"将军"雅各布·S·考克塞（Jacob S. Coxey）领导的考克塞军。这些军队的分遣队自全国各地出发，考克塞领导的分遣队则从俄亥俄州马西隆出发，但最终到达首都的只有 400 人，他们被轻易地"驱散"了。①

1963 年夏，黑人民权运动领导人召集向华盛顿进军，以便施压政府，促使其通过一项民权法案。全国各地有 25 万人，通过飞机、长途汽车、火车和私家轿车来到首都，参加这一次具有政治目的、不寻常的示威活动。除了主题上的不同，显然前一事件是区域性社会的产物，后一事件则是大众社会的结果。

人们或许会为以下的事实欢欣鼓舞，即大众传媒的特性大幅提升了"参与制民主"的可能性，但是这些事件也很有可能是由感性话题引起的（因而源自某些极端情绪）。孤立空间的消失，会导致一串连锁反应，对文明政治和理性辩论造成破坏。

超负荷的通讯。不管人们对于 20 世纪还有什么要说的，它已经创造出人类历史所知的、最具有爆炸性效果的视听材料。在整行排字机、摄影机、打字机、

---

① 应该指出，长寿与距离是不同的变量。考克塞于 1854 年出生，1932 年为农工党推选参加美国总统竞选，1951 年去世。

电话和电报的基础上，20 世纪又添加了无线收音机（无绳电话）、电传打字机、电视、微波设备、通讯卫星、计算机、静电印刷术，等等。晶体管的发明及其小型化令人吃惊地在宇宙飞船的有限空间内实现了信息发送器、接收器和存储器的组合安装，还使汽车电话、步话机、手提收音机（电视机）——成为可能，而在全国范围（很快将是全世界？）内进行实时通话的"腕表"收音机则已被提上了日程。雷达和远距离无线电导航系统取代了大部分海空交通导航设备，而大批量部署的半自动地面防空警备体系（现在已经过时），可以借助实时计算机建立一个全国指挥控制系统，通过远距离前期警报线路来完成北美洲防御情况的巡视。

哈佛大学心理学家乔治·米勒（George Miller）在一篇让人印象深刻的论文"奇妙的 7±2"中论证了人类联系通路在某一时刻可以容纳不同"字节"（或信号）的有限区间。① 然而，问题不在于个别瞬间的容量，而在于每个人受限于的知觉总量。针对通讯媒介的随机抽样调查大致能够说明通讯网络的增长。美国在 1899 年安装有 100 万部电话，即每 1000 人中有 13.3 部电话；在 1970 年时，安装有 1.2 亿部电话，即每 1000 人中有 583 部电话（地方通话每天超过 3.8 亿次）。美国在 1899 年投送的邮件是 657.6 万件；1970 年则为 848.82 亿件（60% 以上为一类邮件）。美国在 1924 年共有 125 万个家庭拥有收音机，设立了 530 个广播电台；到 1970 年，99% 以上的家庭都有收音机，设立了 6983 个广播电台（AM 和 FM）。美国在 1949 年有 94 万个家庭拥有电视机，建立了 17 个电视台；到 1970 年，美国 95% 以上的家庭都有电视机，日常放送的电视台达到 666 个。②

通讯范围的扩大使每个听众都可以即时关注整个世界。只要考虑一下过去 25 年中我们每个人都必须学习的大量地理课程：从了解亚丁湾和新加坡之间的查戈斯群岛作为赤道附近中间战备区的战略价值，到区别一度曾归属于比利时的刚果共和国（以利奥波德维尔为首都）、归属于法国的刚果共和国（以布拉柴维尔为首都）以及后来转变为扎伊尔的刚果共和国（以金沙萨为首都）。还有，为了跟上新闻热点，我们必须牢记的大量的政治人物和令人头晕眼花的多

---

① 参看乔治·A·米勒："奇妙的 7±2：我们信息处理能力的某些限度"，载《通信心理学：7 篇论文》（纽约，1967 年），第 2 章。
② 上述资料选自《美国历史统计资料》（R 章）和《美国统计摘要》（1971 年）第 18 节。

种党派。

对于社会和政治进程来说，这种超负荷的通讯将引发巨大的问题。按照我们的心理价值观，在一个着重强调个体的时代里，哪里还有私人世界，还有"心理社会性不受干扰"（即埃里克·埃里克森［Erik Erikson］用来描述个性敏感的青少年逃避学校、职业选择等压力的需要的术语），哪里还能找到开放的空间（想象一下被糟蹋的高山湖泊塔霍湖［Lake Tahoe］），以及可以逃离这些从天而降、喋喋不休的"信息"重压的地方呢？

至于政治进程，我们只需考虑以下这个现象：每天都有惊人数量的问题自动地流向政治中心华盛顿，美国总统不但要面对五花八门的难题，并且常常要"适时"做出决定。这样的一个制度能维持下去而不崩溃吗？

当然，数量问题还不是全部问题所在，但是，有关数量问题的思考将把我们引向下一个主题。

扩散和规模变化

时下我们经常听到社会变革**加速**的说法，然而正如我在第三章中所指出的，这一概念很难定义。① 因此，社会学分析更倾向于讨论能被计量的扩散，如产品、思想、风格和价值观的扩散。

扩散问题的要点，对于考察任何社会变革以及有关未来的预测都至关重要。改变一国社会面貌的重要因素不是引人注目的变革（虽然它们可能是重要的转折点），而是产品——与特权——的扩散以及这些扩散在国内实现的速度。扩散不能自动完成。产品的扩散，要依靠企业家的才干和能力来冲破固有势力的障碍及既得利益的阻挠。特权的扩散，要依靠底层群众调动政治压力的能力。二者都只能在社会价值体系的框架下发挥作用。

---

① 社会变革加速的概念是被阿尔文·托夫勒（Alvin Toffler）的畅销书《未来的冲击》普及开来的。我认为这个概念具有欺骗性。就人们的**日常生活**而论，1850—1940 年人们所经历的变革——这一时期出现了铁路、轮船、电报、电力、电话、汽车、电影、无线收音机和飞机——要远远多于人们开始想象未来将要加速发展的新时期的变革。实际上，除了电视以外，我们找不到任何一种重大发明对日常生活的影响足以媲美上述列举的那些发明。

托克维尔在130多年前所做的预言之所以仍然如此具有说服力，其原因之一就在于他找到了美国社会的伟大"核心"——要求平等。[①] 少数人的所有权或特权，实际上可以由民众合法地主张获得。例如，高等教育在实质上的巨大改变并不是由于任何一种突破性的技术革新（尽管存在更大的、对于受过更多专业训练和技术训练的人力的需求），而是由于高等教育从少数人向大多数人的扩散。例如在1935年，18—21岁的美国人有12.2%升入大学，而在1970年，18—21岁的美国人有40%以上升入大学。

这些刺激使得人们对于社会可能创造的一切怀有一种持续且不断上升的期望。举例来说，据估计大约有20%的美国人生活在贫困标准之下。但是，这个贫困标准是1964年制定的。如果我们试着换用1947年的标准，那么，也许只有大约15%的美国人可以被看作是贫困的。[②] 美国的经验是不断"提高"贫困以及维持体面生活的最低标准。正如人口调查局局长助理赫尔曼·米勒（Herman Miller）在《富人和穷人》一书中指出，[③] 根据劳工统计局的资料，1947年在纽约市维持"朴素但充足的生活水准"（相对于贫困生活）需要4000美元的家庭年收入（按1961年美元的价值计算）。这一标准在1961年升至5200美元，增加了28%。按照这个速度，到1975年，下一个"说得过去的最低限度"家庭收入将达到7000美元（按1961年美元的价值计算）。正如米勒先生的结论：美国人的生活标准有一定提高，可以把腰带放松到下一个孔；但仍有一大批家庭生活在新的较高的最低标准之下。

社会变革的这一侧面导致了十分古怪的社会体验不一致。每隔一段时期，国民生产总值就会翻一番，个人收入也是如此，然而还是有人抱怨，人们的生活并没有变得比以前**加倍**的好。越来越多的低层民众**进入**了社会，产生对商品和特权

[①] 托克维尔如同许多伟大的理论家一样嗜好寻求"原动力"。他同样预见到美国与俄国之间的冲突，因为拥有广袤国土和丰富资源的社会不可避免地要扩张其生存空间。有关这一问题的讨论以及进行预测的其他手段，可参见我的论文"十二种预测方式"，载《代达卢斯》第93期（1964年夏），第845—880页。

[②] 参见罗伯特·J·兰普曼（Robert J. Lampman）：《低收入人口与经济成长》（首都华盛顿：美国国会经济报告联合委员会，1961年）。

[③] 纽约，1964年。

的诉求,这显然改变了特权与劳务自身的性质。① 因此,在寻找社会变革的线索时,一个主要任务是要找出当下特权、优势中的哪些因素将会成为未来大多数人的诉求。(如更频繁的外出旅游、目的地更遥远的旅游以及冬季假期、避暑别墅?)这些特权的扩散体现在数量的增长上,为了解未来种种社会需求与政治需求提供了线索。

数量的变化还意味着规模的变化。如果二者的关系是线性的,不会引发什么问题;然而,规模的增长会改变组织机构的性质,导致多重层级,引入新的协调问题,要求重新排序和规划。在考虑到上述两套概念框架——数量、互动和密度,以及扩散与规模变化的后果之后,我们看到,有关社会单元的规模和权限范围的问题,如政府单位的适当规模、组织机构的最佳规模、职能的分散化以及在大众社会里建立"人的尺度",即为最关键的社会学问题。

社会单元的适当规模和范围

我在前文已经断言,美国有史以来第一次成为一个真正意义上的"全国性社会"。我们所面临的诸多国内问题,不是由"资本主义""社会主义"的老模式所引起的,而是由于以下这一事实,即教育、运输、福利、城市复兴、空气和水的污染以及医疗等多样化的问题,再不能交由州和地方一级来应付,而要交由全国性社会来解决了。

无论是从政治或是从社会学的意义上看,美国社会这种发展以其特有的方式,比其他任何单一性质的问题,更加凸显何为社会单元适当规模的重要性。这一问题可从以下四个方面考察:政治结构的妥善性;集中化与分散化的问题;"公共"与"私人"之间的区别;公共以及私有官僚科层结构的最佳规模。本节将讨论前两个层面,而把另外两个层面留待下一节的研究。

政治结构的妥善性。 只要稍微思考一下,我们不免要为产生的念头而深感震惊,在一个正面临我们当前难题的社会里,现有 50 个州的行政机构就经济、政

---

① 一位著名的英国小说家在最近的旅行小说中严厉地抱怨纽约的环境不够舒适,她找不到一个人替她从超级市场搬运食品杂货,是为佐证;而在墨西哥城,有成群结队的小孩子大喊大叫地要为她帮忙,只要给几个比索就行。按照同样的逻辑,印度人收入虽少,雇用仆人时却比纽约人更有余力。

治或社会意义而言都再无存在的必要。新泽西州、特拉华州、罗得岛和马里兰州的边界之所以存在的理论基础又是什么？根据美国宪法，教育、福利、地方性服务等有关问题应交给各州及市政当局来处理。然而，这些机构不再能完成类似的工作。它们的税收基础不够充分，行政结构早已陈旧和失去效用。

进入下一级政府单位，我们眼前的问题会变得更加复杂。过去，交通技术的发展是决定城市化规模的战略性变量。在19世纪，先是由天然水道和运河，随后又由铁路和轮船决定着城市发展的极限。自第一次世界大战以来，汽车和卡车不但加快了城市化的步伐，而且改变了它的性质。城市中心区、郊区和大城市区相继出现。据估计，截至1975年将有3/4美国人生活在城市。随着郊区进一步向远离城市中心区的地方扩张，不断扩大的大城市区合成了一个全新的社会和经济单元——特大城市。在美国东北，从波士顿延绵至华盛顿的特大城市的大致轮廓已清晰可见。以密歇根湖为中心的大月牙区域形成了另一个特大城市。旧金山与圣何塞以及洛杉矶到圣迭戈之间的地区业已形成带状城市群。就水、土地、可再生资源的共同使用以及跨越现有行政机构管理边界的超大地域的交通系统而言，特大城市的发展进一步强化了对它们实施管理的必要。

然而，地方一级的情况十分混乱。那里没有分散化——只有混乱。地方一级政府的激增使得在公共项目的协调、降低公共责任、跨地区事务决策以及减少有效资金来源与社区及个人需求之间巨大鸿沟等方面，纷纷产生严重的问题。这类问题的复杂性可从以下的事实中看出：1962年，圣迭戈大都市群有11个下属市；菲尼克斯有17个，休斯敦有25个；克利夫兰有75个；圣路易斯有163个；芝加哥有246个。而纽约大都市群下辖1400个地方政府机关，包括村庄、学区、排水系统区划、医疗保健区划、公园、警局管辖区等，每一个都有自己的权限。这些历史形成的权限一度适应于当地的需要，但现在已不再具有任何意义。[①] 空气污染、垃圾处理以及大众交通工具都是至少要在大城市群的层级解决的问题。只要向建筑工业引入大规模生产技术，我们就能营造充足的居住空间，但是如果美

---

① 约翰·C·博伦斯（John C. Bollens）和亨利·J·斯曼特（Henry J. Schmandt）在《大城市群：它的居民、政治与经济生活》（纽约，1965年）一书中详尽地讨论了这些问题。

国仍然存在着数以千计的地方建筑法规（某个大城市群内的建筑法规常常可以多达50个），对于建筑新材料与新方法的研究和开发，以及营造足以维持大规模生产的大型市场就是不可能的。

集中化和分散化。显而易见，我们在今后几十年必须全面改组政府机构，使之现代化，从而找出各政府单元能够合理处置工作的适当规模和权限范围。我们并不期望取消目前的州界，由于历史、传统和政治的种种原因，它们仍会保持下去。但是，各种职能都可被"分离"出来，嵌入有能力行使该职能的跨州、跨地区的"合同单位"。我们并没有现成的答案。被热议的地方主义也不是一个容易解决的问题，因为"地方"的定义不是基于地理区划，而是基于要被实施的职能：水域、运输区、教育区，甚至经济区，在地图上被标注为不同的"图示"。我们首先必须确定哪些部分需要集中化，哪些部分则需要分散化。

如果可以确定一个大原则的话，它就是：联邦政府的职能应主要集中于政策制订和资金筹措，把执行的环节交由其规模和权限范围能与将要执行的职能相适应的地方政府、大城市群和非营利性质的公司。这一大原则引导我们设法做出以下的区分。

公共与私人

传统的经济模式以私有制、营利为核心。然而，一个企业是公共性质，还是私人性质？是营利性质，还是非营利性质？人们将很难再做出区分。航天公司大多是私人性质，但联邦政府会购买它们全部产品的94%。这些企业超出成本的收入不能被当作利润保留下来，而要把超出议定金额以上的利润交回政府；它们的利润率，甚至它们的生存，都是由政府而不是由竞争性的市场决定的。纽约港务局和三区桥务局都是非营利性质的公共企业，却可赚取可观的利润。这些利润不能被分配给股东，但却可以作为投资资金投向超出这两家企业原始特许权范围的新公司。实际上，它们与私人性质的公共设施大同小异，后者在支付固定数额的负债之后就将利润进行再投资。巴特尔研究所是一个非营利性质的研究基金会，而亚瑟·D·利特尔公司则是一家营利性质的公司，两者的活动相当接近且相互竞争。（巴特尔研究所发展了静电复印领域的新技术，获得了大笔专利权使用费；

亚瑟·D·利特尔公司却免费做了大量公共服务。)互助保险公司和互助储蓄银行都属于非营利性质,但它们提供的利率、人员薪资和营业活动在本质上与保险股份公司和储蓄银行毫无二致。加利福尼亚大学伯克利分校是一所州立大学,却获得了大量的公司赠款及私人捐款。哥伦比亚大学是一所私立学校,然而其1.6亿美元的年预算中一半以上来自联邦政府合同和拨款。医疗服务业是美国"发展速度最快的行业",是私人经营、营利和非营利企业及政府项目的大杂烩。大多数内科医生采取个体经营的方式,在私营医院内行医,同时与大型医院保持联系。大多数医院并非由私人经营。联邦政府为医院建设和老年人医疗保障而承担的费用与日俱增,同时在所有医药研究基金中占据极高比例。

混乱的形成主要是由于政府只扮演社会活动的"赞助人",而非操作者。我们可以把第二次世界大战后10年内出现的非营利性质的"系统性研究与开发"公司这一特定案例作为某种范式。陈旧的行政条例和僵硬的官僚结构,使政府几乎不可能迅速地在某些科学与国防领域发展必要的"内部"能力。兰德公司最初寄身于道格拉斯飞机公司内部,是空军的"思想工厂"。这一模式很快为国防部和其他政府机构所借鉴,随之产生了一种新的社会形式。新的社会形式有可能是独立公司,也有可能被安置在大学里或交由几所大学联合管理。麻省理工学院的林肯实验室与国防部签订了合同,负责进行适用于大陆防御的远程早期监测信号系统的可行性研究,尔后便成立了麻省理工学院研究与工程公司,以便完成一些该系统必要的设计工作。由于麻省理工学院研究与工程公司并不包含任何基础研究,又不符合该大学自身的目标,它便作为独立的非营利公司而被"分离"出来。美国空军建立了系统发展公司(自兰德公司中被剥离出来),以便迅速培养数以千计的技术人员并管理适用于大陆防御的计算机新系统。这个机构在开拓智能学习和计算机性能的新系统之后,便进军教育市场,设法与国防部以外的许多机构签订合同。美国联邦政府主要通过国防部、原子能委员会、国家科学基金会、国家航天局及美国医疗研究所来推行此类活动。这些机构与形形色色的公共、私人研究与开发组织的关系相当复杂,在本书探讨这些话题会使我们离题太远。

把非营利性质的部门看作一个整体,将上至政府、教育,下至卫生服务统统考虑在内的话，我们会惊讶地看到国民生产总值的大约 1/4 以及"全部雇员的 1/3 以上、可能接近 2/5"都在**推动这些部门的工作**。① 实际上，在 1950—1960 年，经济领域内每增加 10 个**新**职位，其中 9 个都来自非营利性质的部门——也就是说，来自美国联邦政府在冷战时期大幅扩张的职能以及各州政府与地方政府为提供社区服务和促进教育、医疗、福利等领域发展而新增的有关活动。

非营利部门的发展壮大，使得一系列在结构、形式上与传统的"官僚科层制"有很大不同的组织和机构成为相当数量的劳动者的雇主。这一现象引发了人们的关注。这些组织和机构包括大学、科研实验室、医院、社区福利组织，等等。由马克斯·韦伯提出且已为大多数社会阶层理论学者接受的"既有"学说，认为官僚科层制基于职能专业化对劳动力进行分工，具有明确规定的权力等级，以技术标准为基础来招聘、选择和提升人员，实行非个性化的"官僚政治"行为准则，等等。它是一个"理想"模型，在企业结构中可以得到完美实现。然而，不断涌现的各种新型组织（尤其是那些技术和研究人员占比较高的组织）证明，以金字塔式结构为基础的旧模式已不再适用；在接下来的几十年里，"传统"的官僚科层制将让位给更适应首创精神、工作时间机动、共同协商等要求的组织模式。② 后工业社会面临的新问题有一份长长的日程表，非官僚科层制组织新结构形式的出现可说是又一个新增项目。

社会结算系统

近年来，我们已经掌握了如何跟踪经济增长，从而在不同时点确定足以刺激经济增长的各种政策。我们开始着手完善财务报告体系并设定一些经济指标，从而评估全国的经济状况。但是，我们仍然不能持续地跟踪社会变革。因此，在诸如住宅、教育或黑人社会地位等问题上，我们对于如何明确需求、建立目标和评估相应表现等工作的准备仍然很不充分。我们并没有坚持核算所取得的成果、评

---

① 此处以及随后的一些数据都摘自伊莱·金兹伯格、戴尔·L·希思坦德（Dale L. Hiestand）和比阿特丽斯·G·鲁本斯（Beatrice G. Reubens）合著的《多元经济》（纽约，1965 年）。
② 与这一问题有关的大量文献已被制成全面的目录，参见詹姆斯·G·马奇（James G. March）：《组织手册》（芝加哥，1965 年）。

估差距和失误、计算社会成本和社会收益。由于缺乏系统性评估，我们在检验目前政策的效果和评估未来项目的可选项时就找不到值得参照的标准。

国民经济会计学的出现指导我们更进一步地理解现代经济的运转。目前，我们有4种会计制度，以衡量不同类型的经济现象和交易：国民收入和生产账户总计了经济交易中商品和劳务总值以及净收入在家庭、政府、企业、外国部门之间的分配；全国货币流量核算跟踪包括家庭和政府在内的金融和非金融部门之间的资金流动；全国同业账户（National Inter-Industry Accounts）陈述了企业、政府、家庭以及外国部门等不同分解单元间的商品和劳务购销价值；国民财富账户（National Wealth Accounting），实际上就是全国存货资产，评估一国可再生的资产和资源。

这些经济工具，尤其是国民生产总值，在使用范围上是有限的，有时更多来自于公众舆论而非专业经济学家的解读为我们勾勒了一幅被歪曲的社会经济学图景。国民生产总值衡量**市场**经济中交易的商品和劳务总值。但我们一眼就可以看出类似于家庭主妇的工作并没有被"估值"。（福利经济学的先驱者、英国经济学家A·C·庇古曾评论说：如果一位丧偶的牧师向他的女管家支付周薪，相当于增加了国民收入；而如果他娶了她，这就变成一个减法。）问题的关键在于，农业区的"收入"（大量食物是自家生产的）与城市收入相比往往被"低估"——不仅在美国人在讨论国内贫困时，而且在国际上把美国和一些富有的农业国（如丹麦和新西兰）相比较时都很容易忽视这一事实，后者的国民生产总值排名要低于按其实际收入应获的排名。①

---

① 我们还可以指出其他一些"方法论"上的问题，它们限制了以国民生产总值作为核算手段的应用。弗里茨·马克卢普教授在《美国的知识生产与分配》（新泽西州普林斯顿，1962年）中写道："有几种知识类型的生产成本是由他人承担、而不是由该知识的使用者承担的，它们没有市场价格；这就提出了如何在国民收入账户和福利—经济考量中对它们进行评估的问题。"于是，国民生产总值可以衡量什么，就成为一个重要的问题。

美国国家经济研究局的维克托·富克斯就国民经济中服务部门的扩张而撰文时，以同样的思路评论说："[经济学家们]设想，随着国民经济的高度发展，[实际国民生产总值]会成为越来越重要的一个工具……但是情况可能恰恰相反，因为，当人均国民生产总值达到高水平时，生产率中的一大部分要被计入服务部门[它的产出很难计量]和其他一些目前根本未加以计算的社会活动。"许多政府服务都没有被计量，因为它们无法按照市场价格来定价。

只有在认识到直接成本和间接成本之后，我们才能真正理解何为进步。今天，国民经济会计体系的难题在于如何便捷地分配由某一集团产生的、却往往被其他集团承担的成本，如露天采矿对邻近居民造成的成本、破坏农村土地的成本。我们的问题不仅在于未得到公正分配、大众普遍承担的社会成本，还在于我们用收益来平衡成本的更广义上的成本矩阵。

实际上，我们需要的是一个社会结算系统，拓宽成本与收益的概念，从而把经济核算置于一个更宽广的框架中。最终目标是建立一个有助于理清政策选项的"资产负债表"。[1]

社会结算系统有什么效果呢？"结算"一词用在这里也许并不恰当。社会学家很少能建立起一整套完全相互一致的关系。即使晦涩复杂的社会学分析确实建立了这样的关系，我们也难以用计量的方式来做到这一点。不过，我们可以从设法建立概念性框架开始入手。

建立社会结算系统应从一系列社会指标开始，通过这些指标我们可以以更广义而均衡的方式计算我们所知道的经济进步。这一尝试可以推动我们从四个方面衡量社会中人力资源的利用：一、衡量社会革新的成本和净收益；二、衡量社会问题（如犯罪、家庭破裂）；三、建立面对明确社会需求的"绩效核算"（如住宅、教育）；四、建立市场机会与社会流动性的指标。

下面将对上述四个方面作进一步的、说明性而非规范性的阐述。这样做是为了演示这些问题的范围和适用范畴。

社会成本和净收益。技术进步创造了新的投资机会。技术投资可望从它们所产生的收入增长中获得补偿。当然，损失同样存在。一个重大损失是技术变革所造成的失业，尤其是被特定技能替代的中老年工人很难重新就业。又或者，某地的新工厂有可能带来新的就业机会，然而，它的副作用——水和空气的污染——可能造成社会额外支出。

哪些成本应由企业负担，哪些应由社会负担，这显然是一个公共政策问题。

---

[1] 这一部分引自美国技术、自动化和经济发展委员会的报告《技术和美国经济》（美国政府出版局，1966年2月）。我是该报告中这一部分的作者。

例如，对河水污染负有责任的公司越来越被要求承担相应的净化费用。鲁尔河贯穿德国西部稠密的工业区，它目前的污染情况不再像 20 年前那么严重。人们在河里游泳和划船是很常见的事。令人愉悦的环境是沿河两岸 259 个城市和 2200 个工业企业合作的结果。人们设计了一个污水排放收费系统，以便鼓励企业建立废水处理系统。这样一来，污染的成本全部由污染源来承担。另一方面，企业工资清单上解职金或养老金的费用过于巨大，以致阻碍了必要的技术装置的引入，因此，这类费用更适合由社会而不是由企业自身来承担。但是，只有当对社会革新的实际成本和收益有了更明确的认识时，我们才能对这些公共政策问题做出决定。①

社会弊病的计量。每个社会都为犯罪、青少年问题和家庭破裂付出巨大代价。收养儿童与精神治疗的花费同样高昂。这一类社会问题不像失业那样有明显的起因。然而，它们与社会压力对经济造成的影响却是可以计量的（如工人因患上精神病而无法工作的损失、偷盗和骚乱引起的直接财产损失等）。政府机构虽然收集了有关犯罪、医疗、不能独立生活的儿童等资料，但却很少把它们与社会基本环境相联系，更不曾充分统计要为之付出的成本。有系统地分析这些资料就可以提出采取补救行动的可能办法。

绩效核算。美国不仅致力于提高国民的生活水平，而且还准备大力改善他们的生活质量。但是，我们几乎没有什么标准来判断我们做得怎么样。社会结算系统应该包含各领域的"绩效核算"，并以之为衡量标准。举例来说，全国住房建筑预算应向我们表明，就实现"每个家庭都拥有一套舒适住宅"的目标而言，我们已经进展到何种程度。它还能使我们在各城市、地区确定最需要住宅的区域，从而为制定有效的公共政策奠定基础。一系列社区居民健康指数将告诉我们是否很好地满足了民众的医疗需求。

经济机会和社会升迁指标。30 多年前，冈纳·缪达尔在《美国的困境》一书中写道："我们理应……在有关研究中根据每年的数据或至少每 10 年的数据建立

---

① 安德鲁·肖恩菲尔德在《现代资本主义》一书（伦敦，1965 年，第 227—229 页）指出，伦敦新地铁线路的建设已被搁置了 10 年之久，因为人们认为除非有人能够证明新线路对不乘坐地铁的人产生的间接利益（如提升车辆流量等）能产生真正的投资收益，即超过该工程投资的 10%，否则就不应该实施这项工程。

一个总指数，作为我们正在研究的这一整体系统——美国黑人地位——运动的量化表达……然而，建立、分析美国黑人地位总指数的工作，实际上等于一次大型的调查研究，我们不得不把这个问题留给今后的研究。"①

30年之后，我们仍然没有建立美国黑人地位的"总指数"。也许就严格的方法论来说，不太可能建立一个"综合指数"，但我们却可以把特定指数聚集在一起。构建人力资产"价值"指数一度看起来不大可能，但最近几年发明的"生命—收入—能力指数"却使我们找到一种足以反映与教育水平提高、医疗条件改善、减少歧视等相联系的收入增长的方法。社会学家设计的社会升迁有关数据，可以告诉我们美国是否存在真正的机会均等，还能指出实现这种均等的障碍（如不充分的入学名额）。经济学里有一个术语叫"机会成本"，它可以使我们计算出同一资源移作他用时的直接成本和收益。"社会机会"成本或许可使我们计算出利用至今尚未开启的人力资源的潜在收益，以及根据社会成本和社会收益来衡量各种社会政策的替代选项。

上述提议的基本假设是：如果社会能够广泛阐明国民目标，那么它就能更好地评估自身的成就、需要和缺陷。确定国民目标必然是一个持续的过程，社会结算系统作为一项工具可以被用来指明需求最迫切的那些领域。

规划工具

1968年1月20日，民主党政府执政的最后一天，卫生、教育和福利部长威尔伯·科恩（Wilbur Cohen）不声不响地发表了一份名为《走向制订一份社会报告》的文件。它代表着政府机构在历史上第一次为满足社会需求而提出一套衡量社会现状的社会指标。尽管在"大社会"（民主党政府提出的口号——译注）正在没落的时刻做这样的公开报告多少令人有些尴尬，但显而易见，社会报告的概念正在迎来它的时代。人类社会还从未连续一贯地致力于：评估公民个体在寻求一种与其能力相称的职业或打算根据其生理潜能过一种充实而健康的生活时对他有利

---

① 冈纳·缪达尔：《美国的困境》（纽约，1942年），第1068页。

或有害的因素；确定富足生活标准的各个等级；指出"体面的"自然和社会环境应包括哪些内容。《走向制订一份社会报告》是努力进行这种评估工作的第一步。

社会报告的概念不免令人们联想到经济报告，就二者之间的相同点和不同点提出一些质疑。美国经济顾问委员会每到一月份就要制订一份年度报告，其中的经济指标说明经济增长、生产率、就业以及通货膨胀等情况，会计科目则用投资和消费来衡量政府、企业以及私人收入和开支的分配。经济报告已经成为制定公共经济政策的必备工具。但是，把它用于社会政策的制定，不仅不够充分，在某种程度上甚至会产生欺骗性。经济报告虽然提供了造成贫困的有关数据，但很少谈及贫困引发的社会心态——冷漠、疏远和不满。经济报告的有限篇幅也使得它不可能探讨生活的品质和便利，如更好的健康状况、拥挤程度、社会服务有效性以及隐私不受侵犯。这些不足以及找到可以说明其程度的衡量的需要，推动了人们建立社会指标的努力，以便对经济评估进行必要的补充。在缺少这些社会指标的情况下，政策制订越来越难以对替代选项做出判断。

建立社会指标的行动虽然是近来才出现的，但这种思想却有着相当漫长的历史，最早体现为一些与私人经济活动成果有关的思考，即认识到企业或企业家个人承担的私人成本以及由二者产生却转嫁给他人、社群承担的成本之间存在差异。古典经济学家的著作中隐含着社会成本的观念，但是，第一次明确表达这一概念并且制定解决方法的是社会主义学者西斯蒙第。西斯蒙第在《政治经济学新原理》（1819年）一书中强调，政治经济学的真正对象是人而不是财产。在观察了社会如何以济贫院和医院的形式承担失业成本之后，他提出雇主在就业间断、患病和年老窘困时应保障工人们的生活安定。正如熊彼特在《经济分析史》中指出的：

> "保障工资"更具有限定性的现代定义，或许可以公正地说是由［西斯蒙第］具化的。他的思想的创新性突出表现在这样一点：他把节省人力的社会成本转化为雇主的企业成本。

我在前文中曾经指出，100多年以后，A·C·庇古在著作《福利经济学》一书时（1920年），将社会成本纳入了新古典派经济学的体系。然而除了 K·威廉·卡普（K. William Kapp）的著作之外，后来的福利经济学理论倾向于贬斥庇古强调的社会成本思想。这是由于"新"福利经济学关注的是与庇古不同的一个问题，认为社会福利就是**个人**功利的总和，甚至否认可能存在类似于个人偏好秩序规范的联合或公共福利职能。卡普的著作《私人企业的社会成本》（1950年）就我所知是该领域的开山之作，它又回到庇古最初提出的例证，并且试图全面地以量化与货币的形式来评估下列各方面的社会成本：劳动（工伤、疾病等）、空气污染、水污染、自然资源和能源的消耗、水土流失和森林砍伐、技术变化、失业以及广告。该书是在"制度"经济学的框架下写成的，具有规范性（即政治性）的目的；鉴于当时经济学家对于精密数学模型的态度，这本著作被大大地忽视了。但卡普清晰地陈述了社会成本的概念，计量社会成本（现在的经济学家称之为"外部效应"、"不利经济效应"）的思路是尝试设立社会指标的一大要点。

人们对社会指标感兴趣的另一个源头，要追溯到社会学家威廉·F·奥格本的工作以及其计量社会变革速度的心愿。奥格本打算建立能够改善外推法和相关性分析的统计系列，以之为预测未来的手段。[①] 他更大的兴趣在于社会规划；他认识到任何有效的社会规划都需要精确"瞄准"社会趋势。《近来的社会趋势》（1933年）是该领域的一部经典著作，被人们遗忘了近35年。书中共有21章，其中许多章都是精练浓缩之作，覆盖了美国社会生活的方方面面。

该书是美国总统社会趋势研究委员会的副产品，该委员会由胡佛总统于1929年建立，韦斯利·克莱尔·米切尔（Wesley Clair Mitchell）任主席，奥格本任研究负责人。该委员会的目标是发表一份社会趋势年度报告，但在大萧条期间，这一任务被放弃了。[②]

《近来的社会趋势》一书的杰出之处在于其中大量的分析都站得住脚。例如

---

① 可参见奥格本《航空的社会影响》（1946年）中"论预测未来"一章。
② 奥格本编辑出版了相当于年度报告的5卷本，题目是"1928—1932年社会变化"，此外，还编有一本题为"大战以来尤其是1927年以来的新近社会变化"的试刊本和两本续篇《社会变化与新政》《大萧条和复苏时期的社会变化》，均由芝加哥大学出版社出版。在《美国社会学杂志》刊发的论文中，他继续谈论1935—1937年的社会趋势指数。有关奥格本大量著述的目录，见奥蒂斯·达德利·邓肯编《威廉·F·奥格本论文化与社会变化》（芝加哥，1964年）。

在有关医疗的章节，作者探讨了医疗工作的专业化、医学研究与临床实践的区别以及地域上集中的后果。如果书中的内容受到重视，我们有可能避免目前在医疗保健方面的危机。有关城市社区的一章准确预示了战后城市郊区的问题。

20世纪30年代末，在路易斯·布朗洛（Louis Brownlow）和查尔斯·梅里亚姆（Charles Merriam）的推动下，国家资源计划局这一政府性质的机构承担了大量有关技术、人口和城市问题的专题研究，其目标在于指导公共政策的制订。由于第二次世界大战的爆发，这些研究成果虽然得以发表却并未得到足够的重视。类似的工作在战后没有恢复。

从某种意义上说，设定社会指标的潮流出现得如此之晚，是令人吃惊的。尽管人们经历过罗斯福新政，而且在第二次世界大战之前明显有认识社会趋势的兴趣，但在此之后，社会指标却很少受到关注。社会学专业内部的变化是一大主因。人们对抽象理论的兴趣超过了奥格本在芝加哥大学从事的"制度"社会学和"制度经济学"。值得注意的是，"结构—功能主义"在社会学领域后来居上，它的焦点在于社会秩序和整合而不是社会变革。

延滞社会指标的设定的第二个因素，或许是由于政府过于关注经济指标和宏观经济学的发展。国民收入、国民生产总值以及经济核算的概念最早可以追溯至17世纪威廉·配第爵士的《政治算术》和18世纪中叶弗朗西斯·魁奈的《经济表》，但用量化形式和综合形式来表示它们——J·R·希克斯（J.R. Hicks）和西蒙·库兹涅茨（Simon Kuznets）推动的发展——却是在20世纪30年代才出现的，此时经济理论的焦点已从企业转向国民经济。迟至1942年，美国商务部才在罗伯特·R·内森（Robert R. Nathan）的鼓动下开始公布国民收入；国民生产总值的概念则是由富兰克林·D·罗斯福在1944年预算咨文中首次提到的。

因此，在40年代末及50年代，社会学家忽视社会趋势分析，而政府方面的注意力则聚焦于宏观经济数据的编制以及由经济顾问委员会制定的经济咨询流程。

直至肯尼迪总统执政之后，随着贫困、种族歧视、医疗、环境污染、持续性失业、房地产等国内社会问题引发越来越多的关注——有些人危言耸听地说这都是"自动化"的恶果，对于社会计量和社会趋势分析的兴趣才又重新抬头。经济学家尝试把成本—效益分析应用于上述社会问题，发现衡量社会成本和社会效益仍存在巨大困难。政治科学家和经济学家开始规范规划及预算系统（PPBS）以便促进政府项目的合理化、评估替代系统的有效性。社会学家逐渐对城市规划、教育、种族地位和适用了社会规划的长期预测产生了浓厚兴趣。这些热点共同引发了新一轮针对社会指标的兴趣。

1966年，设定社会指标的想法触动了卫生、教育和福利部长约翰·加德纳（John Gardner），他使总统认同这种想法颇有价值，从而签发文件指派卫生、教育和福利部承担该项任务。[①]1966年秋，社会指标专家组成立，由主管规划评估的卫生、教育和福利部助理部长威廉·戈勒姆（William Gorham）和我本人担任主席。在戈勒姆于1968年离开卫生、教育和福利部而出任新设的城市研究所所长之后，接任他的是来自布鲁金斯研究所的经济学家艾丽斯·里夫林，后者担任助理部长和社会指标专家组的联合主席之一。担任副助理部长的曼克尔·奥尔森（Mancur Olson）主管社会指标的设定。社会指标专家组由41名社会学家以及同样数量的政府统计学家和技术人员组成，汇编了一部厚厚的《社会报告原始资料》。撰写最终文件的主要任务由里夫林博士和曼克尔·奥尔森负责。

社会指标是什么？

在与经济报告初步对比之后，鉴于社会学家有通过设定社会指标而建立社会结算系统的心愿，因此确定《走向制订一份社会报告》的性质和限制条件是非常重要的。该文并未试图给出对美国社会的明确评价。正如该文导言的前几页及指出现有统计资料缺点的附录所强调的，任何人都无法做出这样的评价，因为我们尚未掌握相应的方法。但说到实际作用，仔细阅读这一文件，可以提醒我们不要用现有数据对"美国社会状况"做任何乐观或悲观的权威判断。《走向制订一份社会报告》只是为寻找有可能使我们做出正确评价的方法而迈出的第一步。

首要的问题在于目前的政府统计数据虽然所有人都看得到，但对它的整理却

[①] 约翰逊总统在就国内医疗、教育问题致国会的文件中指出："为了提高跟踪我们目前进展的能力，我已要求部长先生在他的部门里调集资源，建立必需的社会统计和指标，作为劳工统计局和经济顾问委员会搜集到的数据的补充。依据这些标准，我们就能更好地衡量我们目前的进展并规划今后的道路。"

主要是为了便于行政管理，而不是为了便于进一步的分析；人们很难根据这些数据得出具有规范价值的结论。以医疗问题为例：美国人在医疗领域的投入不断增加，但我们的公民是否变得更健康了呢？我们不知道，也没有人知道。统计资料告诉我们**投入**在医疗保健方面的金额，告诉我们全国有多少医生、护士和医院，但对于最终的**结果**没有任何计量。这种困难一部分是由于我们的数据采集面向的是"投入"，而非评估。更棘手的问题是概念上的，我们对于**如何**计量健康没有一致的意见。政府一贯使用的指标是"预期寿命"。但仔细想一想，它显然太过粗糙，没有考虑个人生病或卧床的天数。实际上，随着高龄人口所占的百分比越来越大，病人的数量也会随之增加，毕竟老年人难免体弱多病；老年人人数的增长是医疗费用上升的一个重要因素。社会指标专家组的任务之一就是通过估计个人在一年内"非患病卧床"天数来建立一个相对复杂的健康状况指数。在首次建立这样一个指数时，我们还要追问两个问题：它的有效性如何（人口统计学家和医学家要辩论的技术问题）？假如这个指数是有效的，那么，应该选取哪一个历史时期作为它的参照？但是，迄今为止，没有人能够确切地说出各种保健支出和国民实际健康状况有怎样的关联。

犯罪是另一个问题显著的领域。任何一个有文化的美国人都知道联邦调查局的犯罪"指数"存在严重缺陷。例如，它不会根据价格变化而"紧缩"（在20年前偷窃50美元和现在偷窃50美元，都被归入"重大犯罪"一类，尽管现在标价50美元的赃物在20年前只值30美元，因此这起窃案在当年就不会被归入"重大犯罪"。这个指数实际上包含通货膨胀的误差，使对比变得无效）；联邦调查局同样未把犯罪和特定年龄组的犯罪率相联系（全部犯罪活动中有大约70%属青年犯罪，因此假如人口中青年的占比较高，就如今天的美国，那么犯罪数量就会相应增加）。此外，联邦调查局的犯罪指数最令人难以理解的一点是，它把谋杀、强奸、斗殴、盗窃、偷车等都混在一起得出一个总数，这就不可避免地使人们认为今天的"犯罪"比以往任何时候都多，然而其中相当一部分实际上只是偷车行为。这个指数没有告诉人们任何真相，而说到要使人们了解目前正在发生什么的目的，它更是有一定的误导。

建立犯罪相关指数遇到的问题，更加突出了建立社会指标的普遍难度。举例来说，国民收入统计数据的主要优点在于它们只需总计一下。在一段时期内，某些货物的产量增加，另一些货物的产量减少，而国民收入账户把它们简化为一个数字，并告诉我们总的说来这一时期的经济是上升还是下降。这样做是因为存在一个单一的线性度量单位——货币，上述变化都可以被合计为货币形式，不同的经济科目可以用相对价格来"权衡"。可是，人们如何对比谋杀（在美国的发生率一直在下降）和偷车（貌似一直在上升）呢？怎样把它们合计为一个有意义的数字呢？我们需要一个共同的度量单位；就此而论，社会指标专家组充分利用了宾夕法尼亚大学马文·沃尔夫冈（Marvin Wolfgang）的著作，试图用相应的法律惩罚和可感知的公众舆论对不同犯罪的厌憎程度来"权衡"每一种犯罪活动。（有趣的是，对某种罪行判决监禁的平均时间与最全面的舆论调查结果之间的相关性高达0.97。）所以，情况可能是这样的：如果强奸罪的权数是"30"而偷窃汽车的权数是"2"，因此，判决监禁的时间长度——**刑期**，就如货币一样成为一种综合指数的线性基础。如果这个新的指数有效的话，那么，过一定时间我们就可以判断一个国家的犯罪活动实际上是在增加或是没有增加，以及增加了多少。

但是，即使采用这种原始方法，目前也不能解决全部问题。斯图尔特·尤德尔（Stewart Udall）在内政部1968年年鉴中写道："国民生产总值是我们的圣杯……但是，我们还没有关于环境问题的指数，也没有人口统计数字来衡量我国是否每一年都比以往更适于生存。"尤德尔先生呼吁建立"平静指数、清洁指数和隐私指数"。提出这些问题是容易的，但是要如何定义平静呢？（只是没有噪音，还是指"心境的平和"呢？）人们怎样衡量它？社会指标专家组的确设计了一个"物质平衡框架"并设定了空气污染组合指数（将五种不同类型的空气污染物合并于其中）、水污染指数和固体废物污染标准。这些数据再一次成为历史上第一批可用来与**未来**数据相对比的基准。但是，我们依然不知道当城市工厂和居民地下室都在烧煤、火车机车向天空喷射烟尘时，空气污染是否比以前更加严重。同样，我们无法回答有关参与度和异化的问题，前者如志愿性协会的成员是在增加还是减少？后者则涉及如何把富二代的内心骚动与拥有住宅的蓝领工人所获得的物质满足相对比？简单地说，我们找不到任何简便的答案来回答生活是比以前更好还是更糟。

至于社会升迁，我们要感谢最近出版《美国的职业结构》一书的奥蒂斯·邓肯和彼得·布劳所做的研究，该报告基于美国首次进行的代际社会升迁全国抽样调查。由此，我们可以相当肯定地说，尽管存在种种忧虑，但美国的阶级构成并不是僵化的，儿子的工作成绩不能显著地用父辈的社会经济地位来解释（父亲的地位对儿子职业分值的影响仅为16%）。美国很大程度上存在机会均等——尽管这基本上是对白人而言。邓肯的数据还可以被用于计量黑人与白人之间的"社会升迁差距"和评估种族歧视在维持这一差距时起到的作用。

简言之，《走向制订一份社会报告》中"走向"一词是经过精心选择的，这份报告不能被算作典型的社会报告，也算不上是对社会的评估。它只是指出我们目前已经拥有哪些领域的数据，足以启动这一类的评估；它为社会指标的设定建立了必要的基础，使我们可以在不久的将来对一段时间内发生的变化进行有效的对比。

时代前景

就**民族风格**而非个人之间的比较而言，美国人与其他民族相比是没有耐心的人。当一个问题出现时，我们就想快点得到答案。美国人的性情里实际上存在两个简单的理念：认为所有问题都是可以解决的；解决的办法就是倾注人力和财力。（你要上月球吗？成立美国国家航空航天局。你要铲除贫民窟吗？上马庞大的住宅建设项目。可是，问题并不仅有一种，其中一种是技术性的"与自然界的竞争"，另一种则是"目标不同的人群之间的竞争"。美国人很少考虑这一点。）

就我们所面临的大量社会问题而论，一个突出的事实是我们用以应付这些问题的简单工具都是新近的成果。经济顾问委员会作为国家性的研究、分析和政策制订机构，是在25年前才创立的。直至十多年前，它才开始按其最初设置的意图运转。投入一产出分析和线性流程都是最近才发展起来的，我们直到现在才刚刚能制定一个像样的**经济图表**，根据不同的价值假设绘制各种资源、需求组合。只有在获得这些技术之后，经济规划模型才真正有实现的可能。无论是对于长期抑或短期而言，我们仍然缺乏充分的经济预测模型。布鲁金斯研究所针对季度经济预测而测试经济模型的工作才刚刚起步，而詹姆斯·托宾（James Tobin）和罗伯特·索洛等人建立适用于长期预测的数学模型的努力，也因为困难太多而不得不放弃。

在社会规划方面，我们不幸落后得更远。联邦政府采集和传播的经济数据以及在此基础上建立的经济模型，与当下的经济政策高度相关。遗憾的是，它们却不大适用于社会变化的新问题。国民经济和人口调查统计数据都是合计数据，但却不能告诉我们有关穷人收入、萧条社区、产业问题或边缘人群等情况。全国范围的数据在平均之后，也无法提供地区性或地方问题的线索及相关信息。在应对20世纪60年代种族整合危机和反贫困社会项目时，联邦政府发现自身欠缺制定有效政策所必需的信息。我们对于这类数据的需求是迫切的。30年代的社会—经济危机促使政府建立了国民收入和商品账户，从而加速了宏观经济分析和以全国统计数据为基础的经济模型的发展。实际上，政府在数十年前基于自身信息需求而做出的、采集这一类数据的决定，在很大程度上决定了经济理论和实践的方向。采集新类型的社会数据，在目前是非常迫切的需要，这无疑也将影响下一代社会科学的发展。

公共社会和后工业社会的问题说到底并不是技术问题，而是政治问题，因为即使新的社会复杂性就性质来说涉及大量新型社会工程，但最关键的问题仍是价值观问题。人们只有在决定他们想要些什么之后，才会考虑下一步该如何去做。后工业社会的核心问题是科技治国的决策与政治的关系。这就是我们下一章要讨论的主题。

| 第六章 |

"将来由谁统治?"

后工业社会中的政治家和科技治国论者

黑格尔有句名言，"凡是合乎理性的都是现实的，凡是现实的都是合乎理性的"。他这样说的意思并不是说存在就等于现实。作为康德之后出现的哲学家，黑格尔接受的观点是，经验现实是不断变动的，而知识只有通过应用使之系统化的先验范畴才能获得。"现实"即为将混乱现状加以合理化的基本范畴框架。黑格尔认为，"现实"即为人类大脑自觉的思维活动打开的理性，这就是人类能够日益应对自然、历史和自我的原因所在。

从根本上说，理性命题也是社会学理论的重要支撑。涂尔干在《劳动的分工》一书中论证称，文明的趋势就是变得更有理性，这是世界各地依存度越来越高以及打破了地域形式的文化汇合或世俗化所致。在马克斯·韦伯的著作中，理性的概念变成社会学研究的核心。在1919—1920年冬季的最后几次讲演中，韦伯指出现代生活是由"理性计算、理性技术、理性法律和由此产生的理性经济伦理、理性精神以及生活方式的理性化"所构成的。[①] 实际上，正如塔尔科特·帕森斯所指出的，"将理性增长的规则视为行动体系的基本原理……这是韦伯著作所体现的最基本的原理。"不知这是否帕森斯的预言？他用一个奇特的类比总结说："理性在行动体系中的逻辑地位，类似于熵在物理学中的地位。"[②]

上述有关理性的概念，均源自19世纪人与自然及社会关系的思考，从某种意义上说，它们是出现在18世纪末的进步理念的扩展。无论在哲学上有何意义，理性的概念在工业和战争中获得了实际的体现。每个发达工业社会的发展及后工业社会的出现，都取决于理性在某个特定维度的扩展。但是，今天令人们感到有疑问

---

① 马克斯·韦伯：《经济通史》（伦敦，出版年月不详），第354页。
② 塔尔科特·帕森斯：《社会行动的结构》（纽约，1937年），第752页。

第六章 "将来由谁统治?"后工业社会中的政治家和科技治国论者　323

的恰恰是理性的定义,我在这一章将探讨科技治国论与政治有关的变迁兴衰。①

范　式

150多年前,才华卓越、近乎偏执的科技治国论者克劳德·亨利·德鲁弗雷,即圣西门伯爵,被称为法国"最后一个绅士和第一个社会主义者"。他推广了**工业主义**这一名词,用来特指正在显现的新社会,在这里财富由生产和机器创造,而不必靠抢劫和战争来掠夺。圣西门宣告法国大革命消灭了封建社会,并将开辟一个工业社会。他的预言并没有成真,因为大革命被嗜好空洞口号的那些理论家、律师和诡辩家所掌握了。圣西门补充说,社会需要的是工程师、建造师、规划师等能为革命提供必要领导的一代"新人"。鉴于这些领导者需要某些具体的鼓励,圣西门在去世前不久委托《马赛曲》的作者鲁热·德·利尔创作了一首新的《工业马赛曲》。这首歌被人们称为"工业之歌",1821年在圣西门和他的朋友、纺织业制造商泰尔诺克斯的见证下,在圣多昂一家新纺织厂开业时进行了首演。②

姑且将圣西门及其信徒的故事留作人类思想史上的轶事谈资。圣西门既然是科技治国论之父,我们不妨以他的精神来概括后工业社会的特征及科技治国论的基础。

美国现在处于后工业社会的第一阶段。它是世界历史上第一个半数以上就业人口不从事食品、服装、住房、汽车和其他实物商品生产的国家。

---

① 科技治国论与文化之间的冲突同样是现代社会的重大问题之一。
② 在读到圣西门的信徒奉行圣西门主义,建立了所谓的圣西门派之后,这段情节不免让人觉得有点滑稽。(在圣西门信徒隐居的修道城堡,衣服的纽扣都缝在背后,这样一来,每个人在穿衣服时也需要社会主义式的互助。因此,教育以仪式的方式得到加强。)在19世纪中叶,正是圣西门的许多信徒重新勾画了欧洲的工业地图。
　　F·H·马卡姆教授(F.H. Markham)曾经写道:"圣西门份子是第二帝国经济惊人发展背后最重要的一支力量,尤其是就银行和铁路的发展而言。"这样的说法算不得夸大。圣西门份子中最奇特的人物昂方坦创立了策划开凿苏伊士运河的协会。圣西门分子在奥地利、俄国和西班牙建设了大量铁路。推动从巴黎到圣日尔曼的首条法国铁路建设的埃米尔·佩雷和艾萨克·佩雷,创立了法国第一家工业投资银行"动产信贷"以及大型海运公司"大西洋通用公司"(就是今天开航佛兰德号和法国号的"大西洋通用公司"),后者的首批船只皆以圣西门份子的名字命名,其中还包括圣西门号(1987吨排水量)。见F·H·马卡姆:《亨利·圣西门伯爵论著选》(牛津,1952年)。

工作的性质也发生了转变。1873年，伟大的新古典主义经济学家艾尔弗雷德·马歇尔在一篇向剑桥改革俱乐部宣读的论文中提出了隐含在文章标题"工人阶级的未来"里的问题。他说："问题不在于所有人最终是否获得平等——他们必然不能做到这一点——而在于进步是否会稳定持续，即使这个过程较为缓慢，直至至少从职业上看每一个人都成为绅士。"马歇尔的答案是："我认为这是可能的，而且一定会如此。"

马歇尔关于绅士的标准，从更加广泛的意义上而不是以传统上流社会的视角来看，意味着重体力的、过度的和折磨人的劳动将会消失，工人们对于教育和闲暇更加重视。除去对当代文化的定性评价之外，马歇尔提出的问题正逐步获得解决。从事体力和非熟练劳动的工人阶级正在缩减，处于另一端的知识工人阶级日益取得了主导性的地位。

要辨识一个全新的、正在成形的社会系统，我们不仅要通过预兆和社会趋势，例如脱离制造业和新的社会关系出现，还要通过确定新系统的特点设法理解基本的社会变化。后工业社会最关键的变化不仅是新的权力基础从所有权和政治标准移向知识，还在于知识本身的**性质**也发生了变化。目前对于人类社会具有决定性意义的事实是：**理论**知识成为新的核心；理论较经验更为重要；知识被编纂成为抽象符号系统，以便应用于多样和变化的现实。每个社会都离不开发明和增长，而理论知识则是孕育发明的母体。随着计算机使用的模拟程序——经济系统模拟、社会行为模拟、问题决策模拟——越来越趋于精细化，人类第一次有可能在社会科学领域进行大规模的"受控实验"。这些实验反过来又促使我们按照不同的进程探索替代性的未来，从而极大地提升了人们选择、控制对我们的生活造成影响的那些事物的能力。如同商业公司由于组织大批量生产的功能而在过去一百年间成为社会中的核心机构一样，大学（或其他形式的知识机构）作为发明和知识的新源泉将成为未来一百年的核心机构。

如果说过去一百年间的统治者是企业主、商人和工业经理人，那么，科学家、数学家、经济学家和智能科技新生领域的工程师将成为"一代新人"。这并不是说大多数人将成为科学家、工程师、技术人员或知识分子。在当代社会里大多数人并不是商人，然而我们可以说当下存在一种"商业文明"。商业机构聚集了社会的基本价值观，最大的回报只能从商业中获得，企业界手中握有最大的权力，即使这种权力目前在某种程度上在工厂内部已为工会所分享、在社会上也要根据政治秩序进行规范。但普遍地说，影响公民日常生活的最重大的决策——就业的类型、工厂的分布、对新产品进行投资的决定、税收分配、职业流动性——都是由企业制定的。近来，政府虽然获得了更多的决定权，但依然以企业的利益为优先。

在后工业社会，生产和商业决策应隶属或源自其他一些社会力量。与经济成长及其平衡有关的关键性决策将由政府做出，决策的基础则是由政府主持的研究与开发、成本—效能及成本—收益分析。鉴于决策及其结果的杂乱联系，决策制定将越来越表现出技术化的特征。人才开发及扩大教育与智力机构将成为社会首先考虑的问题；最聪明的头脑，乃至最终发展到它与声望和地位的整个复合体都将以知识界和科学界为基地。

时间机器

过去，我们极少有机会观察新机构的形成。社会变化逐渐形成、发展缓慢。适应过程零散而矛盾，扩散过程停顿不前，理性的传播既困难又问题重重。保罗·瓦莱里（Paul Valéry）作为法国文人的典范在35年前谈到他对历史的看法时说：

> 指出历史著作中缺失的、由于进展缓慢而不易觉察的重大现象，这是比什么都容易的。史学家疏漏了这些变化，是因为任何文件都未能公开地谈论它们……
> 在一个世纪中缓慢成形的事件在任何文件或回忆录中都找不到……
> 电的发现及其应用的席卷全球就是如此。有关电的发现的系列事件，其重要性在人类历史上鲜有匹敌，但表现得似乎远不如某些更为宏大、更符合历史一贯所记录的那些事件引人注目。电在拿破仑时代的重要性大致等同于基督教之于泰比里厄斯时代。日益明显的是，电对于全世界的普遍控制，比所有自安培[①]时代到今天发生的所谓"政治"事件，产生了更多的结果，更

[①] 安培（Ampère，1775—1836）法国物理学家，研究电磁学，1820年建立电磁学基本法则，称为

能影响人们今后的生活。①

今天，我们不仅有意地试图确认变革的过程（即使不可能确认具体日期），而且一直在加快"时间机器"的运转。因此，变革的初动力及其应用间的间隔被大幅缩减了。

当代社会最重要的变化或许要算是直接而有意识的发明。人们预测变化，计算它的取向和影响，控制它，甚至根据预定目标来修正它。"社会变化"不再是一个抽象化的阶段，而是政府基于高度自觉而积极参与的过程。由传统武士阶层推动的日本工业化旨在自上而下地转变农业经济，其巨大成就得益于明治维新之后日本纲纪严明的社会关系。苏联社会的动荡不安比历史上任何其他社会的转变更加残酷和集中。苏联社会的转型基于特定计划，人口流动和工业目标以社会图表为基础而编订。自第二次世界大战结束以来，旧殖民体系的崩溃产生了差不多50个新的国家，其中许多抽象地认同于"社会主义"思想，将创立新的工业经济和城市经济看成新一代精英的基本任务。而在相对古老的西方社会，就目标规划、指标式规划、促进投资，乃至更单纯的经济增长和充分就业而言，我们已经看到了非常多样化的形式。

初现的年代

设定社会进程的日期是莽撞的，起码就经济领域而论，我们何时才能、又按照哪种标准确定资本主义消灭了封建主义呢？但是，我们对于时间的自觉性又是现代化的特征之一，这促使我们寻找一些象征性时刻以标志新的社会意识的出现。艾尔弗雷德·怀特海（Alfred Whitehead）曾评论说，19 世纪是在 19 世纪 80 年代结束的，70 年代是它最后繁盛的 10 年。人们也可以说，从 1880 年到 1945 年是古老的西方意识形态崩溃的阶段，其顶点是法西斯主义和共产主义的可怕阵痛，它们控制了新的极权主义国家。

"安培法则"，电流单位"安培"即以他命名。——译注
① 保罗·瓦莱里：《对今日世界的思考》（纽约，1948 年），第 16 页。

自第二次世界大战结束以来，人们对时间和社会变化产生了新的认识。人们完全可以说，1945年到1950年是后工业社会象征性"初现的年代"。

1945年原子弹的诞生使物质转变为爆炸能量，这项发明使世界突出地意识到了科学的威力。[①] 人类利用核能的潜力由此开启。1946年，第一台电子数字积分计算机（ENIAC）在马里兰州阿伯丁政府试验基地制造完成，随后很快出现了数学分析数值积分计算机（MANIAC）和约翰·冯·诺伊曼电子积分计算机（JAHNNIAC）。10年之内，电子计算机的数量达到1万多台。历史上从来没有一项新的发现像计算机这样为人类所迅速掌握并被推广至如此众多的应用领域。1947年，诺伯特·维纳出版《控制论》，解释了自控机制和自适应系统的原理。如果说原子弹证明了纯物理学的威力，那么计算机与控制论的结合则开辟了一条通往"社会物理学"的新道路——基于控制和沟通理论用一系列技术手段建立决策和选择安排的**整体表**。

在那个年代，科学界与政府的基本关系是随着原子能委员会和国家科学基金会的创立而展开的。大量政府开支通过这些机构承担的项目被引入研究与发展，此外，政府通过多种富于创造性的新的社会形式，例如高校设施、非营利企业、大学联盟等，为大型实验室和研究所提供保证资金。

我们再从科学界戏剧性的变化转向乏味的政治经济学，在1945—1950年这关键的几年中，它也形成了新的技术和任务。作为一切宏观经济分析的基本工具，国民生产总值的概念在1945年被首次使用。1946年，美国国会通过了《充

[①] 我们不妨将科学在第一次世界大战的作用与它在第二次世界大战的表现相对比。詹姆斯·布赖恩特·科南特在成为卓越教育家之前原本是优秀的化学家。他在《现代科学和现代人》一书中讲述了这样一个故事：在美国加入第一次世界大战之后，美国化学学会的一位代表拜访了当时的国防部长牛顿·D·贝克，希望可以作为化学家为政府服务。国防部长向这位代表表示了感谢，并请他第二天再来，随后化学家便告知他的提议未被接受，因为国防部已经有了一名化学家。

威尔逊总统曾任命一个顾问委员会以协助美国海军，大发明家托马斯·爱迪生出任了该委员会的主席。总统的任命受到广泛拥护，因为它请了最优秀的科学智囊来帮助解决海军的问题。该委员会员只有一名物理学家，这还是由于爱迪生在选择共事者时对威尔逊总统说："我们也许需要一位数学人才，以防万一我们要进行某些计算。"实际上，正像R·T·伯奇（R.T. Birge）在研究报告"过去50年的物理学和物理学家"（载《今日物理学》，1956年）中所说，第一次世界大战期间，尚没有物理学家这一分类；当军方在极偶然的情况下认为需要这样一个人时，也是以化学家的名义来招募物理学家。

分就业法案》，根据这项法令创立了经济顾问委员会，宣布了一项国家政策：每一个人都有工作的权利，社会有责任维持充分就业。1950 年，华西里·里昂惕夫（Wassily Leontief）编制出投入—产出表，为整体经济提供了坐标图。兰德公司的数学家和经济学家，如乔治·丹齐克等人，研究出线性和动态流程等技术，为生产决策提供了排序手段。经济顾问委员会进一步使技术经济学与公共政策密不可分地交织在一起。

如果将目光超出本国以内的偏狭视野，我们还会发现近些年来，**第三世界**的形成以及前殖民地国家与以往的帝国主义列强命运攸关的关系，催生了一个全新的世界体系；人们对于经济、政治和社会发展有了自觉的认知；人们逐渐认识到资本主义、社会主义这一类社会制度，或许都是工业化和官僚科层化等准则下某个更具包容性的社会进程的一部分。这些社会形式作为工业体制的变种，甚至可能按照它们的经济模式收敛为某种中央集权与去中心化以及市场/计划的全新体制。

最后，人们的道德倾向出现了或许最具渗透性的变化——所有的国家和社会制度都表现出一种"未来的新方向"。破天荒第一次，一切人类社会都在创造共同的技术基础，某些观察家从中看到一部崭新的全球史的曙光。当然，国家之间经济、政治和文化的差异仍然非常巨大，因此我们不可能看到一个单一的世界性社会，至少在下一个世纪内是如此。然而，共同基础已经奠定，特别是在国际性科学组织的建立方面，世界人民表达出共同的愿望。世界人民的共同纽带是面向未来，认识到人类有可能通过社会决策有意识地利用技术和科学手段控制其生活中的变化。这种有意识的控制并不意味着"历史的终结"以及摆脱黑格尔、马克思所强调的人与自然关系中的必然王国，而是意味着人类历史上前所未有的远为复杂的问题的开端。

上述形形色色的人类活动的基本命题即为理性、规划和远见——简言之，科技治国时代的标志。圣西门的想象似乎将要结出它的果实。

科技治国思想与观念

在法国，人们对科技治国思想的讨论比其他国家更为广泛；法国人将科技治国定义为"决定性影响属于行政部门和经济部门的技术人员的一种政治体系"。所谓科技治国者即是"凭借技术能力而行使权力的人"。①

但是，科技治国思想与观念以某种悖论的思路来看，又绝不仅仅是一个技术问题。② 科技治国论强调用逻辑性的、实用的、解决问题的、工具性的、有条理的和遵守纪律的方法来对待事物，依赖计算、精确与计量以及概念框架，从这些方面来看，这种世界观与传统的、已演化为风俗的宗教、审美和感性模式有相当程度的对立。科技治国的思想深刻地吸收了牛顿式的世界观，而 18 世纪以来继承了牛顿思想的学者们发自内心地相信，恰如休谟在《自然宗教对话录》借克瑞安提斯之口所说，自然界的创造者必然是某种类似于工程师的存在，因为自然界就是一部机器；理性的方法在短时间内就会使一切思想服从于理性的法则。③ 笛卡尔主义的普及者贝尔纳·德·丰特内勒（Bernard de Fontenelle）宣称："几何精神不一定要被束缚在几何学上，而可以挣脱出来被应用于其他领域。论述道德、政治、社会批评甚至修辞的著作，如果由几何学家来执笔的话，在其他条件相同的情况下，它们可能会更趋优美。"这番言论掀起了一场与人文主义者的激烈论争，

---

① 《法语同义词字典》（巴黎：新文化协会，1964 年）；《大拉罗斯百科全书》（巴黎，1964 年）。
② **科技治国论**一词是加利福尼亚州伯克利的发明家、工程师威廉·亨利·史密斯（William Henry Smyth）于 1919 年率先提出的。他在分别于该年 2 月、3 月和 5 月发表在期刊《工业管理》上的 3 篇论文中用到了这个词。这几篇文章先是被重印成一本小册子，此后又和史密斯为《伯克利公报》撰写的另外 9 篇文章一起被收入一本更厚的出版物。

世界产业工人联盟前研究部主任霍华德·斯科特（Howard Scott）用到了这个词，使它在 1933—1934 年流行起来，作为一种社会运动和拯救大萧条的灵丹妙药而风行一时。这个名词与斯科特绑定在一起，又透过斯科特与凡勃伦相联系，后者在写完《工程师和价格体系》一书之后，于 1919—1920 年在社会研究新学院（New School for Social Research）从事教育试验时一度与斯科特有联络。有趣的是，当科技治国论因斯科特而风行全国时，史密斯却摒弃了它。史密斯认为，斯科特把**技术**和**专制**溶为一体，将科技治国论等同于"不对任何人负责的技术人员统治"；而它的原意应是"人民以科学家和技术人员为其公仆而进行有效的统治"。

有关"科技治国论"一词的起源，见威廉·H·史密斯《创始人所解释的科技治国论》（旧金山，1933 年）；J·乔治·弗雷德里克（J. George Frederick）编《拥护和反对科技治国论：一次专题讨论会》（纽约，1933 年）。至于凡勃伦和斯科特的关系，参见我为《工程师和价格体系》哈宾格版（纽约，1965 年）所写的导言"凡勃伦与新阶级"。
③ 然而，应该指出，经典名著《人是机器》的作者德·拉·梅特里（de la Mettrie）死于暴饮暴食和痛风；他给机器添加燃料过了头。

被反映在乔纳森·斯威夫特（Jonathan Swift）的《书之战》中。①

19世纪数学家、科技治国论的思想先驱奥古斯丁·库尔诺（Augustin Cournot）出人意料地完成了对这一思想的最全面阐述。他的声誉更多的来自将数学方法应用于经济学领域，而非其历史写作。在解释技术文明的兴起之时，库尔诺看到了由生存转向理性的历史总趋势。他预言由于本能和感情的消融以及行政管理日趋完善，一般理性将使社会呈现某种稳定性，从而形成所谓"史后"的机械化时代。在"史后"时代，统计资料将越来越取代历史而成为研究人类活动的手段。②

人类迈向更高理性的进步，自然是马克斯·韦伯的命题，然而在联系到热力学第二定律之后，韦伯同样看到这一体制的没落。韦伯说，每当有一种突破旧传统限制的超凡能量注入时，社会必要出现变化；但在"超凡性归于常规"以后，能量持续消耗，直至最终剩下一个僵死的机制；韦伯在谈及新教精神枯竭和资本主义转化时，写道：该制度的管理者成为"没有灵魂的感觉者、没有心灵的专家，一个无价值的东西……"③

正是因为将理性看作职能性的理性化而非"理智"，人们才遭遇到科技治国论的巨大危机。历史信仰的优势在于，某些理性原则是有效的。历史或则具有

---

① 或许是意识到过去的某些骄傲情绪，诺伯特·维纳在《控制论》出版13年之后，警告他的读者不必担心机器的能力不足，而要担心它可能取得的成功。他写道："我们已经相当成功地制造了严格遵照设计原则、具有最低逻辑类型的机器"，而"我们正开始制造高级逻辑类型的机器，其设计原则在学习中可以获得提高。就制造可运转的机器而言，在逻辑类型上并没有任何可预见的限制，我们也不能放心地宣布在哪个具体级别上人脑必然优于机器。"尽管纯"智能"机器仍是一个遥远的未来，维纳认为眼下的问题是，机器虽然不能超越人的智力，但它们在完成任务的表现上确实超过了人类。他指出，"我们看到学习型机器所引发的灾难性后果的一大主因是，人和机器遵照不同的时间标准，机器的行动比人要快得多，所以两者在相互配合时不可避免地要遇到一些严重困难。两个按照不同时间标准工作的控制员在共同行动时，也会遇到同类问题，不论他们所操作的系统是更快一些还是更慢一些。"（参见诺伯特·维纳："自动化的一些道德与技术后果"，载《科学》，1960年5月。）
问题似乎在于：如果一台被制造的机器吸收输入数据的速度远超出提供该数据的速度，我们可能做不到像巫师学徒那样，在为时过晚之前把它关闭。
② 关于库尔诺的思想，参见乔治·弗里德曼（Georges Friedmann）"科技治国论者与技术文明"，载乔治·格尔维奇（Georges Gurvitch）编《工业化与科技治国论》（巴黎，1949年）。
③ 有关韦伯"理性增长法则"的最全面的论述，见塔尔科特·帕森斯：《社会行动的结构》。这一段引文的结尾引自韦伯《新教伦理与资本主义精神》中的"结论"。（伦敦，1930年，第182页）。

《启示录》所指定的某种目的,或则具有某些隐含在人类创造性之中涌现或超然的能量。按照黑格尔的说法,"理性的狡黠"即为人类自觉的进化,标志着"物化"神秘性的终结。所谓"物化"是指人类制造出外在于其自身的物品、偶像、神与社会并且用迷信的方式膜拜它们。因此,人类最终能够"在他自己创造的世界中认识自己"。历史的终结——征服自然界、克服把"自我"分为主体和客体的两重性——就是自由的开始,是个人和社会行动的冲动再不受任何命定论所支配的开始。上述观点在描绘人类过去卑微依附的状态时相当写实,无论多么具有寓言性质,它们确实为理性向前发展设定了一些目标。

物支配人

圣西门对未来社会的想象使他成为马克思眼中的空想社会主义者。圣西门认为社会应该是科学与工业的联合体,它的优点在于用最大的生产力来征服自然、为全人类争取可能获得的最大利益。人类为其天赋才能而感到快乐。理想中的工业社会绝不会是无等级的,因为个人的才能和能力并不相等。但是,不同于之前社会中的人为划分,新的社会分工要遵照每个人的实际能力,让每个人从事他自身最适合的工作,并为此感到幸福和自由。人人各得其所,如同服从医生那样自发地遵从各自的上级,因为成为上级便等于具有更高的技术能力。工业社会存在三种主要的分工,按照圣西门的原始而颇具说服力的心理学理论,它们分别对应着三种重要的心理类型。大多数人属于机动能力型,将成为工业社会的劳动者,其中最优秀的人可担任生产领导和社会管理者。第二个类型是理性型,有这种能力的人可以成为科学家,发现新的知识并起草指导人们行动的法律。第三类型是情感型,这类人可以成为艺术家和宗教领袖。圣西门深信最后这一类人将克服个人利己主义,为人们带来集体崇拜的新型宗教。人类将在劳动和狂欢中得到满足;按照圣西门的经典设想,人类社会通过实证主义的乌托邦将从对人的统治转向对物的监管。

然而,随着科技治国思想的演变,物开始凌驾于人。科学管理之父弗雷德里克·W·泰勒为将科技治国模式转化成实用的工业模式做出了最重要的贡献。在他看来，在生产和生产效率以外，服务于其他目标的见解几乎不存在。泰勒坚定地认为"个人地位必须根据知识多少而不是根据裙带关系和财力多寡"。按照其职能工长制的思想，泰勒断言影响力和领导力应基于技术能力而非其他标准。

泰勒的思考（以及他本人的强制性格）的成果之一是科学的工时定额研究，更广义地说，即对劳动的计量。正是由于对劳动的计量和单位成本概念的出现而不是由于工厂的出现，现代工业才获得了与新型生活方式相匹配的明确意义。泰勒的理论原理基于以下几点：完成一项具体工作所需的时间；超过定额的激励和奖金制度；基于岗位评估的级差工资；工具、设备标准化；根据体力和脑力测验来安排工作；将全部规划和统筹工作从车间现场转移到一个全新的部门，它是一种新的上层建筑，由工程师负责。

在设定"科学"标准之后，泰勒认为他已找到工作的"最佳方式"或"自然法则"，因此可以排除劳资对立的基本根源——即什么是"公平"或"不公平"的问题。① 根据泰勒对工作的看法，个人消失不见了，只剩下依据复杂的劳动分工和精密科学检测所协调的"人手"和"物体"，针对人体动作和时间最微小的计量单位成为衡量工人劳动贡献的标准。

马克思主义是科技治国论的另一大源头，同样表现出目标的分解及仅仅关注于手段。黑格尔认为人的成长是自我意识战胜主观局限性和物化的观念的形成过

---

① 见弗雷德里克·W·泰勒：《科学管理原理》，第10页，该书被以纲要形式编为《科学管理》再版（纽约：哈珀兄弟出版公司，1947年）。

有趣的是，泰勒对于"浪费和混乱"的谴责使他在许多青年工程师及其重要门徒之一莫里斯·L·库克（Morris L. Cooke）眼中成为进步人物，这一点也在他与凡勃伦之间建立了一种联系。

库克被泰勒那些福音般的宣讲所诱惑，"（科学管理的）原理可以同样有力地应用于一切社会活动，例如家庭管理、农场管理、大小商人的企业管理以及教堂、慈善机关、大学和政府部门的管理。"

简言之，工程师将会成为新型社会的导师。1919年，库克出任美国机械工程协会的主席；正是由于库克所引发的动荡（主要表现为切断企业与商会的联系以及发布工程师的第一要务是面向专业而不是向雇主负责），凡勃伦才在其为《日冕》所写的备忘录中指出工程师有可能成为"技术人员的苏维埃"的基石。在产业工会联合会建立之后，库克出任钢铁工人组织委员会主席菲利普·默里（Philip Murray）的顾问，并与之合著《有组织的劳工和生产》一书，该书提到了工业产业中的工作合理化。

关于库克与凡勃伦的联系以及导致凡勃伦认为工程师有可能成为新的革命阶级基石的事件背景，参见我为凡勃伦《工程师和价格体系》（哈宾格版，1965年）所写的引言。关于库克的传记，见肯尼思·E·特郎布利（Kenneth E. Trombley）：《快乐的自由主义者所处的生活与时代》（纽约，1954年）。

程。而马克思看到了人类控制物质和技术的发展，以及战胜自然的手段的进步，用自然法则解释了这一历史进程。这将导向什么结果呢？马克思在早期著作中将社会主义想象为一个人们上午打猎、下午捕鱼、晚上则扮演优秀情人的社会；那里不存在脑力劳动与体力劳动之分和城乡差别。总的来说，马克思对于社会主义的单一想象就是劳动分工的终结。劳动分工和私有制正是人自社会中异化的根源。在他之后的论著中，这些天真的思想已经消失。马克思把人类看作"发展壮大的力量"，认为人们终将创造出他这一代人由于自然和实力薄弱所限尚无法展望的全新力量和全新生活。因此，历史的目标仍然含糊不清。

列宁与马克思的关系大致与泰勒与圣西门的关系相似。在列宁这里，目标几乎完全不见了。列宁擅于掌握权力。作为纪律严明的共产党及其干部队伍的创始人，列宁建立了有效的革命和颠覆工具，足以唤起千千万万的人。一旦赢得政权，跌跌撞撞与支离破碎的未来才展露在这些人眼前。在第一本有关社会主义的指南《国家与革命》中，列宁设想管理社会就像管理一个邮局那样简单，行政工作将变得如此简单，以致任何一个鞋匠都可以当高级官员。

在从一个饱经战火蹂躏、衰微破败的国家里获得政权之后，列宁为社会主义提供的模式只是苏维埃政权外加电气化。① 具有讽刺意味的是，苏联当下正如其

---

① 众所周知，列宁对弗雷德里克·W·泰勒的思想非常有兴趣。他在1919年6月所作的"科学管理和无产阶级专政"的讲话中指出："社会主义的可能性，决定于我们能否成功地把苏维埃统治和苏维埃的组织（管理）与最新的资本主义的进步措施结合起来。我们在俄罗斯必须引入对泰勒思想体系及其系统化的尝试和应用的研究和讲授。"参见我在《意识形态的终结》一书（伊利诺伊州格伦科，1960年，第253页）中的引用和讨论。在列宁相关档案最新发现的材料中可以找到更多证据。

1969年，在筹备1970年列宁诞辰一百周年纪念时，苏联媒体以大量篇幅刊载了列宁有关档案中苏联政府执政初期的资料。1969年1月11日，在《共青团真理报》刊发的一篇文章中，V·奇金（V. Chikin）基于苏共中央档案馆的学者们正在撰写的"罕见的列宁文选"（关于列宁如何尝试制定"政府管理的公正原则和明智的制度"），从一些"未经加工的笔记和指令、报纸文章和具体报告"中得出如下评论：

"伊里奇（列宁）给自己确定了一个具体目标，要教会那些尚陶醉于革命浪漫主义的布尔什维克领导人讲求实际。他在笔记中提醒自己把'讲求实际和效率作为口号'。列宁在狠狠地敲打'浪漫主义者'之后，针对社会主义提出了一个完全意想不到的模式：'伸出双手从国外取得最先进的东西：苏维埃政权＋普鲁士铁路系统＋美国科技和信托组织＋美国教育体制，等等。……＋……＋……＝ Σ ＝社会主义.'诚然，根据亲历者提供的证据判断，人民委员会办公室'美国化'的首次努力并没有获得成功。"我要特别感谢保罗·津纳（Paul Zinner）提供这段引语和科利特·舒尔曼（Colette Shulman）的

他共产主义国家一样,民众的主要诉求是私家车、个人住宅及其他私人物品。劳动的性质和环境不像过去想象的那样代表社会主义人道主义的繁荣。工作,亦如一切的生产,逐渐适应了消费社会和生产越来越多的商品。

按照科技治国的模式,目标被简化为效率和产量。目标变成手段,从而获得实现。科技治国模式获得确立,因为它正是生产、项目和"完成任务"的高效模式。有鉴于此,科技治国模式必然会在我们的社会中进一步扩散。然而,科技治国论者是否会成为统治阶级,科技治国的方式会受到怎样的挑战,则是另外一些我们现在就必须加以考虑的问题。

军人支配物

圣西门、奥古斯特·孔德、赫伯特·斯宾塞等工业社会理论家的根本思想认

翻译。

人们可能会说,科技治国思想不仅是一种理论,还是一种气质。正如从泰勒身上看到可怕的强迫症,人们从列宁身上也能看到强制的纪律性。尼科莱·瓦伦蒂诺夫(Nikolay Valentinov)1904 年在日内瓦曾与列宁相处几个月,在近期出版的回忆录中生动地描绘了列宁的性格:

"按照列宁的'标准',他希望过一种有条不紊的生活,而远离一切不必要的事物。他希望生活规律,按照精确的时间就餐、睡觉、工作和休息。他不吸烟,也不喝酒,每天进行体育锻炼以保持健康。他是秩序和整洁的化身。每天早晨,在坐下来读报、写作和工作之前,列宁总是手持尘掸,把自己的桌面和书籍整理得有条不紊。如果大衣或裤子上的扣子松了,他就自己缝好,从不麻烦克鲁普斯卡娅(他的妻子)。如果发现衣服上有块污迹,他马上设法用汽油来擦去它。列宁把他的自行车维护得像外科手术工具那样干净。按照这种生活'标准',在任何一位观察者眼中,列宁都是一个最清醒、最镇静和最有纪律的人,不会冲动,厌恶懒散,尤其讨厌波希米亚的生活方式。列宁在 1913 年写给亲戚的信中说:'我已渐渐习惯了克拉科夫(Cracow)的生活方式,它是局限、安静和懒洋洋的。不论这个小市镇看上去有多么凄凉,但是比起巴黎来我还是更喜欢这个地方。'"

列宁说教式的实用主义标准在另一位俄罗斯革命者沃罗夫斯基(Vorovsky)写给瓦连蒂诺夫(Valentinov)的信中同样有所显示:

"……除了《浮士德》以外,列宁不知道歌德还有任何一部作品。列宁把文学分为两部分:他所需要的和不需要的……他设法抽时间读完了全套《知识》(Znanie,为一种大众化的文学杂录),而有意地忽略陀思妥耶夫斯基的著作。列宁说:'我没有功夫看这些废话!'在读过《死屋手记》和《罪与罚》之后,他不想再读《被侮辱与被损害的》和《卡拉玛卓夫兄弟》。'我知道这两部臭不可闻的著作的主题。……我浏览了〔《被侮辱与被损害的》〕之后就把它扔开了。我不读这样的文学——它对我有什么用呢?'"(尼科莱·瓦伦蒂诺夫:《与列宁会见》,纽约,牛津大学出版社,1968 年,第 147 页和第 40—50 页。)

为，工业精神和军队精神之间存在尖锐对立。前者强调劳动、生产和理性，后者则重视夸耀、浪费和英雄气概。技术、节俭和投资能够孕育出生产率的提升，这是所有人共同增加财富的基础，人们不再把剥削和抢劫作为从他人那里掠夺财富的手段。在古代社会，工作从属于战争，武士处于统治地位；而在工业社会，生活变得平静，生产者将统治这个社会。

然而，讽刺的是，节俭精神——利用有限的资源来达到最大的成果——虽然已如熊彼特等人所说的那样遍及整个社会，但政府之所以接受规划和科技治国模式在很大程度上却是由于战争而非和平。自1789年法国革命政府通过《征兵法》起（除英国和美国以外，世界列强在19世纪纷纷实施这一制度），人民军队的兴起催生了组织和给养的全新模式。战争和人民军队为最古怪的社会图式提供了模板。举例来说，1795年，雅各宾运动极左翼的头头格拉丘斯·巴比尤夫（Gracchus Babeuf）这样叙述其眼中的集体主义经济规划：所有工人都按工种被归类；社会对每个人正完成的工作有精确的了解，因此不会出现生产不足或过剩；社会能够确认每个具体的工业部门所需的雇员人数；物资分配依照当下的需要和由人口潜在增长产生的未来需求；由于物品可以被快速运往远近不一的任何地点，因此所有的实际需求会得到精确的调查和充分满足。这一切是怎么产生的呢？是根据战争时期革命法兰西所获得的经验，根据为散布在12个地区、总人数达120万人的大军供应物资的后勤计划。

每个工业社会都以"Wehrwirtschaft"替代了和平，这个名词很难在英语中找到同义词，也许我们可以称之为"战备经济"（preparedness economy）或"动员社会"。所谓动员社会即指国家重大资源被集中于由政府确定的少数特定项目。在相应的部门里，个人需求实际上从属于被动员的目标，个人决策的作用差不多已化为乌有。苏联就是一个地道的动员社会。绝大多数"新兴国家"在追求现代化的过程中也表现出动员的特征：社会基本资源——资本和经过训练的人力资源——要配合有计划的经济变革。

近些年来，美国在关键性稀缺资源即"研究与开发"领域，已经表现出动员政策的特征，更重要的是，从事研究与开发的大多数科学家和工程师的工作是与军事需要和战备相联系的。美国在这样做时既没有直接强征有才干的人士，也没有限制非政府机构从事研究与开发工作。鉴于研究与开发具有一定风险,不但不能保证即时的收益或利润,而且成本极高,所以除了政府以外很少有机构能够承担这样的花费。而政府之所以不得不这样做,是因为自1945年以来战争艺术发生了不寻常的变革。

从某种意义上说,正像赫尔曼·卡恩所指出的,军事科技取代了马克思所谓的"生产方式",成为社会结构的一大决定性因素。自第二次世界大战结束以来,军事科技领域大致发生了三次全面革命,军队装备从头至尾全面更新,旧的武器系统尚未用过就已过时。无论是第一次世界大战还是第二次世界大战都不足以代表这种连续性的彻底中断。

原子武器特性的转变,从有人驾驶的轰炸机到导弹、从固定导弹到巡航导弹、从中程导弹到洲际导弹等变化——这些加速的变革是集中力量于研究与开发以及协作发展新的武器系统的结果。与轰炸机相比,"定制"导弹的制造技术是改变航空工业劳动力"生产配置"的主要因素,这种变化是如此之大,以致美国预算局就国防合约发表的报告(即1962年大卫·贝尔报告)认为在航空工业内部工程师、科学家与生产工人的比例大致为一比一。

这场意义重大的变革,不仅仅表现为席卷一切的技术浪潮,还表现在决策方式的变化上。1960—1965年的麦克纳马拉"革命"重塑了美国军队的后勤。我们甚至可以说,麦克纳马拉因此加入了圣西门和弗雷德里克·W·泰勒,担当起科技治国论万神殿中的导师。

麦克纳马拉所做的就是引入了一种评估战略选择及成本的新方式。在军事技术革命以前,战机先由空军设计,再交由私人承包商承包生产。美国空军在20世纪50年代的通常做法是承担4至5种机型的开发费用,再从中选择一种投入批量生产。如果单一机型的开发成本(包括设计、工具、模型)在1亿美元上下,那么这样做还有可能。但到了1956年,新机型的开发费用增加了5倍;在同一时期,新型导弹预计的开发费用增加了50倍。到罗伯特·麦克纳马拉出任国防部长时,开发费用的增长如此巨大,以致不得不采用某种"估值工程"来计算替代性武器系统的成本效益比。

麦克纳马拉"革命"代表着政府结构的合理化。它的核心思想当然不只是成本—效益，还包括以多种流程和目标评估武器系统的性能。根据项目预算制，传统的明细支出预算的整个结构需要分解检查以适用于"职能"程序。[①] 这个由麦克纳马拉引入的系统被称为程序规划预算系统（PPBS）。

从技术的角度看，按照某种逻辑重组过于分散的政府项目并将其归入一个系统，这是无可非议的。例如，根据1965年美国财政年度预算，教育基金被分散拨放到40多个机构。美国教育局的开支仅占联邦教育预算总额的1/5。因此，项目预算系统可以统一构成美国政府教育程序的诸多子项。可是，当人们再朝前迈进一步，试图通过成本—效益技术等有限的经济运算发现某个项目相对于另一个项目的社会价值时，问题就出现了。国防支出在美国联邦政府预算中位居前列，套用效用理论的术语来说，国防支出曲线是"单峰值偏好曲线"，而美国社会总的说来认同国防工作的重要性及优先地位。但是，对于那些不能达成一致意见的情况，如科学政策、社会政策或福利政策，我们又该怎么办呢？要如何做出决策呢？如果人们给出不同的评价，我们又如何进行选择呢？对于上述问题，科技治国论并未给出答案。

由谁掌权？

决策关乎权力。任何一个社会的关键问题将是：由谁掌权？如何掌权？如何掌握权力是一个**制度**概念；而由谁掌权则是一个**群体**概念。人们如何得到权力，决定了基础和路线，即由谁决定人们的地位。显然，当体制的性质有变化时，新的集团将走上权力舞台。（按照前工业社会、工业社会和后工业社会的项目列出了三者的主要区别，见表6—1：阶层划分与权力。）

在后工业社会，专业技能是取得权力的基础，教育则是获取权力的方式；以

[①] 因此，美国的国防工作不是按照陆军、海军、空军的传统方式组织的，而是被分解为以下的基本项目：战略反击部队、陆基空军和导弹防御部队、一般任务部队、空运和海运部队、预备队和国民警卫队、研究与开发；向下又细分为有助于达成共同任务的"项目要素"（目前美国国防预算中包括800个该类要素）。其基本原理是查尔斯·希契和罗兰·麦基恩在《核时代的国防经济学》（马萨诸塞州剑桥，1960年）中提出的。在兰德公司的有关著作中，由戴维·诺维克（David Novick）主编的《项目预算——项目分析与联邦预算》（马萨诸塞州剑桥，1965年）更广泛地应用了这一概念。

表 6—1 阶层划分和权力

	前工业社会	工业社会	后工业社会
资源	土地	机器	知识
社会活动场所	农场 种植园	公司企业	大学 研究机构
统治人物	地主 军人	企业家	科学家 研究人员
权力手段	直接控制武力	间接影响政治	技术和政治力量的平衡选举权和权利
阶级基础	财产 军事力量	财产 政治组织专门技术	专业技术 政治组织
取得权力的途径	继承 武力夺取	继承 赞助 教育	教育 动员 指派

这种方式走向前台的人（集团精英）即为科学家。但这并不意味着科学家是铁板一块，可作为企业集团共同行动。在现实的政治形势下，科学家可能发生意识形态的分野（正如他们最近在关于反弹道导弹的争论中所表现的那样），各个科学家群体将与不同的精英集团建立联盟。就政治的性质来说，军界、科学界与企业界的集团都不是铁板一块的，任何争夺权力的群体都要与其他的集团谋求结盟。（举例来说，苏联各利益集团在职能上的区分是比较清晰的，如工厂经理、中央政府规划人员、军官、党的干部。权力之争也因此更为露骨。政治局内任何派系想**争权**的话，必须**跨越**集团界线建立联盟。然而一旦**掌权**，胜利者必须在各个集团**之间**做出选择，影响职能部门之间权力的相对分配，转移**体制**的重心。）在后工业社会体制转换的过程中，以下两种主张是较为突出的：

• 尽管以前并没有这样做，但科学家作为一个**阶层**，或更广义地说，技术知识分子，现在必须被纳入政治进程的考量。

• 支配科学的精神气质不同于支配企业界、军界等重要社会集团的精神气质。从政治的视角看，这一精神气质使科学家**倾向于**采取与其他集团不同的行动方式。

45 年前，凡勃伦在《工程师与价格体系》中预言了一个基于技术组织和工业管理的新型社会。凡勃伦称之为"技术人员的苏维埃"，他很喜欢运用这种具有冲击性的语言，以便吓唬和迷惑学术界。凡勃伦在做出这一预言时，抱着与早期科技治国论者圣西门同样的幻想——工业体系的复杂性和技术人员的不可或缺将把军事革命和政治革命变成过去时。凡勃伦写道，"18世纪的革命是军事和政治革命；相信自己正在创造历史的政界元老们仍然认为在20世纪还可以用老办法发动或扑灭革命。但是在20世纪，任何实质性或有效的颠覆都必然是工业上的颠覆；同样地，要压制或平息任何20世纪的革命，也只有采取工业上的方式和方法。"

假如一场革命将要在美国爆发——作为一个有经验的怀疑论者，凡勃伦对这一前景很表怀疑——它不会像在松散而工业落后的苏俄那样由某个少数派政党领导，也不会由只想保持价格上涨和劳工供应下降的吃工会饭的那些既得利益者来领导。他认为，这场革命将按照"美国生产工业的物理条件设定好的"路线发生。凡勃伦用马克思主义的棱镜反观了一下自己的看法，之后继续说："革命战略的基本路线即为技术组织和工业管理的路线，更从本质上是工业管理学的路线；这样的路线将使组织机构适应高度技术化的工业体系，后者是每个现代文明社会不可缺少的物质基础。"

凡勃伦对革命阶级的评价可以归纳为：把"生产工程师"视为必不可少的"工业体系的总参谋"。"没有他们直接和不间断的指导和纠正，工业体系就不会发挥作用。工业体系是基于生产工程师设计、安装和指导的技术流程的机械化组织结构。没有这些人以及他们对工业设备的维护，工业机械化设备不过是一堆废料。"

20世纪的革命只能以"工业颠覆"的形式出现，这种工团主义思想说明了凡勃伦思想上的许多谬误。我们已经意识到，无论技术社会的进程如何演变，人类社会关键的转折总是表现为政治形式。最终掌握权力的不是科技治国论者，而是政治家。

过去30年重塑美国社会的重大变革，如管理经济、福利社会和动员社会的创立，都是为了适应政治需要而产生的。这些变革首先是为了适应在经济上不够安全的边缘群体（如农民、工人、黑人）的需要，保护他们免于市场风险；其次是由于在冷战和太空竞赛之后总体动员的姿态促成了社会资源与政治目标的集中。

上述这一切为当代社会阶级性质和地位的改变开启了更为宽广的理论前景。**就其终极意义来说，阶级并不代表一个特定人群，而是将获取、掌握和转移各种**

权力及相应特权的基本原则加以体制化的系统。西方社会的主导系统是所有权,法律对它实施保护,并可通过婚姻和家庭制度来让渡。但在过去25年至50年间,所有权制度已在解体。今天,美国社会共有三种权力与社会地位流动的模式,这令着手梳理阶级矛盾根源的学者们感到十分困惑。它们分别是:以历史上的所有制模式作为财富和权力的基础,以继承作为传承的主要途径;以专业技能为权力和地位的基础,以教育作为传承的必要途径;最后,以政治上的职位为权力的基础,以组织机器作为传承的途径。

我们可以把它们简化为以下几种模式:

权力的基础:	所有制	政治地位	技术
取得的方式:	继承 企业家才能	机构成员 合作	教育
社会单元:	家庭	团体 党派	个人

现代西方社会权力分析的难度在于,上述三种体系不仅同时存在、相互重叠,而且相互渗透。在家族企业没落和家族资本主义解体之后,家庭虽然失去了其作为经济单位的重要性,但家庭背景还是有助于为家庭成员提供财务、文化、人际关系等动力。少数族群凭经济条件获取社会地位的路已被堵住,转而诉诸政治途径以赢得特权和财富。在后工业社会,专业技能越来越变成获得职务和地位的最有力的竞争条件。儿子虽然可以继承父业成为公司领导,但是,如果他缺乏经营企业的管理技巧,这家公司就可能在与其他管理专业化的公司竞争中失败。企业老板和政客在某种程度上当然可以雇用技术人员和专家,然而,要是他们自己不充分了解技术问题的话,他们在判断时就会犹豫不决。

基于技术的新一代精英的兴起是由于这样一个简单的事实:军事计划、经济计划、社会计划等知识与规划已经成为现代社会中一切有组织行动的基本要件。掌握了新的决策技术(如系统分析、线性规划、程序预算)的新一代科技治国精英,对于在行使权力之外,进行政治判断离不开的决策规划与分析,越来越不可或缺。广义地讲,教育、研究与行政管理的扩散制造出新的选民——技术和专业知识分子。

虽然没有充分的共同利益将这些技术专家融合为单一的政治阶级,但是,他们确实具有共同点。首先,他们是新制度招兵买马的产物(正如所有制与遗产继承即为旧制度的本质)。新知识分子的准则——专业准则,是对至今仍在流行的、指引商业文明的经济上的自利准则的偏离。在新精英的上层即科学界中,人们秉持着大为不同的价值观,足以构成这个阶级新伦理的基础。

实际上,所有制体制自身正经历一场深刻的根本修正。过去几百年,在西方社会里,所有制为私人财富提供保障,一直担当个人主义的经济基础。正像耶鲁法学院的查尔斯·赖克(Charles Reich)所说,传统上的所有制"守卫着个人和国家之间混乱的界线"。在现代生活中,所有制以两种不同的方式发生了变化。其中一种是基本的变化:个人资产转化为公司,所有权不再由所有者控制,而被交给了经理人。新的所有权以一种更精细和开散的方式出现了,要对应一种不同类型的法律关系。简单地说,今天的所有权不仅包括有形物(土地、财物、所有权凭证),还包括要求权、赠予和合同。所有权关系不仅可以存在于个人与个人之间,而且存在于个人与政府之间。赖克指出,"政府分配的价值表现为多种形式,但它们都有一个共同点。它们正稳步取代传统的财富形式——私有财产。社会保险取代了储蓄,政府合约替代了企业家的客户和声誉……美国人越来越依靠政府的慷慨赠予——政府按照它自己的条件进行分配,领受者必须服从代表着"公众利益"的条件。①

"新型所有权"在很多情况下表现为直接赠予(如拨放给农民、企业和大学的补贴)或购买劳务、产品的合约(与工业部门及大学),但它最普遍的形式是由个人持有的要求权(如社会保险、医疗、住房津贴)。这些要求权是因重新定义的社会权利而产生的:要求社会确保待遇平等,这是人人应得的合法要求,因为这样个人才能够分享社会的遗产。所有要求中最重要的是在个人天资和潜力限度内享有受教育的充分权利。

这一切的结果是扩大了权力的范围,同时使决策模式变得更为复杂。罗斯

---

① 查尔斯·赖克:"新型所有权",载《公众利益》第 3 期(1966 年春季号),第 57 页。

福新政所触发的国内政治进程实际上是"经纪人"制度——处理选民之间政治交易的制度——的深化，不过，现在这个游戏有非常多的参与者。政治进程还出现了一个新的领域，它赋予科技治国论者一种新的作用。外交政策不是国内政治力量的反映，而是对国家利益所做的判断，涉及基于敌方实力和意图评估的战略决策。一旦确立了反对共产主义国家的基本政策，许多基于军事技术和战略评估的技术性决策就会对后续政策的形成构成极大影响。得克萨斯州与加利福尼亚州因电子工业和航空工业的发展而提升了地位，美国的经济地图甚至要为之重绘。就这些事例来看，只有先从技术和战略角度确定需求，之后企业和地方政治集团才能据此修正、利用上述决策，从而保护自身的经济利益。

在上述情况中，技术知识分子具有双重地位。就他们在研究工作中所占有的利益以及在大学中的职位而言，技术知识分子是新的选民。鉴于美国从未有过为科学、为研究与开发寻求资金和支持的永久性军事建制，军队已演化为另一种新选民。知识分子如同其他群体一样成了要向公众寻求支持的呼吁者（虽然他们的影响力表现在政府和行政领域的难题上，而并未以选举体制或群众压力的形式来传达）。与此同时，技术人员还是当权者及其追随者不可或缺的行政参谋。

政治角逐场

即使阶级结构的重心有所偏移，政治制度作为调节利益的场所，其自身的性质却不会改变。鉴于我在前几章提到的两个基本理由，政治领域在今后几十年间如果会有什么变化的话，那就是它将变得更有决定性。这是因为：首先，美国第一次成为全国性的社会。从外交事务到财政政策，这些足以同时影响社会各个部分的关键性决议是由政府而不是由市场做出的；其次，美国已经成为一个公共社会，现在越来越多的社会群体设法通过政治程序来确立它们的社会权利，即这些群体向社会提出的要求。

在全国性社会中，不论是消除污染还是重建城市，越来越多的工程必须要由社会群体或公共机构来承担。在一个紧密交织的社会里，大量决策必须通过政治和规划来确定。矛盾的是，上述两种机制会增加社会冲突。与不具人情味和分散的市场相比，规划为决策制订提供了具体的轨迹，因此成为一个可见的施压点。公共机构试图从不协调的个人偏好中找到一种社会选择，这必然会激化价值观的冲突。当入学名额有限时，我们是否愿意牺牲其他学生的名额而为黑人提供补偿性的教育？我们是希望保留红木森林，还是为当地社群设立一种有利可图的工业？我们是要默许越来越大的机场噪音骚扰附近的居民，还是要强制性地降低飞机自重和载荷并接受工业成本和旅客费用的上升？在建设一条新公路时，我们是要允许它穿越一个历史悠久的社区，还是让它绕过这一区域而让大家承担相应增长的费用？上述这些问题以及数以千计的类似问题，不可能基于技术标准而获得解决；它们必然涉及价值观和政治选择。

因此，在今后数十年，技术决策和政治决策的关系将是公共政策所面临的最重大的问题之一。政治家和政治的公众必然会越来越熟悉政策中的技术特征，认识到随着系统不断扩大决策会产生网状的影响。罗伯特·索洛已指出：亚当·斯密的观点易于为公众所消化；而针对替代性公共投资项目的计量经济学研究难度就大得多。技术知识分子必须学会对构成其技术基础的、未经分析的效率和合理性假设提出质疑。

然而，科技治国的思想最终必然先于政治走向没落。理性的希望，或者说特定类型的理性希望，注定要逐渐消失。按照马克斯·韦伯的理论，或许还会有一种**工具理性**得以幸存，它是与目的相互交织而彼此适应的一种理性。但是，只有在严格定义目的，从而可以从目的出发来评估手段时，这种情况才成为可能。①

根据我们所理解的政治而言，政治总是优先于理性，并且往往倾覆理性。所谓"理性"是指常规化的、既定的、行政的和有条理的规章程序。复杂社会的诸多方面必然会表现出这一特征。人们乘飞机或火车到华盛顿去，很少会与航空公司或铁路局讨价还价，但是与勒旺岛上的出租车司机就可能发生这类争执。不过，政治就是讨价还价，否则它就将转向暴力。在华盛顿，人们为社会的优先项、资金的分配、税收负担等问题而讨价还价。那种存在一种能使所有人获得

---

① 在韦伯的术语表中，理性有两种类型：一种是价值理性，另一种是工具理性。价值理性是"理性"的理性；工具理性则是职能性的理性。

满足的"社会决策"的念头已被肯尼斯·阿罗否定了,他用"不可能性定理"证明,任何一个社会决策都不可能像一个人合并自己的多项偏好那样,把集团内部的多种偏好合为一体。因此,理论经济学对公共福利的否定,如同个人效用的指导原则一样,逐渐破坏了理性在公共决策中的运用。从现实的角度来说,每个政治家都发自内心地深信这一点。我们要面对的问题不是把理性当作社会效用的客观标准,而是人与人之间的讨价还价。

至于在政治领域,随处可见的现象是社会对官僚化的抵制和参与的愿望。一句相当流行的话概括了这一社会命题,"人民应有能力影响那些会控制他们生活的决定。"民主参与的革命在很大程度上是为了反对"专业化"和在后工业社会中逐渐显露的科技治国式的决策。工会多年前在工厂里组织的活动,现在正被散播到社区之中,而且由于社会事务决策的政治化,它在大学里也蔓延开来;在今后数十年,它还将扩大到其他复杂组织之中。旧的那套通过精细分工而实现运转的科层制与中央集权的官僚组织,显然将被新的组织形式所取代。

然而,"参与制民主"并不是它的信奉者眼中的那种灵丹妙药,50年前一些人努力创立的创制权、复决权和罢免权等政治机制同样如此。"参与制民主"激发出如此狂热,但奇怪的是,它的支持者中却很少有人就最基本的层面考虑一下这个名词的意义。假如每个人都可以影响改变其生活的决策,按照这样的原则,南方的种族隔离主义者就有权把黑人赶出学校。同理,单个社区是否可以否决一个考虑到覆盖面更广泛的机构需要的城市计划呢?在前一个问题上,人们将不得不说,美国南部不是一个独立的实体,而只是级别更高的行政体制的一部分,因此它必须遵从那个更有包容性的社会中的道德规范;单个社区的情况也是如此。简言之,参与制民主再一次提出了政治哲学中的经典问题:谁来做出决策?在政府的哪个层面上?做出哪些决策?为多大规模的社会机构做决策?

社会组织合理化的概念目前仍相当混乱。作为一种手段以及有效分配资源的一整套技术,理性已被曲解得超出了前人的认识;而作为一种目的,理性又遭遇了爱唱反调的政治、利益政治和激情政治。面对这双重失败,理性的信徒——尤其是那些规划者和设计者——现在都处于困境之中,不得不重新考虑他们假设的前提并认识它们的局限。不过,这些新的认识本身就代表着智慧的开端。

T·S·埃利奥特（T.S. Eilot）曾说，结局就是开端。让我们回到一切政治哲学的基础吧！人们希望过怎样的美好生活？未来的政治——至少对于那些在这个社会上生活的人们来说——将不再是各大功能性利益集团为如何分配全国产品而进行的争吵，而是表现为公共社会的关切，尤其是要把边缘人群融入到社会中来。未来的政治将转向以下这些问题：如何向我们的领导人灌输一种负责任的社会伦理；如何设立更多的便利设施，以便把我们的城市安排得更加舒适、美丽，生活质量更高；如何建立一个更加差异化和更智慧的教育系统；如何提升我们文化的性质。就如何实现这些目标以及分配相应的成本，我们可以有不同意见。但是，这些要从公共美德考虑的问题，将我们重新带回到古希腊城邦的经典问题。事情本就应该这样。

| 结语 |

未来的议程

社会制度是怎样改变的？

社会制度在很长时间之后才会失效。19世纪50年代，马克思认为"历史的革命进程"破坏了资产阶级社会，将欧洲带到了社会主义的边缘。他担心最后的起义会抢在他完成其伟大巨著《资本论》之前到来，于是在1857年末写给他的朋友库格曼博士的信件中说："我整夜狂热地工作，将经济学研究整理成文，这样我至少可以在激荡的洪流到来之前写出清晰的大纲。"[①]当时正在消亡的是一个更古老的社会秩序，但即使在那时它也还有半个世纪的生命。[②] 在速写这个社会时代时，我们忘记了这个事实：一直到1918年以前，德国、俄国、奥匈帝国（它包罗了中欧的很大地区）和意大利始终有着一个强大的君主制度，而在英国，一个小小的上层阶级（其成员相互之间的关系极为紧密）仍然统治着社会。在第一

[①] 马克思在1856年的一次讲话中用地质学说做了一个比喻："所谓的1848年革命，不过是一些微不足道的事件，是欧洲社会干硬外壳上的一些细小的裂口和缝隙。但它们暴露出外壳之下的无底深渊。在看似坚固的外壳下面，现出了一片汪洋大海，只要它动荡起来，就能把由坚硬岩石构成的大陆撞得粉碎。"马克思在之后数年发展了一个观点：在全部的发展潜力实现以前，任何社会制度都不会自行消失，这是正确的马克思主义。马克思用这种观点来反对空想家、左倾分子以及认为光凭"意志"就能产生社会革命的政治冒险家。

马克思1856年的讲话是在宪章派机关报《人民报》创刊纪念会上发出的（见马克思《在〈人民报〉创刊纪念会上的演说》，载《马克思恩格斯选集》第2卷第78页，人民出版社1972年版）；致库格曼博士（Dr. Kugelmann）的信引自纽约1936年出版的《马克思恩格斯通信集》第225—226页"编者注"。

[②] 德国伯爵、著名出版商哈里·凯斯勒（Harry Kessler），生于1868年，1935年去世。在去世前两年，他出版了一部回忆录《形象与时代》，在回顾19世纪80年代的同时追忆起当时一种普遍流传的情感是：

"一些非常伟大的东西，旧日的世界、但主要还是农业化和封建的欧洲，窈窕淑女、显赫帝王所生活的世界，改朝换代，18世纪的欧洲和神圣同盟，这一切都已老朽衰败，即将走向死亡；而某些新生、强壮，然而尚无法想象的东西即将出现。"纳奥米·布利文（Naomi Bliven）在《纽约客》杂志（1972年1月15日）上引述。

次世界大战的灰烬中虽然可以升起一场共产主义革命，但是这场熊熊烈火对资本主义的损害却没有像它最终摧毁封建主义政治残余那么严重。

距马克思的逝世已 90 多年，资本主义仍然统治着西方世界。看来矛盾的是，共产主义运动几乎在一切农业社会和前工业社会里掌了权，"社会主义规划"在很大程度上成为工业化而非资本主义的替代。因此，预测资本主义要迅速消亡，是一件颇冒风险的事。而战争和管理资本主义的社会形式，如股份制公司、私人投资决策、基于财产控制权的级差特权，阻碍着资本主义制度政治外壳的崩裂，它可能还要存在相当长的一段时间。

然而，资本主义制度的职能基础正在改变，新社会的轮廓正在成形。这一历史性转变是沿着两个中轴发生的。其中一个中轴是经济职能与社会其他重要职能的关系。马克思在看待资本主义世界时，强调阶级分野是社会冲突——经济制度内部对工人的剥削——的根源，并且预言一场政治动荡将会发生，新的社会秩序将要替代阶级分野。但是以工业社会的观点来看，埃米尔·涂尔干认为对经济职能缺乏约束是社会混乱和社会生活遭到破坏的根源。涂尔干在 1890 年第一次写道：

> ……没有伦理守则，就不存在社会职能。若不如此，个人贪欲就会将其他一切扫荡一空，而人的贪欲在天性上是无尽无休、永无满足的，所以，如果没有约束它们的方法，它们就不能自我约束。
>
> 欧洲社会现正在遭受的危机就是因为这一事实。两个世纪以来，经济生活的扩张前所未见。经济职能从次要的、被看不起的，只能由下等阶级从事的地位跃升至最重要的地位。我们看到军事职能、政治职能和宗教职能都被它远远丢在了后面。只有科学职能尚能与之一争高下，而且，假如科学不能服务于物质上的目的（即主要服务于企业业务），那么，用今天的眼光来看，它也是没有多大威望的。因此，我们可以公正地说：社会已成为或趋向于成为工业社会。①

---

① 埃米尔·涂尔干：《职业伦理与公民道德》（伊利诺伊州格兰科，1958 年），第 10—11 页。这些

现代社会的主要问题不是阶级矛盾，它不过是不受限制的工资竞争中的一个次要方面，主要问题是经济职能（甚至在由国家赞助的情况下）不受管束的性质。

鉴于人与人的相互依存和经济活动的聚合性、外部效应和社会成本的出现以及控制技术变革影响的需要，在我们这个时代出现的具有决定意义的社会变革是经济职能对政治秩序的从属。它采取的形式各有不同，源于不同政治社会的特定历史，如中央政府控制、公营公司、分散型企业与中央政策指导、公私合营企业，等等。有些属于民主形式，有些则不是。然而，核心的事实非常清楚：经济秩序的独立性（以及保持经济运转的人们的权力）正走向终结，一个全新的、多变的，然而非常不同的控制系统正在形成。总之，对社会的首要控制不再是经济的，而是政治的了。

第二个重大历史变化是社会职能（或社会地位，主要表现为职业地位）与所有权相分离。在西方社会，特别是在资本主义制度下，社会职能可以转变为对土地、机器、股票、特许权的所有权，这是一种可以贮存并传给后代的财富，形成了权力的继承——特权固化为社会体制。但在正在出现的新社会，个人私有财产正失去其自身的社会目的（即保护洛克①所谓人的劳动，用以控制或指导生产，并作为风险之回报）。社会职能被分离了出来。

职能自主性或技术竞争力是圣西门科技治国思想的根源。它是英国著名经济史学家、社会主义者R·H·托尼（R.H. Tawney）的道德观的基础。托尼在他的有影响的小册子《渴望占有的社会》中强调，财产所有权已经失去了声索报酬的道义，所以，与职能这一"体现和表达社会目的的活动"相比，它不再是获取尊

讲话在涂尔干生前没有出版，而是由伊斯坦布尔法学院和法兰西大学出版社在20世纪50年代第一次发表的。涂尔干最早于1890年、1900年在波尔多做过这些讲话，1904年和1912年又在索邦重复过。上面引述的段落略有删节，源自涂尔干为《社会分工论》第二版（1902年）所写的前言"关于专业集团的几点看法"。见《社会分工论》，乔治·辛普森（George Simpson）译（纽约，1933年），第3页。上述引文的最后两行，我采用了《社会分工论》前言中的措辞，因为这样可以强调涂尔干思想的实质。
① 约翰·洛克（1632—1704），英国哲学家和政治学家，是培根和霍布斯哲学路线的继承者。在宗教上他是自然神论的先驱；在政治上他主张代议制政治，是社会契约说的先驱；在经济学上创立了关于私有财产的劳动学说。——译注

重和地位的重要标准。①

托尼定义的就是**专业主义**，如果这个看法正确的话，那么后工业社会的核心很大程度上就是一个专业阶级。定义地位群体的边界虽然是流动的，往往不大明确，但某些核心因素却是显著的。②一门专业是一项博学的（也就是学术性的）活动，要有正式训练，且要处于广阔的学术背景之内。厕身于某个专业，意味着得到该专业同行及既有机构正式或非正式的认可。专业还体现着一种社会责任的标准。这并不是说专业人员就比他们的同胞更乐善好施，更高风亮节，而是说人们期望他们以服务为道德的标准，而先于自利的道德。③由于这一切原因，专业就意味着技术和伦理领域的竞争力与权威，专业人员将在社会中获得神圣的地位。

在第六章，我谈到了工业社会中阶级与权力的转化。以此为基础，我们可以想象未来。沿着阶级与权力这两个历史中轴来思考后工业社会的社会结构，我们可以得出两个明显的结论。第一，正在兴起的新社会里的主要阶级首先应是一个以知识而非所有权为基础的专业阶级。其次，社会的控制系统并非寄生于职业世袭的阶级手中，而是存在于政治秩序之中。至于什么人来掌控政治秩序，仍尚待观察。（见"图式：后工业社会的社会结构"）

就社会地位（尊重、认可度，或许还包括收入）而论，知识阶级可能是新社会中地位最高的阶级，但是，根据新的社会结构的本质，这个阶级以其内聚力或共同一致性的基础而言，并没有成为一个新的经济利益阶级或者争夺权力的一个新的政治阶级的内在理由。观察一下这个图式就可以清楚地看到这些理由。

---

① R·H·托尼：《渴望占有的社会》（纽约，1920年），第8页，特别参见第六章"职能性的社会"和第十章"脑力劳动者的地位"。
② 有关这一问题的经典讨论，见A·M·卡尔—桑德斯（A.M. Carr-Saunders）与P·A·威尔逊（P.A. Wilson）：《专业》（牛津，1933年；伦敦，1964年再版），特别是书中第四部分"专业主义与未来社会"。对这一概念的总述，见塔尔科特·帕森斯的论文"专业"：载《国际社会科学百科全书》（纽约，1968年）第12卷。有关近期哪些领域可以被专业化的讨论，见哈罗德·威伦斯基（Harold Wilensky）："人人专业化"，载《美国社会学杂志》第70卷，第2期（1964年9月）；以及J·A·杰克逊（J.A. Jackson）编《专业与专业化》（英国剑桥，1970年）。
③ 可以说，企业通过市场与顾客进行结算，而专业人员在专业团体中接受同僚的审核。所有制与财富相关联，可以通过法律上的所有权凭证来直接继承；专业则是一种技能，专业人员的子女只能通过文化上的优势间接获得。

图式：后工业社会的社会结构（美国模式）

一、地位：阶层的轴心——以知识为基础

（横向结构）

1. 专业阶级：四大阶层
   （1）科学知识阶层
   （2）技术阶层（应用技能：工程学、经济学、医学）
   （3）行政阶层
   （4）文化阶层（艺术与宗教）
2. 技术人员和半专业化人员
3. 职员和销售人员
4. 技工和半熟练工人（蓝领工人）

二、工作场所：职业活动的地点

（纵向结构）

1. 经济单位与商业公司
2. 政府（官僚体制：司法与行政）
3. 大学与研究机构
4. 社会机构（医院、社会服务中心等）
5. 军队

三、控制系统：政治秩序

1. 指导者
   （1）总统办公室
   （2）立法机构领导人
   （3）行政首脑
   （4）军队领导人
2. 政治组织（支持者与要求者）
   （1）政党
   （2）权贵（在科学、学术、商业、军队等领域）
   （3）组织集团
      a. 职能性集团（商业、专业化、劳工等集团）
      b. 种族人群
      c. 有特定焦点的集团
         （a）职能性的焦点集团（各个城市的市长、穷人等）
         （b）表达诉求的集团（青年、妇女、同性恋等集团。）

在我的定义中，专业阶级由四大阶层构成：科学知识阶层、技术阶层、行政阶层和文化阶层。① 四大阶层虽然由一种共同的精神联结在一起，但是在维护学术思想以外，彼此之间并不存在凝聚性的内在利益；事实上，它们之间存在着很大的分裂。科学知识阶层着眼于对基础知识的追求，并试图用合法的方式保护实现这些追求的环境，使之免于政治或外部的不良影响。技术阶层，不论是作为工程师、经济学家抑或医生，其工作都基于经过汇编整理的知识体系，在为社会、经济目的应用其知识时，受到他们所服从的各个工作场所政策的限制。行政阶层关心的是组织管理，与组织自身的利益（它的永存和强化）和社会目标的实现相联结，也有可能与这个或那个阶层产生矛盾。艺术、宗教领域的文化阶层涉及形式与意义的符号表达（造型符号、概念符号），由于这个阶层更多地关注意义，它会越来越与技术阶层、行政阶层相敌对。我在导论中已经指出，现代文化的中轴原理，就其对自我的关注而言，是唯信仰论和反体制的。它敌视工具理性，后者倾向于由技术阶层和行政阶层主导知识的应用。在后工业社会，我们将会发现社会结构与文化越来越趋于分离，这即使不影响四大阶层的共同意识，也不可避免地会影响其聚合力。②

阶级虽然或许要由横向的**地位**表现（以四大阶层为首），社会却是纵向地由**工作场所**所组织的（工作场所是职业活动和利益的真正所在地）。我选择了较为生僻的社会学术语**工作场所**，借以强调这样一个事实，即在日常活动中，实际的竞争和利益冲突存在于人们所隶属的各大组织之间，而不是更为分散的阶级、地位身份之间。在资本主义社会，有产者和商人作为一个阶级只出现在企业、公司

---

① 四大阶层的设想当然是来自唐·K·普赖斯（Don K. Price）富有成效的著作《科学权贵》（马萨诸塞州剑桥，1965 年）。普赖斯把政府的职能定为四种——科学职能、专业职能、行政职能和政治职能——并以每种职能作为理想型转换为阶层。我和普赖斯有两大分歧：首先，我认为阶层可以更准确地用社会集团来代表，而不是职能；更重要的是，我认为**政治**职能不能在逻辑上等同于其他职能，因为政治是整个社会结构的控制系统。在术语选择上，我在普赖斯使用"专业"一词的地方代之以"技术"（指应用技术）一词，因为我要把"专业"一词用于赋予整个阶级更广泛的意义。我还加入了一个普赖斯没有提到的文化阶层。尽管如此，我从普赖斯那里获益良多。
② 我们将注意到"新意识"更为极端的形式——诸如西奥多·罗扎克（Theodore Rozsak）的《反正统文化的形成》和查尔斯·雷奇（Charles Reich）的《美国的绿化》——对科学主义及科学都表现出明显的敌意。

之中，因此地位和工作地点相互关联。而在后工业社会，四大阶层分布于多种不同的地点，如科学家为经济企业、政府、大学、社会机构或军队工作（尽管大多数"纯"科学家只出现在大学里）。技术专家和经理人的分布也是如此。由于存在这种"横切"，因政治目的而形成纯粹"阶层"意识的可能性趋于消亡。

最后，假如在 20 世纪最后 1/4 出现的重大历史转折是经济职能从属于社会目标的话，政治秩序将必然成为社会的控制体系。可是由谁来实行控制？为了哪些阶层（或何种）目标呢？一方面来说，这个变化可能意味着传统的社会矛盾已经干脆从一个舞台转向另一个舞台，传统的阶级在经济领域里所争夺的一切，一如人们寻求地位、特权和统治权的相对优势，现在已转移到政治领域。随着这个舞台的扩张，特定集点和少数人群（如贫民、黑人）现在设法通过政治来取得他们不能在经济秩序中获得的特权和利益。这就是近年来发生的转变，而且它仍将持续下去。第二个、同时在结构上更有渗透性的转折是：在后工业社会，**工作场所**将取代**地位**，成为社会上重要的政治利益单元。从某种程度上说，这在压力集团的日常现象中表现得很明显。在后工业社会，**工作场所**能达成相互之间更大的共同凝聚力，在制定公共政策时呼吁公众支持和主要选民。[①] 然而，一再强调政治秩序在科技世界里具有优先地位的那些势力，要迫切地为整个社会制定紧密一致的目标，并且在这个过程中，清晰表达超出特定工作场所或社会集团愿望总和的公共哲学。在力求铸就这种一致性时，我们有可能在后工业社会找到专业阶级凝聚力的种子。

与马克思的看法相反，新的社会制度并不总是必然萌生于旧制度的躯壳之内，有时也会出现在它的外部。封建社会的框架由贵族、地主、军人和牧师构成，其财富的基础是土地。自 13 世纪起崛起的资产阶级社会由工匠、商人和自由职业者构成，其所有权基于他们的技能或冒险的意愿，这些人世俗化的价值观与正在褪色的、戏剧化的骑士生活大相径庭。资产阶级社会兴起于封建分封的架

---

① 这个分析的局限性在于，尽管后工业社会在社会结构上日益成为**职能**社会，但政治秩序却不是按职能来组织的。因此，传统地理区划的保留以及人们按这种方式分散居住意味着在任意一个时刻，政治问题都要比特定阶层或工作场所的利益分散多。它还指出工作场所将如压力集团一样主要通过对立法机构和行政部门的游说来进行活动，而不是通过选举过程而直接生效。现实远比任何理想化的图式要复杂。

构之外，在那些不再是封建领主附庸的自由公社或城镇之中。这些自治的小型公社于是成为未来欧洲重商主义和工业社会的基石。①

当下的社会进程也是如此。后工业社会的根源在于科学对生产方式不可阻挡的影响，特别是它在20世纪初给电子工业、化学工业带来的转变。但是，正如罗伯特·海尔布伦纳的评价："就我们所知，科学的发源远远早于资本主义的出现，但直到资本主义稳固确立其地位之后很久一段时间，它才获得了充分的发展。"作为准独立的社会力量，科学将比资本主义延续得更久。根据这个理由，我们可以说科学阶层（其精神和组织）这一细胞内部蕴藏着未来社会的胚胎。②

科学的未来

科学的精神气质

虽然科学思想可以远溯到古希腊，但有组织的科学工作基本上出现于17世纪，有钱人的赞助使得在大学以外涌现出大量的科学院或科学协会，培育了科学实验的精神。然而，直到建立国家级别的科学院（如18世纪末在法国）、将科学吸收进大学（始于19世纪的德国）以及大学成立科学实验室并演变成世界上的

---

① 矛盾的是，资本主义社会是在作为其根源的、自给自足的公社经济因大规模工业的兴起而告解体之后才发展壮大的；这些工业在扩张时从一个城镇购买原材料，再向另一个城镇出售其产品。它在成长过程中与新兴民族国家的君主集权制建立了联盟，以对抗老旧的封建社会和公社的规章限制。
② 这实际上是海尔布伦纳的建议，见罗伯特·海尔布伦纳：《美国资本主义的限制》（纽约，1966年），第115页。他说：

"……正如市场在中世纪首次出现，科学及技术好比一条巨大的地下河，迂回曲折的河水最终在资本主义时代流出地表，而它的源头其实十分复杂。两者的神似之处还更超出这一点。与新兴的市场力量一样，科学变革之河一经流出地面，就必须使其自身穿越既有的社会地貌。一如贯穿在中世纪生活之中的金钱，这条航道亦将深刻改变现有地形的特征。实际上，如果我们要问当下有哪种力量可以随着时间的流逝强大到足以动摇资本主义特权和职能堡垒的基础，重建一套体制和社会结构将其取代，答案肯定是支配我们时代的那股力量——科学和技术的力量。"（同上书，第116—117页）

我相信，海尔布伦纳先生最初的论点或许是正确的，但它却忽略了科学一旦成为"大科学"，一旦与政府相结合以应付当前的社会和政治问题，科学自身将发生的转变。正是这种转变——我在以后的讨论中将谈到——使得后工业社会中乌托邦的成分成了问题。

科学团体在各自领域的中心之后，科学工作才得以形成体制化发展。①

科学工作虽然经常在国家体制内部进行——在德国和法国，大学和科学院都是国家机构，教授则是公务人员——但有关科学的首要事实是：科学界在决定进行哪些研究、辩论哪些知识正确有效、对科学成就的认可并授予相应地位及尊重等方面具有自我定向的**独立性**。这个独立性就是科学（和科学组织）精神气质的核心。

科学团体因具有自我规范的精神气质而获得了道德力量；但这个阶层自第二次世界大战（即后工业社会初生的年代）以来的发展太过迅猛，以至于它在精神和组织上的传统形象与自结构和地位上形成的"大科学"现实大大脱节。这种脱节使人们不免要追问：资本主义制度兴起所带来的悖论是否会在科学与政府的错综联系中再现？科学传统的精神气质和形象是否可以不必在后工业社会里表现为不同的职能？

科学界是人类文明历史上一个独特的体制。② 它没有假定的官方信仰，因此并没有所谓的意识形态，但它的确具有一种精神气质，足以含蓄地制定一套行为

---

① 有关早期科学组织的简明讨论，见 A·R·霍尔（A.R. Hall）《科学革命，1500—1800》（伦敦，1954年）一书第七章"科学探索的组织"。有关近两个世纪以来科学的体制化，见约瑟夫·本—戴维（Joseph Ben-David）《科学家在社会中的作用》（新泽西州恩格尔伍德—克里夫斯，1971年）。本—戴维教授在描述大学的新作用时说：

"……一些德国大学的实验室大约从19世纪中叶开始成为世界上的科学团体在各自领域内的中心，有时也是其常驻地。德国吉森大学的李比希和柏林大学的约翰尼斯·米勒（Johannes Müller）或许是最早的先例，即由一位导师带领一大批研究生长时间地投注在某个专业之中，直到由于力量的高度集中而取得超过世界上任何人的杰出成就。到该世纪末，一些教授的实验室声名远扬，吸引了全世界最有才能的学生纷纷到那里进行时间长短不一的学习。在这类实验室里工作过的学生的名单往往包括接下来整整一代取得重要地位的科学家。……

"这些未经计划且预想不到的发展对于科学组织的影响，相对于19世纪初的改革是更加具有决定性的一步。研究成为一项常规事业，许多领域的科学家开始建立前所未有的紧密网络。训练出大批优秀学生的大学实验室成为其中的**核心**，使人际关系、高度有效的人员交流、在指定的问题领域启动慎重的集中协作研究等事务得以开展。"（前引书第124—125页）

② 为了对科学传统上的意象和基本原理作这番描述，我大量参照了迈克尔·波兰尼《自由的逻辑》（伦敦，1951年）中的第一部分；马克斯·韦伯"科学作为一种职业"，载格特（Gerth）和米尔斯（Mills）编《来自马克斯·韦伯》（纽约，1946年）；以及罗伯特·K·默顿的《社会理论和社会结构》（修订本，伊利诺伊州格兰科，1957年）第15章和第16章。

意象是一种理想类型，它像任何思维构成物一样，有时会在实践中发生矛盾。对它的怀疑看法，见罗伯特·A·罗思曼"对科学精神气质的异议"，载《英国社会学杂志》第23卷第1期（1972年3月）。

准则。它不是一经签字就可参加的政治运动，要通过选举才能拥有会员资格，同时会员必须承担相应义务。它也不是教会，人们的忠诚以信仰为基础，以宇宙的神秘为根源。信仰、热情与神秘感虽然存在于科学之中，可是，它们应当由对已获验证的知识的探索来加以指引，这些知识的用处就在于验证和摈弃旧的信仰。如同所有有人参与的机制一样，科学团体有自身的层级和威望排名，但是这个排名只基于个人成就和同行的认可，而与继承、资历、暴力或精心的操纵全然无关。总之，它是一种霍布斯和卢梭从未提到过的社会契约，成员要自愿服从这个团体与既有的伦理统一，领导权不具有强制性，道德良知仍然基于个人且人们可以提出异议。作为一种意象，科学团体最接近于古希腊的理想**城邦**，一个由自由的男人和女人联合起来共同追求真理的共和国。

几乎如同宗教圣职一般，科学根据生活方式来定义各自的舞台。"一个人一生下来就进入了社会，只要长大就可成为公民。但是，科学共和国却不是这样，它的成员资格必须靠勤奋的探索才能获得，而且是有选择性地被授与的。"伯纳德·德·茹弗内尔如此描绘科学生涯的开端。人们生活在过去的成败所形成的伟大传统之中。大学是第一个培育场所。在更低级的学校里，学生学习既有学说、科学真理和迄今尚无答案的科学问题，大学则设法使学生认识到科学的不确定性及其永恒的变易属性。

要成为科学家，就要先当学徒。一如艺术领域，科学界很少有天才或自学成家的人物；要就学于大师门下才能取得成就。波兰尼写道："在伟大的研究学院，科学发明的重大前提正在孕育之中。导师在日常工作中要把它们展示给有天分的学生，并将指导自身工作的个人直觉也一并传授。……这就是为什么许多大科学家都曾在大师门下做过学徒。卢瑟福（Rutherford）的成就就明显带有曾师从J·J·汤姆森（J.J. Thomson）的印记。此外，在卢瑟福的门生中，至少找得出四位诺贝尔奖获得者。"

既然存在徒弟，那么就一定有社群。只要读一本沃纳·海森伯格（Werner Heisenberg）《物理学及其前景》一类的书，我们就将意识到20世纪20年代核物理学领域出现了激动人心的先锋运动。青年物理学家云集于哥廷根、柏林、哥本哈根和剑桥，追随大师并参与令人兴奋的物理学世界重建。这些青年自觉地感到隶属于一个特殊的社群,彼此的关系是亲密和私人化的。弥漫在物理学前沿领域的那种既合作又竞争的气氛使人印象深刻,玻尔、迪拉克、施勒丁格、海森堡、泡利等人在相互拜访中交换意见、谈论物理学问题。玻尔等大师能够快速感知到年轻人的素质,邀请其与之共事,再不然就与年轻人一起长时间地散步、谈话,以便验证并澄清他们的思想。①

科学的核心在于对探索的定义。所谓探索,是解决一个并非"已知"而尚属疑问的问题的努力。探索的开端依赖于一种推测的过程,它用未知的基础模式将相对丰富的现象联系在一起,再以科学方法将这些模式简化为可以测试的一些选项。所谓理论不是包罗所有排列、组合的机械算法,而是需接受验证的深入洞察。假如未能严格地追求这一测试过程,一个人虽然仍有可能接触真理,但却脱离了科学探索的标准。

因此,知识若要获得认可,必须先经历批评的考验。最早出现的"裁判者"决定一篇论文是否可以被科学刊物发表。有一些位高权重的人是备受尊重的。在科学阶层,正如在其他机构一样,年长者往往聚集在科学院或其他一些得到官方认证的正式团体里。这些人是科学界非正式的统治者。"通过提出建议〔正如波兰尼说的〕,这些人可以延缓或加速新的研究方向的进程。……通过奖项授予和其他一些荣誉,这些人几乎可以在一夜之间使有前途的先行者赢得权威及自主地位。……通过挑选适当的候选人担任某一时期一直虚席以待的教授职位,用十年左右的时间就能建立一个新的思想学派。设立新的教授职位可以更有效地推进这一目标。"

与这一进程相伴而行的是一种基于自由探索的精神。它之所以被看作是一项承诺,不是由于它从技术上、程序上有效地推进了科学工作(尽管它确实做到了这

---

① 在这方面,科学团体与许多知识团体、艺术团体是一样的。画家、作家经常相互拜访,一旦被共同的兴趣联系在一起,彼此的工作就都获得了提升。20世纪50年代抽象画派有过一个类似的运动,霍夫曼、波洛克、德库宁、斯蒂韦尔和马瑟韦尔等艺术家把绘画的特性——把画作的**纹理**效果视作绘画本身的一个领域——扩大到绘画形式的极限,从而在某种意义上说,穷尽了一个范式。这些艺术家虽然常在一起讨论(但斯蒂尔是一位隐士),却从未在一个**合作**机构中致力于掌握某个问题、完成学术传统的某个阶段。科学是在一个连贯的范式中对**协作**知识进行验证的过程。不论探索过程是否由个人完成,其成果一旦相互结合,即便不能为理论问题提供解释性的答案,也能对其作一全面的说明。

一点），而是由于在道义上它被认为是正确且有益的。正如罗伯特·K·默顿所说，这种精神有四个因素：普世主义、社群主义、公正无私，以及有组织的怀疑主义。

普世主义要求科学事业应对任何有才能的人开放。它抵制依托于特定个人的私人属性、社会属性（如种族、国籍、出身和阶级）的诉求。社群主义意味着知识是社会产品，源自人类过往的共同遗产并将被免费传给今后的继承者。在科学领域，用个人的名字命名（如波义耳气体定律）只是纪念性的措施，而并非财产权利。我们可以取得某项发明的专利并从中获取收益，但不能垄断导向这一发明的理论。① 科学理论属于公众领域，从这一点来说，充分和公开的交流是推进知识的必要条件。

公正无私不是指个人动机（但科学家至少要像其他人一样小心应对对名誉的渴求，鉴于名誉是他们主要的回报），指的是标准规则。科学年鉴里不存在真正的骗局（与其他领域相比这确属一项出色记录），但这不能归功于科学家的个人品质，更多地是依靠科学探索本身的特性。"公正无私的要求［默顿写道］从科学的公共性和可验证性中找到了坚实的基础，可以认为这一情况对于科学人养成正直品格是有益的。"

有组织的怀疑主义强调中立调研、"自愿搁置信仰"并拆除神圣与亵渎之间的高墙。科学知识不是意识形态（尽管它可能出于此种原因而被歪曲），而是要不断接受验证的公开阐释。苏联意识形态专家（约在1930年）认为爱因斯坦的物理理论是资产阶级唯心主义，但最终走向崩溃的却是苏联的意识形态而不是爱因斯坦的物理学。科学若想要求绝对的独立与自由，就必须强调科学成果的无党派性质。

用约翰·齐曼（John Ziman）的话来说，科学是一种旨在达成"理性观念的一致"的特定社会进程。理想的政体亦是如此。但二者的流程有所不同。在科学领域，"真理"经由争论和批评而获得，最终达成一个一致的答案；而在政体里，观念的一致通过讨价还价和权衡来获得，解决方案是相互妥协。

---

① I·I·拉比在分子束方面所做的工作和查尔斯·汤斯（Charles Townes）的辐射理论奠定了直接导向激光原理的理论基础。工业企业虽然可以获取盈利，但拉比和汤斯也获得了学术界的认可，双双赢得诺贝尔奖。

鉴于圈外人组成的委员会除了既有范例的日常发展之外，不能预测科学的未来发展，这些任务只能接受科学人士自身的指导。科学界由一群有献身精神的个人组成。他们彼此认同，在一个自治的社群内工作，对整个社会负有的责任少于对科学理想的责任。

流程与精神气质加总起来就变成一种"号召"。它堪称是一种号召，马克斯·韦伯说"从'值得为大众周知的'角度来说，科学……认为科学工作的产物是极为重要的"，尽管这一表达不能以科学方法加以验证，而且每个人都将按照自己的方式与其秉持的终极价值观相联系。献身科学具有一种神圣感，而且由于对这"神圣"的分享，我们可以说科学精神气质描绘的是一个"具有超凡魅力的群体"。

这番描述中的关键词是科学**界**。"界"着重强调在最近1/4个世纪出现的社会学意义上的显著分离。界（Community），用社会学术语表达就是社群（Gemeinschaft），是借助传统和观念的力量来规范自身、依靠私人联系聚集在一起的初级群体。按照社会学中常见的二分法，与社群（Gemeinschaft）相对应的名词是社团（Gesellschaft），即由官僚科层制进行规范、以撤职为惩罚、非个人化的大型高级社团。今天的科学界既是**社群**（Gemeinschaft）又是**社团**（Gesellschaft）。我们的社会中存在着科学社群，它们凭借其杰出成就获得了同侪的认可，共享科学事业的非凡品质，维持公正无私的知识规范；同时也存在"职业社团"，即以有效回报社会或企业（营利或非营利性质）为标准的超大规模的企业。后者的占比越来越大，以至于使前者相形见绌。

"职业社团"的特点十分清晰。就内部而言，它有官僚科层制的一般特征：规模化、差异化和专业化，即汉斯·马格纳斯·安森博格（Hans Magnus Enzenberger）所谓"思想工业化"的危险。这种企业按照层级制和无人情味的规则进行管理，在大学里体现得虽然不多，在研究实验室里则较明显。人们在琐碎任务的分割中失去了整体感以及对工作流程的控制。剩下的只有在职场中异化这一普遍法则。

它的外部特征表现为依赖政府提供的财政支持（一如德里克·普赖斯所写："毫无疑问，在大科学时代最反常的问题就是金钱"）与科学要在武器研究、技术提升、环境净化等问题上服从"国家需要"的要求。"科学政策"取代了自我定向，不可避免地将会成为科学"规划"的另一个名称。在以国民生产总值占比体现的对科学的支持程度、各个科学领域相对的分配比例、研究优先项的列表这一类的经济性质的问题上，这样的规划不可避免。虽然科学界有要求自主的可能，但任何一个大规模的官僚机构必须要接受公众监督或政府控制，或者如同所有接受管理或资助的企业一样，这些机构会为了实现自身利益而设法影响政治决策，成为政治系统中的权利要求者。

沿着另一个角度，社会结构的这种转化向科学标准与精神气质提出了一系列重大问题。科学界是将生气勃勃的感召魅力体制化的最杰出的案例之一。就我们所知，感召魅力是使变革、革新，特别是革命性变革合法化的主要手段之一。感召魅力通常（虽然并不一定）存在于引人注目的人物身上，成为打破既有传统体制的道德支撑。从宗教史、政治史上，我们可以看到在感召魅力主导一切的时期之后往往紧接着一个常规化的时期，最初的感召魅力冲动（如基督教精神、共产主义）成为既定体制而抵制新的变化。但科学不是这样。科学界所接受的标准是通过汇编的规则来进行永远的变革。科学知识的命运就是要接受不断的考验，作为个人虽然有理由抵制彻底推翻某个特定的理论或范式，但整个科学界则必须接受变革的命运之轮。[1] 这一"具有感召魅力的社群"已成为科学史上的可行现实，它守卫着变革的圣杯，以一群保护人的身份赐予新范式以合法性，对相应的个人给与认可和奖励。[2]

---

[1] 正如马克斯·韦伯在"作为职业的科学"中所写："在科学领域，我们每个人都知道自已已经完成的工作在10年、20年、50年之后就会变得陈旧。这是科学的命运；也正是科学工作的**意义**所在。……每一项科学'成就'将会提出新的'问题'；它**要求**被'超越'和被废弃。谁要献身于科学，谁就得服从于这一事实。科学工作持续地使人们感到'满意'，是因为它高超的技艺以及始终可被当成重要的训练方法。可是，它们将被科学化地超越，请允许我再次重复，这是为了我们共同的命运和共同的目标。如果不希望他人超越我们，我们的工作就毫无意义。从原则上说，这种进步可以无限地延续下去……"（第138页）

[2] 就有关意见和措辞，我要在此感谢约瑟夫·本—戴维（Joseph Ben-David），虽然他恐怕不会同意我的特定用法；参见他的论文"科学性的职业及其力量"，载《智慧女神》杂志（伦敦，1972年7月）。
科学界作为认证、奖励机制的有效特征，已在罗伯特·K.默顿及其同事们的大量研究中获得证明。见哈里特·朱克曼（Harriet Zuckerman）和罗伯特·K.默顿合著："科学领域的评估模式：参考体系的体制化、结构与职能"，载《智慧女神》杂志（伦敦，1971年1月）第9卷第1期；斯蒂芬·科尔（Stephen Cole）和乔纳森·R.科尔（Jonathan R. Cole）合著："科学的产量与认证：针对科学领域奖励体制运转情况的研究"，载《美国社会学评论》，第32卷第3期（1967年6月）；哈里特·朱克曼："美国科学的分层"，载爱德华·O.劳曼（Edward O. Laumann）编：《社会分层：20世纪70年代的研究与理论》（印第安纳波利斯，1970年）。1973年，芝加哥大学出版社出版了一本由诺曼·斯托勒（Norman Storer）所编的默顿论文集《科学社会学——理论与实践调查》。

但是，随着大科学的发展，尤其是自第二次世界大战以来，"职业社团"的显著特征表现为几乎没有人"做"科学，更多的人从事于研究工作。"职业社团"必然将建立自身的代表机构，或在政治上与政府相周旋，或作为商会一类的游说人负责维护职业社团的利益。在后工业社会，科学最重要的问题是作为颁授认证与地位的"具有感召魅力的社群"（"看不见的学院"）与作为职业社团的官僚机构（科学与技术协会、研究所、工程组织，等等）之间的关系，后者不但要处理事业、升职、资金获取等更世俗化的事务，还要负责不可回避的科学规划。鉴于科学与政府之间自由放任的关系已告消亡，科学要做些**什么**（如果它向公众要求支持和资金的话）就成为有待谈判的一件事情。①

任何一个社会体制最终要由精神气质——铭刻在信条中的价值观、报酬的公正以及具化在典型机构中的行动准则——来定义。新教伦理是资本主义的精神，社会主义思想则是苏联社会的精神。同理，科学精神就是正在形成的后工业社会精神。然而，就过去一些事例来看，这些精神已大大地偏离了现实。资产阶级为世俗的占有欲所驱动，看重享乐主义的回报大过于工作的神圣召唤；共产主义社会有大量级差特权的遗留。新教伦理和社会主义思想只沦为一种意识形态，用形式上的正当性掩盖了现实，并没有成为人们行动守则。科学精神或许也是如此。它形成于较早的天真时代，却有沦为后工业社会意识形态的风险。全新的官僚—技术秩序与中央集权的政治制度相啮合，以力求管理一个复杂的模块化社会，这与建立公正无私的知识准则的信念是不相一致的。科学精神是否会沦落——或在什么条件下会沦落——是下一节将要讨论的主题。

科学领域的政治

H·G·韦尔斯（H.G. Wells）在40年前的小说《未来事态》中描绘了一个饱

---

① 正如让—雅克·所罗门（Jean-Jacques Solomon）所指出的，"这些天来……假如科学与政府之间存在冲突的话，这种冲突不是在真理的旧旗帜下发生的，而是在生产率的旗帜下发生的。尽可能达成最快产出的要求是教条主义在过去形成的危险的现代化、工业化版本。按照这种工具心态，科学就会沦为社会用来达成某些目标的众多手段之一，而且科学决策将无法与经济、国防等领域的决策进程相脱离。见"科学政策的前景"，载《学术团体》（Studium Generale）第24期（1971年），第1028页。

经战祸的世界，发达的技术文明全然崩坏，衣衫褴褛的尼安德特人（旧石器时代中期的原始人，此处系比喻——译注）拿着棍棒、长矛在静默的废墟上作战。数十年前，有一批科学家为了要建造理性文明而前往遥远的欧亚荒原。现在，他们飞了回来，衣冠楚楚，带着亲自发明的超级武器，宣告要修复这个世界，迫使争吵不休的各个国家接受普遍的和平。①

科技治国的幸福论总是导致这一类的科学想象，把科学对于秩序的理解强加给嘈杂混乱的人类社会。救世情结部分地来自科学所表现的感召魅力和早年的生活哲学，后者将科学视为抵制魔法、宗教的启蒙精神。救世主题最早出现于培根的《新大西岛》，这本书创造出科学真理的形象以纠正人类的无知与迷信。所罗门之宫的"元老"告诉来访者："我们共同研究：我们发现的经验和我们的发明，哪些应该发表，哪些不应该发表，并且一致宣誓，对于我们认为应该保密的东西，一定严守秘密。不过，其中有一些我们有时向国家报告，有一些是不报告的。"②1961年，由令人惊叹不已的多面天才利奥·西拉德（Leo Szilard）创作的科幻小说《海豚之声》是救世情结在当代最完整的表达。这位西拉德曾推动一系列最终导向原子弹项目的事件。他的小说将人们的视角引向2000年，讲述了一批科学家如何采取干预而达成世界裁军的目的。在这本科幻小说里，一批美国和苏联科学家自称懂得与海豚通话，海豚因其较大的大脑容积而被视为具有高级智慧的生物。这些科学家从海豚那里学习到多种解决生物学疑难的方法，获得多项诺贝尔奖，还发展出一系列在商业上有利可图的产品。当然，与海洋的对话事实上并不存在。所谓的海豚计划只是为了掩饰这批美国科学家与苏联科学家的合作。他们甘愿隐姓埋名，并积累了大量可用来收买腐败政客的资金。这个政治运动以一个名为"美国与俄罗斯"的研究所为中心，最终成功地促使世界各大强权在1988年进行裁军。

西拉德的科幻小说的惊人之处，不在于任何技术性的新思想，而在于其表现的两种救世主形象。它首先表现的是少数人当权的思想。它来自沃纳·海森堡

---

① 小说以及由雷蒙德·梅西（Raymond Massey）饰演首席科学家的同名电影的最终一幕是，年纪老迈的老一代科学家怀着敬畏、自豪的心态，看着下一代科学家迈出了新的一步——前往月球！
② 弗兰西斯·培根：《新大西岛》，商务印书馆，1979年，第36页。

（Werner Heisenberg）战后的表达，"在1939年夏天，有12个人仍然有能力通过共同协议来阻止原子弹的制造。"第二点是瞧不起政客，相信只有科学家而不是政客才能为世界性问题提供理性的解决方案。在西拉德的小说中，整个事件的讲述者回顾昔日说："政治问题通常是复杂的，然而它们很少达到如20世纪上半叶所解决的科学问题那样深刻的程度。一位科学家在与另一位科学家讨论问题时，只是问'它是否真实'，但政客却只会半信半疑地问：'他为什么要这样说？'"①

可是，科学的救世用途虽然在文学上引起很大关注，但在科学界却未能招揽到多少信徒。绝大多数科学家宁愿去"做"科学而不愿参与政治，这是很可以理解的。事实上，从历史上看，大学的公共自由和科学的自主性是通过与国家隐秘

---

① 西拉德与约翰·冯·纽曼是科学界最后一批文艺复兴大师式的人物。当代科学家很少有人像西拉德那样对科学家的地位怀有如此强烈的救世心态。作为物理学家、生物学家、信息理论奠基人之一，西拉德孜孜不倦地关注到许多课题，而且几乎在每个关注的领域都做出了独创性的贡献。

在其令人着迷的回忆录里，西拉德谈到1932年他在柏林读过H·G·韦尔斯的《被解放的世界》。该书写于1913年，韦尔斯在其中预见到人工放射性的发现（他在书中预测这个发现出现于1933年，比现实中早一年）、原子能量的释放、原子弹的发明以及英、法、美共同对抗德国的一场世界大战——在1956年——在这场战争中世界上的所有大城市都被原子弹所毁灭。

一年以后，西拉德流亡到英国，听到卢瑟福勋爵在一篇讲话中嘲笑以工业规模释放原子能量的可能性。这使西拉德回想起韦尔斯的预言。他头脑中自行的连锁反应促使他在1934年解出了控制原子能量释放的理论公式。由于读过韦尔斯的著作，西拉德害怕将这一知识公诸于世，因此把有关文件上交给英国海军部以保守秘密。

当李斯·迈特纳报导哈恩—斯塔斯曼（Hahn-Stassemann）的铀裂变试验时，西拉德是第一批意识到其潜能的人之一。1939年，他在哥伦比亚大学参与了连锁反应的早期探索。他倡议写信给罗斯福总统，（通过爱因斯坦和亚历山大·萨克斯从中斡旋）促成了曼哈顿项目和原子弹技术的问世。原子弹试验成功之后，西拉德率先与诺贝尔奖获得者詹姆斯·弗兰克（James Franck）劝阻美国政府不要对日本使用原子弹，但未能成功。

战后，西拉德以科学家身份积极参与使原子能摆脱军方控制的活动。他组建了政治性的游说团体"争取宜居世界理事会"，以影响公众和国会的意见。西拉德于1964年逝世。

西拉德的回忆录由其夫人根据录音采访整理而成，被收入唐纳德·弗莱明（Donald Fleming）与伯纳德·贝林（Bernard Bailyn）合编的《知识迁移》一书（马萨诸塞州剑桥，1969）。有关爱德华·希尔斯（Edward Shils）所写的、回忆西拉德的精彩文字，见《文汇》杂志（1964年12月），第35—41页。

研制原子弹的官方材料《史密斯报告》显露了美国科学界在启动阶段的无知状态。史密斯写道："宣告裂变假设及对它的试验验证发生在1939年1月。……当时，那些出生于美国的核物理学家们尚不习惯将其科学研究用于军事目的，对应该做些什么茫然无知。因此，限制发表、争取政府支持等早期工作很大程度上是由一小批国外出生的物理学家提出的。这些人以L·西拉德为核心，包括E·威格纳（E. Wigner）、E·特勒（E. Teller）、V·F·韦斯科夫（V.F. Weisskopf）和E·费米（E. Fermi）。见亨利·D·史密斯（Henri D. Smyth）：《用于军事目的的原子能》，普林斯顿，1946年，第45页。

的讨价还价才得以保证的。在马克斯·韦伯对**事实**和**价值观**作出区分，并把价值观（和政治）移交给科学不能判断的"终极"问题时，他就从哲学上使上述观点被合理化了。在光谱的另一端，一小部分科学家或是由于公众责任，或是由于爱国主义（不可避免地会掺杂个人对权力的私欲），愿意出任政府的顾问或政府与科学界之间的联系人。

在第二次世界大战以前，上述行为基本上只是个人的选择，不会对科学事业造成影响。但正是由于第二次世界大战，这种情况被完全改写。新武器的性质使得科学沦为权力不可逃脱的附庸。科学成为经济发展的一部分。国家的真正实力不再取决于钢的产能，而取决于科学水平以及通过研究、开发将其转化为新技术的能力。鉴于这些显而易见的理由，科学与政府的新型关系（或者套用更大众的说法，真理与权力的新型关系）对科学领域作为"具有感召魅力的社群"与"职业社团"的结构产生了彻底的影响。因此，我们所面对的核心问题是：谁来为科学代言？为了哪些目的而代言？

华莱士·塞尔（Wallace Sayre）写道："美国科学政策要成为一个使科学家们衷心认同的政策，就要求科学家们推选出他们的领袖，代表科学家与公共事务官员以及其他参与决策过程的组织进行谈判。"然而，塞尔教授怀疑是否存在值得信任的代言人。他甚至怀疑科学界这种说法充其量只是一种修辞。[1]

塞尔教授问道：哪些人应该被认定是科学家呢？是否存在完全配得上其成员资格的"货真价实的科学家"和勉强够格的"滥竽充数的科学家"呢？是不是只有物理学家和化学家可成为合法意义上的科学家，而其他自然科学家则必须符合额外的要求呢？是所有的工程师都符合这一标准，还是只限于其中的几类呢？医生们是否应立即享有入门资格，还是只有从事医学研究的那些人才有这种资格呢？从数量上看，所谓科学家应该是一个小的精英群体（如《美国科学家名录》所提到的近9.6万人），还是要扩大到数百万的量级呢（假如将所有工程师、医生和社会科学家都计入的话）？

他接着写道："这些问题引发的困难说明'科学界'这个词大多数情况下被

---

[1] 华莱士·塞尔："科学家与美国科学政策"，载《科学》杂志（1962年3月24日）。

用作策略性的名词，使用者用它来暗指事实上只少量存在的大批专家或在现实中处处皆是分歧的所谓观念一致。所以，这个名词或许应算作政治进程中常见的那一类创新。比方说，在为某种观点动员拥护者和建立它的合法性时，往往断言'美国人民''公众''一切消息灵通的观察家'和'专家们'要求这样做或反对那样做。"

唯名论的问题在于它的虚伪性几乎会影响到一切政治分析。同理可证，谁在为"企业界""黑人"和"穷人"发声呢？就某一个被选出的代言人代理全体成员的利益而言，美国政治里的选民确实不具备什么"公共性"。美国工人阶层或许是个例外，美国劳联—产联执行委员会作为单一机构负责为其制订整体性政策，劳工领袖乔治·米尼（George Meany）则代其发声。政治进程的核心就在于接近多数的选民表示认同，以及找到具有影响力的代表人物。通用汽车的理查德·C·格斯顿伯格（Richard C. Gerstenberg）、通用电气的雷金纳德·琼斯（Reginald Jones）、国际商用机器公司的弗兰克·卡里（Frank Cary）和美国电话与电报公司的约翰·D·德巴茨（John D. DeButts）可以**代言**企业界吗？恐怕不能；没有人推举他们。可是，鉴于他们的领袖地位，这些人在以企业家的**身份**发声时，其观点会对政府产生极大影响。由谁来为黑人代言呢？没有人或组织可以代言。马丁·路德·金和惠特尼·杨（Whitney Young）一言九鼎，罗伊·威尔金斯（Roy Wilkins）和杰西·杰克逊（Jesse Jackson）深具影响，这都缘于他们的地位和动员群众的能力。

从这个意义上说，科学界已转化为一个以有凝聚性的意见机构和以代表人物为特征的政治组织。为了区分选民和领袖，我们可以认定被公认为科学家而出现在这个舞台上或科学机构所代表的那些人即为科学界的"成员"。这又有以下三种情况。首先，按照通行的比喻，假设有一个科学建制。这个建制在相互重叠的层次上由一些重要人物构成，他们是著名大学的先锋人物、政府赞助的大型实验室（如布鲁克黑文、橡树岭、阿尔贡、利弗莫尔）的负责人和领军者、贝尔电话公司和国际商用机器公司等工业实验室的科学主管、大众科学杂志主编以及美国国家科学院和美国科学发展协会等机构的领导人。这些人可谓是政治权贵，其内部不必然保持一致，经常扮演政府和科学界之间的调停人。接下来的是由1800

多个专业协会组成的"职业社团",其中包括美国物理学会、美国化学学会、美国生物科学研究所、工程师联合理事会、无线电工程师研究所,等等。就研究成果出版与传播等学术性问题以及教育标准和训练的问题而言,上述社团越来越多地以该专业领域的"同业公会"的方式进行活动,特别是在涉及政府资金和有关政策时。

最后,有这样一小批人,其精神权威源自对"具有感召魅力的社群"的坚持,受人景仰的程度则取决于其学术贡献。他们是爱因斯坦、玻尔、恩利克·费米、冯·纽曼,还有相对外围的诺贝尔奖及其他著名学术奖项的获得者。这些人在探究科学与社会的哲学问题或就道德和政治问题而发言时,被象征性地视为"科学"代言人。

这里又混淆着两类性质大不相同的社会学问题。首先是科学界在面向社会的道德问题和政治问题时起到的作用。它是否应该以科学的名义来发声?它应当设法置身于政府之外还是之内?假若置身于政府内部是可取的,那么它又该起到哪些作用和发出怎样的声音?正如西拉德发出的嘲讽,科学家是应该高人一等还是随叫随到呢?其次是政府**针对**科学的政策问题,如控制程度、研究方向、经费水平及各个领域的分配占比,等等。在1945—1955年这10年里,主要出现的是第一类问题;而在接下来的10年里,第二类问题将上升为主要问题。

在战后一段时期,科学界新一批精英以一种科学史上十分奇特的方式密切地参与了国家权力。有些人认为科学家要成为新的权力祭司,而另一些更偏好乌托邦的人则把科学家看作为人类社会新世界指明道路的先知。最终,这两种看法都烟消云散了,科学家权力精英的地位也随之减弱。不过,这一段经历对于科学界的政治命运以及未来科学将在后工业社会中起到怎样的作用是至关重要的。

在第二次世界大战中,科学界以前所未有的激进方式与权力建立了联系。在美国(几乎每个国家都是如此),每一位著名科学家(以物理学家和化学家为主)都参与了战争武器的研制①,当然也包括科学界的元老们在内。科学家参与

---

① 美国战时的科学组织以由范内瓦·布什(Vannevar Bush)负责的科学研究与开发署为核心。布什过去是一位电子工程学教授,在应用数学乃至电子计算机发明的基石之一微分分析仪等领域享有极高声誉。布什一度担任过麻省理工学院的副院长,大战爆发时,他正出任华盛顿卡内基研究所这一著名

了数百个研究项目，但不论是从事实上还是从象征意义来看，最主要的工作是原子弹的研制。

制造出这些新武器的科学家迅速跻身高位，不但担任政府科学顾问的角色，而且成为科学决策的草拟者和制订者，特别是在有关武器的领域。武器者，权力也。历史上鲜有新权贵如此迅速地涌现出来。（不妨回忆第一次世界大战期间科学的边缘作用。）

科学家走向前台是由于两大原因。在引爆自然之力之后，科学家唤起了湮没已久的、存在于神话之中的深刻恐惧——《启示录》所提及的世界毁灭，且因为释放出这样可怕的力量而为人们所敬畏。从更世俗的角度来说，新式武器包含远远超出军方能力范围的技术知识，军方似乎要在很大程度上仰仗于科学界。不过，军方也是新的权力精英。美国有史以来第一次建立了大规模的军事集团，它显然将一直存在下去，而并不喜欢它对科学界的依赖。1945—1955年，在华盛顿有如迷宫一般的官僚机构中，两个精英集团展开了一场隐密的战争，结果是科学界在政治上被击败。[①]

研究机构的所长。

布什手下领导着国防研究委员会，其成员包括麻省理工学院院长 K・T・康普顿（K.T. Compton）、哈佛大学校长詹姆斯・B・科南特（James B. Conant）——这两位都是科学家出身、加州理工学院研究生院教务长理查德・C・托尔曼（Richard C. Tolman）、国家科学院院长弗兰克・B・朱厄特（Frank B. Jewett）、美国专利局长 C・P・柯（C.P. Coe）等人。提到的这五人分别负责处理某一类问题的部门。于是，科南特成为 B 处主席，处理有关炸弹、燃料、瓦斯和化学品的问题，从而也就成为原子弹研制实验室与华盛顿政府之间的有效联系。

在第一次尝试生产核裂变物质的试验中，物理学家被分组接受三名项目主管的管理。这三人都是曾经的诺贝尔奖获得者，分别是亚瑟・H・康普顿（Arthur H. Compton）、欧内斯特・O・劳伦斯（Ernest O. Lawrence）和哈罗德・C・尤里（Harold C. Urey）。可维持的连锁反应的有关工作是由恩利克・费米在芝加哥大学完成的。原子弹最后的组装地点是洛斯阿拉莫斯国家实验室。组装小组由 J・罗伯特・奥本海默（J. Robert Oppenheimer）负责，成员包括诸如汉斯・贝蒂（Hans Bethe）、乔治・基斯塔科夫斯基（George Kistiakowsky）、罗伯特・F・贝彻（Robert F. Bacher）和爱德华・特勒（Edward Teller）等人，尼尔斯・玻尔、尤金・威格纳（Eugene Wigner）、I・I・拉比等知名泰斗也参与了建议和协助工作。

有关科学研究与开发署的官方简史，见詹姆斯・菲尼・巴克斯特三世（James Phinney Baxter 3rd）《与时间做斗争的科学家们》（波士顿，1946 年）。

① 显然，这场斗争并不是"所谓"科学家与"所谓"军方的对阵。科学家不是一个统一的整体，随着冷战的发展，冯・纽曼、E・威格纳、E・特勒等威望卓著的科学家选择走强硬的政治路线，时常同

在核物理学家眼中，当第一颗原子弹在阿拉莫戈多空军基地试验场（该地素以"死亡地带"著称）爆炸的那个早晨，历史出现了断层。国防部的一份宣传材料以非一般的炫耀口吻报道了这一新闻："1945年7月16日，一批著名科学家和军人聚集在新墨西哥州沙漠地带，以紧张的心情见证这一耗资20亿美元的项目取得首批成果。人类胜利地迈向一个新时代：原子时代！……"①

荒谬的是，一些最初促成这一"飞跃"的科学家在当时正拼尽全力想要阻止这最后的一跃。尤金·拉宾诺维奇（Eugene Rabinowitch）在10年以后写道："这些科学家相信人类正在不知不觉走入一个充满空前毁灭危险的新时代。1945年春天，这一念头使得一些科学家设法——也许这在历史上是头一遭——**以科学家的身份**干预国家的政治与军事决策。"②

这批人以诺贝尔奖获得者詹姆斯·弗兰克（James Franck）为首，弗兰克是20世纪20年代哥廷根大学最伟大的大师之一，成员则包括西拉德、格伦·西博格（Glenn Seaborg）、尤金·拉宾诺维奇等人。以弗兰克为首的委员会向美国国防部长亨利·L·史汀生（Henry L. Stimson）提交了一份备忘录，说明制造原子弹的主要原因是担心德国已经研制出一颗原子弹，而且将无所顾忌地使用它。这批科学家警告说，鉴于欧战已经结束，对日本使用原子弹将"随即引发信心的丧失，恐惧、厌恶的浪潮"席卷世界其他各国，带来的危害要远远超出美国占有军事优势和拯救美国公民生命的全部好处。③

军方结盟。但是，正如接下来的一些讨论所强调的（即使最终没有达成一致意见）：在对所有人都认为至关重要的一些事务的争论上，诸如原子能的控制及这一控制的国际化、氢弹、民防与战略空军司令部（SAC）的关系，特别是在涉及到其某些救世观念时，科学总是**象征性**地与军方相对立，呈现出传统意义上的政治约束力。

① 这份材料被作为附件六"用于军事目的的原子能"收入《史密斯报告》（普林斯顿，1946年），该报告是亨利·德沃尔夫·史密斯（Henry DeWolft Smyth）撰写的、有关曼哈顿项目的官方报告。见该书第247页。

② 尤金·拉宾诺维奇："改变世界的10年"，载《原子能科学家公报》（1956年1月，黑体为原文自带）。该公报的发行在很大程度上是由于芝加哥大学早期形成的小组的努力，即为了给科学家们提供一个发表意见的公共平台。

③ 见弗兰克委员会备忘录"1945年6月致国防部长的报告"，发表于《原子能科学家公报》（1946年5月1日）。作者们在文中继续强调，战后美国在世界上的主要政治—军事目标应当是阻止原子武器军备竞赛，而这只能依靠原子能国际组织的约束。为了达成这一目标，如果国际组织的约束有可能

史汀生把该备忘录交给由奥本海默、费米、劳伦斯（Lawrence）和康普顿（Compton）组成的科学专家顾问小组去研究。奥本海默后来在谈到对备忘录的否定决议时说："我们要说，我们并不认为科学家的身份使得我们格外有资格回答是否应该使用原子弹的问题；我们几个人的意见有分歧，在了解这个问题的人们中间情况也是如此。"

然而，对那些参与了原子弹研制的科学家而言，在广岛、长崎投下的原子弹成为存在主义的梦魇，迫使他们中的许多人重新感受到在多年研制工作中一直困扰脑海的凶兆。这种情感具化为自发的行动：要求把原子能置于公民权力的管控之下，[①]并促成禁止今后进一步使用原子弹的国际协议。

可是，这个被接受的策略是一种相当谨慎的策略。科学家们知道他们的建议——使美国的主权部分地服从于某个国际机构——难以被国会"接受"。许多人越来越意识到军方领导人的敌意，后者感到其制订战略方针的特权正在被新兴

实现，美国应只以震慑的目的而使用原子弹；但是，如果国际组织的约束无望达成，美国应放弃"立即使用第一颗、相对低效的原子弹"所能带来的任何收益，以避免战后的核武器竞赛。

① 这场运动在两个"层面"上进行。来自洛斯阿拉莫斯国家实验室和芝加哥大学的年轻一代工程科学家牵头建立了原子能科学家联合会、原子能科学家紧急情况委员会、美国原子能教育委员会等组织，以游说国会和教育公众。而曾出任战时研究工作"导师"的那些科学团体领袖——奥本海默、拉比、杜布里奇（Du Bridge）、詹姆斯·B·科南特等——在政府内部可对最终决策发挥重要作用，就在政府部门内部发声。

事实上，这不是一个协调有序的运动。年轻一代的科学家产生了不安的感觉，因为"导师"与政府过于接近，不愿公开地与军方对峙。政治上活跃的科学家中遂出现一种不定形的、"体制外"与"体制内"的分野，这一分野一部分是时代不同所致，另一部分则来自在芝加哥工作的科学家与在剑桥、洛斯阿拉莫斯和华盛顿工作而很快进入体制的科学家之间的区别。情况通常是这样的：不参与决策的人认为自己比体制内部的人更"有原则"，而"导师"则用"现实主义"和"负责任"为理由来解释向体制内部其他势力所作的妥协和让步。

就原子能的未来这一首要议题，体制外的年轻一代科学家占据了主动。行政部门曾提交一份主要由国防部起草的法案，试图降低政府在原子能和平利用领域的影响，计划在很大程度上将这项任务转交给私营部门，政府则主要集中于用于军事目标的原子能项目。这个所谓的梅—约翰逊法案成为科学界一场狂热运动的核心，其主体是芝加哥方面的科学团体。科学家们"以传教士般的狂热"聚集到华盛顿来向国会游说，参加"无线电广播的末日之声"，举办面向大众杂志读者的、有关核物理的简明讲座。他们最终击败了梅—约翰逊法案，而使麦克马洪法案获得通过。美国联盟政府成立了一个独立的原子能委员会，负有核武器发展及和平利用原子能的双重责任。

艾丽斯·金布尔·史密斯（Alice Kimball Smith）在《危险和希望：1945—1947年科学家在美国发起的运动》（芝加哥，1965）中详细地介绍了这一运动的历史。

的精英所瓦解。所以，科学家们决定不再在辩论中大唱伦理的高调，否认自己主张的是一种绝对意义上的政治观点，而是从"技术"的视角提出他们的问题。

美国关于国际管控原子能的立场是由一些科学家（特别是J·罗伯特·奥本海默）制订的[①]，由以迪安·艾奇逊（Dean Acheson）和戴维·利伦撒尔（David Lillienthal）为首的一个顾问小组负责起草，伯纳德·巴鲁克（Bernard Baruch）于1946年提交给联合国。巴鲁克计划提议成立一个国际性的原子能发展管理局，对世界上一切"危险的"可裂变物质及其反应堆握有垄断权，不允许任何国家生产原子能武器，违者要受到制裁。原子能发展管理局还应寻求在不发达国家发展原子能的和平利用。[②]

巴鲁克计划在同苏联进行的错综复杂的谈判中陷于困境，苏联接二连三地提出对核武器集中管理的反对意见。1949年10月，美国宣布苏联试爆了第一颗原子弹。这一打击粉碎了利用国际组织管制原子能的希望。苏联试爆原子弹的举动成为一种信号，美国自1947年以来在希腊内战、苏联对土耳其构成的压力以及有关德国统一的协商陷入僵持等问题上不断与苏联产生摩擦，而此时一直在摩擦中潜伏滋长的冷战演化为公开的现实。

科学界形成的意见统一同样被打得粉碎。以特勒、威格纳和劳伦斯为代表的一些科学家对苏联怀有畏惧，而战略空军司令部（SAC）的权力日益增大，这使各种各样的问题相继浮出水面。科学界的意见分歧不再仅仅来自"技术"评估。科学家们现在要采取战略立场时不得不再以政治的条件为自己的立场作出合理

[①] 奥本海默除了提出一些想法以外，还担任了该顾问小组的"科学教官"。他一度这样说："……我的任务是当教官。我走到黑板前，指出可以利用周期表的某种方法来创造能源，此外还有这样或那样的方法。换句话说，我上了一堂课。我在晚上也非正式地把部分内容讲给艾奇逊先生和麦克洛伊先生听。"见《有关J·罗伯特·奥本海默的事》，美国原子能委员会个人安全局听证会记录，1954年。该书有近一千页，既是了解美国科学界早期政治的无价宝库，同时亦是了解本节稍后讨论的科学界与军方之间政治斗争的基础。

[②] 罗伯特·吉尔平（Robert Gilpin）指出："……巴鲁克计划还提供了一个开放的科学世界：该管理局领导下的所有研究实验室，不论位于何处，均面向各国的科学家开放，核物理学方面的科学家可以自由地同其他科学家展开交流。学术自由沟通的政治意义在于各国将无法通过新知识而私下获利。使某个国家有可能侵犯依据这项计划建立的控制系统的科学突破将被公之于众，控制系统随知识的发展而逐步提升。世界各国因此可以确信他国不会秘密改进核武器技术。"罗伯特·吉尔平：《美国科学家与核武器政策》（普林斯顿，1962年），第54页。

化的解释。

苏联成功试爆原子弹使得相关讨论从公共政策的开放层面转向军事安全必需的隐秘领域。因此，从1949年到1955年，美国科学界的政治作用是秘密发挥的，参与的人员限于在政府内担任顾问或行政职务的科学精英。在这一期间，华盛顿一度展开了相当数量的残酷的"游击战"，但在当时这些战争鲜为公众所知。

涉及的问题有以下三项：决定制造氢弹、研制"有限战争"框架下的战术核武器而放弃"大规模报复"的核武器，以及讨论建立扩展性陆空防御系统的可能性。当时，在政府内部的科学精英中间，没有人真正反对存在抵制苏联的必要。问题在于如何来做。这些问题总体上是战略性和政治性的，尽管科学家们强调技术问题与政策问题难以分开，但军方总是试图把这些问题彻底政治化和战略化。

众人关注的焦点是战略空军司令部提出的"大规模报复"战略，它需要B—36以及后来的B—52那样的远程轰炸机来执行。战略空军司令部认为在未来的战争中，轰炸机要穿越敌方的空防是越来越困难了，因此，还不如把宝押在投掷几个具有压倒优势杀伤力的大炸弹而不是投掷许多小炸弹上。1949年10月苏联试爆原子弹之后，美国空军就开始力促研制一枚超级炸弹。美国政府内部在这个问题上出现了极大的分歧。①

"超级炸弹"的问题被提交给原子能委员会的总顾问委员会，该委员会由一些组织战时研究工作的杰出科学家构成，其中包括科南特、杜布里奇、拉比、费米和奥本海默，奥本海默任该委员会主席。经过一番辩论，该委员会以6票对3票表决认为采取这样的计划是不明智的。奥本海默之所以反对氢弹，主要的理由是浪费和危险，他支持乔治·凯南的观点，认为美国过分依赖战略空军的力量，采取以发动有限战争的能力为基础的遏制政策在政治上是更加有效的。②

---

① 在洛斯阿拉莫斯国家实验室研制核弹期间，有一些科学家就设想过热核武器的可能性，即以小型原子弹的裂变为热能基础的所谓核聚变弹。理论物理处处长汉斯·贝蒂曾以太阳内部的核子爆炸作为热核反应原型做过一些研究，爱德华·特勒则在洛斯阿拉莫斯国家实验室就开始研究聚变弹的可能性。特勒在伯克利分校一些物理学家（以欧内斯特·劳伦斯和路易·阿尔瓦雷斯为主）的支持下，力主着手研制氢弹的应急计划。

② 费米和拉比在一份代表少数派意见的声明中，"根据基本的伦理原则"反对氢弹，警告它会成为"对全人类的威胁"。（在这一点上，他们受到汉斯·贝蒂的影响。贝蒂曾警告说：由于碳14的半衰期

经过政府高层持续的辩论，杜鲁门总统在1951年1月下令接受研制氢弹的应急计划。（后来了解到，做出这一决定的背景是：曾在洛斯阿拉莫斯工作的一位物理学家克劳斯·富克斯在英国承认他已把有关的秘密情报递交给苏联。）现在这一战略辩论转向了其他层面。奥本海默试图证明小规模战术核武器足以保卫欧洲，于是在国家安全委员会的支持下，在加利福尼亚理工学院成立了由李·杜布里奇指导下的远景计划（Project Vista）以评估其可行性。麻省理工学院的扎卡赖亚斯（Zacharias）和威斯纳（Wiesner）则认为美国应建立远距离预警机制和充分的民防系统，其理论是：如果我们在苏联进攻面前表现得坚不可摧，我们就能开展谈判以制止军备竞赛。① 后来，布鲁克黑文国立实验室成立"东河计划"（Project East River）研究民防系统的可行性，麻省理工学院成立了"林肯计划"（Project Lincoln）研究陆基防空系统的相关问题。

1953年，新上台的艾森豪威尔政府批准将大规模报复方案作为官方战略。② 战略空军司令部作为空军实施打击的力量，现在主导了军事政策的制订。然而，科学研究小组的报告继续对这一方案发起挑战。远景报告宣称：保卫西欧的最好办法是靠战术性原子武器，而不是帮助苏联人实施蚕食政策的非生存即毁灭的战略。推进林肯计划的一个夏季研究小组认为：陆基防空系统不但具有可行性，而且美国应将远距离预警系统列为最优先项。被排除在决策阵营之外的科学家们现在进一步着手敦促公众讨论这些话题。奥本海默在1953年7月为《外交事务》撰写的一篇文章中号召就新的武器政策发起公众辩论，从而提出了直接的挑战。提出这样的挑战以后，事情就无法改变了。

相当漫长，因此氢弹的辐射危害特别大。）但是，两人随后又补充说，假如冷战延续下去，那就没有办法而只能去搞氢弹了。

① 具有讽刺意味的是，这一战略立场随后被完全地翻转。1963年，肯尼迪政府加强民防系统的建议被视为是采取"强硬"政策的标志，即是说让公众错误地认为可以免于苏联导弹的袭击，从而支持对苏联采取强硬政策。1969年，尼克松政府建造反弹道导弹（ABM）的建议受到抨击，理由是这类行动只会促使军备竞赛升级。不过，在20世纪50年代初期，民防系统是反对"大炸弹"方案的人们团结一致的基础。

② 这一战略精确地体现了新一界政府的个性，不但是新任国务卿约翰·福斯特·杜勒斯"劝诫"心态的反映，也是对美国民族性中"无所不能"的典型幻想的有力说明。新财政部长乔治·汉弗莱称这一战略符合经济原则以及削减军费的需要，用美国式的夸夸其谈宣布这是"一本万利"的事。

一旦触碰了魔泉——有史以来还有哪个事件能与物质本身的裂变相比呢？——人们就不得不用拟人化的方法使这些可怕的力量变得易于接受。因为J·罗伯特·奥本海默是召唤出原子弹的妖魔，于是他在世人眼中就成为科学界的古罗马神祇双面杰那斯（Janus），既是创造者，又是毁灭者。军方目前正是因科学界代表的身份来抵制他。

J·罗伯特·奥本海默是一个散发着神秘主义光环的人物，关于他的许多传奇故事似乎是缘自他本人与魔法世界而非科学世界有更多的关联，又或者这个人的存在即暗示着当有人想染指宇宙之力时将两者加以结合的魔力之源。奥本海默既是物理学家，又是诗人，其思想似乎聚焦于遥远的原点，在那里数学同神秘主义融合起来把宇宙消解成浑为一体的空虚命理。奥本海默身材修长，头总是抬得很高，五官瘦削，炯炯双目似乎透露出内心的烦恼。从表面上看，由这样一个人来负责指导研制原子弹的高难挑战，是挺奇怪的。

但是，在任何一场科学家的聚会上，奥本海默立即显示出他在学术上的权威。奥本海默的天才使得他有系统地、冷静地推动各科学小组的工作。以完成原子弹的最终装配为目的，他沿着这样一条路径不断向前，使沿途的一切困难得以解决。最后，当蘑菇云在阿拉莫戈多上空高高升起、耀眼的强光照遍长空、别人惊愕得话都说不出来的时候，奥本海默却喃喃地念出了《薄伽梵歌》里的一句话，它出自死亡之神克里希纳（Sri Krishna）之口，"我成了死亡，成了世界的毁灭者。"

奥本海默个性软弱，虽然对愚蠢之辈总是不太客气，却也容易受到强权人物的左右。他在20世纪30年代末曾投身于共产主义，但在第二次世界大战期间，当一些安全事务官员要求他供出以往在共产党内联系人的名字时，奥本海默屈服于他们的要求。权力对他构成诱惑，又以某种一贯的方式腐化了他。奥本海默偶尔会像个预言家，但实质上却已成为一名教士；他**代表**权力发声，而不是**与之对话**。在战后初期科学家们面临的具体的道德和政治问题上，奥本海默并没有站在西拉德与芝加哥大学年轻一代科学家这些改革者身边；事实上，他往往使他们失望。奥本海默没有反对向日本投掷原子弹，也没有反对梅—约翰逊法案；即使一度反对过研制氢弹，后来却又撤回了他的反对。1949年之后，当有关政策的帷幕被拉开时，奥本海默已迈入了权力的通道而未能置身于外，他为之斗争的问题主要是政治性的问题。由于在思想上感到困惑,他决心恪守"责任感",以此当作自己在道德上的立场。

1953年12月,在一次白宫委员会小范围的会议之后①,艾森豪威尔总统发布了一道命令,指示在安全听证会举行之前,应切断罗伯特·奥本海默对任何秘密情报的接触。之所以要对奥本海默采取这一行动,是因为1953年11月前空军飞行员威廉·L·博登(William L. Borden,在1953年7月之前出任美国国会原子能联合委员会执行主任)写给胡佛的一封信。博登在信中指认"罗伯特·奥本海默比其他人更有可能是苏联间谍"。胡佛随即开始收集有关奥本海默的档案并呈交给白宫。

指控奥本海默的事实基础——说他在30年代后期对共产主义表示同情,安全部门和格罗夫斯将军(General Goves,奥本海默在曼哈顿项目中的上级主管)早已知情。1954年听证会上提出的证据中并没有任何一条在1943年奥本海默开始负责研制原子弹时所不知道的新材料。从听证记录中可以清楚地得知,采取这一审查行动的真正原因是空军害怕奥本海默的影响,因此借口他的政治立场而得出险恶的结论。②空军作战学院的前校长、陆军少将罗斯科·C·威尔逊(Roscoe C. Wilson)作证称:他曾经"感到不得不去找情报处长以表明我正在担心一种……无助于国防的行为方式"。他提到了奥本海默对"原子能国际化"的兴趣以及坚持认为建造核动力飞机在技术上尚不成熟。美国空军首席科学家戴维·格里格斯

---

① 参加会议的是艾森豪威尔总统、国防部长查尔斯·威尔逊(Charles Wilson)、司法部长赫伯特·布劳内尔(Herbert Brownell)、防务动员署主任亚瑟·S·弗莱明(Arthur S. Flemming)、白宫国家安全特别助理罗伯特·卡特勒(Robert Cutler)以及原子能委员会主席刘易斯·斯特劳斯(Lewis Strauss)。关于这次会议的背景,见刘易斯·斯特劳斯《人与决策》(纽约,1962年)第14章。
② 率先开炮的是1953年8月《财富》杂志上由查尔斯·J·V·墨菲(Charles J.V. Murphy)所写的一篇文章。墨菲是《财富》杂志编辑,同时又是空军后备役上校和空军霍伊特·范登堡将军(Hoyt Vandenberg)的前助手。该文首次在公开出版物中暗示奥本海默在战前与共产党的联系,攻击参与过林肯计划夏季小组和"远景计划"的科学家,指出有一个被称为"ZORC"的策划集团(用杰罗尔德·扎卡赖亚斯、奥本海默、拉比和查尔斯·劳里斯顿四人名字的缩写拼成)正密谋颠覆战略空军司令部。后来得知,这一指控来自美国空军首席科学家戴维·格里格斯(David Griggs)。格里格斯向原子能委员会保安官告密称他在1952年林肯夏季小组的一次会议上看到扎卡赖亚斯在黑板上写下了"ZORC"。而扎卡赖亚斯发誓没有做过这样的事。见《有关J·罗伯特·奥本海默的事》,第750页,第922页。从菲利普·里夫(Philip Rieff)的文章"奥本海默博士案件"(载菲利普·里夫:《论知识分子》,纽约,1959年)中可以找到这些事件的详细说明和更多有用的背景材料。

在作证时也谈到所谓"行为方式",如奥本海默对"远景计划"的支持以及相信有必要"放弃……我国空军力量的战略部署"以换取世界和平,这使他"对(奥本海默的)忠诚怀有严重质疑"。原子能委员会最终再次确认了奥本海默的忠诚,但是鉴于他过去与共产主义的联系和反对研制氢弹,于是判定他是一个"安全风险",应禁止他接触秘密材料。①

作为令人羞愧的国耻,奥本海默案现在早已是尘封往事。特定的战略问题也已事过境迁。导弹技术的问世使工程师、政治学家和理论物理学家登上了武器政策的舞台,为战略意义增添了新的变量。近年来,科学家在军备控制的技术层面继续发挥着重要作用。但是,奥本海默案标志着科学家的救世情结——他们自己设想出来且为其反对者所恐惧的——已经完结。新的问题被推向前台。

科学持续的发展以及科学家被引入政府的行政与政策制订层面,为我们带来了现在仍无答案的一些问题。我们是否又会听到C·P·斯诺(C.P. Snow)所讲的故事的重述呢,第二次世界大战期间著名发明家亨利·蒂泽德(Henry Tizard)和丘吉尔的顾问F·A·林德曼(F.A. Lindemann)之间的强烈冲突在英国被传得甚嚣尘上。抑或,我们是否又会听到50年代中期,仅仅因为科学界政治舞台的显著扩展,爱德华·特勒和奥本海默之间出现的与之类似的角逐。这些事件不再是一个性格问题(虽然重要人物和高层派系总是会扮演关键性的角色),而是体制安排和责任分工的问题。以科学为主要活动职能的政府机构派出其制订政策的官员组成了科学与技术联邦委员会。国家科学基金会掌控着面向基础科学与研究的基金。美国国内还有许多机构,它们在研究与开发领域的投资接近亿万美元。

罗伯特·吉尔平提出以下的疑问:科学顾问是否有权主动提出意见,还是他只能在被征询时才发表意见?科学顾问是否应该考虑技术问题中隐含的政治、战略和伦理意义,还是不要超越他的技术权限?科学顾问是否应就他将要给出建议

---

① 有关奥本海默案件的文献极其庞杂。其中最有价值的仍然是听证会的证词材料。菲利普·M·斯特恩(Philip M. Stern)和哈罗德·格林(Harold Green)合著的《奥本海默案:受审的安全》(纽约,1969年)一书以同情奥本海默的视角对该案做了全面的介绍。纽埃尔·法尔·戴维斯(Nuel Pharr Davis)在《劳伦斯与奥本海默》(纽约,1959年)一书中介绍了奥本海默的生平,并将他同欧内斯特·O·劳伦斯作了对比。《国际杂志》(1990年秋季号)中桑福德·拉考夫(Sanford Lakoff)的文章"科学与良知"就这一话题也做了有益的评述。

的政策话题做更广泛的了解，还是局限于已被具体限定的问题？

这类问题仍会令人想起把"技术"问题交给专家，而将"政策"制订留给政治负责人的那些单纯岁月。但是各领域的技术决策都不可避免地涉及政策问题。近来对反弹道导弹的辩论就是如此。科学家们（包括物理学家和政治学家）在技术和政治问题上产生了分歧。最关键的是，在20世纪50年代，这类问题是在官僚政治的闭合迷宫内处理的，而现在却被拿到国会公开讨论，从而使它的一切层面（技术的和政治的）都可以被公开研究。保罗·多蒂（Paul Doty）对此评论说："在参议院投票以前的辩论，是有关军事决策的科学、技术咨询史的里程碑。"辩论之后，反弹道导弹系统的支持者、兰德公司和芝加哥大学的政治学家与运筹学专家艾伯特·沃尔斯泰德指责其对手滥用量化数据，运筹学会的特别顾问组也支持他的观点。这一报告在公开之后同样引起激烈的争辩，正如多蒂已在他的论文中提出的，它牵涉到三个不同的问题——评估一项防卫系统的必要性、评估解决方案以及该方案的政治价值。反弹道导弹系统的支持者关注第一个问题，反对者聚焦于第二个问题，而量化方法的差别（技术问题）实际上掩盖了理论上的分歧——一旦牵涉到理论性的分歧，科学界必须对行为失检、不守信用等指责采取自我克制（一如教会史与大学科系的历史所证明的），否则就会成为正统派的强制推行者，如罗伯特·奥本海默案一样将持有异见者斥为应被解职或处死的异端。[①]

事实上，技术问题不能简单地与政治问题相剥离，参与政策制订的科学家必须同时成为倡议者和技术顾问。但是，每一个侧面都不能掩盖另外一个侧面。不论是反弹道导弹系统还是超音速飞机，在涉及国家安全、医疗、经济或生活方式等问题时，任何技术决策都必须经过公开、详尽的政治辩论才能加以制订。在口头上容易达成一致的陈腐观念在实践中往往很少能够实现。

社会学有一个众所周知的观点，即每个社会的原初模型，一如穿越原始森林的第一条小道，会一直影响该社会今后的模式。传统与惯例被建立起来，既得利益者随之兴起，革新受到抵制或者必须符合从一开始就制定好的适应模式，现有的一切被笼罩在合法性的光环之下，并适时地转化为整个体制的传统智慧。总

[①] 保罗·多蒂："调查能改善科学的咨询意见吗？反弹道导弹的问题"，载《智慧女神》杂志（伦敦，1972年4月）第10卷第2号。

之,"结构"满足的不仅是过去的需要,其本身也成为塑造未来的工具。

战后发展起来的最早一批科学组织代表着对因冷战造成的骤然紧张局势的特别反应,以及各国对于科学的中心地位和支持科学研究必要性的新认识。美国将高等学府扩充为研究机构,在政府资助的大学里组建大型科学实验室(如加利福尼亚理工学院的喷气发动机实验室、芝加哥大学的阿尔贡原子实验室、麻省理工学院的研究与工程公司和林肯实验室、哥伦比亚大学的里弗赛德电子实验室,等等),发展"联盟机构"(如位于长岛、由6所大学共同管理的布鲁克黑文实验室)。此外,美国还建立了美国医疗研究所等政府性质的大型医疗研究中心、由国家科学基金会资助的实验室以及包括兰德公司、国防分析研究所、宇航公司在内的大量非营利性"智库"。

可是,连贯一致的科学政策并未被制订出来,而且,鉴于大量的、多种多样的、结构复杂的模式已经涌现,所谓的"合理化"似乎在相当长的一段时期内不大可能发生。基本上看,这样的无计划生长算是一种优势。结构的多样性意味着不太可能形成一家独大的独裁,也不太可能如苏联那样,把科学院变为面向科学界的指导机构,在相当程度上实施中央指导的强制模式。然而,科学界对于政府资助的过度依赖,导致它向多个领域寻求异想天开的支持:时而要符合时尚的奇想,时而受游说团体的支配,时而根据"国家需要"的要素来转移重点。科学界的游移不定给大学的成长带来灾难,美国高校在20世纪60年代迅猛扩张,在70年代又走向急剧的缩减。自约翰逊政府卸任直至尼克松政府上台,老一代科学精英始终与美国政府最高决策的制订保持着一定距离。尼克松曾经提议裁撤科学与技术办公室,其任期内的"科学政策"摇摆不定。(1975年,福特总统建议成立一个新的科学顾问办公室。)我们看到,在一个新时代开始之后,虽然时间已经过去了1/4个世纪,虽然人们已经确认了科学与政府的相互依赖,但就两者的关系而言,仍然没有形成结构性或真正一致的政策。鉴于科学在军事力量中的战略性作用以及技术对经济成长的决定性影响,在某个时点,美国政府将不得不正视如何制订科学政策的问题。

在最近10年,科学与政府的关系出现了三大结构性的变化:

一、老一代的紧密结合的精英结构正在解体。参与政治的老一代科学精英大多于战时在麻省理工学院核辐射实验室、芝加哥大学、伯克利学院和洛斯阿拉莫斯国家实验室的工作中形成密切的人际关系。我们甚至可以说，之后衍生出的派系分歧的根源仍可以在老一代人物的交往和矛盾中追溯得到。由于战时研究的集中需要，科学界最早一批政治精英主要是物理学家。但现在，不再存在位于核心圈的精英。科学领域的倍增，以生物学多样化的分支（如分子生物学、人口生物学以及环境生物学）为主要表现，极大地扩宽了上层集团。

二、时至今日，军方建立了自己的武器实验室，不再像 25 年前那样要直接依靠大学里的科学精英。军工综合体的影响力虽然被过度夸大，然而它的出现却使军方获得了它从未拥有过的多种研究能力。

三、研究与开发基金的增长，尤其是 1956 年之后的增长，使**申请**科学基金的人数日益增多。大学变成了积极寻求资金的政治机构。科学家、工程师创办了数以百计的推进研究与评估工作的营利（非营利）公司，而总部设于华盛顿、代表其选民利益的科学与技术协会的数量大幅激增。这即是科学官僚化的广泛基础。

那么，在这种背景下，由哪些人来为科学代言呢？有以下三种代言人：

一、个人，即诺贝尔奖获得者或那些获得同行认可的个人（其权威来自具有感召魅力的科学社群）。不过，笼罩在这些科学家身上的光环已经消失，因为过去 25 年的历史使人们认识到，就判断或道德要求而言，科学家**个体**与其他社会领袖相比并不优越多少，个人获得的科学成就也不是综合性智慧的保证。

二、年轻一代科学家激进分子所发起的运动，抑或雷切尔·卡森（Richel Carson）、巴里·康芒纳（Barry Commoner）等生态改革者在进行道德或政治判断时激发出的科学机构的魅力。科学从而恢复了以真理反对私利的、先知般的神圣感。

三、美国科学院和美国工程科学院等机构。美国科学院的成员通过自荐程序选拔，仅限于在科学领域卓有成就的英才。它在过去 20 年中一直以半官方机构的身份出现。这是由于以下两个原因：第一，各国政府之间的合作要求选出一个科学机构来进行交流、合作，而美国科学院正日益转化为政府官方交往的渠道。第二，美国科学院下设的国家研究委员会经常在科学院或政府的推动下承担与政策问题有关的研究，其成果往往成为总统、国会采取措施的基础。鉴于技术"咨询流程"已经趋于固化,美国科学院以及于1964年成立的同类机构——美国工程科学院——就变成了科学的代言人。

我们已经看到科学领域的大规模发展、它涉及到的难以计数的工作人员、仍需投入的天量资金以及它在后工业社会的核心地位,因此科学领域的科层化不可避免。在今后10年,建立代表制结构将成为科学界所面临的最困难的政治问题之一。过去,有些人曾谈到"科学议会"①,认为该议会将负责草拟连贯一致的科学政策,成为一个正式的代表机构。然而,建立这样一个正式机构的可能性微乎其微。即使如此,我们仍然可以设想达成比当下社会所建立的、更大范围的一致,科学"代言人"有必要确立一些明确的鉴定条件。

官僚化是一切复杂社会要面对的问题。对官僚在大型组织乃至整个社会发展为新的管理阶级的担心,一直威胁着社会主义学者和乌托邦作家的希望。对科学而言,官僚化造成了一些严重的风险。在科学组织内部,官僚化有可能妨害面向科学团体核心的工作和个人的"认可系统",其方式就是使个人成就从属于实验室的整体目标或将有关工作完全归功于"机构"。在科学领域的整体组织的层面,建立中央集权的官僚体制(在这些案例中中央集权是不变的倾向)意味着压制疑问、要求科学工作配合规定中的国家需要和社会需要、使政治目标优先于科学工作等。

科学界认为科学活动才是其自身目标,不应当屈从于其他目标。因此,大规模科学的官僚科层倾向与其感召魅力的属性不可避免地会出现冲突。这些冲突必然可归为以下两类。其一是呼吁"政科分离",近期最主要的代表人物是雅各布·布朗诺夫斯基(Jacob Bronowski)。②这一派别主张政府不应代科学发布目标而只应提供一笔经费,由科学委员会根据不同标准将其分配给各种科学项目。布朗诺夫斯基的呼吁以奇特的方式重启了30年前领军科学人物之间就科学规划的辩论。在20世纪30年代末,英国出现了一场以马克思主义科学家J·D·贝尔纳

---

① 1958年,一个拥有13.5万名会员和287个下属科学协会的松散组织——美国科学发展协会试图召集、成立科学议会,研讨科学部联合内阁的提议,从而确立其作为科学代言人的领导地位。但它的动议并无任何回响。
② 见J·布朗诺夫斯基:"科学的去建制化",载《文汇》(1971年7月)。

（J.D. Bernal）为首的运动，号召以"科学规划"来满足社会的实际需求。这一运动遭到了另一批以迈克尔·波兰尼和珀西·布里奇曼（Percy Bridgman）为首的科学家的反对。这些人否定马克思主义者的主张，认为科学进步不是满足物质需求的结果以及科学与技术之间存在必然的差异。对贝尔纳来说，科学规划的必要性之基础与建立经济规划的基础是一样的，即为了获得更高的研究效率。讽刺的是，科学的财政需求不得不采用大略的规划方法，而建造战争武器以及之后物质生产的需要，已使科学迫近了贝尔纳认为它应该达到的那一点。但是，在回应贝尔纳时，波兰尼提出了另一个信条。他写道，"我们必须重申科学的实质是热爱知识，知识的应用不是我们首要的焦点。我们应当再次为科学呼吁，对知识的追寻与知识本身理应得到公众的尊重和支持。为了这一事业，科学家立誓要珍爱它、以更急迫的心情服侍它，其程度更超过对待物质财富。"① 在某种程度上，我们在这里再次确认了马克斯·韦伯"科学乃天命"的思想，由于科学的"神圣"特质，它可以从世俗世界获得豁免。"政科分离"的活动很可能会进一步发展下去。

其二是科学与专制权力的天然对立。根据这种观点，科学的命运即为学术的自由，科学必然积极地大声抵制任何一种将官方意识形态或有关真理的教条强加于人的举动。这一信念源自科学的精神。近年来，这种观点在苏联国内得到最强有力的强调。苏联的科学界**一切听党指挥**，由党来指导科学与文学一切领域，由此造成浩劫的最臭名昭著的案例就是李森科事件。《纽约时报文艺副刊》的评论员如此写道："李森科事件被人们恰当地描述为现代科学史上最奇特的一章。直

---

① 迈克尔·波兰尼：《自由的逻辑》（伦敦，1951），第6页。波兰尼教授进一步写道：

"诺贝尔奖获得者普朗克（Planck）、爱因斯坦、珮兰（Perrin）、密立根（Millikan）、迈克尔森（Michaelson）、卢瑟福（Routherford）、阿斯顿（Aston）、查德威克（Chadwick）、巴克拉（Barkla）、海森堡、康普顿、弗兰克、G·赫兹（G. Hertz）、鲁宾斯（Rubens）、劳厄（Laue）、约里奥（Joliot）、费米、尤里、安德森（Anderson）、W·H·布雷格和W·L·布雷格（Bragg）、薛定谔（Schrödinger）、迪拉克（Dirac）等人的发现是无意识地想要创造什么技术发明吗？谁也说不清——因此新的科学理论必然略过这一点。

"我们不禁感到好奇，如果上述这些伟大的物理学家在启动研究之前，不得不像马克思主义科学家及其朋友们所希望的那样从科学指导机关获取该研究的社会用途证明，他们又会获得怎样的进展？是怎样的斗争才使得这些人'傲慢的托词'没能成为其自身偏好的唯一标准！"（第82—83页）

到1964年，苏联的遗传学在长达30年的时间里竟然由一名不学无术、近乎神经病的假充内行的家伙所主宰，任由他对生物学研究和农业生产实行绝对专制的统治。数百名科学家失去工作，李森科的主要对手、杰出的俄国遗传学家N·I·瓦维洛夫（N.I. Vavilov）死在斯大林的狱中。大学里的遗传学授课中断了，实验室纷纷关闭或被李森科的支持者所接管，研究工作全部停顿。"在这一奇闻怪谈的背后，是拉马克关于后天特性可以遗传的假设比门德尔遗传学更加正确的意识形态教条；因此，环境而不是遗传，才是塑造一个社会的最强大的力量。与此同时，政治头头们还傲慢地相信自己比科学家更懂得如何增加农业产量。

李森科事件的耻辱促使俄罗斯生物学家佐雷斯·梅德维德夫（Zhores Medvedev）写了一本《T·D·李森科浮沉记》（该书在国外出版）；派发《梅德维德夫文集》，该书记录了他要求与外国科学家建立充分而自由的交往、中止审查以及可以自由出国参加科学会议等努力。不出意外地，安德烈·萨哈罗夫（Andrei Sakharov）《进步、共存与学术自由》一文也以学术自由与国际合作为基础。

安德烈·萨哈罗夫是苏联年轻一代物理学家中最杰出的人物，参与研制氢弹时年仅30岁，32岁时被选为苏联科学院院士，是获此殊荣的最年轻的俄罗斯科学家。与参与研制第一颗原子弹的物理学家一样，热核战争的危险使萨哈罗夫深感苦恼，此外，使他坐立不宁的还有斯大林在苏联的极权统治。在苏联顶尖的科学家和知识分子中传阅之后发表的《进步、共存与学术自由》一文有两个主题：在国际上达成协议宣布核武器为非法及指出"学术自由对人类社会至为重要"。该文在开篇处谈到的基本前提是把"不抱有偏见、无畏惧地公开讨论并得出结论"作为科学方法（它迄今仍未成为现实），这种方法必须被贯彻下去。该文的重中之重是这样一个隐含的命题，即世界科学界是当下的现实，其伦理基础是促使每一个对科学怀有信念的人支持一个相互合作、学术自由的环境。①

---

① 有关苏联生物学领域的发展，见戴维·乔拉夫斯基（David Joravsky）《李森科事件》（马萨诸塞州剑桥，1971年）。佐雷斯·梅德维德夫的书由哥伦比亚大学出版社于1970年出版，《梅德维德夫文集》则由麦克米伦出版公司于1971年出版。《纽约时报文艺副刊》的引文，选自1971年11月5日，第1388页。萨哈罗夫的著作于1968年出版，哈里森·索尔兹伯里（Harrison Salisbury）为其撰写导言、

上述情况导致了一系列的重大疑难。科学是否应该一如科学界的定义，成为仅服务于知识与真理的"纯"科学？还是说它也应该"服务于社会"呢？假如把科学限定为"纯"科学，那么，要如何合理解释现代科研所需的巨大资金？又如何来建立科学的等级？科学的纯粹性是否意味着只有无政治意味的科学才能获得政府支持？假如科学的目的是服务于社会，那么，这一点又该怎样确定？在决定军方或社会服务领域的科技企业谁更有优先权时，决定权应该交给科学家还是政治组织？在实践中，做出显著的区分没有充分意义，科学与军事、技术和经济发展的联系千丝万缕，总有一些势力要为有关机构发声。鉴于科学的战略地位如此重要，科学活动的数量如此之多，国家干预恐怕不可避免。它或者采取苏联那种严厉直接的方式，又或者采取美国松散而多元的货币控制的形式。

科学的防卫之举——对抗官僚化、政治镇压、极权主义——最终取决于科学精神的生命力。科学的感召魅力使科学工作者的生活方式被镀上了"神圣"的特质。一如基督教，这一魅力属性中存在一种反复出现的乌托邦乃至救世的魔力。体现感召魅力的诸多因素与大规模组织的现实之间的张力，形成了后工业社会中科学领域的政治现实。

能者统治与平等

I

1958年，英国社会学家迈克尔·扬写下一则寓言《能者统治的出现》。[①] 它自称是一份撰写于2033年的"手稿"，由于某些"叙述者"不能理解的原因而未能得出结论。该书的主题关乎英国社会的转型，即在21世纪初个人成就取代世袭（通过委任、继承获取某一地位）成为通行准则。千百年来，英国社会的精英地位一直是由贵族子女根据继承的原则获取的。然而，根据现代社会的性质，"社会进步的速度取决于权力与智慧的匹配程度。"英国人不再能承受一个缺乏必要

说明，引文摘自该书第26页。
① 迈克尔·扬：《能者统治的出现，1870—2033年》（伦敦，1958年）。

技能的统治阶级。通过一连串的教育改革法案，以功绩为标准的原则得以缓慢地确立。个人基于"智商与努力程度"而获得他相应的社会地位。到1990年左右，所有智商超过125的成年人都将属于所谓"能者"。

但是，英国社会的转型带来一个意料不到的反应。以前，天才人物分布于社会的各个角落，每个阶级与社会集团都有自身的领袖。现在，所有的才智之士被提升至一个共有的精英阶层，居于下游的人们对自身的失败无可辩解；他们被贴上受排斥的耻辱标签，是人所共知的低能者。

于是，2034年，民粹主义者发起了一场暴动。尽管造反军中的大多数人是下等阶级成员，领导人却是地位高的妇女，她们往往是顶尖科学家的妻子。这些妇女积极分子在结婚初期因培育高智商孩子的需要而从事低级别的家务，因而呼吁两性平等，其宗旨很快被扩展为呼吁全民平等以及建立一个无阶级的社会。生活不能由"数学方法"来治理，每个人应当发挥多样化的能力来主导自己的生活。① 民粹主义者胜利了。在比半个世纪略多一点的时间之后，能者统治走向了终结。

后工业社会的命运是否也是如此呢？按照最初的逻辑，后工业社会将由能者统治。人们基于其技术能力、教育水平而取得相应的地位与收入。若不具备相应的成绩，一个人就不能达成后工业社会以之为特征的、新的劳动分工的要求，也几乎不可能获得任何高级的地位。就这一点来说，后工业社会与19世纪、20世纪之交的社会是不一样的。显然，最初出现的是职业上的变化。大概在70多年前，人们还能在律师事务所里"研习"法律，不需大学学位就能参加律师考试。而今天，在医学、法律、会计以及其他十几种专业领域，人们如要挂牌开业，就必须有大学学位，且要通过考试得到本专业法定委员会的认可。许多年来，一直到第二次世界大战战后为止，雄心勃勃地想大干一番的人大多以兴办企业为晋身之路。由穷至富（以洛克菲勒、哈里曼、卡内基的人生经历来看，更准确地说是由职员至资本家的阶梯）需要的不是教育、技能而是干劲与冷血无情。现在，人

---

① 技术人员集团的理论家伊格尔教授辩称：为了国家利益，选择婚姻伴侣应参考智力记录，因为高智商男子与低智商女子的结合等于是浪费了这名男子的基因。另一方面，妇女积极分子则强调爱情与美是她们的理想，认为婚姻应基于两性间的吸引力。她们爱用的口号是"美的标准人人可达"。

们依然可以开办多种小型企业（现在采取从一家大公司获取特许的方式），但是企业扩张的技术与以往相比大不一样。在企业内部，经理职务日趋专业化，在基层岗位工作的个人很少获得此类提升，企业更多选择从外部挑选有大学学位、满足公认标准的候选人。政界以网罗追随者及获得上司眷顾的能力为晋升阶梯，于是成为唯一不必靠正式证书、相对开放的领域。

技术能力在后工业社会就是经济学家所谓的"人力资本"。根据加里·贝克的初步估计，大学四年的"投资"，按一名男性毕业生的平均工龄来看，每年可产生约13%的年收益。① 从名牌大学（包括同等级的法学院、商学院）毕业，与从"大众"或州立院校毕业相比，可以获得更大的好处。过去，大学是社会地位的反映，现在却成为阶级地位的仲裁者。作为"守门人"，大学在决定社会未来的阶层分野方面具有半垄断的地位。②

在自由社会，任何一家以半垄断性的姿态操控个人命运的机构，会迅速受到抨击。因此，迈克尔·扬在几十年前即已预见的民粹主义暴动，令人惊讶地出现于后工业社会露出萌芽的阶段。智商理论的消亡；对基因决定智力这一类理论的抨击；代表大城市中心区的少数族群、促请大学"降低门槛"的呼吁；如有必要不惜采取指定定额的方式，大学科系应从黑人、女性以及波多黎各和墨西哥裔少数族群中招募更多雇员的迫切要求；对以"证书"乃至教育状况作为决定个人社会地位的因素的批评，这种种现象都使我们看到民粹主义的迹象。后工业社会涌现出一批新的技术精英，重塑了社会的阶级结构。民粹主义者对此的反应是自20世纪70年代起提出扩大"平等"的诉求，以免被这个社会排挤出去。这即是所谓的能者统治与平等问题。

按照一贯的构想，能者统治的本质决定了评价个人的关键在于其个人成就与智力的关系以及智力与智力商业表上测量标准的关系。因此，第一个问题就是：

---

① 加里·S·贝克：《人力资本》（纽约，1964年），第112页。后来的一些学者认为这个数字可能太高；但重点在于大学学位确实可以产生投资收益。
② 关于这一重大社会变化的综合讨论，参见詹克斯与赖斯曼合著《学院革命》（纽约，1968年）。有关相应反应的调查，参见斯蒂芬·格劳巴德与古诺·巴洛蒂（Geno Ballotti）合编《被围攻的大学》（纽约，1970年）。

什么决定智力？根据社会学与生物学的现有观点，一个社会里以智商测出的天才是有限的；每个特定年龄组的测验分数以钟形曲线呈正态分布，足以反映出这一点。能者统治的逻辑认为得高分的人，不论身处社会哪一个角落，都应被提至高级职位上以便充分利用其天才。[①] 这就是自由主义理论中机会均等以及杰弗逊信任"自然优胜"而不相信世袭贵族的基础。

这一切使得智力和遗传的关系变得非常棘手。智力主要是遗传的吗？一个人能靠后天培育而提升智力吗？如何区分天生的智力以及通过教育取得的技能提升动力呢？大学毕业生的平均智商为120，而高中毕业生只有107。普林斯顿大学经济学家弗里茨·马克卢普对此评论称："大学毕业生同高中毕业生相比更会赚钱，无疑这在很大程度上（约40%）是由于天生较高的智力与更大的野心；把收入的增加完全归因于大学教育投资，是大错特错了。"[②]

哈佛大学心理学家理查德·赫恩斯坦（Richard Herrnstein）将这一逻辑向前推进了一步。利用伯克利大学亚瑟·詹森（Arthur Jensen）收集的数据，赫恩斯坦指出人的智商中有80%是遗传的，后天环境影响只占到20%，并对其做了如下的引申：

---

① 迈克尔·扬在他的寓言中如此描述这一基本原理：
"智商超过130的人的比例是不能提高的——我们的任务反倒是阻止它的下降——但是将这类人投入到需要他们发挥充分才能的工作岗位上的比例却在不断上升。……人类文明并不依靠呆头呆脑的群众，而只依靠有创造性的少数人——用一个动作就能节省一万名劳动力的革新家、时时创造奇迹的杰出人物、使变异成为社会乃至生物学现象的不知疲惫的精英。科学家和技术专家、艺术家和教师的队伍已经在扩大，教育水平使这些人时运亨通，他们的权力也大大地增加了。人类进步是他们取得的胜利；现代世界是他们的纪念丰碑。"（鹈鹕丛书，1961年，第15页）
② 见弗里茨·马克卢普《教育与经济增长》（内布拉斯加州林肯市，1970年），第40页。马克卢普引述了爱德华·丹尼森的研究，认为对于教育水平较高的人而言，其收入差额中的2/5源自天生的能力，3/5则源自接受了更多学校教育的事实。加里·贝克在《人力资本》（纽约，1964年）调查了一些能够取得中小学时期的有效智商、成绩并与之后收入建立联系的样本，发现综合能力相对于单一的教育影响"更符合估计的回报率"，但是在大学这个层面，"教育水平本身足以说明大学毕业生与高中毕业生收入差距的大部分原因。"（第88页和124页）有关丹尼森的数据，见论文"衡量教育对经济增长的贡献"，载鲁宾逊（Robinson）与维西（Vaizey）合编《教育经济学》（伦敦和纽约，1966年）。大学和高中期间智商的数据引自马克卢普一书，第40页。
质疑智商与经济成就的关系的研究综述，见塞缪尔·鲍尔斯与赫伯特·金蒂斯："美国阶级结构中的智商"，载《社会政策》第35卷，第4期—第5期（1972年11月—12月）。

首先，假如智力差异可以遗传；

其次，假如在社会上的成就要依靠人的智力；

再次，假如环境是"同等的"，

那么，社会地位在某种程度上将以遗传的差异为基础。①

赫恩斯坦的结论把两种不同的情况相混同：认为在今天的美国社会，职业地位在很大程度上**是**智商的函数，以及在能者统治的模式中，社会分层系统**将由**智商决定。赫恩斯坦总结说，鉴于社会环境对每一个人都相同，假如每一个人的起点都相同、机会完全均等的话，遗传就将成为决定性因素。他为新一代的穷人描绘了一幅阴沉的图景：

……人类社会将会析出一批低能的渣滓（在智力及其他方面），这些人不能掌握一般的职业，不能争取成功，很可能是由具有同样弱点的父母所生的。②

---

① 理查德·赫恩斯坦："智商"，载《大西洋月刊》（1971年9月）。从技术上说，我们不能说每一个人智商的80%来自遗传。但詹森认为就一个大规模样本来说，80%的分值差异可以归因于遗传。

② 出处同上，第63页。某个人种学派与赫恩斯坦持一致的观点，认为"繁殖过程"中即存在人类社会政治斗争的基础。人种学家莱昂内尔·泰格尔（Lionel Tiger）和罗宾·福克斯（Robin Fox）在《帝国动物》一书中写道：

"人类社会与蚂蚁社会往往用来作比较。确实，二者之间有惊人的相似之处——诸如劳动分工、等级制及对其他物种的驯化——但在最基本的一点上，这种相似性被打破了：人类社会是政治性的，而蚂蚁社会则是非政治性的。一个蚁群的社会秩序在遗传学上是固定的。工蚁就是工蚁，雄蚁就是雄蚁，王后就是王后，兵蚁就是兵蚁，等等。工蚁不会夺取蚁群权力，因为它们天生就要成为工蚁而不是其他蚂蚁。蚁群不会出现权力与地位再分配，最重要的是，不会出现繁殖能力乃至基因池构成的再分配。这是一个重大的不同。政治包含改变社会资源分配的可能性——其中之一就是控制由繁殖决定的未来。政治过程——在群体成员之间再分配资源控制能力的过程——用进化论的术语来表述，就是一个繁殖过程。政治系统即是一个繁殖系统。当我们把"欲望"一词用于权力和性时，我们比想象中更接近真理。在争夺繁殖优势的斗争中，有些人胜过了另一些人。这就改变了人口中的基因分布并影响到胜利者的基因未来。这个世界是一个优胜劣败的世界，一个政治的世界，一个贫富不均的世界，一个有人成功有人失意的世界。

"（自人类社会出现以来）人类就无可挽回地关心谁可以和谁婚配，关心地位、财产和传宗接代的关系。

"繁殖竞争的结果是一个等级森严和富于竞争性的社会系统。如果人类政治显示在众所公认的平等理想以及私下受到认可的不平等之间存在持续的冲突，它不过是人类进化史的一种反映。"（纽约，1971年，第24—25页）

智能遗传与社会—阶级地位的关系涉及以下五个备受争议的问题：第一，是否可以精确确定遗传因素与环境因素影响智力的比例（只有假定两者不存在**因果**关系，即生物遗传不影响环境因素，才能进行测定，然而这又是极不可能的）；第二，智商测验到底衡量的是什么？只是一些特定的技能，还是一些更具综合性、更统一的潜能？第三，智商测验是否"与文化相关"？自成一格的"文化**展示**"，测验无关学校讲授的知识，只是要求孩子在一些简单的、非代表性的图画中推断其关系和相互关联；第四，在升入大学或竞争社会职业地位时，父母的社会阶级地位与智商哪一个更重要？最后，关键的问题在于智力、社会阶级背景和其他因素之间的关系——经过一段时间是否会彻底改变，以及人类社会是否因此**正在**变得更加由能者统治？①

"新生物学"的特性使上述构想变得更为可怕，通过把"捐赠者"的冷冻精子提供给多位女性、试管婴儿及克隆等手段，人类现在可以控制繁殖过程。新生物学引发了令人不安的社会和伦理问题，在这方面的有益思考，参见利昂·卡斯（Leon Kass）"制造婴儿"一文，载《公共利益》第 26 期（1972 年冬）。

① 关于人类社会并未变得愈来愈被能者统治的讨论，见克里斯托弗·詹克斯等人的《不平等：美国家庭与教育水平的影响再评估》（纽约，1972 年）。

詹克斯强调以下几种观点并未获得充分证据：1.教育水平与职业地位的关系在过去 80 年已有改变；2.智商与职业地位的关系在过去 50 年间有所变化；3.教育水平与收入的关系在过去 30 年间有所变化；4.智商与收入之间的关系已经出现变化。

詹克斯指出，同样没有证据表明，至少自第一次世界大战以来，家庭背景对于职业地位和收入的影响出现了下降。斯蒂芬·森斯特罗姆（Stephan Thernstrom）的著作《贫困与发展：一个 19 世纪城市中的社会流动性》（马萨诸塞州剑桥，1964 年）则指出 19 世纪的社会流动率并不比 20 世纪更低。

詹克斯问道："假如家庭背景、教育证书一直维系着它们的重要性的话，那么，我们在何种意义上可以断定社会正在变得更加由能者统治呢？假如 1.教育不再重要；2.赫恩斯坦根本不能证明智商变得比以往更加重要；3.一切间接证据都说明智商在决定个人成就方面的重要性与其他因素差不多，那么，我们为什么还要接受赫恩斯坦的观点呢？"（私人通信，1972 年 7 月 25 日）

詹克斯在一定程度上也怀疑家庭背景是否是决定教育水平与职业地位关系的首要因素。他说："塞缪尔·鲍尔斯（Samuel Bowie）在 1972 年春季号的《政治经济学杂志》上发表了一篇论文，强调在受调查的案例中，家庭出身是影响教育水平与职业地位二者关系的主要因素，然而我认为他过于夸大了他的案例。我很容易就能想到，个性差异（如毅力、纪律性，等等）可以说明受教育和未受教育的人们之间的大部分差异，教育经历无法有效地养成这些个人品质，它们反倒会影响人们获得的教育年限。"（同上书）

作为一名合作者，哈佛大学教育学院的戴维·K·科恩（David K. Cohen）在借鉴詹克斯及其他人的著作后，强调了偶然因素在升入大学这一问题上的重大作用。科恩写道：

"比较一下大学生的智商和社会—经济地位。我们可以发现就提升某个学生进入大学的机会而言，各方争论混淆了两个性质大不相同的问题。其一，社会—阶级特权或文化优势（如智商测验中的选择偏向）是否影响到人类社会提供真正的机会均等，换句话说，为所有人设定公平的起点；其二，假如一个社会实现了真正的机会均等，同时推行基于最终绩效而考量收入、地位的新型不平等，这样的社会是否值得期待？换句话说，**我们所需要的是机会更加平等，还是结果更加平等？** 近年来，民粹主义的争论在这些立场之间来回变动，就此提出的政治诉求也十分混乱。

最初，机会均等是大众眼中的当务之急。后工业社会带来的普遍忧虑是：一旦错过教育这个上升阶梯就意味着被挤出了社会特权阶层。能者统治的社会就是"证书社会"，学位、职业考试、许可证等成绩证书成为理想就业的一项前提。于是，教育变成一种必要的保护。莱斯特·瑟洛（Lester Thurow）评论称：

> 随着接受教育的劳动力的供应增加，人们发现自己必须提高教育水平以维持目前的收入水平。如果他们不这样做而别人提高了教育水平的话，他们就会发现自己不再能找到目前水平的工作。教育成为一种好的投资，不是因为人们能在其他人不提高教育水平的前提下获得比以往更多的收入，而是因为相比于其他人提高了教育水平而他们自身没有这样做，教育可以提高这些人提高自身教育水平之后的未来收入。**实际上，教育成为人们保护其"市场份额"的一项必需开支。** 随着受过教育的劳动者阶级人数变得更多和增长得更快，这种保护性开支就变得越发重要。①

弱势群体被这种恐惧笼罩之后的必然结果，是要求大学实行"开放入学"。这一诉求潜在的理论基础是认为父母的社会—阶级出身是影响职业选择的首要因素，而大学开放入学（尽管是在低学年）可以确保弱势群体在社会上的公平竞

富有几乎与聪明一样，帮助非常大。一个最重要的事实是，**能力与地位结合起来可以解释大学入学率实际变化的一小半**。与课程设置的情况一样，我们必须从其他因素——动机、运气、歧视、机会、有无家庭鼓励——来寻找可能的解释。"引自"智商有作用吗？"，载《评论》（1972年4月号），第55页。（黑体为本书作者所加）

① 莱斯特·瑟洛："教育与社会政策"，载《公共利益》第28期（1972年夏季号），第79页。（黑体为原书所有）

争。从这一角度来看,开放入学符合美国的历史精神,即无论出身如何,人人都应当有机会成就更好的自己。此外,它还符合美国人的乐观主义信念,即让**每个学生接受更多教育就会使他的人生变得更加美好**。这便是土地拨赠法案背后的逻辑;早在第二次世界大战之前,美国东部地区以外的公立大学长期实行这种做法也是基于同样的理由。①

对一些人来说,这种诉求可以引伸为对能者统治的抨击。该理论的一名支持者写道:"只要开放入学仅限于少数机构,它就不会对能者统治构成威胁。跻身精英阶层不是基于一个人**是否**上过大学,而是基于他上了**哪一所**大学。普遍的开放入学将会破坏能者统治和高等教育之间的接合程度;通过废止大学入学标准中的等级制,它进一步促使人们对更大社会范围中的等级制产生怀疑。"②

这个观点按照一定的逻辑即意味着进入美国高等学校,无论是帕森斯学院还是哈佛大学,只能凭运气。鉴于对精英学校的判断依据的是教师队伍的水平,把它继续向前推导,结论就成为美国大学教育系统制订教学任务的工作,也是一件碰运气的事。

开放入学是通过扩宽大学入学通道,加大弱势群体出身的学生机会均等的措施。然而,大学教育结构中的教师、职员和行政管理人员同样面临着地位的问题。彼得·布劳(Peter Blau)和奥蒂斯·达德利·邓肯在针对美国职业结构的综合调查中表明:各个弱势群体的集团几乎总是能达成同等的地位、权力和经济报酬,只有妇女和黑人是两个例外。显然,只要存在歧视——基于性别、肤色、宗

---

① 但是,某些区分方法总是会存在。美国中西部的教育系统规定,高中各课成绩平均得分为C或以上的学生就可以入州立大学,但是在第一学年或第二学年年末,有一次残酷的考试会淘汰掉较差的学生。加州的教育系统规定每个高中毕业生都有权力接受高等教育,但学分跟踪系统会把成绩最好的10—15%的学生分入名牌大学(如加利福尼亚大学伯克利分校、洛杉矶分校),把其次的25%学生分入州立学院,剩下的学生分入专科学校或社区学院。
② 杰罗姆·卡拉贝尔(Jerome Karabel):"开放入学的前景",载《教育实录》(1972年冬季号),第42—43页。
卡拉贝尔写道:"开放入学在哲学方面的理论基础是:教育机构的任务并不是……为未来的老板搜索人才,而是为促进学生的成长。"有鉴于此,卡拉贝尔十分赞许地引述了B·奥尔登·思雷舍(B. Alden Thresher)的见解:"一个人受过教育,就绝不会成为不胜任或不够格的寻求者。"思雷舍的见解引自"学术才能与成就测验的使用与滥用",载《高等教育的障碍》(纽约,大学入学考试委员会,1971年),第39页。

教或上述专业条件之外的标准——就不可能有真正的机会均等。扩大机会均等的第二步努力是设法增加弱势群体成员在系统内取得一席之地的几率。

20世纪60年代，美国政府宣布了一项公共政策，即推行"肯定行动"来纠正对于弱势群体的歧视。肯定行动的方针最早是由约翰逊总统在1965年的一项行政命令中提出的。该命令称：在联邦政府工程以及使用联邦经费的就业环境里，雇主必须证明他们已设法寻找弱势群体中符合条件的申请者；必须证明在不能立即找到符合条件的申请者的情况下，提供了必要的特殊培训；而且假如来自弱势群体的申请者的资质条件与其他申请者大体相同，必须优先录用前者。肯定行动，再加上启智计划和义务教育等措施，旨在纠正由历史造成的弱势群体的文化劣势，特意使弱势群体成员（特别是黑人）在社会地位的竞争中占据优先地位。

在推行肯定行动的最初几年，政府首先把力量放在技术行业——特别是曾蓄意实行种族排外政策的建筑业。70年代初，尼克松政府通过卫生、教育与福利部将该法案扩展至高等教育系统，每一所与联邦政府签定合约的学校都必须提供相应的数据，说明每一类职位（无论是学术性质还是非学术性质的）雇用弱势群体成员的情况，同时制定在每一层级增加弱势群体成员人数的具体目标。爱德华·希尔斯对此总结说：

> 高等院校接到通知，针对内部的每个职员类别，它必须根据"种族划分（如黑人、东方人、印第安人、拉美裔美国人……）"确定其薪酬与人数的比率。此外，这项统计还必须伴以一份"肯定行动计划，按照科室、部门和工作类别简明地标出存在问题的区域，且为了克服现有问题要附上更加详尽的一些建议和计划"。"肯定行动计划"必须"包含各个科室、部门和工作类别的具体目标和实施对象，根据具体情况明确长期目标与短期目标的完成期限。录用方法和人员必须经过分析性条款的评估；参与面试的候选人人数、提交的申请简历数目以及参与面试的边缘群体成员中被雇用的人数，以此进行征聘和雇用。"……[1]

---

[1] 爱德华·希尔斯："社论"，载《智慧女神》（1971年4月），第165页。

这项行政命令的初始意图是消除**歧视**。但是，歧视的存在难以证实，特别是一项工作的任职条件非常具体。于是，政府的测验变成：在每一级别的就业人口中是否都可以找到弱势群体成员？其占比是否符合他们在人口中的占比？又或者，假如女性获得了30%的博士学位，那么大学教师是否有30%的人是女性？这在理论上意味着为妇女和黑人设定"指标"；而在实践上则意味着为这些人设置录用定额或优先权。

新变化的特殊之处在于：不经公众辩论，一项新的权利准则就被引入到政体之中。这一行为的本质是从歧视到代表的原则转换。妇女、黑人和墨西哥裔美国人按照人数比例接受雇用，成为一项权利，而专业资格和个人成就的准则要从属于集团身份的归属原则。①

新的原则影响深远。在技术水平同一化、一个人很容易替代另一个人的情况下，我们可以"合理"地坚持定额。可是，如果注重集团身份而非个人，把女性博士的人数机械地等同于其应占据的职位数量，政府相当于假定"受过教育的劳动力"是"同一化的"——即个人的才智、成就不如取得证书重要。对于许多职业来说，情况确实如此，但大学教学与研究工作却不是这样，个人素质才是唯一的检验标准。选择一个人出任年薪75万美元的职位，与放弃白人管道工而雇用黑人管道工是大不相同的；仅仅拥有学位不足以满足高级职位的任职条件。

定额与倾向性雇用还意味着标准的扭曲和突破。在确定大学教职时，归属标准不可回避地假定少数群体的成员较不合格，而且即使享有充分的优待仍不能与他人竞争。这种措施对于一个根据"第二"原则而被雇用的个体的自尊心会有什么影响？如果教职员工都要根据定额录用，这对于大学的品质、教学与研究的士气又会造成什么影响呢？

何况，配额本身并不简单。假如要以"代表性"作为就职的标准，那么只把

---

① 联和神学院为了充分履行这一原则，在6月1日投票决定，今后黑人和少数族群成员应占到学生、教职员工和系主任人数的1/3，妇女则占其中的1/2。(投票时，在该学院，黑人在566名学生中占6%，在38名教师占8%；妇女在学生中占20%，在教员中占8%。)神学院方面宣称："在多元化社会里，在一个白人和男性占据压倒性优势的环境里推行教育是不现实的。"选出50%的妇女是为了体现她们在社会中的代表性；而1/3边缘群体的成员是足以展示其存在"关键群体"。(《纽约时报》，1972年6月1日)

这项原则应用于妇女、黑人、墨西哥人、波多黎各人、印第安人、菲律宾人、中国人和日本人（按美国卫生、教育与福利部的规定），其道理何在呢？为什么它不能被应用于爱尔兰人、意大利人、波兰人以及其他人种呢？此外，假如把代表性视为标准，那么代表性的基础又应该如何确定呢？据约翰·邦泽尔（John Bunzel）的报道，在一所加州州立学院，其中的墨西哥裔美国人要求职工总数中应有20%的墨西哥裔美国人，因为邻近社区中的墨西哥裔美国人占到总人数的20%。可是黑人学生反对这一提议，强调应以加利福尼亚全州的情况为恰当的基准，这就使黑人和墨西哥裔美国人的比例对比不一样。密西西比大学是否要在教师中聘用37%的黑人，就因为黑人在密西西比州人口中占到37%？美国大学教师中犹太人的数目是否应该减少，因为犹太裔的教师显然过度代表了他们的人口？

假如种族和少数族群可以成为考查条件，那么宗教和政治信仰为什么不能成为平衡代表性的标准呢？加利福尼亚州的里根州长曾说在州立大学的教职员工中保守党人的比例过低，对比加州的投票结果可轻易看出教职员工的政治倾向；但是，保守党员应该因此被优先录用吗？在某个社群里开设与其信仰相对立的课程（或校图书馆收藏某一类图书）时，我们是否要向特定的社群寻求支持？——这个问题最早由弗吉尼亚州议会于1779年提出，20世纪20年代，田纳西州立法议会发布在原教旨主义州里讲授进化论的禁令时，再一次重申了该原则。

具有历史讽刺性的一点是，基于归属原则的代表性诉求是对激进的、人道主义的价值观的彻底反转。自由主义和激进主义攻击的是，**用一个人所属集团的标签不公正地否定他本应获得的地位**，认为这就是歧视。一个人不被当作个体而被评价，而是作为某个特定集团的成员而受到评价或排斥。现在的情况却变成，人们因为拥有某个特定集团的标签而必须优先获得某种地位。个人本身已经消失了，剩下的只有标签。更加讽刺的是，按照当代社会的激进批判，个体不再被看成完整的个人，而是将其分割、弄碎，降解为其主要社会职能中某个主导属性的多重角色。在原则反转之后，我们如今发现个体由于社会角色的性质、成员身份而获得优先权，于是，个体再一次被"降解"为某种高于一切的单一属性，它成为他在社会上取得一席之地的前提。这就是定额诉求背后的逻辑。

取消学校教育

一切学校教育皆从属于科技治国论的需求,学校对社会造成了不当影响,这是从另一个角度对能者统治发起的抨击。伊凡·伊里奇(Ivan Illich)就此的阐述最为尖锐:

> 隐蔽的课程让所有孩子意识到专业授课传递有经济价值的知识,而社会权利是由官僚化进程中达到的级别所决定的。隐蔽的课程将公开的课程变成商品,使它成为获得财富最安全的形式。知识证书——不像财产权、股票或遗产——是无法被夺取的。……人们普遍认为学校是扩大权力、增加生产者合法性和扩展学习资源的途径。①

伊里奇——作为天主教异教创始人以及权势场中的觊觎者——的神秘性在文化上激起了极大的好奇心。② 他认为在学校教育与教育之间存在分别。学校教育是人们积累"知识储备"的工具,一如商业允许个人积累"资本"。③ 教育则是"每个学习者根据自身生活与学习的要求——知识在其生活中的作用——而做出的自由决定"。鉴于学校教育已完全工具化,成为教育的障碍,我们必须废除学

---

① 伊凡·伊里奇:"去学校教育之后,是什么?",载《社会政策》(1971年9月/10月号),第7页。
② 伊里奇是天主教教会的一位主教,20世纪60年代晚期突然出现在美国学术舞台上,在《纽约书评》和《纽约时报》上发表文章阐述"去学校教育的社会"的思想。这些文章被编入《取消学校教育的社会》一书(纽约,1970年);一年之后,第二本文集《意识的庆典》得以出版,埃里奇·弗罗姆(Erich Fromm)为其写了导言。伊里奇在墨西哥奎尔纳瓦卡天主教中心组织训练到拉丁美洲工作的神父时在教会内部引起了关注。这个中心的建立得到了梵蒂冈的支持,然而几年之后它却开始信奉非正统的教义。1970年4月25日弗朗辛·杜普莱西斯·格雷(Francine Duplessix Gray)在《纽约客》上发表了伊里奇神父生平事迹的简介(当时伊里奇已经辞去了教职)。这篇文章也被收入她的著作《神圣的不服从》(纽约,1971年)
③ "一个人学的越多,就会获得更多的'知识储备'。所以,隐蔽的课程为社会定义了新的阶级结构,其中,知识消耗量最高的消费者(他们已获得大量知识储备)享有特权、高收入,获得更高级的生产工具。这种知识资本主义已为所有工业化社会所接受,并确立了就业与收入分配的基本原理。"见伊凡·伊里奇"学校教育的替代选项",载《星期六评论》(1971年6月19日),《去学校教育的社会》一书也有转载。

校，建立一个每一个人能寻求其真正想要的教育的进程。

伊里奇认为，学校教育建立了新的层级结构，知识导师通过秘传知识与技术知识来维持地位而将社会上其他人排除在外。① 要"充分接受"教育，必须"强烈地反对当代科技治国论者赖以确立其特权的事实权力与工具复杂性，它们被解释为是面向大众的服务，从而绕开了攻击"。

由于学校机构只发展能维持管理者特权的既得利益，伊里奇希望用"学习网络"取而代之，它包含技能交流、同业竞赛和有求必应的广大教育者（包括学术贤人和巡回学者等）。既没有强制性的签到，也没有证书，只有街头学习市场上**按爱好**选择的教育。② 这一切由迄今为止花在学校上的纳税来支持。

教育与学校教育之间的区别与此有关。两者一度是相互交叉的。正如詹姆斯·科尔曼所说，我们过去生活在"信息匮乏"的社会。③ 用直接经验来感受农场或小镇或许足够了，但是了解即时范畴之外的艺术世界、文化世界及政治世界则需要只有书籍和学校才能提供的替代性经验。学校是经验重组和价值观整理的核心。但是今天，情况已大大改变。孩子们的直接经验是否已经缩水，这是需要讨论的；因为旅行机会与城市诱惑的增多，孩子们的直接经验变得比以前更少，这种认识或许是一个浪漫的错误。伴随着媒体的传播力大增，电视、形形色色的

---

① 伊里奇写道："只要科学的成果继续被并入仅服务于专业人员的技术，科学就将一直人为地保持神秘。如果它要被用来实现某种可能的生活方式，使每个人享有住房、医疗、教育、旅行和娱乐，科学家们就必须更努力地把他们以秘密语言表达的发明重新解释为日常的语言。"（"取消学校教育之后，是什么？"，第13页。）

② 一位温和的批评家理查德·沃尔海姆（Richard Wollheim）在描绘这首田园诗时说："《取消学校教育的社会》一书中可以散见许多小案例。一个学生若想学中国话，就应被安排到一个中国邻居旁边，这个中国邻居的母语水平已获得验证，而且他表示愿意传授这个技能。如果一个学生想学习吉他，他不但借得到吉他，还能借到吉他课程的录音带和和声指法图解。如果一个学生想找个水平差不多的人一起讨论弗洛伊德抑或阿奎那著作中有争论的段落，他可以到一个经特别认定的咖啡馆去，把书放在手边，和走过来的任何人交谈，如果有兴趣就谈得长，或者喝完一杯咖啡就分手。街道上没有车来车往，人们自由自在地在城市闲逛，浏览比比皆是的教学材料，它们不仅仅被陈列在博物馆、图书馆，还被摆放在实验室、店铺橱窗、动物园、工具车间、电影院和计算机中心。与此同时，真正的教师、学术宗师则坐在家里或某处等待他们自行选择的学生上门拜访。"引自理查德·沃尔海姆："伊凡·伊里奇"，载《听众》（1971年12月16日），第826页。

③ 詹姆斯·科尔曼："现代社会中的教育"，载马丁·格林伯格（Martin Greenberger）编《计算机、通讯和公共利益》（巴尔的摩，1971年）。

杂志、图文书打开了观察世界的更广阔的窗口,替代性经验的覆盖范围也被极大地扩展了。通过媒体和同业团体的多种影响,教育得以在学校外部实现,学校由于其守门人的身份则越来越表现出职业化和专业化的倾向。

可是,问题在于教育关系变化之后是否需要在社会上取消学校教育抑或建立一种完全不同的教育和学校教育观念。伊里奇是一位浪漫的卢梭主义者,其著作中描绘的景象取自《爱弥儿》一书,呈现同一种修辞上的混杂,强调"真实的存在"——关于现代性的、根本无法定义的呓语。伊里奇的著作还表达出同样一种思想,即个人不应当服从社会常规而要"凭自身意志为自己做决定",仿佛社会上存在的是无数个独立的真理而不是大量小范围的受社会制约的思想规程。他同样主张反智力论,认为只有经验而不是学科性的研究才是真理,甚至也主张用大师的操纵——伊里奇所谓"崇高的谎言"——来摧毁体制,重建"自然状态",从而使人们的愿望与权力相匹配。但是最终,如同《爱弥儿》一样,这一场探寻并非以知识或教育为目的,而是在寻找一种特性,一种已被遗忘的、纯真的特性。[1]

伊里奇这番通俗论证的问题在于——关于现代主义也是这样——它把形形色色的经验与知识混淆在一起。杜威曾说,获得经验必须有意为之,做到这一点需要"转变旧的含义和新的形势从而达成两者的融合"。[2] 知识是借助相关概念对经验的选择整理及再整理。现实不是一个"现成的"有限世界,如镜子成像那样反映到人的意识之中,也不是个人按照其对新奇的偏好(或与"我"的相关程度)而收集的经验流。它是为大脑所分门别类的一组意义,建立事实之间的联系并推导出结论。

一如所宣称的那样,科技治国论的倾向只涉及功能文化与情感上互相敌对的文化,因此原则上认知模式和审美模式之间不是必然会产生矛盾,在社会学的现

---

[1] 以下是卢梭在爱弥儿童年结束时的一番描述:"他不懂得什么叫成规和习惯;他昨天做的事情,绝不影响他今天做的事情;他绝不按老一套的公式办事,绝不怕什么权威或先例。他觉得怎样合适,就怎样做,怎样说。所以,你休想听到他说别人教他说的话,休想看到他从书上学来的举止,他的话句句都忠实于他的思想,他的行为完全是出自他自己的心意。"(《爱弥儿》,上卷,商务印书馆,1978年,第206页。)

[2] 约翰·杜威:《经验的艺术》(纽约,南回归线版,1958年,首版于1934年问世),第275页。

实中大有实现的可能。杜威说，就知识的性质而言，两者必然产生相互作用：认知把多种经验归纳为概念使其更易理解；审美用富有表现力的方式叙述经验从而使之更加生动。两者在一个统一过程中彼此加强。

两者的共同点是依靠判断——做出必要区分，建立使浮夸有别于美好、矫饰有别于持久的一些标准。知识是自我意识的产物，不断地对文化目标、思想进行比较和判断，以便说明某一事物与其他事物相比更好（更复杂、更优美或人们想要使用的任何标准）和更接近真实。因此，知识必然是一种权威，而教育则是铸造权威性判断的过程。这即是一直持续的古典理性教育。

后工业社会为教育加上了一项特殊的负担。我们不必强调学校教育比过去更加重要，以此来为教育中的科技治国论因素——对职业化、专业化的强调——来作辩护。恰恰是因为人们现在有越来越多差异化的方式获得信息、经验，自我意识更有必要理解概念化的过程是一种人们用来组织信息、以便就个人经验形成明确观点的手段。所谓概念框架就是用以组织复杂多样的经验属性或事物特征的一组连贯一致且高度抽象的术语，借以使某些属性、特征与其他属性、特征相联系或相区别。认识经验模式的异同，也即我在前言中谈论需要用多棱镜进行社会比较时提出的命题，正是教育的功能所在。解决个人身份危机需要将成长中不协调的方方面面混合成一致的整体，而知识则是与之类似的对于个人经验的组织，它要为各种经验模式所检测，从而建立一致的判断标准。

在这些情况下，大学的作用就是联结意识探索的各种模式：在遭遇可用来检测当下现实的传统时出现的历史意识；制订明确的概念基础和哲学前提的方法论意识；以及使个人意识到其预判来源、通过针对社会的学术研究重塑其价值观的自我意识。教育是在不完全放弃真理、信仰的前提下对过去材料的"再改造"。这是一种持续的张力，"尽管有着种种的负担和不安，过去与未来、思想与情感、传统与体验之间的张力，正是维持这种探索独立性的唯一源泉。"在纷乱芜杂的知识中寻找相关性时，大学是对学术与艺术规则之原则的肯定。[①]

[①] 我在拙著《通识教育的改革》（纽约，1966年）一书中以更详尽的历史、哲学说明介绍了这些观点。特别参见该书第4章"改革的必要性：某些哲学前提"以及第6章"新的理论基础"。引文见该书（锚定版，1968年），第151页。

II

重新界定平等

由于平等已成为美国政治的核心价值准则之一，学校教育、收入、社会地位等问题纷纷被列入社会政策的范畴。然而，所谓平等从来没有明确的意义，17世纪刚露出萌芽的平等思想与19世纪30年代该思想蔚为风行时的含义大不相同。在新英格兰建立殖民地的先驱者，或者说从五月花号上的清教徒们算起，他们就把自己看成"一群懂得自己要受神的约束的正直的人"。这时的平等是清教徒眼中上帝选民的平等。而成就美国宪法的那一批伟人所考虑的主要是个人品质以及强调能力（而不是圣恩）的选举。对罗马共和制的想象与洛克思想——两者都强调农业社会之美德与劳动——的奇特混合流露在他们拟就的词句之中。核心主题是人的独立以及确保个人获得独立的种种条件。但是，对洛克思想的采用暗含着对层级制——即智力层级——的认同。由于思想备受赞誉，人们因此认为某些人比其他人更善于思考、更有能力且更聪明——于是自然而然地形成了贵族阶层。

"杰克逊式的说服"①，用马文·迈耶（Marvin Meyer）的话说，标志着非比寻常的转变。感情和情绪取代了思考，而每个人的情感都被认为与他人的一样合理。正是这一点触发了托克维尔的卓越观察。托克维尔在《美国的民主》一书的开头说：

> 我在美国逗留期间，没有一件新奇之事能如社会平等那般如此鲜活地打动我。在美国社会的洪流之中，这一基本事实的巨大影响是很容易想见的。它尤其使公共舆论、法律出现了巨大改变，统治者与习于被统治的人都有了新的座右铭。

考虑到新的原则所具有的力量，托克维尔得出结论：

---

① 安德鲁·杰克逊，美国第7任总统，以作风强硬著称，此处的"说服"有反讽意味。——译者注

所以，平等的逐渐进展几乎是注定的。这一进展的主要特征如下：它具有普遍性和永恒性；它无时无刻不在发生，而且超越人类的控制；每个事件、每个人都对它有所助益。设想一个准备如此充分的运动会被一代人阻止，岂不是太不聪明？有谁还会幻想曾摧毁封建制度与国王的民主会在中产阶级和富人面前退步？在它已经如此强大而敌人空前虚弱之时，难道它会就此停步吗？①

但是，在19世纪的美国，平等这一概念从未被精确地定义。在公开的宣言里，它被归结为以下这种情结：人人都一样地好，没有人可以优越于其他人。事实上，这意味着谁也不能摆出一副贵族的姿态而俯视别人。在这个意义上，它是对繁文缛礼的欧洲社会的消极反应，而当时到访美国的游客也用同样的方式来理解平等。从积极方面说，所谓平等是指人们不论出身如何都有出人头地的机会——没有官方的障碍或预定的地位挡路。不肯俯首听命、强调个人成就等特性的组合使19世纪的美国格外具有革命的吸引力，以至于当包括克里格（Kriege）和维利希（Willich）等社会主义工人俱乐部成员在内的德国1848年的革命者来到美国之后，他们纷纷放弃欧洲社会主义而成为共和党人。

现在，关键的是对平等的重新定义。机会均等的原则在过去是改革巨型社会体制的武器，现在却被视为通往新的等级制度的路径。当前的诉求是：洛克所谈到的"公平优先"的社会需要削减一切不平等或建立社会每个成员在收入、地位和权力上的结果平等。这一问题是后工业社会的核心价值观问题。

机会均等原则源自古典自由主义的一个基本信条：个人，而不是家庭、社群或国家，才是社会的基本单元。社会性的安排之目的就是让人们通过劳动获得财产、通过交换满足需求、通过社会流动性达到与其才智相称的地位，从而确保个人实现其目标的自由。这一思想假定个体存在差异、每个人的天资、精力、野心、动力以及对值得渴求的事物的定义各不相同，而社会机构要为公平竞争与平

---

① 阿历克西斯·德·托克维尔：《美国的民主》，由 J·P·迈耶与马克斯·勒纳（Max Lerner）编，纽约，1966年，作者自序，第3、5—6页。

等交换建立一套程序，使丰富多样的个人愿望和能力获得实现。

机会均等的原则抵制出身优先、裙带关系优先、背后靠山以及其他授职标准的优先，要求每个人依据其天资、志向平等、公开地参与竞争。按照塔尔科特·帕森斯的说法，它主张一般性而非特殊性，强调成就而非归属。它是康德思想中启蒙所孕育的理想，个人品质的原则被概化为绝对命令。

现代社会的社会结构基于机会均等的原则，以金钱的普遍性为其资产阶级形式，以雄心勃勃为其浪漫主义表现，以知识优先为其智力要求。18世纪及更早的等级社会赋予土地、军人、教会以无上的光环，只有继承权才是通往相关机构的阶梯。正如《红与黑》中所述，即使在名义上具有流动性的地方，军队委任只能靠花钱收买（英国直到19世纪中叶仍是如此），而教会俸禄唯有靠家族关系才能获得。现代化意味着用开放、变革和流动性的原则把社会等级秩序连根拔掉。资本家和企业主取代地主士绅，政府官员从军队那里夺走权力，知识分子接替了教父。原则上说，新的职位面向一切有才智的人开放。于是，一场彻底的社会革命来临了：它改变了地位、权力的社会基础，在这里，人们用一种全新的方式获取社会地位和特权。

后工业社会为地位与权力之基础、获得途径增加了一个新的标准，技术竞争力成为实施权力的条件之一，高等教育则成为获得技术能力的手段。这使得权力的金字塔出现了一种位移，在关键机构中技术竞争力成为最首要的考虑。在工业部门，家族资本主义为管理资本主义所取代；在政府，大人物的提携被市政服务和官僚体制所取代；在大学，老一代社会精英的排外，尤以常春藤名校为盎格罗—萨克逊白人主导为典型代表，已被与少数族群（尤其是犹太人）的融合所打破。新近出现的专业工作越来越成为社会技术决策的核心，在工程与经济领域尤其如此。就地位和权力这一维度而言，后工业社会是能者统治的逻辑发展；而在原则上，它是基于知识分子优先的、新的社会秩序的汇总。

从社会现实的角度，能者统治是以成就取代归属的原则来替换社会阶级分层原则。过去，这个新原则作为自由主义取得进步的表现，被人们视为是公正的。评定个人且使之获得收入的不再是出身和血缘关系，而是个人的品质。然而今天，这个原则已被看成是不平等和社会偏见（即使不是心理偏见）的新的根源。

反对能者统治的情况

社会学和哲学对能者统治的抵制具有矛盾和相互叠加的性质：

一、遗传学与智力：如果我们认为能者统治是纯粹的智力选择，而智力基于遗传的基因差异，那么每个人要靠遗传学上的运气来获取特权。这是一种武断的达成社会公平的基准。

二、社会阶级：纯粹的能者统治永远不可能存在，因为地位高的父母总是设法借助其影响力或者简单地依靠其子女享有的文化优势将其地位向下一代传递。因此，在一代人之后，能者统治就会演变成一个阶级的独享。

三、机会的作用：美国社会的升迁流动性很大，但是升迁流动性在学校教育、个人能力乃至家庭出身中体现得不多，而经常体现在凭运气或对某项工作的擅长等不易捉摸的偶然因素上。克里斯托弗·詹克斯及其同事在一篇有关家庭和学校教育对社会升迁流动性的影响的评论文章中总结道：

> 贫困大体上不会遗传。出身贫困的孩子摆脱贫困的概率高于社会平均数，两代人之间仍存在极大的经济上升空间。来自同一个家庭的几个兄弟之间的经济不平等几乎与人口总体中的不平等一样多……
>
> ……标准测验中得高分的人群中出现的经济不平等，几乎与人口总体中的不平等一样多。平均每个人的阅读成绩并不会显著减少经济上"失败"的人数……
>
> 那么，我们的研究表明关于经济不平等的众多流行解释中有很大的错误。我们不能把经济不平等主要归咎于决定人们抽象推理能力的基因差异，因为在同等测验成绩的人群中表现出的经济不平等几乎与一般人群的不平等一样多。我们不能把经济不平等主要归咎于父母们将其缺点传递给子女，因为在父母经济地位相同的人群中表现出的经济不平等几乎与一般人群的不平等一样多。我们不能把经济不平等归咎于学校之间的差异，因为学校之间的差异看上去对于其校友任何可测的属性都影响甚微。经济成就似乎决定于各种各样的运气以及与职业相关的竞争力，后者与家庭出身、学校教育、标准

测验得分仅有适度的联系。①

经济不平等基于成就或能者统治的认识被合理化了，但实际上它并不真的由二者决定，所以说，社会升迁的回报，至少是回报的不平等程度是不合理的。

四、能者统治的原则或把一种竞争感灌输到社会之中的设想，不但对成功者产生了伤害，对失败者则尤甚。杰罗姆·卡拉贝尔（Jerome Karabel）写道："能者统治比公然存在的阶级社会更富于竞争性，毫不退让的竞争从胜负双方都榨取代价，胜者相比于传统的统治集团更加相信自身的精英地位理所当然，而负者的自尊心则受到极大伤害。除了效率提高之外，一个为竞争而发狂的不平等社会是否大大优于阶层归属性社会值得我们怀疑，后者至少不会强迫穷人把失败归于内因。"②

五、机会均等的原则，即使在天分的基础上获得充分实现，也只会在每一代人中产生新的不平等，成为社会上的保守势力。③从最庸俗的角度来说，这种观点认为机会均等是某些人（如犹太人）用来在社会上取得"自身份额"并排斥后来者（如黑人）公平地分享奖品的手段。这种看法在纽约市极为盛行，被用来指控犹太人在教育体制中"利用"个人品质制度来驱逐靠圣恩而占据主导地位的天主教徒，而个人品质制度现在却成为阻止黑人在现行制度下取得高位的手段。就其原始形式来说，这种看法说明社会正义不是比赛开始时的平等，而是结束时的平等；不是机会均等，而是结果均等。

社会情绪的改变——对能者统治的不信任——是在20世纪60年代首次出现

---

① 克里斯托弗·詹克斯等人所著《不平等》，第8页。
② 杰罗姆·卡拉贝尔：《开放入学的前景》，第42页。
③ W·H·马洛克（W.H. Mallock）在60多年前就提出了这一观点。马洛克是对民主持怀疑态度的英国学者，或许是19世纪末最杰出的保守主义思想家。马洛克在《纯粹民主的局限性》（1917年）中指出人类文明的进步是由极少数富有创造性的天才带来的，而完全的平等意味着经济进步和文化的终结。他就此写道："对机会均等的诉求在表面上或许确实有某些革命的特征；但是实际上——就其自身的本质而言——是温和的象征，或毋宁说是出乎意料的保守，是一般群众原本可以、却未能从自身摆脱的。……对机会均等的渴望，也即对出人头地的权利的渴望——就是渴望获得某种不平等的地位和身份，甚至恰恰相反，是渴望获得比一般人都能达到的更高的地位和身份。"引自雷蒙德·威廉姆斯（Raymond Williams）《文化与社会》（伦敦，1958年），第164—165页。

的。由于民权革命以及强调把高等教育作为改善社会地位敲门砖的强调的双重结果，肯尼迪政府和约翰逊政府都把平等视为社会政策的核心命题。然而，政府的焦点几乎完全集中于通过学校教育扩展机会均等，如义务教育、提前入学计划、提升技能的人力培训、取消学校种族隔离、用校车将黑人儿童送至郊区白人学校、开放入学，等等。显然，黑人与穷人的孩子在文化上处于不利地位，这些不利因素必须消除。上述项目似乎就是要做到这一点。为了证实它们的合理性，约翰逊总统在宣布"肯定行动"政策时以带脚镣的赛跑选手作比喻：

> 想象在一次百米赛跑中，两名选手中有一位腿上带着脚镣。当他跑了10米时，没有带脚镣的选手已经跑了50米。这时，裁判认定这场比赛是不公正的。那么，怎样来纠正这种情况呢？是不是仅仅拿走那名选手的脚镣而让比赛继续进行呢？主办方说现在"机会已经均等"了。但是其中一名选手已超出另一名选手40米。让之前带脚镣的选手补上这40米的差距或者干脆让比赛从头开始，这岂不是更加公平吗？这就是争取平等的肯定行动。①

不过，看法上的改变，始于人们认识到学校教育对于提高黑人儿童相对于白人儿童的成绩以及缓和二者地位差距的作用微乎其微。1966年，约翰霍普金斯大学的詹姆斯·科尔曼教授执行1964年民权法案的命令，进行了一项针对4000所学校和60万名学生的大型调查。发起这项调查的教育署以及科尔曼本人，原本期望找出黑人学校与白人学校在教育资源上的整体性不平等，并据此要求联邦政府大量拨款以重建平衡。但是，调查报告《教育机会的均等》最终指出黑人学校和白人学校在体育设施、正式课目及其他可测标准上没有多大差别。报告还发现，黑人儿童和白人儿童之间显著的成绩差异早在一年级时就已出现，而且，即使黑人学校与白人学校在各方面大体相差不多，但两个族群的儿童之间的差距在小学毕业时却增大了。在同一种族群体**内部**，能够解释儿童成绩差异的唯一一贯

---

① 总统行政命令第11246号，1965年9月，摘自厄尔·拉布："改头换面的定额"，载《评论》(1972年1月)，第41页。

的变量,是家长们的教育水平和经济地位。科尔曼写道:

> 首先,在每个种族群体内部,家庭经济条件、教育背景与学习成绩的强关联在在校期间不会减弱,在小学阶段甚至可能上升。其次,**决定学生成绩的绝大部分因素在于校内,几乎根本不存在于学校之间**。上述两条结论的含义十分清楚:家庭背景差异比学校差异更能说明学生成绩的差异。

没有连续一致的变量足以说明种族群体之间的差异,甚至连调查中的家庭背景一项也是如此。因此,有些人又退回到有关基因的解释。

科尔曼的调查结果使教育部门大为沮丧。他的报告最初未能得到重视。该报告发表于 1966 年 7 月,没有引起《纽约时报》及各种新闻周刊的注意。但随着这一爆炸性的调查结果逐渐为人所知,科尔曼报告成了美国社会学辩论史上覆盖面最广的社会政策大讨论的核心以及公众激烈批评强制取消种族隔离、校车等问题的源头。①

大量有关科尔曼报告的辩论集中于取消种族隔离:一些人(包括科尔曼本人)认为它在一定程度上是一项把底层阶级黑人儿童与中产阶级儿童相混合的命

---

① 该报告的正式名称是《教育机会的均等》。该报告由教育署送交国会和总统,由美国国家印刷局出版(1966 年 7 月),有关内容见第 731 页。
《公共利益》第 4 期(1966 年夏)率先讨论了这份报告,科尔曼在"平等的学校还是平等的学生"一文中概述了他的结论。引文摘自该刊第 73 页(黑体为本书作者所加)。随着争论的扩散,科尔曼在《公共利益》第 9 期(1967 年秋)"走向开放的学校"一文中讨论了该报告的意义。他质疑取消学校种族隔离的效果,理由如下:
"调查发现,如果学校的同学大多来自有强大教育动机与资源的家庭,每个学生的成绩将表现得更好。这一结果可以被解释为:同学提供的教育资源对于单个孩子的成绩的影响,比学校当局提供的教育资源的影响更大,而对于来自未受教育的家庭背景的学生影响则尤其大。例如,它对黑人的影响比对白人大一倍。"
鉴于家庭背景如此重要,科尔曼警告说:
"要提高底层阶级儿童的成绩,不能完全依靠在学校取消种族隔离,即使完全做到这一点也不行——大城市里少数种族与底层阶级聚居的情况相当集中,这说明该目标难以快速达成。"(见第 21—22 页)
针对科尔曼报告最深入的讨论,参见丹尼尔·P·莫伊尼汉(Daniel P. Moynihan)在哈佛大学发起的一次长达 3 年的研讨会。分析该报告的论文及科尔曼对批评者的答复,见弗雷德里克·莫斯特勒(Frederick Mosteller)与丹尼尔·莫伊尼汉合编《论教育机会的均等》(纽约,1972 年)。

令，利用同龄人群体提供提高学习成绩的更强大动力；黑人权力的倡议者则认为它是为了加强黑人儿童对自身命运的主导而由黑人控制黑人学校的合理措施；还有一些人觉得向学校教育投入附加资金完全是浪费，因为学校没有能力缓解种族与阶级间个人成就的差异。

长期来看，这份报告最重要的不是它的调查结果，而是它重新定义了机会均等。① 科尔曼得到国会的公开指令，负责调查黑人儿童与白人儿童获得教育**资源**的不平等状况，调查的前提是社会政策必须使教育过程中的"投入"平等。然而，科尔曼是以成就或**结果**作为标准的。实际上，他把机会均等的定义从**在得到同等拨款的学校（投入）平等入学**改为**在标准成绩测验中的同等表现（结果均等）**。正如他为《公共利益》所撰文章的标题，公众的关注点必须从"**学校平等转向学生平等**"。

科尔曼的意思是说公立学校——或教育过程本身——不是美国社会所想象的社会均衡器。孩子们的成绩或多或少都和家庭出身和社会阶级有关，必须改变的正是这些变量。除非哈莱姆区（纽约黑人区——译注）的一般公立学校能培养出像在斯卡斯代尔区（纽约东北部郊外的富裕住宅区——译注）同样多的优秀生，否则就不存在所谓的平等。

克里斯托弗·詹克斯把这一观点又推进了一步。如果公众的关注点移向"学生平等"，那么就连哈莱姆区和斯卡斯代尔区之间的差异也不成其为问题了。詹克斯重新分析了科尔曼的数据后发现：成绩测验分数最高的学生"往往与分数最差的学生在同一所学校"。他宣布这或许是该报告中最富有革命性的启示。"从短期看，我们最迫切的政治问题仍然是哈莱姆区和斯卡斯代尔区之间的成绩差距。但是从长远看，我们首要的问题似乎不在于哈莱姆区和斯卡斯代尔区之间的不同，而在于哈莱姆区和斯卡斯代尔区这两个地区上层阶级和低层阶级之间的不同。"

我们可以把这一观点再向前推进一步，扩展至同一家庭不同孩子间的差距。詹克斯强调说，事实上"同一家庭中长大的兄弟之间存在着几乎像人口总体数据

---

① 这里我从黛安·拉维奇（Diane Ravitch）在《变革》（1972年5月）中提到的、有关莫斯特勒和莫伊尼汉著作的精准理解中获益不少。

中一样多的经济不平等。这意味着在每一代人中都会产生新的不平等，在某些人生起步条件基本相同的人们之间情况仍是如此。"在詹克斯看来，不平等并不是遗传的。没有一个持续一致的变量足以解释谁走在了前头以及为什么。它和任何其他事物一样是因为运气。

詹克斯在《不平等》一书中基于上述逻辑将这个问题继续展开。我们不但做不到机会均等，而且即使做得到，机会均等也不能大幅降低结果的不均等。他相当干脆地提出结论："与其试着削减人们相对于其他人获取竞争优势的能力，我们倒不如改变竞赛规则，降低成功的回报和失败的代价。与其设法让每个人享有同等的运气和同等地适应其工作，我们不如制订出中和运气影响的'保险'制度并打破职业成功和生活水平之间联系的收入分享制度。"① 社会政策的目标应该是通过分享和再分配达到结果均等而非机会均等。

如果以结果均等作为社会政策的主要目标，而且如果这就是民粹主义反对

---

① 《不平等》，第8—9页。
再说一遍，詹克斯的主要观点是"经济成就似乎决定于各种各样的运气以及与职业相关的竞争力，而后者与家庭出身、学校教育、标准测验得分仅有适度的联系"。而且，一如他在结论中所说，"似乎没有人能准确地说出所谓的'竞争力'倒底需要些什么，就连为此付出巨额现金的雇主们也说不明白，但是，竞争似乎在不同的职业之间的需要并不相同。因此，构想一个平均竞争力的策略变得十分困难。至于运气均等的策略，那就更不容易想象了。"

在詹克斯看来，鉴于成功的因素是随机的，收入与社会地位的巨大差异中不存在所谓的道德正确。鉴于我们无法为创造机会均等而平均运气，我们应该设法寻求结果均等。

詹克斯的发现对于反对庸俗马克思主义非常重要——后者认为阶级地位的遗传完全决定着一个孩子未来的社会地位，因为美国社会存在流动性，只有大约1/3孩子社会地位比父母更低。他的发现还再次推翻了被夸大的美国神话：每个有能力的人都可获得与其才能相匹配的地位。然而，由于无法找到一组持续一致的关系，詹克斯不得不把"运气"形容为一个主要因素。不过，在他的分析中，"运气"实在只能算是一个**剩余因子**，是因为在其他变量中都找不到强相关才被加进来的。运气本身不能被视作一个积极的变量。正如大量研究所表明的，个人的"所学"与将来的"所用"关联度不高，而且在个人所获职位与其才能之间不乏"运气"的因素。即使如此，事实最终还是证明，若要以专业水平保住工作，较高的天分和勤奋仍是成功的必要条件。

通过对"运气"的强调，詹克斯试图用职业机遇的偶然性来使成功中的**既定**特质最小化。职业系统内部或许的确存在比马克思主义者或能者治国论者所愿意承认的多得多的运气因素。"常规观察"（另一种剩余分析）再次显示——至少在专业方面——勤奋是成功的必要条件之一。这意味着如果大体上的机会均等使某个人超越了另一个人，那么他在随成功而来的收入、地位、权力等方面就**获得**了不均等的回报。有关公平的重要命题——我在之后还将论述——其实是不平等的回报有"多少"，体现在哪些方面，以及为何会得到这些回报？

能者统治的核心所在，那么这就要求发达工业国家的社会体制设置全新的政治议程。这种政治诉求倘若不想靠暴力强制推行，就不得不植根于某一种强有力的伦理体系。因此，结果均等的概念成为一项新的重大尝试的阿基米德支点，为公共社会提供公平、正义的哲学基础。

按照人类认识的本质，伦理平等的设计是一切社会秩序的必要基础；为了维持合法性，权力必须有合法基础。说到底，正是人类的道德取向（即倾向于取得何种结果）经由人们的愿望塑造了历史。西方自由主义社会是洛克、亚当·斯密和边沁基于个人自由和满足私人功利的前提"设计"的；这些公理的结果只有通过市场乃至民主政治制度才能实现。但是，旧的教义正在崩溃，正在装配之中的政治制度不是用于实现个人的目标而是为了实现集体与公共的需要。社会主义的政治影响力之所以持续了一个世纪，不仅缘于它提供了对未来社会的伦理想象，更是缘于贫困阶层的物质差距、知识分子对于资产阶级社会的憎恨以及带着历史"狡黠"意味的末世想象。不过，道德规范总是含而不露，永远不会被清晰规定及合理化。① 要求"结果均等"是一种社会主义道德，一如机会均等是自由主义的道德，而一种社会伦理基础若想成功地获取人类的支持，所依靠的不是物质回报而是哲学理性。政治举措必须获得哲学上的认同。现在，我们正在设法提供这样的认同。

Ⅲ

卢梭和人类的虚荣

不平等问题的讨论的复兴以及现代政治中的大部分问题，起点都在于卢梭。卢梭在《论人类不平等的起源和基础》中设法说明公共社会不可避免地要产生不平等。

---

① 古典马克思主义尽量回避为社会主义建立道德规范。例如，考茨基在他的《伦理与唯物史观》中认为社会主义是人类进化的"必然"结果，不需要从伦理的角度被合理化。出于对这种观点的不满，在第一次世界大战之前，一批以马克斯·阿德勒（Max Adler）为首的社会主义哲学家提出了新康德主义——在社会主义秩序中更多地运用理性——作为其称心合意的伦理基础。布尔什维克在1917年之后取得的胜利以及马克思列宁主义的传播，再次维护了作为社会主义伦理基础的末世想象的地位。

对卢梭来说，自然状态是一种心理构造，显示出人类没有社会将会怎样。自然界与人类社会有两类隶属。正如卢梭在《爱弥儿》一书中所写："物的隶属，这是属于自然的；人的隶属，这是属于社会的。物的隶属不含有善恶的因素，因此不损害自由，不产生罪恶；而人的隶属则非常紊乱，因此罪恶丛生，正是由于这种隶属，才使主人和奴隶都互相败坏了。"① 从自然向社会的转移是隶属性质的一种变化。

卢梭认为世界上也存在着两种不平等：其一是自然或身体上的不平等（如年龄、健康、力气）；另一种精神或政治上的不平等则基于社会的惯例，是在人们表示同意之后而得以确立的。② 随着社会的发展，前者必然将转变为后者：

> 每个人开始注视别人并希望自己被人注视，因此，众人的尊敬就有了价值。唱歌跳舞最好的人、最漂亮的人、最强壮的人、最灵巧的人或最能言善辩的人成为最受人尊敬的一批人；这是迈向不平等的第一步，同时也是迈向恶习的第一步。

思想、美貌、体魄、技能、美德和天资决定了人类的等级和命运，因此，人们有必要培养这些品质，或者加以伪装：

> ……就一个人的优点而言，最重要的是看上去具有这种优点，而不是真正具有它。真正具有和看上去有完全是两回事儿；由这一区别又发展到炫耀卖弄、狡诈欺骗以及由此而来的种种恶习。……最后，消费野心、不是为了真实需要而是为了高人一等的积聚财富的狂热，在每个人心里激起一种彼此伤害的基本倾向。这种隐秘的妒忌心理比以往的一切更加危险，因为人们为了更保险地打击别人而时常采用慈善的伪装。

---

① 《爱弥儿》上卷，商务印书馆，1979年，第82页。
② 卢梭：《论人类不平等的起源和基础》，罗杰·D·马斯特斯（Roger D. Masters）编（纽约，1964年），第101页。

所以，虚荣是不平等的根源之一。另一根源则是基于所有权的物质差距。所有权本身是好的，且有益于生产。劳动赋予人们耕作的权利，持续不断的产出转化为财产，于是"公平的第一准则"得以确立。"假如人的智力没有不同"，处于这种状态的事物"将一直平等下去……但是这一命题很快就被打破了。更强壮的人完成了更多的工作；更聪明的人使自己处于更有利的地位；更有天资的人找到减少劳力的办法"。于是，一些人的所得就比别人更多。

> 因此，自然的不平等不知不觉地与人为的不平等混在一起；在这些条件下发展起来的人与人之间的差距变得更加显著，影响力更为持久，而且开始对个人的命运产生相应的影响。……因此，最强大的人或者最受苦的人把他们的力量或需要理解为占有他人财物的权利，与财产权等同，那么，平等毁灭以后随之而来的就是最可怕的混乱。……

形形色色的不平等就此固定下来，"但总的说来，财富、名位、权力和个人品质是社会衡量个人的主要标准。"而关于这四个项目的不平等：

> 个人品质虽然是其他三项的源头，但财富却是所有项目最终的归结，因为后者能立即产生幸福感且最便于流通。用财富可以很方便地购买其他一切：这种看法可以相当准确地判断人们脱离原始体制、走向腐败极端的程度。

因此，"环境和财富的极端不平等……带来同时违背理性、幸福与道德的大量偏见。"这就是人们"在发现和遵循……一条已被遗忘和迷失的路途时，它注定要将人们从自然状态引领至公民状态……"[①]

---

① 卢梭：《论人类不平等的起源和基础》。引文依次见第 149 页、155—156 页、157 页、155 页、174 页、176 页、178 页。比较一下卢梭对财富以及马克思对金钱的力量的评论。马克思在《经济学哲学手稿》（人民出版社，1963 年）中指出："货币是**人类**异化了的能力。凡是我作为人所不能干的，……我通过货币就能干。所以货币使每一个本质力量变成原来不是它的东西，即变成它的**反对物**。"第 117—118 页。

个人既然不能生活在自然状态之中,那么问题就在于如何减少人对人的依赖,同时确保个人是社会的人,而不是自然的人。卢梭的答案是社会契约:依靠这种联系,个人断然放弃自然自由和常规自由而取得伦理自由。个人作为社会的成员而放弃自我的权利——虚荣和统治他人的欲望;社会本身具有单一的特性,每个公民只能成为社会整体中的一部分。

> [社会契约]的这些条款被正确地加以理解的话,可以归纳为唯一一条,即:个人以及他的一切权利全部异化为社会整体;因为每个人从一开始就完全放弃了自己,环境对所有人都是平等的;在环境对所有人平等的情况下,没有人愿意成为他人的负担。

由此,平等的代价变成"个人不能提出任何要求";他没有个人权利,"这个人与他的一切权力"都消融在集体意志之中。[①] 平等只有通过在社群中消融自我才能实现。于是,卢梭发现了有关平等意义的一种逻辑。[②]

穆勒和代议制的逻辑

卢梭认为社会本质为感情与罪恶所主导,因此平等本身不是一个目标,而是实现文明道德和造就有道德的人的手段;在其目标序列里,卢梭保留了社会目标这一古典主义的观念。就第二位的且更加泛化的政治思想而言,平等的目标是社会和平,以功利为指导原则。

民主从本质上说就是容易引起争论的,因为人们总是觊觎他人的所有物。不

---

① 《社会契约论》第1册第6章,H·J·托泽(H.J. Tozer)编(伦敦,1948),第109—110页。在这一背景下,我们就可以把《论人类不平等的起源和基础》和《社会契约论》视为统一的社会宇宙观,根据人类的过去、现在和未来提出世外桃源与乌托邦的梦想:

过去	现在	将来
自然状态	市民社会	社群
自然的自由主义	常规的自由主义	伦理的自由主义

② 用单一的结论来形容卢梭这位千变万化、极度复杂与矛盾的思想家,显然是不恰当的。这里提到的只是对卢梭的一种看法,而且是法国大革命以来形形色色的学者所赋予卢梭的一种解读。它在文本和历史上均已得到证实。

是每个社会都接受令人厌恶的比较。农民不会与贵族比较命运;他在现世体制中有自己被分派的地位,并且选择宿命地接受它。民主承担了规范平等的责任,因此必须提供一个评估标准,以评定人们地位、财富和权力的差距。在人们试图调整这些差距却受到阻碍的地方,结局往往是(用尼采的话来说)对上位者产生**不满**、妒忌、愤怒和仇恨等情绪。正如马克斯·舍勒(Max Scheler)所说:

> 在我们这一类社会里,**不满情绪**必然最为强烈,因为我们这里大致平等的权利(在政治及其他方面)和形式上的社会平等得到了公众的认可,而与此同时,人们在现实中的权力、财产和教育水平又存在着巨大的差异……与个人性格与经历毫无关系,社会结构本身强烈地刺激了不满情绪的累积。①

不满情绪是破坏与冲突的主要心理动因,因此社会的问题在于如何减少这种情绪。不平等并非随机产生,具有固定的模式——差距在不同人群之中产生——所以所有人群都应被纳入社会之中,并且要利用政治体制来调整其他形式的不平等。所以,社会和平的主要工具是代议制。

代议制的基本原理由约翰·斯图尔特·穆勒在《代议制政府》中提出。他写道:"被排除在外的人的利益总有被忽视的危险。"② 当时,他脑中的群体是工人阶级。尽管其他阶级不再"蓄意地"牺牲工人阶级的利益以服务于自身,但工人被排斥的事实意味着某些问题从未以工人的视角加以考虑。穆勒甚至认为只有以比例代表制为前提,代议制政府才能真正存在。他还在该书以"少数派的代表权"

---

① 马克斯·舍勒:《不满》(纽约,1961 年),第 50 页。黑体为原文所有。不妨比较一下托克维尔在《美国的民主》一书中的观点:

"我们一定不能无视于这样的事实:民主体制在人类心灵之中最有效地产生嫉妒。这不是因为它们为每个人提供了上升到其他人水平的手段,而是因为这些手段不断地被证明对其使用者而言不够充分。民主体制唤醒并吹捧追求平等的热情,可是不能完全满足这种感情。完全意义上的平等总是在人们以为获得了它的时候就从指缝间溜走,一如帕斯卡尔(Pascal)所说,在永恒的飞翔中消失了;人们热切地寻求这种祝福,因为它可望而不可及,所以更加宝贵。他们不时地感到激动并为成功的不确定性而苦恼;激动之后是厌烦,再然后是痛苦。在这种状态下,用任何方法超越他人似乎都成为实现其愿望的障碍,人们不愿看到任何优越性,不论它多么合法。"(第 183 页)

② 约翰·斯图尔特·穆勒:《代议制政府》(人人丛书版),第 209 页。

为题的一章中探讨了针对这类选举的最大余数法,"这种制度具有几乎无可匹敌的优点,它能根据特殊的目的以接近于完美理想的方式实现一个伟大的政府原则。……"这一政府原则的优点在于"它根据选举团体的每个类别的人数比例获得代表权力,其中不再只有两大政党,又或许再加上少数几个地位特殊、规模较大的少数党派,而是基于平等公正的原则,使国内每一个由相当人数构成的少数群体都有权力选出自己的代表"。①

少数代表制的逻辑是定额。为了实现平等公正,任何一个政体都必须坚持它的代议制机构应由对应其成员构成之比例的社会单位所组成。美国民主党在1972年全国大会上提出的新章程中规定,各个州的民主党必须采取"肯定措施"确保议员们能代表各自州所在的少数族群、妇女和青年(处于18—30岁之间)。②

这触发了两个严肃的问题。首先,我们如何界定合理的"利益集团"、社会单元或少数族群团体?在共和国初期,各州被视为代议制的法定单位,未经修正的宪法赋予各州立法机关选举两名参议员的权力。到了20世纪30年代,法定的议政单位貌似变成了"职能集团"——商业、农民和工人。在六七十年代,代议制单位又成了从生理(如性别、肤色、年龄)以及文化上(如种族、宗教)加以限定的集团。然而,假如一个人凭借年龄、性别、种族、宗教或职业而被选入代议制机构,那么这个集团标识是否是那个确保其地位的最重要的属性呢?③这是一个基本的社会学事实,即:一个人并不是只有单一的特性,而拥有多种地位。

---

① 约翰·斯图尔特·穆勒:《代议制政府》(人人丛书版)第261页,第263页。
② 因此,妇女应占议员人数的38%(4年前只占13%),黑人占14%(1968年时只占5.5%),30岁以下的议员占22%(1968年时只占4%)。来自芝加哥的戴利议员(其资格由于"不具代表性"而被否定)认为民主党的新章程不民主,因为它是由多数票决的自由选举通过的。那么,什么才是民主呢?是多数票决还是社会群体代表性?
③ 由少数派代表制的逻辑得出的政治结论令人们颇感尴尬。观察一下当前在美国政治中提出诉求的人群,一个基于穆勒政治原则的立法会应包含:3种性别(男人、女人和同性恋者);3个年龄阶段(青年、中年和老年);4个宗教派别(新教、天主教、犹太教和伊斯兰教,即使假定新教内部不存在派别分歧,那么耶和华见证者派、阿米希教派等又该怎么办呢?),4个位于社会底层的少数族群(黑人、墨西哥裔美国人、波多黎各人和美洲印第安人);5个以中产阶级为主的种族群体(爱尔兰人、意大利人、波兰人、德国人和斯拉夫人);以及8个根据人口调查标准分类的职业集团。这样一来,盎格鲁萨克逊新教白人和"其他"就成了唯一残留下来的分类了。

这多多少少是在嘲讽穆勒《代议制政府》一书的观点,但我还是击中了其逻辑推论中尤其关键的一个方面。

一个 30 岁以下的黑人妇女应该有 3 票而不是 1 票选举权？还是她必须选择作为定额的单一归属因素呢？

其次，假如政治机构全由各个团体组成，少数服从多数的原则要如何体现？极少数较大的团体投票时是否会压倒那些较小的团体？例如，黑人是位于美国社会最底层的团体之一，大约占美国总人口的 11%。黑人在一些美国城市占人口的大多数，然而这些城市却没有足够的财政资源来进行城市重建或改善。社会学家赫伯特·甘斯（Herbert Gans）认为人数占到多数的集团绝不会向自己课税或再分配其财产，从而令少数群体获益，所以在一个多数主义的社会，黑人的命运无法获得大幅改善。他强调说若要实现平等，少数族群应该获得该社会的特殊否决权。① 实际上，这就是 19 世纪政治家约翰·C·卡尔霍恩（John C. Calhoun）在南北战争前夕为保护南方各州抵制北方压倒性的投票优势而主张的"一致多数"原则。② 这也是"社群控制"的思想要求控制学校、住宅等社会资源背后的逻辑。但是，是否存在某种更广泛的社会利益或公众利益呢？假如团体或社群组织可以控制影响其生活的决定，那么，我们要根据何种权利来否定南方社会获取实施种族隔离的权利呢？假如地方组织投票否决了一条从其街区穿越的公路，那么它更改公路路线的坚持岂不等于要强制邻近的社区更高地纳税吗？

使一切少数群体纳入代表制的目的在于减少冲突，可是人类社会的历史表明：当各政体沿着单一总体方面发生两极化时——不论它是阶级、宗教、语言、部落、抑或种族——暴力冲突必然形成，而且当社会中存在着无数"横跨"性质的情况下——例如荷兰存在既是阶级属性又是宗教属性的政党，天主教及新教的

---

① 赫伯特·甘斯："终结多数统治之前，我们无法结束城市危机"，载《纽约时报》（1969 年 8 月 3 日）
② 卡尔霍恩认为，所谓的一致要求所有主要利益集团或派别的一致同意，而不是无视宗教、群体、阶级等自然或社会分界的简单多数的赞同。它堪称是对麦迪逊模式的绝妙讽刺。麦迪逊模式是有关异质社会而非同质社会代表权的一种哲学观点，有助于维系人与人之间的不平等、白人至上、州权主义、反多数主义以及少数人的权力。我们要注意，它是在美国政党开始分裂的时期问世的。见詹姆斯·麦格雷戈·伯恩斯（James McGregor Burns）：《民主的僵局》（纽约，1963 年），第 3 章，特别是第 57 页。

工人就分开了，使得宗教或阶级都不能获得全体的效忠——在社会上产生了更大程度的抑制和否决的力量。① 简而言之，美国政体中按照公共或特殊路线制定的定额代表原则能否免于两极化、碎片化以及使社会陷于混乱的命运呢？

罗尔斯和公正

如果说卢梭为了道德而追求结果均等，穆勒根据功利目的按照每个个体的利益寻求一种平等代表制，当代哲学家约翰·罗尔斯则希望以正义的名义确立平等的首要地位。他简洁地宣称："正义者，即社会体制之首要道德；真理者，即思想体系之首要道德。"②

什么是正义？它不应该是最大多数的最大幸福，因为这些庞大数字可能以对少数人的非正义为代价。正义应该是足以判断相互冲突的诉求的分配原则——即对社会利益的适当划分。罗尔斯认为，这才是表现为公平的正义，③ 而公平的基础

---

① 有关这问题的全面总结，见利普赛特、拉扎斯菲尔德、林兹和巴顿（Barton）合著："投票心理学：对政治行为的分析"，载加德纳·林德齐（Gardner Lindzey）编《社会心理学手册》第2卷（马萨诸塞州剑桥，1954年）。
② 约翰·罗尔斯：《正义论》（马萨诸塞州剑桥，1971年），第3页。
　　罗尔斯认为，正义并不会压缩社会的一切能量；它只是建立分配标准的原则，是社会所承担的、更大的社会理想的一部分。罗尔斯写道：
　　"所谓社会正义应该被理解为从一开始就提供了一个标准，据此对社会基本结构的种种分配进行评估。这个标准不应与规定社会基本结构的其他品质的原则相混淆，社会协调在整体上有可能是高效的、自由的、公正的……，也有可能恰恰相反。为社会基本结构的一切品质制定原则的完整理念，以及不同原则相冲突时的相应权衡，要比正义的概念更为丰富；它是社会的理想。正义原则只是该理念中的成分，虽然它或许是其中最重要的一个。反过来，社会理想在概念上与整个社会相关联，是帮助人们了解社会合作之目标的一种想象……为了充分理解正义这个概念，我们必须使它的起源——社会合作的概念更加显明。"（前引书第9—10页）。
　　本节引文均引自罗尔斯的著作；页码标在每段引文的末尾。
③ 公平的设想必然要将社会假定为一个**白板**。罗尔斯写道：
　　"当正义表现为公平时，众生平等的初始地位相当于传统社会契约理论中的自然状态。所谓初始地位，当然不应被看作历史上曾真实存在的社会形态，更不要说人类文化的初始环境。它应该被理解为一种完全虚构的状态，便于推导出某种正义的观念。该状态的必要特征包括：没有人知道自己在社会中的位置，无论是阶级地位还是社会身份，也没有人预知在自然资源和能力的分配中自己获得财富、智慧、力量的运气如何。我甚至也可以设想各党派并不知道自身关于幸福的理解或其特定的心理倾向。正义原则在无知的帷幕之下被选择。各项原则由运气或偶然事件所决定，这就保证了人们在选择这些原则时不存在有利或不利。因为大家的情况都是相似的，没有人能设计一套有利于自身特定条

首先基于如下两个原则:

第一:各人有平等权利享有与他人同样的自由相一致的最广泛的基本自由。
第二:社会与经济的不平等应这样安排,使之既(1)合理地期望符合于每个人的利益,又(2)联系到向所有人开放的地位和职务。"(第60页)[①]

第一个原则是说公民享有同等的自由——言论自由、选举自由、集会自由与被选举的资格,等等。第二个原则谈到社会和经济的不平等——收入与财富分配的不平等、权力的差异,等等。我们要讨论的是第二个原则。该命题的关键词是意义不够清晰的"符合于每个人的利益"和"向所有人开放"。它们有什么含义呢?

罗尔斯的观点虽然复杂,但也相当清楚。"向所有人开放"既可以是指职业向所有有才能的人同等开放,也可以指"公平机会人人平等"。前者仅仅意味着有足够能力和干劲的人有权得到他们已经争取到的地位。这是传统的自由主义立场。罗尔斯强调这一立场不能说明由偶然事件带来的扭曲。罗尔斯写道:"在社会的各个部门,对每个具有相似动机和禀赋的人来说,都应当有大体相等的文化和成就前景。……获得文化知识和技术的机会不应取决于一个人的阶级地位,学校系统也是如此,不论公立还是私立,应当被设计得有助于拉平阶级之间的障碍。"(第73页)

自由主义的原则认同要消除社会差距以保证一个公平的开端,但是,它认为基于天赋能力与才智的**不平等结果**是合理的。而罗尔斯则认为"天然"优势与社会优势同样是随机的。它不是"公平的机会"。"正如没有理由允许由历史和社会条件来决定收入和财富的分配,也没有理由让天赋能力的自然分配来决定这种分配……自然能力发展和取得成果的范围受到各种社会条件和阶级态度的影响。即便是努力、尝试的愿望、通常意义上的杰出表现,也有赖于幸福的家庭和社会环境。要使具有同样天赋能力的人在成就和文化方面获得平等的机会,在实践中是

件的原则,正义原则就是公平协议或交易的结果。"(第12页)
[①] 罗尔斯的最终构想谈到优先项和等级问题,参见《正义论》,第302—303页。就本书的目标而言,我们可以只介绍其最初的构想。

不可能的，因此我们可能想采取一项在承认这一事实的同时能减轻自然机遇造成的任意结果的原则。"（第 74 页）

罗尔斯总结说，机会均等是无法实现的，我们只能把它导向另一个目的——结果均等。"没有人能理所当然地享有更高的天赋能力，也没有哪一种品质配得到一个社会上更有利的出发点。这并不是说我们应当消除这些差别。我们有另一种方法应付它们。社会基本结构可以作这样的安排，用这些偶然因素为最不幸的人谋利。如果我们希望建立这样一种社会体制，使任何人都不会因为他在自然资源的分配中的偶然地位或社会中的初始地位得益或受损，而不同时给出或收到某些补偿利益，我们就被导向了差异原则。"（第 102 页）[①]

于是，问题就从"向所有人开放"（就业机会的分配）转到了基本社会福利或等价物的分配（"适合于每一个人的利益"）。罗尔斯认为后者可以称之为"效率原则"或"差异原则"。

效率原则类似于福利经济学中的"帕累托最优条件"。货物及效用的分配在达到如下条件时就是有效率的，即在现有分配格局上的任何改变都无法使某人有所得而他人无所失。"帕累托最优条件"作为一个功利主义原则，感兴趣的只是选择的范围而非实际的讨价还价。罗尔斯认为效率原则的问题在于：作为关乎公平的考量，它不能确定**哪些人**应该有所得或至少不能有所失。

"差异原则"是指如果一些人有所得，那么处于不利地位的人就同样要有所得，某些情况下甚至其所得还应当多一些。如果有一个人获益，其他人也应当同样获益。"直觉的观念是：社会结构不是要确立、保障那些境况较好的人具有更加光明的前景，除非这样做也有利于较不幸运的人的利益。"（第 75 页。）[②]

[①] 罗尔斯进一步说明："在天赋上占优势的人不能仅仅因为他们天资更高而获益，而只能通过支付培训和教育费用以及用他们的天赋帮助运气不好的人而获益。"（第 101 页）。亦可参见第 104 页，有关个人是否"配得上"天赋能力优势的讨论。

[②] 在一个有趣的对比中，罗尔斯（如卢梭一样）以家庭来比喻这一原则的模型。"家庭在其理想概念中，往往也在实践中，是一个拒绝最大限度增加其利益总额之原则的地方。一个家庭的成员一般并不希望自己得利而使其他成员失利。按照差异原则行事，正好具有这一效果。"（第 105 页）如果我们把社会看成放大的家庭，那么上述观点的问题在于，家庭是极其特殊的，正如弗洛伊德所述，它由爱所凝聚。人们爱自己的妻子儿女，于是设法将自己的获利让渡给他们。将人们的爱扩散到整个社会时，爱就受到了"禁忌"（因为每个人要爱所有的人）。这样的爱就弱化和无效了。因此，弗洛伊德认

这使罗尔斯得出了社会正义或社会理想更为普遍的定义:

> 一切社会的基本福利——自由和机会、收入和财富以及自尊的基础——应加以平等分配,除非针对这些福利的一部分或全部的不平等分配有利于受惠最少的人。(第303页)①

同样,出于这一理由,罗尔斯拒绝能者统治论。能者统治的思想虽然是民主的,但却破坏了公平的观念:

> [能者统治的]社会结构遵循职业向有才智者开放的原则,用机会均等作为一种在追求经济繁荣和政治统治中发挥人们潜能的手段。就生活资料和组织部门的特权而言,上层阶级和下层阶级之间存在着显著的不平等。较贫困阶层的文化枯萎凋零,而作为统治者的技术精英的文化则牢固地建立在服务于国家的权力与财富的基础之上。机会均等意味着一种使较不利者在个人对权力和社会地位的追求上落伍的平等机会。因此,能者统治的社会对正义原则的其他解释来说确实是一种危险,但对于民主的概念却并非如此。因为,正如我们所见,差异原则在基本的方面改变了社会的目标。(第107页)

差异原则在社会政策层面上有两种含义。一是针对个人情况做出矫正的原则:

> 这是有关不应得的不平等应要求补偿的原则,由于与生俱来的不平等和天赋能力是不应得的,这些不平等就多少应给予某种补偿。因此,补偿原则认为为了平等对待所有人,为了提供真正的机会均等,社会必须更多地注

为大型社会无法实现共产主义。见《西格蒙德·弗洛伊德心理学著作全集通行版:文明及其不满》第21卷(伦敦,1961年),第112—113页。

① 罗尔斯的一个较早的、略有变化的看法,见第62页。他后期的观点强调要有益于受惠最少的人,而更接近于我的观点。在这一背景下,我们可以说功利主义作为资产阶级经济学的逻辑,遵循着无差异原则,即每个人无视他人,只追求自身利益,社会被一只看不见的手所操控。

意那些天赋较低和社会地位比较不利的人。这个观念就是把由偶然因素造成的倾斜矫正得更为平等。遵循这一原则，更多的资源可能要花费在智力较差而非智力较高的人们身上，至少在某一个阶段，例如学校教育的初期。（第100—101页）

二是天才应被视为社会财富，其成果应为所有人共享，尤其是那些比较不幸运的人。这是一条更一般性的原则：

[差异原则]改变了社会基本结构的目标，使整个体制结构不再强调社会效率和科技治国论的价值观。我们看到，差异原则实际上代表着人们同意把天赋能力的分配视为一项共同财富，并且分享其带来的种种好处。那些得天独厚的人，不论他们是谁，只能在改善那些不利者的状况的条件下从自己的好运气中获益。（第101页）

于是，我们得到了价值观重大偏移的基本原理：即用"各尽所能，各取所需"替代"各尽所能，按劳取酬"的原则。"需求"的正当性是为了保证对因一些超出自身控制的原因而处于不利地位的人的公平。

罗尔斯代表着现代哲学中支持社会主义道德的最彻底的努力。在这个将平等重新定义为公正的过程中，一如洛克和亚当·斯密的学说塑造了19世纪一样，我们看到了对20世纪最后阶段造成深远影响的一种政治哲学的发展。自由主义的社会理论由个人主义和理性的孪生双轴所形塑。不受妨碍的个人以工作为基础寻求实现自身满足，从努力、勇气和风险中获得回报。每个人都要仔细衡量与他人的产品交换，从而获得最大限度的自身满足。社会不对个人做出评判，而只确定程序性的规则。最有效率的资源分配应能产生最大净值的满意度。

今天我们已经走到古典自由主义的尾声。衡量社会福利的标准不再是个人满足，而是把补偿地位不利者作为社会良心和社会政策的优先项。① 罗尔斯在《正

---

① 当然，穷人的诉求是西方思想最古老的成分之一，也是基督之爱的核心。但是基督之爱——博

义论》中尝试建立公平原则，但除了使用"地位不利者"的术语以外，并不关注那些需要帮助的人们。[①]他的论证采取了社会契约这类术语，所谓"公正宪法"是经个体同意的一项交易。然而，在当代社会，地位不利者在很大程度上必然以集体形式出现，因此公正原则被与定额代表制原则联系在一起。

集体权利的诉求的重点在于成就和普世主义，与个人主义的原则是相矛盾的。在现实中，它也不过是把从一开始就在加固美国政治的集体原则扩大到至今仍受到排斥的社会单元而已。团体过程——美国政治科学中"现实主义者自我夸耀的发明（见第五章的讨论）——在很大程度上是在政党体制正式架构之外运转的职能集团或压力集团之间的经济交易。现在我们看到的是，种族集团和有归属性的集团在官方政治框架及其他一切社会机构里都要求有正式的代表权。

这些要求被认为是合法的，鉴于美国一直是一个多元社会而且越来越接受新的多元主义而非美国主义的同质性。按照传统上的定义，多元主义[②]主张种族和宗教集团要保持连续的文化特征而文化机构（如大学）应保有独立于政治之外的自主性。多元主义的基础是各个领域的独立。然而，今天，我们所拥有的却是一个充分政治化的社会，不仅市场从属于政治决策，而且一切机构都必须迎合政治中心的要求，以集团代表制的方式进行自身的政治化。这个领域还出现了另一种

爱——接受穷人本身的一切。爱穷人，而不需在他们原有的品性之外添加更高级的品性。就这一意义来说，古典的新教自由主义，以同情和人道主义而不是爱为特征，腐蚀了基督教世界的社会良心。从另一个源头，自诗人维庸（Villion）起将贫穷浪漫化的传统也腐蚀了社会对穷人的爱。有关基督之爱是社会基础的论证和针对英国道德哲学的尖锐抨击，包括哈奇森（Hutcheson）、亚当·斯密、休谟等的理论，见前引马克斯·舍勒《不满》第4节，第114—137页。

① 令人吃惊的是，罗尔斯与詹克斯一样绝口不谈"工作"、"努力"——似乎那些在大学、商业界、政府里取得成功的人很大程度上只是靠运气或社会背景等偶然因素。对能者统治的讨论很多，但没有关于品德的讨论。这本身足以说明我们已经远远偏离了19世纪的价值观。

同样令人吃惊还有，根据"社会关注周期"，十年前的政策关注的是"卓越"。斯特恩基金会（Stern Fund）为识别卓越品质而发起一项重点研究；约翰·加德纳（John Gardner）写了一本名为《卓越：我们是否可以既平等又卓越？》（纽约，1961年）。当时，能者统治是一个正能量词汇，梅里尔·彼得森（Merrill Peterson）在他的一本具有权威声望的《托马斯·杰斐逊传》中说：要是杰斐逊当年知道能者统治，他就会用它来定义"自然贵族"。而今天，社会所关注的几乎完全是平等和不利地位。在未来，"社会关注周期"是否会走完一个完整的循环呢？

② 例如，见R·M·麦克尔弗：《更完美的联盟：控制集团间歧视的纲领》（纽约，1948）；在宗教方面，见约翰·考特尼·默里：《我们掌握这些真理：回顾美国的主张》（纽约，1960年）。

变化。在职能集团政治之中，成员不是固定的，我们可以看到跨越性的效忠或移动的组合。今天，政党、大学、医院、社群等要求代表权的集团是按原生的或生物学的联系组成的，个人无法消除他的性别或肤色属性。

此外，一旦接受初期确定的补偿原则和地位不利者所处集团的代表权，美国政治就很难拒绝后续的要求了。这就是存在于平等原则的含糊性中的民主逻辑。

对能者统治重下定义

任何原则必然有其含糊之处，因为道德环境不可能黑白分明。机会均等与结果均等的对立更是如此，矛盾在于两种对的选择之间，而不是"对"与"错"之间。那么，罗尔斯公平原则的矛盾和问题是什么呢？它们是否严重到足以使这一原则失去效用？

首先，不利地位的含义是什么？如何衡量公平？后者是客观还是主观的？不公平的感受往往受期望和被剥夺的程度所影响。可是，要以谁的标准呢？罗尔斯写道，一种方法"是仅仅通过相对的收入和财富而不考虑其社会地位。因此，所有达不到中等收入和财富半数的人都可以算作社会地位最不利的阶层。这个定义只取决于收入分配中较低的一半阶层，具有使人们集中注意社会地位最不利的阶层与居中者相隔的社会差距的优点"。[①]

但是，对大多数人来说，不公平或被剥夺不是某种固定或绝对的标准，而是同他人的一种比较。从大量社会学研究中，我们得知如果人们感到收入和地位的巨大差距是正当地获得的，他们就会认为它是公平的，而一些人为造成的微小差距却往往被认为是不公平的。医院的勤杂人员比较自己与护士的收入差别，而不会去同医生的收入相比较。因此，相对的剥夺和参照系（借用社会学术语）在每一时点规定着不平等的程度。[②] 我们是否接受把个人的主观评价当

---

① 前引罗尔斯书，第 98 页。维克托·富克斯在"重新定义贫困"一文（载《公共利益》第 8 期，1967 年夏）也提出了利用中位数的一半的标准。
② 关于这两个概念的详细解读以及它们对于公平的主观认识的影响，参见 W·G·郎西曼：《相对剥夺与社会正义》（伦敦，1966 年）。

作道德规范呢？如果要选择一个客观标准，又要在什么基础上呢？① 这一点并不清楚。

不但不利地位难以定义，界定"最不走运的群体"还会遇到另外一种问题。罗尔斯写道："这里似乎无法回避某种武断。可能性之一是选择一个特殊的社会地位，例如非熟练工人的地位，然后把所有那些与这一群体同等或收入及财富更少的人们一律视作最不利者。最低的代表人的期望就被定义为包括这整个阶层的平均数。"② （第98页）

人群的区分和差异在实践中是相当重要的问题，然而除了这些问题之外，以这种模式定义社会地位又引出一个严肃的心理学问题。伦理学的重要考量之一是避免给社会地位低下者贴标签或公开地污名化。这就是为什么改革者始终反对用"家庭经济情况调查"作为公共救济的标准，而设法把援助转化为其应享有的权利。许多关于收入再分配的建议提出把积累的金额分给所有人，而把超过一定标准的额度以税收的形式扣除，其伦理学上的考量也是其原因之一（行政事务除外）。罗尔斯写道："……在某个时候，我们有权在制订差异原则时要求进行实际的考虑。或迟或早，哲学或其他观点进行精确区分的能力一定会消失。"到了那时，所谓原则必须被转化为公共政策和行政管理问题开始出现时的规则和实例。

贴标签和补偿导致了一种更普遍的矛盾，即平等与普世原则的矛盾。平等的历史意义之一即为普世原则的建立，它使得某项规则如同法规一般可被平等地应用于所有人，由此免于在个体之间做行政决策。就宪法而言，这可以解释为针对某一个人的剥夺权利的法案是非法的；法律必须具有足够的普遍性，以便覆盖某一类别内的所有人。就刑法而言，我们对违反同一法律的罪犯实行**同等处罚**，而

---

① 根据古典伦理学，"好"的定义与个人满足无关。亚里斯多德明确地区分"好的存在"与"好的感觉"。通奸的感觉或许很好，但却不是一种好的行为。
② 假如"最不走运"是这个群体自己的选择，又该怎么样呢？克里斯托弗·詹克斯指出"我们实际上已经消灭了一切取得高中毕业文凭的经济和学术障碍……可是每5个学生中还是有1个会半途辍学"。我们可以确保工人阶级家庭得到和中产阶级家庭同样的教育机会，可是如果他们不想利用这一机会，那又该怎么办呢？社会对于陷入底层或无法进步的人负有义务，因为这不是他们的错。但是，如果一些人由于文化或心理原因而不愿享有这些机会，那么社会的责任或说其第一要务，是否仍是要把资源推送给他们呢？如果答案是否定的，我们又该如何区分真正处于无权地位的人和并非真正无权的人呢？这是社会政策无可逃脱的两难。

不考虑其承受能力。两名超速行驶的司机均应被课以 25 美元罚金,虽然其中一人是百万富翁,而另一人是穷光蛋。法律不问其地位差异,而只考虑相同的责任。法院不得进行这样的盘问,要避免因司法权扩大而使法官要在个体之间做决定;法官的职责只在于查明被控者是否有罪。

然而,在涉及财产和收入时,我们选择了一条反方向的路。根据 20 世纪施行的所得税法,人们不但不付相等的税额(如每人 500 美元),甚至也不采取同等的纳税比例(如人均 10%,从而不同收入的人要支付不同的绝对额)。从原则上说,伴随着收入的上升,人们以累进方式支付越来越高比例的所得税。支付能力成为衡量标准。在财产与收入这一领域,人们或许更愿意建立"各尽所能,各取相应于他人之所需"的原则;由于**边际**额度必须被加以比较,这里应用了公平原则。(如果两个人缴纳同样数额的税费,这笔税费等于其中一人收入的一半,而只占另一人收入的 1/10;按比例税率体现了公平原则。)然而,在更广泛的背景下,在社会价值的一切领域里全面地应用公平原则,等于把整个社会的各阶层从责任平等和普世主义原则转化为负担不平等和行政决策原则。

罗尔斯指出,公平的根据是一个建立在社会契约之上的、概化的社会规范。它以理性选择为基础,个体由此宣布其偏好服从于补偿原则和差异原则;这样一种理性选择将把社会平衡向社会规范的方向推动。如今,效用理论影响个人偏好的排序,定义个人的理性行为;根据效用理论,如果人们在基于个人偏好的自由交换中获得净差额,社会也就同时达成了合理的安排。不过,我们在这里又碰上了一个难题。假如理性是社会规范之基础,我们能不能建立一种社会福利,从而把不一致的个人偏好合并为足以概括个体理性选择的共同选择呢?如果我们接受"阿罗不可能定理"的理论阐述(它评论了民主的条件与多数选择),我们就不可能建立这种社会福利。[①] 于是,社会规范是什么就成为一个政治话题,受共识或

[①] 有关阿罗原理的讨论,参见第五章。罗尔斯否定了多数统治的前提,从而回避了"阿罗不可能原理"的问题。他写道:

"从前面的陈述来看,多数统治的程序不管怎样被规定和限制,作为一种程序手段显然只具有一个从属地位。它的合理性完全依赖于正义宪法的设计所要达到的政治目标,因此,依赖于两个公正原则。……多数统治原则的一个基本成分是:该程序必须满足背景正义的条件。……如果我们缺少这一背景,第一个正义原则就得不到满足;可是即使当这个背景存在时,我们也不能保证一定会制定出正

冲突左右——受到最富威胁性的或集体性的谈判所逼迫，人们在其中最后接受了某种交易的思想。但是，如果有关社会规范的决定是政治性的，理性选择原则却并未就"社会规范应当是什么"而建立明确的理论解答，除非按照卢梭的定义，政体具有"单一化"的特征。我们或许需要为公平而建立一项社会规范，但是在理性选择的流程框架中我们却没法定义它。

如果社会规范的定义在本质上是政治性的，那么，在社会学和统计学的意义上，把帮助运气最差者当作社会第一要务的原则可能意味着退回到中间值。假设我们已进入物资极大丰富的后匮乏时代，这一原则或许会成为一项值得期待的社会政策。可是，如果现实情况不是这样（而且它是否能够实现值得怀疑），如果把社会定义为罗尔斯眼中的"为共同利益而合作的冒险"，从逻辑上看，我们为什么不能向那些有能力扩大社会总产出的人许诺更大的好处，以便用更大的"社会馅饼"服务于所有人的共同利益（即使差别仍然存在）呢？

极其令人吃惊的是：现代史上唯一的一个从一开始就有意识地执行几乎完全平等的原则（包括几乎不存在工资级差）的社会——苏联——逐步放弃了这项政

义的立法。

"什么样的多数意志是正当的？我们对此无可置评。……这是一个政治判断的问题，它不属于正义论。虽然公民通常使自己的行为服从民主权威，即承认一种投票的结果确立了一种在其他条件相等的情况下便具有约束力的规范，但是他们并不使自己的判断也服从于民主权威。我们能注意到这一区别就足够了。"（第356页）

如同传统上大多数关于正义的概念一样，罗尔斯的看法当然也是对的：多数人的行动并不证明决策是正义的。多数人的专制，与暴君的专制一样，长期以来被认为是不公正的根源。流程上的问题在于：作为**一贯**原则，是否存在一种比多数统治更好的方法？它接受少数派的民主审查，在寻求一致的过程中，确保少数派有权利和能力改变决策而成为多数派。

罗尔斯试图指明在社会契约最初建立时存在一个"无知之幕"，以回避阿罗的两难。因为个人并不知道自己能做得多好，所以获取最低报酬是符合其利益的。人们将接受这样一套规则，即它可以把至少赢得最低报酬的机会最大化，每个人当然也希望尽可能地扩大最低报酬的数额。推测地看，这种隐蔽交易会把报酬（即收入、自尊心等基本社会福利）推向中间值。不过，正如莱斯特·瑟洛所指出的：

"将最低报酬最大化貌似是一种平均主义，但情况未必就是如此。……罗尔斯认为滴流效应的效果非常之大，因而不可能筹划把收益集中于高收入集团的经济活动。作为一名经济学家，我不相信这一点。大量的经济活动仅具有少量的滴流效应。要做到真正的平均主义，我们的社会原则必须说明个体应选择那些具有最大滴流效应的经济活动。"（"寻求经济平等"，载《公共利益》1973年春季号）

因此，要达到一系列规章的期望效果，即最低报酬最大化或赋予不利者以优先地位等，我们有必要采取某些强制性的手段。

策，不是因为复辟资本主义，而是因为它发现级差工资和特权可用作刺激措施，是更理性的时间"配给"。（经理的时间价值比不熟练工人的时间价值要高，是因为他必须做更多决策，那么我们是要求他排队挤电车上班，还是给他一辆小汽车呢？）即使是那些在第二次世界大战之后收入与物质刺激的级差较小的社会（如以色列和南斯拉夫）也在逐渐扩大这些差距，以便刺激生产率。古巴经济主要以道德规劝和义务劳动为基础，而同情古巴的经济学家向菲德尔·卡斯特罗提出的克服古巴经济困难的建议之一，就是更多地利用物质刺激和工资级差。[①] 在美国，社会计划最容易得到资助的时期是1960年到1965年，当时为这类项目提供财政盈余靠的是经济增长而不是收入再分配。[②]

美国目前不能被算作能者统治的国家；这并非是对这一原则的否定。机会均等的思想是正确的，问题只在于如何公平地实现它。因此，焦点应转向实现此种平等的障碍。代表制为补偿歧视而引入随意的特殊标准，只会破坏普世主义的历史性原则，而后者是在极大困难条件下赢得的，它把每个人作为拥有自身权利的人来对待。

最后，困难和棘手的问题还不仅仅是优先权的问题（即谁应首先得到帮助），还有个体之间差距程度的问题。公司领导和普通工人以及高级教授和讲师之间的收入差距可以有多大呢？商业公司的工资级差约为30∶1，医院约为10∶1，大学约为5∶1。这些工资级差的理论基础何在？哪一种才算公平？从传统来看，市场是级差报酬的仲裁者，以稀缺性或需求为根据。但是，在经济决策政治化之后，市场的作用将被社会决策所取代，这时我们又该以什么作为公平报酬和公平级差的原则呢？显然，这将是后工业社会中最令人烦恼的问题之一。

过去200年来，西方社会的一个惊人特征在于个人之间差距的不断缩小——不是借助分配政策和关于公平的裁判，而是凭借技术达成的。技术削减了产品成本，生产出更多适应人们所需的商品。[③] 讽刺的是，当个体之间的差距日渐缩

---

① 见华西里·里昂惕夫："古巴社会主义的困难"，载《纽约书评》（1971年1月7日）。
② 关于这些数据的评论和讨论，见奥托·埃克斯坦："回顾60年代的经济学"，载《公共利益》第19期（1970年春季号）。
③ 迄今为止这仍是一种常见的观点，为自由企业的辩护人、鼓吹者所频繁采用。然而，这并不减少

小，民主更加触手可及时，人们对于平等的期待也比以往提升得更高，并为此进行了更多令人不快的比较。（"人们的痛苦虽然少了，但是他们的敏感程度却加剧了。"）这种现象现在被通称为"托克维尔效应"。① 大众期待不断增加所引发的革命同时也是一场不断产生**不满**的革命。

社会真正的问题可能不在于"何为公平"的抽象解释，而在于**不满**的社会性质以及引发不满的环境。吸引我们的一个社会学的迷题是：为什么民主社会里的不平等在减少，而**不满**却相应增加？这也是民主含义不明的遗产之一。

IV

公正的能者统治

上述讨论很大一部分的问题在于：把不平等视作一种单一的状态，矫正它的措施也只有一个原则，而在现实社会里有各式各样的不平等。它不是**非此即彼**的问题，而是**某种**不平等究竟会导致**哪些形式**的社会和道德分歧的问题。我们知道不平等有很多种，如收入和财富、地位、权力、机会（就业或社会机遇）、教育、仪式方面的不平等，等等。维度不是只有一个而是有许多，某个维度上的不平等并不一定伴随着其他维度的不平等。②

它作为一个历史事实的真实性。就差距缩小的实际程度而言，有一些惊人的数字对比，参见前文所引的让·富拉斯蒂埃（Jean Fourastie）《财富的起因》（伊利诺伊州格伦科，1960 年）。

① 关于托克维尔对这一现象的讨论，见《旧制度与大革命》（纽约，1955 年）中第三部分第 4 章与第 5 章，特别是第 176—181 页，第 186—187 页。

② 罗尔斯写道："我们不能根据处在某一地位的人们的较大利益超过了处在另一地位的人们的损失额而证明收入或组织权力方面的差别是正义的。对自由的侵害很少能用这种方式抵销。"（前引书第 64—65 页）。

他的论证让人感到迷惑。在任何一个相互依赖的社会，人们都会放弃某些自由（例如交通和区划法规）以强化其他自由。他同样未能说清楚为什么人们必须补偿各个领域的不平等，而不能选出对他们而言最难以忍受的不平等区域。

作为一项政治原则，任何一条规则都不可能不受干扰地主导一个政体。亚里斯多德区分出两种公正：数量上的平等（结果均等）和基于功绩的平等。正如以下的结论："把平等规定为非此即彼，那是不好的，从实践中可以看到：建立在这种基础上的宪法是持久不了的。"见 T·A·辛克莱（T.A. Sinclair）译：《亚里斯多德的政治学》（伦敦，1966），第 191—192 页。

我们必须坚持一项基本的社会平等：即人人受到尊重，不因肤色、性别或其他个人属性而被侮辱。它是民权法案之基础，把公开歧视有色人种的黑人隔离法定义为非法，提出公共场所平等共享的原则。它还规定性行为纯粹是相互爱慕的成年人之间的私事。

我们应当减少让人不快的工作差异。有些人计件或计时获取收入，而另一些人却按月或按年领取薪金；有些人只能根据工作的小时数或周数领取浮动工资，另一些人却能获得稳定、可观的收入。

我们应当确保人人有权利获得一系列的基本社会服务，以及保障其充分医疗、居住等条件的收入。这些关乎个人安全和尊严的事务，必须成为文明社会的优先议题。

但是，假如这一目标与其他社会目标产生冲突，甚至使自身陷入停滞的话，我们也不需要在一切事务中强行实施僵化的平均主义意识形态。就工资或薪金的级差而言，强调外科医生和牙医的工资要高于护士或牙科技师或许是出于合理的市场因素。因为，如果他们的收费大致相等（假设一个人能用同等价格获取更优质的服务），那么，即使是小毛病，谁也不愿去就医于一位护士或牙科技师了。这个案例说明价格体系是有效分配时间的一种机制。当级差工资使不同职业之间的收入差距过大时，我们还可以利用税法减少这种差距。

这些不平等的问题与能者统治关系不大——如果我们把"能者"定义为获得某种**应得的**地位或凭能力取得理性权威地位的那些人的话。社会学家已在权力和权威之间做出区分。权力是指挥的力量，直接或间接地以武力为后盾。因此，权力有界定政治原则的作用。而权威是基于技术、学识、天资、技巧或某种类似属性的能力。它必然表现为有人高明有人平凡。能者统治要由已获得权威的人来执行。不公正的能者统治则贬斥底层阶级，且令人与人之间差异变得让人不快。

当代的民粹主义呼吁实行大规模的平均主义，坚持要达到彻底的平均化。这不是在**呼吁公平**，而是**反对精英主义**；它的动力不是正义而是**不满**。民粹主义者不仅主张（"民治"）权力，而且反对权威——它表现为个人的卓越才干。民粹主义者缺乏权威，所以要求权力。例如，根据民粹主义的社会学，医生的权威要服从于社区委员会，教授的权威要服从于整个学校机构（最极端的版本甚至包括工友在内）的决定。

不可能在全部人类活动中都实现彻底的民主化。在艺术领域坚持民主评判，是没有意义的。哪一幅画、哪支乐曲、哪一篇小说或诗歌比其他作品更好，是不能靠民众投票的——除非我们在一定程度上像"20世纪60年代的文化情绪"那样，假定一切艺术都能被还原为经验，个人体验对于其他人也像对自己那样有意义。① 在科学和学术领域，个人成就是以发明、理论整合、先锋批判、综合范式、新型关系的宣布等方面的贡献为基础来衡量和排序的。上面提到的这些即为知识权威的形式。

这一切凸显了科技治国论与能者统治之间的混淆。科技治国论将社会协调简化为以技术效率为标准，用证书作为社会职位选择适宜人选的主要手段。证书从最坏的角度说是僵硬和机械的，最好也不过说明一个人最低限度的成就；证书是进入该体制的敲门砖。至于能者统治，它在我的写作语境中强调个人成就和受同行认可的权威地位。

罗尔斯曾说，一切善中最基本的就是自尊。英国社会学家W·G·朗西曼（W.G. Runciman）对尊重和赞扬做了有益的区分。人人有权获得尊重，但并非都有权得到赞扬。② 从最好的角度来说，能者统治意味着由那些值得赞扬的人来施行统治。这些人是由同行认定、在各自领域里最优秀的人。

除了一些个人值得褒扬之外，某些致力于培育人类成就的科学、学术、文化与研究机构同样值得称赞。大学崇尚学术与研究权威，把卓越者的知识传递给有能力学习的人。大学完全有理由实行能者统治而不削弱其他机构的敬意。如果面向研究、学术和学习的社会资源要服务于"共同利益"，如果要不断提高人类的文化程度，我们就完全有理由在大学实行能者统治。

企业和政府也没有理由不采取能者统治的原则。我们希望企业家和发明家扩大社会财富的总量，希望政治官员治理得宜。在相当程度上，一个社会的生活质

---

① 关于这种反智主义之背景的讨论，见莱昂内尔·特里林："现代世界的思想"，1972年关于人文科学的杰斐逊讲座演讲（纽约，1973年）。
② W·G·朗西曼："'社会'平等"，载《哲学季刊》第17期（1967年），后被收入其著作《恰当地位的社会学》（伦敦，1970年）。

量是由领导的素质决定的。如果不能由最优秀人士担任领导机构的负责人，这个社会在社会学和道德的意义上都是荒唐的。

能者统治与公平原则并不矛盾。人们可以把地位不利者（尽管界定起来十分困难）享有优先权作为社会政策中的公理，前提是不要削减最优秀的人通过工作和努力上升到社会顶层的机会。我是同意这一点的。在我看来，个人品质、人类成就和普世主义的原则是一个富有成效且有教养的社会的必要基石。最重要的是，一个社会应竭尽一切可能成为真正的开放社会。

一旦高层人士将其权威地位转换为相对于他人的、巨大的物质和社会优势，正义的问题就出现了。于是，社会学意义上的问题就变成这样的转变有多大的可能性。任何社会都具有三个基本的层级框架——财富、权力和地位。在资本主义社会，财富可以买到权力和服从。在专制社会，地位可以控制权力和财富（通过联姻）。在军事和等级社会里，权力可以控制财富和地位。如今，我们很难确定三者之间的关系是否依然有效：收入和财富（即使与企业权力相结合）几乎不能影响声望（有谁会知道美孚石油公司、美国电话公司或通用汽车公司负责人的名字和长相？）；政治职务不能使人富有；高级职位（以及在声望排名中处于最高级的教授级别）也无法提供财富或权力。能者统治的实施不会排除其他通往社会顶层和权力的途径（尤其是仕途）。

即使在这些领域里，差距也可以被缓和；当代社会的政治使得这种缓和更有可能在将来实现。财富让少数人享有许多人无法得到的东西；但是，这一差距可以并且将会缩小到一个社会的最低限度。权力（而不是权威）使一些人对他人行使统治，但是在整个政体以及大多数机构之内，单方面的权力越来越受到监督。一切不平等中最麻烦的是地位，这里最危险的是渴望与众不同和**享受**不平等的心理。卢梭一向敏于看透人类的欲望，曾说过："对于声望、荣誉和偏好的一般欲望吞噬了我们所有人，训练和比较每一个人的天资与力量……刺激和强化人们的欲望，把所有人变成竞争者、对手甚至敌人，它制造出多少形形色色的挫折、成功与灾难……①

---

① 《论人类不平等的起源和基础》，第 174—175 页。罗尔斯在其经济博弈中不得不将妒忌者排除在

即使人类的虚荣（或说自我）永远不可能消除，我们还是可以一方面给予每个人以平等的尊重，同时向其中某些人赋予不同程度的称赞。朗西曼说，"如果声望、尊敬的不平等即为赞扬的不平等，这个社会就此而言仍是公正的。"① 在这个意义上，我们接受个人成就上的差距。就此而言，安排得宜的能者统治可以建立一个不平等、但却公正的社会。②

匮乏的终结？

我在导论中已经指出，对于许多学者来说，后工业社会就等于后匮乏社会。大卫·里斯曼在1958年率先使用"后工业"一词时，想到的是"休闲社会"以及人类历史上首次出现了一大批人不必工作而需应付其休闲时间的社会学问题。

外。莱斯特·瑟洛给出如下解释："假定境况最差的人是妒忌者。这样一来，任何削减较富裕阶层收入的幅度大于削减最穷困者的办法，都可以使最低报酬最大化。如果不将妒忌排除在外，最低报酬的最大化有可能导致每个人的收入为零。"

帕累托在讨论效用时强调：一旦收入差距缩小，个人就会寻求扩大地位和权力的不平等，见《心灵与社会》（纽约，1935年）第4卷，第2128—2145节。关于匮乏与丰裕这类问题的进一步讨论，请参看下一节，特别是本书525页脚注1的探讨。

① "'社会'平等"，同前引书，第211页。

② 本书主要以美国为参照，但能者统治和平等的问题显然在所有发达工业社会里都是核心。能者统治的构想最早在英国出现或许并非偶然，英国社会的不平等（反映在语言、口音和着装等方面）最为剧烈，而机会均等对兴起于中产阶级的技术人员而言是革命的动力。势力强大的工党正因眼前的两难而承受极大压力。它要么支持能者统治，以增进技术进步和经济增长，要么选择削减不平等的政策。但是，英国非常有可能逐步增加补偿措施。在瑞典，罗尔斯的"正义"哲学很可能成为准官方哲学。能者统治在美国的影响力被夸大了，政治仍然是公众控制的主要方式，而评价系统没有出现多大变化，以便于能者在社会中取得精英地位。

"能者统治"在苏联引发了最大的问题。根据苏联早期的意识形态，社会各阶层和各集团理应具有同等的社会地位。但在过去的20年，苏联一直试图整体性地嘉奖政治精英和科学精英；科学精英的任期保险系数最高。政治精英和科学精英住在特定的地段，由特供商店提供食品，甚至有专为其服务的指定医院。（在斯大林统治下，苏联甚至有专为科学家设立的、享有一定特权的集中营，索尔仁尼琴在《一天》中提到这一情况。）这些精英直接将他们的特权传给子女，说也奇怪，人们甚至发现官方的意识形态也在随之改变。在具有权威影响的学院期刊《哲学问题》第2期（1972年）上，两名哲学家写道：苏维埃制度的世袭倾向体现了"高度发达的社会主义时期"的优点，这一倾向有助于所有社会集团广泛、持续地提高它们的福利。从社会学的角度来看，苏联的问题不是建立公正还是不公正的能者统治，而是抛开不公正的权力分配。上述引文及苏联国内特权传递的具体数据，都根据泽威·卡兹（Zev Katz）研究的油印本《苏联社会地位流动的特征》（麻省理工学院国际研究中心，1972年4月）。

保罗·古德曼和默里·布克钦（Murray Bookchin）等无政府主义学者将后匮乏社会设想为这样一种社会，它靠技术把人类从对物质的依赖中解放出来，为建立人类与自然的"自由"关系而非依赖关系提供了基础。消灭匮乏，如同消灭一切竞争与争夺一样，成为一切乌托邦空想的中轴原理。

匮乏的基本假定是许多哲学家对人类社会持悲观看法的基础。霍布斯认为，"我们在人性中发现三大争吵的根本原因。第一，竞争；第二，怀疑；第三，荣誉。竞争使人追逐好处；怀疑使人寻求安全；荣誉则使人追求名声。"① 人们不断争夺，以便在稀缺价值中占有更大的份额。马尔萨斯认为匮乏是上帝的意志。资源有限，而人的欲望无穷；人类必须学会节俭而不是挥霍地生活，以免不受约束的欲望导致人口泛滥、饥荒、疾病和战争。在卢梭看来，匮乏是人为的限制，它使得某些人能够在不能获得财富的人面前夸耀自己的所有物，"……如果人们看到一小撮有权有势的富人显赫豪华达于极顶，而芸芸众生沉沦于卑微痛苦的境地，前者享有这些东西只是因为它们被从其他人那里被剥夺了；更是因为即使不改变他们的地位，假使人民不再受苦，这些人也就不再感到快乐。"②

让·保罗·萨特在《辩证理性批判》一书中对马克思主义做了修正，认为主导人性之"否定"以及社会无法把自身**看成**一个社会的"**惰性实践**"皆以匮乏为核心假设。人类起源于匮乏的环境，因此每个人从一开始就把自身需要看成一个社会的社会形象；匮乏使人类在生存竞争中互相争斗。每个人在他的同伴身上看到经常威胁他的**异己**。匮乏是"物质在人的内心对人的否定"，是物质通过劳动和社会冲突强加于社会的"否定的统一"。战争是"人类行动作为内在化匮乏的非人道性……它使人人视他人为异己而成为恶的原理"。只是因为人人首先把他的邻人视为异己——这是萨特对黑格尔现象学中贵族与奴隶主题的概括——因此历史发展成这个样子。历史是异己和异化的联结。历史是克服匮乏的努力，与此同时又是克服使人类成为异己的社会力量——**惰性实践**——的盲

---

① 托马斯·霍布斯：《利维坦》，迈克尔·奥克肖（Michael Oakeshott）特编（牛津，无日期），第81页。
② 卢梭：《论人类不平等的起源和基础》，第175页。

目活动。①

如我们所知，马克思极少猜想未来社会的样子。但是，他的著作从方方面面清晰地表现出社会主义和真正平等的前提是经济的繁荣富足。在1844年完成的《经济学哲学手稿》中，马克思写道：仅仅消灭私有财产和平均分享产品，那只是"粗陋的"或者"还未完成的"共产主义，只是一种拉平的形式。②30多年后，马克思在一封信中批判新成立的德国社会民主党的纲领，再次谈到这一主题，阐明了"平等权利"与共产主义所实现的平等二者之间的区别，前者在社会主义社会过渡阶段中必然带有某种程度的不平等。马克思在这封信里提出了一些有关共产主义性质的著名论断：

> ……在这里平等的权利按照原则仍然是**资产阶级的法权**，虽然原则和实践在这里已不再互相矛盾……
>
> ……这种**平等的**权利，对不同的劳动来说是不平等的权利。它不承认任何阶级差别，因为每个人都像其他人一样只是劳动者；但是，它默认不同等的个人天赋，因而也就默认不同等的工作能力是天然特权。**所以就它的内容来讲，它像一切权利一样是一种不平等的权利**。权利，就它的本性来讲，只在于使用同一的尺度；但是不同等的个人（而如果他们不是不同等的，他们就不成其为不同的个人）要用同一的尺度去计量，就只有从同一个角度去看待他们。……其次，一个劳动者已经结婚，另一个则没有；一个劳动者的子女较多，另一个的子女较少，如此等等。在劳动成果相同、从而由社会消费品中分得的份额相同的条件下，某一个人事实上所得到的比另一个人多些，也就比另一个人富些，如此等等。要避免所有这些弊病，权利就不应当是平等的，而应当是不平等的。……
>
> 在共产主义社会高级阶段上，在迫使人们奴隶般地服从分工的情况已经消失，从而脑力劳动和体力劳动的对立也随之消失之后；在劳动已经不仅仅

---

① 关于萨特思想的讨论，我参照了乔治·利希海姆（George Lichtheim）的"萨特、马克思主义与历史"，载《意识形态的概念》（纽约，1967年），特别是第301—306页。
② 马克思：《1844年经济学哲学手稿》，人民出版社，1979年，第71、72页。

是谋生的手段,而且本身成了生活的第一需要之后;在随着个人的全面发展生产力也增长起来,而集体财富的一切源泉都充分涌流之后,——只有在那个时候,才能完全超出资产阶级法权的狭隘眼界,社会才能在自己的旗帜上写上:各尽所能,按需分配!"①

当然,社会丰裕的可能性在于资产阶级不寻常的成就。1848年,马克思在《共产党宣言》中有如下一段荡气回肠的赞美:

> [资产阶级]第一次证明了,人的活动能够取得什么样的成就。它创造了完全不同于埃及金字塔、罗马水道和哥特式教堂的奇迹;……
>
> 资产阶级在它的不到100年的阶级统治中所创造的生产力,比过去一切世代创造的全部生产力还要多,还要大。自然力的征服,机器的采用,化学在工业和农业中的应用,轮船的行驶,铁路的通行,电报的使用,整个大陆的开垦,河川的通航,仿佛用法术从地下呼唤出来的大量人口,——过去哪一个世纪能够料想到有这样的生产力潜伏在社会劳动里呢?②

社会主义社会的成就在于接过这些生产力,结合社会目标自觉地对它们加以协调组织。恩格斯为此论述道:

> 人们自己的社会结合一直是作为自然界和历史强加于他们的东西而同他们相对立的,现在则变成他们自己的自由行动了。一直统治着历史的客观的异己的力量,现在处于人们自己的控制之下了。只是从这时起,人们才完全自觉地自己创造自己的历史。……这是人类从必然王国进入自由王国的飞跃。③

---

① 马克思:"哥达纲领批判",载《马克思恩格斯选集》第3卷,人民出版社,1972年,第11—12页,黑体为原书所有。
② "共产党宣言",载《马克思恩格斯选集》第1卷,人民出版社,1972年,第254页和第256页。
③ 恩格斯:"反杜林论",载《马克思恩格斯选集》第3卷,人民出版社,1972年,第323页。
素来比恩格斯复杂和细致的马克思,从来没有走过这么远。马克思在《资本论》第3卷中类似的一段文字中说:自由王国不会简单地替代必然王国——最合理的经济组织方式也不可能完全废除劳

1930年，在世界范围的经济危机之中，约翰·梅纳德·凯恩斯以唐吉诃德式的口吻发问："对于百年之后的经济水平，我们可以有哪些合理的期待呢？到我们的孙辈为止，经济会实现怎样的可能性？"他指出大萧条不是一场"老年风湿"，而是"一个经济时期迈向另一个经济时期时……过快变化所引起的生长痛苦"。我们所犯下的"灾难性的错误""使我们看不到表面现象背后的情况——事物发展趋势的真实说明"。事物发展的基本趋势可以从两大革新中预见，它们是技术效率（或生产率）的出现和持续积累资本的方式。

　　从人类早期社会算起，自公元前2000年耶稣尚未降世之时直到18世纪，"处于世界文明中心的普通人在生活水平上并未出现多大变化。"但是，技术效率一旦与资本积累相结合，人类就发现了在增长基础上再增长的"复利"的"神奇作用"。"如果资本每年增加2%，全世界的资本设备在20年后就会增加一半，100年后会增加7.5倍。把这些想象成具体的物质——房屋、运输工具，等等。"对凯恩斯来说，这一判断意味着"长期来看，**人类正在解决它的经济问题**。我预测发达国家的生活水平在100年后将变为今天的4—8倍。即使只从我们目前的知识出发，这也是不足为奇的。即使设想更蔚为可观的进步的可能性，也算不上是愚蠢的。"①

　　按照复利增长，年增速达到3%的经济体经过24年后其国民生产总值就会翻一番；达到4%的经济体经过18年就翻一番。在20世纪60年代，大多数工业国家的年增速大约在3%左右，情况较好的西德与意大利的年增速则达到4%，日本

动——而是把它保留下来，作为人类在一个"人类能力即为……目标本身"的领域塑造的、不可回避的事实。（《资本论》第3卷，人民出版社，1975年，第927页）有关这些区别的讨论，参见艾尔弗雷德·施米特（Alfred Schmidt）:《马克思著作中的自然观念》（伦敦，1971年），第134—136页。
　　不过，马克思总是流露出浪漫主义的色彩，这从他于1845—1846年创作的《德意志意识形态》中有关共产主义的想象可以见到：
　　"……当分工一出现之后，每个人就有了自己一定的特殊的活动范围，这个范围是强加于他的，他不能超出这个范围：他是一个猎人、渔夫或牧人，或者是一个批判的批判者，只要他不想失去生活资料，他就始终应该是这样的人。而在共产主义社会里，任何人都没有特定的活动范围，每个人都可以在任何部门内发展，社会调节着整个生产，因而使我有可能随我自己的心愿今天干这件事，明天干那件事，上午打猎，下午捕鱼，傍晚从事畜牧，晚饭后从事批判，但并不因此就使我成为一个猎人、渔夫、牧人或批判者。"（《马克思恩格斯全集》第3卷，人民出版社，1960年，第37页。）
① 　约翰·梅纳德·凯恩斯："我们孙辈的经济可能性"（1930年），载《劝说集》（纽约，1932年）。引文见该书第359—364页；黑体为原书所有。

更惊人地达到了7%的年增速。根据这些数字，赫尔曼·卡恩和同事在60年代中期对2000年的世界经济作了一番预测。卡恩以收入水平作为划分社会类型的标准，把世界各国分为五个类别：

一、前工业社会	人均收入 50—100 美元
二、局部工业化社会	人均收入 200—600 美元
三、工业社会	人均收入 600—1500 美元
四、大规模消费社会或发达工业社会	人均收入 1500—4000 美元
五、后工业社会	人均收入 4000—20000 美元。

1965年，只有美国和西欧（可能还有日本）可以被称为大规模消费社会或发达工业社会。卡恩预计，截至2000年，有12个国家将成为"明显的后工业社会"，有9个国家成为"早期后工业社会"。17个或更多国家及地区进入大规模消费阶段。①

---

① **2000年的经济集团**
（括号内的数字指上文各国人均收入水平的分类）
明显的后工业社会（五）
美国、日本、加拿大、斯堪的纳维亚各国、瑞士、法国、西德（1990年与东德统一——译者注）、比荷卢经济联盟（2008年据新的条约更名为比荷卢联盟——译者注）。
早期后工业社会（五）
英国、苏联、意大利、奥地利、东德（1990年与西德统一——译者注）、捷克斯洛伐克、以色列、澳大利亚和新西兰。
大规模消费社会（四）
西班牙、葡萄牙、波兰、南斯拉夫（于2006年解体——译者注）、塞浦路斯、希腊、保加利亚、匈牙利、爱尔兰、阿根廷、委内瑞拉、中国台湾、朝鲜、韩国、中国香港、马来西亚、新加坡。
工业社会（三）
南非共和国、墨西哥、乌拉圭、智利、古巴、牙买加、北越与南越（于1976年统一为越南社会主义共和国——译者注）、泰国、菲律宾、土耳其、利比亚、黎巴嫩、伊拉克。
前工业化社会（二）
巴西、巴基斯坦、中国、印度、印尼、埃及、尼日利亚。
前工业社会（一）
绝大多数非洲国家、阿拉伯世界、亚洲和拉丁美洲的其余地区。
上述分类摘自赫尔曼·卡恩与安东尼·威纳在"未来的33年：大猜想的框架"中的超前构想，载1967年夏季号《代达罗斯：走向2000年的工作进展》，第716—718页。另一个阐述更加精密的较晚的版本，见卡恩与威纳《2000年》（纽约，1967年）。弗里蒙特·费利克斯（Fremont Felix）《明天全世界有 60 亿人，其中大约 10 亿人年收入水平超过 4000 美元，近 5 亿人超过 1500 美元，还有 5 亿再略多一点的人口超过了工业社会标准的 600 美元。有大约 30 亿人仍处于过渡阶段，余下的 10 亿人则生活在前工业社会阶段。卡恩指出，迟至二三百年以前，没有哪一个大型社会的人均收入可以超过 200 美元。但是，截至 2000 年，全世界 5/6 以上的人口将突破这一历史限制。

卡恩为美国描绘了一幅更为灿烂的图景。截至 2000 年，人均年收入将增加 3 倍，超过 1 万美元（以 1965 年的美元价值计算）。1965 年，美国人均年收入为 3550 美元；在一个以休闲为指向的社会，个人在一年中的工作小时数不超过 1100 小时，可以大致计划如下：

每天工作 7.5 小时
每周工作 4 天
每年工作 39 周
每年法定节假日 10 天
每年休假 13 周

想象一下，鉴于许多企业——自动化生产企业、公共事业公司、医院、服务机构、零售店，等等——年运营时间超过 2000 小时，甚至一天到晚连轴转，它们很可能要建立双班倒的安排以及"两套管理班子"，以便轮流负责企业的运营。总之，在后工业社会，工作和职责的模式将会更为复杂，与以往大不相同。

技术的自我膨胀于 1964 年达到了顶点，当时有一个团体自称"第三次革命特别委员会"并发表声明："生产的新时代已经来临。""自动化革命"正在开始，其"组织原则与工业时代的差距，一如工业时代与农业时代的不同"。自动控制（Cybernation）一词由唐纳德·迈克尔发明，是指"电子计算机和自动调控机械的结合"。机械系统的效率提升"表现在自 1960 年以来人均每小时生产率的迅速提高，1960 年标志着自动化革命到达第一个峰值"。自动化使"系统的生产力无

的世界市场》（伦敦，1972 年）提出了较为不同的一系列推测，对卡恩—威纳的版本做了一定修正。

限制地提升，对劳动力的需求大幅缩减"。"基于匮乏假设的工业经济体系没有能力分配由自动化系统产出的丰裕商品和劳务。"工作与报酬之间的关系一定会发生重大变化。"我们必须认识到工作与报酬的传统联系已经打破。丰裕经济可以使所有的公民生活于舒适和经济安全之中，不论他们所从事的工作是否为大众认可。"因此，后匮乏社会的出现标志着人类最基本的历史经验——体现在工作中的根深蒂固的社会性——的一个转折点：人将被机器所取代。人类必须从世界中找到一个新的目标。①

当凯恩斯表示"经济问题"有可能在未来得到解决时，匮乏同样是他的命题。"你们可能会问，为什么事情会变得如此令人惊讶呢？它之所以让人吃惊，是因为——我们暂时不看未来而回顾历史——我们发现经济问题、生存斗争迄今为止一直是人类最迫切的首要问题……"如果经济问题得以解决，"人类就将摆脱它的一贯目标。……我心怀恐惧地想到普通人在无数世代中所培养的习惯和本能要重新加以调整，在几十年内就不得不将它们抛弃掉……"因此，"人类自从诞生以来，现在第一次将面对他的真正的、永久的问题——如何在不受经济压力之苦的前提下利用他的自由，如何充实科学与复利为他赢得的闲暇时间，而过上明智、合理、幸福的生活。"②

经济问题已经解决了吗？匮乏是否将会消失？按照社会主义学者和乌托邦思想家在19世纪采用的定义来看——答案是不，或者至少在相当长的一段时期内仍是否定的。首先，自动化革命很快被证明只是一场幻想。生产率并没有惊人地飞跃。美国总统技术、自动化与经济进步委员会的细致研究表明：在过去20年中，

---

① 第三次革命特别委员会的创始人是 W·H·费里（W.H. Ferry），当时他是圣巴巴拉由罗伯特·M·哈钦斯（Robert M. Hutchins）主持的苏格拉底学院"民主机构研究中心"副主席。该声明背后的主体思想是由经济学家罗伯特·西奥博尔德（Robert Theobold）提供的，其著作《丰裕的挑战》（纽约，1961年）、《可靠的收入》（纽约，1966）提出后匮乏社会技术革命预示了工作与收入的联系将被切断。在该声明上签名的人包括迈克尔·哈林顿（Michael Harrington）、汤姆·海登、杰勒德·皮尔（Gerard Piel）、H·斯图尔特·休斯（H. Stuart Hughes）、莱纳斯·鲍林、约翰·威廉·沃德（John William Ward）、A·J·马斯特（A.J. Muste）、罗伯特·海尔布伦纳、欧文·豪、贝阿德·拉斯廷（Bayard Rustin）、德怀特·麦克唐纳（Dwight MacDonald）和诺曼·托马斯（Norman Thomas）。这一声明的政治色彩显然主要来自那个时代的社会主义团体。上述引文源自该委员会在1964年4月发布的宣传册。

② 前引凯恩斯《我们孙辈的经济可能性》，第366—368页。

生产率没有出现巨幅变化。此外，如果看看未来 10 年——人们在这一期间足以认清当下的技术发展——我们从中看不到任何增长。事实上，经济前景与想象中截然相反。作为后工业社会的显著特征，服务部门的扩张成为生产率的拖累，据《财富》杂志预计，截至 1980 年美国经济增长率将从 3% 下降到 2.8%，以 1970 年价格指数换算，相当于年产值缩减 400 亿美元。[①] 自动化已被证明是人们倾向于过度渲染一时的发明、营造远远超出现实的泡沫的又一个例子。（我们忘记了在一个万亿美元级别的经济体里，一个产值高达 10 亿美元的新工业也不过是国民生产总值的 1‰而已）。全自动生产、具有无穷的商品生产能力的经济社会，不过是 20 世纪 60 年代初社会科学的虚构作品。

看来矛盾的是，乌托邦空想突然之间被世界末日的幽灵所取代。60 年代初期那种无限富足的主题消失了，70 年代最后几年取而代之的图景是一个无比脆弱的地球，有限资源正被快速消耗，高速发展的工业生产造成的废料正在污染空气和水。拯救世界的唯一办法是零增长。

最显著的转变是人们的注意力从机器转向资源，从人类控制自然转向对自然慷慨给予的感恩，从哈罗德—多马—索洛的增长经济学转移到马尔萨斯—李嘉图的匮乏经济学。收益递减原理取代按单位规模递增的产量，成为经济分析的主旨。杰伊·福雷斯特的学生、麻省理工学院的一批计算机科学家发布了一个根据当前的利用率而模拟的世界经济增长模型，其中探讨了四个基本变量——资源、人口、工业生产和污染——的相互关系。他们的第一次预测表明经济增长在 100 年后将由于自然资源短缺而告崩溃；因化肥需求无法满足而出现食品供应缺口。在第二次预测中，这些科学家使资源总量增加一倍，接下来的模拟显示经济体因废料的增加而走向崩溃。第三次预测假定截至 1975 年地球上的污染可以减少 3/4，模型表明经济可以持续增长，但城市和工业部门的扩张导致农业用地被占用，食品供应经常出现短缺。最终，这些科学家假设农业产量翻一番，工业部门出现巨大扩张，然而失控的污染再次导致新一轮的崩溃。

---

① 见《技术与美国经济》（美国政府印刷局，1966 年）和吉尔伯特·伯克（Gilbert Burck）"比你想象的闲暇会少些"，载《财富》杂志（1970 年 3 月）。

警示十分清楚。人类社会必须限制增长。①100 年以前，约翰·斯图尔特·穆勒在较小规模上设想地球居处拥挤、资源耗尽的前景，敦促人类社会限制人口与财富并寻求"栖身的环境"。现在穆勒的告诫又复活了。新一代生态问题激进分子们以穆勒取代马克思而视之为时代的先知。

福雷斯特模型的问题在于它的简化版量化矩阵。在一个封闭体系里，任何因素的指数增长必然会因达到上限而导致崩溃。（参见第三章有关逻辑曲线的讨论）这个模型设想系统行为不仅不会甚至也不可能发生质变。事实显然并非如此。物质可以重复循环。新能源（如太阳能）可加以利用。我们对地球上的矿藏和金属资源尚未充分勘查，如在海洋、西伯利亚、亚马逊流域，等等。技术还有可能令资源发生变异。铁燧岩一度被认为是没有什么价值的，现在却是铁矿石的广大来源；氧化铝一度被认为是难得的珍品，但在工业化学降低提炼成本之后，却变成千百万吨金属储备的原料。生态模型把地球的有形限度看成极限，这基本上是一种误导。要用经济而非物理标准来适当地衡量资源，基于相对成本，新的投资足以灌溉干旱的土地，排干受涝的土地，开垦森林，探索新资源，推动开采和变异的进程。卡尔·凯森（Carl Kaysen）指出，这些加大"固定资源"供应的方法贯穿着整个人类历史。②

即使在可预见的未来，比如说接下来的 100 年中，既没有出现乌托邦，世界末日也未到来，世界如同过去的 100 年一样，以"复利"的形式稳定地发展，这个平淡的事实（人类多么容易对趋向平淡的惊人奇迹感到厌倦！）不应当掩盖为凯恩斯强调的了不起的复利。凯恩斯提醒我们生存问题（就其字面意义来说，即免于饥饿和疾病）在人类历史上第一次不存在了。摆在人类面前的问题不再是糊口，而是如何提高生活水准；不再是生物学问题，而是社会学问题。基本需要能够满足，而且丰裕的可能性真实存在。在这个意义上，马克思和凯恩斯关于工业

---

① D·H·梅多斯（D.H. Meadows）等著：《增长的限度》《纽约，1972 年》。该模型的逻辑基础首先由杰伊·福雷斯特在《世界的动力》一书（马萨诸塞州剑桥，1971 年）中提出。
② 见卡尔·凯森："显示'狼来了'警报的电子计算机"，载《外交事务》季刊（1972 年 7 月）。
要全面了解环境运动的启示录式的歇斯底里，参见约翰·马多克斯（John Maddox）:《世界末日综合征》（伦敦，1972 年）。

社会之经济意义的看法肯定是对的。①

这仍是在用 19 世纪的概念定义未来，当时人们希望在 20 世纪或 21 世纪解决匮乏的问题。按照 19 世纪时的构想，匮乏问题的克服要靠机器与资源、技术与自然的紧密结合，**以便完善商品的生产**。然而，后工业社会不是以人类与被改造的自然为目标的一种设计，而是人与人之间的相互竞争。它带来一种现代社会以前任何社会思想家所不能想象的匮乏问题。这种新的匮乏向人类社会提出了全新的难题。

新的匮乏

由 19 世纪顺延至 20 世纪的匮乏问题在于它是以物质形式定义的；因此，与匮乏相对的是丰裕。但是，匮乏并不是贫与富的"零和游戏"，而是根据相对成本对各种偏好进行的评估。在这个意义上说，匮乏的设定是一切当代社会科学基本的分析理念。它使以下表述成为公理：一切价值（如尊敬、权力、财富）相对于欲望都是稀缺的；一切资源相对于需求也是稀缺的。经济学解决的是稀缺物品如何分配，政治社会学则主要用于调节人们为稀缺价值而展开的竞争。经济化就

---

① 凯恩斯虽然坚持认为当前的问题主要不是经济上的而是社会学上的，然而这一事实却使匮乏问题的解决变得更加困难。如果我们接受亚当·斯密、凡勃伦和格奥尔格·齐美尔等思想家的看法，那么人类行为的基本冲动就是渴望与众不同。为了确保以明显的方式表现不同的动力，如获得高额收入的可能、根据个人欲望塑造生活水平的能力，促使人们追求稀少和罕见的事物，这一切将导致人们追求用让人羡慕的方式强调这些与众不同之处。

亚当·斯密在《道德情操论》中认为，鉴于大多数人靠很少的钱就能生活，人类的首要动机不是经济的，而是社会学的，即在他人面前表现出众并受到称赞的渴望。人类追求名望和社会地位。借助"狡猾的社会性"，人类文明在许多人为强调其与众不同而创立的事业中不断进步。

凡勃伦认为"炫耀性消费"的冲动，一如他在《有闲阶级论》所描述的那样，是人们渴望地位差别的表达，地位差别是一切社会行为的源头。出于这一需求，某些个体寻求"标示地位的商品"，试图分享其地位的个体则追逐同一类风潮。时尚作为社会行为的基本事实，根据即在于此。

格奥尔格·齐美尔认为，人类被迫追求自己未能拥有的事物，以求得自我满足。"难以获取因此不可理解地成为构成价值的要素。稀缺性只代表这一要素的外在，是该要素以量的形式的具象化。"见齐美尔"交换"，载唐纳德·莱文（Donald Levine）编《格奥尔格·齐美尔论个性与社会形态》（芝加哥，1971），第 69 页。

在马克思和萨特的著作中，匮乏与丰裕的辩证关系假定人类的经济需求是最首要的，而社会冲突，从个人纷争到国与国的战争，都是由匮乏引起的。社会学的观点则强调地位差异是主要动因，在这方面人与人的竞争在很大程度上是不受限制的。随着社会不断扩大商品生产，以及更多表现差异的手段的出现，关于地位的竞争还会进一步加剧。

是在相互冲突的目标中"最充分"地利用有限的资源：最有效地规划项目流程，用生产力最高的技术（最高利用率）来建立生产要素的最佳组合（基于相对成本）；结果是以最低成本取得最大产量。由此看来，经济学的中轴原理即为职能理性。而政治社会学是针对财富、权力和地位竞争相关规范的一种研究。如果这些竞争要进行下去，人们必须同意这些规范是公平和正确的；人们要求正义的权威。因此，政治生活的中轴原理是合法性。

这一切的核心，即认为任何事物均有**成本**，世界上的免费物品（如果有的话）极其罕有。**在这个意义上，对匮乏的衡量就是对相对成本的衡量。**

我们面临日益严重的污染，因为制造污染的人把丰富的空气和水视为免费物品，恣意排放废物而不花分文。随着净化这些自然资源的成本日益提高，洁净的空气和水比过去任何时候都更稀缺。相对匮乏是价格的尺度。丰裕并不一定意味着某种商品有很高的储量，而是它的价格较低廉，生产这种商品的成本较少，或以定量成本衡量能够获得更多的产出。（土地在历史上一直很丰裕，但产量与现在相比低得多；以较少成本取得较多产量就能制造丰裕。）要获得某种商品，就要用其他商品或价值来抵销各种成本（不一定总是可测的）。没有不花代价的解决办法。降低失业率有可能要用到额外的资源或技术，从而导致生产率的下降，以通货膨胀为代价；又或则以限制个人自由为代价。从技术意义上说，消灭匮乏意味着零成本，这是不可能发生的。总而言之，消灭匮乏的思想在实践中是荒谬的。

如果从成本的角度来考虑匮乏，后工业社会带来的是一系列全新的社会匮乏。逐条地说，它们即是信息成本、协作成本以及时间成本。

信息。后工业社会是信息社会，一如工业社会是商品生产社会。信息的中心地位使整个社会要面对一些新的问题。

一、由于人们所关注和参与的经济、政治和社会舞台的扩张，人们不得不汲取巨量信息。古典的效用理论认为每个人都是**经济人**，完全了解自己要选择的各种商品，并根据自己的评估做出最大限度满足其偏好的决定。但是，**丰富的信息并不等于完全的信息**，如果说二者有什么区别，丰富的信息只会使人们对信息掌握越来越不完全。在政治领域，人们必须及时了解几十个国家不断变化的态势，持续关注同时发生在六七个地区的政治局势。收集相关信息的成本必然上升。①

二、信息变得越来越具有技术特征。当下，探讨国际事务要具有贸易收支、第一次与第二次核打击的能力等相关知识；要研判与失业和通货膨胀有关的经济政策，必须懂得菲利普斯曲线的交界点、货币政策与财政政策的关系，等等。信息变得比以往更加神秘，人们必须更加深入地研究有关课题。

三、社会更加依赖于媒介或新闻工作的转换：新闻不再是报导而是解读。我们面临从信息洪流中加以选择以及信息的技术特性必须加以解读的问题。不但新闻记者要变得越来越专业化，报刊本身也将更加多样化——其中包括大量向中等水平读者和大众解释新理论的"普及性"刊物，从周密分析到庸俗的简化都有。②新闻业的多样化将不可避免地成为一项不断上升的社会"成本"。

四、个人能够汲取的信息量相当有限。我曾提到一篇论文，乔治·米勒在其中说明决定个人在某一时刻"处理"的信息数量区间的外部限制是"神奇数字 $7±2$"。而个人可以汲取相关信息的事件（领域、个人兴趣）数量也有同样的外部限制。随着知识的"指数"增长和领域（兴趣）的倍增，个人所能获得的有关事件种类或知识跨度方面的信息必定会相对缩减。随着时间流逝，我们所知道的东西越来越少。③

---

① 马丁·舒比克（Martin Shubik）指出：

"经济学家模型中的理性经济人完全知道自己需要什么、如何选择以及拥有哪些资源。他的价值体系精确合理；其冷静、坚定的头脑可以迅速而不花费代价地检测每天面临的大量抉择。明察秋毫的观察使他看得出质量上的微小差别。他甚至能够计算大规模经济和日常问题之间的价值差异……

"［但是］人们生活在信息高度不完全的环境里。他不但不知道如何评估面前的许多抉择，甚至对其中相当一部分选择根本不曾察知。他的感觉力有限；他的计算能力和精确度在很多情况下不如一台计算机；他在搜索、数据加工和储存等方面的能力都相当不稳定。随着社会激励的传递速度以及新增量不断增加，个人的局限性在整个社会面前变得更加显著。"（马丁·舒比克："信息、理性与自由选择"，载《走向2000年》，第772页。

② 过去20年间，新闻界的"结构性"特征之一就是《科学美国人》《聆听者》《今日心理学》《新社会》《公共利益》《交易与社会》等普及性刊物的兴起以及《星期六晚邮报》《矿工》《视界》《生活》等大众刊物的衰落和消亡。《时代》和《新闻周刊》为"社会行为"和"环境"主题腾出更多的版面，而《泰晤士文学副刊》和《纽约书评》等高级文学刊物则大量刊登语言学、结构人类学等领域**世俗化**的新著作。

③ 关于米勒的论述，见"神奇数字 $7±2$——人类信息处理能力的局限"，载《心理学评论》第63卷，第2期（1956年），亦被收入其著作《传媒心理学》（纽约，1967年）。

关于文化领域倍增的现象以及它对知识产生的影响，见我的一篇论文"现代化与大众社会：论文

协作。正如我所说的，后工业社会是一场"人与人之间的竞争"，这场竞争越来越需要更多的协作，尤其是当它被送上清晰可见的政治舞台，不再通过经济市场"看不见的手"来进行之后。协作成本可以由决策地点的变化推断。

一、**参与**。政治舞台的扩大及参与人数的增加意味着，达成决议和实现目标要花费更多时间和代价。提出要求的人数更多，利益更繁复，于是不断召开干部会议，就各种诉求反复商议，调停各方分歧。鉴于每个人（或利益相关方）都要发表自身的意见，这将导致时间和成本大增。我们经常听到一些感叹，宣称个人或集团觉得"无力"影响事态的发展。现在，人们对政治的参与度可能超过了以往任何一届政府，参与度的上升使得能够互相"制约"的集团倍增，造成事态无解的观感。令人奇怪的是，上升的政治参与度不但未能消除反而造成了更多的挫折感。①

二、**互动**。随着世界感知中枢的扩张，人们打了更多电话，更频繁地旅行、参与会议和约见朋友。但是结果又如何呢？涂尔干最先标绘了互动增加的结果，认为社会上将会形成更高的"道德密度"，个人更加自由和独立，随着"社会交往的增多而使精神生活获得进一步发展"。②但是代价是什么呢？我们要么接受这种交往蜻蜓点水的特性，要么设定"上限"，以限制人际交往的程度。马丁·舒比克就此评论说：

> 尽管通讯工具有了迅猛发展，但一个人能够深入了解的人数是否有明显的增长呢？鉴于空间分布出现了变化，人们可以从更大范围内选择朋友。无论现代科学的发展多么日新月异，交通工具如何迅捷，抛开来回交通的因素，与某个朋友在晚上会面在21世纪并不会比19世纪少花时间……
>
> 根据粗略的计算，我们可以得知如果与一位朋友维持不错的关系每年至少要花上半天时间，那么，我们维持人际互动的人数上限是700人。一个法

化体验的多样性"，载《公共传媒研究》第4期（1962年秋），被部分收入阿瑟·M·施莱辛格（Arthur M. Schlesinger）与莫顿·怀特（Morton White）合编的《美国思想的路径》（波士顿，1963年）。

① 关于这一事态之后果的精准案例研究，见丹尼尔·P·莫伊尼汉：《有关稳定收入的政治学》（纽约，1973年）。

② 《分工》（纽约，1933年），第347页。

官能处理多少案子呢？一个精神病专家能诊疗多少病人呢？人际互动在现代大规模社会是否已经变成难以负担的奢侈品？是否会有一些新的社会形式和机构出现，以保持和发展人际之间的互动呢？①

以 720 人为基础，其中每个人再乘以 7，5040 名公民可算作费城级别的最佳标准。当然，联系和互动程度的增加往往以损害较好的友情为代价。于是人们越来越多地根据某个特定工作或地点来建立"朋友圈"，而一旦自身情况有变，原来的朋友圈也随之缩减和终结。所以说，地理空间和社会的机动性提高所带来的个人交往互动与人际网络的倍增也是有其代价的。

三、**交往**。根据我们对自由的定义，我们格外重视便利性和不受计划约束的自由。我们试图又快又方便地从居住地前往道路所及的任何地点。假如住得较远，我们就不得不运送许多东西（包括我们自己）通过相当长的一段距离。这样一来，我们为了沟通与交通，就要以物品和空间的形式支付越来越多的**交往成本**。②每个家庭拥有两辆汽车不再代表生活水平的提高，而成为新型丰裕生活日益提高的交往成本的一部分——随之而来的道路拥堵、扩建停车场的需要、空气污染等产生了更多的社会成本。自由和便利性的成本极其高昂，必须予以节制，否则这样一种生活方式就将自取灭亡。

四、**规划**。复杂社会一如其内部的大型复杂组织，必然要发展为一个有规划的社会。大型企业要制定五年或更长期的规划，以便确定新产品、预估资本需求、替代过时的工厂、训练工人，等等。政府也必须开始制定规划，以便应对城市更新、住房建设、医疗卫生等问题。随着越来越多的因素以及诉求被加入规划考量，规划所必需的研究、咨询等成本也必然越来越高。以政府公建住房的建设（目前美国几乎所有低收入家庭的住房都由政府投资建造）为例，其规划过程——选址、磋商、政府审批——的成本非常昂贵，以至于启动一个小型住宅项目的经费几乎等同于一个大型住宅工程的建造费用。因此，美国政府倾向于启动

---

① 见舒比克前引书，第 773 页。
② 这里我要特别感谢保罗·霍亨贝格（Paul Hohenberg）1972 年 3 月 9 日在哥伦比亚大学技术与社会变化座谈会上的演讲"空间、经济活动与环境"。

大型住宅工程而不是地点分散的小型项目。然而，**这一现实带来的矛盾是：规模效应造成了空间利用的不经济。**

五、**管理**。一个社会里收入越多和越富足，就越需要管理，管理成本也就越高。据赫尔曼·卡恩的预测，截至 2000 年，美国人均年收入很可能达到 1 万美元，而 1965 年该数字仅为 3550 美元，但那时人们的幸福感却不会成为 1965 年的三倍，一如眼下人们的收入是 20 年前的两倍，却并不拥有两倍于 20 年前的幸福感。收入上升使得人们提高了对天然有限的商品或舒适生活的要求。人们要去公园、海滩、度假别墅，要出外旅行。40 年前法国的蓝色海岸相对来说并不拥挤；目前几乎每个法国工人通常在每年 8 月都有一整个月的假期，海边参差不齐地布满高层旅馆和公寓楼；楼与楼之间的空隙则一律变成宿营地。除非把人们的假期错开，或者管理规范当地的旅游，否则这种舒适生活就将越来越少。这就涉及到更多的规划、安排和管理。

托马斯·谢林（Thomas Schelling）曾勾勒出各种有趣的事例，其中每个人的行为都完全合理，但如果不对它们加以协调，最终就将出现非理性的集体决策。朝九晚五的工作时间对每个人来说都是合理的，自由选择使得人人在这段时间里工作，尽管错开工作时段会使每个人的日子更加好过。这个例子充分说明了个人决策与集体利益的普遍困境。谢林写道："'人性'很容易受到谴责，然而一旦接受大多数人关心自己多于他人这一事实……我们就会发现问题更多是在于社会组织而非人性。这些问题通常都有解决办法，办法就是建立相应的社会组织，不论它们是经特别设计抑或自然形成的，是永久性的还是临时的，是志愿性的还是法规所规定的。"①

---

① 托马斯·C·谢林："论微观动机的生态学"，载《公共利益》第 25 期（1971 年秋），第 67 页。

谢林还谈到在公路南向车道上发生的一起事故。在北向车道上，一些司机放慢车速，想看热闹，因此造成后续车辆的拥堵。这里如果有一条备用通道，大部分司机会快速通过，但是因为事实上没有这条通道，所以每个人不得不等待前面的车辆开走。

"每个人为了看热闹都花了 10 分钟，但他自己看上一眼只需要 10 秒钟，另外的 9 分 50 秒是为了前面那些好奇的司机而花的。

"这不是好的交易。更确切地说，是因为没有交易而造成糟糕的后果。作为一个整体，绝大多数司机会选择保持车速，放弃花 10 秒钟看热闹以便省下高速公路上的 10 分钟。但如果没有组织，他们就只能任凭一个分散的核算制度摆布，在这种制度下，笨手笨脚的开车人使他后面的车辆受到损失而这里的道理很清楚：一旦缺乏适当的组织，结果往往不能令人满意。然而，组织同样有其代价，它的代价不仅表现在时间、人员和金钱上，还表现在必要的强制程度上。曼克尔·奥尔森几年前在其开创性著作《集体行动的逻辑》中指出：集体福利或利益的性质在于它适用于集体中的所有成员，而不可能把任何成员排除在外。正是因为这一点，每个人都被鼓励不要为自己的那一份付费，这样一旦利益有所增长，他就可以从中获益。举例来说，工会迫使工厂中所有工人加入封闭式店厂或责任联盟，是为了排除那些不付工会会费的"自由人"。集体行动若要达成公平，每个人都必须签署协议。

　　更加富裕与更多的时间创造了更多的选择和个人选择的空间。但是，矛盾的是，它也使得集体管理更为人们所需要。如果世界上的所有人要在这个地球上共处，我们就更加需要一纸社会契约，这个契约要行之有效，必须具有强制性——它同时也是更高昂的代价。①

　　时间。本杰明·富兰克林这位实事求是的美国人常说："时者，金也"。马克斯·韦伯认为这句话是新教伦理精于算计的核心。在生产中，我们往往把时间视为成本。如果有一台机器闲置或"停工检修"，成本就为之上升；一位精明的经理总是设法充分利用机器时间。而事实上，正如斯塔芬·林德（Staffan Linder）在一本引人入胜的著作中所指出的，消费也需要时间。在以日益丰裕为特征的现代经济里，时间反而成为一切因素中最稀缺的一项。② 不同于其他经济资源，时间

他自己不会受罚。"（前引书第 65—66 页）

①　见小曼克尔·奥尔森：《集体行动的逻辑》（马萨诸塞州剑桥，1965 年）。后工业社会中有关这类问题的讨论，见弗朗西斯·布里考德"后工业社会与福利的悖论"，载《纵览16》第 1 期（伦敦，1971 年冬）。

　　"集体行动"尤其适用于人们就"公共福利"（即服务所有公民的政府举措）投票时的意愿。这方面的重要讨论，见安东尼·唐斯："民主制度为什么造成政府预算过小"，载《世界政治》（1960 年 7 月）以及 R·约瑟夫·蒙森（R. Joseph Monsen）与安东尼·唐斯合著"公共福利与私人地位"，载《公共利益》第 23 期（1971 年春）。

②　见斯塔芬·伯伦斯塔姆·林德：《被掠夺的有闲阶级》（纽约，1970 年）。时间匮乏理论，最早由加里·贝克在"时间分配的理论"（载《经济学杂志》，1965 年 9 月》一文中加以严密分析。

　　有关这些思想的有益阐述，见马克斯·韦斯："为什么时间越来越稀缺"，载《财富》杂志（1970 年 1 月）。艾伯特·赫希曼（Albert Hirschman）在极富想象力的《退出、发声与忠诚》一书中指出个人在面临压倒性的形势时，他们可以选择离开、要求改变或沉默。每个选项都要经过核算，一旦某个

是无法累积的。林德曾说:"我们无法像储存资本那样储存时间。"用经济学的术语来说,即时间的"供应"有限。此外,与任何一种有限供应一样,时间也有成本。

最贫穷的社会掌握着最多的时间。它的生产率非常之低,即使在工作中耗费大量时间,也几乎无法增加额外产出。在这样的社会里,准时和对时间的计量都是不需要的,明日有的是。但在生产率高的社会,时间分配是迫切的经济问题,有效率的分配方案必然实现了时间的充分利用。道理就是这么简单:当生产率低下时,时间相对便宜;当生产率提高时,时间就相对昂贵。简而言之,经济增长将导致普遍的时间匮乏。

在工业社会,时间与工作的关系按最微小的单位进行分析。正如我多年前在论文《工作及其不满》中所写,科学管理已远远超越了过去对劳动分工的粗略计算,代之以对时间本身的划分。在许多工厂,工人们在接受最初的招工保证以后,其工资是按 1/10 工时为单位来支付的。高度细分的工作时间为测量和分配服务。工作以外的时间是游玩或休闲的"自由时间"。然而,在后工业社会,"自由时间"也要服务于测量和分配,休闲活动的"时间收益"与工作时间的收益处于同等地位。

自由时间的计算已经主导了以下三个领域:

(1) **服务**。我们购买的大部分耐用消费品——电视机、小汽车、住宅——都有维护的时间成本。一个人可以在自己的时间里支出这些成本(例如自己动手粉刷住房),也可以雇用一名服务工人来干这个活。如果只有一小部分人拥有大量物品,人们很容易雇到人来承包这种维护。但是当生产率提高、时间的高额收益覆盖到整个社会时,维修服务的价格将随之上升。因此,马克斯·韦斯(Max Ways)指出,消费者发现他需要更多的收入以购买其消费品所必需的保养时间。

(2) **消费**。消费的乐趣也需要时间。看书、和朋友聊天、喝咖啡、出国旅行

选项的成本上升,它就成为一种代价过高的策略。当太多人参与进来,其他人就会退出。赫希曼更正式地将其总结为:"由于发声相对于退出代价更高,当消费者要购买的商品和劳务的数量增加时,他们越来越无法承担发声的代价。即使只用一点点时间来纠正他所参与的实体中其他人的错误,这种代价或许已经超过这个人预计要从众多实体中得到的好处。"《退出、发声与忠实》(马萨诸塞州剑桥,1970年),第40页。

都要花时间。在没有什么商品可供享用的"落后国家",时间比较充裕。但是当一个人拥有游艇、跑车和一大批音乐会门票时,这个人就会发现自己的"自由时间"是最稀缺的资源。如果要去听音乐会,他就得匆匆忙忙地吃晚饭,鉴于精细的菜肴要花许多时间,所以他可能去买一些速冻食品(微波炉使烹饪时间减少一半)。如果打算听完音乐会再吃晚饭,这个人就得忙到深夜,且为了第二天"准时"上班不得不损失睡眠时间。如果想去掉"准时"的限制,这个人当然有了更多的时间;但是,这要求他非常富有或成为退休人士。总的来说,人们必须合理安排和分配自己的时间。

(3)**省时的人**。由于"自由时间"变得越来越宝贵,消费者倾向于购买一些需要花较多的工作收入而不太占用非工作时间的商品。他购买一次性商品,把各种各样的服务、养护"承包出去"(如把脏衣服送去干洗店)。要做到这一点,他不得不延长工时,以便能得到使他享有大量非工作时间的商品和劳务。但这样做的成本有可能太高,于是这个人不得不考虑调整他的交易。他必须计算时间与金钱的不同分配方案的相对成本与收益。这个人可能会发现,由于维护费用高昂,他只能自己洗衣服或使用自助干洗机,这样耗费了他的部分时间但节省了金钱。又或者,这个人更愿意花费些钱而节省时间。在衡量这些考虑时,这个人或许不会意识到自己是在从事技术经济学,基于时间与金钱的单位数量以及二者的消耗在每一单位满足感中形成的边际效应而绘制了一条无差异曲线[①]。低收益必须转为高收益,他的资源最终得到了有效的分布,以至于每一个类别的消耗都将带来同等收益。经济丰裕以时间为后门将效应再次引入。人类在其休闲时间里又一次成为**经济人**。

以一种残酷的方式,乌托邦的思想就此陷入混乱。[②]19世纪的学者们设想匮

---

① 无差异曲线是经济学上的一种曲线图,它表示两种商品的各种组合使消费者得到的满足在总水平上相等。假设两种商品可以互相替代,它们的各种可能的组合可以使消费者得到同样的满足,这种由不同组合的交叉点联结起来的曲线就叫无差异曲线。曲线的斜率是两种商品的边际替换率,在保持相同的满足水平的条件下,随着一种商品的单位的增加,替代这些单位所需要的另一种商品的单位则逐渐减少。——译注

② 尼古拉斯·乔治斯库—罗根(Nicholas Georgescu-Roegen)曾提出一种大不相同的理论阐述,以对抗那些认为匮乏可以消除的看法。他的观点被概括为"熵定律"(熵为热力学函数——译注),即能量的消耗不可逆转。如果一块煤或铀的能量可以反复利用,匮乏将不复存在。就连废品的再利用也涉及到"比制成品的熵与废品的熵之间的差额更大的低熵"。乔治斯库—罗根指出,这说明"热力学是

乏的终结将带来商品的过剩，人们不必再延迟私人享受，过着如计算机器一般的生活。人们可以把谨慎心态抛到九霄云外，沉湎于奢侈的品味，按照本性快乐地生活在一起。

可是这一切都已翻了个个儿。工业社会以惊人的规模投入在商品生产（以及人类对商品的依赖）中。而在后工业社会，商品倍增以及监管成本上升把时间加入了个人行为分配的计算；人们在对边际效应的衡量中沦为它的奴隶。

在乌托邦世界，一如在市场经济中，每个人可以自由地追求个人利益，而在后工业社会——在那里，人与人之间的关系（不是人与自然或人与物之间的关系）才是互动的主要模式。每个人从自身的角度出发而导致的利益冲突，必然使集体管理和扩大强制（减少个人自由）变得更为必要，如此才能有效地推动社会的共同行为。因此，人们要求充分参与影响其生活的决策，而在达成行动一致的过程中，信息成本及人们相互之间讨价还价所需的时间都会增加。

人们一度相信，匮乏的终结代表着人类摆脱了必然王国，且将从不可阻挡的经济生活节奏中解放时间。但最终的结果是，一切时间都沦为经济上的计算。正如诗人奥廷所形容的："我告诉过你，唯有时间有发言权"。

文化与意识

当下一切社会学思潮的共同之处在于对工业社会深刻转变的感受。一些学者集中关注结构与社会的联合——基于科学的新技术、经济部门的变化、职业体系的迁移，等等——自这些变更中看到社会上一切其他变动的重要根源。据此看来，价值观与生活态度的变化，特别是青年与知识分子之中的反科学主义就被视为"对革命的反动"。另一些作家——诺曼·O·布朗（Norman O. Brown）、米歇尔·福柯、R·D·莱恩（R.D. Laing）及其**追随者**查尔斯·赖克和西奥多·罗扎

物理学和经济学的结合"。乔治斯库—罗根教授的案例基于一些以古典力学反对经济学"均衡模式"的讨论；他试图分析性地建立一个基于不可挽回的质变的进化模型。能量的"衰减"（即熵的思想）从而也成为反对匮乏可以消除的一种观点。见《熵定律与经济过程》（马萨诸塞州剑桥，1971年），第10章，特别是第277—282页。

克（Theodore Roszak）——则强调社会的转变在于意识：新的多层面的肉欲、压迫的缓和、疯狂与正常的渗透、新的迷幻意识、探索的乐趣。

社会变化以如此对立的形式呈现，必然引发以下的问题：这些变化中哪一个是首要的？是社会结构还是文化的变化？哪一个变化才是原初的动力？奇怪的是，根据传统的马克思主义方法强调经济与结构变化的学者被称为保守派和科技治国论者，而强调意识自主性（即意识形态领域）的学者则被看成革命派。

对抗的问题不在于每种理论的正确与否，在很大程度上两者都是对的。问题在于强制得出结论的势力。从方法论上看，这股势力来自社会学的主流观点，即人类社会是一个整体。黑格尔认为社会是一个有机整体；马克思的看法是一种组织机构（如商品生产）可以构筑整个社会；而按照韦伯的说法，某种共同的生活方式（如理性化）渗透在人类行为的方方面面。

黑格尔认为，任何社会都是一个结构上相互关联的整体，由某一"时刻"的意识（即历史发展的某一状态）组织起来。社会整体的任何一个方面都不能被理解为孤立现象。马克思有这样一段著名的阐述："生产关系的总和构成社会的经济结构，即有法律的和政治的上层建筑竖立其上并有一定的社会意识形态与之相适应的现实基础。物质生活的生产方式制约着整个社会生活、政治生活和精神生活的过程。"[①] 而韦伯认为"作为最后手段，创造资本主义的因素即为理性的永久性企业、理性的核算、理性的技术和理性的法律，但又不仅仅只是这些。必要的补充因素是理性精神、生活行为的理性化以及理性化的经济道德"。[②]

在当代社会学创建社会理论的极大努力中，我们看到索罗金强调"精神"（如"感知"、"观念"）的统一作用，而帕森斯则强调一些在层级制中作为排序原则而影响社会结构中其他成分的价值，例如规范、集体性和地位。所以说，每个影响力卓著的社会学家不是以这种方式就是以那种方式将人类社会理解为社会结构和文化的统一体。

---

① 马克思："政治经济学批判序言"，载《马克思恩格斯选集》第2卷，人民出版社，1992年，第82页。
② 韦伯：《经济通史》（伦敦，无日期），第354页。韦伯对于充斥于西方生活的理性化的印象如此之深，于是在1910年写了一篇文章"音乐的理性与社会基础"。韦伯在文中把八度音程这种西方式的组织方式与中国、日本、阿拉伯、伊斯兰和黑非洲的音乐形式相对比，以表现以复调和对位法为音乐理性化之基础的西方模式的显著特征。

与上述观念相反的是，我认为西方社会在过去100年社会结构与文化的割裂不断加深，前者以经济体、技术和职业体系为特征，而后者则是意义的象征性表达，二者为不同的中轴原理所支配。社会结构以工具理性与效率为基础，文化则代表人类强化的自我摒弃社会道德的理性进程。

二者的动力之源截然不同。社会结构的"生活方式"以计算原则、工作与时间安排的理性化及线性发展为特征。这些特质大体上源于通过技术控制大自然，以及用一种全新的生活节奏替代季节的规律和土地回报递减律。技术优势结合着延迟享受、勤勉工作、节俭克制的特征、用道德之心侍奉上帝并依据尊思重想达成自我实现而得到圣化。在这个意义上说，19世纪的资产阶级社会是一个综合的整体，文化、性格结构和经济尽皆融入单一的价值体系之中。那正是资本主义文明的巅峰。

具有讽刺意味的是，资本主义却亲手破坏了这一切。它借助大规模生产和大众消费，积极地鼓励享乐主义生活方式，破坏了新教道德。到20世纪中叶，资本主义不再试图用工作或所有权来证明自身的合理性，而代之以物质占有的地位标志和鼓励享乐。生活水平的提高和道德感的松弛成为个人自由的旗号与目标。

这一变化的结果是社会结构内部的分裂。在生产与工作的组织中，系统要求理智的行为、勤奋与自制、醉心于事业和成功。而在消费领域，**及时行乐**、挥霍和炫耀的心态受到鼓励。社会系统在两个领域里已彻底世俗化，一切神圣的道德都销声匿迹了。

如果说现代的社会结构——以技术和度量标准为基础——显然是人类历史上一种新的社会组织类型，那么，当代文化在关注自我这一点上使人类内心最深处的渴望与现代人对资产阶级社会的抵制相互结合。

文化中反对遵从道德的一面在人类社会曾反复出现，限制与释放的辩证关系最初体现在宗教领域，随后又表现在世俗社会的道德秩序中。事实上，抵制道德的心态是自我不断"向外"突破的努力：达到某种形式的狂喜（超脱自我、灵魂离体）；不受限制或崇拜偶像；自命不朽或全能。其根源在于生命的有限而自我却试图否认现实的死亡。激进的"我"要确保不朽的生存而抵制迫在眉睫的命运。这种思想既体现在古代酒神狄俄尼索斯的欢宴上，也在基督教早期诺斯替教①认为可免除自身对道德法规义务的教义中有所流露。在现代社会里，这一心理学上的唯我论最为激烈地反对资产阶级社会对自发冲动欲望的强制约束。19世纪，反对遵从道德的冲动在许多反资产阶级的看法中找到了自身的文化表达。这些看法包括浪漫主义、"浮华风气"、"唯美主义"，以及其他一些把"自然的人"或"自我"同社会相对立的方式。波德莱尔（Baudelaire）、洛特雷阿蒙（Lautrèamont）和兰波（Rimbaud）等人在作品中最强烈表现的主题是"真正"的自我。它放手探索人类体验的一切方面，无视习俗和法律而追随这种动力。

在19世纪时尚属私人和隐秘的事物，为20世纪现代主义的光辉所笼罩之后就变成了公共和意识形态的因素。随着现代主义的胜利，当代文化变得越来越反体制和反道德。用昆廷·安德逊（Quentin Anderson）的话来说，几乎没有什么学者会抵制"至高无上的自我"而为社会或体制作辩护。传统的艺术想象，不论多么狂妄或反常，都被艺术的塑造格律所约束。而新的情感打破了一切流派风格，否认艺术与生活之间存在差别。艺术在过去是一种体验；现在所有的体验都要成为艺术。

在意识形态和意识的层面上，与反资产阶级的价值观携手而来的是，一个大得足够在经济上**成为**独立阶级的新知识分子阶级的扩大，以及一场新的、试图借助意识形态的改变、文化反叛和过度的个人自由来表达并自我定义的大规模青年运动。这一切在时间上同时呈现为"敌对文化"和"反主流文化"。

高举反资产阶级价值观大旗的敌对文化，其历史渊源可回溯至现代主义运动。它从想象和艺术领域吸收营养，而赋予20世纪最初10年的文学、音乐、绘画和诗歌以极大生命力的先锋艺术与"晦涩"艺术尤其对敌对文化有所滋养。这些艺术手法最初所做的是打破"理性宇宙"中有条不紊的时间与空间、序列与比例、前景与背景、距离与控制，在15—19世纪它们是合成体验的美学模式。透过现代主义，反遵从道德的冲动抓住了文学与艺术之中的高雅文化。

反主流文化是对冲动、探索想象世界以及免于束缚之名追求多种享乐的一次

---

① 诺斯替教是以波斯、希腊的宗教哲学说明基督教教义的古代宗教哲学的一派。——译注

革命。它自称"敢作敢为",要反抗资产阶级社会。但是,事实上,资产阶级文化在很久以前就已消失。反主流文化产生的效果就是继续发展了在60年前出现的文化现代主义和资本主义市场经济的享乐主义这两种倾向。它试图将个人自由、极端体验和性试验的信条应用于自由主义文化不准备发展的领域,尽管它在艺术和想象的领域中将会接受这些思想。自由主义文化发现自己不知该如何解释它的缄默。它支持基本的放任态度,但却不知该在何处为其设界。它将道德规范置于混乱无序之中。由此看来,自由主义有可能还会遭遇新的反动。

思想和文化风格并不改变历史——至少不会在一夜之间将其改变。但它们是变革必经的序曲,因为意识的变革(即价值观和道德论证的变革)会推动人们去变革他们的社会安排及体制。

这就是资本主义社会的文化困境:现在它必须承认一种对立"意识形态"的胜利(尽管不算激烈)、维持这种意识形态的一个新阶级的兴起,以及旧的价值体系的瓦解;讽刺的是,旧的价值体系是被资本主义自身的结构变化所破坏的。对立的意识形态不是工人阶级的世俗社会主义——工人阶级渴望商品和生产不断增加、扩大——而是"现代主义"的文化风尚,不论现行制度把它吸收多少,它总是带有颠覆性的影响。新的阶级主导传媒和文化,把自身看成是"自由派"而非激进派,但这种以"个人自由"为中心的价值观却带有深刻的反资产阶级色彩。资本主义的价值体制恢复了旧日的虔敬,但其本质却是空洞的,与现实以及现行制度所鼓励的享乐主义生活方式相矛盾。

与任何文化上的交错一样,新旧文化的渗透不能被标注在某个特定的时点。意识形态的源头要上溯到100多年前的文学聚会、50年前由资本主义文化推动的生活方式改变以及新知识分子阶级在近10年来的扩张。文化危机不能像政治问题那样,通过吸收或排挤某个特定的社会集团而得以解决;它高度地依赖于支持或不支持某一制度的价值观的性质。因此,文化上的自相矛盾是资本主义社会的持续危机。

在后工业社会,文化与社会结构之间的断裂必然要扩大。历史对资产阶级社会的肯定——在宗教和人格方面——已消失不见。所有权和工作在传统上的合法性越来越从属于官僚机构,后者可以合法享有特权,是因为它能比其他生产方式更有效地生产物品。但是，科技治国的社会不算是高贵的。物质能提供的只有短暂的满足或在相对贫穷的人面前保持傲慢的心态。然而，人类最深刻的冲动力之一是将社会体制和信仰**神圣化**，从而获得生命的意义并抵制死亡的虚无。除了少数学者献身于科学圣殿，后工业社会几乎不能提供先验的道德。反道德又使人陷入过激的"自我中心主义"，割裂了社会的约束及与他人的分享。缺少一个能够深入人心的道德信仰体系是后工业社会的文化矛盾，对其生存构成了最有力的挑战。①

作为仲裁者的政治

后工业社会是社会特征中不断增长、未经计划的变化，是社会—经济组织逻辑的规划，更是知识特性中的种种变化。在某一时点，社会上的重要社会集团就会意识到潜在的社会转型，而且不得不在政治上决定是否要接受这一变化，要加速、阻碍，还是改变其方向？

当代社会的政治是对社会结构的管理。它是社会变革的调节机制。一项政治决策必然涉及传统意义上的、隐含的而现在变得越来越明显的正义概念。人们接受不同的正义原则及多个层次的价值观，并设法在社会协调工作中将它们具体化。各个社会制度之间的差异最终不体现在社会结构（围绕着经济组织的报酬和特权分配）上而体现在其精神气质上。资本主义不仅仅是一个商品生产的系统、一系列的新职业，抑或一种新的计算原则（虽然这一切它都有份），还是对个人及个人利益至上，以及经济自由通过自由市场实现这些价值观的战略地位的合法化。这就是为什么经济职能与西方社会中其他职能分离并且毫无约束地发展的原因。

迄今为止，新生的后工业社会在定义社会目标与优先项时旨在实现这些目

---

① 上述主题是由一项关注当代文化之特性的研究所讨论的。该研究的部分成果已陆续出现在近年来的一些出版物上。"资本主义的文化矛盾"（载《公共利益》，第21期，1970年秋季号），被收入丹尼尔·贝尔和欧文·克里斯托编的《今日资本主义》（纽约，1971年），探讨了与资本主义精神变化相关联的"对立文化"的兴起；"60年代的情感"（载《评论》，1971年6月），讨论了在追求艺术领域的新奇和体验时，绘画、文学和批判等领域传统方法的解体；"60年代的宗教"一文（载《社会研究》，1971年秋），强调"宗教落败，于是崇拜兴起"，并且——分析20世纪60年代各种崇拜之兴起。有关"文化与社会结构的撕裂"这一主题的早期阐述，见杰拉尔德·霍尔顿编《科学与文化》（波士顿，1965年）。有关艺术领域中形式语法解体的早期探索，见拙著"距离的侵蚀"（载《文汇》，1963年5月）。

标，国家政策的指向同样是这些目标的达成，因此它的政治气质是公共的。按照本书第四章的讨论，后工业社会是社会性的而不是经济性的，个人效应和利益最大化的标准逐渐从属于社会福利和公共利益等更广泛的概念——这主要是因为生态破坏的副作用使社会成本倍增并威胁着人类的幸福生活。

因此，后工业社会的政治制度不可能完全基于科技决定论。在一个技术发达的社会里，"技术人员"（这里指的是它的广义定义，即具有专业知识的人员）由于掌握了该领域的知识，将成为发明创造的主要源头。将社会焦点导向特定行为之诸多可能的创新力变得至关重要，例如那些在第二次世界大战中发明核武器的科学家意识到理论知识以及源于理论发现的专业技术中变革的潜力；他们编纂相关的知识、引导新的发明、创造新的分析方法、评估政策的代价与后果，等等。正如赫伯特·西蒙（Herbert Simon）所指出的，创新"力"不应被划为权力或影响力的传统分类；它是社会中真实存在的力量。① 但是，创新力并不是那种决定可否的真正的权力。

公共社会的出现，加上个人道德的转变，使社会调节机制中政治功能与文化功能形成新的"交叉"。19世纪的社会提倡自由经济及社会对个人的管理。而在市场经济里，个人与公司在很大程度上可以自由地追逐其目标。在纽约州政府一度想规范危险工种的工作环境时，经济自由的观念的盛行导致最高法院在"洛克纳诉纽约州案"②（1905年）中推翻了纽约州的立法。法官霍姆斯对此发表了不同意见，认为最高法院试图把赫伯特·斯宾塞强调自由主义的"社会静力学"第一原理写进美国法律。然而，在个人行为的领域，种种"蓝色法规"极其严格地控制书刊出版内容、文艺表演题材，在"禁酒令"颁布之后，更进一步限制了饮用酒的种类。我们可以认为，经济领域所欠缺的管理规范，在道德领域里求得了过

---

① 赫伯特·A·西蒙："正在变化的公共管理之理论与实践"，载伊锡尔·普尔（Ithiel Pool）编《当代政治学》（纽约，1967年）。
② 该案件的起因是一个叫洛克纳的面包房老板第二次违反纽约州的立法，即禁止老板让雇工每天工作10小时以上，于是法院对他处以50美元的罚金。洛克纳不服判决，一直上诉到最高法院。美国最高法院以5比4的票数判洛克纳胜诉。其理由是多数意见认为纽约州政府没有合理的理由以保护健康为借口，通过规定面包房的工作时间来干涉个人的自由和自由签订契约的权利。霍姆斯等四位法官对此持反对意见。——译注

度补偿。

当下的社会同时强调个人自由和经济管理。工业部门的布局要接受社区审查，汽车设计服从政府颁行的安全标准，污染环境要接受政府处罚，雇用职员（特别是少数族群成员时）必须遵循政府的指导方针，而工资与物价的上升则受限于政府委员会（这在和平时期的经济体中颇不寻常）。可是在文化领域里，电影中的裸体镜头是常事，报刊货架上充斥着色情的内容，集体乱交是报刊最关注的话题。几乎什么事情都可以报道。社会变化如此巨大，以至于文化事件可以转变为政治事件。女性主义媒体要求废除反堕胎法，青年人要求大麻合法化，性异常者要求中止歧视——这些问题在 1972 年的民主党全国代表大会纷纷成为焦点。在 19 世纪和 20 世纪初期，美国人信奉的是经济上的个人主义而在道德上实行管制；今天却换成了在经济上实行管制而在道德上实行个人主义。

经济决策和文化决策的政治化将不可避免地招致越来越多的群体冲突。公共社会的关键问题是是否存在一个足以引导政治政策环境的价值观共同框架。目前美国社会有一种强烈的冲动，为地位不利者提供补偿，并寻求对美国社会的收入份额进行某种再分配。在某种程度上，这或许是在满足正义的一项标准——公正。但是，它不足以建立社会所希望的那种积极的个人理想。个人要"自由"追随内心冲动这种过分简单的思想同社群越来越大的管理物质生活条件的压力相矛盾，后者包括对发展娱乐、到海滩和原野游玩以及多样化的生活方式的管理。生活中持续增长的互相依赖迫使每个人都要收敛自己的欲望，因为它们对他人有不良影响。在政治上，一个公共社会或许正在形成，但接下来我们是否能建立一种公共的道德呢？是不是有可能呢？

国际背景

后工业社会这一概念是一个**分析性构思**，不应被看作特定或具体的社会图景。它是一个范式或社会框架，用来定义西方发达社会里社会组织与社会阶层的新的中轴。社会结构不会骤然扭转，一场彻底的革命往往要用一个世纪来完成。任何一个特定社会都是多种多样的社会形式的组合，例如经济特征、不同种类政治结构的混合，等等。这就是我们为什么需要由多种概念构成的棱镜体从不同的角度反映一个社会固有的分析性结构及其相对影响。作为一种社会制度，后工业社会并非是资本主义或社会主义的继承者，而是如同官僚制一样，成为贯穿二者的一种联结。社会结构中出现了一些制度不得不加以管理的新的领域，后工业社会的提出正是对这些领域的一种说明。

到 20 世纪末为止，美国、日本、西欧和苏联将出现后工业社会的某些特征，并不得不面对新的管理问题。具体办法当然因国而异。科学的组织、教育的性质、新技术精英的地位和特权、能者统治和平等之间的平衡都将被纳入各国大不相同的政治结构框架（各自的意识形态、有效资源数量、竞争集团的实力、社会开放和灵活性）。有关社会预测的探索所能做的是提出一张问题议程表而不是全套答案。

新的问题在原则上（就政治术语而言），与城市化、工人阶级诉求、大众教育等这一类挑战并无差别，后者是新一代资本主义国家和工业国家在 1850—1950 年间面临的挑战。但是，到 20 世纪末，一个重要的新特征改变了答案的性质——世界经济日益相互依赖，随着新的通讯和喷气运输工具的发展而出现了世界性的公司。今天，所有决策都要在完完全全的国际化背景下做出。

目前，世界上大约有 300 家巨型跨国公司，其商品和劳务生产加起来每年约达 3000 亿美元，超出美国以外任何一个国家的国民生产总值。如果指出全世界 100 个最大的经济组织，其中只有 50 个是民族国家，另外 50 个就是这 300 家跨国公司中最大的公司。

在这 300 家跨国公司中，有 187 家是美国公司，而在余下的 1/3 公司中有一半是英国公司和荷兰公司，另一半则是欧洲公司和日本公司。[①] 美国巨型公司中的大多数每年平均销售额可达 5 亿美元以上。规模最大的通用汽车公司全年总销售额达 250 亿美元。该数字几乎超过了所有国家的国民净收入，仅有十几个国家是例外。

规模和收入并不是唯一重要的因素，"生产周期"控制模式的变化也相当重

---

① 见雷蒙德·弗农（Raymond Vernon）：《陷于绝境的主权》（纽约，1971 年）。大约 4000 家美国公司旗下计有总数达 1.7 万家国外子公司，但大部分只是销售处或者一些松散的贸易关联方。美国 500 强企业共拥有大约 2500 家制造业公司，其中超过 80% 的公司是由最大的 187 家公司所拥有的。这些统计数字的清晰概述以及对这些企业命运的猜想，见诺曼·麦克雷（Norman Macrae）的增补性文字"国际商业的未来"，载《经济学人》，1971 年 1 月 22 日。

要。过去许多国家发现：某个新产品或新技术一旦发明，它的初始优势就被别国超过了，因为那些国家的劳动力比较便宜，机器比较新，可以生产更便宜的产品，从而使商品以低于原发明国的价格被销售。纺织业或许是这方面的经典案例。跨国公司不但向国外转移资本和管理知识；它也成为一种组织机制，把制造业生产转移至低工资国家，把管理经验和技术转移到发展中的工业国，同时在两个终端保留控制权和收益。在最近5年，由于美国公司把它们的新厂开设在新加坡、中国香港、中国台湾和墨西哥，美国电子工业的就业总数减少了大约21.9万个岗位。根据生产周期的性质，越来越多的标准化制造将被转移到世界上较贫困的地区，后工业社会则将集中力量于知识创造和知识加工的工业。不过，众多工业的产品控制仍将掌握在跨国公司手中。

  美国经济中一个显著的事实是跨国公司越来越依赖于国外收益，这在美国经济史上是一个全新的现象。《福布斯》杂志一项针对50家美国大型公司的研究表明：平均而言，其年度总收入的40%是从国外获得的。以新泽西美孚石油公司为例，其净收入的52%来自国外运营，依靠外国石油是不言而喻的。国际商用机器公司的净收入的50%也来自世界范围内的运营，在技术上的领先地位使它获得一定优势。我们还可以看到，标准化的制造业公司同样严重依赖于美国之外的经营活动。资本额达36亿美元的固特异轮胎与橡胶公司在24个国家设厂，其净收入的1/3来自海外运营。费尔斯通轮胎与橡胶公司有39%的收入来自海外，联合皇家公司来自海外的收入高达75%。制造加工业的情况同样如此。H·J·海因兹公司从世界范围的运营获得其收入的44%，棕榄香皂公司55%的业务在海外，而道氏化学公司、菲泽尔制药公司和联合碳化物公司等化学与药品公司的海外业务占到30—55%。就连美国最大的制造业巨头也越来越依赖于海外业务：通用电气公司20%的利润、福特汽车公司24%的利润（不包括加拿大地区）、通用汽车公司19%的利润（不包括加拿大地区）都来自海外运营。[①] 企业的总部和人员管理留在美国起指导和服务的作用，而制造和运营部门则纷纷扩展到海外。

  总之，体现在国内经济中的后工业周期被复制到更大范围的世界经济舞台。

---

① 《福布斯》杂志，1971年11月15日，第77页。

相对于美国经济的其他部分来说,纽约是一个总部城市。超过 1/3 的美国 500 强企业把总部设在纽约及其周边,金融、法律、广告、市场推广等服务的集中提供了纽约市内白领就业的基础。保罗·萨缪尔森指出由于美国的管理层以及资本发现了在海外的最有效用途,雇用外国劳工从事制造业,美国有可能成为"总部式的经济体"。

在未来,美国将心安理得地接受商品贸易逆差,贸易赤字可由利息、红利、汇回利润和专利权使用费等"无形"项目抵偿。这种情况将导致两个政治问题。尽管由于资本与投资的流动,美国国民生产总值可能变得更高,资产所得的现金流(如利润、红利等)的份额将会上升,而劳动所占份额将会下降,由此造成福利国家的国内问题——对于扩大税收和收入再分配转移项目的需要更加迫切。另一个更重要的政治问题是美国同世界其他各国的新型关系。正如萨缪尔森所写,"假定经济平衡确实显示出美国将走向服务型经济,像食利者那样靠海外投资收益为生。但我们能够确信在 20 世纪的最后 30 年世界各国会允许红利、海外收益回流和专利使用费继续流向美国的大公司吗?"①

由此,我们可以得出世界资本主义经济扩散的矛盾,因为每个民族国家内部的经济秩序越来越从属于政治决策的广泛背景。

新的政治问题是在发达的工业社会与世界其他各国的关系这一更广阔的背景下提出的。对贫富差距的预估数字时常变化,且素有不准确的恶名。据粗略估计,1971 年世界生产总值约为 3.875 万亿美元。若假定世界人口为 36 亿,那么世界人均收入大约为 1075 美元。但是,如果我们看一下贫富两极,美国国民生产总值为 1 万亿美元(几乎占世界总量的 1/4),而美国有 2 亿人口,这意味着美国人均收入达到 5000 美元。世界上的贫穷国家共有 23 亿人口,相对应的国民生产总值仅为 5000 亿美元(仅抵美国一国国民生产总值的一半),其人均收入只有 212.50 美元。②

阿诺德·汤因比曾经讨论过围绕着富裕中心的贫瘠地带的"外部无产者"的兴起。但这个话题超出了本书的范围——这是 21 世纪的问题。

---

① 萨缪尔森的评论引自《星期日泰晤士报》金融版(1972 年 7 月 30 日,第 12 页)转载的一次谈话。
② 据《经济学人》,1971 年 1 月 22 日,第 17 页。

结 论

我曾数次强调后工业社会主要表现为社会结构性质的变化，它是社会某一个维度而非整个结构的变化。它是社会分析学者将社会中丰富的变化归纳而成的一种建构、一个"理想型"，与其他概念性建构相比多少更具连贯性。用描述性的语言来说，后工业社会有三个构成要素：在经济上，从制造业转向服务业；在技术上，它是基于科学的新型工业核心；在社会学上，它意味着新的技术精英的兴起以及阶层竞争新原则的到来。以此为基础，我们可以退一步在更广泛的意义上说后工业社会意味着新的中轴结构和中轴原理的兴起：从商品生产社会转变为信息（知识）社会；就知识形式而言，它表现为中轴由实验主义或验伪式的修补转向指导发明和政策制定的理论及理论知识汇编。任何大规模、系列性的社会变革都向社会管理提出了挑战，因此我要在"结语"中试着提出一些在后工业社会的开端就已出现的问题：技术精英的新层级与科学的官僚化；能者统治与平等；敌对文化的反道德推动力；公共社会与达成一致的难度。它们涉及从政治到社会组织的一切精神与价值观。

以一种无形的方式，后工业社会有可能带来更多意识和宇宙观的变化，它的暗淡色彩始终存在于人类对自身及世界的理解的边缘，而这种理解现在已成为现象学的中心。

用存在主义的术语来说，人类被"抛"到这个世界上，面临着他试图了解和掌握的异己和敌对力量。人类首先要面对的是自然界，在人类存在的千万年中，生活在绝大部分时间里是对自然界的竞争：在多样的自然环境中寻找栖身之所，驾驭水流和季风，从土地、水域和其他生物那里夺取食品和生活必需品。人类行为密码的很大一部分是由对自然变迁的适应所决定的。根据社会结构的性质，世界上的大多数社会仍然生活在这种与大自然的竞争之中。

作为**劳动的人**，人类设法制造工具，并在这个过程中梦想改造自然。依赖自然，意味着屈从于它的反复无常，认可它的专制与报酬递减。改造自然，制造经加工的工具，即是增强人类的能力。从根本上说，工业革命是用技术秩序替代自然秩序，用职能与理性的工程学概念替代无计划的资源与气候的生态分布的一种尝试。在工业社会，人类的宇宙观就是与经加工的自然界竞争。

后工业社会将上述这两者都抛弃了。它最显著的工作体验是：人类生活越来越远离自然，与机器和物品的接触越来越少；人类共同生活，面对彼此。群居生活的问题当然是人类文明最古老的难题之一，可以上溯到穴居和氏族时期。但是群居生活的环境已经改变了。最古老的群居生活受限于自然环境，征服自然成为人类生活的外部目标。与物相勾连的群居生活使得人类在创造出机械工具以改变世界时产生了巨大的权力感。不过，现在人们对这些旧的环境已习以为常，它们几乎快要消失在人类的视野里。在日常工作中，人类不再面对自然界（不论它是异化的抑或有益的），也不太使用工具和物品。后工业社会必然将成为人与人之间的竞争。

这些已发生变化的体验是否会带来意识与知觉的变化呢？就绝大部分的人类历史而言，**现实就是自然**，人们试图在诗歌和想象中把自我与自然世界相联系。随后，**现实变成技术**，人类制造的工具和物品成为独立于人类的存在，即物化的世界。目前，**现实在很大程度上是社会**——既不是自然，也不是物，只有人——通过自我和他人的相互意识而获得体验。社会本身成为意识之网，某种被视作社会建构而加以实现的想象形式。后工业社会不可避免地在工程和幻觉的意义上唤起新的乌托邦。人类可以被改造或解放，他们的行为受环境制约，意识发生变化。过去种种限制随着自然与物的终结一扫而空。

但人类自身的双重性并没有改变，一方面是源自原始冲动、造成撕裂和毁灭的攻击性；另一方面是在艺术和生活中探求秩序，将意志导向和谐的形态。这种根深蒂固的张力定义了人类社会，并提出一种乌托邦的看法，它或许比现代人追求的即时出现的太平盛世更为现实。人们总是把乌托邦想象为达成人与人之间和谐、完善关系的一种规划。而在古人的智慧中，乌托邦是富有成效的不可能性，是人类应该不断追求而限于现实本质而无法达成的渴望。尽管如此，乌托邦这一思想应该成为人类的判断标准以及衡量现实的典范。现代社会的**傲慢**企图越过鸿沟而在现实中具体实现这一典范；于是理想的前景逐渐消失，乌托邦的思想也变得黯淡无光。我们向古典概念回归或许才是更明智的。

人类在想象中总是设法把社会改造为艺术品；这迄今仍只是一个理想。考虑到我们必须解决的任务，冷静地投入到社会建设中就足够了。

出版后记

丹尼尔·贝尔于2011年离开了这个瞬息万变的现代世界。他早年出身于穷苦的东欧移民家庭，从传媒界走入学术圈，是代表战后美国文化思想主流的纽约文人圈的一位重要成员。在其身后的讣告中，贝尔曾执教多年的哈佛大学称之为"哈佛之荣耀、社会学的图腾以及20世纪美国最出色的公共知识分子之一"。英国《经济学人》的评论则表示，贝尔作为伟大的社会学家对资本主义研究贡献巨大，成就堪与熊彼特、凯恩斯比肩。中国社会科学院研究员、贝尔另一名作《资本主义的文化矛盾》的译者赵一凡曾在中国国内多次撰文推介贝尔的学术思想，更在一篇纪念大师的文章中将贝尔的三大代表作——《意识形态的终结》（1960）《后工业社会的来临》（1973）《资本主义的文化矛盾》（1976）——总结为标志着美国在20世纪跌宕起伏、由盛变衰之历史进程的三座路标。

若将贝尔称为上个世纪美国的大思想家之一，代表一个时代社会科学领域的智力高峰，可谓毫不夸张。《后工业社会的来临》自问世以来，即被公认为是堪与托夫勒的《第三次浪潮》（1981）、奈斯比特的《大趋势》（1984）并称的"未来学三大经典"。贝尔在书中以二战后高度发达的美国社会为原型，运用韦伯式的"理想类型"、中轴原理等传统的社会学方法，外加"经济—技术、政治、文化"的三域分立理论，提出了服务业崛起将导致制造业萎缩、对知识的汇编整理将取代资本所有权左右未来社会分配方式、战后如日中天的工业资本主义社会将转化为消费社会等惊人预测。

贝尔在《后工业社会的来临》一书的布局受到两大因素的影响。首先是未来学在战后的兴起。系统理论的成熟与政府部门对于规划技术的需求从两个方向推动了这门学科的发展。在肯尼迪与约翰逊总统执政期间，由于美苏之间冷战氛围日趋紧张，未来学在20世纪60年代的美国掀起了一股热潮。未来学在发展初期严重依靠社会学的研究方法，强调基于对当前趋势的分析预测未来发展，贝尔在这本书中就各用一章篇幅详细地阐述了美国社会战后出现的服务业崛起及知识的理论汇编占据核心地位这两大趋势。除此之外，长期规划、系统思考、风险控制等未来学的特征在全书范围内亦得到了一定体现。

其次是马克思主义政治经济学对贝尔发达资本主义社会研究的影响。贝尔既借鉴了马克思区分经济基础与上层建筑的做法，但同时又批判了后者的经济决定论，相应提出三域分立的观点。他认为经济—技术仅是决定社会结构的中轴，前者的变化将会使社会结构这个"旨在协调个人行动以达到特殊目的的职能结构"相应变化，并对政治、文化两个相对独立的社会领域提出新的挑战，但并不足以对后二者产生决定性的影响。贝尔认为一切涉及资本主义演变的现代社会学说都是"同马克思的对话"，《后工业社会的来临》一书未尝不是如此。假如资本主义并未像马克思预想中那样、因内部不可回避的矛盾而崩溃，而且表现出一定程度上的、相当灵活的变革和内部调整能力，预测资本主义在新的发展阶段时将会具有的可能性，未尝不是一种明智的选择。贝尔在此书中主要致力于研究后工业社会在社会结构及政治方面即将出现的变化，而它对于文化的冲击则留待在他的下一本书《资本主义的文化矛盾》中去探讨。

读者在阅读本书的过程中或许已经发现，在学术界分工日细的大环境下，贝尔却力图恢复社会学在古典时代的崇高地位，有志成为马克思、韦伯那种博学通达的思想大师。他自如地在哲学、科技、历史、经济、文学及社会学等多个领域里汲取有益的思想，不被任何社会学学派的既定标签所限定。这种复合式的思维结构既是贝尔在学术上的独特之处，但同时也构成人们理解其著作与思想的一大障碍。

《后工业社会的来临》一书曾分别于1973年、1976年及1999年推出三个版本，本次后浪引进的是 1999 年的最终版本。贝尔特别为该版本撰写了一篇长达 8 万字的新序言，以说明他对 20 世纪末后工业化趋势新发展的一些看法和判断。从这个意义上说，最新版的序言其实是贝尔对于从上世纪 70 年代到千禧年这 30 年间社会发展新趋势的补充说明。

服务热线：133-6631-2326　188-1142-1266
服务信箱：reader@hinabook.com

后浪出版公司
2018 年 3 月

图书在版编目（CIP）数据

后工业社会的来临 / (美) 丹尼尔·贝尔著；高铦，王宏周，魏章玲译. -- 南昌：江西人民出版社，2018.6（2019.12重印）

ISBN 978-7-210-09921-5

Ⅰ.①后… Ⅱ.①丹… ②高… ③王… ④魏… Ⅲ.①后工业社会（经济学）—研究 Ⅳ.① F038.8

中国版本图书馆 CIP 数据核字 (2017) 第 274291 号

THE COMING OF POST-INDUSTRIAL SOCIETY by Daniel Bell
Copyright © 1973 by Daniel Bell
Simplified Chinese translation copyright © 2018
by Ginkgo (Beijing) Book Co., Ltd.
Published by arrangement with Basic Books, an imprint of Perseus Books, LLC,
a subsidiary of Hachette Book Group, Inc., New York, New York, USA.
through Bardon-Chinese Media Agency.
All rights reserved.

本书中文简体版由银杏树下（北京）图书有限责任公司出版。
版权登记号：14-2017-0487

后工业社会的来临

作者：[美] 丹尼尔·贝尔　　译者：高铦　王宏周　魏章玲
责任编辑：辛康南　特约编辑：刘晓燕　筹划出版：银杏树下
出版统筹：吴兴元　营销推广：ONEBOOK　封面设计：张静涵
装帧制造：墨白空间　出版发行：江西人民出版社　印刷：捷鹰印刷（天津）有限公司
720 毫米 × 1030 毫米　1/16　35 印张　字数 530 千字
2018 年 6 月第 1 版　2019 年 12 月第 2 次印刷
ISBN 978-7-210-09921-5
定价：110.00 元

赣版权登字 -01-2017-899

后浪出版咨询(北京)有限责任公司 常年法律顾问：北京大成律师事务所　周天晖 copyright@hinabook.com
未经许可，不得以任何方式复制或抄袭本书部分或全部内容
版权所有，侵权必究
如有质量问题，请寄回印厂调换。联系电话：010-64010019

《美国人与中国人》 (第3版)

Americans and Chinese, 3e

尼克松访问中国之前看的最后一本书
人类学的经典之作
通盘比较两个有着悠久历史与文明的巨型社会

- 许烺光教授首次摆脱西方文化视角，以"边缘人"身份深入挖掘中美两国民族特征。
- 以文化的比较研究入手，使中国人与美国人得以相互了解，并更清醒地认识自身。
- 从人类学视角观察，美国人为何容易走向分裂，中国人又为何喜欢混成一团？

内容简介 | 从艺术、文学至宗教、政治，再到国际关系、商业及家庭关系，许烺光以深厚精湛的人类学功底，从社会生活中最重要的环节中寻找和确定中国人与美国人思想和情感的特征。他更在书中环环相扣地把两个民族最本质的心理不同——美国人强烈的个人主义倾向与中国人相互依赖的精神，推演至个人生活及社会整体的趋势，并进而探讨这些生活方式及社会趋势在受到内部及外在的挑战时将发生怎样的改变。本书自问世之后，即在海外被奉为研究美国人与中国人民族性格的经典之作，受到诸多好评。

著者：[美]许烺光（Francis L.K. Hsu）
译者：沈彩艺

书号：978-7-213-08060-9
页数：496
估价：99.80元
出版时间：2017.11

著者简介 | 许烺光（1909—1999），出生在中国，毕业于沪江大学，曾留学英国伦敦大学，获博士学位，后回到中国从事实地调查和研究，1947年执教于美国西北大学人类学系，1977年—1978年当选为美国人类学协会主席。许烺光与露丝·本尼迪克特（《菊与刀》的作者）、玛格丽特·米德一样，同属于文化心理学派，而按照《纽约客》杂志的评价，独特的经历和东西方文化双重影响下"边缘人"的"身份以及卓越的才识，使他成为最有资格写这样一本书的人"。

著者：[美]芭芭拉·艾伦瑞克
　　　（Barbara Ehrenreich）
译者：林家瑄
书号：978-7-5502-1155-1
页数：264
估价：32.00元
出版时间：2014.08

《我在底层的生活》

Nickel and Dimed : Undercover in Low-wage USA

一部读来辛酸又有趣的"卧底"纪实作品
一部探讨"穷忙族"生存困境的经典著作

难能可贵的是，艾伦瑞克既揭示出"社会事实"，又写得好看，或许，在研究者看来是学术著作，而在普通读者看来是有趣的故事。无论如何，她让我们明白，社会成员之间息息相关，休戚与共。

——郭于华，清华大学教授

芭芭拉·艾伦瑞克以亲身的经历与第一手的丰富素材，揭露了美国严重的阶级分化，底层老百姓为了生计和一瓦栖身，游走于商业资本和地产资本之间，为生存和尊严，每一天都进行着充满苦与乐的抗争。

——潘毅，《中国女工》作者

通过艾伦瑞克的作品，让我们愈加理解了"贫困"的含义。所谓"贫困"，不仅仅指物质，更重要的在于精神，创造出大量"精神贫困"的社会，是一个衰弱的社会。不管军力有多么强大，不管GDP有多么高，因为在这样的社会中，将无法"再生产"有人性、有尊严的人，也将不会"可持续发展"。

——廉思，"蚁族"研究第一人，对外经济贸易大学教授

内容简介 | 失业必然导致贫穷，努力工作就一定能改善生活吗？在美国，数百万的底层劳工终日工作，却只能赚得每小时6—7美元的低时薪，他们要如何生存，又是否能够走向成功？

为了寻找底层贫穷的真相，作者隐藏自己的身份与地位，潜入美国的底层社会，去体验底薪阶层是如何挣扎求生的。她为此制定了严苛的执行标准，在衣食住行各方面做出相应调整，力求贴近低薪阶层的生存实态。在化身底层劳工的这段期间，作者流转于不同城市、不同行业，先后当过服务员、旅馆服务员、清洁女工、看护之家助手以及沃尔玛的售货员，也遇到了许多拥有不同背景、个性迥异的上司与同事。作者将自己在基本生活线上挣扎的经历描述得惊心动魄、扣人心弦，又出乎意料地幽默，展现了底层劳工在薪资、住房、医疗、雇佣关系等各方面的生存实态。

著者简介 | 芭芭拉 ·艾伦瑞克，美国畅销书作家。1941年生，洛克菲勒大学细胞生物学博士，女性主义者、民主社会主义者和政治活动家。曾任《时代杂志》专栏作家，作品常出现在《哈泼》《国家》《新共和》等重要刊物中。她出身底层，父亲是矿工，前夫是卡车司机，因此特别关注美国底层社会的生活。

《社会学与生活》(插图修订第9版·双色版)
Sociology, 9e

最受欢迎的社会学经典教材完整呈现
当今中国最需要的社会学普及读物
出版7年来已成为中国社会学界最深入人心的教材

大学堂 001-01

著者：[美]理查德·谢弗
　　　（Richard T. Schaefer）
译者：赵旭东
书号：978-7-5100-4869-2
页数：528
定价：68.00元
出版时间：2013.04

内容简介 | 社会学是一门包罗万象的科学，它不但涵盖性别、种族、阶层、年龄等议题，更是许多生活化知识的融汇，是集合人类、环境、政策、时代等生活中所有方面的学问。社会学家试图解释，是什么因素使得工作机会从美国转移到中国，女性在公共场所具有什么样的地位，以及计算机与网络技术的普及对社会有怎样的影响等关系到您日常生活中方方面面的问题。正如谢弗教授所建议的，要将你看到的材料与你的生活和经历联系起来。

本书简洁清晰地定义与分析了社会学基本概念和研究方法，注重功能理论、冲突理论和互动理论的平衡阐释，强调社会学家检验与质疑人们日常生活行为的独特方法，教导读者如何运用社会学的想象力来探讨自己生活情境中的社会议题。在全球化的视野下使用跨文化的实例说明性别、年龄、种族、族群和阶级等社会区隔及其影响，并提供最近几年来社会学重要议题的最新研究成果。

完整版内容更加丰富，更注重与社会实际相结合，尤其突出"社会学实务"专栏，为社会科学相关专业的学生提供可资借鉴的经验，从而使学生将社会学理论与社会问题和职业规划相结合。

著者简介 | 理查德·谢弗（Richard T. Schaefer），芝加哥大学社会学系硕士、博士，美国德保罗大学社会学教授。著有《社会学与生活》(精要插图第11版)、《种族与族群》(第9版)和《美国的种族与族群性》(第3版)；文章常见于多种著名期刊，如《美国社会学期刊》《族群与文化期刊》《当代社会学》《社会学和社会研究》《社会学季刊》《社会学教学》等。

译者简介 | 赵旭东，北京大学社会学系博士，中国人民大学人类学研究所所长。

大学堂 043

著者：[美]埃略特·阿伦森（Elliot Aronson）
　　　提摩太·D·威尔逊（Timothy D. Wilson）
　　　罗宾·M·埃克特（Robin M. Akert）
译者：侯玉波

书号：978-7-5100-4863-0
页数：616
定价：80.00元
出版时间：2012.11

《社会心理学》（影印第7版）
大学堂 043-02

书号：978-7-5100-5327-6
页数：624
定价：99.00元
出版时间：2012.12

《社会心理学》（插图第7版）

Social Psychology, 7e

社会心理学殿堂级大师力作

这是一本值得永远珍藏的好书。与其他《社会心理学》教材相比，作者阿伦森的语言和叙述风格使我们学习社会心理学成为一种享受。目前，这本书已经被美国哈佛大学、耶鲁大学等700多所高校所采用。相信，她将成为一本"畅销书式的教科书"。
——乐国安，中国心理学会副理事长、中国社会心理学会原理事长、南开大学社会心理学系主任

内容简介 | 本书是美国优秀的社会心理学教材，三位编写者在专业研究领域都有卓绝的成就，并且都在教学第一线有超过20年的教学经验，被耶鲁大学、哈佛大学等美国700多所大学采用作为教材。

本书作者们将多年的教学经验和研究成果融为一炉，内容全面完整、系统连贯，涵盖了社会心理学的基本问题和研究方法，以及个体对社会和自我的认知、个体态度和从众行为、团体过程和人际吸引、亲社会行为和攻击行为等社会心理与行为特征，反映了在环境、健康、法律等领域中社会心理学的应用价值。

著者简介 | 埃略特·阿伦森（Elliot Aronson），世界上最负盛名的社会心理学家之一。2002年他当选20世纪百名最杰出心理学家之一，现在是加利福尼亚大学圣克鲁兹分校的名誉教授和斯坦福大学的特邀访问教授。阿伦森博士是美国心理学会（APA）120年历史上唯一一个包揽其三个主要奖项的人，即杰出写作奖（1975）、杰出教学奖（1980）和杰出研究奖（1999），许多其他的专业团体也对他的研究和教学作出嘉奖。他独立撰写的《社会动物》（The Social Animal）被誉为"美国社会心理学的《圣经》"，自1972年第一版以来至今全球销量数千万册，是社会心理学领域最有影响力的著作。

蒂姆·威尔逊（Tim Wilson），密歇根大学博士。他在弗吉尼亚大学教授社会心理学导论课程已经有20多年，最近获得了"全美大学杰出教学奖"。2009年，他被提名为美国艺术与科学学院成员。

罗宾·埃克特（Robin Akert），普林斯顿大学实验社会心理学博士。她在韦尔兹利学院教授社会心理学课程近30年，她在从业初期就在那里获得了杰出教学的皮南斯基奖。